财政部规划教材
“十三五”普通高等教育规划教材
2017年山西省教学成果奖（高等教育）一等奖

产业经济学概论

主　编　闫二旺
副主编　刘晓辉　梁姗姗　冯江茹

中国财经出版传媒集团
中国财政经济出版社

图书在版编目（CIP）数据

产业经济学概论/闫二旺主编．—北京：中国财政经济出版社，2017.7
财政部规划教材　“十三五”普通高等教育规划教材
ISBN 978-7-5095-7376-1

Ⅰ.①产…　Ⅱ.①闫…　Ⅲ.①产业经济学—高等学校—教材　Ⅳ.①F062.9

中国版本图书馆 CIP 数据核字（2017）第 066020 号

责任编辑：葛　新　　　　责任校对：李　静
封面设计：肖玉坤　　　　版式设计：王志强

中国财经出版传媒集团
中国财政经济出版社 出版

URL：http：//www.cfeph.cn
E-mail：jiaoyu @ cfeph.cn

社址：北京市海淀区阜成路甲 28 号　邮政编码：100142
营销中心电话：010-82333010　编辑部门电话：010-88190670
北京时捷印刷有限公司印刷　各地新华书店经销
787×1092 毫米　16 开　27.5 印张　702 000 字
2017 年 7 月第 1 版　2021 年 1 月北京第 2 次印刷
定价：56.00 元
ISBN 978-7-5095-7376-1
（图书出现印装问题，本社负责调换）
本社质量投诉电话：010-88190744
打击盗版举报热线：010-88190414、QQ：447268889

前　言

随着市场经济体制改革的不断深化，中国产业经济活动的市场化特征愈加明显，市场竞争与垄断、产业结构转型与资源依赖、产业园区持续发展与政府主导等矛盾和冲突不断显现，经济社会迫切需要更多掌握产业经济学专业知识的人才。因此，产业经济学课程在高校经管类专业人才培养方案中的地位将进一步提升，产业经济学的教学内容和模式也应该及时进行调整。

目前，国内外学者编写了一批知识点丰富、体系完整的产业经济学教材，但这些教材也存在一些不足：一是在章节安排方面，只突出知识点和研究领域，而不能很好地体现学科的理论体系和知识脉络；二是在内容选取方面，只注重理论深度，有些内容的难度明显高于本科学生的理解能力，从而也给教师备课带来困扰；三是在教材适用性方面，国内大多数教材缺乏中国特色，产业经济学理论和方法与中国具体实践没有实现有机结合，特别是没有充分介绍改革开放以来我国产业经济活动的经验和教训。

针对上述问题，本书在编写过程中突出如下一些特色：一是知识与理论体系主线突出、层次清晰，全书分为产业组织理论、产业结构理论、产业布局理论和产业政策四大部分共 12 章，依次介绍产业经济学的研究对象与内容、企业理论、产业组织理论、市场结构、市场行为、市场绩效、产业结构理论、产业结构演变、产业关联、产业结构优化、产业布局和产业政策。二是在知识体系完整的基础上，补充 91 个实际案例，实现理论与实际相结合，旨在增强学习者的学习兴趣，提高教材的可理解程度。三是紧密结合中国的产业经济活动实际、产业经济学思想研究和产业政策实践，突出产业经济学教学的中国特色。四是追踪国际产业经济活动热点及其政策动向，以及产业经济学理论发展的前沿，力求反应产业经济运行的新特点及变化趋势。五是精选了 121 条拓展阅读材料（见附录），在文中的相应位置采用上标形式“[ ]”标注，以拓宽学生的学习视野。

总之，本书内容简明扼要、浅显易懂，突出了为教学服务的特点，强化了产业经济学课程的中国特色，适用于经济管理类专业本科和专科的教学，也可作为广大经济管理工作者的自学读物。

本书由长期在高校本科教学一线从事产业经济学课程教学和产业经济学学科研究的教师编写，由闫二旺教授任主编，刘晓辉、梁姗姗、冯江茹任副主编，并由闫二旺教授负责拟定写作提纲及审核全书。本书具体编写分工如下：闫二旺（太原师范学院）编写第一章、第二章、第三章；刘晓辉（太原工业学院）编写第七章、第八章、第十章，梁姗姗（山西财经大学）编写第九章、第十一章、第十二章，冯江茹（山西大学商务学院）编写第四章、第五章、第六章。

在本书的编写过程中，南开大学周京奎教授、江苏师范大学苗天青教授、山西财经大学的樊爱荣老师、太原工业学院的白玉英和李文华老师、晋中学院的梁丽坤老师、四川省经济和信息化委员会的王敏博士、太原师范学院的张瑜老师等参与了本书提纲和书稿的讨论，并提出了宝贵的编写意见。此外，编写组人员参考了国内外大量的专业教材和产业经济学最新研究成果，在此一并向各位同仁和相关作者表示诚挚的感谢！由于本学科发展迅速，加之作者水平有限，书中难免有不足之处，恳请读者提出宝贵意见。

闫二旺

2017 年 3 月

广益教育“九斗”App 操作说明

本书为“互联网＋”立体化教材，配有广益教育助学助教平台——“九斗”App。请按照以下步骤操作使用。

步骤一，先使用智能手机扫描本书封面图标中的二维码（见下图），下载安装免费的“九斗”APP。提示：下载界面会自动识别安卓或苹果手机。

步骤二，安装成功之后，点击“九斗”APP 进入使用界面。

步骤三，首次使用请先注册。如果您是教师用户请提交资料进行审核，审核通过后即可获得教师的相关功能。

步骤四，注册成功后，按照软件提示或宣传视频操作即可。

提示：1. 浏览资源请先扫描封底二维码进行教材验证；

2. 教材中带有 AR 标志的图片可以使用“九斗”APP 中 AR 扫描功能扫描图片显示相关资源；

3. 教材中的二维码资源请使用“九斗”APP 中的扫一扫功能扫描二维码进行浏览。

在使用过程中，如有疑问，请随时与我们联系！

联系电话：010-82330186、13811568712

客服 QQ：2158198813

电子邮箱：kf@guangyiedu. com

目　　录

第一章　绪　论

在学习和生活中，我们经常听到、看到和谈到“产业”、“行业”这些词汇，如钢铁业、纺织业；第一产业、第二产业、第三产业；夕阳产业、朝阳产业等。那么产业是什么？产业如何发展变化？产业内部以及产业之间存在怎样的经济关系？政府如何制定产业政策？要进一步深入了解这些问题，就需要我们认真学习和掌握产业经济学这门学科。本章作为产业经济学课程的绪论部分，主要介绍产业经济学的研究对象、研究内容、研究方法和研究意义等方面的内容。

第一节　产业经济学的研究对象

顾名思义，产业经济学的研究对象是产业，主要研究产业经济活动及其变化规律。产业的含义、产业的形成与发展和产业的分类有助于我们对产业形成正确的理解。

一、产业的含义

企业是市场主体，是国民经济活动的基本单元。企业之间的经济活动既有区别，又存在着相似的属性。我们把具有某种同类属性的企业经济活动的集合或系统称为产业。从生产过程中的投入、工艺和产品属性来看，采矿业、渔业、棉纺织业、炼铁业、森林采伐业都表现出投入的相似性；化学工业、建筑业、陶瓷业、运输业、冶金业都表现出工艺的相似性；而汽车工业、医疗行业、教育事业、食品制造业都表现出产出具有高度的替代关系。

产业是企业经济活动的集合而不是企业的集合。这是因为一个企业可能从事单一产品生产，也有可能涉足多个产品和服务市场开展多元化经营。大型公司的业务单元都不止一个，如青岛双星集团既从事制鞋活动，还涉足轮胎、房地产等活动。因此，一个产业是由多个企业的同类经济活动所组成，而并不是包括了这些企业所有的经济活动。除此之外，要正确了解产业这个概念，需要注意以下三点：

（一）中观经济现象

在西方经济学的两大分支学科中，微观经济学的研究对象是单个企业的经济行为，宏观经济学的研究对象是国家经济活动的整体，也即宏观经济。而作为产业经济学研究对象的产业，其研究尺度则介于二者之间。一方面，产业是具有同类属性的企业经济活动的集合，已经超越了单个企业的经济活动；另一方面，国家和地区的经济是由众多产业有机联系形成的整体，因而产业只是宏观经济的组成部分。可见，作为一个经济现象，产业的研究尺度大于微观经济个体，而小于宏观经济整体，我们可以称之为“中观经济”现象。显然，产业的变化、发展规律就不同于宏观经济总量的变化规律，也不同于微观经济个体的市场行为规律，必定有自身所特有的内在规律。

产业作为一个中观经济现象，有助于人们更好地理解社会再生产的全过程。它能够反映同一产业内企业之间的市场关系；也能够反映产业之间复杂的中间产品交易和相互作用等经济关系，从而使人们对经济现象有一个从微观个体到中观产业，从中观产业到宏观总体的完整了解。

（二）多样性划分

既然产业是具有相同属性的企业经济活动的集合或系统，那么我们就可以选择某种标准（属性）来划分产业，如投入属性的相似性、生产过程的相似性或产品的相似性。显然，采用的标准不同，划分形成的产业种类也就不同。那么，在实际工作中我们如何选择产业划分的标准？这主要取决于经济分析的需要。如果分析的重点在于同一产业市场上企业间的市场关系，那么产业划分的标准必然是“生产同类或有密切替代关系的产品或服务的企业经济活动的集合”；如果分析的重点是在于中间产品的交换等问题，则必然选择“投入属性或过程属性”。总之，产业究竟由哪些特性的企业组成，主要服从于经济分析的需要。因为产业活动十分复杂，所以在一个国家或地区的产业分类体系中，很难保持前后一贯的分类原则，有时按各种标准划分的产业类型会同时出现。例如，制造业细分时会出现食品工业、冶金工业、木材加工业等按不同属性分类形成的行业。

（三）多层次系统

产业细分是指按照某些经济活动属性将一个产业划分成不同的次级（子）产业，每个次级（子）产业又可根据某些属性再划分成不同的更低级别的产业，这些更低级别的产业同样可以继续细分下去。例如，第一产业包括农业、林业、牧业、渔业；其中，农业又可以分为粮食作物种植业、经济作物种植业、饲料作物种植业、蔬菜瓜果种植业、果树种植业、茶桑种植业等类型；而粮食作物种植业还可以细分为玉米种植业、小麦种植业等。

产业细分的结果是形成多个产业级别，而每一级别的产业都由若干个次级产业组成。如果把产业当作一个系统，那么任何一个产业都是上级产业的子系统，而它本身又由下一级的产业组成。依次类推，产业体系形成层次分明的金字塔结构。

作为一个概念，产业的使用有着较大的弹性，没有限定在哪个层次。产业既可以是较高层次的概念，如第一产业、第二产业等，也可以是较低级层次的概念，如石油工业、食品工业、小麦种植业等。因此，我们可以灵活地使用产业这一概念。

二、产业的形成与发展

产业与产业之间的差别说明了不同的产业从事着不同的经济活动，这就是社会劳动分工现象。社会劳动分工又称为产业分工，它随着生产力水平的提高而出现并不断深化。原始社会早期，生产力水平十分低下，人类的经济活动就是狩猎和采集野果，不存在社会分工，也不存在不同的部门或产业。但是，随着生产力水平的不断提高和劳动工具的改进，种植业、畜牧业、手工业开始出现。随着英国产业革命的爆发，钢铁、纺织等新兴的制造业出现，制造业种类不断增加。之后的各次科技革命同样诞生了一系列新兴产业，不断深化着人类社会的劳动分工。

(一)简单、同一的经济

在原始社会的早期(旧石器时代)，人们刚刚开始使用石器进行生产活动，生产力水平很低，经济活动主要是采集和狩猎。所有早期的人类都从事同样的活动，不存在社会分工，也不存在交换。这一时期，人类的经济活动只有自然分工，即以性别、年龄等生理特征为基础的分工。例如，在原始社会氏族内部，成年人从事狩猎、捕鱼等活动，而老人、小孩帮助修理工具和料理家务。

旧石器时代晚期，人们开始制作和使用石器，如石斧、石刀、石镰，采取刀耕火种的方式种植作物。但是，原始农业依然是唯一的产业部门，社会劳动分工还是没有出现。

(二)三次社会大分工与农业的分化

随着生产力水平的提高，人类经济活动的种类开始增多，社会分工出现。在原始社会后期，人类经济活动出现了三次大的社会分工，形成了农业、畜牧业、手工业、商业等产业类型。

1.第一次社会大分工

在原始社会后期，也即新石器时代，人类在征服自然过程中，有些部落学会驯养动物以取得乳、肉等生活资料。随着较大规模畜群的形成，游牧部落从农业中分离出来，专门从事畜牧业。

2.第二次社会大分工

原始社会末期至奴隶社会早期，铁制工具的使用和生产技术的进步，提高了农业劳动生产效率，人们的经济活动的范围不断拓展，金属加工、制陶、酿酒等手工活动逐渐增多，于是有人脱离农业或畜牧业生产而专门从事手工业活动。随着专职手工业者的增多，手工业从农业中分离出来，人类社会出现了农业、畜牧业和手工业。

3.第三次社会大分工

奴隶社会初期，由于商品交换的发展，出现了不从事生产只从事交换的商人阶级。商人作为生产者之间的中间人，专门从事商品的买卖，并取得较高的社会地位。由此，商业逐渐从农业、手工业中分离出来，人类社会出现了农业、畜牧业、手工业和商业。

(三)四次科技革命与工业的分化

封建社会晚期至资本主义初期,人类发现了一系列新工具、新能源、新材料,工业技术创新不仅使机器大工业成为经济社会的主导部门,而且工业部门内部的行业种类也越来越庞大。从18世纪60年代开始,人类社会经历了三次科技革命,目前正面临第四次工业革命,每次科技革命都诞生了新的工业部门。

1.第一次工业革命

1760年,英国爆发第一次工业革命。工业革命是各个工业部门连锁反应的过程。其特点是一个技术发明推动另一个技术发明,一个生产部门的革新推动另一个生产部门的革新。纺纱机的发明促进了纺织业的迅速发展,纺纱机的使用迫切要求改变以水力为动力的状况,从而诱发蒸汽机生产以提供蒸汽动力,进而对煤炭采掘业形成强大刺激,而一系列的机械制造又需要大量的钢铁。这样纺织业、机械业、钢铁业、煤炭采掘业以及铁路运输业兴起。

2.第二次工业革命

19世纪末20世纪初,以电力和内燃机的发明和应用为标志,第二次科技革命首先在美国、德国爆发。电力的发明和应用带动了电力工业、电机工业和有色金属工业的形成和发展。同时,电力机车和电力船舶制造业也出现。内燃机的发明和应用带动了汽车、拖拉机、飞机、内燃机车、内燃船舶等制造部门的发展,进而也带动了石油开采业和石油化学工业的形成和发展。

3.第三次工业革命

20世纪50年代,世界各国在第二次世界大战时期积累的发达的军事科技开始向民用科技转化,原子能、计算机、航天技术、生物工程等领域取得重大突破,以电子计算机技术、原子能的发明和应用为重要标志,人类社会开始了第三次科技革命。这一时期,计算机工业、原子能工业、宇航工业、电子工业、生物工程等新兴的工业部门迅速发展,与互联网相关的产品和服务的发展,使人类社会进入到信息社会。

4.第四次工业革命

2013年,德国联邦教研部与联邦经济技术部在汉诺威工业博览会上正式提出"工业4.0"国家战略,旨在推进德国制造业的智能化进程。2014年,美国通用电气公司(GE)联合国际商业机器公司(IBM)、美国电话电报公司(AT&T)、英特尔公司(Intel)、思科公司(Cisco)联合创建工业互联网联盟,以推进产业设备与互联网的融合,提升制造业的生产效率。2015年,中国政府提出"中国制造2025"宏大计划,引领制造业向数字化、网络化、智能化方向发展。这些事件预示着人类社会正在进入以智能制造系统为标志的第四次工业革命。智能化制造主要依托物联网、云计算、人工智能和3D打印等技术,通过制造设备的智能计算、感知和认知,实现生产系统的自相控制、自行优化、自我修复,从而更好地辅助人工完成生产。随着智能技术的发展和应用,智能工厂、智能交通、智能家庭、智能城市也将不断涌现,智能机器人、传感器、3D打印机、无人驾驶交通工具、云计算软硬件、新材料、基因测序等产品和服务的潜在市场需求将逐步释放,一大批新兴产业将迅速形成和发展[1-1]。

[1-1]
世界工业化
历程大事记

(四)新兴服务行业的出现和发展

随着物质生产部门的不断发展,人们的生活水平不断提高,经济社会对服务业提出更多、更高的要求,从而产生了许多新兴的服务行业。而且,知识、技术的不断创新,也为新兴服务业的发展提供技术支撑。新兴服务业所涵盖的范围是动态的,不是一成不变的。随着经济社会发展,新的服务业态会不断产生,如随着科技发展而出现新的服务手段、随着社会分工深化而产生新的服务对象和随着消费结构升级而产生新的服务模式等。20 世纪 90 年代以来,随着信息通信技术的广泛应用、工业生产技术水平的提高以及生活方式的变化,利用现代理念、网络技术、新型营销模式以及服务创新发展起来了一批新兴服务业。

1.新技术、新方法催生新兴服务业

20 世纪 90 年代以来,随着信息技术、生物技术为代表的高新技术的发展和广泛应用,诱发形成一批基于新技术的新兴服务业。例如,基于互联网技术的信息咨询业、云计算服务、软件服务业、计算机服务业、博客等;基于移动通信技术而出现的移动增值服务;信息技术改造传统服务业而衍生的服务业,如文化创意产业、互联网金融、电子商务、远程教育、电子认证;基于海洋开发技术的海洋服务业等。

2.社会分工深化促进新兴服务业发展

随着专业化分工的深化,制造企业在追求核心业务价值的驱动下,不断剥离部分服务业。原来在企业内部的研发、设计、测试等环节开始分离,形成新的服务业态。例如,从消费电子企业中分离出来电子设计企业;从集成电路生产企业中分离出来电路设计服务、测试服务企业;从生物医药生产企业分离形成医药研发外包;从产品生产企业中分离出来会计、审计公司等。

3.消费结构升级拉动新兴服务业发展

服务需求是服务业发展的主要动力。随着生活水平的提高,居民对服务质量的要求不断提高,对服务的范围也不断拓展,从而推动了服务业内部分工的深化,不断涌现出专业化特色鲜明的新兴服务行业。如家政服务业、文娱健身服务业、房地产中介服务业、美容服务业、社区服务、养老服务等。

总之,从三次社会大分工到四次工业革命,从工业革命到新兴服务业的兴起,社会分工不断深化和细化,各个国家和地区的产业种类不断增加,产业体系也更趋复杂。

三、产业的分类

在现代经济活动中,一个国家和地区存在着多种多样的经济活动。那么,我们怎样来区分这些经济活动,用什么标准来进行产业分类?一般来讲,生产属性是产业分类的最基本属性。在此基础上,根据经济分析的需要还可以采用其他一些标准或属性,如产业的功能、经济发展阶段、生产流程等。

(一)生产属性分类法

生产属性是企业生产活动过程中表现出来的主要特征,包括投入的原材料、生产技术及工艺流程和产品使用价值。按照生产属性分类就是将具有相同或相似生产属性的企业经济活动组成一个集合。

1. 按照原材料相似性分类

这种分类是依据相同或相似的原材料或投入品，对企业经济活动进行归类的一种方法，如棉纺工业、化纤工业、木材加工业、石油加工业等。

2. 按照技术、工艺相似性分类

这种分类就是按照生产过程中技术、工艺流程等的相似性进行分类的方法，也就是把生产技术、工艺流程等相同或相似的企业经济活动划分成一个产业，如冶金业、运输业、畜牧业、旅游业等。

3. 按照产品相同或密切可替代特征分类

这种分类方法就是将具有相同或具有密切可替代的产品的生产活动组成一个集合的分类方法，如制鞋业、饮料业、汽车制造业、烟草业、制药业等。其是产业组织研究中的主要分类方法。

(二)产业功能分类法

产业功能分类法就是按照产业在国家和地区经济中的地位和作用进行分类。比较完整、系统的分类体系包括主导产业、关联产业和基础性产业。另外，在经济分析中，还经常出现支柱产业、先导产业和战略性新兴产业等类型，也是根据产业功能进行的分类。

(三)三次产业分类法

三次产业分类法就是按照产业部门出现和发展的顺序把产业分为第一产业、第二产业和第三产业。英国经济学家费希尔(A. Fisher，1935)在其出版的《安全与进步的冲突》一书中，根据发达国家经济史演进的产业结构特征，把经济发展历史分为顺序推进的三大阶段，每个阶段占主导地位的产业都不同。第一阶段是指英国工业革命之前，人类主要经济活动是农业和畜牧业；第二阶段是指英国工业革命至20世纪初，机器大工业代替了手工业，纺织业、钢铁和其他制造业大规模地迅速发展，工业成为这个阶段占主导地位的产业；第三阶段是从20世纪初开始，大量的劳动力和资本不断地流入非物质性产品生产部门，娱乐、文化艺术、保健、教育、科学研究等服务行业迅速发展，并占据主导地位。费希尔把在第一阶段起主导作用的产业称为第一产业，它主要是为人类提供最基本的食品；第二阶段起主导作用的产业称为第二产业，它主要满足人类对其他物质产品更进一步的需求；在第三阶段起主导地位的产业称为第三产业，它满足人类除物质产品需要以外的更高级的需要。

英国经济学家科林·克拉克(C. Clark，1940)采用三次产业分类方法对三次产业结构的变化与经济发展之间的关系进行了大量的实证研究，提出了三次产业结构随经济发展演变的规律。这一研究极大地拓宽了三次产业分类的应用价值，从而使这种分类方法逐渐被世界各国所采用。从20世纪80年代开始，我国国民经济核算体系开始向国民收入核算体系过渡，国民经济统计和经济分析中开始采用三次产业分类方法。

1.西方国家的三次产业分类体系

三次产业分类虽然得到广泛应用，但世界各国在实际应用中所采用的划分标准并不完全一致。目前，西方一些国家和世界银行等国际机构和组织通常使用的三次产业分类体系如下：

(1)第一产业。第一产业即农业，它是指通过培育动植物生产食品及工业原料的产业。广义的农业包括种植业、林业、畜牧业、渔业和农林牧渔服务业；狭义的农业仅指种植业或农作物栽培业。有的国家还把为农业提供生产资料的产前部门和农产品加工、储藏、运输、销售等产后部门也纳入第一产业。

(2)第二产业。第二产业包括工业和建筑业。工业是指从事自然资源的开采，对采掘品和农产品进行加工和再加工的物质生产部门，包括采掘业、制造业和电力、燃气及水的生产和供应业。建筑业是指从事房屋、构筑物建造和设备安装活动的产业，它是由从事建筑活动的规划、勘察、设计、科研、施工、建筑制品、房地产开发以及物业管理、中介咨询等经济活动组成。

(3)第三产业。第三产业是指除第一产业、第二产业以外的其他各业。克拉克(C. Clank,1957)主张直接用"服务性产业"替代费希尔的第三产业的概念。一般认为服务业是指利用设备、工具、场所、信息或技能为社会提供服务的行业。服务业与物质产品生产部门的基本区别是：非实物性、不可储存性和生产与消费同时性。服务行业的种类繁多，而且不同服务业在服务对象、服务功能、技术和流程等方面存在很大差异，因此按不同标准可以对服务业做出不同的分类。其中，常见的分类方法有以下四种：①卡托齐安(M. Katouzian,1970)根据服务业在经济发展不同阶段所表现出来的不同特点，将服务业分为新兴服务业、补充性服务业和传统服务业。其中，新兴服务业是指工业化后期快速增长的服务业，如教育、医疗、文化等；补充性服务业是为制造业提供中间服务的行业，如金融、交通通信、商业、法律等；传统服务业是指满足最终消费需求的行业，包括家庭与个人的消费性服务等。这种方法的实用性和科学性备受争议。②格鲁伯和沃克(H. Grubel and M. Walker,1989)按照服务对象将服务业分为生产性服务业、消费性服务业和政府服务业。生产性服务是指生产者在市场上购买的中间服务；消费性服务是指消费者在市场上购买的服务；政府服务主要是指政府为消费者使用而提供的服务。这种分类法在理论上给出较为明确的界定，但在统计过程中，人们很难把这三类服务业完全分开。例如，金融业、房地产业、批发与零售业等服务业不仅向企业提供服务，也为最终消费者服务。③辛格曼(J. Singelman,1978)根据服务的功能将服务业分为流通服务、生产者服务、社会服务和个人服务四类。之后，西方学者又进行了综合和调整，将服务业分为分配性服务业、生产者服务业、社会服务业和消费性服务业四类。④国际标准产业分类。1958 年，联合国制定并印发国际标准产业分类，它将全部产业分为十个大类，其中包含有商业、运输、存储和通信、服务业及其他。之后，随着国际标准产业分类的修订，服务业的类别也随之发生变化。

2.我国三次产业分类

我国三次产业分类与国际通用的分类相似，差别主要表现在第三产业的细分。1987年，国家统计局首次对“第三产业”作了统一的界定，认为第三产业是除农业、工业和建筑业以外的其他各业的总称，并把第三产业分为两大部门（流通部门、服务部门）和四个层次。

第一层次：流通部门，包括交通运输业、邮电通信业、商业、饮食业、仓储业。

第二层次：为生产和生活服务的部门，包括金融业、保险业、地质勘探业、房地产、公用事业、社会服务业、旅游业、信息咨询业、综合技术服务业、农林牧水利服务业、水利业以及公路内河航道养护业等。

第三层次：为提高科学文化水平和居民素质服务的部门，包括教育、文化、广播、电影、电视、科研、卫生、体育、社会福利等。

第四层次：为社会公共需要服务的部门，包括国家机关、政党机关、社会团体、基层群众自治组织、军队、警察等。

1994年开始，我国第三产业依据《国民经济行业分类》进行分类。在2013年国家统计局公布的《三次产业划分规定》中，将原属于农业的农、林、牧、渔服务业，属于工业的开采辅助活动、金属制品、机械和设备修理业归入第三产业。该方案把第三产业分为18个种类，它们是批发和零售业，交通运输、仓储和邮政业，住宿和餐饮业，信息传输、软件和信息技术服务业，金融业，房地产业，租赁和商务服务业，科学研究和技术服务业，水利、环境和公共设施管理业，居民服务、修理和其他服务业，教育，卫生和社会工作，文化、体育和娱乐业，公共管理、社会保障和社会组织，国际组织，以及农、林、牧、渔业中的农、林、牧、渔服务业，采矿业中的开采辅助活动，制造业中的金属制品、机械和设备修理业[1-2]。

[1-2]
三次产业划分规定

3.三次产业分类方法的改进

随着经济社会快速发展，产业更替和产业融合的速度不断加快，传统的三次产业分类法逐渐暴露缺陷，主要表现在两个方面：一方面，三次产业内部各业之相互融合的趋势上升，从而给产业统计带来很大困难；另一方面，随着新兴服务业涌现，服务业范围不断拓宽，行业之间的技术、特点、管理方法差异悬殊，因而难以科学地总结它们的特点和发展规律来为政府开展行业管理提供指导。因此，三次产业分类方法的改进是非常必要的。目前，正在探索的四次产业分类方法就是对三次产业分类方法的一次改进性尝试。

（1）波拉特的四次产业分类。美国经济学家波拉特（M. Porat，1977）把所有的经济活动部门划分为农业、工业、服务业和信息业。这种分类方法将信息产业作为第四产业，它反映了第二次世界大战以来随着电子计算机的发明和应用，以信息技术为基础的信息设备制造、信息资源的处理与传播、信息技术服务和管理等经营活动迅速成长并成为经济社会中重要的产业。第四产业包括第一次信息部门和第二次信息部门。第一次信息部门包括计算机制造、电气、通信、印刷、大众传媒、广告宣传、会计业及教育等；第二次信息部门包括公共官方机构的大部分和私人企业内的管理部门的全部。

波拉特沿袭了费希尔的分类思想，但是信息产业却跨越了三大产业，打乱了传统的三次产业分类方法，所以在统计上难免重复计算或漏算，这给统计工作造成不少的困难。目前，世界各国都对信息产业给予了高度重视，经济统计中都对信息产业进行了统计，但统计口径不同。

(2)王树林的四次产业分类方法。中国学者王树林(1996)提出，将第三产业中属于精神产品再生产领域的活动分离出来，集合组成第四产业。精神产品是指能够满足人们精神与文化生活需要的产品，如书籍、电视服务、唱片、美容服务、旅游等。精神产品生产行业主要包括：科学研究行业、信息服务行业、咨询服务行业、新闻出版行业、广播电影电视行业、文化行业、民间公证行业、法律服务行业。这些产业有四个共同特点：一是它们同属于精神产品再生产领域；二是它们的资产以无形资产为主，其资源主要是智力资源；三是兼具经济效益和社会效益；四是它们的从业人员是脑力劳动者。

王树林的第四产业划分，与三次产业分类体系能够很好衔接，给统计分析带来便利。但这种划分方法与费希尔的分类思想存在一定差异，精神产品生产行业是否能够成为未来阶段的主导产业值得商榷。

(四)国际标准产业分类法

为了便于世界各国经济统计数据的比较和交流，联合国经济和社会事务部统计司于 1948 年编制并印发《所有经济活动的国际标准产业分类》(*International Standard Industrial Classification of All Economic Activities*，ISIC 1.0)。该方案于 1956 年(ISIC Rev. 1)、1968 年(ISIC Rev. 2)、1989 年(ISIC Rev. 3)和 2002 年(ISIC Rev. 3.1)和 2006 年(ISIC Rev. 4)进行了五次修订。

1. ISIC 1.0 与 ISIC Rev. 1

ISIC 1.0 将所有经济活动分为三级：类、主组和大组，选用十进制阿拉伯数字作为它的分类符号体系，其中，类用 1 位数表示，主组用 2 位数表示，大组用 3 位数表示。该分类体系包括了 10 个类、44 个主组和 112 个大组(见表 1-1)。

表 1-1　　ISIC 1.0 的 10 个类

类	包含产业
0	农业、林业、狩猎和渔业
1	采矿和采石
2	制造业
3	制造业
4	建筑业
5	电、燃气、水和卫生服务业
6	商业

续表

类	包含产业
7	运输、存储和通信业
8	服务业
9	无法充分描述的活动

ISIC Rev. 1(1956 年审议通过,1958 年印发)只对 ISIC 1.0 做了小的修订,主要变化是:主组的数量增加 1 个,数量增加到 45 个;大组的数量增加 12 个,数量增加到 124 个(见表 1-2)。

表 1-2　　ISIC 1.0 与 ISIC Rev. 1 的体系结构比较

ISIC 1.0			ISIC Rev. 1		
分类层次	分类符号	数　量	分类层次	分类符号	数　量
类	0～9	10	类	0～9	10
主组	01～90	44	主组	01～90	45
大组	011～970	112	大组	011～900	124

资料来源:根据 ISIC 1.0 与 ISIC Rev. 1 的资料整理。

2. ISIC Rev. 2

1968 年,联合国经济和社会事务部统计司审议通过并印发《所有经济活动的国际标准产业分类(修订本第 2 版)》(ISIC Rev. 2)。ISIC Rev. 2 采用四级分类体系,选用了 4 位十进制阿拉伯数字作为它的分类符号体系,包括 10 个主类(见表 1-3)、34 个类、72 个主组和 160 个大组。虽然 ISIC Rev. 2 与 ISIC 1.0 一样,也包括 10 个顶级类目,但是它将"制造业"第一层级的类目由 2 个调整为 1 个,将"服务业"第一层级的类目由 1 个调整为 2 个。

表 1-3　　ISIC Rev. 2 的 10 个主类

主　类	产　业
1	农业、林业、狩猎和渔业
2	采矿和采石
3	制造业
4	电、燃气、水
5	建筑业
6	批发、零售、餐馆和旅馆
7	运输、存储和通信
8	金融、保险、房地产和商务服务
9	社区、社会和个人服务
0	无法充分描述的活动

3. ISIC Rev. 3 与 ISIC Rev. 3. 1

1989 年，联合国经济和社会事务部统计司审议通过《所有经济活动的国际标准产业分类(修订本第 3 版)》(ISIC Rev. 3)，并于 1990 年印发该方案。ISIC Rev. 3 采用四级分类体系，一级为 17 个门类(见表 1-4)，以 1 位字母 A～Q 编码；二级为 60 个类，以两位数字编码；三级为 159 个大组，以 3 位数字编码；四级为 292 个组，以 4 位数字编码。

表 1-4　　ISIC Rev. 3 的 17 个门类

门　类	产　业
A	农业、狩猎业和林业
B	渔业
C	采矿和采石
D	制造业
E	电、煤气和水的供应
F	建筑业
G	批发和零售、修理业
H	旅馆和餐馆
I	运输、仓储和通信
J	金融中介
K	房地产、租赁业
L	公共管理和国防
M	教育
N	保健和社会工作
O	社会和个人的服务
P	家庭雇工
Q	境外组织和机构

2002 年审议通过的 ISIC Rev. 3. 1 只对 ISIC Rev. 3 做出微小调整：在门类层级上，门类仍然保持 17 个，但把门类 P 的名称“家庭雇工”改为“家庭作为雇主的活动和未加区分的家庭生产活动”；在类层级上，新增两个类，类增加至 62 个；在大组层级上，新增两个大组，大组增加至 161 个；在组层级上，组的数量调整至 298 个。

4. ISIC Rev. 4

2006 年，联合国经济和社会事务部统计司审议通过《所有经济活动的国际标准产业分类(修订本第 4 版)》(ISIC Rev. 4)，并于 2008 年印发该方案。ISIC Rev. 4 采用四级分类体系，包括 21 个门类(见表 1-5)、88 个类、238 个大组和 419 个组。此次修订的重要内容之一是调整服务业的分类，如增加了信息和通信业、行政与援

[1-3]
国际标准产业分类(ISIC Rev. 4)

助活动、科学研究和技术服务、艺术和娱乐、其他服务业等 5 个门类[1-3]。

表 1-5　ISIC Rev. 4 的 21 个门类

门　类	产　业
A	农业、林业及渔业
B	采矿和采石
C	制造业
D	电、煤气、蒸气和空调冷暖气的供应
E	供水;污水处理、废物管理和补救活动
F	建筑业
G	批发和零售业;汽车和摩托车的修理
H	运输和储存
I	食宿服务活动
J	信息和通信
K	金融和保险活动
L	房地产活动
M	专业、科学和技术活动
N	行政和辅助活动
O	公共管理与国防;强制性社会保障
P	教育
Q	人体健康和社会工作活动
R	艺术、娱乐和文娱活动
S	其他服务活动
T	家庭作为雇主的活动;家庭自用、未加区分的物品生产和服务活动
U	国际组织和机构的活动

ISIC Rev. 3、ISIC Rev. 3. 1 与 ISIC Rev. 4 分类体系的比较见表 1-6。

表 1-6　ISIC Rev. 3 与 ISIC Rev. 4 分类体系的比较

分类层级	ISIC Rev. 3	ISIC Rev. 3. 1	ISIC Rev. 4
门类	17	17	21
类	60	62	88
大组	159	161	238
组	292	298	419

资料来源:根据 ISIC Rev. 3、ISIC Rev. 3. 1 与 ISIC Rev. 4 等相关资料整理。

国际标准产业分类方法具有两个方面的优点。一方面,国际标准产业分类法与三次产业分类相衔接,且比后者更细致。它同三次产业分类法保持着稳定的相关联系，其分类的大项很容易组合成与三次产业对应的三个部分，因而在统计上两种分类的相关数据可以相互利用，从而为研究和分析提供了便利。另一方面，国际标准产业分类具有很强的可比性。目前，联合国国际劳工组织、粮农组织、教科文组织、工发组织、经合组织等国际机构均采用ISIC公布的统计数据进行分析。世界上使用国际标准产业分类的国家有142个。因此，根据国际标准分类法所做的统计数据具有很强的可比性，为全球产业经济问题和各国产业经济比较研究提供了重要的分析工具和资料。

(五)国家标准产业分类法

国家标准分类法是指一国政府为了统一该国产业经济分析和研究的统计口径，根据该国的经济活动实际编制和颁布的产业分类体系。任何国家产业标准分类体系都是由国家政府或其技术标准管理部门编制、颁布和强制实施，而不是由个人或产业研究机构编制和推广，因而它具有强制性的特点。在编制标准产业分类法时，虽然大多数国家都参照国际标准产业分类，但不同国家都针对本国实际进行适应性修改，因而不同国家的国家标准产业分类还是存在一定差异。

1984年12月1日，我国《国民经济行业分类》(GB 4754—1984)国家标准由原国家计划委员会、原国家经济委员会、国家统计局和国家标准局发布，并于1985年开始实施；1994年8月13日，国家技术监督司公布了该标准第一次修订方案(GB/T 4754—1994)；2002年5月10日，国家质量监督检验检疫总局公布了该标准第二次修订方案(GB/T 4754—2002)；2012年，国家质检总局和国家标准委发布第三次修订方案(GB/T 4754—2011)。

1.GB 4754—1984

我国《国民经济行业分类》(GB 4754—1984)主要参照国际标准产业分类(ISIC Rev. 2)，同时结合了我国产业经济活动的实际情况。该产业分类体系也分为四级，将我国全部经济活动划分为13个门类(见表1-7)、75个大类、310个中类、668个小类，门类用罗马数字表示；大、中、小类用4位阿拉伯数字表示。

表1-7　　GB 4754—1984的13个门类

门　类	产　业
Ⅰ	农、林、牧、渔、水利业
Ⅱ	工业
Ⅲ	地质普查和勘探业
Ⅳ	建筑业
Ⅴ	交通运输业、邮电通信业
Ⅵ	商业、公共饮食业、物资供应和仓储业
Ⅶ	房地产管理、公用事业、居民服务和咨询服务业
Ⅷ	卫生、体育和社会福利事业
Ⅸ	教育、文化艺术和广播电视业

续表

门　类	产　业
Ⅹ	科学研究和综合技术服务业
Ⅺ	金融、保险业
Ⅻ	国家机关、党政机关和社会团体
ⅩⅢ	其他行业

2.GB/T 4754—1994

我国《国民经济行业分类》(GB/T 4754—1994)是对《国民经济行业分类》国家标准的第一次修订。该方案把全国经济活动划分为16个门类(见表1-8)、92个大类、368个中类、846个小类。在编码方法上,门类用英文字母替代罗马数字。

表1-8　GB/T 4754—1994的16个门类

门　类	产　业
A	农业、林业、渔业、畜牧业
B	采掘业
C	制造业
D	电力、煤气及水的生产与供应业
E	建筑业
F	地质勘查业和水利管理业
G	交通运输、仓储及邮电通信业
H	批发和零售、贸易、餐饮业
I	金融、保险业
J	房地产业
K	社会服务业
L	卫生、体育和社会福利业
M	教育、文化、艺术和广播电影电视业
N	科学研究和综合技术服务业
O	国家机关、政党机关和社会团体
P	其他行业

与GB 4754—1984相比,该方案在产业门类上将工业门类修订为三个门类:采掘业、制造业和电力、煤气及水的生产与供应业;将房地产管理、公用事业、居民服务和咨询服务业修订为两个门类:房地产业和社会服务业。结果产业门类由13个增加到16个。这次修订使得我国《国民经济行业分类》国家标准更接近于国际标准ISIC Rev. 2。

3. GB/T 4754—2002

2002 年,我国根据新的国际标准产业分类(ISIC Rev. 3,1989 年修订,1994 年公布),对《国民经济行业分类》国家标准进行了第二次修订,该方案把全国经济活动划分为 20 个门类(见表 1-9)、95 个大类、396 个中类和 913 个小类。

表 1-9 GB/T 4754—2002 的 20 个门类

门 类	产 业
A	农、林、牧、渔业
B	采矿业
C	制造业
D	电力、热力、燃气及水生产和供应业
E	建筑业
F	交通运输、仓储和邮政业
G	信息传输、计算机服务和软件业
H	批发和零售业
I	住宿和餐饮业
J	金融业
K	房地产业
L	租赁和商务服务业
M	科学研究、技术服务和地质勘查业
N	水利、环境和公共设施管理业
O	居民服务和其他服务业
P	教育
Q	卫生、社会保障和社会福利业
R	文化、体育和娱乐业
S	公共管理和社会组织
T	国际组织

《国民经济行业分类》(GB/T 4754—2002)体现了现阶段我国行业发展的现状和特点,同时又尽量与国际标准相一致,虽不完全照搬国际标准,但保证分类方法具有可比性。

4. GB/T 4754—2011

2009 年,我国根据 ISIC Rev. 4 的新分类,对《国民经济行业分类》国家标准进行了第三次修订。2012 年,国家质检总局和国家标准委颁布《国民经济行业分类》(GB/T 4754—2011)。该方案把全国经济活动划分为 20 个门类(见表 1-10)、96 个大类、432 个中类、1 094 个小类[1-4]。

[1-4]
国民经济行业分类(GB/T 4754—2011)

表 1-10　　GB/T 4754—2011 的 20 个门类

门　类	产　业
A	农、林、牧、渔业
B	采矿业
C	制造业
D	电力、热力、燃气及水生产和供应业
E	建筑业
F	批发和零售业
G	交通运输、仓储和邮政业
H	住宿和餐饮业
I	信息传输、软件和信息技术服务业
J	金融业
K	房地产业
L	租赁和商务服务业
M	科学研究和技术服务业
N	水利、环境和公共设施管理业
O	居民服务、修理和其他服务业
P	教育
Q	卫生和社会工作
R	文化、体育和娱乐业
S	公共管理、社会保障和社会组织
T	国际组织

(六)两大部类分类法

卡尔·马克思(K. Marx)认为社会总资本再生产的核心问题是社会总产品的实现。社会总产品的实现包括价值补偿和实物补偿两个方面。价值补偿是指社会总产品的各个组成部分的价值通过商品的出售,以货币形式收回;社会总产品的实物补偿是指资本家能够买到再生产需要的生产要素,工人和资本家能在市场上购买到生活资料。也就是说,生产出来的产品要能卖得掉,生产和生活所需要的产品能够买得到。为此,马克思按照产品的实物形态将社会总产品划分为生产资料和消费资料。相应地,社会生产也划分为生产生产资料的第一部类和生产消费资料的第二部类。

1. 两大部类划分与再生产的实现条件

马克思认为,社会资本简单再生产实现的条件是:第一部类生产的全部生产资料必须满足两大部类对生产资料的需要;第二部类生产的全部消费资料必须满足两大部类投资者和工人消费的需要。社会资本扩大再生产实现的条件是:第一部类生产的全部生产资料必须满足两大部类维持原有生产规模所需的生产资料和扩大再生产所追加的生产资料的需要;第二部类生产的全部消费资料必须满足两大部类原有工人以及扩大再生产所追加工人和投资者对消费资料的需要。

2.两大部类分类的应用

两大部类分类是马克思研究资本主义再生产过程,揭示资本主义生产的本质的基本方法和逻辑基础,在分析剩余价值方面具有重要意义和价值。但是,这种分类方法在产业结构分析中具有一定的局限性,表现在以下四个方面:一是这种分类方法只是针对物质生产部门,没有包括服务业。因而,这种分类方法并不全面,不利于对一国产业经济活动进行全面分析。二是这种分类方法不够细化,不能深入分析产业之间更为复杂和多变的经济联系,不利于分析产业结构演进及其对经济增长的影响机制。三是许多商品难以归类,给产业经济统计分析带来不便。因为大部分商品都具有多种用途,既可以作为生产资料用于生产领域,也可用于消费领域。四是这种分类方法与其他分类方法相差甚远,统计口径不统一,其分析结果难以与其他分类方法的分析结果进行比较,所以其应用性大为减弱。

(七)农轻重产业分类法

农轻重产业分类法就是将物质生产部门首先分为农业和工业两大部门,其中又将工业部门分为轻工业和重工业,从而形成了农业、轻工业和重工业三大部门。

1.轻重工业分类

工业内部分类的标准也是多样的。若按照产品的加工程度可分为采掘业、制造业和电力、煤气、水的生产及供应业;若按照工业产品的用途可分为轻工业和重工业两大类。

(1)轻工业。轻工业是指主要提供生活消费品和制作手工工具的工业。按其所使用的原料不同,可分为两大类。一是以农产品为原料的轻工业。它是指直接或间接以农产品为基本原料的轻工业。该类产业主要包括食品制造、饮料制造、烟草加工、纺织、缝纫、皮革和毛皮制作、造纸以及印刷等工业。二是以非农产品为原料的轻工业。它是指以工业品为原料的轻工业。该类产业主要包括文教体育用品制造、化学药品制造、合成纤维制造、日用化学品制造、日用玻璃制品制造、日用金属制品制造、手工工具制造、医疗器械制造、文化和办公用机械制造等工业。

(2)重工业。重工业是指为国民经济各部门提供生产资料的工业。按其生产性质和产品用途,可分为三类。一是采掘(伐)工业。它是指对自然资源的开采,包括石油开采、煤炭开采、金属矿开采、非金属矿开采和木材采伐等工业。二是原材料工业。它是指向国民经济各部门提供基本材料、动力和燃料的工业,包括金属冶炼及加工、炼焦及焦炭、化工原料、水泥、人造板以及电力等工业。三是加工工业。它是指对工业原材料进行再加工和组装的工业,主要包括通用设备制造业、电子设备制造业、汽车制造业、金属制品业、水泥制品等工业,以及为农业提供生产资料的工业,如化肥、农药等工业。

轻重工业划分是一个相对的概念。因为在现实经济活动中,一种产品的使用价值常常是多样的。就一个部门所生产的产品来说,往往既有用于生产领域的,也有进入消费领域的。但是,一个产业或部门的产品总是有一种主导用途;而事物的性质正是由其主要方面来决定的。也正因为如此,我们把主要生产生产资料的工业称为重工业,而把主要生产消费资料的工业称为轻工业。

2.农轻重分类的应用

农轻重这种分类方法来源于苏联。我国在改革开放之前的相当一段时期内,采用这种分类方法进行国民经济统计和分析。在国际统计中,农轻重产业分类法并不是资本主义国家产业经济统计的主要分类方法,但是农轻重比例的变化能够反映工业化的进程,从而也常常成为国内外研究机构分析工业化、城镇化的重要指标和工具。但是,随着工业化程度的不断提高,服务业不断发展壮大,农轻重分类与分析已经难以解释产业经济活动的特点和变化趋势。其局限性主要表现在以下两个方面:一是分类体系只针对物质生产领域,没有涵盖服务行业,不利于对经济活动进行全面的分析和研究;二是农轻重分类虽然较两大部类分类更详细,但是仍然不能反映不同产业之间的区别和联系,也就不能完全解释产业间的关系和经济活动的全貌。

(八)生产要素分类法

从投入角度讲,任何产业经济活动都需要投入自然资源、劳动、资本和技术等要素。但由于各个产业生产过程、技术和工艺不同,因而不同产业的要素投入结构都有一定差异。在有些产业的投入构成中,自然资源的比重相对高,如采掘业、农业等;而有些产业发展更多地依赖技术和知识等要素,如高新技术产业等。这样,我们可以根据产业经济活动中生产要素的投入构成这一属性进行产业分类,也就是按生产要素投入结构相同或相似对企业经济活动进行分类。据此,产业可分为四个大类,即资源密集型产业、劳动密集型产业、资本密集型产业和技术密集型产业。

1.资源密集型产业

资源密集型产业是指在生产过程中,需要投入更多的自然资源,对自然资源的依赖程度高的产业,如农业、采掘业,以及一些农副产品加工和原材料工业。这些产业的经济活动受到自然资源的约束较大,其布局趋向于相关资源富集的地区。

2.劳动密集型产业

劳动密集型产业是指在生产过程中,需要投入大量的劳动力,劳动力成本占总成本比重较大的行业,如纺织业、食品业、服装业、制革业、包装业、电子组装业、建筑业、印刷业以及住宿、餐饮业等。劳动力数量和价格是影响劳动密集型产业经济活动和布局的主要因素。

3.资本密集型产业

资本密集型产业是指在生产过程中,需要投入更多的设备、厂房及流动资金,资本的有机构成水平高,产品的物化劳动所占比重较大的产业,如冶金工业、汽车工业、飞机制造业、石油化工等。

4.技术密集型产业

技术密集型产业是指生产活动对知识和技术的依赖程度大的产业。对于这类产业,研发和技术创新是产业生存和发展的最重要因素,技术人员队伍建设、研发和创新投入等在总投入中所占比重很大,如航天工业、生物工程、高分子材料、信息产业等。

(九)产业发展阶段分类法

产业发展阶段分类是根据产业所处的发展阶段进行分类的一种方法。依据产品生命周期理论,产业发展也具有生命周期。市场学根据产品在市场上销售量的变化,将产品生命周期划分为投入、成长、成熟和衰退四个时期。产业是生产同类或密切替代关系的产品或服务的经济活动的集合,产品销售量的变化也反映出相应产业的发展变化。也就是说,同类产品的生命周期现象必然使产业发展也具有相应的周期现象。按照产品生命周期,产业发展也分为幼稚期、成长期、成熟期和衰退期四个阶段(如图 1-1 所示),相应地产业也分为幼稚产业、新兴产业、成熟产业和衰退产业四种类型。

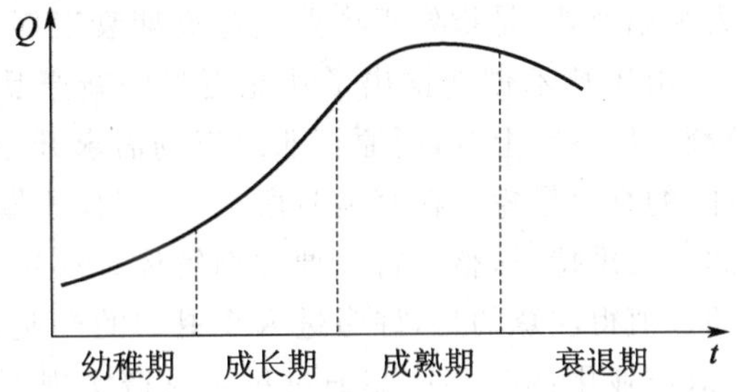

图 1-1 产业生命周期曲线

1.幼稚产业

幼稚产业是处于产业生命周期幼稚期的产业。该阶段产品市场的基本特征是:产品的潜在需求开始向现实需求转化,少部分企业进入市场,并为此投入专门设备、专业工人等生产要素,从而形成一定生产能力。但是,优秀的主导设计和主导产品还没有形成;生产技术和工艺不成熟,产品成本很高;而且主流人群的消费偏好没有发生改变,市场需求有限[1-5]。因此,该阶段的产业规模小、企业发展不稳定。生物工程、太阳能等行业正处于产业生命周期的幼稚期。如果幼稚产业代表着技术发展的方向,并能够发挥国家或地区的优势,那么政府应该采取产业政策加以保护和扶持,促进其稳定发展,为产业结构转型和可持续发展积蓄产业基础。在产业生命周期曲线上,该区段斜率小,曲线平缓上升。

[1-5] 全球科技创新发展历程和竞争态势

2.新兴产业

新兴产业也称为朝阳产业,是指已经渡过幼稚期进入到成长期的产业。该阶段产品市场的基本特征是:随着产品技术和工艺的不断创新,出现一个代表市场需求方向的产品主导设计,新产品基本定型,从而使大规模生产成为可能。该阶段生产工艺创新加快,从而使产品性能不断提升,产品价格不断下降,潜在需求迅速向现实需求转化,引起市场需求快速增长。此时,产业的发展速度明显加快,产出在整体经济中的比重迅速增加，并且在产业结构中的影响也日益扩大。电子信息（电子计算机及软件、通信）、生物医药等产业处于产业生命周期的成长期。在新兴产业中，那些具有强大的扩散效应，能够引导和带动整个经济增长的产业被称为战略性新兴产业，它们是未来经济的主导产业。在产业生命周期曲线上，该区段曲线的斜率最大，曲线陡峭上升。

3.成熟产业

成熟产业是指处于产业生命周期成熟期的产业。该阶段产品市场的基本特征是：产品和工艺创新减弱，产品生产趋于标准化和规模化；在一定技术水平上，市场容量将逐渐趋于饱和，需求拉动减弱。此时，产业增长速度放缓，但产业比重上升到最大值并能够维持一段时间。可见，技术成熟、市场饱和、企业规模化是成熟产业的三大标志。从我国目前产业发展来看，石油化工、汽车制造、电力等行业已进入成熟期阶段。如果一个成熟产业的生产要素、产值、利税在国民经济中占有较大比重，而且维系着整个经济的增长，那么它就承担着支柱产业的职能。在产业生命周期曲线上，该区段斜率比较小，曲线平缓上升。

4.衰退产业

衰退产业也称为夕阳产业，是指处于产业生命周期衰退期的产业。该阶段产品市场的基本特征是：由于技术创新推出了功能更强的新产品，满足了市场新的需求，产业的市场份额开始不断上升，而原行业的市场需求开始萎缩，并出现厂商数目减少、销售量下降的衰退景象。在衰退阶段，产业规模不断缩小，产值比重不断下降。当正常利润无法维持时，整个行业便逐渐解体。煤炭开采、自行车、钟表等行业已进入衰退期。值得注意的是，许多进入衰退期的产业表现出衰而不亡的特点，主要是因为衰退产业中的某些产品通过技术改造实现更新换代，引起市场需求回升，从而抑制了产业总需求的下降趋势。在产业生命周期曲线上，该区段斜率为负值，曲线呈下降趋势。

（十）其他产业分类法

1.生产流程分类法

生产流程分类法是根据产业在最终产品生产链上所处环节的先后顺序而划分产业的一种方法。处于生产链靠前环节的产业为上游产业，处于生产链靠后环节的称为下游产业，处于中间环节的产业为中游产业。上、中、下游产业的界限是比较模糊的，也是相对的。在使用这种分类法时，要注意两种不同的情形。一是分类以某一产业为基准产业，生产环节处于该产业之前的称为上游产业；处于其后的称为下游产业；二是分类没有基准产业作为参照依据，只是根据产业活动靠近原材料或者是最终产品的远近来判断。生产环节接近原材料的产业称为上游产业，生产环节接近最终产品的产业称为下游产业，生产环节处于中间位置的称为中游产业。

2.供求关系分类法

根据产业的市场供求关系，我们可以把产业划分为长线产业和短线产业。长线产业是指生产能力在一定时期内超过社会需求，市场供求关系表现为供过于求的产业。这些产业往往存在产能过剩的情况。短线产业则恰好相反，它是指生产能力不能满足市场需求，呈现供不应求的产业。短线产业对相关产业和宏观经济发展都有极大的制约作用。

3.全球价值链分类法

全球价值链是指一件商品或服务从研发设计、生产、市场营销、技术支持到最终消费的所有环节在全球范围内分工后，形成的覆盖世界各国和地区的庞大生产网络。世界各国和地区由于技术水平、资源禀赋、发展路径不同，因而处于全球价值链的不同环节。"微笑曲线"(施振荣，1992)按照附加值水平把全球价值链分为三个区间，即研发与设计(包括产品研发、高技术零部件生产)、生产与制造(包括简单零部件生产、加工组装)、营销与服务(包括市场营销和生产性服务)。其中，处于中间位置的生产与制造区间利润低，属于低端环节；研发与设计、营销与服务两个区间的利润高，形成前、后两个高端环节。全球价值链分类法全面、准确地反映各经济体参与全球分工的状况和竞争地位，为分析和解决全球经济一体化问题提供了一个重要的依据。在全球价值链的分工体系中，发达国家往往占据着研发设计和品牌营销两个高端环节，发展中国家的厂商则被挤压在利润较低的生产与制造环节。而且，全球价值链分工赋予了各环节不对称的竞争地位。一方面，处于价值链高端位置的国家可能利用全球定价权和技术垄断优势阻碍价值链低端国家向高附加值环节转移升级，使其出现技术依赖，形成"技术锁定"；另一方面，由于加工制造环节进入壁垒较低，因而处于价值链低端的国家之间常常存在过度竞争。发展中国家的产业应朝着"微笑曲线"的两端转移，前向高端环节转移要强化生产者的技术创新，后向高端环节转移应加强使用者导向的营销服务。

第二节 产业经济学的研究内容

产业经济学通过产业组织理论和产业结构理论，对产业经济活动及其规律展开研究。产业组织理论研究的范围是产业内企业之间的经济关系；产业结构理论研究的范围是产业外产业之间的经济关系。这两大研究领域就像产业经济学的两大车轮，推动着产业经济学学科不断发展。具体来讲，产业经济学的研究内容包括产业组织、产业结构、产业关联、产业布局和产业政策五个方面。

一、产业组织研究

产业组织是指产业内企业之间的经济关系，主要反映的是企业之间的竞争与垄断关系。从这个意义上说，产业组织等同于单一产品市场结构。市场结构影响市场运行的效果，市场结构不同，市场绩效也不同。"马歇尔冲突"说明企业的规模经济效应和市场竞争活力之间存在矛盾，由此引发人们思考和探索市场结构、市场行为和市场绩效之间的关系，产业组织研究领域出现，产业组织理论得以形成和发展。传统的产业组织理论建立了 SCP(结构—行为—绩效)分析范式，即市场结构决定市场行为，市场行为又决定市场绩效。但是，其他产业组织理论流派对这种关系提出质疑，并从不同角度、依据不同观点、采用不同方法分析三者之间的关系，得到不同的结论和政策主张。随着博弈论引入产业组织研究中，产业组织研究方法的自然科学化倾向更加明显，规范的研究也使研究结果更为精确。

二、产业结构研究

产业结构是指产业之间的比例关系、相互地位以及技术经济联系方式。在一个国家和地区存在着众多的产业，它们之间存在着复杂的经济联系，在地位、作用等方面形成一定的主次关系，在产值、劳动力等经济指标方面形成一定的比例关系，从而形成一个国家和地区的产业结构特征，如三次产业结构，主导产业状况等。产业结构的特征反映一个国家经济资源在各个产业上的配置情况，影响整个经济系统的产出功能。产业结构不断演变，并推动着国家和地区经济的持续增长。研究产业结构的特征及演变规律，并依据这种规律来促进产业结构优化就成为产业结构理论研究的主要领域。20 世纪 30 年代以来，工业化曾经是产业结构理论研究的重点领域，美国经济学家罗斯托提出主导产业并分析国家经济成长的阶段，美国经济学家钱纳里建立了工业结构转化模型。20 世纪末期，产业结构研究的重点转移到产业结构的软化问题方面，主要探讨产业结构演化过程中服务业，特别是现代服务业的发展规律，及其对经济社会发展的影响。目前，我国仍然处于工业化阶段，而欧美大部分发达国家已经步入以服务业为主的经济阶段，服务业产值占 GDP(国民生产总值)的比重超过 50%。因而，不同国家产业结构研究的重点和内容也有一定区别。

三、产业关联研究

产业关联是指产业间以各种中间品为连接纽带形成的生产联系。产业关联主要反映社会再生产过程中产业之间通过投入品和产品联结形成的生产联系。例如，棉花种植业为纺纱业提供投入品，而纺纱业又为织布业提供投入品，织布业又为服装业提供投入品，由此形成了产业间的投入产出生产联系。产业关联理论主要是运用投入产出表和投入产出模型，揭示一个国家和地区在一定时间内产业之间的投入产出关系，从而发现产业之间的内在联系和相互影响关系。

产业关联与产业结构都反映了产业之间关系，但两者的研究角度和方法存在差别。在研究角度方面，产业关联侧重于研究产业之间存在的投入产出关系；而产业结构主要是反映产业之间的比例关系、相互地位。在研究方法上，产业关联理论主要采用定量研究方法，通过函数与模型来反映产业之间的依赖关系；而产业结构研究主要是一种定性研究。而且，产业关联侧重于研究一个时点上产业关联状态，因而是一种静态的研究；而产业结构主要揭示产业结构的演变，因而是一种动态的研究。

四、产业布局研究

作为一种经济实践，产业经济活动必定与一定的地域结合在一起。不同产业要求的条件和环境不同,其分布的地理区域就不同。产业与地域结合的研究可以从三个不同的视角展开。①从产业的视角,产业布局主要研究产业或企业的区位选择,即区位论,如农业区位论、工业区位论、交通运输布局、中心地理论等。区位论产生于19世纪,其发展历史悠久,理论体系也比较成熟。②从产业集聚的视角,产业布局主要研究企业在一定地理空间集聚的成因及发展,即产业集群理论,如新产业区理论、产业集群理论、生态工业园区理论等。20世纪90年代,产业集群的创新能力和稳定发展再次引起人们关注,并成为产业布局研究的热点。③从世界、国家或地区的全域范围视角,产业布局主要研究国际、国内或地区的劳动地域分工,以及全域范围内各区域之间的相互关系及地位,即经济空间结构理论,如生产要素禀赋理论、国际产业转移理论、点轴理论、增长极理论、不平衡发展理论等。第二次世界大战以后,中国、日本等东亚国家的区域经济协调发展实践有力推动了经济空间结构理论的发展。

五、产业政策研究

产业政策是一个国家的中央或地区政府为了其全局和长远利益而主动干预产业活动的各种政策,如反垄断政策、反不正当竞争政策,战略性新兴产业扶持政策、高污染行业的限制性政策等。产业政策是一种经济政策,它体现了政府对产业经济活动的干预,任何有能力履行经济职能的政府都存在某种形态的产业政策,以期达到预期的目的。但是,产业政策本身也有优劣之分,并非所有的产业政策都能够获得预期的效果。一项正确的产业政策可以产生积极的效果,促进产业资源的有效配置;而一项违背经济规律的产业政策则能够造成消极的后果,甚至阻碍产业的正常发展。这就要求我们开展产业政策的研究,以便为政府制定和实施产业政策提供理论依据。

产业政策研究的内容主要包括产业政策的方式、产业政策的领域和产业政策评估。产业政策的方式是政府干预产业经济活动的方法和手段,一般分为直接干预和间接干预。直接干预也称政府规制,是政府依据行政规定或法律等标准对企业行为进行强制性约束;而间接干预是政府通过公开信息、财政金融政策等诱导企业的行为。产业政策的领域是政府干预产业经济活动的领域及内容,分为产业组织政策、产业结构政策、产业布局政策和产业技术政策,这些政策针对不同领域,解决不同的产业经济问题。产业政策评估是对产业政策效果的评价,主要分为事前、事中和事后评估三种类型,它们在制定政策方案、调整政策方案和经验借鉴等方面具有重要意义。

在这里需要强调的是:欧美经济学界和东亚经济学界在产业经济学的研究领域和内容方面存在一定分歧。欧美经济学界对于产业的研究,只是研究产业内企业之间的关系,也即产业组织,而不研究产业外产业之间的相互关系,如产业结构、产业关联等问题。实际上,欧美经济学界把产业经济学(industrial economics)与产业组织理论(theory of industrial organization)等同起来。在美国,一般不提产业经济学,而是说产业组织理论。而以中国、日本为代表的东亚经济学界则普遍认为,产业经济学不仅要研究产业组织问题,而且还应该研究产业之间的相互关系，因而将产业结构、产业关联、产业布局等内容纳入到产业经济学的研究范围之中。

第三节 产业经济学的研究方法

作为产业经济学的研究对象，产业经济活动具有系统的特性，因此在方法论上我们首先要遵循一般系统论的思想和方法。在此前提下，产业经济学根据所研究领域和内容，采用了多种不同的具体研究方法和工具，如产业组织研究中采用的统计分析方法、博弈论等，产业结构研究中采用投入的产出分析法、系统动力学方法等。

一、一般系统论

[1-6]
贝塔朗菲的一般系统论

一般系统论创始人冯·贝塔朗菲（L. Von Bertalanffy，1968）认为，系统是由若干要素以一定结构形式联结成的具有某种功能的有机整体[1-6]。产业是具有相同属性的企业经济活动的集合或系统，它具有系统的几个主要特征，即整体性、有机关联性、动态性和有序性。这就要求我们在研究产业经济学的过程中，把产业经济活动作为一个系统来对待，并在研究思路上贯穿一般系统论的思想和分析方法。

（一）系统的整体性思想

一般系统论十分强调系统的整体性，认为整体功能大于各孤立部分之和。据此，产业是由具有相同属性的企业经济活动有机联系构成的整体，而生产系统是基于产业之间在生产、销售、技术创新等方面的复杂联系形成的整体。根据系统论的思想，系统的功能是由系统的结构决定的，而且系统结构的变化能够改变系统的功能。在产业组织研究中，遵循这一思想就要求我们重视产业绩效的研究，通过分析企业之间垄断与竞争的关系来发现市场运行规律，探索优化市场结构来提高市场绩效的方法。在产业结构研究中，遵循这一思想就要求我们要突出国家和地区的经济增长，通过产业之间的关联关系、扩散效应来发现国家经济增长的规律，探寻促进产业结构优化、推动经济增长的政策与措施。

（二）系统的有机关联性思想

根据一般系统论原理，要素之间的有机联系存在多样性，要素之间的相互竞争与相互协作都是系统的本质。系统所具有的有机关联性包括两个方面：一方面，系统内部诸因素有机关联；另一方面，系统与外部环境有机关联。遵循一般系统论原理，在产业经济学研究中可以构建四个层次的关联关系，这有助于我们展开多个层次的研究。

1. 企业

现代企业理论认为，企业是一组契约的联合。契约关系人不仅包括股东、债权人、员工,还包括客户、政府乃至社会。企业的中心签约人(企业家)与不同要素所有者签订一个长期契约,契约中要素所有者同意在一定限度内听从企业家的权威与命令。通过契约,生产要素所有者有机联系在一起;通过企业家的命令,各种生产要素协调完成一项生产任务。可见,从契约的角度看,企业是生产要素有机联系形成的整体。

2. 产业

产业是具有某种相同属性的企业经济活动的集合或系统。同一产业内企业之间因为对相似资源的占用和对相同市场的占有,从而在市场机制调节下形成竞争或垄断关系。在同一市场,企业之间相互联系、相互制约,形成一个有机的整体。在不同的市场结构中,企业之间的竞争或垄断关系不同,市场或产业的绩效也存在差异。

3. 经济

一个国家和地区存在着众多产业,它们相互影响、相互联系,构成国家或区域的经济整体。这些产业之间的有机联系主要包括基于生产技术的投入产出关联、基于分工与地位的产业结构、基于创新的区域创新网络等。基于这些有机联系,一个产业的变化会引发众多产业的连锁反应,进而推动整体经济的变化。

4. 复合生态系统

经济活动依赖于生态环境和社会生活。经济系统、生态系统和社会系统相互依存、相辅相成,构成了一个更大的系统,即复合生态系统。生态环境是经济活动的基础和条件,经济与自然环境存在着广泛地交换,经济活动需要获取和消耗一定的自然资源。同时,生产和消费中的废物又返回自然界。只有做到少投入、少排放,实现经济与自然的协调,经济才能实现可持续发展。社会进步与文明是建立在一定经济基础之上的,同时它又推动经济的发展,经济与社会密不可分,相互依存。从系统的角度看,经济必须与社会、资源与环境协调发展,复合生态系统的功能才能达到最优,各子系统也才能实现可持续发展。

(三)系统的动态性思想

一般系统论认为要素之间的有机关联不是静态的,而是动态的。也就是说,要素之间的关联关系会随着时间的变化而变化。根据这一思想,产业经济学的研究一定要持动态的观点,要充分了解市场结构的运行、产业结构升级的规律以及产业布局的演变等。同时,也要求我们努力探求优化市场结构和产业结构的手段和措施。

(四)系统的有序性思想

一般系统论认为,系统表现出的结构性、层次性和演变方向性,都使系统具有了有序性的特点。根据这一思想,在产业经济学研究中要注意两个方面的内容。

1. 区分产业经济活动中主要方面和主要矛盾

在产业组织研究中,要重点关注大企业、大厂商的行为,特别是寡占市场中寡头的行为及其对市场结构、市场绩效的影响。在产业结构研究中，要重点研究和分析主导产业的发展及扩散效应，以及其对经济增长的影响。而在经济空间结构研究中则要突出中心城市和经济地带的带动作用。

2.探索产业经济活动的变化规律

无论是市场结构还是产业结构的变化都具有一定的方向性，因此探索产业经济活动变化规律就成为产业经济学研究的重要内容。在产业结构演变方面，从农业社会到工业社会，再发展到后工业社会，产业结构演变呈现出明显的方向性和规律性，而且工业、农业、服务业内部结构演变的方向也是清晰的。在市场结构演变方面，随着产品生命周期沿着导入期—成长期—成熟期—衰退期的不断演进，市场竞争程度也呈现由弱变强，再由强变弱的变化规律。随着经济发展水平的提高，区域经济差异呈现先扩大后缩小的变化规律。这些都需要我们在有序性思想的指导下不断加以研究。

二、产业经济学的基本研究方法

产业经济学的研究方法多种多样。一方面，产业经济学研究的领域比较广泛，研究不同的领域采用的方法不同；另一方面，产业经济学是一个快速发展的学科，所采用的方法也不断创新。

(一)实证分析与规范分析方法

实证分析和规范分析方法是经济学研究的两种方法。实证分析主要是研究经济现象“是什么”、“为什么”、“会怎样”等问题，而不对这些情况进行评价。在产业经济学研究中，对于市场结构、市场行为以及市场绩效之间关系的分析，就是典型的实证分析。投入产出分析、产业结构演变的研究都体现了实证分析的特点。规范分析方法是在经济现象“应该是什么”的价值判断前提下，对经济现象进行分析和判断，并探讨“应该怎样做”。市场绩效评价必须设置价值判断前提或判断标准，如资源配置效率、规模结构效率和产业技术进步等。在产业结构研究中，我们也提出了产业结构合理化标准、产业布局合理化标准等。因此，产业经济学的研究交叉使用了实证分析和规范分析方法。

(二)定性分析和定量分析方法

定性分析是依据一定理论和经验，通过分析或综合、归纳或演绎等逻辑来推断经济变量之间的关系，以及经济变化的方向和规律。而定量分析是借助数学工具，建立经济变量之间的函数关系来说明经济变量的决定、变化规律。定性研究和定量研究相互补充，满足了产业经济学研究的基本要求。例如，企业策略性行为研究中的博弈论方法、投入产出分析中的投入产出模型等都是定量研究方法；而在产业结构演变、产业布局研究中则更多地使用定性研究方法。

(三)静态分析和动态分析方法

静态分析是分析某一时点上经济现象的状态和特征及其所需要的条件。它完全抽调了时间因素和具体变动的过程，是一种静止地、孤立地考察某些经济现象的方法。动态分析则是分析一定时期内经济变量的变动过程，以及变动过程中变量间的相互影响关系。这种分析充分考虑时间因素，并把经济现象的变化当作一个连续的过程来看待。在产业经济学研究中，静态分析往往是动态分析的基础和起点，但针对不同的研究内容可侧重于不同的方法。在产业组织、产业关联的研究中，主要是采用了静态分析方法；而在产业结构研究中则更多地采用了动态分析方法，以探寻产业结构演进的规律，以及产业结构优化的原理等。

(四)统计分析与比较分析方法

统计分析方法是指利用数理统计方法对实际观测得到的相关数据进行分析研究，总结出经济现象的一般特征及其变化发展规律。在产业经济学研究中，很多规律和共性知识都是在大量的、长期数据统计分析基础上推断形成的，如贝恩的市场结构分类、钱纳里的工业结构转化模型等。同时，在产业经济学研究中，如果我们要探讨某个特定产业、特定区域的产业结构的特征时，就需要采用比较分析方法。通过与一般特征或标准的比较，有助于我们发现特定产业和特定区域产业结构的问题和特殊性，从而制定相应的促进政策和措施。

(五)结构主义与行为主义分析方法

在产业组织研究中，结构主义与行为主义之间存在激烈地争论。哈佛学派在产业组织研究中采用了结构主义方法。该学派把市场结构作为市场运行的核心，认为市场结构决定市场行为，市场行为决定市场绩效。市场结构成为判断市场绩效和政府干预的重要标准。该流派主张政府要对市场中大规模企业进行拆分，以限制其市场权利。与此相反，芝加哥学派认为，市场竞争过程是一个适者生存、优胜劣汰，即“生存检验”的过程。在市场机制运作中形成的大企业往往具有更高的生产效率，是生产效率造就了大企业的市场地位，这种状态并不违法。而只有当其行为明显阻碍竞争时才可予以规制。显然，芝加哥学派把厂商行为作为出发点，强化和重视厂商行为在市场运行中的地位，就其方法论而言属于产业组织的行为主义。

(六)博弈论与产业实验室研究方法

博弈论是研究理性人互动行为的一种数学模型分析方法，主要用来研究策略环境(参与者之间相互依存)中参与者的策略、均衡和收益。博弈根据是否存在具有约束力的协议分为合作博弈和非合作博弈。合作博弈是参与者能够联合达成一个具有约束力、可强制执行的协议的博弈类型，其研究的核心问题是参与人结盟的制度设计和合作剩余的分配方案；非合作博弈是参与者之间没有协议约束，每个参与者试图通过策略选择来实现自身收益最大化的博弈类型。1944 年，冯·诺依曼和摩根斯坦(J. Von Neumann and O. Morgenstern)发表《博弈论与经济行为》一书，标志着博弈论的诞生。20 世纪 50 年代初，纳什提出“纳什均衡”(非合作博弈均衡)的概念，以此建立了策略关联性的互动决策范式。20 世纪 60 年代开始，博弈论的应用领域开始转向经济学学科，博弈模型特别是非合作博弈模型在寡头垄断市场研究中得到了广泛应用，并逐渐发展成为经济学研究的一种重要工具。与新古典经济学关于完全信息条件下的均衡结果分析不同，博弈论提供了一种解释不同环境下企业间交互作用过程的分析方法，使传统市场理论向动态化和系统化方向发展。与传统的产业组织流派所采用的经验研究方法（统计分析和案例研究）不同，博弈论通过严密的数学建模来分析寡占厂商的市场行为，从而形成一套严谨的理论研究体系和规范的分析范式，使产业组织的分析和推理更加严密，弥补了产业组织理论源于经验而缺乏理论基础的缺陷，提高了产业组织理论分析的严密性。但是，博弈均衡是建立在复杂假设基础之上的，均衡结果对假设的细微变化都十分敏感。严格的假设在现实经济活动中很难出现，因而它往往难以得到实践检验[1-7]。

［1-7］
博弈论

20 世纪 90 年代以来，围绕着博弈均衡的验证问题，经济学从理论研究开始转向实验方法，从而推动了产业实验室研究方法的应用。产业实验室研究方法是利用计算机在实验室内观察现实市场中无法观察到的某些变量，然后通过控制部分变量来考察研究者最关心的变量之间的相互关系。例如，信心、边际成本对产品价格、厂商市场份额和市场集中度的影响。目前，经济时间序列的线性和非线性模型、协整模型、误差修正模型等都在产业经济学研究中得到应用。产业实验室研究方法不仅是检验精巧的博弈均衡模型的工具，而且为博弈论的理论研究提供大量的信息和数据，促进博弈理论的发展。

第四节　产业经济学的研究意义

产业经济学是一门具有独特研究对象、研究方法和研究内容的学科。研究产业经济学不仅对于经济学学科体系建设具有重要价值，而且对于指导产业经济活动也具有重要的实践意义。

一、研究产业经济学的理论意义

（一）弥补西方经济学学科研究的不足

20 世纪 40 年代，以萨缪尔森（P. Samuelson）为代表的古典综合派将微观经济学和宏观经济学结合，创立了经济学（西方经济学），并逐渐得到经济学界的认可和传承。在经济学学科体系中，微观经济学的研究对象是单个经济决策主体，主要研究单个经济决策单位的经济行为（如消费者效用最大化，企业利润最大化，单一产品市场的供求规律等）；而宏观经济学的研究对象是宏观经济整体，主要研究宏观经济总量的变动及其相互作用的规律（主要是国民收入的短期决定和长期决定模型）。由于缺失“产业”这个中观经济现象，经济学对于微观个体加总形成宏观整体的解释并不能令人满意，对于市场运行绩效的分析也并不完整。

产业经济学的建立，正好能够解决上述问题，从而很好地弥补了西方经济学的不足。产业结构理论有助于说明产业之间有机联系形成宏观经济整体，从而构建起企业—产业—宏观经济的完整链条；产业组织理论关于市场结构、市场行为和市场绩效关系的分析，弥补了微观经济学市场研究的缺陷。可见，产业经济学弥补了西方经济学学科体系的不足，从而有助于建立完整的、统一的经济学体系。

（二）丰富了应用经济学学科体系

应用经济学是指运用经济学基本原理研究国民经济各部门、各专业领域的经济规律的学科，以及对非经济活动领域进行经济效益、社会效益的分析而建立的各个经济学分支学科。产业经济学以产业经济活动为研究对象，研究内容与国家、区域的各部门经济实际紧密结合，产业政策又与各部门、各产业发展息息相关，因而具有应用经济学学科特点。

20 世纪 80 年代以来，产业经济学成为应用经济学学科体系中发展较为迅速的学科，反垄断、策略性行为、主导产业选择、产业集群等研究取得长足发展，研究成果不断涌现，理论体系不断完善，对产业经济活动产生较明显地指导作用。随着新兴产业实践地推动，产业经济学研究内容将不断拓展，新观点、新方法将随之产生，也将极大地丰富应用经济学理论和方法。

（三）有利于促进经济学与管理学的交流与沟通

长期以来，经济学在研究企业的生产决策时，仅仅是把企业当成一个生产函数，主要讨论企业之间在市场机制调节下形成的竞争与垄断关系，而对于企业内部的运行制度及资源配置方式并不关注，把企业视为一个“黑箱”。管理学在研究企业的组织行为时，则主要研究企业内部的层阶结构及相应的行政指挥方式，以发现和解决企业运行的效率问题，而对于企业之间的经济关系并不过问。经济学和管理学两大门类的研究似乎是两条平行线，各不相关。这种状况严重制约了两大门类的相互借鉴与相互促进，从而也影响了两个学科门类的发展。

产业经济学在研究中涉及多个学科和领域，综合多种理论来研究和解决产业经济问题，其中就包括经济学和管理学两个大的门类。一是产业经济学在研究规模经济时，通过交易费用和组织成本的对比来确定企业的生产规模。交易费用是制度经济学研究的主要内容，而要解释和说明组织成本，就需要管理学的理论和知识。二是产业经济学在研究博弈论时，不仅要以市场结构理论为基础，同时还要结合企业战略管理的观点和方法。前者来源于微观经济学，而后者是管理学新兴的分支学科。产业经济学研究的兴起和发展，使经济学和管理学的研究开始出现交叉，两个学科之间得以相互借鉴、取长补短，从而有力地促进了两个学科的共同发展[1-8]。

［1-8］
经济学与管理学的交叉与变革

二、研究产业经济学的实践意义

产业经济学作为一门应用经济学学科，其最终目的在于为政府制定产业政策提供依据，从而有效地解决经济运行中的实际问题或困境，促进经济发展。具体来讲，产业经济学的实践意义主要体现在四个方面。

(一)建立有效竞争的市场结构

市场机制是产业运行的调节机制,但市场失灵时产业运行会出现一些问题,需要政策加以引导或规制。如果一个市场缺乏规模经济效应,大量中小企业存在激烈的竞争,则该产业单位产品的成本就相对较高,那么在国际竞争中就缺乏竞争实力;而如果一个产业由一个或少数几个大企业所垄断,则该产业又缺乏竞争活力,其技术创新、管理创新动力不足,也会影响产业的长远发展。诸如此类的产业组织问题都会影响产业的发展,因而需要管理者及时发现、研究,并予以政策干预。可见,只有通过不断创新产业组织理论和方法,并与产业实践活动紧密结合,才能找准产业运行问题,才能制定切合实际的产业政策,也才能建立有效竞争的市场结构、规范企业行为、稳定市场绩效。例如,为提高企业经济规模而实施企业集团化政策;为抑制垄断而实施大企业拆分政策;为促进中小企业发展而实施扶持政策;为维护市场竞争秩序而实施反不正当竞争政策等。

(二)加快产业结构转型升级

产业结构优化和转型升级是一个国家和地区经济持续增长的重要推动因素。但是,在一些国家和地区常常面临来自产业结构领域的挑战:一是产业发展水平差异明显,产业之间联系松散,快速发展的产业受到其他产业的牵制,整体经济扩张也受到影响;二是因为"资源诅咒"、沉没成本等原因,主导产业及产业结构转型缓慢,经济持续增长面临挑战。要解决这些问题,需要我们遵循产业结构演变的规律,制定科学、合理的产业结构政策,加快产业结构优化,推动产业结构转型,如战略性新兴产业扶持政策、高新产业扶持政策、农业区域化种植优惠政策(农村产权确权制度、土地流转政策等)等。

(三)调整产业布局,优化区域分工

产业布局合理与否对于产业发展具有重要影响。例如,智力密集型产业要求布局在智力资源密集的地区。但是,因社会关系或行政干预而布局在一个经济落后的地区,则该产业发展所需要的资源受到限制,从而不能得到很好地发展。区域经济协调发展与否对区域乃至国家经济也产生重要影响。如果地区之间劳动分工雷同,技术层次趋同,则不利于地区之间的交换与合作,从而会影响整个国家经济的发展,也不利于产业转移和技术扩散。这是劳动地域分工问题。要解决产业布局和劳动地域分工问题,也需要以产业布局理论为指导,制定科学合理的产业布局政策,实现有效干预。

(四)提高国家竞争优势

我国的经济总量虽然已经位居世界前列,但企业自主技术创新能力、产业国际竞争力以及产业结构转型升级等方面面临严重的挑战,并成为制约国家竞争优势提升的重要因素。目前,我国产业经济活动中存在一系列问题:①垄断现象开始在白酒、饮料、药材等行业显现,需要规范的反垄断政策法规;②产能过剩与重

复建设问题依然困扰中国经济，除玻璃、水泥、钢铁等传统产业外，光伏等新兴产业也出现产能过剩；③产业结构转型过程中，战略性新兴产业和高端服务业发展不足，而传统产业的转移问题重重；④本国企业自主创新投入和能力均显不足，缺乏占领全球产业链高端的技术支撑体系；⑤我国产业布局正处于由分散向集中的调整阶段，各类工业园区迅速出现，但环境污染、土地问题等矛盾也接踵而来。在市场机制和法律体系仍然不够完善的条件下，要解决上述问题，产业政策的引导、调节和规制就显得更为迫切。产业经济学的学习和研究要结合我国实际问题，建立适合中国特色的产业经济理论和政策体系，对于解决我国的产业经济问题，进而提升国家竞争优势具有十分重要的现实意义。

本章小结

产业是介于企业个体与宏观经济整体之间的中观经济现象，它是在科技革命推动下逐渐分化形成的。目前，关于产业的分类标准、方法和体系很多，需要根据统计和研究的角度来选择，但三次产业分类法、国际标准产业分类法较为普及。

产业经济学对产业经济活动的研究包括两大领域，即产业组织和产业结构。前者主要研究产业内企业之间的经济关系，后者主要研究产业之间的经济技术联系。具体来讲，产业经济学研究内容主要包括产业组织理论、产业结构演变理论、产业关联理论、产业布局理论和产业政策体系等。在西方国家，产业经济学研究的重点主要集中在产业组织理论。

产业经济学研究要以一般系统论为指导，这就要求我们在研究中要把企业、产业、经济等看作是系统，要从系统的角度研究产业经济活动，分析产业经济活动的规律。在一般系统论指导下，产业经济学针对不同领域和内容应选择具体的分析方法，主要有结构主义分析法、统计分析法等；博弈论是一种新兴的数学模型分析方法，主要用于策略性行为分析。

产业经济学研究具有理论价值和实践意义。在理论研究上，产业经济学的理论发展壮大了应用经济学的学科体系；在实践应用中，产业经济学理论和方法对于引导产业经济活动有序展开具有重要意义，特别是对我国经济转型与发展具有突出的价值。

复习与思考

一、名词解释

产业　产业结构　产业政策　系统　产业经济学

二、单项选择题

1. 科学家明确地、直接地把系统作为研究对象，一般公认以（　　）提出“一般系统论”的概念为标志。

A. 西蒙　　B. 贝塔朗菲　　C. 克朗　　D. 伊斯顿

2. 产业经济学研究的领域是（　　）。

A. 产业　　B. 家庭　　C. 企业　　D. 国民经济总量

3. 从产业经济学的理论体系形成过程看，其较早形成和成熟的部分是（　　）。

A. 产业政策理论　　B. 产业关联理论

C. 产业布局理论　　D. 产业组织理论

4. 新兴产业是根据(　　)分类方法划分的。

A. 三次产业分类法　　B. 国际标准产业分类法

C. 产业功能分类法　　D. 产业生命周期分类法

5. 电子商务属于(　　)。

A. 农业　　B. 工业　　C. 建筑业　　D. 服务业

6. 在全球价值链构成中,发达国家处于微笑曲线的(　　)。

A. 前端　　B. 后端

C. 底端　　D. 两端

7. 按照(　　),第三产业分为生产性服务业、消费性服务业和政府服务业。

A. 服务对象　　B. 服务功能

C. 发展阶段　　D. 国际标准产业分类法

三、简述题

1. 简述产业经济学的研究内容。

2. 简述国际标准产业分类方法。

3. 分析博弈论与传统的产业组织研究方法的区别。

3. 简要说明一般系统论在产业经济学中的应用。

四、论述题

论述产业发展阶段分类法及其价值。

第二章 企业理论

产业组织理论研究的核心问题是马歇尔冲突，即规模经济与市场竞争活力之间的矛盾。要深入分析和处理好这个矛盾，就必须要了解企业生产规模的影响因素及其决定。传统企业理论（新古典经济学）把企业理解为一个具有产出功能的生产函数，生产成本是决定企业生产规模的重要因素。20世纪30年代之后，新制度经济学派以交易成本为核心概念，探索企业内部的组织结构及生产运行，分析企业的存在、价值和边界的决定。显然，企业并不是产业组织理论的研究对象，但却是产业组织理论研究的起点和基础。

第一节 新古典企业理论

1890年，以马歇尔（A. Marshall）和瓦尔拉斯（L. Walras）为代表的边际分析学派建立了新古典经济学。它把单个决策主体作为研究对象，包括消费者和企业。在新古典经济学的研究中，企业是一个具有产出功能的生产单位，也就是说在生产技术给定的条件下，给予企业一定的生产要素投入就能得到相应的产出，企业被抽象为一个反映投入和产出关系的生产函数，即 $Q=f(L,K,N,A,\cdots)$。新古典经济学理论注重生产要素投入与产出之间的数量关系，但忽略了企业内部生产的组织，没有分析企业内部的层级结构及运行制度、产品和服务的生产过程，从而使企业成为一个“黑匣子”、“空洞无物的盒子”。企业生产活动是从技术的角度，而不是从经营管理的角度来界定的。因此，新古典经济学实际上是一个生产理论，而不是企业理论。那么，在新古典经济学家看来，企业的生产规模是如何确定的呢？

一、假设条件

（一）先验存在的企业

厂商被看作是在市场经济中先天存在的、为赚取利润而从事商品生产活动的一个完整的经济单位。

（二）无摩擦的市场

参加交易的人都具有完全理性、全知全觉；买者知道谁要卖，卖者知道谁要买，市场交易一拍即合、瞬间完成，且从不反悔。因此，交易是在“无摩擦”的市场中进行的，交易过程不会产生任何费用，厂商的成本只来源于生产过程。

(三)理性经济人

厂商具有完备信息，精通市场运行规律，孜孜不倦地追求利润最大化目标。最优生产规模是厂商利润最大化决策的结果。企业利润最大化可以分为两个对偶问题：一是在投入一定的条件下，产出达到最大；二是在既定的产量目标条件下，尽量减少投入。

二、生产成本的节约

从生产成本最小化的角度来看，企业生产的目的就是在一定的产量或规模水平上，使平均成本达到最小。其中，规模经济和范围经济都是企业降低生产成本的手段，从而也是影响和决定企业生产规模的重要因素。规模经济是指当所有生产要素的投入量同时变化，也即生产规模变动时引起的产量变化。当要素投入量增加而使产量以更大比例增加时，企业的平均成本趋于下降，规模经济效应出现。此时，企业就倾向于扩大生产规模，进行横向扩张。范围经济是指企业由于多元化经营而带来的生产成本节约。当一个企业生产多种关联产品，比多个企业分别生产其中一种产品的成本要低，范围经济出现。此时，企业就倾向于扩大产品生产的种类，进行纵向扩张。对于规模经济的影响，可用单一产品生产企业的长期均衡来分析；对于范围经济的影响，可用联合生产企业的多元化经营决策进行分析。

三、规模经济与单一产品生产企业的规模

在分析成本函数时，新古典经济学分短期和长期两种情况进行讨论。在短期，由于时间短，企业来不及调整生产要素的投入量，至少有一种生产要素的数量是固定不变的。通常认为劳动力是可以改变的，而资本、技术等生产要素是不能改变的。因此，在短期，企业的生产规模是不可变的。而在长期，所有生产要素的投入量都是可以改变的，厂商有足够的时间调整其厂房、设备、技术工艺，其生产规模是可变的。显然，规模经济是企业在长期生产活动中出现的现象。

(一)长期平均成本曲线

1. 长期平均成本曲线

长期平均成本是指企业在长期内生产单位产品所支付的最低成本。长期平均成本函数可以写为：

$$\mathrm{LAC}(Q)=\frac{\mathrm{LTC}(Q)}{Q} \tag{2.1}$$

对于一个特定的产量而言，根据长期总成本曲线就能找到其对应的总成本，进而得到该产量对应的平均成本。根据这一方法，可以得到无数个产量与平均成本的组合，将它们描绘在纵坐标为成本，横坐标为产量的坐标轴上，然后连接各点

就形成长期平均成本曲线(如图 2-1 所示)。长期平均成本曲线呈"U"形,表明随着产量上升,长期平均成本呈现递减—极小值(Q^*,C^*)—递增的变化过程[2-1]。

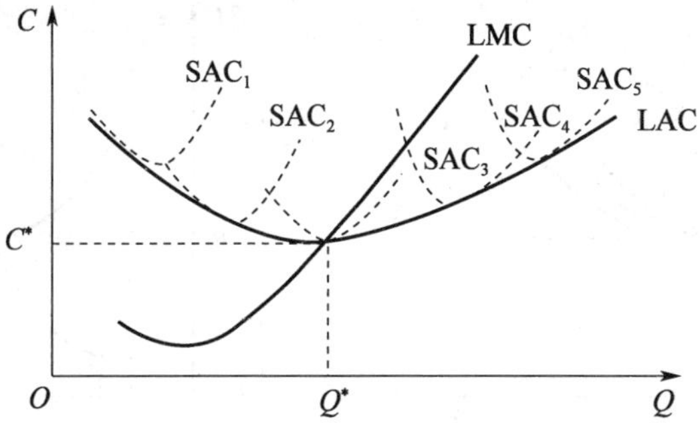

[2-1]
成本函数

图 2-1
长期平均成本曲线

2.长期平均成本曲线的特征

(1)短期平均成本曲线的包络线。长期平均成本曲线与无数条短期平均成本曲线相切。因而,长期平均成本曲线就是短期平均成本曲线族的包络线。相切的短期平均成本曲线所代表的生产规模是切点产量所对应的最优生产规模。但要注意,长期成本曲线与短期平均成本曲线的切点,并不一定是短期平均成本的最低点。在 LAC 曲线的下降阶段,LAC 曲线相切于 SAC 曲线最低点的左边;在 LAC 曲线上升阶段,LAC 曲线相切于 SAC 曲线最低点的右边;只有在 LAC 的最低点,LAC 曲线相切于 SAC 曲线的最低点。

(2)"U"形曲线。在长期,长期平均成本曲线呈现递减—极小值(Q^*,C^*)—递增的变化过程。在产量较低的条件下,当扩大生产要素投入量时,成本增长小于产量增长,从而使长期平均成本下降,存在规模经济效应;当产量达到一定水平,继续扩大生产要素投入量时,成本增长等于产量增长,长期平均成本处于最小值;当继续扩大生产要素的投入量时,成本增长大于产量增长,引起平均成本上升,出现规模不经济现象。规模经济效应主要来源于专业化分工。随着生产规模的扩大,企业内部专业化分工深化,生产效率提高,从而使平均成本下降。但是,如果生产规模无度扩张,企业内部资源配置效率就会下降,资源闲置与浪费问题显现,从而降低生产效率,使平均成本上升。

3.长期平均成本曲线与长期边际成本曲线

长期边际成本曲线也呈"U"形,它与长期平均成本曲线交于长期平均成本曲线的最小值点。在产量水平较低时,LMC<LAC,随着产量增加长期平均成本下降;当产量达到一定水平, LMC = LAC,长期平均成本保持不变;当产量继续增加达到较高水平时,LMC>LAC,随着产量增加长期平均成本上升。显然,长期平均成本曲线和长期边际成本曲线的交点,即 LAC=LMC 时,长期平均成本函数取得极小值。

(二)完全竞争厂商的长期均衡

在长期,企业利润最大化的条件是长期边际成本等于价格水平,即 LMC=P。在长期,行业供给发生变化,将引起市场价格变化,企业则根据价格变化调整其生产能力(选择短期成本函数),实现既定产量水平上短期成本最小。完全竞争市场厂商的长期均衡与生产规模如图 2-2 所示。

图 2-2
完全竞争市场厂商的长期均衡与生产规模选择

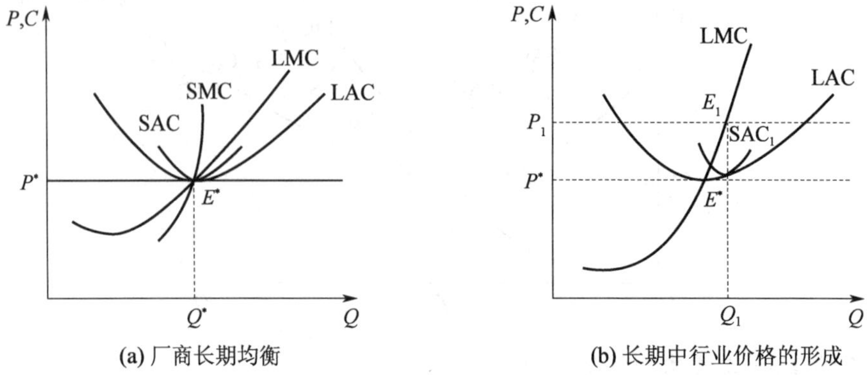

1.行业均衡

观察图 2-2(b),在长期,若 LMC 与既定价格(P_1)的水平线交于 E_1 点,厂商在产量 Q_1 水平上选择 SAC_1 进行生产。由于 E_1 位于长期平均成本最低点以上,价格高于长期平均成本,因而厂商获得超额利润。受到超额利润的吸引,潜在进入者进入该行业,行业供给曲线随之平行向右移动,从而导致产品价格下降。随着价格下降,厂商不断进行最优生产规模选择以达到最小成本。这样的调整过程一直持续到价格下降到长期平均成本最低点(E^*)。当价格位于长期平均成本最低点时,在位厂商只能获得正常利润,潜在进入者停止进入,行业供求达到均衡;厂商在此价格水平上选择最优生产规模,达到生产者均衡。

2.厂商的长期均衡

观察图 2-2(a),当价格与长期边际成本曲线的交点位于长期平均成本曲线的最低点时($P=\mathrm{LMC}=\mathrm{LAC}$),企业将选择最优生产规模(SAC)进行生产,且 LAC 与 SAC 相切于 SAC 的最低点,从而有 $P=\mathrm{LMC}=\mathrm{LAC}=\mathrm{SAC}$。由于短期边际成本曲线穿过短期平均成本曲线的最低点,则短期边际成本曲线也穿过长期均衡点。也就是说,在长期生产中,厂商的长期均衡位于长期平均成本的最低点,且价格水平线、长期平均成本曲线、长期边际成本曲线、短期平均成本曲线、短期边际成本曲线都经过长期均衡点。厂商长期均衡点的特征表示为:

$$P=\mathrm{LMC}=\mathrm{LAC}=\mathrm{SAC}=\mathrm{SMC} \quad (2.2)$$

3.长期均衡时企业的生产规模

在长期均衡状态,完全竞争厂商都选择长期平均成本最小的生产规模来生产,该生产规模被称为最小有效生产规模(minimum efficient scale,MES)。也就是说,当企业选择最小有效生产规模进行生产时,厂商的平均成本达到最小。如果厂商选择了其他的生产规模(大于或小于这个生产规模),生产成本都将高于最小平均成本。

(三)厂商生产规模的选择

规模经济是企业成本节约的重要手段,具有规模经济效应的企业都选择专业化生产。在竞争充分的市场，厂商通过选择生产规模来降低生产成本，以获取竞争优势。如果其生产规模低于最小有效规模，生产过程存在规模经济效应，企业将不断扩大生产规模以降低成本；反之，如果生产规模高于最小有效规模，生产过程中存在规模不经济，则企业会缩小其生产规模以降低成本。

案例2.1

汽车企业的最优生产规模

19世纪60年代，马克斯和斯尔博斯在整理1954年英国某公司成本结构数据中发现，单位产品成本随产量扩大而呈下降趋势。其主要结论为：当年产量由0.1万辆增加到5万辆时，成本下降40%；由5万辆增加到10万辆时，成本下降15%；由10万辆增加到20万辆时，成本下降10%；由20万辆增加到40万辆时，成本下降5%；以后产量每增加10万辆，成本下降比例及下降幅度递减，直到100万辆为止。结合当时英国企业状况，他们提出了"马克斯和斯尔博斯"曲线，并用它来描述汽车产业中的规模经济产生过程。汽车业的长期平均成本曲线是一条变形了的"U"形线（如图2-3所示）。随着产量增加成本变化呈现三个不同阶段：第一阶段，开始时随着产量的增加，成本会急剧下降；第二阶段，成本随产量的增加而缓慢下降，当产量增至某一值时，单位成本不再下降，达到最低点并会经历一段产量增加但成本不变的时期。第三阶段，随着规模的扩大，产量的增加会引起成本缓慢地上升。该项研究还对轿车零部件生产的规模经济进行了分析，认为一条汽车组装生产线的最小有效规模是6～10万辆/年；发动机生产线为年产50万台；冲压设备为年产100万套。

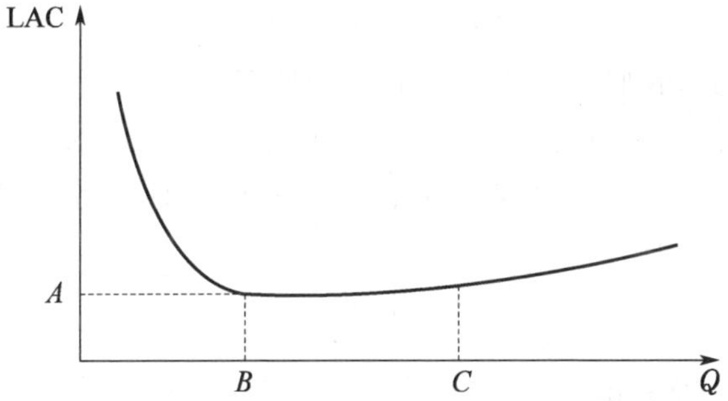

图 2-3
"马克斯和斯尔博斯"曲线

资料来源：杨志明，钱世超.国内外汽车企业规模经济比较[J].汽车工业研究，2006(11).

四、联合生产企业的规模

在现实经济运行中，不仅存在生产单一产品的企业，还存在大量的联合生产多种产品的企业。那么，它们的生产范围又是如何确定的呢？这取决于范围经济。美国经济学家潘扎尔和威利格(J. Panzar and R. Willig，1975)认为，范围经济是指一家厂商联合生产两种或两种以上若干种产品的生产成本低于这些产品单独生产的成本总和。钱德勒(A. Chandler，1999)把范围经济定义为联合生产和经销经济，即利用单一经营单位内的生产或销售过程来生产或销售多于一种产品而产生的经济。如果范围经济存在，那么企业联合生产多种产品或服务更为有利，从而形成比单一产品生产企业范围更大的经济组织。而如果存在范围不经济，则联合生产企业的存在就是不合理的。

(一)严格次可加函数

[2-2]
测度理论

如果范围经济存在，就意味着一家厂商联合生产若干种产品的成本小于若干家厂商分别生产这些产品的总成本。在数学上，具有这种特征的函数被称为严格次可加函数[2-2]。次可加性是指一列集合：$A_1, A_2, \cdots, A_n, \cdots$，将其并集表示为 A，则：

$$f(A) < f(A_1) + f(A_2) + \cdots + f(A_n) + \cdots \tag{2.3}$$

(二)范围经济的特征

范围经济的存在表明，成本函数具有次可加性。严格的成本次可加性强调在产量区间内的任一产出水平上处处都存在着平均成本递减的情况，其成本函数具有严格的弱增性或劣加性。成本次可加性可以通过成本函数来表达：

假设 $\vec{q}$ 表示生产向量或计划(可以看作一个企业生产产品的集合)，对 m 种产出，$\vec{q}(q_1, q_2, \cdots, q_m)$。令 $\vec{q}^{\,1}, \vec{q}^{\,2}, \cdots, \vec{q}^{\,n}$ 代表 n 个这种向量(n 个企业的产品集合)。如果成本函数是严格次可加函数，即对于所有的 $\vec{q}$，若 $\sum_{i=1}^{n} \vec{q}^{\,i} \neq 0$，则：

$$c\left(\sum_{i=1}^{n} \vec{q}^{\,i}\right) < \sum_{i=1}^{n} c(\vec{q}^{\,i}) \tag{2.4}$$

根据这个关系式，我们来分析最为简单的情况：即两种产品由一个企业生产的成本低于两种产品分别由两个企业生产时的总成本。例如，一个既经营客运又经营货运的铁路公司，在技术上要比专门经营其中一种业务的两家公司更为有效。若令 $m=2, i=2$，则：

$$c(q_1, q_2) < c(q_1, 0) + c(0, q_2) \tag{2.5}$$

(三)范围经济的度量

范围经济具有可度量性，国际上普遍采用潘扎尔和威利格提出的范围经济显著程度(SC)来计量。在多种产品联合生产的条件下，范围经济显著程度的计算公式为：

$$\mathrm{SC} = \frac{\sum_{i=1}^{n} c(\vec{q}^{\,i}) - c\left(\sum_{i=1}^{n} \vec{q}^{\,i}\right)}{c\left(\sum_{i=1}^{n} \vec{q}^{\,i}\right)} \tag{2.6}$$

在两种产品联合生产的条件下，范围经济显著程度的计算公式为：

$$\mathrm{SC} = \frac{c(q_1, 0) + c(0, q_2) - c(q_1, q_2)}{c(q_1, q_2)} \tag{2.7}$$

显然，若 SC>0，则范围经济存在，且 SC 越大，则范围经济越显著；当 SC 趋近于 0，则范围经济消失；若 SC<0，则范围经济不存在，企业不适合进行联合生产。

(四)范围经济产生的条件

范围经济的本质在于企业多个业务单元可以共享企业资源。由于生产要素的投入都有一定的最小要求,而这种投入在生产一种产品时若没有得到充分利用,那么把投入基本相同的产品生产纳入企业进行联合生产就能够降低生产或销售成本,从而产生了范围经济。范围经济包括基于有形资源的范围经济和基于无形资源的范围经济。

1.基于有形资源的范围经济

有形资源主要包括生产能力、营销网络和技术开发与创新体系等。①如果企业现有的生产线上存在剩余生产能力或剩余资源,那么多元化经营可以提高资产或资源的利用率。例如,企业联合经营客运和货运,可以充分利用铁路设施;企业联合生产焦炭和钢铁可以充分利用余热、煤气等副产品,提高资源利用水平。②利用已有营销网络进行相近产品的营销时,企业通常不需要增加过多投资,而销售的成本会在各产品中均摊,从而产生成本节约。③企业的研发部门的技术创新支持一系列相关产品,使企业能够在更宽广的生产领域平摊研发成本。例如,索尼公司提倡资源协调和知识共享,其研发覆盖了视频设备、手机以及平板电视等电子技术领域。

2.基于无形资源的范围经济

企业的商标、声誉、管理能力等无形资源具有"公共物品"的特征,企业无须做结构或物理的改造,或只需花费很少的成本就可以把它们从一种业务移植到另一种业务。无形资源的综合利用表现在两个方面:一是管理能力是一种能够获得范围经济的重要无形资源。因为多数高级管理层的管理和经营技能具有一定的通用性,而不一定针对某种业务单元。当企业增加产品和业务单元时,可以充分利用既有的管理人员和管理能力。二是商标的知名度和企业声誉来自社会的认可,它是企业开拓市场的独特资源。在新产品销售时,企业的声誉会转化为产品的声誉,从而有效降低市场进入壁垒,节约企业成本。

(五)厂商生产规模的选择

范围经济是企业成本节约的重要手段,具有范围经济效应的企业选择联合生产。由于企业在生产两种或两种以上的产品时,能够利用企业的资源、管理和技术等,因而带来成本节约。在这种情况下,企业在确保主业经营的同时,将不断向产业链的相关环节延伸,其生产范围不断扩大。但是,企业的生产范围是有限的,当企业联合生产达到一定范围,企业的剩余资源得到充分有效利用时,联合生产企业的产品或服务种类达到最大。如果盲目片面追求多元化,企业资源分散在过多的业务单元,必然分散企业在主营业务上的资源,分散管理者对主营业务的关注,减少在主营业务领域培养重要产品和把握技术创新的机会,削弱主业的竞争优势,使企业陷入顾此失彼的境地。

案例2.2

金融业混业经营与范围经济

金融业是范围经济效应很强的行业，扩大银行业务范围，允许银行适度混业经营，可以提高银行的收益率和绝对收益水平。研究也证明，混业经营的银行比分业经营的银行更不容易倒闭。因此，在不违背现行法规的基础上，扩大中间业务和增加投资业务，寻求银证、银保合作可以形成范围经济的优势，增强商业银行的竞争力。

金融业的范围经济主要来源于金融资产具有很强的同质性。资产的同质性越高，其转化成本越低，越容易形成范围经济。对于银行等金融企业而言，其资产要素大概可以分为人力及现实资本、信息和管理者才能三种。首先，银行、证券、保险等金融业所经营的金融资产高度相关，从业人员所学的知识以及职能培训方面都具有很高的相似性，使得银行人力资本的同质性较强，转换成本较低。其次，由于科技的高速发展和传媒技术的高度发达，商业银行、证券公司等金融机构面临的宏观经济和社会环境是一致的。信息需求方面的同质性使得金融机构之间的范围经济更为凸显。最后，现代银行越来越重视金融产品的创新。从事金融业的管理者、商业银行家不仅要了解本行业的专业知识，同时也需要更多地了解相关的银行、证券、保险等其他各类金融领域的业务。管理者的同质性促进了混业经营中范围经济的形成。

金融业的混业经营可以通过跨行业投资和综合经营来规避单一金融市场波动造成的经营风险。其广泛的客户资源和丰富的产品有利于公司收入的稳定。多样化的经营可以使金融机构实现不同金融服务之间的风险的对冲，形成一种内部损益互补机制。降低成本、增加收益、分散风险都体现了混业经营带来的好处。

资料来源：张平. 金融业混业经营与范围经济[J]. 中国金融，2010(21).

第二节　现代企业理论

新古典经济学虽然分析了企业生产规模的决定，但是缺乏对企业内部组织结构和生产运行的分析，因而遭到人们的质疑。20 世纪 30 年代，英国经济学家科斯(R. Coase)开始探索那些被传统企业理论的假设所忽略的企业特性。1937 年，科斯在其《企业的性质》一文中指出，如果生产是由价格机制协调而自发运行的(新古典经济学的观点)，那么生产就有可能在不存在任何组织形式的情况下进行，这样企业就不会像新古典理论所假设的那样而先验存在了。为此，他将交易费用引入经济分析，开创了现代企业理论，同时也建立起产权理论和法律经济学研究的基本框架。

一、现代企业理论的建立

1937 年，科斯在分析总结他在美国期间对工业和企业调查结果的基础上，发表了他的第一篇学术研究文章《企业的性质》，首次提出了交易费用概念，并将交易费用引入经济分析，回答了企业为什么会存在，企业的性质是什么，企业的边界如何决定等问题，开创了现代企业理论研究的基本框架[2-3]。

[2-3]
企业的性质

(一)交易成本的概念

科斯认为，市场作为配置资源的一种生产制度，其运行是存在成本的。科斯虽然没有给出交易成本的概念，但是列举了交易成本可能出现的情况。他指出："为了进行市场交易，有必要发现谁希望进行交易，有必要告诉人们交易的愿望和方式，以及通过讨价还价的谈判缔结契约，督促契约条款的严格履行等。这些工作常常是成本很高的，而任何一定比率的成本都足以使许多在无需成本的定价制度中可以进行的交易化为泡影。"通过对科斯论述的解读，交易成本至少包括两项内容。一是获取准确的市场信息的费用。企业搜集有关交易对象和市场价格的信息必须付出费用。二是谈判和监督履约的费用。为避免冲突就需要谈判、缔约并付诸法律，因而必须支付有关费用。科斯认为，在企业内部，由于交易被取消，市场交易的复杂过程内化为企业内部的管理，从而可以节约市场交易费用。企业的出现是出于降低交易费用的考虑。通过交易费用，科斯回答了企业存在的原因。

(二)企业的性质

科斯认为，价格机制对生产的协调是在价格信号引导下，通过一系列市场交易来实现的。而在企业内部，企业家指挥生产，对生产的组织和协调是在企业家的行政指令强制下通过部门间的协调和合作来完成的。企业作为协调经济活动的一种方式，是一种资源配置的机制。如果说，价格机制在市场交易中的作用是无形的，是一只"看不见的手"，那么企业组织生产就是一只"看得见的手"。无论是企业，还是市场，都具有资源配置、组织生产的功能，二者都是协调生产过程的方式。因此，科斯指出，市场和企业是执行相同职能的、可以相互替代的配置资源的两种机制，企业最显著的特征就是对价格机制的替代，企业是作为价格机制的替代物出现的。在最广泛的意义上，所有不是由市场"看不见的手"指导的生产和交换活动，都是有组织的活动。

(三)企业规模的决定

既然市场和企业是两种可以替代的资源配置的生产组织形式，那么一项生产可以由市场配置，也可以通过企业来完成。如果市场机制被替代是由于市场交易存在成本，那么企业为什么没有无限扩大成为一家巨型企业呢？这是因为企业组织生产也是有成本的。

1.组织成本

科斯认为，无论运用市场机制还是运用企业组织来协调生产，都是有成本的。如果一项生产活动通过市场机制来完成，就会产生交易费用。交易费用是运用市场机制的成本，如果这项生产活动在企业内部完成，可以节约交易费用。那么，是不是所有生产活动都由企业来完成？如果是这样，世界上就只需要一个"全球性公司"。实际情况却并非如此。科斯认为，这是因为企业组织生产也是有成本的，即行政成本。他指出："你要节约交易费用也不是无成本的，当企业家试图以命令、权威、计划来替代一些交易费用的时候，这些决定，这些权威，这些看得见的手本身也要支付成本。"那么，组织成本是如何产生的呢？

(1)企业组织生产的特点。企业是不同生产要素所有者(劳动力、技术和资本)以契约关系结合形成的，能够完成一定生产活动的组织。这些成员被安排在企业的不同等级的若干个部门和机构中，形成由高到低的层级结构。在层级组织中，较高的层级监管下级，且较高层级的人数要小于其直接领导的下属人数。这样，企业内部就组成了一个由高层到低层的金字塔状的层级结构。通过这种等级链条，管理高层的指令信息由高到低，一级一级传递，最终传达到基层。不同等级和不同部门的成员根据接收到的行政指令，完成相应的任务。可见，企业组织是通过等级链传递指令和信息，按照内部组织制度和行政命令完成企业内部交易和生产活动的。

(2)企业组织生产的成本。企业通过行政命令来组织生产。那么，不同等级、不同部门的成员就一定能够严格执行命令，顺利完成任务吗？不能。因为指令在不同等级、不同部门之间传递过程中可能出现对指令理解的偏差、敷衍了事、部门扯皮等问题，从而造成生产活动与生产目标的偏离。因此，企业要顺利组织一项生产活动就必须协调不同等级、不同部门之间的行动，监督对指令执行的情况，并对违反指令的行为进行惩罚等，从而耗费人力、物力和财力等。这些费用不是直接产生于物质生产过程，而是生产成本以外的费用，这就是所谓的组织成本。对于一个企业来说，当企业内部每追加一笔额外的生产，企业内部交易的边际成本是递增的。这是因为企业组织生产是根据高层管理者的行政命令，而这些命令主要靠企业家的自我感觉、经验和判断。而随着内部生产活动的增加，各种生产要素的配置也更加复杂，经验和判断的失误也会增多，使各种协调、监督、惩罚等任务大幅度增加，从而产生更高的组织成本。

2.交易成本与组织成本

既然交易成本和组织成本都存在，那么人们选择生产制度安排时就必然要比较交易成本和组织成本的大小。如果有些交易在企业内部进行要比市场所花费的成本低，也即组织成本小于交易成本，则该项生产被纳入企业更为合理；但是如果组织成本大于交易成本，则选择市场来进行生产就更为合理。当企业再多组织一项生产而引起的组织成本等于通过市场交易获得而产生的交易费用时，企业规模变动达到临界点。在这种情况下，企业的规模就不能再扩大了，企业的边界也就确定了。根据组织边际成本递增的规律，企业若扩大规模，再增加一项交易的组织成本必然大于市场交易费用，扩大企业规模就不再合理。显然，交易费用等于组织成本是企业边界的临界点。科斯指出"各种交易在企业内部以少于通过市场进行同样交易所花费用来组织，企业在经济体制中就有了某种作用。当在企业内部组织追加的交易费用超过了市场进行同样交易的费用，企业的规模便达到了极限"。可见，组织成本的存在使企业无法扩大到整个经济，企业不能代替市场；同样交易费用的存在，使市场经济不可能排除或消除诸如企业组织这样的统制经济。因此，企业和市场共存成为必然现象。

案例2.3

“斯特奇斯诉布里奇曼”案

某糖果商在生产中使用两个研钵和杵(一个在该地已经使用了60多年,另一个则使用了26年)。不久,某医生迁居邻近房屋内。在头8年,糖果制造商使用的机器并没有对医生造成损害,但此后,医生在花园尽头紧挨制造商炉灶处建造了一间诊所,他发现糖果制造商的机器发出的噪声和震动使他难以使用他的新诊所,尤其是噪声妨碍他用听诊器检查病人肺部疾病。而且,医生还发现在此不能进行任何需要思考和集中精力的工作。医生便提出诉讼,要求糖果制造商停止使用机器。法院爽快地发出了医生所要求的禁令。

法院判决确定了医生不让糖果制造商使用机器的权利,但当然也有可能通过当事人之间的讨价还价来修改法院判决所做的安排。如果制造商支付给医生一笔钱,且其数目大于医生将诊所迁至成本较高或较不方便的地段所带来的损失,或超过医生减少在此接诊所带来的损失,或多于建造一堵墙以隔开噪音与震动所花费的成本,医生也许愿意放弃自己的权利,允许制造商的机器继续运转。而从制造商的角度来看,如果制造商付给医生的钱少于他改变在原地的生产方式,或停止生产,或搬迁他处所需要的费用,制造商也许会愿意这样做。

资料来源:科斯.论生产的制度结构[M].上海:上海三联书店,1994.

二、现代企业理论的发展

科斯提出企业与市场关系的交易费用解释后,在长达近40年的时间里并没有引起人们的足够重视。直到20世纪70年代,他的思想才得到普遍重视,人们重新检视并界定了交易费用,对其理论进行了发展和完善,并形成了两个主要的分支:交易成本理论和代理理论。前者以威廉姆森(O. Williamson)为代表,沿着市场交易费用的方向,对交易费用理论进行了发展和完善。后者以阿尔钦和德姆塞茨(A. Alchian and H. Demsetz)为代表,沿着企业组织成本的方向分析企业内部的监督和激励问题。

(一)交易成本理论

科斯以交易费用为基本概念建立了现代企业理论,但对交易费用并没有进行清晰的界定,交易费用产生的原因和决定的分析也并不完整。在科斯之后,威廉姆森等许多经济学家又进一步对交易费用理论进行了发展和完善。1977年,威廉姆森对交易费用的概念、交易费用形成的原因、交易费用的决定因素以及不同交易类型所应采取的制度形式进行了系统的研究,使交易成本理论(交易费用经济学)成为一个相当严密的研究体系[2-4]。

[2-4]
2009年诺贝尔经济学奖眷顾经济治理

1.交易与交易成本的概念

科斯首先提出交易费用的概念,认为市场运行中存在着交易费用,它是“运用价格机制的成本”。但他并未就此深入下去,也没有给出交易费用的明确界定。威廉姆森从“交易”概念开始，对交易、交易费用以及交易费用的分类做了进一步的分析。

(1)交易。在传统经济学中交易是指交易双方事中交易对象位移的过程，即在一定的背景或局限条件下，由交易双方借助于交易媒介，按照双方约定的规则，在约定的时间内把交易对象(可以是有形的实体或无形的服务)从交易的一方转移到另一方。

交易在传统经济学中的应用范围相当狭窄，将这一概念一般化要归功于早期制度经济学的代表人康芒斯(J. Commons)，他在《制度经济学》(1935)一书中把“交易”和“生产”这个概念相对应，指出交易不是简单的物品交换，而是所有权的转移。他指出，经济学分析的基本单位是“交易”，这种“交易”不是物与物的交换，而是人与人之间对物品所有权的转让和取得。

威廉姆森(1985)在《资本主义经济制度》一书中赋予交易以新的含义：当一项物品或劳务在技术上可分结合部发生转移时，交易就发生了。技术上可分结合部指的是技术上不可分的实体之间发生联系的区域，如生产某种产品(物品或者服务)是通过一定的技术来完成的，技术上不能分开的活动就是一个独立的阶段；生产过程在这一阶段完成后就要向下一阶段转移，这个转移过程就是一项交易的发生。威廉姆森解释道：活动的一个阶段终止后，另一个阶段就开始了。一个良好的结合部就如同一部性能良好的机器，使转移能够顺利进行。一般来说，一种产品生产从技术上可分为一系列独立的活动，一个活动完成后可以进行另一个活动，技术上不能分开的就是一个独立的活动，这一活动完成后要向下一活动转移，这种移交就是交易。这一界定拓展了交易的范围，不再仅限于所有权的转移，组织内部或组织间发生的很多活动都可纳入交易的分析范围。

钢铁生产是技术上不可分的典型例子，如钢铁生产中的冶炼和轧钢阶段，冶炼出火红的钢锭，运到轧钢车间，稍许加热或不需加热就可开轧。假如这两个阶段被分开，轧钢企业还要将钢锭重新加热，消耗大量能源。因此，从技术角度来看，这两项生产是不可分的。

(2)交易费用的定义与分类。在交易费用的定义方面，威廉姆森同意制度经济学家阿罗的观点。阿罗(K. Arrow，1969)在其发表的《经济活动的组织：有关市场选择和非市场分配相关问题》一文中把交易费用定义为“经济系统运行费用”。威廉姆森则形象地将交易费用比喻为“经济世界中的摩擦力”。在此基础上，威廉姆森将交易费用分为事前交易费用和事后交易费用两部分。

事前交易费用是指由于将来的情况不确定，需要事先规定交易各方的权利、责任和义务，在明确这些权利、责任和义务的过程中就要花费成本和代价。它主要包括协议的起草、谈判的费用和保障协议执行所需要的费用。

事后交易费用是指交易发生以后的成本。这种成本表现为各种形式：①当交易偏离了与“契约转换曲线”相关联的序列时所引起的错误应变费用。也就是说，当交易偏离了协议所要求的准则而引起的不适应成本(采取应急措施等付出的费用)。②当交易双方都作出努力来校正事后的错误序列时所引起的争议费用，即交易双方发现事先确定的交易事项有误而需要加以变更所作出的努力及争论不休的成本。③纠纷发生而需要诉诸某种治理结构时,这种治理结构的建立和运转的费用(如法律仲裁、行业协会、政府机构等)。④为了使承诺完全兑现而引起的约束费用,即保证契约生效的抵押成本,当事人要违约或退出契约关系应支付的费用。至此,交易费用概念真正成为经济组织分析的一个重要工具。

2.交易成本产生的根源

在新古典经济学中,企业被认为是具有完全理性的经济人,因而交易是无摩擦的,交易过程不产生费用。与新古典经济学的假设不同,威廉姆森提出了"契约人"的假设,并指出其行为的两个基本特征:有限理性和机会主义。威廉姆森认为这是交易费用产生的根本原因。

(1)有限理性。有限理性来源于赫伯特·西蒙(H. Simon,1947)的管理决策理论,它是指人在主观上追求理性,但只能在有限程度上做到这一点,也就是说"意欲合理,但只能有限达到"。西蒙认为在现实经济活动中,作为管理者或决策者的人是介于完全理性与非理性之间的"有限理性"的"管理人"[2-5]。这是因为交易主体的感知和认识能力是有限的,契约人并不能预知交易中将发生的所有不确定性和复杂性。这些不确定性来源于环境和行为的不确定性。环境的不确定性是指市场的价格、质量、交易对手是不可预测和复杂多变的,行为的不确定性则来自监督对方执行交易的困难。

[2-5]
西蒙的"有限理性"的理论意义和实践价值

正是因为契约人具有有限理性,因而交易过程产生了交易费用,其表现在两个方面:一是人们对交易过程中有可能出现的每种偶然事件进行考虑和订约是有代价的。交易双方为使自己免受或少受未来市场变化的不利影响,会尽可能地完善合同的一切细节,包括对未来市场价格变化等事件的预测及应对措施。可见,有限理性使得设计或制定合同的事前成本出现了。二是人们无法在合同中为各种偶然事件确定对策,或者许多偶然事件根本无法预测,也无法在合同中列出。因此,合同是不完全的。这样,当事先没有考虑的偶然事件出现时就会出现争议、重新谈判和缔约等活动,从而产生交易费用。

(2)机会主义。机会主义是指交易主体以欺诈手段追求自身利益的行为倾向。威廉姆森对契约人的行为特征作了新的界定:经济生活中的人都是自私的,总是尽最大能力保护和增加自己的利益,甚至可能通过说谎、偷窥、欺骗及其他诡计来损人利己。机会主义之所以存在,是源于契约人的有限理性。正是因为契约人并不能全知全觉,才使得交易双方出现信息不对称,从而给交易一方的机会主义行为留下活动的空间。如果交易双方都是具备完全信息的理性经济人,对所有事情了如指掌,那么诸如撒谎、欺骗等行为就不可能出现。因此,机会主义假设是以有限理性为前提的。机会主义也是导致交易费用产生的根本原因。威廉姆森认为一切足以引起提高市场交易费用的其他因素都是通过人的机会主义行为才能具体转化为交易费用。机会主义表现为事前隐瞒信息和事后败德。

①事前隐瞒信息。交易涉及的重要问题是交易中一方拥有信息优势,交易双方的信息不对称。在大多数情况下,卖方更了解自己产品和服务的质量、性能和适用范围。在交易之前,卖方会隐瞒一些对自己不利的信息,以在交易中获得更大的利益。买方为保护自己的利益,不敢轻率地以对方提供的信息为基础,而必

须以自己直接收集的信息为基础做出交易决策。因此，为防范事前的机会主义行为，交易双方不可避免地要获得尽可能多的信息，谨慎地评价和选择交易对象，不可避免地增加谈判次数（讨价还价）、增加合同条款，从而耗费大量的成本。

②事后败德。事后机会主义最为典型的是道德风险。道德风险是行为主体违背道德规范，不以完全负责任的态度行事，不采取应当采取的降低风险的行为，从而导致其他利益主体的利益受到损坏。例如，有人买了一辆汽车之后，他就面临汽车被盗从而遭受损失的风险。如果此人对汽车没有投保的话，就会非常小心，采取诸如安装防盗锁之类的防护措施。如果此人对汽车投了保险，若汽车丢失会得到保险公司的全额赔偿，这时他就不会采取相应的防盗措施，结果汽车被盗的概率就增加了，保险公司理赔的概率也相应增加了。威廉姆森认为机会主义的存在必然带来违约的风险，因而严格的检查和监督，以及随时间的变化来调整契约条款都会产生费用。

总之，机会主义使得契约缔结的难度更大、条件更高，包括更严格的商检标准、检验机构、索赔条款、抵押标准，并在契约执行过程中采取更大的执行力度，强化履行契约的行为。

案例2.4

二手车市场

阿克洛夫（G. Akerlof，1970）通过二手车市场探讨了市场信息不对称引发机会主义的情形。在二手车市场上，二手车买主要清楚地知道二手车的真实质量是非常困难的，而卖主却十分了解自己车辆的质量和性能。买主一方信息劣势暗示着好的和坏的二手车都能卖到同样的价格。然而，二手车的卖主对车的历史和性能都有更好的了解，对车辆在未来提供服务好坏的概率有更准确的判断。结果，好车的卖主会觉得二手车的市场价格低估了他们所销售的车的价值，而不愿意卖车；相反，质量较差的二手车（柠檬）所有者则可能会卖车。随着二手车平均质量的下降，二手车的平均价格也随之下降，这更增加了柠檬（次品）出售的倾向。这就形成了劣质车驱逐优质车的逆向选择现象。

资料来源：阿克洛夫．“柠檬”市场：质量的不确定性和市场机制[J]．经济研究导刊，2001(6)．

3．交易成本的决定

有限理性与机会主义是交易费用产生的根源。具体而言，一项特定交易的交易费用大小取决于该项交易的特性。威廉姆森认为交易费用的大小与交易的三种特性（维度）有关，即资产专用性、交易不确定性和交易频率。

（1）资产专用性。资产专用性是用来描述资产的可调配性的程度，威廉姆森（1989）认为，资产专用性是“资产在没有价值损失的前提下能够被不同的使用者用于不同投资场合的能力”。我们知道，要完成一项交易活动需要进行投资，并形成一定资产。如果一项耐久性投资被用于支持某些特定的交易，且该项资产很难移作他用，则所投入的资产就具有专用性。假如交易的专用资产已经投入而交易被终止，所投入的资产将全部或部分地因无法改作他用而损失。威廉姆森认为，资产用途的专用性至少可以分为五类：①有形资产的专用性。一种特殊设计能够一次性加工成某个部件的设备。②资产选址的（地点）专用性。如为了节省运输费用，工厂一般以原料产地布局，一旦建成，移迁费用很高，甚至使移迁成为不可能。③人力资本专用性。一些技术或管理人员在某个特定的企业工作中积累的丰富经验，他的管理经验和技术是特定于这个企业的。对于厂商，重新培养和训练这样的雇员需要花费很多时间或很高费用。④奉献性资产（指根据特定客户的紧急要求特意进行的投资）的专用性。⑤品牌资产的专用性，如品牌、声誉等。

资产的专用性越强，交易双方对该项交易的依赖性就越大，一方违约将使另一方产生巨大的交易风险，从而容易引起"敲竹杠"的事后机会主义行为。从卖方来看，资产的专用性使买方更依赖卖方，借此卖方就可能向买方索要一个更高的价格。这个价格超过了该项投资用于其他生产用途可获得的报酬，这一差额被称为"准租金"。在这种情况下，卖方可以威胁终止协议，不向买方继续提供产品和服务，以获得"准租金"。而从买方而言，它知道专用性资产转移到其他用途的损失很大，因此可以讹诈卖方，要求以较低的价格继续提供产品和服务，从而争夺部分"准租金"。交易双方对"准租金"的争夺使契约的执行变得更加困难，会带来更多的谈判、重新缔约以及更严格的监督，甚至动用第三方仲裁机构，这些都会增加交易成本。一般来讲，资产专用性的程度可以分为高度专用性、半专用性和非专用性（通用资产）。资产专用性越强，可挤占"准租金"越多，对"准租金"的争夺就越激烈，则缔约后的机会主义行为出现的概率更大，从而引起更高的交易费用；反之，当一项资产专用性程度低，甚至是一种非专用性资产时，该项资产转移到别的用途时损失就小，双方对交易的依赖程度就较低。如果一方受到"敲竹杠"的威胁，则另一方可以利用市场的竞争机制来获得其他满意的交易对象，而机会主义者则因此失去交易伙伴。因此，资产专用性越低，竞争的压力会抑制机会主义行为，从而降低交易费用。

（2）交易的不确定性。交易的不确定性用来描述交易过程中发生无预期事件的程度。交易的不确定性来源于交易环境的不确定性和交易者行为的不确定性。①交易环境的不确定性。交易环境的不确定性表现为交易环境是复杂多变的。例如，市场价格、产品质量、交易对手等都在发生不断变化。面对复杂的交易环境，具有有限理性的契约人无法全面认识客观环境的复杂性，不可能完全准确预测影响交易双方权利和义务的事件。尽管交易双方都尽可能地完善契约条款，但是也不可能对将要发生的变故预先在契约中设置条款加以处理，因而交易过程中必然出现没有预期的事件。交易环境变化越大，无预期事件发生的概率就越大，交易的不确定性就越大。②交易者行为的不确定性。交易者行为的不确定性表现为交易者的机会主义行为倾向。由于事先的机会主义难以识别，而事后机会主义也难以预料和防范，导致交易者违背契约所规定的条款而行事。例如，当市场条件变化对交易一方不利时，他可以借口契约的前提改变而停止履行合同，在不违反法律的情况下给交易伙伴造成损失。

由于交易的不确定性，交易双方将尽可能把契约写得十分复杂，力图包括一切未来的可能性，以及每一种情况发生时双方的权利和义务。但是，预期未来事件并订立相应条款的代价是很高的。同时，偶然事件发生将影响契约的执行，又会产生重新谈判、缔约等费用以及更高的监督成本和执行成本。一般来讲，交易的不确定性程度越高，交易谈判及其所达成的契约越趋复杂化，监督与执行成本越高，从而交易费用就越高，市场作为一种协调机制的效率就越低。

(3)交易频率。交易频率是指同类交易活动在特定时期反复发生的次数，它从时间序列上表现了交易的状态。由于每次交易均会产生交易费用，因此，交易次数越多，累计的交易费用也就越高。可见，交易频率和交易费用线性相关。威廉姆森把交易频率分为一次、数次和经常三种类型。由于一次性交易和数次交易之间并无明显的差别，交易频率简化为数次和经常两种类型。显然，较之于数次发生的交易，经常发生的交易意味着经常性地讨价还价，反复地签约，不断地执行契约和监督，因而导致较高的交易费用。在日常生活消费中，牙膏、手纸等日用品和电视机、冰箱等耐用消费品的交易频率非常不同。

4.交易类型与生产制度的选择

威廉姆森认为，不同的交易过程在资产专用性、不确定性和交易频率三个维度上都存在差别，因而各种交易过程所产生的交易费用是不相同的。而为了有效节约交易费用，不同的交易过程需要匹配合适的经济组织方式，即治理结构或规制结构。他认为，当这三个决定因素程度较低时，与之匹配的是市场，即所谓的市场规制；当三个变量较高时，与之匹配的是企业，即所谓的统一规制。还有一些交易类型是通过介于企业和市场之间的"中间体组织"来完成的。"中间体组织"是一种介于市场与企业之间的体制。交易双方都拥有独立的利益和决策权利，并在市场机制调节下进行交易；但是，企业之间的交易因某种保障机制而具有一定的稳定性和长期性。中间体组织按其成员关系特征又分为双边规制和三边规制。双边规制是指交易双方通过签订合作协定维持长期合作的机制，如分包制、战略联盟等。三边规制是指交易双方事先确定一个共同接受的第三方，并授予其相机裁决的权力。第三方通过监督、协调、仲裁来化解冲突、解决争端，协助完成交易。

威廉姆森根据资产专用性和交易频率划分出六种不同的交易类型(见表 2-1)：非专用性的数次交易、非专用性的经常交易、半专用性的数次交易、半专用性的经常交易、高度专用性的数次交易和高度专用性的经常交易。在此基础上，他提出了特定的交易类型和治理结构之间最优匹配的方案。

表 2-1　　交易类型与治理结构

<table>
<tr><th colspan="2" rowspan="2"></th><th colspan="3">资产专用性</th></tr>
<tr><th>非专用</th><th>半专用</th><th>高度专用</th></tr>
<tr><td rowspan="2">频率</td><td>数次</td><td rowspan="2">市场规制
(古典缔约活动)</td><td colspan="2">三边规制
(新古典缔约活动)</td></tr>
<tr><td>经常</td><td>双边规制
(关系性缔约活动)</td><td>统一规制</td></tr>
</table>

资料来源：威廉姆森.资本主义制度[M].北京：商务印书馆，2004.

(1)市场规制与非专用资产。市场具有很强的激励功能,它能在交易者偏好和能力多样性以及理性有限的条件下,按照价格信号有效地配置资源。市场交易的弱点是随机性和易于破裂,容易受到机会主义者行为的损害。如果资产专用性很弱,其交易中断并被新交易替代的成本通常很低,那么,在充分利用市场优点的同时,又能免受机会主义行为的损害。这样,古典经济学中的"理想的"市场交易出现:交易双方不存在依赖,交易关系灵活,市场摩擦小而且市场机制能够有效解决交易中出现的问题,其中正式契约条款、法规及交易自行清算发挥主要作用。这样的交易契约就是所谓的"古典契约",市场机制发挥调节作用。如果是非交易专用性,无论是数次性的还是经常性的,用市场来组织是很有效率的。"在市场中,素昧平生的买者和卖者……相遇……片刻只是为了以均衡价格交换标准化物品"。可见,市场规制是针对非专用性交易的主要规制结构。

(2)三边规制与半专用、高度专用性的数次交易。如果交易频率是数次的,交易是半专用性或是高度专用性,机会主义使市场交易费用达到较高;但相对于数次交易所产生的交易费用来说,企业的组织成本又太高。也就是说,企业的组织成本常常不能被数次性交易的交易费用所补偿。市场的失灵和较高的管理成本使市场上出现所谓的新古典契约,交易双方需要利用市场机制来进行交易,同时也需要一定的保障机制防范和处理机会主义行为,以保证契约关系的持续性。因而,需要采取一种介于企业和市场之间的中间组织形态。由于交易频率不高,由第三方介入以协调双方的争议所引起的费用不高,于是求助于第三方以解决可能的争端或估价的三边规制结构便出现了。

(3)双边规制与半专用性的经常交易。对于半专用性资产而言,市场交易中出现机会主义的可能性增加。如果是数次交易,包括第三方介入等在内的交易成本低于企业生产的组织成本,因而选择三边规制。但是,如果是经常性交易,因第三方频繁介入将导致交易费用大幅增加。因此,交易的保障机制不能选择第三方协助,而选择签订双方关系契约更为合理,即双边规制结构。在这种规制中,交易双方舍去投机心理,而签订长期的合作关系,以避免交易失败所带来的风险或成本。例如,通过形成长期的订货、供货合约,或者当供方必须进行专用性资产投资时,供需交易伙伴形成相互的产权关系(股权连接)等。

(4)统一规制与高度专用性的经常交易。依据交易成本理论,资产专用性越高,机会主义出现的可能性将大大增加,从而市场交易费用越大。当资产专用性达到一定高度,而且交易频率也很高时,市场交易费用的上升会阻止企业继续依赖市场,这时专用性资产的交易活动就会内化为企业内部交易,即所谓的纵向一体化(垂直兼并)。也就是说,对于高度专用性的经常交易类型而言,企业拥有超越市场的潜在协调能力,统一规制避免了过高的交易成本。

(二)代理理论

交易成本理论是从交易费用的角度阐述交易费用的决定以及企业和市场的选择;而代理理论则是从企业的组织成本角度说明企业组织成本的决定,进而解释内部的监督与激励问题。

组织成本主要来源于协调组织内部成员之间的关系，企业的制度和形式不同，组织成本的构成也不同。团队生产理论主要解释了古典企业（业主制企业）生产活动过程中，因业主与工人利益分歧及协调而产生的费用；代理成本理论主要解释了现代公司制度中，因所有者与经营者之间利益分歧及协调而形成的成本；而委托—代理理论主要探讨委托人和代理人之间的激励机制和风险分配机制。

1.团队生产理论

1972 年，阿尔钦和德姆塞茨发表了经典论文《生产、信息费用和经济组织》，提出了团队生产理论。他们认为，在团队生产中，最终产出是一种共同努力的结果，每个成员的贡献难以精确地进行观测与度量，因而不能按每个人真实的贡献付酬。这样，就会出现偷懒的机会主义行为，并损害到整体的生产效率，所以监督偷懒行为就成为企业的一项工作。

（1）团队生产的特点。企业的性质是什么？阿尔钦和德姆塞茨认为，企业的实质是一个团队生产。企业的生产关系是各种要素所有者之间的协作关系，它们是作为一个群体出现在生产的过程中的。团队生产特征包括：①生产要投入多种资源；②产品或产值不是每种投入要素分产出的代数和；③生产中使用的资源并非都归某一个人所有。那么，在什么情况下会选择团队生产呢？他们认为如果生产是由团队进行的，并且团队生产的总产出大于团队成员的分别产出之和，增加的部分足以弥补组织和管束团队成员的成本，团队生产就会被采取。阿尔钦和德姆塞茨（2003）曾指出“如果以团队生产的方式能使生产力有净增长，扣除维持团队纪律的有关的考核成本后仍有净利，那么就应该依靠团队生产，而不依靠许多分离的个体产出的双边贸易”。

（2）偷懒与监督。为了提供努力生产的激励，企业就必须正确地计量每种生产要素的生产率，并依据生产率给予相应的报酬。然而，最终产出是每个成员共同努力的结果，产品的价格体现的是所有生产要素的贡献，而不能清晰地区分各个生产要素的贡献程度。也就是说，市场机制对各个生产要素的贡献的计量是困难的或费用很高。这样，在团队生产中，每个成员都有偷懒的动机，尽量使他人多付出劳动，从而“搭便车”。而偷懒的机会主义行为会影响到整个团队的生产效率。为解决这一问题，阿尔钦和德姆塞茨提出，与市场相比，通过监督和观察要素所有者的行为来估计要素生产率是经济的、有效的。这样就需要从团队中选择某些成员作为监督者，专门监督其他要素所有者的工作行为和绩效。

（3）监督激励与业主。如果监工只是团队的普通成员，或只是从团队中分离出来的要素所有者，那监督的效果就要大打折扣，因为这样的监工也和其他要素所有者一样，是以工资形式获取劳动的报酬，因而他也会怀有偷懒的动机。这样的监工无法起到防止偷懒的作用。那么，什么样的成员做监工就能真正起到监督作用呢？必要的条件就是赋予这个成员剩余索取权，即有权获取扣除工资等成本后的剩余收入。这个成员就是资本的所有者——资本家。也就是说由资本家来做监工，他就有动力提高监督的效率。显然，如果团队成员的生产越有效率，资本家的剩余就越多，从而资本家就越有动机去监督团队成员的行为，这又反过来促进团队生产的效率，促成良性循环。

(4)古典企业的制度安排。在现实经济运行中,单一业主制、合伙制企业都属于古典企业类型。在这些企业中,所有权与经营权没有分离,资本家既是所有者,又是经营者,人们称其为业主。企业的剩余索取权归业主所有,只有业主作为监督者,才能够有效解决偷懒问题,提高企业生产效率。

案例2.5

搭便车的寓言与现实

有一个国王为了显示自己的威信,决定在自己生日那天让全部子民同一时刻高呼:"陛下万岁"。他把时间定在了正午时刻。子民们也十分期望这一刻的到来,因为他们就能听到世界最大的声音。有一位智者发现了这样一个问题:如果自己也呼喊的话,听到别人声音的效果将大打折扣。于是,他决定在呼喊的时候保持沉默,只是静静地听别人呼喊。他把这个发现告诉了自己最亲密的人,想让他也能享受到此种乐趣。结果,不到半天时间,这个消息传遍了整个国家。正午时刻到了,大家翘首盼望着最大声音的到来,但是回应的却是比平时更安静的沉默。

在现实经济活动中搭便车的现象也比比皆是。例如,由于罢工的胜利,工人获得加薪,这对所有工人都有好处。但那些参加罢工的工人却承担了所有风险和成本。搭便车理论首先由美国经济学家奥尔逊(M. Olson,1965)在其发表的《集体行动的逻辑:公共利益和团体理论》一书中提出,其基本含义是不付成本而坐享他人之利。其根本原因在于团体利益同分,责任与成本却由团体的每个成员承担,这样便会出现不付成本而坐享他人之利的投机行为。

资料来源:奥尔逊.集体行动的逻辑:公共利益和团体理论[M].上海:上海人民出版社,1995.

2.代理成本理论

团队生产理论通过赋予监督者剩余索取权,从而解释了以管理者是企业所有者为特征的古典企业存在的原因及其内部组织制度。但是,这一理论在解释所有权和经营权分离的现代公司制企业时,却是失败的。这是因为,在现代公司制企业中,管理者已不再是企业的完全所有者,企业出现了一种非常重要的代理关系:所有者与经营者之间的代理关系,即所有者委托经理人经营企业。所有者拥有剩余索取权,但不直接参与企业的经营与管理;而企业经理人控制着经营权,但不拥有剩余索取权。那么,现代公司制企业中内部组织结构及代理关系具有怎样的特征呢?1976年,詹森和梅克林(M. Jensen and W. Meckling)发表了《企业理论:管理行为、代理成本和所有权结构》一文,发现了委托—代理关系中出现的代理问题及相应的代理成本。

(1)代理关系。詹森和梅克林将代理关系定义为一种契约关系。在这种契约下,委托人将某些决策权委托给代理人,代理人以委托人的名义从事各种活动。在现代企业制度中,企业所有权和经营权是分离的。作为所有者,资本家扮演着股东和投资人的角色,他把经营权委托给管理者。管理者是代理人,代理人受所有者的委托来经营与管理企业，指挥和监督工人进行生产经营活动。

在委托—代理关系中，代理人必须满足委托人的利益诉求，不得利用代理权为自己牟取私利，必须做到勤勉尽责、审慎周到、以实现和保护委托人的利益。然而，由于经营者不是企业的所有者，代理人目标与委托人目标不完全一致。那么，在信息不对称的情况下，代理人就存在违背委托人利益最大化意愿而行动的动机。

(2)代理问题。委托代理关系中的信息不对称表现在两个方面：一是经理人非常了解自身经营管理才能的高低，而股东知悉较少，只能从文凭、业绩以及口碑等方面了解经理人的能力和品德；二是经理人对公司经营的实际状况十分了解，而股东并不熟悉企业经营的具体细节。

由于信息不对称，经理人就会采取机会主义行为(如图 2-4 所示)。①事前机会主义行为。投资人在雇佣经理人之前并不了解申请人的实际能力，而申请人了解自己的管理才能，由此引发的逆向选择使投资人选择能力比较低的经理人。②事后机会主义行为。投资人缺乏对企业经营管理实际状况的信息和经理人努力工作的信息，而经理人熟悉企业的实际经营状况和自己努力工作的程度，那么经理人就不会像对待自己的资金一样非常负责任地去经营，从而不能尽心尽力地为投资人的利益而工作，出现败德行为。

图 2-4
机会主义与代理成本

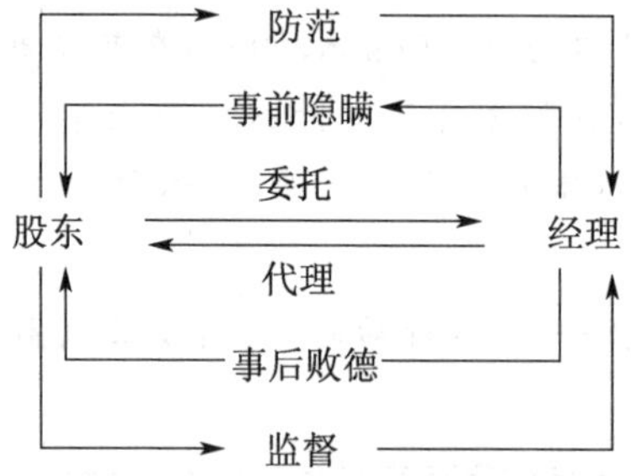

机会主义会导致经理人把投资者提供的资金浪费在无吸引力的项目上，这种现象被詹森和梅克林称为“代理问题”。其表现在两个方面：一是经理人决策能力低，由决策失误导致资金投放到利润很低，或亏损的项目上；二是经理人败德行为，包括提高自身的在职消费(豪华的办公室、公司的飞机等)，为提高自身经营声誉而进行的低效率投资，如盲目扩大生产规模或扩大经营范围等。

(3)代理成本。代理成本定义为因代理问题所产生的损失，以及为了解决代理问题所发生的成本。詹森和梅克林(1976)将代理成本区分为监督成本、守约成本和剩余损失三个部分。①监督成本。委托人为了控制代理人的逆向选择和败德行为，需要设计一套有激励意义的契约，并依据契约对代理人实施监督、激励以及必要的惩罚。在经济活动过程中，监督成本主要是指监督代理人的过度消费或自我放松(磨洋工)而耗费的支出。②担保成本，也称为守约成本，是指代理人为了取得外部股东信任而发生的自我约束支出(如定期向委托人报告经营情况、聘请外部独立审计等)。③“剩余损失”。因为代理人与委托人利益目标分歧，代理人的决策与委托人利益最大化决策之间的差异而使委托人承受的损失。

(4)现代企业制度安排。为解决和治理公司制企业中出现的代理问题，就必须设计一套有激励意义的公司内部治理结构，以控制代理人的败德行为和逆向选择，即公司治理结构。国外的公司治理结构经历了一个从“股东本位论”到“利益相关论”的发展过程。

①股东本位论。股东是公司内部权力机构的主体，“非股东的利害关系人”被排除在公司权力机构之外。依此理论建立起来的公司内部治理结构是股东大会、董事会以及经理层三位一体的公司内部权力结构模式。其内部关系是：股东大会是公司的最高权力机关；由于股东不可能都参与公司经营，他们通过股东大会选举董事会，由董事会执行股东大会决议，选聘经理经营企业，董事会与股东大会之间是一种信托关系；董事会与高层经理之间是一种委托—代理关系。为防止董事会、经理层滥用权力，有些国家的法律还规定在公司内部设监事会，对其进行监督。这种模式发端于1600—1602年英国和荷兰的特许贸易公司，这种体制反映了资本在生产要素中占绝对主导的地位，公司归股东所有，公司被认为是股东赚钱的“工具”。

②利益相关论。随着技术水平提高和股东权利的分散，资本在生产要素中的地位有所下降，其他要素所有者的利益得到重视，并引起公司治理结构模式的转变。利益相关论认为，公司是由物质资本所有者，非物质资本所有者，包括股东、雇员、债权人(银行)、消费者、政府和社区等利益相关者为了各自的目的联合起来，形成的一种具有法人资格和地位的有效率的契约组织。这些人员和组织都成为公司风险的承担者和利益的分享者，各方的利益是紧密联系在一起的，它们被称为利益相关者。在公司经营和管理过程中，公司的管理者不能只为实现股东利益服务，也应该考虑其他利益相关者的利益，以减少因利益冲突追加的组织成本和价值损失。为了更有效地提高非股东的其他利益相关者的利益，要求原来仅仅由股东把持的公司权力机关向劳动者雇员和债权人银行等利益相关者开放，重构一个囊括所有利益相关主体的多元分散，又相互制约的公司法人治理结构。

案例2.6

德国利益相关者共同治理模式

德国公司的职工参与制度是利益相关者共同治理模式的一种成功实践。德国公司治理结构实行双重委员会制，即在企业管理层设立监事会和董事会两个机构。监事会是公司股东、职工利益的代表机构和监督机构，主要职责是监督董事会的经营业务、任免监事会的成员、向董事会提供咨询等。董事会执行监事会决议，负责执行公司日常经营和管理事务。德国以法律形式规定劳资共同决策，企业职工和产业工会的代表有权在公司的董事会和监事会中占有一定席位并参与决策，监督已制定的维护职工利益的法规和劳资协议的执行情况，享有对企业生产经营状况的知情权和质询权，但不直接参与剩余收益的分配。德国是西方国家中实际职工参与企业管理制度最彻底的国家，这也是二战后德国经济发展较快的原因之一。米歇尔·阿尔贝尔(M. Albert)等学者认为，通过职工参与决策制度，德国工薪阶层的工资水平比同期发达国家要高，而劳动时间要短，工人的罢工损失也远远低于其他国家，这使得德国宏观经济的稳定性更好。这种制度也造就了大批熟练工人，为德国经济的进一步发展储备了优秀的后备力量。

在德国的公司治理中，银行系统也是关键的参与角色。他们既是公司的债权人，又是大股东，银行拥有主导性投票权，在公司决策中起着决定性的作用。可以说，德国的公司并不只是停留在最大化投资的回报上，其宗旨是注重公司整体利益，是一个不同利益集团的联合体。

资料来源：李传军. 德国企业的共同治理模式[J]. 企业改革与管理，2011(5).

3. 委托—代理理论

[2-6]
激励机制与机制设计理论

在利益目标不一致、信息不对称的情况下，委托人不能完全了解代理人的行为动机。因此，委托人必须事前设计一个激励机制为拥有信息优势的一方（代理人）提供某种刺激和动力，从而使其选择对委托人最有利的行动，结果使双方都能趋于效用最大化[2-6]。在机制设计研究方面，赫维茨（L. Hurwicz，1972）最早提出了激励相容机制。其对激励相容的定义为：假定机制设计者有一个社会目标（可以是企业所追求的目标），机制设计的任务就是要设置某套机制或规则，在使得参与者追求个人利益的同时，设计者的社会目标也能够得到实现。在社会经济活动中，通常机制设计者的目标和机制参与者的利益之间不会完全一致，要达到机制设计者的某种目标，就必须对活动参与者给予激励，参与者只有能获得大于其付出代价的利益时，才会遵循机制的约束和要求，把事情做好；否则，他们就会选择不遵守该机制的约束，或者不把事情做好。

(1)假设条件。机制设计理论提出两项假设：一是出资者作为委托者对产出没有直接贡献，二是因缺乏充分信息，委托人不易直接观察代理人的行为。

(2)约束条件。机制设计理论将达成委托代理均衡合同的条件概括为两个：一是激励相容约束条件，即机制要使委托与代理双方的效益最大化；二是代理人参与约束条件，即代理人参与合作得到的期望效用不小于保留效用（机会成本），则他接受机制比拒绝机制在经济上更合理，从而保证代理者有参与机制的利益动机。

(3)激励相容机制的基本观点。在市场经济中，每个理性经济人都会有自利的一面，其个人会按自利的规则行动；如果能有一种制度安排，使代理人追求个人利益的行为正好与企业实现利润最大化的目标相吻合，这样的制度安排就是激励相容。激励相容机制研究得到两个重要结论：①如果使代理人承受全部风险，相应地代理人成为剩余权益者，机制对于代理人的激励是充分的，资源配置能够达到最优；②要使委托者预期收益最大，在委托者与代理者之间的产权安排上，代理者必须承受风险，至少是部分风险，这种代理者承受风险责任与其在企业中对资产的权利对应，同时与激励代理者所需要的利益相对称。

第三节　我国国有企业的市场化改革

我国企业制度变迁实践与研究是伴随着我国经济体制的改革而展开的。在改革开放之前,我国实行高度集中的计划经济体制,企业只是政府机构的附属物,企业的资源调配、生产计划、产品销售以及收益分配都由政府机构直接管理,企业经营完全由政府命令指挥和协调。可以说,企业只不过是政府的一个生产车间而已,企业没有独立决策、独立核算、自主分配收益的权利。在对企业的认知方面,人们将企业视为计划经济的基层组织,企业只是政府的一个生产单位或车间,形成所谓的传统企业本质理论。1978 年,我国开始进行经济体制改革,尤其是《中共中央关于经济体制改革问题的决定》发布以后,企业改革全面推开,我国国有企业的改革采取了循序渐进的方略,大致经历了"放权让利"、承包经营、现代制度建设、企业战略重组和发展混合所有制经济五个阶段。企业制度的改革也推动了我国企业理论的研究。

一、我国企业制度的变迁历程

(一)放权让利(1978—1985 年)

1978—1985 年,企业制度改革的主要内容是"放权让利",即逐户核定企业的利润指标,规定当年增产增收的目标,允许他们在实现目标以后提留分享少量利润,作为企业的基金,并允许给职工发放少量奖金。"放权让利"试点从 1978 年 10 月开始,首先在重庆钢铁公司等六家企业开始实施 14 条扩权措施,到 1979 年 7 月,国务院颁布了《关于扩大国有企业管理自主权的若干规定》、《关于国有企业实行利润留成规定》等五个文件,进一步细化了"让利"的具体办法,加快"放权让利"步伐。1981 年 10 月,国务院批转国家经委、国务院体改办《关于实行工业生产经济责任制的意见》,开始推进经济责任制。1982 年以后,以利润包干为主要形式的经济责任制普遍展开,有效解决了以往国家统得过死,吃大锅饭的弊端,提高了企业和员工生产的积极性。

由试行利润留成到推行经济责任制,目的都是使企业拥有一定的经营自主权。简政放权、扩权让利政策的实施在一定程度上打破了旧的体制对企业的严重束缚,企业开始接触市场经济,开始认识市场机制和价值规律的作用。但是,以"放权让利"为特征的改革对传统体制并没有多少触动,它带来的经济效果,只是旧体制内潜能的释放。在此期间,人们把企业视为"相对独立的经济实体",以此为基础形成计划经济向商品经济过渡的过渡期企业理论。

(二)承包经营(1986—1991 年)

在农村"承包制"释放力量的示范效应下,依据"两权分离"的原则,全面推行以企业承包经营责任制为主的各种新的管理体制成为企业改革的主要形式。承包经营责任制的基本原则是:"包死基数、确保上缴、超收多留、欠收自补。"它的具体形式有五种:两保一挂、上缴利润递增包干、上缴利润基数包干、微利和亏损企业的利润包干或亏损包干、行业投入产出包干。在 1986 年进行承包经营责任制试点的基础上,1987 年 5 月,国务院决定全国普遍推广承包经营责任制,到 1987 年底,在 11 402 户国有大中型工业企业中,实行成本经营责任制的达 8 843 户,占企业总数的比例达77.6%。承包责任制在一定程度上增强了企业的活力，承包合同的完成率极高，使1985年以来持续下降的财政收入状况得到扭转。

承包制按照所有权与经营权分离的原则，以承包经营合同形式确定国家与企业“责、权、利”关系，使企业在不改变产权关系的基础上，实行自主经营、自负盈亏的经营管理制度。与改革初期的“放权让利”式改革相比，承包经营责任制已经涉及政企分开、企业自主权的法律认可等一系列国有企业深层次的制度问题。但是“承包制”实际上是只能包盈、不能包亏，而且还助长了企业的短期行为，不利于企业的长远发展。承包责任制是“两权分离”(即所有权和经营权)改革理论的应用，并推动了我国商品经济条件下企业本质理论研究的发展。

(三)现代企业制度建设(1992—2002年)

[2-7]
中共中央关于建立社会主义市场经济若干问题的决定

1992年6月，国务院五个部门发布了《股份制企业试点办法》，我国开始股份制企业改革试点，试点企业有3 220家，其中89家公司向社会公开发行了股票。1993年11月，党的十四届三中全会通过的《关于建立社会主义市场经济体制若干问题的决定》明确指出，我国国有企业改革的方向是建立适应市场经济要求的“产权明晰、权责明确、政企分开、管理科学”的现代企业制度[2-7]。1994年1月开始实施的《中华人民共和国公司法》为企业制度向股份制改革提供了法律依据，也标志着从1994年开始，国有企业改革进入了全面实施企业产权制度改革的新阶段。

1997年党的十五大之后，我国通过“抓大放小”，加快了控制国民经济命脉的大中型骨干企业的股份制改造。随着试点工作的进行，以产权制度改革为核心的现代企业制度工作在全国各地迅速展开。截至1997年年底，国有企业改造成股份公司的已达上万家，在国家100户现代企业制度试点的企业中，已挂牌上市的占48%。属于非试点的国有小企业通过破产、拍卖、租赁、承包经营和股份合作制等多种改革形式，打破了原有的国有企业制度模式，一大批地方中小型国有企业实现了民营化。

1999年9月22日，中国共产党第十五届中央委员会第四次全体会议专门研究国有企业的改革和发展问题，并通过《中共中央关于国有企业改革和发展若干重大问题的决定》，再次强调要建立和完善现代企业制度，尽最大努力实现十五大和十五届一中全会提出的“三年两个大多数”的改革目标，即用三年左右的时间，使大多数国有大中型亏损企业摆脱困境，力争到20世纪末大多数国有大中型骨干企业初步建立现代企业制度。在十五届四中全会精神指导下，国有企业改革大步推进，1998年以来，中央确定的及各地选择的2 700多家建立现代企业制度的试点企业多数都进行了公司制、股份制改革，国有及国有控股工业企业实现利润大幅度增加。截至2003年年底，全国4 223家国有大中型骨干企业中有2 514家通过多种形式改制成为多元持股的股份制企业。一些中央企业则积极推进法人治理结构的建设，有19家企业开展董事会试点，共派出66名外部董事，有14家试点企业的外部董事达到或超过了董事会成员的半数。经过改造后的国有企业进入了一个新的发展阶段。

通过推进建立现代企业制度，明晰产权，赋予企业法人财产权，企业成为市场竞争主体；政企分开，企业摆脱作为政府附属物的束缚；科学管理，转换企业经营机制，为国有企业改革发展找到新的途径，企业面貌发生了显著变化。1992 年以来，人们认识到现代企业是能够独立承担民事责任，取得法人资格的经济组织。人们开始分析法人财产权等现代企业制度建设的重大问题，逐渐构建起我国市场经济条件下的企业本质理论[2-8]。

[2-8]
林毅夫、张维迎关于国企改革大辩论

(四)企业战略重组(2003—2012 年)

2002 年 11 月，党的十六大报告提出继续深化国有企业改革，在国有大中型企业继续实行规范的公司制改革，完善法人治理结构的基础上，提出“通过市场和政策引导，发展具有国际竞争力的大公司大企业集团”。国有企业的“兼并重组”、“整合壮大”成为新一轮国企改革的目标。

早在 2000 年初，国家就已经对原 512 家重点国有企业进行了调整，有 113 家企业分别被并入中国石油化工集团公司、中国石油天然气集团公司、国家电力公司等 14 家集团公司，相应地，有 107 家原不属 512 家之列的企业被增补为国家重点企业，这其中有不少是业绩优良的民营企业和高科技企业，调整后的企业总数为 520 家，统一改称为国家重点企业，其中 200 家左右的企业是上市公司或上市公司的母公司。国家为了加快培育有国际竞争力的大公司和企业集团，实施了大公司、大集团战略，提出了“抓大放小”的方针，并选择了 120 家大型骨干企业作为试点企业集团。

2003 年 3 月，国务院国资委成立，并致力于做强做大我国的大型国有企业集团。在国资委推动下，坚持政府推动、市场运作、企业自愿的原则，中央企业之间开始了大规模的兼并重组，一批具有自主知识产权、核心能力突出、具有国际竞争力的大型企业集团得以发展壮大。中国医药集团、中国中煤能源集团公司、中国生物技术集团、中国国际航空集团、燕京啤酒集团、海尔集团等企业集团成为这一时期各行业的典范。这一阶段我国企业集团的主要特点是：进一步完善以资本为连接纽带的母子公司体制，现代企业制度建设取得重大进展，兼并重组不断发生，规模不断扩大，竞争能力不断增强，并开始注重实施走出去发展战略。经过国有企业的战略重组，我国电信、电力、石油石化、航运、航空、军工、煤炭行业按照国有资本占有量计算的主业集中度分别为 96.37%、93.99%、92.98%、92.86%、88.3%、80.98%和78.10%。2005—2010 年，中央企业资产总额由 10.5 万亿元增长到 24.3 万亿元，年均增长 18.2%；2010 年，在美国《财富》杂志公布的世界 500 强企业中，中央企业上榜 30 家，比 5 年前增加了 20 家。

(五)发展混合所有制经济(2013 年至今)

2013 年 11 月，党的十八届三中全会审议通过的《中共中央关于全面深化改革若干重大问题的决定》(下称《决定》)指出，国有资本、集体资本、非公有资本等交叉持股、相互融合的混合所有制经济是基本经济制度的重要实现形式，它有利于国有资本放大功能、保值增值、提高竞争力，有利于各种所有制资本取长补短、相互促进、共同发展。该决定允许更多国有经济和其他所有制经济发展成为混合所

[2-9]
中共中央关于全面深化改革若干重大问题的决定

有制经济，除少数涉及国家安全的企业和投资运营公司可采取国有独资形式外，其他行业和领域的国有资本以控股或参股形式参与经营，鼓励通过整体上市、并购重组、发行可转债等方式，逐步调整国有股权比例，积极引入各类投资者，形成股权结构多元、股东行为规范、内部约束有效、运行高效灵活的经营机制。发展混合所有制是深化国有企业改革的重要举措，对于进一步推进国有企业股权多元化、规范法人治理结构具有重要意义[2-9]。

2014 年 7 月，按照稳妥、规范、有序的原则，国务院国资委开始启动“四项改革”试点，即中央企业改组国有资本投资公司试点，中央企业发展混合所有制经济试点，中央企业董事会行使高级管理人员选聘、业绩考核和薪酬管理职权试点，向中央企业派纪检组试点。其中中国医药集团总公司、中国建筑材料集团有限公司被列入首批混合所有制试点单位。中国医药集团总公司是国务院国资委直接管理的我国规模最大、产业链最全、综合实力最强的医药健康产业集团，该集团公司较早在二级子公司实现了混合所有制改革，并建立起规范的董事会。中国建筑材料集团有限公司是集科研、制造、流通为一体的全球最大的建材工业制造商，该公司按照“规范运作、互利共赢、互相尊重、长期合作”的原则，不断探索和推动国有企业与民营企业的重组，集团 85％的企业已发展成为混合所有制经济，走出了一条以国民共进方式进行市场化改革和行业结构调整的新路。2015 年 9 月，国务院发布的《国务院关于国有企业发展混合所有制经济的意见》提出了发展混合所有制经济的总体要求和部署。在企业层面，强调要准确界定国有企业的功能，分类推进改革；在区域层面，鼓励地方从实际出发，制定完善改革方案和相关配套措施，推进混合所有制改革。2016 年 3 月，国务院转批国家发改委《关于 2016 年深化经济体制改革重点工作的意见》，计划在电力、石油、天然气、铁路、民航、电信等重点领域，选择一批国有企业开展混合所有制改革试点示范。同时，各省、市、自治区的发改委也同时启动了地方国有企业的混合所有制经济试点工作。随着试点工作的展开，越来越多的国有企业将形成混合所有制经济，现代企业制度也将日趋规范。

案例2.7

我国民航业的重组与市场化改革

改革开放前，我国的航空运输业还是一个政企合一、高度垄断、准军事化管理的超大型国有企业。行政命令式管理、计划经济模式经营严重制约了我国民航业的发展。

1984 年开始，我国航空业按照政企分开的原则组建航空公司，实行自主经营、自负盈亏、平等竞争。1984 年，厦门航空公司、新疆航空公司相继与中国民用航空局分离；1988 年，中国民用航空总局将北京、上海、广州、西安、成都、沈阳等 6 个地区管理局所属的航空运输业务、资产和人员分离出来，组建了 6 个国家骨干航空公司（中国航空公司、中国东方航空公司、中国南方航空公司、中国西北航空公司、中国西南航空公司、中国北方航空公司）。2002 年 10 月，中国民航总局以中国国际航空公司、中国东方航空集团公司、中国南方航空公司为基础，将旗下 10 家航空公司整合为三大航空集团：中国国际航空集团公司、中国东方航空集团公司和中国南方航空集团公司。其中,中国国际航空集团公司由中国国际航空公司、中国航空总公司和中国西南航空公司组建而成;中国东方航空集团公司以原东方航空集团公司为主体,在兼并原中国西北航空公司、联合原云南航空公司的基础上组建而成;中国南方航空集团公司以中国南方航空(集团)公司为主体,联合新疆航空公司、中国北方航空公司组建而成。2005 年,民航总局为奥凯航空有限公司、鹰联航空有限公司、春秋航空有限公司颁发经营许可证,标志着民营资本控股的航空公司进入我国民航市场,与国有控股的民航公司展开竞争,我国航空业形成"三强为主、地方为辅、外航渗透"的竞争格局。航空业市场化改革调动了参与主体的积极性、主动性和创造性,推动了我国航空业的迅速发展,使我国航空运输量进入世界前列。

民航作为资本密集型行业的典型代表,要想做强,航空企业必然需要大规模的增量资本投入。通过发展混合所有制经济,鼓励民间资本和国外资本进入国有控股的航空企业是航空业持续发展的重要途径。2014 年 7 月,以民航投资资金管理为核心业务的民航管理有限公司成立,首期募集资金 200 亿元,此举将有效促进民航业投融资体制改革。在民航投资基金的股权结构中,混合所有制企业持股 65%,国有企业持股 35%。显然,民营和国外资本投资民航领域,为民航业发展注入活力,也推动着航空企业向运作更加高效的混合所有制经济转型升级。

资料来源:綦琦. 民航市场化改革的历程及启示[J]. 中国民用航空,2014(5).

二、我国企业制度的深刻变化

经过 40 年的改革,我国企业制度发生了根本性变化。在法律形式上,实现了从行政附属物到公司独立法人的转变;在所有权结构上,实现了从国有独资到股权多元化的转变;在经营组织上,实现了从单一工厂制向现代经营组织的转变;在公司治理上,实现了从厂长经理负责制到现代公司治理的转变。

(一)企业市场化

1993 年 11 月,党的十四届三中全会明确提出了推动国有企业逐步建立产权明晰、权责明确、政企分开、管理科学的现代企业制度。1993 年 12 月 29 日,中华人民共和国第八届全国人民代表大会常务委员会第五次会议通过《中华人民共和国公司法》(以下简称《公司法》),第一次确立了公司制的形式、机构权责、合并、破产等内容,推行公司法人治理结构,有力推动了政企分开的改革进程。1997 年 7 月,党的十五大明确指出:"建立现代企业制度是国有企业改革的方向。要按产权清晰、权责明确、政企分开、管理科学的要求,对国有大中型企业实行规范化的公司制改革,使企业成为适应市场的法人实体和竞争主体。"2013 年国务院批转发改委《关于 2013 年深化经济体制改革重点工作的意见》,要求推动大型国有企业公司制股份制改革,大力发展混合所有制经济。在此基础上,上海、广东、山东、江西等省市都纷纷制定相关细化方案,地方国企改革进入全面加速期。

公司制确立了企业独立的法人地位,企业拥有独立的法人财产权,包括政府在内的投资者只以投入企业的资本为限承担有限责任，企业成为独立的法人实体和市场主体。《公司法》颁布以来，我国的公司制企业的数量迅速上升。大部分国有企业通过重组整合、混合所有制改革、资产证券化等途径，已经改制为多元股东持股的公司制企业。目前，公司制股份制已经成为国有企业的主要组织形式，中央企业及其所属子企业改制面从 2003 年的 30%提高到 2014 年的 85%以上。国有企业已经进入了资产资本化、股权多元化发展阶段，企业的治理结构、管理方式也发生了与之相应的深刻变化。

(二)股权多元化

1999 年 9 月，党的十五届四中全会通过的《关于国有企业改革和发展若干重大问题的决定》提出："国有资本通过股份制可以吸引和组织更多的社会资本，放大国有资本的功能，提高国有经济的控制力、影响力和带动力。国有大中型企业尤其是优势企业，宜于实行股份制的，要通过规范上市、中外合资和企业互相参股等形式，改为股份制企业，发展混合所有制经济，重要的企业由国家控股。"从此，我国开始启动国有企业股权多元化的改革。2003 年 10 月，十六届三中全会《关于完善社会主义市场经济体制若干问题的决定》进一步明确指出："要适应经济市场化不断发展的趋势，进一步增强公有制经济的活力，大力发展国有资本、集体资本和非公有制资本等参股的混合所有制经济，实现投资主体多元化，使股份制成为公有制的主要实现形式。" 2011 年 3 月 14 日，十一届全国人大四次会议审议通过的《中华人民共和国国民经济和社会发展第十二个五年规划纲要》提出要"推动具备条件的国有大型企业实现整体上市，不具备整体上市条件的国有大型企业要加快股权多元化改革"。2013 年 11 月，党的十八届三中全会提出要"积极发展混合所有制经济，推动国有企业完善现代企业制度"。

在各项政策和规定的推动下，我国国有企业股权多元化改革持续推进，以股份制为主要形式的混合所有制经济迅速发展起来。截至 2012 年年底，国有控股上市公司共 953 家，占我国 A 股上市公司数量的 38.5%，占 A 股上市公司总市值的 51.4%。从地区分布来看，江苏省属企业集团层面全部完成公司化改造，80%以上子公司成为股权多元化企业；重庆市属国有工商企业一半实现了整体上市或主体上市；河南、湖南积极引导企业通过境外上市提高企业治理水平；云南、厦门通过建立拟上市企业储备库，多渠道多形式推进企业上市。预计到 2020 年，大部分国有企业将通过股权多元化的改革发展成为混合所有制企业。

(三)公司集团化

1980 年 7 月，国务院发布《关于推动经济联合的暂行规定》，以冲破对行政性公司条块分割体制的制约，最早成立联营公司的是第二汽车制造厂(后改为东风汽车公司)。1986 年 3 月，国务院进一步提出横向联合要不受地区、部门、行业和所有制限制；企业之间要提倡以大中型企业为骨干，以优质名牌产品为龙头进行联合；联合形式可以是紧密型的、半紧密型的，也可以是松散型的等。联营公司体制毕竟只是企业间浅层次的合作，很难实现战略性协同和一体化运作。1987 年 12

月，国家体改委、国家经委颁布《关于组建和发展企业集团的几点意见》，首批试点企业集团达55家。1997年，大型企业集团试点增至120家，一些行业性总公司改为集团公司，如中石油集团、中石化集团等。一些大公司利用并购、行政划拨等手段重组其他国有企业后成立新的集团，如宝钢重组上钢、梅钢。截至2003年年底，在189家中央企业中，采用集团公司体制的有113家。通过公司集团化建设，我国企业的组织体制实现由单一企业和行政性公司为主向大企业、大集团体制的演变，企业的规模经济效益也大幅度提升。

2002年，党的十六大报告提出“走出去”战略，出台了一系列鼓励和促进对外直接投资的政策措施，公司集团化的边界开始拓展到全球。2009年，中央政府实施4万亿元财政支出的扩张性政策，极大地增强了市场的信息，海外并购日趋活跃。国有（集团）公司在能源与资源领域的海外并购交易十分活跃。2009年8月，中国石油化工集团以71.9亿美元收购瑞士阿达克斯石油公司；2013年2月，中国海洋石油有限公司以151亿美元成功收购加拿大石油和天然气供应商NEXEN；2014年4月，中国五矿集团公司所属五矿资源有限公司、国信国际投资有限公司和中信金属有限公司等组成联合体收购秘鲁铜矿拉斯班巴斯（Las Bambas）。根据商务部的一项统计，2013年工商登记注册为“国有”性质的企业对外直接投资比例为55.2%。2013年11月，党的十八届三中全会审议通过的《中共中央关于全面深化改革若干重大问题的决定》提出改革国有资本授权经营体制。一些行业性大型集团公司，可考虑赋予其国有资本投资经营权，鼓励其发展成为国际化集团公司。体制改革和政策支持必将进一步推动集团公司的国际化程度，提高集团公司的国际竞争力。

（四）法人治理结构规范化

我国国企管理体制大致经历了一长制、党委领导下的厂长负责制、厂长（经理）负责制、党组织发挥政治核心作用、建立和完善公司法人治理结构等几个阶段，始终在探求符合我国发展阶段和企业发展规律、市场经济规律的国企领导体制。党的十五届四中全会通过的《中共中央关于国有企业改革和发展若干重大问题的决定》指出，公司制是现代企业制度的一种有效形式，公司法人治理结构是公司制的核心，要形成股东会、董事会、监事会和经理层各负其责、协调运转、有效制衡的公司法人治理结构。自此，国企管理体制改革进入到法人治理结构阶段。

经国务院同意，2004年国资委在中央企业开展建立规范董事会试点工作，并确定宝钢集团有限公司、神华集团有限责任公司、中国诚通控股公司、中国铁通集团有限公司、中国国旅集团公司、中国医药集团总公司、中国高新投资集团公司等7家企业为第一批试点企业。国资委试图通过国有独资公司董事会试点，完善国有控股公司的法人治理结构，从而明确受托责任和问责机制，进一步完善企业内部监督。随着试点工作的开展，国资委研究制定下发了《关于国有独资公司董事会建设的指导意见（试行）》、《国有独资公司董事会试点企业外部董事管理办法（试行）》、《国有独资公司董事会试点企业职工董事管理办法（试行）》等规范性文件，不断推进规范董事会制度建设工作，试点企业户数不断扩大。截至2014年年底，在国资委监管的112家中央企业中，董事会试点企业已达74家，占比达到66%。按照党的十六大、十七大、十八大提出的健全现代企业制度、完善法人治理结构的国企改革要求，各级国资委在推进国企法人治理结构规范化建设方面取得较大进展。目前，全国国有企业改制面超过90%，各级国资委监管的大多数国企根据《公司法》、《企业国有资产法》等法律法规制定公司章程，基本建立了股东会、董事会、监事会和经理层的法人治理架构，规范了各自的权责、议事规则和办事流程，为法人治理结构的规范化运行奠定了基础。其中，深圳国有独资公司董事会全部实现了外部董事占多数，河北省国有企业面向全国招聘外部董事等改革都提升了法人治理结构水平。2016年，国资委启动"四项改革"试点，探索完善国有企业公司法人治理结构的工作机制。通过试点，进一步减少出资人代表机构管理事项，落实董事会职权，使董事会更好发挥决策中心作用，理顺董事会和经理层、监事会、党组织的关系，建立起法人治理完善、激励约束有效、经营管理规范的现代企业制度。

本章小结

生产实践不断推动着企业理论的发展和演变，人们对于企业的认识在20世纪30年代发生了重大变化。以科斯为代表的新制度学派让人们开始重新认识企业的性质。

新古典经济学的研究注重企业的产出功能，把企业理解为生产函数，认为生产成本最小化是企业追求的目标。依据新古典经济学的观点，规模经济和范围经济是企业获得成本优势的重要手段，也成为影响企业生产规模的重要因素。在竞争充分的市场，企业将不断扩大生产规模以降低成本，直至使平均成本达到最小；在范围经济效应存在的条件下，企业将不断向产业链的相关环节延伸，拓展生产范围，直至资源得到充分有效利用。

新制度经济学以交易费用为基本概念，分析了企业存在的原因、企业的性质和企业规模的决定。企业的交易费用和组织成本成为决定企业边界的因素。当企业再多组织一项生产而追加的组织成本等于通过市场获得而产生的交易费用时，企业规模扩张达到临界。

20世纪70年代末期，我国国有企业制度开始由"生产车间"向市场主体转变，经历了放权让利、承包经营、现代企业制度建设、企业战略重组等阶段后，我国的国有企业成为明确的市场主体，逐步建立起规范的法人治理结构，企业的核心竞争力明显提升。目前，我国国有企业正在进行混合所有制经济改革，国有企业的竞争活力将不断增强。

复习与思考

一、名词解释

范围经济　最小有效生产规模　交易费用　代理成本　现代企业制度

二、单项选择题

1. 新制度经济学诞生的标志成果是(　　)。

A.《国民财富的性质和原因的研究》　　B.《经济学原理》

C.《企业的性质》　　D.《就业、利息货币通论》

2. 完全竞争厂商的长期均衡点位于(　　)。

A. LAC 最低点　　B. LAC 的下降区间

C. LAC 的上升区间　　D. 偏离 LAC

3. 企业替代市场的原因是可以节约(　　)。

A. 交易成本　　B. 组织成本　　C. 生产成本　　D. 广告成本

4. 代理成本来源于(　　)。

A. 监督成本　　B. 担保成本　　C. 剩余损失　　D. 以上都是

5. 威廉姆森认为,(　　)不是决定交易成本的因素。

A. 资产专用性　　B. 交易的不确定性　　C. 交易数量　　D. 交易频率

6. 我国现代企业制度建设起始于(　　)。

A. 1949 年　　B. 1978 年　　C. 1992 年　　D. 2003 年

三、简述题

1. 简要说明威廉姆森对交易费用的定义与分类。

2. 简要说明新古典经济学的假设。

3. 范围经济产生的原因是什么?

4. 简要说明目前深化我国国有企业制度改革的主要内容。

5. 简述机会主义的表现。

四、论述题

论述我国国有企业改革理论的形成与发展。

第三章　产业组织理论

产业组织理论是产业经济学的重要组成部分。产业组织理论围绕市场结构、市场行为和市场绩效及其相互关系展开研究，并试图协调规模经济效应与市场竞争活力之间的矛盾。要了解和认识产业组织理论，就必须搞清楚如下几个问题：一是产业组织的定义；二是产业组织研究的范式，即采用什么概念、逻辑体系和分析方法进行研究；三是产业组织理论发展和各流派的争论。

第一节　产业组织的定义

一、组织

关于组织的概念，国内外学者有不同的解释和说明，大体上归纳为如下三层含义：一是指具有一定结构和体系的单位、机构，这里组织是一个名词，反映由各个部分相互联系组成的整体；二是指组织活动和组织工作，这里组织是一个动词；三是组成部分之间的关系，这里组织是一个名词，表示结构。产业组织中的组织通常是作为“组成部分之间的关系”来理解的。

二、产业组织

产业组织，也即产业内企业之间的相互关系，可以从以下两个方面对这一概念加以理解。

（一）“产业”的界定

在产业组织理论的研究中，产业被界定为：生产同类具有密切替代关系的产品的厂商集合。这些厂商构成单一产品市场的供给方集合，这样划分的产业也就等同于单一产品市场，产业结构也就等同于市场结构。

产业组织理论中的产业概念是采用产品用途属性的相似性分类形成的。这是产业分类的一个重要标准，也是产业组织研究的基本前提。产品用途属性的相似程度要求很高。表现为产品同质或具有密切的替代关系，能够属于同一个产品市场。例如，旅游鞋市场、小轿车市场、水泥市场等。而鞋类市场、汽车市场、建材市场分类比较粗略，市场中产品差异太大，所以在产业组织研究中的应用价值极低。

(二)企业之间的相互关系和地位

由于产业内企业提供具有密切可替代的同一种类产品和服务，因此它们之间的关系主要表现为市场竞争。这些企业在市场竞争机制调节下，为争夺市场份额、扩大企业利润展开竞争。但由于产品市场结构状况不同，产业内的竞争程度也有很大区别。

在完全竞争的市场结构中，由于存在大量的买者和卖者（原子型市场），每一个卖者和买者都不具有市场支配权利或市场能力。这时，企业在价格机制调节下展开激烈的竞争，而且价格机制能够引导社会资源实现最有效配置。

在不完全竞争的市场结构中，由于一个或少数企业具有较强的市场能力，能够控制市场价格，因而使价格机制的调节作用受到影响，市场竞争减弱，从而资源配置的效率降低。

显然，不同的市场结构下，企业之间的相互关系并不相同。因此要研究产业内企业之间的关系，就需要区分不同的市场结构，也就是说，不同的市场类型反映着不同的企业关系类型。

三、产业组织研究

产业内企业之间的竞争与垄断关系（市场结构）是市场中企业行为决策的基础，而且对市场运行的最终效果（市场绩效）也产生重要影响。产业组织的研究就是要分析市场结构、市场行为和市场绩效之间的相互影响、相互制约的关系，进而探索更为客观的市场绩效的评价体系、市场行为的规制方案。

产业组织理论研究单一产品市场中企业之间的竞争与垄断关系，但分析的角度与微观经济学存在明显区别。微观经济学主要是探索不同市场结构中企业利润最大化的决策和市场均衡问题；而产业组织理论主要是研究不同市场结构的市场绩效及其相互影响关系。

第二节　产业组织理论的渊源

一、马歇尔冲突

马歇尔（A. Marshall，1890）在其著作《经济学原理》中提出了产业组织理论研究的核心命题“马歇尔冲突”。

(一)马歇尔冲突

在产业组织理论发展过程中，最早认识到产业内企业之间关系与市场运行效率之间存在关系的是英国经济学家马歇尔。他在《经济学原理》中首次引入了“组织"这个概念。他认为企业内部分工有助于知识积累和效率提升,因而组织与规模经济性直接相关,也即大规模生产出现的收入递增效应与组织密切相关。也就是说,企业规模越大,专业化分工越细,生产效率也就越高。因而他认为组织是劳动力、土地、资本以外的"第四生产要素"。

马歇尔在分析规模经济性的过程中,发现这样一个矛盾:大规模生产能够为企业带来产品成本的下降,从而使企业不断扩大市场占有率,其结果必然导致企业市场势力的提高,形成市场垄断,阻碍价格机制发生作用,扼杀自由竞争,从而降低资源配置的效率。也即规模经济的存在一方面获得了规模经济效应,但由此引发的垄断也遏制了自由竞争,损害了资源配置效率。这个矛盾被后人称为"马歇尔冲突"。面对这一矛盾,马歇尔试图用动态的分析方法,即企业生成—发展—衰退过程来说明垄断是不会无限蔓延的,规模经济和竞争是可以获得某种均衡的。马歇尔冲突提供了一个重要的研究方向,成为产业组织理论形成和发展的核心命题[3-1]。

[3-1]
重读"马歇尔冲突"

(二)马歇尔冲突的解决思路

马歇尔借鉴生物学上的进化论思想来说明"马歇尔冲突"的解决思路。马歇尔认为,自然界许多生物都有生命周期。例如,一株幼苗吸收足够的阳光、空气、水分和营养物质,会长成大树,具有旺盛的生命力。但这种状况不会永远持续下去,它终究会因机能失常而衰老,其他具有青春活力的幼苗又会沿着这一轨迹发展。企业发展也是如此,有其"生成—发展—衰亡"的生命周期,大企业衰退并为中小企业取代是自然法则,垄断不会无限蔓延下去,规模经济和竞争可以获得某种均衡。马歇尔还指出中小企业的最大特点就在于管理费用低、决策灵活,同样可以获得必要的信息(企业规模愈小,必要信息量愈小)。马歇尔从进化论角度,在中小企业个体层面上考察了其存在的原因,可称为"个体经济进化论"。在20世纪末期涌现的企业能力理论中,经济学家安蒂斯·潘罗斯(E. Penrose)秉承了马歇尔的观点,认为企业没有最优规模,因为企业连续不断地产生出新的资源,这些资源可用于有效拓展"邻近"的产品市场,单个企业往往处于由小到大的不断进化之中,周而复始。

二、不完全竞争市场结构

自亚当·斯密以来的一百多年的时间里,资本主义处于自由竞争的鼎盛时期,垄断还是个别现象。19世纪末20世纪初,资本主义进入垄断阶段,新古典经济学家(马歇尔、庇古等)开始关注垄断现象和市场的不完全性,但他们仍然把自由竞争作为普遍现象,而把垄断现象作为例外来构造经济学理论。

1933年,美国哈佛大学张伯伦(E. Chamberlin)和英国剑桥大学的罗宾逊夫人(J. Robinson)分别出版了《垄断竞争理论》和《不完全竞争经济学》,提出了不完全竞争市场。不完全竞争市场是相对于完全竞争市场而言的,它是指除完全竞争市场以外的所有的或多或少带有一定垄断因素的市场,包括三个类型:完全垄断市场、寡头垄断市场和垄断竞争市场。两位学者的主要贡献在于摒弃了新古典经济学关于把“完全竞争”作为普遍现象而把垄断看作例外情况的传统假设，认为不完全竞争市场也是客观存在的市场类型，从而将市场结构类型扩展到四种类型（见表3-1）。两位学者不仅提出了更多的符合资本主义实际的市场结构类型，而且分析了不同结构的成因、均衡条件及福利效应，试图解释不同市场结构下厂商行为的差异以及对整个市场运行的影响，如价格上升、产量下降、消费者剩余减少、创新动机减弱等。他们的分析框架拓宽了产业组织的研究视野，而且为产业组织理论的形成奠定了基础。在四种市场结构中，沿着完全竞争市场—垄断竞争市场—寡头垄断市场—完全垄断市场的顺序，垄断势力逐渐增强，并从企业数量、产品差异化、进入与退出壁垒以及价格控制等方面表现出来。

表3-1　　四种市场结构的特征及比较

市场结构类型	企业数量	产品差异化	进入与退出壁垒	价格控制	典型例子
完全竞争	很多	无差别	容易	无	小麦、蔬菜
垄断竞争	较多	有差别	较容易	未察觉到的依赖	电视剧、报纸、烟草
寡头垄断	几个	有或无	有阻碍	察觉到的依赖	电信、航空、钢铁、汽车
完全垄断	一个	完全差异	困难	独立定价	自来水、铁路

（一）企业数量

完全竞争市场拥有众多的买者和卖者，每个卖者与每个买者的市场份额在市场总量中所占的比重很少。产业中一个企业的产量占市场供给量的比重很低，产业的经济活动平均分散在众多的小企业中，因此，完全竞争市场也被称为原子型市场。垄断竞争市场也具有相似的企业构成特点。而在寡头垄断市场，几个大企业的生产和销售额在产业总量中占很高比例；而完全垄断的市场只存在一个企业，产业的经济活动全部集中在一个企业之中，一个企业就是一个产业。可见，随着垄断程度增强，行业中企业的数量在减少。

（二）产品差异化

在完全竞争的市场中，每个企业生产的产品是同质的，产品之间具有完全的可替代性。如果一个企业的价格高于市场价格，则消费者将转而购买其他厂商的产品，产品的需求交叉弹性是无限大的。因此，任何一个厂商只是市场价格的接受者，厂商不存在价格策略。垄断竞争市场中，虽然厂商众多，但不同企业的产品存在不完全替代，它们在质量、外观、商标、售后服务和声誉方面都存在一定差别，每个企业是其品牌的唯一生产者，而且买方能够识别出产品的差别。但是，企业之间的产品仍然具有较高的替代性，如电视服务市场上的各个频道、报纸市场上的各种报纸等。由于存在差异化，企业享有定价的自主权；但由于存在较高的替代性，企业对价格的调整只限于一定幅度之内。因此，垄断竞争的厂商只拥有一定的定价自主权。寡头垄断市场中，大企业的产品可能是同质的，也可能是不同质的，但各企业的产品在功能上具有较高的替代性。它们的产出变化直接影响行业和市场的供给变化。对于完全垄断的市场,独家企业的产品是唯一的,也可以说是完全差异化的,没有直接替代产品,产品需求交叉弹性为零。可见,随着垄断程度增强,产品差异程度增强,产品的可替代性减弱。

(三)进入与退出壁垒

在完全竞争市场中,进入和退出行业是完全自由的,没有任何限制企业进入和退出的障碍,如资金、技术、沉没成本和政府准入等因素。这样,一旦行业中出现超额利润,或预期利润率很高,就会有许多企业进入;相反,若行业利润率很低,甚至出现亏损,则会有一些企业退出市场。激烈的竞争保持了市场竞争的活力。垄断竞争市场也具有类似的特点,只是由于品牌的存在,企业进入时需要在产品差异化上付出更多的努力和成本。但是,这种壁垒并不大,企业的进入和退出是比较自由的。在寡头市场上,少数大企业在资金、技术、生产规模、产品知名度、销售渠道等方面占有绝对优势,因此新企业很难与之抗衡;而且新企业进入还面临着现存企业的报复等阻挠行为,因此进入壁垒很高。同时,由于寡占企业的生产规模大、投入资本量也很大,所以企业退出市场的壁垒也很高。在完全垄断市场,垄断企业的规模经济、技术优势、资源控制以及政府特许经营等因素形成难以进入的壁垒,使新企业进入几乎是不可能的。可见,随着垄断程度增强,企业进入和退出壁垒都依次提高。

(四)价格控制

在完全竞争的市场中,企业只是市场价格的接受者,任何一个企业的行为不可能对市场价格发生影响,没有垄断因素,竞争十分激烈;在垄断竞争市场结构中,任何一个企业能够在一定程度范围内影响价格,企业通过价格和非价格竞争来争取市场份额;寡头垄断市场的价格由几个大企业所操纵,寡占厂商在相互适应中形成市场价格,竞争程度进一步减弱;而在完全垄断市场,垄断企业采取独立定价,具有绝对的垄断力量,不存在竞争。可见,随着垄断程度增强,企业对市场价格的影响力渐次增加。

案例3.1

CNZZ 关于我国搜索引擎使用情况分析报告

服务于国内网民的搜索引擎数量较多,主要有百度、谷歌、360 搜索、搜狗、21CN、微软必应、搜搜、有道等。根据 CNZZ(http://www.cnzz.com)数据中心 2014 年 8 月的国内搜索引擎的使用率和占用率报告,百度在我国引擎市场中一家独大的寡头市场格局基本形成。从占有率指标来看,百度搜索引擎本月网页搜索占有率为 54.03%,其他搜索引擎的占有率如下:360 搜索为 29.24%,搜狗为 14.71%,21CN 为 0.45%,微软必应为 0.95%,谷歌为0.34%,其他 0.29%。从使用率来看,百度搜索引擎本月的使用率份额为 56.33%,而 360 搜索、搜狗、21CN、微软必应、谷歌以及其他引擎的本月使用率分别为 29.01%、12.75%、0.75%、0.71%、0.27%和 0.18%。因此,我国的搜索引擎产业市场是一个极高寡占型的市场，百度独大，而后几位厂商竞争则十分激烈。从近年发展来看，百度的市场占有率有所下降，360 搜索市场占有率不断提升。

搜索引擎企业试图通过产品差异化来实现稳定的发展。谷歌搜索的内容中以网页、企业产品、商情、交通旅游等内容为主导内容，主要目标群体是高端用户和国有企业以及外资企业。而百度则以“让人们最平等便捷地获取信息，找到所求”为理念，提供基于搜索引擎的各种产品，包括网络搜索、社区搜索、垂直搜索、Mp3 搜索、门户频道、IM 等，全面覆盖了中文网络世界所有的搜索需求，能够提供庞大的数据。360 搜索将搜索、安全检测、上网导航和浏览器相结合，为用户提供更多的附加功能。2013 年，腾讯向搜狗注资，搜狗的实力大增，PC 搜索、无线搜索和图文推广业务迅速发展。除此之外，其他一些规模比较小的搜索引擎公司为了求生存，推出了大量特色搜索引擎服务，不但推出了图片、Mp3、视频搜索，而且还推出了行业搜索、购物搜索等功能。

资料来源：CNZZ 数据中心. 搜索引擎使用情况分析报告[DB/OL].[2014-08-31]. http://engine.data.cnzz.com/.

第三节　产业组织理论的形成

一、有效竞争

不完全竞争的市场结构表明：规模经济与完全竞争的同时存在是相互矛盾的。由规模经济滋生的市场权力使完全竞争在现实经济中几乎不可能出现。也就是说，在现实经济运行中，不能避免规模经济，那么人们希望达到的理想市场是什么？1940 年，美国经济学家约翰·克拉克(J. Clark)发表论文《有效竞争的概念》。他指出，有效竞争就是指规模经济和竞争活力两者有效协调，从而形成一种有利于长期均衡的竞争格局。简单来说，有效竞争就是这样一种市场结构，既有利于规模经济，又存在足够的竞争。但是，克拉克在理论上没有解决有效竞争的评估标准和实现条件。在克拉克有效竞争概念的启发下，人们开始探索有效竞争的标准[3-2]。

[3-2]
有效竞争概念及其发展

二、有效竞争的标准

1957 年，以爱德华·梅森(E. Mason)为核心的哈佛大学产业组织研究小组将以往有关有效竞争的定义和实现有效竞争的条件的论述加以总结，提出了判断有效竞争的市场结构标准和市场绩效标准，即产业组织研究的二分法。市场结构标准是指能够维护有效竞争的市场结构的形成条件。市场绩效标准是指从市场绩效判断竞争有效性的标准。1958 年，美国经济学家史蒂芬·索斯尼克(S. Sosnick)提出了市场结构、市场行为和市场绩效三个标准，即从市场结构、企业行为和市场绩效三个方面研究产业组织，被称为产业组织研究的三分法。市场结构标准:集中度不太高;市场进入容易;没有极端的产品差异化。市场行为标准:对于价格没有共谋;对于产品没有共谋;对于竞争者没有压制政策。市场绩效标准:存在不断改进产品和过程的压力;随成本大幅度下降价格能向下调整;企业与产业处于适宜规模;销售费用在总费用中的比重不存在过高现象;不存在长期的过剩生产能力。

三、SCP 分析范式

哈佛大学产业组织研究小组在研究中,非常重视市场结构对厂商行为和市场绩效的影响,认为在市场结构(structure)、厂商行为(conduct)和市场绩效(performance)之间存在着确定的因果关系,即市场结构决定厂商行为,厂商行为又决定市场绩效(如图 3-1 所示)。因此,为了获得理想的市场绩效,最重要的是通过调整和改善不合理的市场结构。这些基本观点和分析范式经过乔·贝恩(J. Bain)等学者的发展,逐渐形成完整的理论体系。1959 年,贝恩发表《产业组织》一书,标志着产业组织理论诞生[3-3]。1970 年,谢勒尔(F. Scherer)详细分析了价格形成、广告活动和研究开发等市场行为,进一步揭示了市场行为与市场绩效之间的关系,将产业组织理论体系向前推进了一步。

[3-3]
乔·贝恩
简介

图 3-1
哈佛学派的SCP分析范式

(一)市场结构

市场结构是指生产同类产品的企业之间的竞争与垄断关系。市场结构是哈佛学派研究的起点和核心。决定市场结构的主要因素有市场集中度、产品差异化程度、进入壁垒等。

1. 市场集中度

它是衡量某一产品市场中,企业间市场份额与资源占有量分布情况的一个指标。通常用市场中少数几个最大厂商所占的比重来表示。显然市场集中度越高,少数大企业所占比重越大,它们对市场的影响力就越强,垄断程度就越强。

2. 产品差异化程度

在同一产品市场中,由于不同企业提供的产品在质量、性能、售后服务乃至消费者的认知等方面的差异,产品间出现替代的不完全状况,导致消费者能够加以识别和区分。显然产品差异化程度越高,企业对市场价格的控制力越强。

3. 进入壁垒

进入是指一个厂商进入一个新的产品市场,与原有产品生产企业(在位厂商)展开竞争的一段过程。进入壁垒就是指该厂商进入时所遇到的障碍及克服障碍所发生的成本。例如,新企业进入时将面临获得资本、技术、消费者偏好等问题。另外,新企业还面临在位企业的阻挠和政府准入等问题。显然,进入壁垒越高,新企业进入速度越慢,进入的数量越少,市场竞争也就越弱。

(二)市场行为

市场行为是指厂商在特定市场上为谋取更多利润和更高的市场份额而采取的战略性行为或行动。厂商的市场行为主要包括定价、广告、技术创新、兼并等。这些行为都是市场机制调节下所发出的行为。当然,人们并不研究那些不正当的市场行为,如假冒伪劣、窃取商业秘密、官商勾结等;也不研究那些非市场调节中企业表现的行为,如社会行为。

(三)市场绩效

市场绩效是指在一定的市场结构条件下,在企业行为作用下市场运行的最终效果。市场绩效评价的标准是多元的,但在哈佛学派看来,资源配置效率和社会福利是主要标准。也即产业是否尽可能多的,尽可能好地向社会提供了产品,使社会福利最大化。其中,利润率是衡量市场绩效最为重要的指标。在 SCP 分析范式中,利润率的大小主要取决于市场结构,这种思想主要体现于"集中度—利润率"假说。哈佛学派认为,在市场集中度高的市场中,由于存在企业间的共谋、协调行为以及进入壁垒等限制竞争行为,削弱了市场竞争性,其结果是使产业存在超额利润。其核心是高集中度市场的高利润来源于市场的垄断行为,而垄断行为又基于高集中度的市场结构[3-4]。

[3-4]
哈佛学派

四、产业组织政策

在哈佛学派看来,高集中度的市场结构会产生垄断行为,进而导致不良的市场绩效,降低了资源的配置效率。因此,产业组织政策首先应该对经济生活中的完全垄断和寡占等高集中度市场采取政府规制,以形成和维护有效竞争的市场结构,从而提高市场绩效。哈佛学派的政府干预政策对美国等国家反垄断政策的制定和实施产生重大影响。

第四节　产业组织理论的发展与演变

20 世纪六七十年代,SCP 分析范式发展到鼎盛时期,不但凝聚和造就了一个正统的产业组织理论流派(哈佛学派),而且对政府制定公共政策也产生巨大影响。但在 20 世纪 80 年代,SCP 分析范式遇到了理论和实践两重问题。在实践层面,20 世纪 80 年代,美国的一些传统优势产业开始丧失竞争力,面临日本、韩国等东亚国家的挑战。很多人把其归结为反垄断政策的实施,认为是反垄断政策限制了规模经济效应,削弱了大企业的生产效率,从而降低了行业的国际竞争力。在理论层面,人们没能发现 SCP 分析范式所描述的那种稳定的、具有普遍意义和不容置疑的单向因果关系。在这种情况下,人们开始反思和质疑哈佛学派,由此诞生了一批自由主义的产业组织流派,极大地丰富了产业组织理论的研究。

一、芝加哥学派

[3-5]
芝加哥学派

芝加哥学派是以美国芝加哥大学众多经济学家为阵营，对美国乃至整个西方国家都很有影响的重要的产业组织理论学派。芝加哥学派推崇经济自由主义思想，信奉自由市场经济中市场机制的作用，相信“看不见的手”的自我调节力量，认为市场竞争过程是一个适者生存、优胜劣汰的“生存检验”过程，大企业有其存在的合理性。其基本的政策主张是遵循市场运行机制，反对政府干预[3-5]。芝加哥学派是在反对哈佛学派中发展起来的，其理论和政策主张与哈佛正统产业组织理论存在很大分歧。

1.观点之争

1968年，斯蒂格勒(G. Stigler)的名著《产业组织》问世，标志着芝加哥学派在理论上的成熟。与哈佛学派相比，芝加哥学派是采用长期观点和动态观点来研究产业组织的。

(1)长期的观点。针对哈佛学派“集中度-利润率”假说，芝加哥学派用长期分析的观点予以反驳。斯蒂格勒指出，即使市场中存在某些垄断势力或存在不完全竞争，只要不存在政府的进入规制，长期的竞争均衡状态在现实中也是能够成立的。例如，在高集中度市场中，如果企业之间采取秘密卡特尔共谋或勾结，在短期也许可以获得高利润率。但是，这种由垄断势力导致的高利润率不会长期存在，由于这种高利润率会因为新企业的大量进入或共谋协议的破裂而难以维持。因此，从长期来看，垄断行为不能维持高利润率，而且这种垄断市场也将逐渐向自由竞争的市场环境演变；反之，如果一个市场持续出现高利润率，必然不是因为垄断行为的存在而获得，而是因为产业中的企业高效率的生产所导致(如规模经济、技术创新、管理创新等)。因此，即使这种高效率生产导致高集中度的市场结构，政府的反垄断行为也没有必要。因为它是一种高效率的组织，对提高产业竞争力具有重要意义。

显然芝加哥学派对高利润率产生原因的解释与哈佛学派的“集中度-利润率”假说存在很大差异。哈佛学派认为高利润率反映市场结构中存在各种垄断势力和行为，因而损害了竞争，导致资源配置的低效率；而芝加哥学派认为高利润表示市场中企业具有高效率的生产，与垄断因素无关，因而高利润率也就不能成为资源配置非效率的指标。

(2)动态的观点。哈佛学派在研究产业内企业间关系时，是以不变的市场结构(外生变量)为基础，来研究市场效率；而芝加哥学派认为，一些厂商在市场竞争中比其他厂商具有较高的生产效率，从而获得高额利润，并使厂商规模扩大，使市场集中度提高，最终产生以大厂商和高集中度为特征的市场结构。显然，企业的生产效率变化，使市场结构发生变化。因而，在芝加哥学派的产业组织理论中市场结构成为一个内生变量。

由此，哈佛学派与芝加哥学派形成两种不同的研究范式。哈佛学派以市场结构为起点，形成SCP分析范式，芝加哥学派则更注重生产效率，认为市场绩效或市场行为决定了市场结构。

2.政策之争

基于SCP分析范式,哈佛学派认为高集中度市场必然损害竞争活力,从而降低资源配置的效率。因此,他们主张政府应该通过严格控制兼并等政策来阻止托拉斯组织的产生,依据反垄断法拆分市场中占支配地位的大企业或给予罚款、赔偿等惩罚。

而芝加哥学派认为,高集中度的市场结构是由于企业高效率生产所导致的,如果对这些企业进行分割拆分,就等于破坏了效率增长的源泉。而如果这些企业在垄断市场中转而依靠垄断行为获得高利润的话,那么这种现象也将很快消失。因此,潜在的竞争压力会迫使大企业仍处于竞争压力之中。斯蒂格勒指出,如果反垄断法仅仅根据市场份额便宣判企业违法,就会阻碍企业进步,削弱产业竞争力。同样,兼并能够使社会资源从效率低下的企业转移到高效率的企业,从而提高资源配置效率。所以,政府也没有必要对企业兼并进行严格控制。所以,芝加哥学派在原则上反对政府以各种形式对市场结构进行干预,反对哈佛学派所主张的对长期存在的过度集中的大企业采取分割政策和实行严格兼并控制政策。20世纪七八十年代芝加哥学派的自由主义思想在西方国家广泛传播,发展成为产业组织理论的主导学派。在其影响下,政府的反垄断规制不断放松,产业组织政策发生重大转变。这一时期美国奉行的就是极度宽松的保守主义的反托拉斯政策。

二、可竞争市场理论

1982年,鲍莫尔(W. Ballmol)、帕恩查(J. Panzar)和韦利格(R. Willing)在借鉴芝加哥学派产业组织理论的基础上,合作出版《可竞争市场与产业结构理论》,标志着可竞争市场理论形成。可竞争市场理论通过对可竞争市场的分析,进一步说明了高集中度市场和经济效率是可以并存的。

(一)可竞争市场的特征

完全可竞争市场是指企业从市场退出时完全不用负担不可回收的沉没成本,从而企业进入和退出完全自由的市场。简单地说,沉没成本为零的市场就是可竞争市场[3-6]。

[3-6]
可竞争市场

沉没成本是指企业在进入市场时所投入、在企业退出该市场时不能收回的部分。沉没成本大致包括以下两个方面:一是资产出让时的损失。企业在退出转让资产时,因出让价格较低而有一部分投入费用不能收回;有的难以收回,只能作废处理,损失更大。二是存在难以收回的无形资产,主要包括企业用于教育、培训、广告、研发等方面的费用。因为存在资产专用性,沉没成本为零的假定是不现实的。但是,鲍莫尔等人强调,沉没成本为零作为一个理想基准,能够解释完全竞争市场之外企业高效率的生产行为。

那么,为什么沉没成本为零时,企业进入和退出市场就是完全自由的呢?这是因为沉没成本是企业退出市场时的损失,而对在位厂商来说它等于零。因此,在没有其他人为的进入障碍的情况下,沉没成本就是真正地进入障碍。沉没成本的大小决定企业退出的难易程度,从而影响企业的进入决策。沉没成本越小,企业退出损失越小，企业进入决策就越果断，从而企业进入就越自由。对于在位企业来讲，沉没成本越小，潜在进入者进入的机会就越大，企业压力也就越大。因此，当沉没成本为零时，企业可以毫无顾虑地进入或退出市场，而在位企业处于强大的潜在竞争压力之中。

(二)可竞争市场的企业行为

1.潜在进入者的行为

在完全可竞争市场中，潜在的进入者受到超额利润的影响，会迅速进入这个市场，并能够在现存企业做出报复前安全撤出。这种“进入—退出”形式通常被称为“打了就跑”策略。在这样的市场中，只要超额利润还存在，就会有企业不断进入，直至超额利润消失为止。

2.在位企业的行为

在潜在进入者频繁、自由进入的威胁下，在位企业无论是寡头还是垄断企业都不能依靠垄断行为维持高额利润，而只能保持最有效率的生产并把价格维持在竞争水平。也就是说，在位企业只能依靠竞争行为来获得正常利润，否则就会吸引潜在进入者进入。

(三)可竞争市场的绩效

与芝加哥学派观点相似，可竞争市场理论也强调长期分析。该理论认为，在长期，市场进入和市场退出过程均处于均衡状态，一方面，现存企业不存在退出市场的动机，因为它们没有亏损；另一方面，潜在进入者也不存在进入的动机，因为这个市场已不存在超额利润。显然，在潜在进入者自由进入的潜在竞争压力下，在位企业保持有效率的生产，并把价格维持在平均成本最低点。这样，即使是寡占，垄断的市场结构也是有效率的，也可以实现社会福利最大化。

(四)政策主张

根据可竞争市场的理论分析，在近似完全的可竞争市场中，政府没有必要干预产业组织。政府的主要职能在于降低市场的沉没成本和人为障碍，确保市场存在足够的潜在竞争压力。

三、新奥地利学派

19 世纪 70 年代，奥地利经济学家门格尔(C. Menger)、维塞尔(F. Wieser)、庞巴维克(E. Bŏhm-Bawerk)等人用人类行为科学方法分析市场运行及经济规律，创立了奥地利学派。20 世纪 30 年代以后，以米塞斯(L. Mises)和哈耶克(F. Hayek)等为代表的一些奥地利经济学家继承了奥地利学派的传统理论并做了一些补充，形成新奥地利学派。

该学派认为，人类行为事件是许多因素造成的复合结果，它涉及人类生活、精神和社会等更为复杂的领域，而并不是简单一致的事件，因而不能采用与自然科学相同的数学分析方法(以函数关系为基础的数学模型)来研究,而应该采用人类行为科学方法,通过演绎推理,定性分析人的行为过程。米塞斯(1949)在《人类行为》一书中指出,人类行为科学研究方法的核心是个人主义,即:只有通过理解个体的人的行为,才能够理解人的集体的行为。个人主观自由是经济学的起点,也是经济学的终点。

(一)个人主义分析方法

新奥地利学派研究的对象是具体的个人,而不是具有完全信息的理性经济人。每个人的知识储备、信息来源、人际关系都是有差别的,每个人的精神意志和行为方式都是不完全相同的。

新奥地利学派认为,无论政府也好,企业也好,都不可能掌握完备的知识和信息,这是因为知识和信息分散在千百万人的脑海中。作为社会的成员,每个人仅知道某些事情,知道自己的需求和家庭的需求,而对邻居的需求只知道一点点,知道私人财物的使用价值,而对就在我们紧邻的资源的可用性却知道一点点。每个人都只知道一点点,作为个体所知道的这一点点拼凑成一幅分立的、零碎的信息七巧板。这就是所谓的"市场分立论",强调知识和信息是分散的、零碎的。

每个人都有自由意志,为了目标会采取行动。个人是经济活动唯一积极主动的参与者;个人在决策时将为了自己的利益行事。只有通过个人的知识与信息、感觉与期望,才能理解和解释人们的行为。由于人们性格、所处环境、知识信息储备不同,其决策和行为方式也不同。

(二)市场分析

1.市场行为

在市场运行中,主观努力最明显的表现是企业家精神。企业家精神是指企业家所具有的发现新的然而是人们希望得到的需要,以及满足这些需要的新资源、新技术或其他手段的动力和能力。企业家精神来源于企业家对利润的不懈追求,并具备自由意志、敏锐的洞察力和高效的组织能力三个特征。企业家为了获得更大的利润,他们会不断捕捉已经存在但未被注意的商机,不断寻找满足消费者的更好的方法和知识[3-7]。因此,企业的市场行为的本质就是分散的知识、信息的发现和利用的过程,就是满足人类欲望之更好方法的发现和利用的过程。

[3-7]
透视企业家精神系列之一:从企业主到企业家,当下缺什么

2.市场结构

同一市场的生产者为获得更多的利润和市场份额,都想以更快的速度发现新的知识和信息,以更高效的方法向消费者提供产品和服务,使市场出现竞争。企业的争胜行为和动态过程在市场上就表现为竞争。

在新奥地利学派看来,竞争源于企业家精神,而这种精神又是其他企业所无法夺去的。因此,只要确保自由的进入机会,旺盛的企业家精神就能形成充分的市场竞争压力。市场竞争程度与市场的集中度、产品差异化和市场壁垒无关,它是市场行为的结果。只要存在企业家精神,企业就会不断尝试和创新,进而改变其市场地位。企业家精神决定着一个企业发展知识的数量和速度,也决定着企业

的市场份额和竞争力。

3.市场绩效

奥地利学派认为，新古典经济学的市场均衡分析及所谓的市场结构不是市场的实质，而只是市场行为的一种结果。新奥地利学派指出，正是由于个体信息是不完备的，因而市场中存在没有被发现的市场需求和商业机会，因而市场需求与供给不平衡。企业家不断发现新的商业机会的行为，更多地满足了消费者的需求，从而使供给趋向于需求而调整。

从资源配置效率来看，市场竞争的过程能够促使人们不断发现和利用新的知识和技术，使社会资源用于社会价值更高的领域，实现了资源的更有效的配置，增强了市场效率，优化了产品结构。

(三)政策主张

新奥地利学派信奉自由主义，反对市场干预。他们认为，政府的知识和信息是不完全的，政府的干预反而会干扰市场自然调整的过程，约束人的自由意志，损害企业家精神，最终损害市场效率。如果政府干预了市场机制，其所得的结果绝不可能达到干预者的计划和目的，他们必然大失所望。而这种失望情绪并不会导致取消干预政策，相反，必将导致更进一步的国家主义和经济控制。

因此，新奥地利学派对传统的哈佛学派的反垄断政策基本持批判态度，一方面，他们认为破坏市场秩序的不是大企业，而是市场上的同业团体和协会。即使市场存在暂时垄断，也是对创新的激励，因而没有必要反垄断。另一方面，没有任何外在的标准能够识别垄断，执法机构无法辨识垄断者，因此也无法执行反垄断政策。总之，新奥地利学派的学者们强烈反对政府对产业的过多干预。

四、新产业组织理论

新产业组织理论是指 20 世纪 70 年代以后发展起来的以分析企业策略性行为为主要内容的产业组织理论。20 世纪 80 年代，梯诺尔(也译为泰勒尔)(J. Tirole)、克瑞普斯(D. Kreps)等人引入博弈论，从理论范式、研究方法和政策主张等方面对传统产业组织理论进行了突破和创新[3-8]。

[3-8] 梯诺尔的学术贡献与评价

(一)行为主义分析范式

新产业组织理论突破了哈佛学派只重视市场结构的分析框架，研究重点从市场结构转向市场行为，尤其是在策略性行为研究方面取得重大进展。

1.策略性行为分析

寡占厂商的策略性行为分析是新产业组织理论研究的核心内容。在寡占市场，企业的行为相互依存、相互制约。一个厂商通过影响竞争对手的市场预期，使竞争对手在预期的基础上做出对该厂商有利的行动，这种影响竞争对手预期的行为就称为策略性行为。在现实经济中，寡占市场的在位厂商可以通过策略性行为改变市场环境，从而影响竞争对手的预期，改变竞争对手对未来事件的信念，从而迫使竞争者做出对主导厂商有利的决策行为。

策略性行为的分类有以下不同标准。

根据企业之间是否存在协调机制分为合作策略性行为和非合作策略性行为。所谓合作策略性行为是指厂商旨在协调行业内各家厂商行为和限制竞争而采取的行动；在合作策略性行为中，寡头之间存在默契或明确的协调机制，通过这种协调机制使厂商的背叛行为容易被发现，而且使厂商感到背叛不能带来更多利益，从而增强合谋的稳定性。所谓非合作策略性行为是指企业为追求利润极大化所采取的提高其竞争地位的行动。这类行为通常以降低竞争者的利润为代价来实现己方的利润增长。在非合作策略性行为中，在位厂商通过某种行动改变竞争对手和潜在进入者的预期，从而达到驱逐竞争对手或者遏制进入的目的(见表 3-2)。

根据行为调整和作用的时间长短，可以将策略性行为分为短期策略性行为(如价格调整)、中期策略性行为(如产品选择、产能调整)和长期策略性行为(如研发与创新)。

根据在位企业所采取的手段，策略性行为可分为价格策略性行为和非价格策略性行为。

表 3-2　　策略性行为的种类(根据企业之间是否存在协调机制划分)

策略性行为类型		主要策略性行为
合作策略性行为	默契合作	重复博弈
		冷酷策略
		胡萝卜加大棒
	明确合作	共同成本手册
		转售价格维持
		基点定价
		一致—竞争条款
		价格领导
		预告价格变动
		最惠国待遇条款
		行业协会
		交换信息
		分割市场与固定市场份额
非合作策略性行为	价格策略	限制性定价
		掠夺性定价
	非价格策略	产品选择
		提高对手成本
		过度生产能力
		长期契约
		研发与创新

2.内生的市场结构

新产业组织理论认为，市场结构不是外生变量，而是与市场行为和市场绩效相互作用的、需要在市场分析框架内进行解释的内生变量。在市场运行中，企业不是被动地对给定的外部条件做出反应，而是试图以策略性行为去影响竞争对手的预期，从而排挤竞争对手或阻止新对手进入市场，进而改变市场结构。因此，市场结构和绩效都被看作是企业策略性行为的结果。这样，市场结构和行为的关系的分析范式就由“结构主义”转向“行为主义”，SCP 分析范式的静态的、单向因果关系就被动态的、复杂的双向关系所取代。

(二)博弈论与博弈模型

企业策略性行为是企业之间交互作用的复杂、动态过程，市场结构、供求状况、对手的信息、企业成本特征等都会影响企业的行为及市场均衡。对于多样、多变的策略性行为，传统的经验研究方法(统计学方法和案例研究等)都不能建立令人信服的研究体系，而博弈论方法却显示出良好的适用性和强大的分析能力。

针对合作策略性行为，新产业组织理论采用合作博弈模型来分析成员间合作的机制，以及成员对机制的背叛与相应的惩罚。其中，重复博弈是分析默契合作的重要模型。不同于一次博弈，重复博弈是指在博弈中，相同结构的博弈重复多次，甚至无限次。重复博弈解释了无合作协议的寡头之间长期保持各自的产量和价格的现象。冷酷策略和胡萝卜加大棒则说明了如果成员违背机制及其引发的后果。明确合作策略性行为则采用不完全信息合作博弈模型来分析博弈者联盟的机制及其稳定性。在市场上，企业的价格和产量调整的信息不具有完全公开性和透明性，成员企业违背合作机制(背叛)的行为就不易被观察到，或者被发现需要一个过程。这样，信息不对称或信息滞后就为企业违背合作机制创造了条件，从而也就成为影响合作稳定性的重要因素。不完全信息的合作博弈模型把合作机制建立在不完全信息条件下，合作机制设计得十分精致，特别是解决了背叛的识别和防范问题。近年来，合作博弈的研究重点转向联盟机制的形成过程，主要模型包括议价博弈与竞合博弈等。

针对非合作策略性行为，新产业组织理论采用非合作博弈模型来分析参与者旨在提高市场地位的策略、收益以及均衡。与合作博弈模型的应用相比，非合作博弈模型更为成熟，它在非合作策略性行为研究中的应用成果也更为丰富。非合作博弈模型分为完全信息静态博弈模型、完全信息动态博弈模型、不完全信息静态博弈模型和不完全信息动态博弈模型(见表 3-3)。其中，完全信息静态博弈模型主要分析参与者信息对称且同时独立行动的策略性行为，其模型主要包括古诺模型、伯川德模型、静态限制性定价；完全信息动态博弈模型主要分析参与者信息对称且行动有先后顺序的策略性行为，其模型主要包括斯塔克尔伯格模型、动态限制性定价、ε—先占权模型、产品先占权模型、生产能力投资模型；不完全信息静态博弈模型主要分析参与者信息不对称且同时独立行动的策略性行为，其主要模型有不完全信息的古诺模型、拍卖、招投标模型等；不完全信息动态博弈模型主要分析参与者信息不对称且行动有先后顺序的策略性行为，其模型主要有米尔格罗姆和罗伯茨的信号传递模型、后芝加哥学派的 KMRW 声誉模型等。非合作博弈问题在现实经济中大量存在，非合作博弈模型的应用领域不断拓展，近年来拍卖、委托-代理等领域的博弈研究取得十分重要进展。

表 3-3　　非合作博弈模型及均衡分类

信息获取 / 行动顺序	完全信息	不完全信息
静态	完全信息静态博弈模型 （纳什均衡）	不完全信息静态博弈模型 （贝叶斯纳什均衡）
动态	完全信息动态博弈模型 （子博弈精炼纳什均衡）	不完全信息动态博弈模型 （精炼贝叶斯纳什均衡）

（三）政策主张

新产业组织理论在政策主张上遵循哈佛学派的"结构主义"，对政府干预和政府规制的必要性和有效性深信不疑。但是，在政策目标取向、手段和力度等方面与哈佛学派存在明显差异。在政策目标取向方面，由过去的保护消费者利益逐步转向维护生产效率，干预的重点从注重反垄断市场转变为反垄断行为；在政策手段方面，用激励性管制取代传统的管制方式（见表 3-4）。激励性规制就是将激励机制引入管制领域，给予受规制企业一定的价格制定权，激励其利用信息优势和利润最大化动机，主动提高内部效率、降低成本，并获取由此带来的利润增额。在干预力度方面，政府干预的程度倾向于温和干预。新产业组织理论的政策既不同于哈佛学派的严厉管制，也区别于芝加哥学派过于宽松的政策。

表 3-4　　产业组织理论各流派的比较

产业组织流派	假　设	方　法	研究重点	主要观点	政策主张
哈佛学派	信息完全	短期均衡分析	市场结构	结构主义	严格管制
芝加哥学派	信息完全	长期均衡分析	市场绩效	绩效主义	放松管制
新奥地利学派	信息不完全	行为分析方法	技术创新	企业家精神	自由放任
新产业组织理论	信息不完全	博弈论	策略性行为	行为主义	激励性规制

五、产业组织理论各流派的争论

市场结构、市场行为与市场绩效是产业组织理论的三大主题，如果说市场结构是产业经济活动运行的环境，那么市场行为就是产业经济活动运行的方式，而市场绩效就是产业经济活动运行的效果。市场结构、市场行为和市场绩效之间的关系也是产业组织理论研究的主要内容。而对于它们之间关系的认识各个流派之间存在较大的分歧。

(一)各流派的观点

1.哈佛学派的观点

以梅森和贝恩为代表的哈佛学派开创了产业组织理论研究,并形成了SCP分析范式。其基本的分析程序是按“结构-行为-绩效”产业组织政策展开的。该学派认为结构、行为、绩效存在着单向的、静态的因果关系,即结构决定行为,行为决定绩效(如图3-2所示)。因此,为获得理想的绩效,最重要的是要通过产业组织政策来调整和直接改善不合理的市场结构。从理论的逻辑来看,更多地强调了市场结构对厂商行为和市场绩效的影响。因此,哈佛学派又被称为“结构主义”学派。

图 3-2
哈佛学派的SCP分析范式

2.芝加哥学派的观点

以斯蒂格勒为代表的芝加哥学派被称为“效率学派”。在分析范式上,芝加哥学派更注重市场绩效,认为产业的生产效率提升来源于企业的规模生产、技术创新等因素。这些因素也影响和改变着市场结构。芝加哥学派认为三者之间的关系绝非是简单的直接因果关系;如果要考虑三者之间存在的因果关系,那也应该是市场行为和市场绩效决定市场结构(如图3-3所示)。

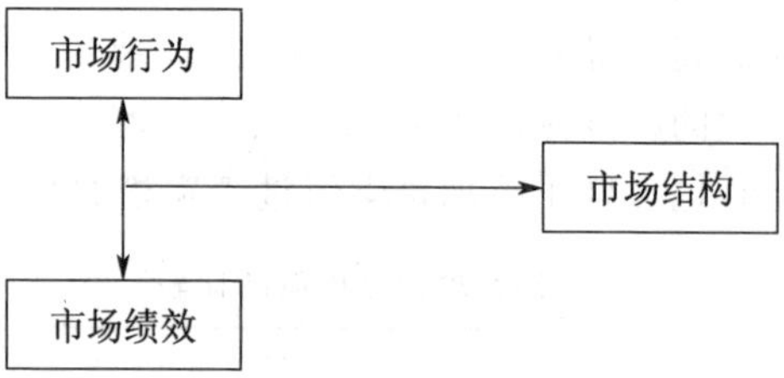

图 3-3
芝加哥学派的分析线路

3.新产业组织理论学派

以梯诺尔为代表的“新产业组织理论”继承了SCP的分析范式,但对其进行了发展和改进。“新产业组织理论”在市场结构、市场行为及市场绩效三个研究对象中,更注重对“市场行为”的分析,强调了企业行为的重要性,认为企业行为对市场结构具有反作用,特别是企业策略性行为对市场结构和市场绩效的决定作用。所以,新产业组织理论又被称为“行为学派”。该学派认为三者之间是相互反馈的动态关系,从而建立起双向、动态的分析框架(如图3-4所示)。

图 3-4
以行为为中心的双向、动态的新产业组织分析范式

(二)正确认识三者之间的关系

目前,许多经济学家都指出,市场结构、市场行为和市场绩效之间存在非常错综复杂的关系,需要从不同的角度来认识。这里从短期观察和长期观察两个角度对三者之间的关系进行分析。

1. 短期考察

从短期考察，市场结构变化不大，可以把市场结构看成是既定的变量。作为企业市场行为的外部环境，市场结构从某种程度上引导和约束企业的市场行为，而产业内所有企业的市场行为又决定了市场绩效。可见，在短期内，市场结构、市场行为和市场绩效存在单向因果关系，市场结构从根本上制约市场行为，市场行为又直接决定了市场绩效。

2. 长期考察

从长期考察，市场结构也在发生变化，而这种变化正是企业市场行为长期作用的结果，有时市场绩效的变化也会直接导致市场结构发生变化。例如，企业的技术进步会影响产品差异程度；企业的兼并行为会提高市场集中度；企业的价格行为会影响新企业的进入等。所以，在一个较长的时期内，市场结构、市场行为和市场绩效之间是相互反馈的动态关系（如图 3-5 所示）。

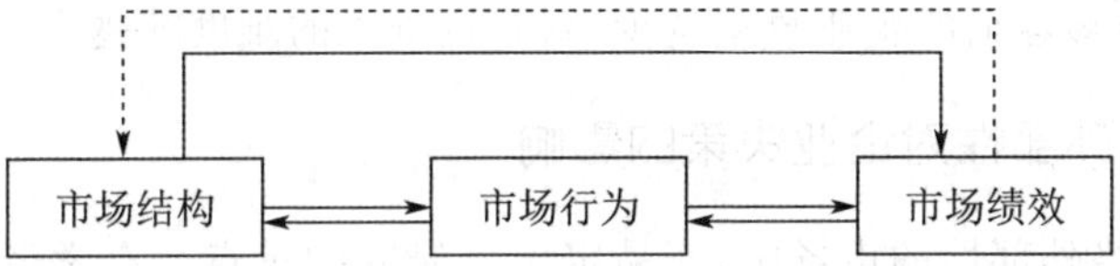

图 3-5 市场结构、市场行为与市场绩效的关系

第五节 产业组织领域的研究热点

20 世纪末以来，随着互联网技术的发展和经济全球化的推进，产业组织领域出现许多新问题和新现象，引起了人们的关注和研究，并形成了一系列新的研究领域。

一、网络外部性研究

20 世纪 90 年代以来，以因特网（Internet）为基础结构的网络经济发展，引发了许多技术上和经济学上的问题，围绕着这些问题产生了许多新的研究领域，网络外部性研究就是其中之一。网络外部性（M. Katz and C. Shapiro，1985）是指随着使用同一种产品或服务的用户数量的增加，每个用户从消费此产品或服务中所获得的效用提高。电信行业和互联网行业就有典型的网络外部性。人们通常会发现，新用户在选择电话网络时，更愿意加入原用户更多的网络；网游用户更容易被热度较高的网络游戏所吸引。与钢铁、汽车等产品生产行业的规模经济效应不同，具有网络外部性的产业也有利于大规模企业的发展，但其原因不是来源于企业的决策，而是来源于消费者的选择。网络外部性研究内容广泛，主要有网络外部性的来源、产品定价、产品创新和企业竞争等。

（一）网路外部性的来源

网络外部性的来源是研究初期的重点。基于网络外部性的作用方式，网络外部性分为直接网络外部性和间接网络外部性两种。直接网络外部性是指消费者因为其他消费者使用同一种产品而直接获得的效用。而且，使用者越多，每个消费者获得的效用就越高，如微信、QQ、支付宝等。间接网络外部性主要产生于产品之间的互补性，某种产品的价值取决于该产品互补产品的数量和质量。一种产品的互补性产品越多，该产品的使用价值就越大，那么该产品的市场需求就越大。例如，智能手机的价值取决于 Wi-Fi 的覆盖程度，Wi-Fi 的覆盖程度越高，智能手机的使用越方便，则智能手机的用户就会越多。

（二）网络外部性对市场结构的影响

国内外的研究普遍认为，网络外部性会造成一定程度的市场垄断，垄断的程度受到网络外部性的强度和技术创新等因素的影响。一些观点认为，自然垄断的强度与网络外部性程度呈正相关。网络外部性导致正反馈效应，在位企业的市场份额将迅速累积，从而使该产业形成寡占市场或完全垄断市场。而且，网络外部性越强，市场能够容纳的企业数量越少，新企业进入的难度就越大。

（三）网络外部性对企业决策的影响

在具有网络外部性的市场中，产品定价是研究的重点。有学者认为当使用该产品的消费者数量较少，从而网络外部性较弱时，企业采取低价格策略以吸引更多的消费者加入。随着用户的增加，产品的热度不断提升，企业的产出快速上升。但是，当市场被完全覆盖，网络外部性已经不能增加企业的产出时，强大的网络外部性通过增加用户的效应而提升了市场价格。

二、"新规制"研究

［3-9］
新规制经济学及其在中国的应用前景

传统的规制理论更多地解释规制产生的原因，而对于应如何进行规制的政策建议则较少涉及，其规制模式并不完善。为此，经济学家们开始尝试使用委托—代理理论对已有的规制实践进行解释，并据此构建规制政策体系，从而诞生了"新规制"理论[3-9]。新规制理论分析的范式是委托—代理关系，其中委托人是国家或规制机构，代理人是被规制企业。规制问题就演变为不完全信息条件下的最优激励设计，以此谋求社会福利的最大化。比较成熟的激励性规制工具有特许投标制、价格上限规制和规制俘虏对策等。

（一）特许投标制

在政府规制中引进竞争机制，通过拍卖的形式，让多家企业竞争在某产业领域一定时期的独家经营权（特许经营许可证），并在一定的质量要求下，由出价最高或承诺最低价格的企业取得特许经营权。因此，特许经营权被看作是对愿意以最低价格提供产品或服务的企业的一种奖励。由于特许经营权通常设有规定的年限，在潜在竞争压力下，获得特许经营权的企业只能不断降低成本，以期获得下一经营期限的经营权。特许投标制能够激励企业提高生产效率，减轻了规制者的负担，也消除了传统规制中难以解决的信息不对称问题。

(二)价格上限规制

在规制当局和被规制企业之间签订价格改动合同,规定企业的产品和服务的平均价格上限,使企业原则上只能在这个上限以下的范围内自由变动价格。企业的生产效率越高,企业的成本就越低,企业可获得的利润就越多。价格上限规制目前已经成为激励性规制的一种常用工具。

(三)规制俘虏对策

为了防止规制机构与被规制企业合谋,政府可以采取两种应对措施:一是对规制机构提供直接的激励,这种激励要大于任何被规制企业所能提供的贿赂;二是选择对被规制企业激励强度较小的方案,这种方案虽然会降低企业的资源配置效率和利润,但是也同时降低了合谋所能获得的潜在收益,从而抑制了寻租行为。

三、模块化研究

1997 年,哈佛大学商学院的卡利斯·鲍德温和金·克拉克(C. Baldwin and K. Clark)发表了《模块化时代的管理》一文,提出模块化时代的概念,认为模块化现象在信息产业、汽车、计算机等产业领域里从生产过程扩展到了设计过程,从而引起理论界的广泛关注。所谓产业模块化是指将复杂生产系统(或过程)按照一定联系规则分解为不同的功能模块的过程;而模块化的生产系统就是由不同功能模块的产品按照一定联系规则组合形成的整体。模块化研究通过分析产业模块化的特征,说明模块化生产系统具有创新能力和资源配置效率。

(一)产业模块化的特征

1. 技术标准(设计规则)

生产系统的技术标准是产业模块化的前提。技术标准一般由“舵手”(集成制造商)来创造、发布和处理,所有模块单位理解、认可、接受和遵守。对于“舵手”(集成制造商)来说,它必须能够吸引模块设计者们遵照它的设计结构,按照它所提供的界面联系规则,以相同的技术标准进行模块设计和制造。例如,1964 年,IBM 公司(国际商业机器公司)在宣布 360 系列计算机诞生时,公布了 6 种新处理器、19 种处理器、存储器配置和 44 种输入输出及存储设备的规格和技术说明。

2. 创新能力

在产业模块化中,各个功能不同且互补的模块是半自律的子系统,这些模块在统一的标准界面平台下相互独立地设计和生产,并能够对市场变化做出适应性调整。这些功能模块被赋予相当的设计自主权,拥有广阔的创新空间。每个模块内部有许多企业在同时进行独立的研究和生产活动(背对背竞争),虽然存在重复性开发、造成资源浪费,但是模块内企业是在对未来不同假设的基础上进行的研究开发,其结果往往出现多种可替代的预留方案设计。这些预留方案不仅能够满足市场多样化的需求,更重要的是能够应对潜在的产品需求,提高了创新成功的概率。

3.对外稳定性

产业模块化是一种具有很强对外稳定性的生产组织形式。它通过“结构内动荡”,淘汰缺乏竞争力的模块,吸收新的竞争力模块,维系产业模块整体的竞争力,保持适应市场变化的能力,从而能不断调整产品结构,源源不断地向市场提供有效供给。

(二)产业模块化对市场结构的影响

在产业模块化生产系统中,没有一家企业设计、制造整个系统,而是分别设计组成系统某个部分的模块。不同功能模块通过共同的标准界面集成一个功能强大的生产系统。

1.设计层面

标准竞争是设计型企业层面竞争的主要形式。模块化生产系统是一个集成系统,各模块需要执行统一的界面标准。为适应这一趋势,设计型企业之间展开技术标准竞争,个别主导厂商控制了产业技术标准,市场演变为可竞争性的寡头垄断市场。

2.模块层面

模块层面的竞争表现为“背对背”竞争。面对面竞争是指组装厂商(发包商)一般让几家零部件制造商同时开发某个零部件,通过在某种程度共享有关相互行为信息情况下展开竞争,来获得价格和质量方面的话语权。与面对面竞争不同,模块内供应商之间的竞争呈现出“背对背”竞争的特征,即模块供应商一般不能观察到竞争对手的行为,只能观测到系统的技术标准信息,它们在遵守共同界面标准的前提下,相互独立地完成各自的研发和生产,提供基于相同技术标准和规格、而性能不同的产品。可见,模块层面具有垄断竞争市场的特征。

四、双边市场平台厂商定价研究

在现代社会中,有些交易除了商品买卖双方之外,还存在一个交易平台,买卖双方必须通过平台才能发生交易。商家在平台上直接销售商品给消费者,并拥有对自己产品的定价权和控制权,平台厂商则通过向双方提供服务而收取一定的费用。与传统企业相比,平台厂商服务费的定价具有三个特点。

(一)价格结构决定利润

传统的单边市场交易涉及一个需求者或一个买者,交易价格是一体的;而平台厂商是面向两边用户,向买卖双方提供服务并收取一定费用。在双边市场交易中,平台厂商不仅需要考虑收取的费用总和,即价格总额,而且还必须考虑在价格总额一定的情况下,如何在买卖双方间进行价格分配,即价格结构。这是因为,价格结构上的改变都将影响双方对平台的需求和参与程度,并将进一步影响平台实现的交易量,进而影响平台厂商的利润。如果对一方的价格制定的太高,那么平台这边的用户就减少,在网络外部性影响下,另外一边的用户也就随之减少。

(二)价格与成本分离

在传统企业的定价中,企业的成本越高,其价格也越高,成本与价格密切相关。对于平台厂商而言,平台厂商可以在价格总水平一定的情况下,根据平台双方贡献的大小,通过价格结构来调节平台双方的需求量,从而实现利润的最大化。也就是说,平台厂商定价主要是依据平台交易量最大化,而不是提供服务的成本。对一方的定价可能低于企业向该方用户提供产品或服务的边际成本;但这一部分成本可以通过对平台另一方加价来得到补偿。例如,大型购物中心不仅不会向顾客收取费用,而且还会提供良好的购物环境和促销优惠;但对进入商场内的商家却收取高价费用。

(三)定价方式的复杂性

平台厂商定价没有固定的模式,不同类型的平台厂商的定价方式不同。在进行平台厂商的定价分析时,需要进行分类研究。一是考虑用户和平台厂商提供的服务是否同质,分为同质性平台厂商和异质性平台厂商。现实中,差异化平台更为普遍。在这些类似的平台上,商家提供的产品质量有高低之分,吸引的消费者的层次也不同。例如,智联招聘和58同城都是提供招聘信息的网站,但智联招聘提供的岗位要求较高的专业化和技术水准,而58同城则提供大众化、可替代性强的岗位,二者之间的差异化还是比较明显的。二是考虑竞争程度。同一市场中平台厂商数目和市场势力影响其定价方式。当市场中只有一个平台厂商或者一个平台厂商的市场份额占绝对优势时,该平台厂商是垄断性平台厂商。当存在两个或两个以上平台厂商,并且平台厂商之间的市场份额差距较小时,平台厂商为竞争性平台厂商,如天猫商城和京东商城等B2C电商平台。一些研究的初步结果表明,垄断性平台厂商对买方和卖方收取的费用随着平台厂商规模的扩大而增加;竞争性平台厂商的定价行为没有特定规律,需要根据各种情况进行针对性分析。

五、我国产业组织研究的热点

近年来,我国学界针对我国产业经济实践中的重大问题展开研究,形成一系列新的研究领域,主要包括社会性规制缺失、高科技产业成长、反垄断和专利许可研究等。

(一)社会性规制滞后

在社会性规制滞后的情况下,经济增长可能引发一系列社会问题,使公众健康、生态环境、生产安全处于危险境地。改革开放以来,我国经济迅速增长,但社会性规制机制滞后,经济发展对社会造成了前所未有的冲击,社会安全与经济增长出现了剧烈摩擦,如食品安全问题、雾霾与生态环境问题、煤矿矿难等生产安全问题。有些研究指出,我国社会性规制滞后的原因有以下几个方面:一是企业不注重长远发展战略，因而缺乏基于诚信的企业文化氛围；二是存在规制俘虏现象，个别行业在价格、质量监管方面存在严重的寻租现象；三是公众的参与程度较低，既缺乏有效的信息反馈渠道，也缺少参与社会规制行动的机会。

（二）高科技企业成长

随着我国创新驱动发展战略的实施，高科技企业的成长和生存问题逐渐受到产业组织研究的关注。一些研究认为，高科技企业发展的影响因素分为内部因素和外部因素。其中，内部因素包括企业的发展战略、产权制度、组织管理等；外部因素包括创新网络、风险投资、政府行为等。在全球经济一体化和资本市场快速发展的条件下，高科技企业的成长模式也发生了变化。目前，世界知名的高科技企业采用的方式有新型创业小组模式、围绕核心能力建设的创新成长模式。新型创业小组模式（New Ventures Group，NVG）是具有法人资格的公司，但它初始的研发资金主要来源于其控股公司，因而要受到控股公司的监督。但是，与公司的研发部门不同，NVG在符合公司发展战略的前提下有权进行多元化投资，能够有效推进科研成果的转化。因此，它是介于公司内部研发和外部风险投资之间的高科技企业成长模式。围绕核心能力建设的创新成长模式是指企业遵循“核心技术—核心产品—核心能力”的轨迹，通过研发和获取核心技术来扩大市场份额、实现资产扩张的成长方式。目前，“五要素模式”备受关注，即以科技成果为核心、以创业孵化为依托、以虚拟制造为形式，以风险投资为动力、以资本市场为源泉的成长模式。

（三）反垄断

[3-10]
中国反垄断工作的形势和任务

自2008年8月起，我国开始实施《反垄断法》，执法过程中出现的问题以及反垄断判例为反垄断研究提供了大量素材，也引发人们的思考。我国的反垄断立法和执法还处于初始阶段，虽然可以吸收和借鉴西方发达国家反垄断的经验，但是我国反垄断面临的形势十分复杂、特殊，因而需要理论界结合我国实际进行针对性研究[3-10]。近年来，针对我国反垄断重大问题的研究主要集中在以下四个方面。一是《反垄断法》的具体化和细化研究。从立法层面看，我国《反垄断法》是粗线条的，没有相应的具体实施细则。为此，学术界和执法界试图通过反垄断判例和国际经验来区分和界定各种垄断行为，依此推动反垄断法的具体化和细化。二是反垄断执法体系的改革。我国的执法体系是在国务院反垄断委员会领导下，由国家发改委、国家工商总局和商务部分工负责。这种“多头执法”存在执法标准、执法范围等方面的交叉和冲突。改进“多头执法”体系是目前反垄断研究的焦点。三是竞争中立制度的研究。反垄断要遵循竞争中立原则，即任何市场主体竞争自由不应受到限制，《反垄断法》平等适用于各类企业，包括国有企业、民营企业和跨国公司，也对行政干预产生制约。因此，针对大企业的反竞争行为、各类地方保护主义的反垄断研究正在深入推进。四是反垄断执法方式的创新。随着反垄断执法工作的深入，我国反垄断方式不断创新。国家发改委运用价格约谈方式以来，价格约谈的合理性、反垄断功能及其法律规制等方面的研究迅速升温。

(四)专利许可研究

随着我国知识产权保护程度的不断提高,科技成果转让方式成为企业关注的焦点。其中,专利技术许可的产业组织问题处于学术研究的前沿。一是支付方式的选择。专利许可使用费的支付方式可以采取固定费用许可和提成收费(版税式收费)许可两种,不同的收费方式对专利技术许可方的收益产生重要影响。最佳收费方式的选择的研究并没有一致的结论,不同学者基于不同的假设得到不同的结论。二是许可方式的选择。非生产性的企业在实施专利权时,可以在直接授权与纵向兼并后转让两种方式中进行选择。有学者研究认为,如果技术创新程度较高,那么最优策略为纵向兼并生产企业后再转让技术。因为,与直接授权相比,技术研发企业纵向兼并后再转让技术导致较高的消费者剩余与社会福利。

本章小结

19 世纪末期,“马歇尔冲突”的提出成为引导人们从事产业组织研究的核心命题。20 世纪 30 年代,不完全竞争市场的提出使人们开始认识不同的市场结构,比较不同市场的效率,为产业组织理论的形成奠定了研究的基础。

20 世纪 40 年代,有效竞争的提出拉开了产业组织理论研究的大幕。哈佛大学产业组织研究小组在有效竞争的标准研究过程中,成功地建立了产业组织的 SCP 分析范式,并提出了以反垄断为基本内容的产业组织干预政策。哈佛学派开辟了产业组织分析方法,创立了产业组织理论体系,并在 20 世纪六七十年代得到广泛应用。

20 世纪 80 年代,美国一些传统优势产业的竞争力开始下降,并被学界认为是反垄断导致生产效率下降。因此,哈佛学派遭到质疑和挑战,以自由放任为特征的产业组织理论应运而生,主要包括芝加哥学派、新奥地利学派、可竞争市场理论等。20 世纪 80 年代发展起来的新产业组织理论在理论范式、研究方法和政策主张等方面都有很大突破,极大地推动了产业组织理论的发展。

20 世纪末期,随着信息技术的发展和经济全球化的推进,产业组织领域出现了一系列新的研究方向和热点,主要包括网络外部性研究、新规制研究、模块化研究、双边市场平台厂商定价研究等;我国学界围绕中国产业组织领域的现实问题,在社会性规制缺失、高科技企业成长、反垄断和专利许可等领域展开研究,取得丰富的成果。

复习与思考

一、名词解释

产业组织　马歇尔冲突　有效竞争　企业家精神　可竞争市场　产业模块化

二、单项选择题

1. 马歇尔冲突是指(　　)。

A. 垄断与竞争的矛盾　　B. 规模经济与竞争的矛盾

C. 规模经济与垄断的矛盾　　D. 寡头垄断企业之间的矛盾

2. 提出结构—行为—绩效框架(SCP 分析范式)的是(　　)。

A. 哈佛学派　　B. 芝加哥学派

C. 可竞争市场理论　　D. 新制度学派

3. 新奥地利学派采用(　　)来研究产业组织问题。

A. 博弈论　　B. 长期均衡分析

C. 个人主义分析方法　　D. 短期均衡分析

4. 在四种市场结构中,垄断程度不断提高的顺序是(　　)。

A. 寡头垄断市场—完全垄断市场—完全竞争市场—垄断竞争市场

B. 完全竞争市场—垄断竞争市场—寡头垄断市场—完全垄断市场

C. 垄断竞争市场—完全竞争市场—完全垄断市场—寡头垄断市场

D. 完全垄断市场—寡头垄断市场—垄断竞争市场—完全竞争市场

5. 新产业组织理论的观点和政策主张是(　　)。

A. 结构主义,政府干预　　B. 行为主义,政府干预

C. 结构主义,自由放任　　D. 行为主义,自由放任

6. 产业组织是指(　　)。

A. 同一产业内企业间的组织或市场关系　　B. 产业中同类企业的总和

C. 企业与企业之间的经济关系　　D 市场主体间的市场活动的集合

7. 1959 年,哈佛大学教授贝恩出版了(　　),标志着产业组织理论诞生。

A.《垄断竞争理论》　　B.《不完全竞争经济学》

C.《产业组织》　　D.《经济学原理》

三、简述题

1. 简述可竞争市场理论的主要内容。

2. 简述产业组织理论的渊源。

3. 比较芝加哥学派与哈佛学派的区别。

4. 简要说明新产业组织理论的创新发展。

四、论述题

价格约谈的利弊分析。

第四章 市场结构

产业就是生产同种产品或密切可替代产品的企业经济活动的集合。从卖方角度来看，产业就等同于单一产品市场上生产者的集合。同一产业内企业之间的竞争与垄断关系，也就是市场结构。在理论研究中，完全竞争市场、垄断竞争市场、寡头垄断市场和完全垄断市场的竞争与垄断程度各不相同。现实经济活动中，人们也能发现不同市场的竞争与垄断程度存在差异。那么，探索和研究市场结构的影响因素就成为产业组织理论研究的重要内容。本章主要介绍市场集中度、产品差异化和进入与退出壁垒，并简要说明产品需求增长率、需求价格弹性和短期成本结构等因素对市场结构的影响。

第一节 市场集中度

一、市场集中度的含义

市场集中度表示特定产业的投入要素或产出在各企业间分布的不均匀状况。如果产业的销售额、产值以及劳动力的大部分分布在少数几个大企业之中，那么这样的市场集中度就高；反之，如果产业经济活动的要素或产出是平均分布在大量的企业之中，则市场的集中度就比较低。市场集中度反映了行业内大企业的发展程度和占有率，集中度越高，则大企业的市场占有率越大，市场势力越大，在一定程度上也揭示出市场的竞争程度越低的特征。有关产业组织的理论研究和实证检验成果都表明，市场集中度对市场竞争状态产生直接影响，与市场中垄断势力的形成密切相关。市场集中度变化引发市场竞争状态的变化。

二、市场集中度的度量

一般来讲，市场集中度的衡量指标包括集中率、洛仑兹曲线、基尼系数、赫芬达尔-赫希曼指数和泰尔指数等。

(一)集中率

1.集中率公式

集中率是指产业内规模最大的前几位企业的有关指标数值占整个产业总量

的份额。这些指标包括产值、销售额、销售量、职工人数、资产总额等，其中以销售额和销售量为主要指标。其计算公式为：

$$CR_n = \sum_{i=1}^{n} X_i / \sum_{i=1}^{N} X_i \tag{4.1}$$

式中：n 是所观察的前几位的企业数量；N 是产业内企业的总数；X_i 表示第 i 位企业有关指标的数值。

根据计算时所取的前几位企业的数量(n)，市场集中率可表示为 CR_4、CR_8、CR_{10} 等。集中率是一个绝对集中度指标，它能够反映企业数量，而且所需数据易于采集，计算简单易行。这个指标已经成为一个最基本的、使用最为广泛的集中度指标。但是，集中率也存在缺点，它不能真实反映产业内全部企业的规模分布情况。例如，A、B 两个产业中各企业市场份额(单位：%)分布为 A(30,25,15,10,5,5,5,5)，B(20,20,20,20,10,10)。如果用 CR_4 来测算的话，这两个市场的集中度是相等的(80%)，但是前 4 位企业之间的分布存在差别，而且前 4 位企业与其他企业的规模差异也不同。

2.集中率的应用研究

美国经济学家贝恩和日本经济学家植草益都利用集中率指标对本国的产业集中度进行了经验分析研究，并根据集中率的大小，对市场结构进行了分类。

(1)贝恩的经验研究。20 世纪 50 年代，美国学者贝恩(J. Bain)最先使用集中率对美国 42 个产业进行测算和分类。他根据前 4 位和前 8 位集中度(CR_4、CR_8)指标将市场结构分为高度寡占型(寡占Ⅰ型)、高度集中寡占型(寡占Ⅱ型)、中(上)集中寡占型(寡占Ⅲ型)、中(下)集中寡占型(寡占Ⅳ型)、低集中寡占型(寡占Ⅴ型)、原子型(竞争型)6 种类型(见表 4-1)。其中，贝恩把 $CR_4<30\%$ 或 $CR_8<40\%$ 作为竞争型结构的标准。

表 4-1　　贝恩的市场结构分类

市场类型	CR_4 值/%	CR_8 值/%
寡占Ⅰ型	$CR_4 \geqslant 85$	—
寡占Ⅱ型	$75 \leqslant CR_4 < 85$	$CR_8 \geqslant 85$
寡占Ⅲ型	$50 \leqslant CR_4 < 75$	$75 \leqslant CR_8 < 85$
寡占Ⅳ型	$35 \leqslant CR_4 < 50$	$45 \leqslant CR_8 < 75$
寡占Ⅴ型	$30 \leqslant CR_4 < 35$	$40 \leqslant CR_8 < 45$
竞争型	$CR_4 < 30$	$CR_8 < 40$

资料来源：Bain J. Industrial Organization[M]. New York：Harvard University Press，1959.

(2)植草益的研究。在贝恩分类的基础上，日本学者植草益根据 1963 年的统计资料，按照集中率(CR_8)和产业规模状况，将日本产业的市场结构粗分为寡占型($CR_8 \geqslant 40\%$)和竞争型($CR_8 < 40\%$)两类(见表 4-2)。其中，寡占型又细分为极高寡占型($CR_8 \geqslant 70\%$)和高、中寡占型($40\% \leqslant CR_8 < 70\%$)，竞争型又细分为低集中竞争型($20\% \leqslant CR_8 < 40\%$)和分散竞争型($CR_8 < 20\%$)。

表 4-2 植草益的市场结构分类

市场类型		CR_8 值/%	产业规模状况/亿日元	
粗分	细分		大规模	小规模
寡占型	极高寡占型	$CR_8 \geqslant 70$	年生产额>200	年生产额<200
	高、中寡占型	$40 \leqslant CR_8 < 70$	年生产额>200	年生产额<200
竞争型	低集中竞争型	$20 \leqslant CR_8 < 40$	年生产额>200	年生产额<200
	分散竞争型	$CR_8 < 20$	年生产额>200	年生产额<200

资料来源：植草益.产业组织论[M].北京：中国人民大学出版社，1988.

案例4.1

我国在线旅游业市场集中度

在线旅游市场交易规模是指旅游服务提供商通过在线或者预订并交易成功的酒店、机票、度假等旅行产品的价值总额。根据艾瑞咨询（www.iresearch.com.cn）的数据显示，2014 年在线旅游市场交易规模为 2 772.9 亿元，与 2013 年的 2 181.2 亿元相比增长了 21.9%；在线旅游市场营收规模达 90.5 亿元，相比 2010 年同比增长 33.9%；市场格局方面，携程、艺龙和同程三家企业基本位居市场前三名（见表 4-3）。

表 4-3 2010—2014 年我国在线旅游业 CR_4 指数

年份	CR_4	第一	第二	第三	第四
2010	59.6%	携程 40.3%	艺龙 7.8%	号百商旅 5.5%	芒果网 6.0%
2011	61.0%	携程 41.1%	艺龙 6.8%	芒果网 6.7%	号百商旅 6.4%
2012	64.2%	携程 46.9%	艺龙 8.1%	同程 5.8%	号百商旅 3.4%
2013	68.6%	携程 48.9%	艺龙 9.5%	同程 6.3%	号百商旅 3.9%
2014	71.0%	携程 54.3%	艺龙 8.4%	同程 5.3%	号百商旅 3.0%

表 4-3 中数据显示，2010—2014 年，携程、艺龙、同程和号百商旅等在线旅游企业一直占据着主要的市场份额，行业内前四家企业的市场份额总和逐年递增。尤其是携程在近几年一直占据着在线旅游市场的半壁江山，这都说明我国在线旅游行业的市场集中度进一步提高了。值得注意的是，2014 年我国在线旅游业的 CR_4 指数达到了 71%，按照贝恩提出的市场结构的分类标准，我国在线旅游业属于寡占Ⅲ型，即中（上）集中寡占型。

近年来，在线旅游市场的竞争愈加激烈，一方面是航空公司、酒店等供应商通过增加优惠的力度来占据市场份额；另一方面大型在线旅游代理商如携程、艺龙等已逐渐完善服务模式，大企业通过重组和并购争夺合作伙伴，形成激烈的业务争夺战；还有新型的在线旅游代理商不断涌现，电商巨头也纷纷进入在线旅游市场。伴随着移动互联网的普及，电商企业抢占在线旅游市场，争夺用户和流量等行为也加剧了在线旅游竞争的激烈程度。

资料来源：蒋松林.基于规模经济的在线旅游业市场集中度问题研究[J].商场现代化，2016(4).

(二)洛仑兹曲线与基尼系数

1.洛仑兹曲线

洛仑兹曲线由美国统计学家洛仑兹(M. Lorenz,1907)提出,最初用于分析国民收入在国民之间分配的均匀程度,在产业组织研究中用来分析企业生产规模分布的均匀程度(如图 4-1 所示),横轴表示市场中由小到大企业数目的累计百分比,纵轴表示相应的市场占有率。

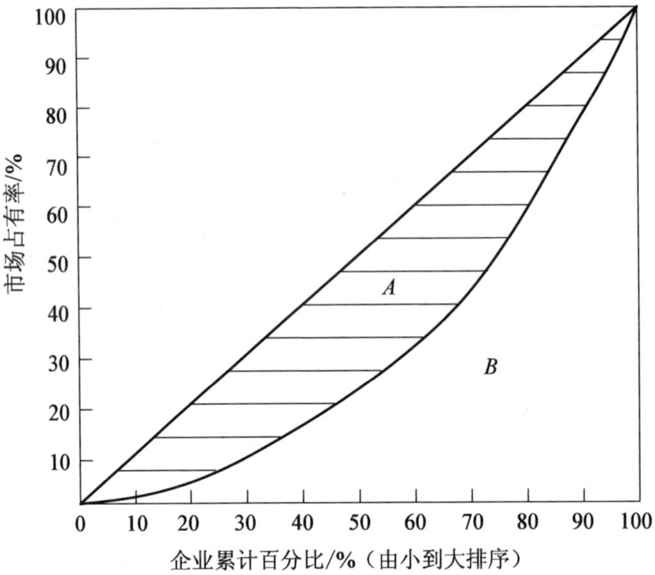

图 4-1
洛仑兹曲线与企业规模分布

如果市场中企业的规模分布是均匀的,也即每个企业所占的市场份额均为 $1/n$。那么,按生产规模由小到大的顺序,当企业数目的累计占 10%时,其市场占有率也必然是 10%;而当企业数目的累计占 20%时,其市场占有率也必然是 20%,依次类推。在这样一个情况下,洛仑兹曲线就是一条从原点出发的 45°的射线(对角线),它被称为均等分布线。然而市场中企业的规模并不见得是均等分布的。当行业内企业之间规模不等时,一个小企业占有较小的市场份额,而一个大企业占有更大的市场份额。这样,按生产规模由小到大的顺序,当企业数目累计占 10%时,其市场占有率必然小于 10%;当企业数目累计占 20%时,其市场占有率也必然小于 20%;而当企业数目累计占更大的比例时,由于大企业市场份额的影响,相应的市场占有率上升很快。这样,洛仑兹曲线成为位于均等分布线下方的曲线。一般来说,洛仑兹曲线的弯曲程度反映了生产规模的不均匀程度。行业内企业规模分布越不均匀,它就越偏离均等分布线,弯曲程度就越大;反之,行业内企业规模分布越均匀,它就越靠近均等分布线,弯曲程度就越小。这样,我们就能够根据洛仑兹曲线的弯曲程度来判断市场的集中度了。

2.基尼系数

意大利经济学家基尼(C. Gini,1912)根据洛仑兹曲线提出了判断收入分配公平程度的数量指标:基尼系数。它表示均等分布线与洛仑兹曲线所围成的阴影部分的面积(S_A)与均等分布线以下的直角三角形面积(S_{A+B})的比值,其计算公式为:

$$GI=\frac{S_A}{S_{A+B}} \tag{4.2}$$

基尼系数对于分析产业内企业间规模分布也具有重要价值。显然,行业内企业规模分布越不均匀,洛仑兹曲线越偏离均等分布线,则阴影部分的面积越大,从而基尼系数就越大,其取值趋向于1;反之,企业规模分布越均匀,基尼系数则越小,其取值趋向于0。因此,基尼系数的取值范围为[0,1]。

洛仑兹曲线与基尼系数是一个相对集中度指标。它们虽然能够直观地、全面地反映行业内企业之间规模分布的均匀程度,但不能揭示行业内企业的数量,难以准确揭示市场结构的性质。例如,一个市场由两家规模一样的厂商组成,而另一个市场由100家规模一样的厂商组成。按理说,前者是一种集中度高的寡占市场,而后者是一种集中度低的竞争市场。但是,这两个市场的洛仑兹曲线和基尼系数是相同的。即使洛仑兹曲线不同,但如果它与均等分布线所围成的面积相同的话,则基尼系数也会相同。显然,基尼系数不能反映一种特定的市场结构特征。因此,在使用它们衡量市场集中度和判断市场结构时,必须参考其他指标。

(三)赫芬达尔-赫希曼指数(HHI)

由于绝对集中度和相对集中度指标都有一定缺陷,产业组织研究引入一种测量产业集中度的综合指数:赫芬达尔-赫希曼指数(Herfindahl-Hirschman index,HHI),该指数是由经济学家赫芬达尔(O. Herfindahl)和赫希曼(A. Hirschman)先后提出。

1.HHI指数的公式

赫芬达尔-赫希曼指数也称为HHI指数,它是某特定市场上所有企业市场份额的平方和,用计算公式表示为:

$$HHI=\sum_{i=1}^{n}(X_i/X)^2=\sum_{i=1}^{n}S_i^2 \tag{4.3}$$

式中:X_i——产业中第i位企业的指标值;X——产业中所有企业的指标值之和;n——产业内企业的数目;S_i——产业中第i位企业的市场占有率。

例如,市场上共有四家企业,企业的市场份额分别是:0.4,0.25,0.17,0.18,那么若市场份额按0~1计算,则该市场的HHI=0.283 8;若市场份额按0~100的百分比值计算,则该市场的HHI=283 8。目前,在美国、日本等国家普遍采用百分比作为单位进行计算,这样有利于考察HHI值的细微变化。

2.HHI指数的应用

HHI指数给每个企业的市场份额一个权数,这个权数就是其市场份额本身。企业生产规模越大、市场份额越大,赋予的权数也就越大。当市场上所有企业的市场份额一致时,HHI的值为$1/n$,且当n趋于无穷大时,HHI值趋向于零;反之,市场上企业的市场份额差异越大，则 HHI 的值越大，当市场处于完全垄断时，HHI=1(或 HHI=10 000)，达到其最大值，所以 HHI 的取值范围是[0,1]或[0,10 000]。这样就可以通过 HHI 指数来判断市场的集中度：HHI 越大，则企业规模分布越不均匀，市场集中度越高；反之，HHI 越小，则企业规模分布越均匀，市场集中度越低。

1980 年，日本公正交易委员会以 HHI 指数为基础，并考虑到集中度差别和企业数量，对市场结构进行综合性分类(见表 4-4)。其具体划分方法是：首先按照 HHI 标准将市场结构分为 6 大类(高寡占Ⅰ型、高寡占Ⅱ型、低寡占Ⅰ型、低寡占Ⅱ型、竞争Ⅰ型和竞争Ⅱ型)；在此基础上，再依据前几位企业的集中度差别和企业数量把每个大类细分为 3～4 个小类。这种市场结构划分方法考虑的指标较多，产业划分具体细致，能够准确地把握各产业内企业的集中与分散程度，可以为政府采取反兼并或反垄断措施提供客观标准和依据。

表 4-4　日本公正交易委员会的市场结构分类

市场结构类型		HHI 值 (0～10 000)
粗分	细分	
寡占型	高寡占Ⅰ型	HHI≥3 000
	高寡占Ⅱ型	3 000>HHI≥1 800
	低寡占Ⅰ型	1 800>HHI≥1 400
	低寡占Ⅱ型	1 400>HHI≥1 000
竞争型	竞争Ⅰ型	1 000>HHI≥500
	竞争Ⅱ型	HHI<500

资料来源：日本公正交易委员会编. 日本的产业集中，1980.

3. HHI 指数的评价

HHI 指数避免了绝对集中度指标和相对集中度指标的缺点，具有明显的优势。一方面，与集中率相比，它包含了所有企业的生产规模信息，反映出整个行业内企业之间规模的差别。这是绝对集中度指标无法做到的。例如，前述两个市场分别由六个企业(B)和八个企业(A)组成，而两者的 CR_4 是相同的。如果用 HHI 就能够反映出这两个市场集中度的差别(HHI_B=1 800，HHI_A=1 950)。另一方面，与洛仑兹曲线和基尼系数相比较，它不仅能够反映企业之间的生产规模差异，而且能够反映企业数量对集中度的影响。例如，前述由两家规模相等的企业组成的市场和 100 家规模相等的企业组成的市场，其基尼系数和洛仑兹曲线是一样的。但通过计算 HHI 可以明显地得出，前者的 HHI=0.5，而后者的 HHI=0.1，HHI 充分体现了企业数量对市场集中度的影响。但是，在计算某个特定市场的 HHI 时，必须采集该市场上所有企业的市场份额信息，其数据处理和分析是一个十分复杂的过程。

案例4.2

赫芬达尔-赫希曼指数在美国反垄断中的应用

赫芬达尔-赫希曼指数是发达国家反垄断的重要依据。2010 年美国司法部颁布《横向并购指南》，调整了并购后 HHI 指数的临界值，并据此评价并购对市场势力的影响。若并购后的 HHI 指数低于 1 500，相关的市场将被视为不集中的市场(unconcentrated market)，该并购交易不太可能具有反竞争影响，因此通常无须进一步分析；若并购后的 HHI 指数高于 1 500，但 HHI 指数增幅小于 100，则该并购交易不太可能具有反竞争影响，因此通常也无须进一步分析。

但是，若并购后的 HHI 指数在 1 500 至 2 500 之间，且 HHI 指数的增量高于 100，相关的市场将被视为适度集中的市场(moderately concentrated market)，推定并购交易将产生竞争问题且通常需要审查；若并购后的 HHI 指数高于 2 500，且 HHI 指数的增量在 100 至 200 之间，相关市场将被视为高度集中的市场(highly concentrated market)，该并购交易将产生竞争问题且通常需要审查；若并购后的 HHI 指数高于 2 500，且 HHI 指数的增量大于 200，推定该并购交易将可能产生或强化市场权力或巩固、推动行使市场权力。

资料来源：戴健民. 美国并购控制的新发展：2010 年《横向并购指南》评析[DB/OL]. [2011-11-30]. http://article. chinalawinfo. com/Article_Detail. asp? ArticleId=65558.

(四)泰尔指数

泰尔指数(Theil index，TI)是荷兰经济学家泰尔(H. Theil，1967)利用信息理论中的熵概念来计算收入不平等性的统计指标。他认为，如果将信息理论中的熵指数概念用于收入差距的测度时，可将收入差距的测度解释为人口份额转化为收入份额的消息所包含的信息量。这样，泰尔指数就是熵指数中一个应用最广泛的特例[4-1]。在市场集中度分析中，可以引入泰尔指数来分析企业间规模的差距，其计算公式为：

[4-1]
泰尔指数及分解的计算方法与 Matlab 实现

$$\mathrm{TI} = \frac{1}{n}\sum_{i=1}^{n}\frac{X_i}{\overline{X}}\ln\left(\frac{X_i}{\overline{X}}\right) \tag{4.4}$$

式中：X_i——第 i 个企业的产出；$\overline{X}$——所有企业的平均产出。

显然，市场中企业的生产规模一致时，泰尔指数等于零；而市场中企业之间的规模差距越大，则泰尔指数也越大。这样就可以用泰尔指数的大小来表示市场集中度：TI 值越大，表示集中度越高；反之，TI 值越小，则表示集中度越低。

三、市场集中度的影响因素

市场集中度表现为生产规模在行业内企业之间分布的不均匀状况。影响市场集中度的三个主要因素是企业的规模经济效应、市场容量变化和政府的政策与法律制度，三者分别体现了企业、市场和政府三个部门对市场集中度的影响。

(一)企业的规模经济效应

从企业角度看,企业的规模经济效应反映了企业为降低成本而扩大生产规模的规律。马歇尔曾经指出:随着技术的不断发展,高效的大型机器设备在企业生产中被广泛应用,而大型机器设备都有一个最低的使用规模,即任何生产设备、加工对象以及生产活动必须达到一定数量才能降低成本,才值得运行。由此必然导致大量采购、大量生产和大量销售的状况,即规模经济。如果行业具有规模经济效应,则随着产量的增加,单位产品的成本将下降,企业力求把规模扩展到单位产品的生产成本和销售成本的最低水平。在生产规模选择中,企业长期平均成本达到最低的最小生产规模被称为最小有效规模(MES)。也就是说,最小有效规模成为判断企业是否获得规模经济效应的重要标志。例如,轿车行业的最小有效规模就是 100 万辆/年,钢铁产业的最小有效规模是 400 万吨/年。

可见,在具有规模经济效应的行业中,企业为达到最小有效规模将扩大生产规模,从而不断扩大市场份额,进而提高市场的集中度。例如,日本二战后原有 50 多家钢铁企业,经过几轮的兼并、联合,到 21 世纪初调整为以新日本制铁、JFE 钢铁、住友金属和神户制钢所等 4 家大型钢铁企业为主的格局。2007 年,日本最大的 4 家钢铁公司合计产量为 8 987 万吨,占日本总产量的 74.77%,市场集中度比 1999 年的 58.75%提高了 16.02 个百分点。

(二)市场容量的变化

市场容量的变化也会引起市场集中度的变化,其结果主要取决于市场容量增长与大企业扩张速度的比较。如果市场容量增长超过大企业扩张速度,则大企业所占市场份额就会减少,市场集中度减弱;反之,如果市场容量增长慢于大企业扩张速度,则大企业所占市场份额就会增加,市场集中度也会增加。导致市场容量发生变化的原因很多,主要有经济发展速度、技术创新和消费结构变化等。例如,21 世纪以来,我国计算机市场的需求量增长速度低于大企业市场扩张的速度,从而使计算机市场的集中度逐步提高;奶制品市场的情况也大致相同。

案例4.3

我国网游市场集中度的变化

从 2000 年开始,我国民族游戏产业以令人难以置信的速度发展。2013 年,我国从事网络游戏自主研发的企业有 150 多家,一批以原创为主业的网络游戏企业以其稳健的盈利能力、扎实的技术实力、良好的管理机制、有效的市场拓展力逐渐发展壮大起来。腾讯、网易、盛大、搜狐畅游、完美世界、巨人网络、360、网龙、金山、空中网居于收入规模的前 10 位。其中,盛大、网易、腾讯这三大巨头的销售收入占行业总收入的 51%。

在我国网络游戏市场的三大产品中,虽然网页游戏需求增长放缓,但客户端游戏稳定增长,特别是移动游戏需求处于高速增长阶段。总体来看,我国网络游戏市场依然保持高速增长,从而吸引资本市场的热钱通过各种方式涌入这个行业。从三大产品市场的集中度来看，主导网络游戏行业的客户端游戏市场发展越发成熟，集中度日益提高，MOBA、射击等细分市场也逐渐成为各大厂商争夺的战略领域；随着研发技术的发展，网页游戏市场的集中度不断提升，市场的竞争也更为有序，且寻求产品差异化成为各大厂商的首要战略；移动游戏市场正处于爆发式增长的时期，吸引大量资本涌入，大型游戏厂商纷纷布局移动游戏领域，海外企业的进入也加剧了该产品市场的竞争。激烈的竞争也成就了移动游戏的活力，《神武》、《传奇》、《天龙八部》、《大话西游》等新产品不断涌现。

资料来源：艾瑞咨询. 2014 中国网络游戏行业报告[R]. 2014 年.

(三)政府的政策与法律

政府的政策与法律制度对企业规模产生一定影响，进而影响市场集中度。例如，为提高国家产业的竞争力，政府会放宽对企业大规模合并和联合的限制，甚至采取一些优惠政策鼓励企业扩大规模，从而提高市场集中度。20 世纪 90 年代，我国的企业集团建设就具有这种特点。此外，政府为防止垄断损害竞争，许多国家都制定了反垄断法，限制大规模企业的联合与合并行为，并对大规模企业进行拆分，因此降低了市场集中度。美国政府在 20 世纪 40 年代至 70 年代采取了严格的反垄断政策，发起了针对大企业的反垄断调整，执行严格的兼并标准，企业的规模扩张和垄断势力受到限制。

案例4.4

打破垄断，引入竞争

美国电话电报公司(AT&T)是一家美国电信公司，创建于 1877 年，曾长期垄断美国长途和本地电话市场。AT&T 利用对市话系统的控制，限制长话竞争对手接入当地电话系统，从而形成对长话业务的垄断。同时，AT&T 控股的西电公司提供了几乎全部贝尔系统的设备，电信设备生产也在 AT&T 的控制之中。美国监管部门认为，AT&T 已经严重阻碍了美国电信业的健康发展。1984 年，美国司法部依据《反托拉斯法》拆分 AT&T，分拆出一个继承了母公司名称的新的 AT&T 公司(专营长途电话业务)和七个本地电话公司(即贝尔七兄弟)，美国电信业从此进入了竞争时代。竞争开放后，新兴电信运营商迅速发展，通信市场出现激烈的竞争。几年后，AT&T 的长话市场份额从 90% 下降到 50%，市场集中度明显下降。

资料来源：王建生. 美国电话电报公司缘何再次分家[DB/OL]. [2000-10-27]. http://www.people.com.cn/GB/channel5131/20001027/288927.html.

第二节 产品差异化

产品差异化是指同一产业内不同企业生产的同类商品，由于质量、款式、性能、售后服务、信息提供、消费者偏好等方面的差异，使顾客在市场上能够将它们区别开来，从而导致产品之间替代不完全的状况。简单地讲，产品存在差别是因为消费者认为它们不同。产品差异化是决定市场结构的重要因素，它直接或间接地对市场结构产生影响。

一、产品差异化对市场结构的影响

产品差异化在一定程度上增加了垄断因素，从而减弱了竞争活力。产品差异越明显，厂商的市场势力就越大。产品差异化对市场结构的影响主要表现为两个方面：一方面，产品差异化程度决定着企业对其产品价格的控制，从而直接影响市场的竞争程度；另一方面，产品差异化通过对市场集中度和进入与退出壁垒的影响，间接地影响市场的竞争程度。

（一）产品差异化与价格控制

产品差异化是企业有效的非价格竞争策略，它通过顾客感知企业产品的独特性而影响其购买行为。当顾客对本企业的产品产生偏好和忠诚时，厂商就能够在一定幅度内提高自己产品的价格，而不会引起销售量的减少。这就是说，当产品有差异时，消费者对某个产品的价格变动变得比较迟钝，产品价格再高一些，消费者也愿意购买，从而企业对自己的产品具有了一定的定价能力，即市场势力。

（二）产品差异化影响市场集中度

产品差异化的本质就是消费者能够把同类产品区别开来，并对其中的某些品牌产生偏好。在垄断竞争市场，一些经营成功的企业逐渐树立起良好的品牌形象，被越来越多的消费者所认可，其市场份额也越来越大，使该行业的集中度提高，市场的垄断因素随之增强。例如，海尔冰箱就是在品牌的不断塑造中占领和扩大市场份额的。产品差异化越显著，越有助于优质产品生产企业获得更多的市场份额，从而提高市场的集中度。

（三）产品差异化形成市场进入壁垒

产品差异化的一个重要特点是顾客对在位企业的产品形成一定的偏好和忠诚度，也就是说，市场上每个厂商都拥有自己的“自然需求”，占领着一定的细分市场。这对于意图进入该市场的企业无疑是一个不利条件。潜在进入者必须通过提供更具个性化、更有特色的产品开拓新的目标市场，或者争取在位企业的“自然需求”。显然，这些都是新企业进入的壁垒，而且产品差异化越明显，消费者的主观偏好程度就越强，新企业要想吸引顾客就必须付出更多的努力去显示自身产品的特殊性，市场的进入壁垒就越高。

二、产品差异化的形成原因

产品差异源于多种因素，如产品的质量、售后服务、买方的心理偏好、买方的主观印象等，从总体上，可以把产品差异化的因素分为四大类：水平差异、垂直差异、信息差异及其他差异化因素。

(一)水平差异

水平差异是指基于消费者偏好而出现的产品空间特性差异,即在提供基本功能基础上,同类产品之间附加特征或功能存在差异,出现不同花色品种,满足了不同消费者的需求。产品特性对消费者具有强大的吸引力,为此许多企业针对特定客户群体开发具有价值的特性,以迎合消费者的偏好,如服装的颜色、款式、尺寸等;酒店的菜品特色、周边环境、停车场等配套服务。对于水平差异而言,每个消费者以自己的偏好为依据对这些商品进行评价,得出不同的偏好次序。因此,水平差异不存在“好”与“坏”的评判标准,只是取决于消费者的心理偏好[4-2]。

[4-2]
影响消费者行为的因素

在给定价格相同的情况下,消费者的选择与其特定的偏好密切相关。不同消费者对质量与档次处于同一等级的同类商品存在不同的喜好,消费者购买自己喜欢的产品,每一种产品均存在一定的市场需求。对于质地和价格相同的夹克与西装,年轻人可能喜欢西装,而老年人则更喜欢夹克。在各种题材的电影中,有人喜欢武打片,有人喜欢言情片,还有人迷恋于科幻电影。我国《论语》中就有“智者乐水,仁者乐山”之说。

(二)垂直差异

产品的垂直差异是由于企业之间在产品质量方面存在差别而引起的产品差异。垂直差异来源于产品整体中的核心产品,即能够为消费者提供最基本的效用和利益的部分[4-3]。例如,电冰箱的制冷技术、食品营养成分的含量、汽车的发动机性能、计算机的处理器档次、电视机的面板技术等。核心产品的技术和性能决定着产品质量的高低。例如,近年来海尔冰箱开始利用变频技术生产变频冰箱,成为全球变频冰箱第一品牌。格力空调、三星液晶面板在各自领域都是消费者公认的高质量产品。对于垂直差异来讲,消费者都认为较高质量的产品是更好的,因而消费者对一组商品质量高、低的排列顺序是一致的。假如这些产品按照同一价格销售,那么所有消费者的购买行为是一致的,那就是购买质量最好的。在经济学上讲,就是在价格相同的条件下,关于特性空间有一种自然的排序。

[4-3]
产品整体概念

在市场竞争中,不同质量的商品定有不同的价格,不同收入的消费者购买不同质量的商品,高收入者购买高质量的商品,低收入者购买低质量的商品。消费者的选择是企业提高产品质量的动力,高质量商品的生产厂商能够获得消费者“重复购买”的回报,从而获得质量酬金,就能够激励高质量厂商一直维持高质量产品的生产,而不降低质量来谋求短期利益最大化,榨取品牌声誉。

案例4.5

五花八门的排行榜

消费者在购买产品和服务时,常常上网搜寻产品的信息,经常会参考品牌排行榜,了解产品质量的排序。2013 年 4 月,由中国建材市场协会主办评选出系列产品排行榜,包括

"陶瓷十大品牌"、"瓷砖十大品牌"、"石砖领军品牌"和"卫浴十大品牌"。2013年，我国卫浴产品市场的十大品牌是科勒卫浴、澳斯曼卫浴、金牌卫浴、法恩莎卫浴、箭牌卫浴、惠达卫浴、安华卫浴、恒洁卫浴、鹰卫浴、TOTO卫浴。2013年7月，美国权威旅行杂志——《CN旅行家》发布了最新的全球十大度假酒店名单，它们是：迪拜帆船酒店（阿联酋）、阿布扎比宫殿酒店（阿联酋）、拉斯维加斯威尼斯人酒店（美国）、文莱帝国酒店（文莱）、米兰汤豪斯佳乐利酒店（意大利）、巴黎克里雍大饭店（法国）、维多利亚帝后饭店（加拿大）、双月湾檀悦豪生度假酒店（中国）、坎昆万豪JW度假酒店（墨西哥）、夏威夷格兰地威拉大饭店（美国）。品牌排行榜在引导消费者认识垂直差异，合理选择产品和服务方面发挥了重要作用。

（三）信息差异

信息差异是指消费者对不同产品信息知悉的程度不同，导致消费者对不同产品的评价不同，并影响到其购买行为。在产品信息方面，厂商与消费者之间是不对称的，即厂商了解产品结构、产品性能和产品质量等方面的情况，而消费者却知之甚少。为了吸引消费者来购买自己的产品，厂商必须有选择地把产品信息传递给消费者，进行宣传和引导。在消费者对商品没有了解或了解甚少的情况下，厂商传递信息的方式、强度就影响着消费者对商品的认知和评价。在市场竞争中，为了强化信息差异、提高销售额，企业会选择各种媒体、网络、车身，甚至是户外设施进行广告宣传。

广告对消费者影响的研究存在两种观点。一种观点认为广告让消费者获得产品信息，从而有利于消费者做出理性选择。广告宣布一个产品的存在，标明其价格，告诉消费者购买的地点，描述产品的质量和性能，从而减少消费者的搜寻成本，使其获得更满意的产品或服务。另一种观点认为广告劝诱和愚弄消费者，创造不真实的产品差异。广告在使消费者获得有用、无用的产品信息的同时，也给人们的生活带来诸多的干扰。

（四）其他差异化因素

[4-4]
提炼产品差异化概念的29种途径

水平差异、垂直差异和信息差异是产品差异化的主要因素，除此之外，还有一系列因素对产品差异化产生影响[4-4]。

1.策略性差异强化水平差异

策略性差异是指在位企业通过优先生产某种替代品或优先占领某个市场区域，从而造成先入为主效应，使消费者对自己的产品产生偏好。而那些跟随性模仿的产品，除非具有鲜明的特色，否则很难赢得消费者的认同和好感。如同歌手模仿原唱，即使唱得再好，观众还是会觉得不如原唱唱得好。

2.服务差异强化垂直差异

随着产品技术含量的不断提高，产品结构也变得比较复杂，消费者在安装、使用、故障处理等方面碰到许多无法解决的问题，例如，缺少安装工具、不能很快熟练使用、对出现的故障也很难处理等。因此，消费者对于产品的售后服务提出更高的要求。这样，如果厂商的售后服务及时、到位，解除了消费者的后顾之忧，从而能够赢得消费者的青睐，消费者就会提高对该产品质量的总体评价。良好的售后服务品质是产品竞争力的重要来源。例如，美的热水器一直秉承着“认真做足一百分”的售后服务理念，以“快速、优质、细致”的服务，满足用户的售后需求，为美的热水器赢得了众多忠实的消费者。

3.销售渠道差异强化信息差异

对于替代性程度很强的产品，市场竞争相当激烈。厂商可以采用不同的销售渠道，增强消费者对自己产品标识的关注，强化消费者对其产品的印象。销售渠道的类型包括自销性的销售渠道、专卖店、零售商以及网络分销等形式。随着电子商务的兴起，在线销售也成为开拓销售渠道，提高产品认知度的重要手段。

案例4.6

乐百氏广告创意——27层净化水

乐百氏纯净水27层净化广告，无论在广告界，还是在观众眼中，都颇具口碑，堪称经典。在蓝色基调的背景画面中，一滴晶莹剔透的水滴，自上而下，缓缓穿过一层层透明过滤，在经历严格的27层净化过滤后，最终汇入纯净水的海洋。

乐百氏纯净水在上市之初，就认识到以理性诉求来建立深厚的品牌认同的重要性，于是就有了“27层净化水”这个经典广告。当年纯净水刚开始盛行时，所有纯净水品牌的广告都说自己的产品是纯净的。在消费者不知道哪个品牌的水是真的纯净，或者更纯净的时候，乐百氏突出了27层净化工艺，严格过滤的认真态度，给消费者一种“很纯净，可以信赖”的印象，对其产品的销售和品牌的维护产生了巨大的推动作用。

三、产品差异化的度量

测量行业产品差异化程度的指标有两种：需求的交叉价格弹性和广告强度。

(一)需求的交叉价格弹性

需求的交叉价格弹性是指某商品需求量的变动对其他商品价格变动的敏感程度。它是用相关商品价格变动比率与该商品需求量变动比率之间的比值来表示的，其计算公式为：

$$E_{ij}=\frac{\mathrm{d}q_i/q_i}{\mathrm{d}p_j/p_j} \tag{4.5}$$

需求的交叉价格弹性表示两种产品可替代的程度。需求的交叉价格弹性越大，表明在i产品价格不变的条件下，j商品价格的变化会引起i商品需求量的较大变化，也就是说两种产品的可替代程度高，产品差别比较小；反之，需求的交叉价格弹性越小，表明i产品对j产品价格的变化是不敏感的，产品可替代程度比较弱，产品差别比较大。因此，可以用需求的交叉价格弹性来判断产品差异化的程度：即需求的交叉价格弹性越大，产品差异化越小；而需求的交叉价格弹性越小，产品差异化越大。然而，由于收集计算所需要的数据难度很大，所以这个指标的实用价值相当有限。

（二）广告强度

广告强度，也称广告密度，是厂商的广告费用占销售额的比重。其计算公式为：

$$AI=\frac{AD}{SL} \tag{4.6}$$

式中：AI是指一定时期内产品的广告强度；AD是指一定时期内产品的广告费用；SL是指一定时期内产品的销售额。

广告强度反映了广告费用与非信息性产品差异之间的相关性。非信息性产品差异是指不考虑广告等信息传播因素的影响，产品本身存在的特殊性。非信息性产品差异越显著，企业做广告越容易说明和传递产品特色，产生的需求增长效果就越显著，企业做广告的动力就越强，广告费用也就越大；反之，在产品同质的完全竞争市场中，企业没有必要做广告，因为广告无法改变产品同质的状况，在促进需求增长方面没有任何意义。因此，可以用广告强度来反映非信息性产品差异，进而反映产品的差异化程度。实证研究发现，有些产业的广告强度很高，如化妆品、烟酒、化学药品、饮料、清洁剂、妇女服装、家用电器等市场产品差异化是显著的；而像矿山、石油、煤炭、建筑、金属冶炼等行业的广告强度却非常低，其产品差异化程度也比较低。

日本著名学者植草益对日本31个产业的广告费用、广告强度与产业内产品差异化程度的相关关系进行了经验性研究，并用广告费用和广告强度这两项指标对产品的差异化程度进行了分类研究（见表4-5）。

表4-5　　植草益产品差异化程度分类

差异化程度	非信息差异程度	AD/SL	AD/亿日元
很高产品差异化	重要的非广告性的产品差异因素	AD/SL≥3.5%	AD≥20
高产品差异化	较为重要的非广告性的产品差异因素	1%≤AD/SL<3.5%	10≤AD<20
中产品差异化	一般性的非广告性的产品差异因素	AD/SL<1%	AD<10

四、不同产业的差异化程度

不同产业的产品特征、技术工艺、目标市场存在差距，企业进行产品差异化的空间和能力也有很大的差异，从而各种产业的产品差异化程度存在一定差别。贝恩曾就美国经济中产品差异对不同产业部门的影响进行了分析研究。其研究结果表明：产品差别一般对消费资料工业，尤其是耐用消费品工业较为重要，而对生产资料行业并不那么重要。后来，日本学者植草益对非耐用消费品、耐用消费品、投资品和中间品产业的差异化程度进行了比较研究。

(一)非耐用消费品产业

非耐用消费品产业是一个受消费者个性和时尚潮流影响的产业，存在明显的水平差异。不同的非耐用消费品在结构、性能、外观以及价格等方面各不相同，消费者购买基本服从于心理偏好。消费者在购买非耐用消费品的决策时，往往只愿花费较少的精力和时间，且比较容易受广告宣传的影响，属于冲动性购买行为。因此，非耐用消费品产业的产品差异化程度是最高的。

(二)耐用消费品产业

对于耐用消费品而言，由于其产品单价高、购买频率低，因此消费者往往进行比较之后才会购买，消费者的购买决策比较慎重，主要依据产品质量和性能，如家具、相机、电脑、小汽车等。耐用消费品产业的垂直差异比较大，在产品结构、性能、服务等方面存在较大的差异。而且大多数消费者不具备鉴别产品质量的能力，因而广告在形成产品差别方面也具有重要的影响。因此，耐用消费品产业具有较高的产品差异化，但低于非耐用消费品产业。

(三)资本品产业

资本品主要是指生产设备和装置。投资品本身比较复杂，并且常常是根据客户的需要定制的，因此产品的结构、性能都存在很大的差别；同时，客户对服务的要求也很多，服务在形成产品的垂直差异方面影响很大。由于资本品具有明确的技术要求和标准，广告和心理偏好在产品差异形成中的作用是有限的。总之，资本品产业的产品差异为中等水平，低于消费品产业，但高于中间品产业。

(四)中间品产业

中间品是指用于再出售而供生产别种产品用的产品，如燃料、原材料等。中间品的物理差异比较小，产品趋于标准化和规格化，而且企业也具有鉴别产品质量的能力，不容易受广告的影响。因此，中间品产业的水平差异、垂直差异以及信息差异都比较低，是产品差异最低的一类市场。

第三节　进入与退出壁垒

如果一个产品市场存在超额利润，就会吸引一些厂商也开始生产和提供这个市场的同质产品或密切可替代产品，这就是市场进入。在进入之前，该厂商是潜在的进入者，进入之后该厂商就成为市场上的新进入企业，即市场上的竞争者。退出是指在市场竞争中，企业出现亏损或发现更大利润的其他市场时，企业放弃生产该市场的产品和服务。对于完全竞争的市场而言，进入和退出是无障碍的，企业能够自由地进入和退出。但是，对于不完全竞争市场而言，企业要进入必然面临着许多困难、障碍和不利因素，这些因素就好像是市场的一道壁垒，对潜在进入者产生了阻碍作用，这就是进入壁垒；而在位企业要退出市场也面临着沉没成本等损失，这也是想要退出市场的企业面临的阻力，也就是退出壁垒。

进入和退出壁垒影响企业的进入和退出，从而影响市场中的企业数量、规模分布，进而影响市场的竞争程度。进入和退出壁垒越低，则企业进入和退出越容易，一旦产业出现超额利润，潜在进入者就会进入；而那些效率低的企业也能够及时退出市场，这样的市场能够保持市场的竞争活力；反之，进入和退出壁垒越高，则企业进入和退出越难。这种市场容易滋生和强化垄断势力，减弱市场的竞争程度，降低市场效率。因此，进入和退出壁垒是影响市场结构的重要因素之一。

一、进入壁垒

进入壁垒反映了新厂商进入一个市场的难易程度。哈佛学派的主要代表学者贝恩(J. Bain)在 20 世纪 60 年代首次对市场进入壁垒进行系统的研究，并给出进入壁垒的定义：“和潜在的进入者相比，市场中现有企业所享有的优势。这些优势是通过现有企业可以持久地维持高于竞争水平的价格而没有导致新企业的进入反映出来的。”为什么市场价格已经高于平均成本，而潜在进入者却没有进入？这是因为潜在进入者面临不利因素和障碍。而要克服这些困难，潜在进入者必须付出一定的成本和代价，结果潜在进入者无法像在位企业那样获得超额利润。换言之，与在位企业相比，潜在进入者处于劣势和被动地位，因而处于获利不易的境况。

(一)进入壁垒的来源

[4-5]
结构性进入壁垒

贝恩认为进入壁垒主要来源于市场，是由市场或产业的特性决定的[4-5]。贝恩把进入壁垒的来源归结为四个因素：规模经济、产品差异化、绝对成本优势和必要资本量。随后，芝加哥学派、新产业组织学派分析了政府管制和策略性进入壁垒。

1.规模经济壁垒

规模经济是指企业生产的平均成本随着产量的增加而下降的现象。如果一个行业(市场)存在规模经济现象，则市场的在位企业都力图达到最小有效规模(MES)，使企业平均成本达到最小，实现利润最大化目标。由于市场容量是有限的，具有规模经济效应的行业所能够容纳的企业数量必然就是有限的。规模经济的存在使潜在进入者陷入两难困境：如果考虑市场容量的限制，它以低于 MES 的产量进入，则生产成本必然高于在位厂商，在竞争中处于不利地位，导致进入失败；反之，如果它以高于 MES 的产量进入，那么它的进入可能使行业产量超过市场容量，引起市场价格的下降，一旦价格下降到平均成本以下，也将导致进入失败。

规模经济壁垒的高低主要取决于 MES 相对于市场容量的大小。如果一个产业的规模经济效应越强，企业的 MES 就越大，且占市场容量(S)的比重越大，则该产业客观上只能容纳少数企业的存在，从而进入壁垒较高；反之，如果 MES 占市场容量(S)的比重越小，则该产业客观上能够容纳较多的企业，从而进入壁垒较低。最小有效规模与市场容量的比值被称为规模障碍系数($d=\text{MES}/S$)，它是判断规模经济壁垒的主要指标。规模障碍系数越大，表明规模经济壁垒越高；反之，规模障碍系数越小，则规模经济壁垒越低。贝恩在对美国20多个行业进行实证分析后提出了规模障碍系数的判断标准：$d<5\%$，进入壁垒比较低；$5\%<d<10\%$，进入壁垒中等；$d>10\%$，进入壁垒较高。

案例4.7

轿车行业的规模经济壁垒

国际经验表明，轿车行业是一个规模经济明显的行业，轿车企业的最小有效规模(MES)为100万辆。从各国轿车行业发展来看，轿车市场集中度很高，行业只能容纳少量大型厂商。据中国汽车工业协会统计分析，2014年，中国销量排名前十位的轿车生产企业依次为：一汽大众(158.66万辆)、上海通用(146.52万辆)、上海大众(143.63万辆)、北京现代(85.25万辆)、东风日产(75.20万辆)、神龙(59万辆)、长安福特(58.47万辆)、东风悦达(50.91万辆)、一汽丰田(44.21万辆)和广汽本田(42.27万辆)，上述10家企业共销售864.12万辆，占中国轿车销售总量的69.82%。在美国，通用(GM)、福特(Ford)、克莱斯勒(Chrysler)三大汽车制造商的国内市场占有率高达47%。日本被认为是轿车企业较多的国家，有丰田、日产、本田、三菱、铃木、马自达、富士、五十铃等企业，但是这8家企业几乎占据了日本的国内市场。德国汽车产业的规模经济效应也十分突出，大众、奔驰、宝马、奥迪、欧宝、福特(美国福特公司的子公司)等前6位企业的总产量占德国汽车总产量的90%以上。

2.产品差异化壁垒

在位企业实施长期的产品差异化策略，通过提高产品质量、控制销售渠道、售后服务和广告宣传等方法建立起一定的产品声誉和知名度，使消费者熟悉在位企业的产品，并建立起对现有产品的忠诚度。这就使在位企业拥有了潜在进入者所没有的消费者偏好优势。而且，这种偏好优势是时间的增函数，存在累积效应。在保证质量的前提下，在位企业只需通过少量的广告投入就能够维持顾客对本企业产品的忠诚度。但是，对于新进入的企业来讲，由于产品还不为消费者熟悉，没有得到消费者的认同，消费者或是拒绝或是观望，不可能对它的产品形成特殊的偏好，这样，新进入企业要获取一定的市场份额就必须采取低价销售或高成本广告等手段，前者使新进入者的利润减少，后者使新进入者的成本提高，两种策略都使新企业在竞争中处于不利的地位。产品差异化壁垒的高低与在位企业的品牌发展相关。市场现有品牌的声誉越高，争夺消费者越困难，产品差异化壁垒就越高。

案例4.8

昙花一现的秦池酒

1996年11月8日下午，中央电视台传来一个令全国震惊的新闻：名不见经传的秦池酒厂以3.2亿元人民币的“天价”，买下了中央电视台黄金时间段广告，从而成为令人眩目的连任二届“标王”。秦池酒厂是山东省临朐县的一家地方性白酒生产企业。1995年，秦池酒厂赴京参加中央电视台广告“标王”竞标，以6 666万元的价格夺得中央电视台黄金时段广告“标王”，秦池酒厂一夜成名，秦池白酒销量倍增。中标后的一个多月时间里，秦池就签订了销售合同4亿元。1996年，秦池酒厂的销售收入一跃达到9.5亿元，是1995年销售收入的5.4倍，秦池酒厂完成了从一个地方性酒厂到一个全国知名企业的转变，其品牌声誉也迅速提高。事实证明，巨额广告投入确实带来了强烈的效果。1997年，秦池酒厂为了弥补巨额的广告费用，不断提高市场销售量。在生产能力不足的情况下，甚至采用散酒勾兑的方式，从而引发社会对其产品质量的质疑，市场需求随之恶化。新华社1998年6月25日报道：“秦池酒厂目前生产经营陷入困境，今年亏损已成定局……”做广告、树品牌是一种比较有效的促销方式。但广告投资应与企业的生产能力保持适度的平衡，否则会给企业带来巨大的经营风险。与此同时，一流的品牌需要以一流的产品质量作保证，否则，高额的广告成本就得不到持续的收入补偿，品牌效应也只能是昙花一现。

资料来源：毛付根.“秦池”为何昙花一现[J].财务与会计，2000(1).

3.绝对成本优势壁垒

绝对成本优势是指在位企业在任一产量水平下的平均成本都低于潜在进入者。也就是说，潜在进入者在进入市场时的成本总是高于在位企业，即使潜在进入者选择其最小有效规模，其生产成本与在位企业相比仍然处于劣势。这样，如果在位企业把价格定在高于自身的成本，而低于潜在进入者的成本水平，则潜在进入者的进入被阻止。贝恩认为绝对成本壁垒主要来源于在位企业对原材料的控制。之后的产业组织研究发现，在位企业的绝对成本优势可能来源于以下五个因素：一是在位企业可能控制了基础原材料的供应渠道，能够以更优惠的价格获得这些生产要素；二是在位企业通过专利或商业秘密控制了最新的生产工艺，具有更高的生产效率；三是在位企业可以优先获得具有特殊经营能力和其他技术专长的人才；四是在位企业的融资成本比新进入企业低，为补偿新进入者信用缺失造成的信贷风险，金融市场向新进入者收取更高的利息；五是在位企业可能控制了产品的销售渠道，具有强大的营销能力。绝对成本优势壁垒反映了在位企业凭借对各种资源的先占优势形成的成本领先优势。产业的生产要素越稀缺，生产要素的流动性越差，在位企业的先占优势就越明显，绝对成本优势壁垒就越高。

案例4.9

“氖灯”小巨人与进入壁垒

扬州灯泡集团的氖灯生产开始于20世纪80年代中叶，最初扬州灯泡厂的氖灯生产主要靠手工生产，劳动效率低而生产成本高。1986年，该厂连续从中国台湾地区引进氖灯生产线，提高了氖灯的生产技术。但氖灯自动化生产技术含量毕竟有限，不可能筑起太高的技术门槛。之后，该厂与大专院校合作研制和改进生产线，加大研发投入以及产品技术标准的实施等措施，有力地提高了产品的技术层次，实现了密集的技术创新，获得多项国家级、省部级技术创新成果,构筑起一道别的厂家不能轻易逾越的技术壁垒。扬州灯泡集团在生产技术上的控制,不仅提高了劳动生产率,也提高了产品性能的稳定性,这使得该集团在氖灯市场上确立了成本优势和产品质量优势,逐渐发展成为行业中的龙头企业。

资料来源:邱风.产业经济学案例[M].杭州:浙江大学出版社,2005.

4.必要资本量壁垒

必要资本是指新企业进入市场必须投入的最低资本。筹措必要资本也是潜在进入者面临的问题和困难,即必要资本量壁垒。不同的产业必要资本量随技术、生产、销售的不同特性而表现出很大的差异。必要资本量越大,筹资越不容易,新企业进入市场的难度也就越大。对于需要大量初始资本投资的资本密集型行业,因为潜在进入者无法筹集到进入该行业的大量资本,在位企业得以长期获得超额利润。例如,医药产业、航空产业等都是必要资本壁垒很高的产业。贝恩对美国 20 个产业的研究表明:卷烟、汽车、钢铁、拖拉机生产都具有较高的必要资本量壁垒。

案例4.10

难以进入的医药行业

医药产业一直是一个高投入产业,主要体现在新药的研发上。新药的研发,从实验研究阶段到临床的各研究阶段都需要高额的资金投入,动辄几百万元到几亿元不等。在经济发达国家,药品研发的费用通常更高,要想突破如此高的必要资本量壁垒进入市场是非常不容易的。而我国的制药企业除了这项基本投入之外,还得面临制药行业 GMP(良好生产规范)认证要求的巨额改造投入,两项加起来对任何企业都是不可承受之重。这也是我国整个医药产业长期存在的一大软肋,可见必要资本量壁垒是影响众多企业进入医药产业的主要因素之一。与传统的化学制药相比,生物制药市场的必要资本量更高。据《国际生物制药》杂志报道,生物制药的开发与商业化过程需要投入 1 000 万~4 000 万美元。一个典型的生物制药企业在其设立的头两年需要 100 万~200 万美元的资本投入,在其后的两年需要 500 万~1 000 万美元的资本投入,此后还需要大量投入以支持药物的开发和研制。面对巨额的资金投入,也许只有擅长资本运作的少数公司能够承担得起。

资料来源:孙国君.试论医药产业市场的必要资本量壁垒[J].中国药房,2005(1).

5.政府管制壁垒

以斯蒂格勒(G. Stigler)为代表的芝加哥学派不同意贝恩关于进入壁垒的观点。斯蒂格勒在其著作《产业组织》(1968)中提出,进入壁垒是新厂商承担,而在位企业不需要承担的成本,也就是新厂商比老厂商多承担的成本。显然这个定义更狭窄一些,它强调了新企业多承担的成本,而不是像贝恩所说的新厂商面临的不利因素。据此,斯蒂格勒认为产品差别、必要资本量、规模经济和绝对成本优势并不是进入壁垒。产品差异化之所以不是进入壁垒,是因为品牌声誉也是在位厂商耗费资金通过广告等促销手段建立起来的；必要资本量之所以不是进入壁垒，是因为在位厂商也必须筹集所必需的资本量；规模经济壁垒造成的困境对在位企业和进入者是相同的，进入引发的价格下降给在位企业和新企业带来同样的损失；绝对成本优势之所以不是进入壁垒，是因为绝对成本优势也是在位企业长期投入和付出的结果。潜在进入者凭借新技术、新产品同样能够建立竞争优势。因此，斯蒂格勒认为，贝恩所说的进入壁垒，只能说是先进入者的在位优势，而不能构成进入壁垒。那么，在斯蒂格勒看来，政府管制才是真正重要的进入壁垒[4-6]。

[4-6]
《产业组织与政府管制》导读

斯蒂格勒关于规制的定义传播最广泛，他认为，“作为一种法规，规制是产业所需要的并为其利益所设计和操作的，是社会集团可以利用的一种重要资源。”在他看来，管制是国家强制权力的运用，管制几乎能采取任何手段来满足某些产业的欲望，最极端的就是提高他们的获利能力。为避免过度竞争，政府可以采取认可、许可、注册、申报等准入手段限制新企业的进入。近几年来，政府准入提高了生产规模和环保标准，特别是绿色技术标准成为进入欧美发达国家市场的准入条件。另外，政府的差别性税收政策以及其他规制性政策也是企业进入的主要壁垒。总之，政府管制也是市场进入的主要壁垒之一。

案例4.11

中国电信产业管制的进程

新中国成立以来到改革开放初期，中国邮电部控制着国家的整个电信产业。在计划经济体制中，它既是国家的政府管理部门，又作为一个企业承担着大量的电信业务。20 世纪 80 年代，国家开始放松对电信产业投资管制。1994 年 7 月正式成立中国联通公司，电信产业内有了两家企业，电信市场的竞争开始出现。为了更快更好地发展电信产业，1994 年又成立了中国电信和吉通公司，允许这两个公司加入到电信市场的竞争中去。1998 年中国电信产业的管制又发生较大变化，1999 年，中国电信公司的三项业务(移动业务、卫星业务和寻呼业务)被剥离出去，形成另外两家公司。中国移动在继承中国电信移动业务基础上成立，中国卫通则接受原中国电信的卫星通信业务，中国联通吸纳了寻呼业务。随后不久，中国网通和中国铁通也被授予了电信运营许可证。2001 年，中国电信南北分拆，中国网通接受原中国电信的北方资产，实力得到加强。在 2002 年，经过一系列的合并、重组后，我国电信产业的体制改革取得明显成效，行业内形成五加一的格局，即中国电信、中国网通、中国移动、中国联通、中国铁通和中国卫星通信六大集团公司。

2008 年，为了适应 3G 时代的技术与管理要求，合理配置电信资源，现有企业进行分拆重组，形成三家电信运营商：中国移动在与中国铁通合并后，在其本身移动通信的优势上又可以经营基础电信业务；中国网通使中国联通的业务也向基础电信深化，中国电信具有了经营移动通信业务的能力。重组完成后，国家向这三家运营商发放 3G 牌照。

2013 年 12 月，工信部向京东、万网、迪信通等 11 家企业发放了虚拟运营商牌照，它们将从三大传统运营商那里购买通信服务，然后再重新包装，增加服务，销售给用户。在为期 2 年的改革试点时期，共有 42 家企业获得虚拟运营牌照，虚拟运营商用户总量突破 2 800 万。这项改革使电信业的竞争态势更加明显。

6.策略性进入壁垒

以上五种进入壁垒都是市场中企业自身无法支配的、外生的，是由产业技术特点、政府行为等因素形成的壁垒。1979 年，新产业组织理论的代表人物萨勒普(S. Salop)突破了传统理论将进入壁垒作为外生变量的观念，他指出进入壁垒完全可能是由企业行为所决定的内生变量，同时给出了一个重要概念：如果企业采取某种在其受到进入壁垒保护的情况下不会采取的行动，并且产生了阻碍其他企业进入的效果，则这种进入阻挠行动就叫作策略性进入壁垒[4-7]。在位企业通过采取一定行动，使潜在进入者形成悲观的利润预期，从而阻止或延缓潜在进入者进入。

[4-7]
“市场进入阻挠”的博弈分析热

影响潜在进入者利润预期的策略性行为包括三种类型(见表 4-6)。一是影响价格预期的行为。在位企业的行为通过影响潜在进入者进入的价格预期，进而影响其利润预期。其中，限制性定价使潜在进入者意识到进入将引发价格下降，从而形成悲观的利润预期。而过度生产能力投资和研发创新等行为则使潜在进入者认为打击进入是一种可信威胁。二是影响需求量预期的行为。在位企业的行为影响潜在进入者进入后的销售量预期，进而影响其利润预期。空间先占权与产品扩散、提高转换成本、长期契约等行为能够使潜在进入者相信，如果进入市场难以获得足够多的市场份额，也难以获得一定利润。三是影响成本预期的行为。在位企业通过影响潜在进入者进入后的成本预期，进而影响其利润预期。提高竞争对手的成本对于潜在进入者也有强大的威慑作用。其中，提高要素价格和纵向一体化等行为使潜在进入者意识到要获得充足、优质的生产要素需要投入更大的成本，预期利润空间受到挤压。政府提高进入行业的准入标准(技术、环保等)往往提高了新进入者的进入成本。为了利用政府管制阻止潜在进入者进入，在位企业通常会游说或支持政府重新制定行业准入标准。

表 4-6　　策略性进入壁垒的来源

影响的预期	进入阻挠
价格预期	限制性定价
	过度生产能力投资
	研发与创新
需求量预期	空间先占权与产品扩散
	提高转换成本
	长期契约
成本预期	提高要素价格
	纵向一体化
	利用政府管制

案例4.12

长虹大规模采购彩管

彩色显像管是彩电的核心部件，但在20世纪90年代，我国几乎没有一家彩电厂商有能力生产彩管，如果一家厂商控制了彩管的供应渠道，则其他厂商的生产必然受到影响，同时也能有效阻止新厂商的进入。1998年11月8日，长虹公司宣布自己垄断了下半年国内彩管市场。其中，21英寸(1英寸＝2.54厘米)占76％，25英寸占63％，29英寸占100％。该公司用上百亿资金采购这些彩管，而且这一期间国家正在加大打击走私活动，因此整个彩管市场的供给明显减少，对康佳、TCL、海信等厂家的生产造成影响。由于长虹对彩管的垄断，其他厂商不得不以更高的价格去购买彩管，从而增加了它们的生产成本，同时在位厂商对核心资源的垄断必然限制新厂商的进入，因为它们无法获得彩管的有效供给。

长虹的这次大规模采购行为标志着我国彩电业的在位企业采用策略性行为来影响竞争对手和潜在进入者的盈利预期，以扩大其市场份额和市场势力。在长虹的采购行为发生后不久，我国放松了对彩管进口的限制，缓解了国内彩管市场的供需矛盾，长虹的采购并未达到预期的效果。然而，正是彩电业激烈的价格竞争和在位企业的阻止行为，使我国彩电业的集中度在20世纪90年代后期不断提高，彩电业 CR_4 由1995年的35.19％上升到2000年的66.80％。

资料来源：李太勇．进入壁垒理论[M]．上海：上海财经大学出版社，2002.

(二)进入壁垒的测度与实证分析

1.综合评分法

综合评分法就是根据进入壁垒的不同指标的评价标准对产业进行评分，进而综合判断各产业的进入壁垒。这些指标包括规模障碍系数、必要资本量、产品差异化程度、绝对成本、产业和企业的专利特许数量等。20世纪50年代，贝恩基于四项结构性进入壁垒，对美国部分产业的进入壁垒进行评价(见表4-7)。

表4-7　贝恩对美国部分产业的进入壁垒评价

行　业	规模经济壁垒	产品差异化壁垒	绝对成本壁垒	必要资本量壁垒
汽车	3	3	1	3
卷烟	1	3	1	3
汽油	1	3	1	2
鞋	2	1—2	1	0
肥皂	2	2	1	2
钢铁	2	1	3	3
拖拉机	3	3	1	3
轮胎、导管	1	2	1	2

续表

行业	规模经济壁垒	产品差异化壁垒	绝对成本壁垒	必要资本量壁垒
肉类加工	2	2	2	0—1
水泥	2	1	1	2
面粉	1	1—2	1	0

注：评价分值越高，进入壁垒越高。

2. 最高阻止进入价格

最高阻止进入价格就是能够阻止潜在进入者进入的价格集合中的最高值。如果市场价格高于这个价格就会招致新企业的进入。一个行业的最高阻止进入价格如果大大高于其平均成本（竞争水平价格），行业就存在很大的超额利润，却没有引起潜在进入者进入，则说明这个行业的进入壁垒是高的；反之，如果一个行业的最高阻止进入价格仅仅略高于其平均成本，为阻止进入在位企业只能获得很少的超额利润，说明这个行业的进入壁垒是低的。按照这个思路，一个特定产业进入壁垒的高低可以用该产业的最高阻止进入价格高于该产业平均成本的百分比的大小确定。贝恩在实证研究中用价格扭曲率分析进入壁垒。价格扭曲率是指行业价格高于竞争价格的百分比，其计算公式为：

$$R_p=\frac{P_m-P_c}{P_c} \tag{4.7}$$

贝恩按照价格扭曲率的大小，对进入壁垒的程度进行分类：$R_p<4\%$为进入壁垒较低的行业；$7\%>R_p>4\%$为进入壁垒中等偏低的行业；$10\%>R_p>7\%$为进入壁垒高的行业；$R_p>10\%$为进入壁垒很高的行业。

二、退出壁垒

退出就是企业放弃生产特定市场上的产品和服务。企业在退出市场时必然面临着一系列的难题，承担一定的损失。企业退出时的代价越大，企业退出市场的阻力就越大，这就是人们所说的退出壁垒。那么，企业在退出市场时都可能面临哪些因素的阻挠？其主要包括沉没成本、解雇费用、联合生产和政府限制等。

（一）沉没成本

沉没成本是指企业进入市场所投入的成本，而在企业退出市场时难以收回的部分。简单来说，沉没成本就是企业已经付出但不可收回的成本。沉没成本在数额上就等于企业资产扣除折旧后的折旧余额与其转移或再销售价格之间的差额[4-8]。对于企业来说，沉没成本的大小与资产的专用性密切相关。通常情况下，资产专用性越强，运用于其他产品生产领域的可能性越低，市场需求越少，资产转让价格越低，沉没成本越大；反之，资产专用性越弱，运用于其他产品生产领域的可能性就越大，市场需求越大，资产转让价格就越高，沉没成本越小。

[4-8]
沉没成本

沉没成本与退出壁垒呈正相关关系。沉没成本越大，企业退出市场时的损失就越大，退出壁垒越高，企业退出市场时受到的牵制越大；反之，沉没成本越小，企业退出市场时的损失就越小，退出壁垒越低，企业就越容易退出市场。

(二)解雇费用

在大多数情况下，企业退出某一产业时要解雇其雇员，也就是裁员。经济性裁员属于解雇性质，劳动者是被动接受的。在这种情况下，各国政府为保护劳动者的利益，都制定了严格的职工解雇保护法规。其中一项就是在劳动合同解除后，雇主要依法按照一定的标准一次性支付给被解雇职工一定数额的补偿金，这就是解雇赔偿制度。对于补偿金的性质，有三种主要的学说：一是劳动贡献补偿说。经济补偿金是对劳动者在劳动关系存续期间为用人单位所做贡献的积累给予的补偿，是对劳动者过去劳动内容和成果的肯定。二是社会保障说或社会保障金说。基于宪法、劳动法对公民生存权保护的需要，国家要求用人单位在解除劳动合同时必须支付给劳动者一定的经济补偿，以帮助劳动者度过生活费用和医疗费用无来源的失业阶段，保障劳动者权益。三是法定违约金说。经济补偿金是国家为保障劳动者的合法权益而强行干涉用人单位与劳动者之间合同的结果，是企业未能履行劳动合同规定的义务所承担的责任。

解雇费用(RP)与员工在本企业的工作年限(N)和平均月工资(W)相关。《中华人民共和国劳动合同法》第 47 条规定，经济补偿应按劳动者在本单位工作的年限，每满一年支付一个月工资的标准向劳动者支付，即 $RP=N \cdot W$。世界各国经济补偿的基本方法相同，区别主要在于赔偿月份数和赔偿标准。德国、法国、秘鲁等国家还设定一个最高赔偿月份数，法国为 6 个月，秘鲁为 12 个月，德国为 18 个月。美国工会的谈判能力很强，在赔偿月份数和赔偿标准方面都有上浮。显然，当企业退出某个市场时，大部分雇员将被解雇，企业需要支付一笔解雇费用，从而成为企业退出市场的主要问题。雇员数量越多，雇员的工作年限越长，解雇费用就越高，从而退出壁垒就越大；反之，雇员数量越少，雇员的工作年限越短，解雇费用就越低，退出壁垒就越小。

案例4.13

企业破产时如何支付高额职工安置费用

在我国，企业破产后应如何支付高额的职工安置费用是很多企业难以处理的问题，尤其是国有企业。按《破产法》规定，企业破产后，资产应首先偿还债权人，但很多企业归还完债务后甚至尚未归还完债务，就已经家徒四壁，无力向职工支付高额的安置费用。此时，大量的职工如何安置成为令企业头疼的问题。为此，现实中，很多企业还沿用老的处理方法——政策性关闭破产，将所有资产先用于安置职工而不是用于偿还债权人债务，以便支付职工安置费用。其大体的做法是：以该企业的优质财产(土地、房屋等不动产优先)作为抵押物，对预计将来公司遭遇破产危机时可能发生的职工安置费用进行财产保全。实行抵押的财产不得是已经抵押、质押、保证和依法不得抵押的财产。用于抵押预留职工安置费用的财产，可以由国有企业的工会负责日常监管，未经企业工会同意任何组织和个人无权变更其权属关系，改制企业对抵押的财产只具有使用权，不具有处置权。针对上述问题，一些专家学者建议，政府应当鼓励企业依法破产，但不能由于企业破产也让工人"破产"。为此提出两点建议：一是借鉴国际会计准则将预计职工安置费计入企业负债；二是政府强制征收职工安置保障金。

(三)联合生产

联合生产企业的业务单元之间存在着密切的关联，一种产品的生产会影响到该企业其他产品的生产，以及整个企业的效率或利润水平。因此，作为联合生产中的一个产品，当其销售困难，或生产出现亏损时，企业会顾及整体利益，而不会轻易退出该产品市场。这主要表现在两个方面。一是纵向联合生产形成的退出壁垒。在纵向一体化企业中，一项产品是否退出市场取决于整个生产链。例如，包括炼铁、轧钢、机床生产在内的一体化企业中，即使铁产品生产亏损，企业会顾及轧钢和机床的生产，而不会退出铁产品市场。二是混合联合生产形成的退出壁垒。在混合联合企业中，一项产品生产是否退出市场取决于企业的声誉。例如，以双星品牌为依托，双星集团发展了双星运动鞋、双星轮胎、双星房地产、双星机械等系列产品。即使双星运动鞋盈利程度很小或已经不存在盈利，但它是该企业的传统产品，是品牌形成的基础，它的退出可能影响到整个品牌的形象和声誉，因而无法退出[4-9]。

[4-9]
双星新战略：组建三大产业集团军

(四)政府限制

行政壁垒是指企业受政府法规、政策的保护，即使在毫无盈利甚至亏损的状态下，仍然能够滞留于原有行业或市场的现象。政府作为宏观调控的主体，不仅要考虑经济效益目标，在一定程度上还要考虑解决就业、社会安定等社会目标。政府为了一定的目的，往往通过制定政策和法规来限制某些行业中企业的退出。为了社会稳定目的，政府对提供公共产品的企业的退出进行严格的限制，以确保向广大居民提供稳定的商品和服务，如电力、邮电、煤气供应等。为了稳定就业水平，政府对那些能够容纳大量劳动力的劳动密集型产业给予政策性支持，延缓了这些行业中企业的退出，如纺织工业、钢铁工业等。另外，在地方本位主义的影响下，一些地方政府从地方经济发展的角度出发，通过劝阻、政策支持等各种手段，挽救即将被市场淘汰的落后企业。例如，硬性摊派当地的产品，指定本地产品为重大活动的特供产品等。

案例4.14

政府采购与地方保护主义

2009年以来，随着经济危机的扩散，企业的发展环境恶化，因此不少地方都纷纷出台相应政策，通过政府采购支持本地企业。通过这样的措施，既可以稳定本地企业，特别是本地中小企业的国内市场，帮助他们渡过难关；又可以扩大政府采购在本地企业中的影响，体现政府采购的政策功能，为政府采购树立起良好的形象。但是，在对本地企业扶持的时候，政府应始终坚持公平竞争的原则。我国《政府采购法》第 5 条明确规定:“任何单位和个人不得采用任何方式,阻挠和限制供应商自由进入本地区和本行业的政府采购市场。”因此,在政府采购中,不能以扶持本地企业为由,采取或默认各种地方性保护措施,有意排斥外地供应商的介入。如果政府采购中标的全是本地企业,甚至投标的全是本地企业,不利于形成充分竞争,政府采购的效果会下降。这样一来,既不能使采购单位获得质优价廉的产品或服务,又容易使本地企业安于政府采购的保护而不思改进。通过政府采购手段扶持本地企业很有必要,但扶持的手段必须符合市场经济规律和政府采购相关法律法规的要求,切莫将扶持本地企业变成地方保护。

三、进入与退出壁垒的组合

在分析了进入壁垒与退出壁垒以后,我们把进入壁垒与退出壁垒结合起来,进行综合研究。如果考虑进入、退出壁垒只分为高或低两个等级的情况,进入和退出壁垒组合成为四种不同的类型(见表 4-8):第Ⅰ类:进入壁垒低而退出壁垒高,企业易进难出的产业,包括机械工业、化学工业、纺织工业等;第Ⅱ类:进入壁垒与退出壁垒都高,企业难进难出的产业,包括石油、天然气采选业、烟草加工业、煤炭工业等;第Ⅲ类:进入壁垒高而退出壁垒低,企业难进易出的产业,包括玻璃基板产业、博彩业等;第Ⅳ类:进入壁垒和退出壁垒都低,企业易进易出的产业,包括文教体育用品业、饮料制造业,食品加工业、印刷业等。

表 4-8　　进入壁垒与退出壁垒组合

退出壁垒 / 进入壁垒	低	高
高	Ⅲ高利润、低风险	Ⅱ高利润、高风险
低	Ⅳ低利润、低风险	Ⅰ低利润、高风险

依据企业进入和退出的难易程度,我们初步讨论产业的利润率高低和风险程度。如果进入壁垒低,则进入容易,但利润率偏低;反之,利润率就偏高。而如果退出壁垒高,说明企业投资后,产品生产即使面临困境,也不能顺利退出,说明退出壁垒越高,投资的风险也就越大。从获取利润角度和存在风险两个特征来看,四种类型的进入和退出壁垒组合的情况也各不相同。在任何国家,对于厂商而言最好的情形是难进易出,也就是说进入受到一定的限制,而经营不成功的厂商会很容易地退出,在该产业中生存下来的厂商则可以获得较高而且比较稳定的收益。对于厂商来说最差的情形是易进难出。在这种情况下,当行业的吸引力较大时,众多企业纷纷进入该行业;而当该行业经营不景气时,过剩的生产能力仍然积聚在市场,企业因恶性竞争而陷入困境。易进易出和难进难出两种情形相比,难进难出不利于竞争的展开,易进易出虽可鼓励厂商展开竞争,但极易导致“无政府”状态,并且过度进入会降低社会资源配置的效率。另外,各个行业的进入与退

出壁垒的高低在生命周期的不同阶段表现也不同，并且随着宏观经济形势的变化而变化。

第四节 影响市场结构的其他因素

一、产品需求增长率因素

产品或服务的需求增长往往引起产业内企业数量的改变，使得竞争与垄断程度发生变化，从而影响市场结构。国内外关于需求扩张对市场结构的影响研究，一直存在争议，形成三种不同的观点。一是提高竞争水平。若需求迅速增长，并超过供给增长速度，则会吸引新企业进入，市场集中度下降，竞争水平提高。二是增强垄断势力。当需求增加时，大企业凭借技术和规模优势更容易扩张而占有更大的市场份额，形成更强的市场影响力。三是影响不明确。产品或服务的需求增长对于市场结构的影响取决于产业的进入壁垒。若产业的进入壁垒低，需求增长引起行业内企业数量的快速扩张，市场竞争将更激烈；若产业的进入壁垒高，需求增长引起的企业数量扩张有限，而在位企业的规模扩张明显，则强化了垄断势力。

二、需求价格弹性因素

一般来说，富有弹性的市场具有产品替代程度高、市场竞争激励等特点。在这样的市场，企业往往会通过降低价格来获得更多的收益，因而竞争比较激烈。而在缺乏弹性的市场，产品替代程度低，企业有较强的价格决定权，有能力通过提价获得更大的收益，因此容易产生垄断行为。

三、短期成本结构因素

短期成本分为固定成本与可变成本。固定成本在短期成本中的比重影响行业的规模经济效应，进而影响市场结构。一般来讲，固定资产投入越大，固定成本越大。在固定成本很大的情况下，要有效降低单位产品的成本，就必须在一个大规模的产量上分摊这个固定成本。因此，固定成本越大，则行业的规模经济效应越明显，企业的生产规模也越大，市场能够容纳的企业数量就越少，从而垄断势力可能越强，如钢铁行业、汽车行业、石油行业等；反之，固定资产投入越小，固定成本越小，则行业规模经济效应越弱，企业在较小的规模下就能够运营，从而市场中容纳的企业数量就较多，从而竞争比较激烈。

除上述因素以外，多元化企业的规模和数量，政府介入的程度和企业制度等因素也影响市场结构。因此，市场结构是在众多因素综合作用下形成的，但需要根据实际情况区分主要和次要因素。

本章小结

市场结构的形成来源于众多因素，其中市场集中度、产品差异化和进入与退出壁垒是最为重要的三个因素。

市场集中度反映了市场上企业规模的分布，从而也能折射出市场势力形成的环境。表达市场集中度的指标主要有集中率、洛仑兹曲线、基尼系数、赫芬达尔-赫希曼指数、泰尔指数等。其中，集中率的计算简便易行，但赫芬达尔—赫希曼指数更加准确。

产品差异化程度反映了企业对自己产品价格的控制程度，并间接影响进入与退出的壁垒。产品差异化由水平差异、垂直差异、信息差异等因素综合作用形成，在不同行业产品差异化的主要因素存在差异。

进入与退出壁垒对行业内企业的数量、在位企业的行为产生重要影响。进入壁垒主要来源于市场阻碍、政府管制和在位企业阻挠。退出壁垒主要来源于沉没成本、解雇费用、联合生产和行政壁垒。分析一个产业的进入与退出壁垒时，还需考虑进入与退出壁垒的组合情况。

复习与思考

一、名词解释

市场集中度　产品差异化　进入壁垒　沉没成本　退出壁垒

二、单项选择题

1. 贝恩根据集中率划分市场结构，其中竞争型市场与寡占市场的临界值是（　　）。

A. $CR_4=0.30$，$CR_8=0.45$　　B. $CR_4=0.30$，$CR_8=0.40$

C. $CR_4=0.35$，$CR_8=0.40$　　D. $CR_4=0.35$，$CR_8=0.45$

2. HHI指数的优势在于（　　）。

A. 反映市场上所有企业的市场份额信息

B. 计算量不大

C. 对规模最大的前几个企业的市场份额变化反应敏感

D. 便于收集资料

3. 消费者偏好知名品牌商品，反映产品存在（　　）。

A. 水平差异　B. 垂直差异　C. 信息差异　D. 地理差异

4. 策略性进入壁垒来源于（　　）。

A. 市场结构　B. 政府准入　C. 厂商阻挠　D. 联合生产

5. 需求交叉价格弹性可以用来度量（　　）。

A. 产品差异化程度　B. 进入壁垒　C. 市场集中度　D. 退出壁垒

三、简述题

1. 影响市场结构的因素主要有哪些？

2. 简述进入壁垒及其来源。

3. 比较市场集中度指标的优劣。

4. 举例说明产品差异化的来源。

第五章　市场行为

市场行为即企业的市场行为，它是指企业为实现利润最大化的经营目标，遵循和依靠市场调节机制而采取的行动。正确理解市场行为需要注意以下三个方面：一是市场行为是指市场运行中企业所采取的各种决策行为。二是市场行为是指企业在市场机制、价格机制等调节下而采取的行为，包括价格行为、产品差异化行为和组织调整行为。与市场行为不同，非市场行为主要是指企业采取行动对非市场因素（政府、公众、媒体、社会）产生影响，进而扩大企业影响和声誉的行为。非市场行为主要包括企业的政治战略、媒体及公众战略和社会责任战略。三是市场行为主要研究寡占市场中的企业行为。这是因为产业组织理论研究的重点是企业之间的相互关系，而只有寡占市场中企业的行为之间存在明显的依存关系。

第一节　价格行为

价格行为就是企业以控制和影响价格为基本特征的市场行为。企业的价格行为又分为结构性价格行为和策略性价格行为。结构性价格行为是指某种特定的寡占市场所固有的价格行为模式。在寡占市场，寡占厂商之间的行为相互依赖、相互制约。市场价格的形成是厂商之间相互适应的一个搜寻过程，市场价格是一个寡占厂商都能够接受的价格。一方面，与完全竞争厂商不同，寡占厂商不是市场价格的接受者，它具有市场势力，对市场价格有影响能力；另一方面，与完全垄断厂商不同，寡占厂商不能独立地决定市场价格，它必须考虑其他寡头的反应。寡占厂商在价格搜寻过程中，可能会采取无串谋、非公开串谋或公开串谋三种方式，从而形成三种不同类型的价格行为。

一、无串谋的价格行为

无串谋的价格行为是指寡占厂商在价格搜寻过程中各自决策的价格行为。在这种价格行为模式中，寡占厂商独立决策来寻求各方互相满意的价格，厂商之间没有协商或串谋，不存在默契，即所谓的“背对背”模式。古诺模型和伯川德模型描述了无串谋的价格行为，其中前者是产量优先决策，而后者是价格优先决策。

[5-1]
古诺的经济学思想及其时代背景解读

(一)古诺模型

古诺模型也被称为“双头模型”,其分析了只有两个寡头厂商的市场中产量和价格的决策过程。它是由法国经济学家安东尼·古诺(A. Cournot)于 1838 年提出的[5-1]。

1.假设条件

两个寡头生产同质矿泉水;固定成本为零,A、B 两个厂商的边际成本为常数且相等,即 $MC_1=MC_2=c$,则厂商的平均成本为常数且相等,即 $AC_1=AC_2=c$;市场需求曲线对两个厂商来说是已知的,而且是线性需求函数($P=a-bQ$);厂商以产量为决策变量,并假定每位厂商在做出决策时另一个厂商的行为是既定不变的;也就是说,每个企业都把另一个企业的产量视为独立于自己行动的变量。

2.厂商的反应函数

首先考虑 A 厂商的产量决策问题:

$$\pi_1=Pq_1-cq_1=[a-b(q_1+q_2)]q_1-cq_1$$

令利润的一阶导数等于零,求解利润最大化时的产量:

$$q_1=\frac{a-c}{2b}-\frac{1}{2}q_2 \tag{5.1}$$

显然,A 厂商的产量是 B 厂商产量的函数,我们把它称为 A 厂商对 B 厂商产量的反应函数。

用同样的方法求解 B 厂商利润最大化时的产量:

$$\pi_2=Pq_2-cq_2=[a-b(q_1+q_2)]q_2-cq_2$$

令利润的一阶导数等于零,求解利润最大化时的产量:

$$q_2=\frac{a-c}{2b}-\frac{1}{2}q_1 \tag{5.2}$$

显然,B 厂商的产量也是 A 厂商产量的函数。我们把这个函数称为 B 厂商对 A 厂商产量的反应函数。

3.古诺均衡

在寡头市场上,A 厂商根据 B 厂商现有的产量来确定自己的最优产量,而 B 厂商也根据 A 厂商的现有产量来确定自己的最优产量,即每个厂商都是以自己的产量去适应对方已确定的产量。然而,假如 B 厂商的产量不是最优产量,那么 B 厂商就要调整其产量,因而 A 厂商的最优产量将随之变化。反过来讲,假如 A 厂商的产量不是最优产量,那么 A 厂商将调整其产量,则 B 厂商的最优产量也将随之变化。那么,只有当 A、B 两个厂商的产量使两个厂商同时达到利润最大化时,A、B 两个厂商的产量不再进行调整,从而达到均衡状态,这就是古诺均衡。在图形上,满足两个厂商利润最大化的产量组合就是两个产量反应曲线的交点(如图 5-1 所示)。

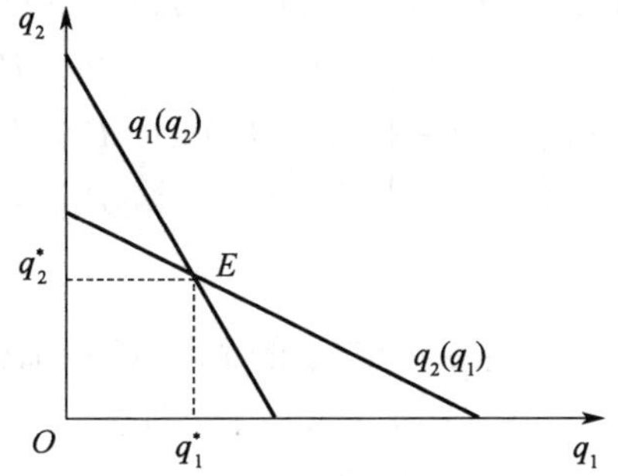

图 5-1 产量反应曲线与古诺均衡

根据代数解法，就是联立两个厂商的产量反应函数，求解二元一次方程组的解，得到两个厂商利润最大化的产量组合：

$$q_1 = q_2 = \frac{a-c}{3b} \tag{5.3}$$

则均衡价格为：

$$P = \frac{a+2c}{3} \tag{5.4}$$

4.古诺均衡的扩展

古诺均衡的结论容易推广到三个或三个以上的寡头市场结构中。对于 m 个寡头组成的市场结构来说，厂商的均衡产量、市场价格分别为：

$$q_1 = q_2 = \cdots = q_m = \frac{a-c}{(m+1)b} \tag{5.5}$$

$$P = \frac{a+mc}{m+1} \tag{5.6}$$

5.博弈模型基础

古诺模型属于完全信息静态博弈模型。博弈的参与者为 A 与 B 两个厂商，它们同时、独立地进行产量决策。每个厂商在猜测对方产量的基础上选择自身利润最大化的产量，从而形成厂商的策略空间（产量反应函数）。在重复博弈过程中，如果出现一个策略组合（q_1^*，q_2^*），其中 q_1^* 和 q_2^* 相互是对应对方策略的最佳策略（利润最大化的产量），那么对于任意一个厂商来说，在对方产量不变的条件下改变产量都不会增加自身的利润。这时，纳什均衡形成，产量博弈结束。

（二）伯川德模型

大约在古诺模型建立 50 年后，法国经济学家约瑟夫·伯川德（J. Bertrand，1883）提出另一个无串谋的双寡头模型——伯川德模型。

1.假设条件

该模型仍然假设一个市场存在两个厂商，生产同质产品；两个厂商的固定成本为零，且边际成本相等；厂商的生产能力是无限的，能够提供市场需要的任意产量；厂商以价格为决策变量，且两个厂商是同时、独立定价。

2.价格决策

由于两个厂商提供的是完全替代产品，因而消费者将选择价格较低的商品。

两个厂商的价格决策就直接决定着厂商的市场份额。其可能出现的三种情况是：

$$D_i(P_i,P_j)=\begin{cases}D(P_i), & P_i<P_j\\ 0.5D(P_i), & P_i=P_j\\ 0, & P_i>P_j\end{cases}$$

3.均衡

在这样的情况下，两个厂商在价格决策时，会竞相削价来迎合消费者对于低价的偏好，争取更多的顾客。$P_1(P_2)$、$P_2(P_1)$分别是厂商1和厂商2的价格反应曲线。由于厂商1与厂商2具有相同的边际成本，所以它们的价格反应曲线形状相同，并且关于45°线对称。当双方都将价格水平降到边际成本时，两个厂商不再继续降价，市场达到均衡状态，厂商获得正常利润。在图形上，两条价格反应曲线的交点N表示市场均衡点，即伯川德均衡(如图5-2所示)。

图 5-2
伯川德竞争模型

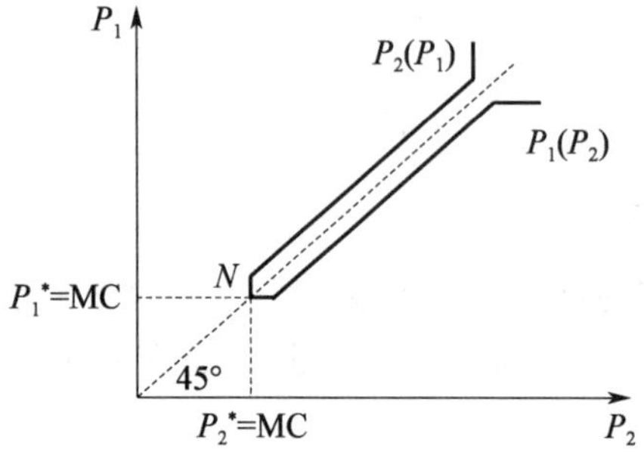

4.伯川德悖论

在现实市场上，厂商间的价格竞争往往不能使均衡价格降低到边际成本的水平，而是高于边际成本。对于大多数产业而言，即使只有两个竞争者，它们也能获得超额利润。这与伯川德模型得出的结论是不一致的，这被称为"伯川德悖论"。

在理论上，伯川德均衡是价格竞争的结果，而经济运行中要达到均衡却是一个动态的价格竞争过程。实际上，削价往往会引起价格战。这样，一家厂商明白自己降价会引起另一家厂商更低定价的报复。但是，寡头也知道，即使降价也不能保证它能够获得整个市场需求。因此，价格竞争中的降价并不会迅速达到边际成本，而是一个动态、缓慢的调整过程。因此，在价格向边际成本调整的过程中，两个厂商同时制定一个高于边际成本的价格的短期均衡是可能出现的。

5.博弈模型基础

伯川德模型属于完全信息静态博弈模型。两个企业的特征是已知信息，两个企业同时、独立定价。在策略上，因为两个企业的产品是同质因而是完全替代的，所以两个企业中定价低者将获得所有市场需求。这就需要参与者在推测对方定价的基础上，通过自身最优定价而实现利润最大化。同时，伯川德均衡是一次博弈形成的均衡。对于两个企业(i,j)来说，其纳什均衡可以表示为：

$$\pi_i(P_i^*,P_j^*)\geq\pi_i(P_i,P_j^*)$$
$$\pi_j(P_i^*,P_j^*)\geq\pi_j(P_i^*,P_j)$$

伯川德模型是厂商的一次性博弈，只要定价低于竞争对手就可以占领全部市场，这使厂商很难通过缔结协议维持高于完全竞争的价格水平。而在现实中，厂商间的行为是重复博弈，率先降价的企业会面临其他厂商进一步的威胁，为了避免两败俱伤，厂商之间就有可能串谋，形成高于边际成本的价格。

案例5.1

中国移动与中国联通的价格战

中国移动和中国联通是我国通信行业的两大寡头，相互之间一直存在竞争。由于通信服务具有产品同质性、网络效应（无限生产能力）及较为稳定的市场需求特征，两个企业以价格为决策变量展开价格竞争，以便获得更大的市场份额。这种竞争模式十分类似于伯川德模型。1999 年，中国移动和中国联通之间开始了大规模的价格战。价格战最初的形式是入网费竞争。1999 年 5 月，联通武汉分公司推出“江城卡”业务，只需交 150 元的 SIM 卡成本费，市内通话每分钟仅需 0.2 元；移动通信分公司话费实行“模拟手机包月制”，每月 100 元，本地电话随便打。1999 年 9 月，山东移动通信分公司推出“齐鲁亲情卡”，用全球通号码再加 99.9 元就可以开通一部手机，而且月租费只有 18 元；消息一出，山东联通分公司立即宣布推出月租费仅 2 元的“联通亲情卡”。之后，中国移动和中国联通相继推出各种资费套餐（2001 年）、单项收费（2003 年）、本地话费优惠（2004）以及租用赠送通信终端等方案，价格战的形式趋于多样化。

由于存在巨大的利润空间，技术也在不断更新，双方在激烈的价格竞争中不断降低通讯服务价格，但价格仍然位于边际成本之上。消费者从价格战中得到了实惠，厂商的剩余转化为消费者剩余，但厂商依然能够获得超额利润。显然，企业利润为零的伯川德均衡并没有出现。但是，两个寡头的价格竞争并不会停息，还将继续。随着时间无限推移，伯川德均衡在理论上有出现的可能。

二、非公开串谋的价格行为

古诺模型和伯川德模型的共同特征是寡头之间不存在任何串谋。但是，基于寡头对相互依存性的认识，厂商之间可能会在价格行为上进行协调或串谋，以期稳定市场收益。由于公开串谋的协议在一些资本主义国家被认为是非法的，所以寡头之间的串谋更多地是以非公开或非正式形式进行。非公开串谋也称为“隐性”串谋，是指同行业的厂商共同默认一些行为准则，如相互尊重对方的市场份额和销售范围；使用同一种方法计算价格；认可行业的价格形成模式和竞争行为等。在寡占市场价格形成过程中，非公开串谋表现为领导厂商决定产量或者价格后，其他厂商采取跟随策略；而领导厂商在决策中也考虑了跟随厂商的反应。这种情况反映了领导厂商与跟随厂商之间遵循不成文的“惯例”，形成某种默契。斯塔克尔伯格模型和支配型厂商价格领先模型分析了非公开串谋的价格行为，前者是产量优先决策，后者是价格优先决策。

(一)斯塔克尔伯格模型

1934 年,德国经济学家斯塔克尔伯格(H. Stackelberg)分析了双寡头市场中厂商之间非公开串谋的价格行为:市场中某个寡头率先宣布自己的产量,另一个寡头再确定自己的产量。

1. 假设条件

在一个寡占市场中存在两个厂商,它们生产同质产品,其中一个寡头厂商是居于支配地位的领导型厂商,另一个寡头厂商是跟随者。每个厂商的决策变量是产量,它们通过选择最优产量来实现利润最大化。

2. 跟随型厂商的反应函数

在领导者-跟随者模式中,市场地位的不对称导致决策的先后顺序:领导型厂商(Leader)具有先动优势,它首先根据利润最大化来决定其产量,跟随型厂商(Follower)占有剩余市场需求量。但是,领导型厂商在决策时会充分估计跟随型厂商对其产量的反应,并把它作为决策的因素,即领导型厂商会把跟随型厂商的反应函数引入其利润函数之中。假定市场需求函数为线性函数,即 $P=a-b(Q)$,领导型厂商和跟随型厂商的固定成本为零,边际成本相等且为常数($MC_L=MC_F=c$),则跟随型厂商的产量反应函数为:

$$q_F=\frac{(a-c)}{2b}-\frac{q_L}{2} \tag{5.7}$$

3. 领导型厂商的产量决策

将跟随型厂商的产量反应函数代入领导型厂商的利润函数:

$$\pi_L=\left[a-b(q_L+\frac{(a-c)}{2b}-\frac{q_L}{2})\right]q_L-cq_L \tag{5.8}$$

领导型厂商利润最大化的条件为:

$$\frac{\partial\pi_L}{\partial q_L}=\frac{(a-c)}{2}-bq_L=0$$

由此可得领导型厂商利润最大化时的产量、跟随型厂商的产量和市场价格:

领导型厂商的均衡产量:

$$q_L^S=\frac{a-c}{2b} \tag{5.9}$$

跟随型厂商的均衡产量:

$$q_F^S=\frac{a-c}{4b} \tag{5.10}$$

市场均衡价格为:

$$P=\frac{a+3c}{4} \tag{5.11}$$

斯塔克尔伯格均衡位于 E^S(如图 5-3 所示)。领导型厂商进行产量决策时,已经正确预见了跟随型厂商的反应曲线 $q_F(q_L)$,领导型厂商意识到均衡点只能落在这条反应曲线上。于是,领导型厂商将在这条反应曲线上选取一个利润最大的点。在图 5-3 中,领导型厂商的等利润线由上到下依次排列。在跟随型厂商产量一定的情况下，领导型厂商的产量越大，则其利润也越大；那么，等利润线由上向下的方向表示领导型厂商的利润逐渐上升。这样，在跟随型厂商反应曲线与等利润线的切点处，领导型厂商获得最大利润，市场达到均衡。显然，斯塔克尔伯格均衡时，领导型厂商的产量(q_L^S)高于古诺均衡的产量(q_L^C)。

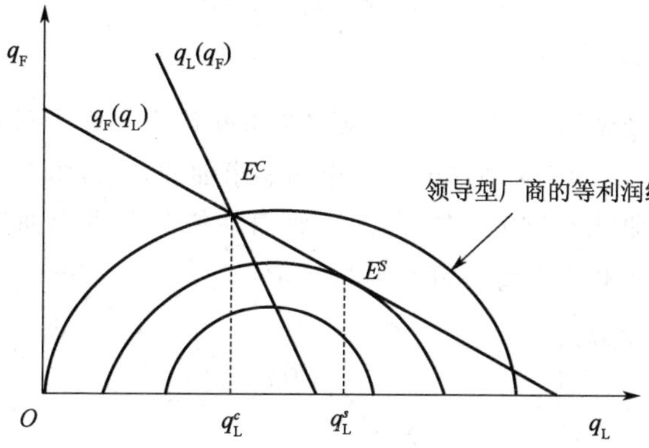

图 5-3
斯塔克尔伯格均衡

4.博弈模型基础

斯塔克尔伯格模型是一个两阶段的完美信息动态模型。领导型厂商存在先动优势，首先选择产量 q_L。跟随型厂商观察到领导型厂商的战略，然后选择产量 q_F。子博弈完美纳什均衡的标准方法是逆向归纳法求解，即从动态博弈的最后一个阶段开始，逐步向前倒推以求解动态博弈结局。首先，分析第二阶段追随型厂商对领导型厂商产量的反应函数，然后考虑第一阶段领导型厂商预见并考虑跟随型厂商的反应函数，进行最优产量决策。由此得出领导型厂商的产量选择，进而得到跟随型厂商的产量选择和市场价格。

(二)支配型厂商价格领先模型

与斯塔克尔伯格模型不同，支配型厂商价格领先模型分析了厂商以价格为竞争手段，厂商之间的非公开串谋行为：市场上某个寡头率先定价，然后其他厂商再决定自己的价格；如果两个寡头的产品是同质的，跟随者接受领先者的定价。

1.假设

寡头市场由一个大型厂商和一些小厂商组成，它们生产同质产品，市场需求函数为 $Q(P)$。大厂商(L)是居于支配地位的领导型厂商，其成本函数为 $C(q_L)$；小厂商(F)为追随者，其成本函数为 $C(q_F)$。厂商的决策变量是价格，它们通过选择价格来实现利润最大化。

2.小厂商的反应函数

在领导者—跟随者模式中，作为领导者的大厂商首先决定价格，作为跟随者的小厂商接受这个价格。但是，大厂商在决定价格时，已经预测到小厂商的反应：在给定价格下所提供的产量，并以此确定并占有剩余(残留)需求量。在给定的每个价格水平上，小厂商选择一个相应的产量来实现利润最大化，其处境类似于完全竞争厂商。

小厂商利润最大化的条件为：

$$C'(q_F)=P$$

求解其反函数，得到小厂商对大厂商价格的反应函数：

$$q_F=q_F(P) \tag{5.12}$$

大厂商的需求函数为：

$$q_L(P)=Q(P)-q_F(P) \tag{5.13}$$

3.大厂商的价格决策

大厂商面对剩余需求曲线 $q_L(P)$，像完全垄断厂商一样进行利润最大化的决策（如图5-4所示）。在图 5-4 中，$Q(P)$为市场需求曲线，$q_F(P)$ 为小厂商的反应曲线（小厂商的供给曲线），则 $q_L(P)$为大厂商面临的剩余需求曲线。大厂商选择 MC_L 和 MR_L 相交时的产量 q_L^*，并索取价格 P^*。

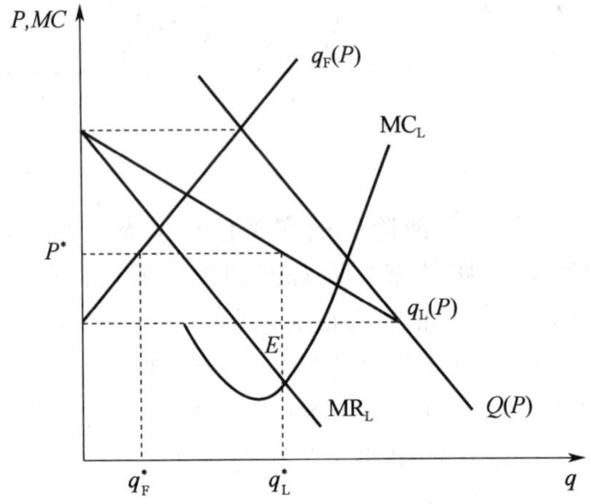

图 5-4 支配型厂商价格领先模型

4.博弈论模型基础

与斯塔克尔伯格模型一样，支配型厂商价格领先模型也是一个两阶段的完美信息动态模型。大厂商拥有先动优势，率先定价。小厂商观察到大厂商的行动并接受其制定的价格。子博弈完美纳什均衡的标准方法是逆向归纳法求解，即从动态博弈的最后一个阶段开始，逐步向前倒推以求解动态博弈结局。在这一模型中，应首先考虑第二阶段小厂商的战略：小厂商对领导者制定的价格的反应函数；然后考虑第一阶段大厂商的战略：大厂商根据小厂商的反应函数确定自己面临的剩余需求，并据此进行价格决策，由此决定市场价格和大厂商的最优产量，进而得到小厂商的最优产量。

5.价格领先制的其他形式

支配型厂商价格领先制只是价格领先制的一种形式。在寡占市场中，率先定价的厂商未必是行业中的大厂商，还可能是低成本厂商或者是信息灵通的厂商，因此价格领先制存在三种不同的形式：支配型厂商价格领先制、低成本厂商价格领先制和晴雨表型价格领先制。低成本厂商价格领先制是指行业中具有最低成本的寡头厂商率先按照边际法则决定产量和价格，其他厂商被迫跟随定价。否则，这些厂商就会因为高价而失去已有的市场份额。晴雨表型价格领先制是指行业中具有信息优势的厂商首先决定市场价格，其他厂商跟随定价。具有信息优势的厂商对市场需求的变动最敏感，能够较准确和及时地感知和预测市场需求变化对价格的影响。该厂商的价格调整传递了市场变化的信息，其他厂商会根据该厂商的价格决策相应变动价格。

支配型厂商价格领先制与其他两种价格领先制定价方式存在较大差别。①领先者的市场势力。支配型厂商价格领先制发生在市场集中度很高的寡占市场，支配型厂商的生产规模大、生产效率高，在市场中处于支配地位；而其他两种定价方式发生在市场集中度较高的市场，寡头间的市场势力相当。②"领先者"地位的变动。在支配型厂商价格领先制下，支配型厂商作为"价格领先者"的地位基本稳定；而在其他两种定价方式中，"价格领先者"会发生变化。尤其是在晴雨表型价格领先制中，"价格领先者"经常发生变换。③跟随者价格变动的时滞。在支配型厂商价格领先制条件下，领先者决定价格后，跟随厂商服从并迅速跟进，市场价格迅速达成一致；而在其他两种定价方式中，跟随者的价格调整存在一定时滞，跟随者需要对"领先者"价格变动的目的、影响进行评估，然后再进行价格决策。

案例5.2

美洲航空公司充当晴雨表领导厂商

1989 年 9 月 18 日，美洲航空公司宣布从 9 月 29 日起开始提高票价，内容如下：提前 14 天订票，价格调高 10～20 美元；提前 7 天订票，价格调高 30 美元；提前 2 天订票，价格调高 60～80 美元。1989 年 9 月 20 日，中路航空公司和美国环球航空公司也提高了自己的票价。9 月 21 日，美国三角航空公司、泛美航空公司和大陆航空公司也制定了相同的调价比例。在随后的几天内，美国联合航空公司、美国西北航空公司和美国空路航空公司都进行了调价。但是，如果跟随厂商不同意"领导厂商"的市场评估和价格调整，则价格领导定价被破坏。1989 年 4 月，大陆航空公司曾提出从 5 月 27 日开始将往返旅游票价提高 20～80 美元。美国环球航空公司、美国联合航空公司、美国西北航空公司开始跟进；而美洲航空公司、全美航空公司则拒绝跟进。此后，跟进大陆航空公司提价的几家公司取消了提价行动，原因是根据预定信息反映出来的夏季航空旅行需求并不旺盛，而且政府对航空票价变动十分关注。

三、公开串谋的价格行为

寡占厂商之间的价格串谋可能是非正式的，也可能是正式的。正式串谋是指寡占厂商通过明确的，通常是以正式的协议来协调各自的产量和价格或其他诸如销售地区分配等事项，它们就形成了一个所谓的价格卡特尔[5-2]。在欧洲一些国家，卡特尔是法律所允许的，因而卡特尔是一种公开的价格协调行为；而在美国等大多数国家卡特尔是受到法律限制的，因而卡特尔是一种秘密的价格协调行为。不论是公开的，还是秘密的卡特尔，参加卡特尔的企业在生产、销售、财务、法律上都保持各自的独立性，但在市场价格、产量分配方面必须服从于卡特尔的决定。

[5-2]
串谋

(一)卡特尔利润最大化

卡特尔是在各种协议基础上由寡占厂商联合组成的经济组织。它代表这些寡占厂商在市场中出现,成为市场中的“垄断者”。这样,卡特尔像一个垄断者那样来追求整体利润的最大化。

1.卡特尔的边际收益曲线

市场的需求曲线是卡特尔的需求曲线。根据市场需求曲线能够得到卡特尔的边际收益曲线。如图 5-5(c)所示,MR 为卡特尔的边际收益曲线。

2.卡特尔的边际成本曲线

卡特尔各成员边际成本曲线的水平加总就形成卡特尔的边际成本曲线。也就是在每一个边际成本水平上加总各个成员产量,从而得到卡特尔产量和边际成本的对应关系,即卡特尔的边际成本函数为:

$$Q(\mathrm{MC}) = \sum_{i=1}^{n} q_i(\mathrm{MC}) \tag{5.14}$$

例如,由两个寡占厂商组成的卡特尔中,两个厂商的边际成本曲线分别为:

$$\mathrm{MC}_1 = 2q_1 + 20, \quad \mathrm{MC}_2 = 0.5q_2 + 35$$

首先,分别求其反函数,得:

$$q_1 = 0.5\mathrm{MC}_1 - 10, \quad q_2 = 2\mathrm{MC}_2 - 70$$

然后,在同一个边际成本水平上加总两个企业的产量,得到卡特尔的边际成本函数:

$$Q = 2.5\mathrm{MC} - 80$$

其反函数为:

$$\mathrm{MC} = 0.4Q + 32$$

可见,卡特尔边际成本曲线表示每个边际成本水平上所对应的卡特尔的产量,也就是该边际成本水平上各个寡占厂商产量的总和。

3.利润最大化

卡特尔像垄断企业一样,根据利润最大化的条件(MC=MR)来进行价格和产量决策。

(二)成员企业之间的产量分配

卡特尔成员企业之间产量分配的原则是:以卡特尔利润最大化的边际成本为基准来确定各个企业的产量。如图 5-5(a)和图 5-5(b)所示,卡特尔根据 $\mathrm{MC}_1 = \mathrm{MC}_2 = \mathrm{MC}$ 的原则来确定各个寡占厂商的产量。因为按照等边际成本原理分配总产量可保证各个寡占厂商的产量之和等于卡特尔利润最大化的产量,从而实现卡特尔利润最大化的目标。

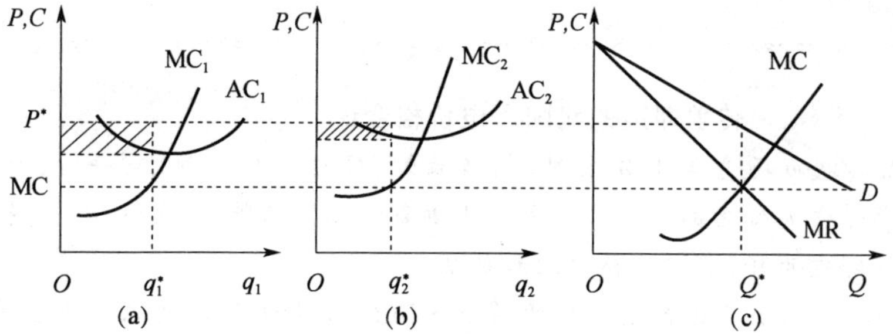

图 5-5
价格卡特尔的产量分配

(三)卡特尔的不稳定性

虽然卡特尔实现了利润最大化,但每个成员并没有实现利润最大化。在卡特尔既定的价格水平上,每个成员的产量都小于其最优产量。因而每个成员都有扩大产量的动机。而且,各个成员都清楚,在卡特尔里,谁背离合同,谁就能够得到更多的利润;相反,谁忠于合同,谁的利益就会受到损害。例如,某个寡头可以暗中扩大产量和销售量,使自己的产量高于卡特尔规定的水平,由此使得卡特尔的产量大于利润最大化的产量,市场价格下降。虽然卡特尔其他成员的收益都将受到损失,但扩大销售量的企业却因产量扩大而带来更多利润。因此,卡特尔成员都怀有违背协议的强烈动机,使得卡特尔具有了不稳定性特点。

(四)博弈模型基础

价格卡特尔属于合作博弈模型。对于追求自身利益最大化的企业来说,如果斗争有灾难性的后果,它们就希望改变斗争的规则。其中,签订避免竞争的合谋协议就是达到这一目标的方法之一。在寡占市场上,企业联合起来通过限产提价就能够以较低的产量获得更高的利润。如果企业认识到这一点,价格卡特尔就可能出现。

然而,价格卡特尔是不稳定的,成员的个人理性(追求自身利益最大化)必然导致"囚徒困境"。假定卡特尔由市场地位相同的两个企业(A,B)组成,策略为守约和违约(见表 5-1)。若另一个成员企业守约,那么一个违约(企业偷偷地增加产量)的成员将会获得额外的巨大好处,该成员企业选择违约;而假定另一个成员企业违约,一个成员企业选择违约的收益大于选择守约的收益,它依然选择违约。这样,违约成为该成员企业的占优战略。于是,卡特尔的每个成员都会选择违约,而不会考虑自己的选择给集体带来的负效应,则策略组合(违约、违约)成为一个占优策略均衡。然而,如果每个成员都偷偷增加产量,显然市场总供给大量增加,市场价格必然下降,卡特尔限产提价的努力将瓦解。在这样的违约博弈中,成员的收益将远远达不到集体理性下的收益,成员企业陷入"囚徒困境"。

表 5-1 卡特尔成员的博弈

B 策略 / A 策略	守　约	违　约
守约	10,10	6,12
违约	12,6	8,8

案例5.3

转瞬即逝的我国彩电价格合谋

21世纪初，我国彩电市场竞争十分激烈，包括长虹、康佳、TCL、创维、海信、厦华、乐华、金星、熊猫和西湖等九大知名品牌以及大大小小近百种国产品牌，与飞利浦、东芝、松下等国外品牌共同角逐彩电市场，彩电价格战此起彼伏。

2002年6月9日，彩电企业进行了一场所谓业内同行结盟的行动，这次同盟没有行政主管部门的干预，完全是自发形成的。8家彩电企业（TCL、创维、海信、厦华、乐华、金星、熊猫和西湖）签署了彩电同盟协议，协议主要内容有：同盟企业制定一个时期内各类彩电产品的最低限价，共同遵守、互相监督。同盟企业将加强合作，促进行业技术进步，全力开发国际市场。但是，这个彩电同盟十分短命。2002年6月19日，南京熊猫就违反规定降价销售，主导产品21寸超（1寸=70厘米）平彩电价格比联盟最低限价低690元。2002年6月20日，峰会单位联合组成的巡查团在对上海市场的抽查中发现，熊猫、乐华、厦华低于限价销售的机种都有很多。2002年6月22日，彩电联盟在南京举行第二次峰会，强调行业最低价保护。2002年7月8日，厦华29英寸（1英寸=2.54厘米）超平彩电在北京以1 980元推出，热卖1 000台。2002年7月12日，彩电企业第二次峰会在香港举行。2002年7月15日，熊猫29英寸超平大彩电售价低至1 898元；2002年7月22日，金星特价彩电价格降至1 888元；2002年7月22日，乐华29英寸彩电以1 980元的低价售卖。此后，康佳、TCL也紧急张贴降价海报跟进。同时，国家计划委员会也宣布彩电联盟违反了国家有关规定。至此，我国彩电业价格结盟活动结束。

第二节　产品差异化行为

产品差异化行为是指企业在市场竞争中为创造独特的产品，使其产品与市场同类产品区别开来所采取的行为及过程。企业通过产品差异化向顾客提供了具有独特价值的产品，形成对产品价格的一定控制力，从而获得市场溢价。大体来说，产品差异化的策略主要包括技术创新、产品促销、服务与支持以及地理策略。技术创新就是企业通过研究与开发工作，不断推动技术进步，努力使产品在质量、式样、造型等方面发生改变，不断推出新产品，满足顾客需要。产品促销就是采用大量的广告宣传等手段，告知产品信息，树立品牌形象，引导顾客建立对产品的认知与感觉，形成信息差异。服务与支持是企业通过训练有素的职员为顾客提供售前服务（客户咨询服务）、售中服务（结账流程、客户培训）和售后服务（产品维护），从而满足顾客了解产品性能、掌握使用方法以及维护产品的要求，体现企业的服务特性和服务水平。地理策略就是企业充分利用特定的地理位置，增强产品的特殊性或特色，以形成产品的差异。其中，最为重要的是技术创新和广告。

一、技术创新行为

(一)技术创新的概念

1.技术创新概念的提出

美籍奥地利经济学家约瑟夫·熊彼特(J. Schumpeter,1912)在其《经济发展理论》中,首次提出“创新”概念。他把创新定义为“执行新的组合”,主要包括五种情况:一是采用一种新的产品,即消费者对这种产品或其一种新特性并不熟悉。二是采用一种新的方法,在有关的制造部门中尚未通过检验的方法。三是开辟一个新市场,即进入一个未曾涉足的市场。四是掠取或控制原材料或半制成品的一种新的供应来源。五是实现任何一种工业的新的组织,主要指市场结构变化对企业或行业的重要作用[5-3]。

[5-3]
熊彼特的创新理论

熊彼特的技术创新概念强调了创新的强度、创新的范围和创新的主体。从技术创新的强度来看,熊彼特强调技术创新是指有重大突破的技术创新,因而它是间断性、爆发式的出现。他认为,当企业家在某个时间实现了技术创新从而获得垄断利润时,会刺激模仿者队伍的形成,就会有大量的企业模仿这种技术。他把技术创新与技术模仿明显地加以区别。从技术创新的范围来看,熊彼特认为技术创新是对发明的利用,而不是发明。他说,企业家的职能不是去“寻找或创造新的可能性”,这种可能性是由社会完成的。企业家的任务就是利用这些新的可能性,完成新的组合。他把发明与创新明显地加以区别。从技术创新的主体来看,熊彼特强调只有企业家才能完成技术创新。他认为,企业家的核心职能不是经营和管理,而是“执行新的组合”。20世纪40年代以后,熊彼特转而强调垄断大企业在创新中的巨大作用。他认为,大企业有能力通过创新摆脱原有的技术轨道而进入新的技术轨道。

2.技术创新概念的争论

技术创新概念提出后,很多经济学家开始了对技术创新的研究,补充和发展了创新理论,但也出现了一些分歧和争论。

(1)技术创新强度的争论。一些学者继承了熊彼特的观点,认为技术创新是指重大突破,它与模仿中出现的增量性改进有本质的区别。他们把增量性改进排除在技术创新范畴之外。曼斯费尔德(E. Mansifield,1974)指出,一项发明当它首次应用时,可以称为技术创新。弗里曼(C. Freeman,1982)指出,技术创新就是新产品、新过程、新系统和新服务的首次商业化转化。斯通曼(P. Stoneman,1983)认为,只有那些首次在经济活动中得到应用的新生产工艺等才称得上是创新。在他们的定义中,都强调了“首次”这个特性,说明他们把技术创新的“新”严格限定在“首创”上,体现了技术创新是一种重大的技术突破。斯塔尔(J. Stahl)就指出,重大创新是间断性、无法预测的;而那些增量性的改进变化不能称之为创新。格洛柏(S. Globe,1973)也曾指出,必须把创新与“边际改进”相区别,后者属于规模增长效应,不属于创新。另一些学者认为,技术创新界定中有关技术变化的强度的要求应该放宽，增量性改进既然有一定技术上的变化，就应该纳入技术创新的范畴。美国国家科学基金会认为，不论是新的产品还是改进的产品、过程或服务，只要引入市场，均属于技术创新，当然也就包括“不需要新知识和新原理的”增量性改进创新。希皮尔(E. Hippel)认为，可按技术变动的强度将创新分为根本性的、有重要改进的和较小改进的三种类型。英国苏塞克斯大学的科学政策研究所(SPRU)根据创新的重要性，将技术创新分为渐进性创新、根本性创新、技术系统的变革和技术—经济范式的变更四种类型。

经过不断的争论，人们根据技术变化的强度将技术创新划分为根本性创新和渐进性创新两种类型。根本性创新(或称为重大创新)是指有重大突破的技术创新，表现为用新技术推出新产品和新工艺。它强调“首创”特征，技术变化强度大，呈现间断式爆发。渐进性创新就是指增量性改进或边际性改进，是对现有技术的改进，表现为产品的性能改善，工艺效率的提高。它强调“改进”，技术变化强度小，呈现持续进行。渐进性创新中孕育着根本性创新，而每一次根本性创新后会伴随着一系列渐进性的产品创新和工艺创新。

(2)技术创新范围的争论。一些学者继承了熊彼特传统的观点，认为企业家的职责是利用外生的发明，使其商业化。英国经济学家劳斯韦尔(R. Rothwell，1985)等人根据熊彼特的上述思想形成一个完整的企业家创新模型(如图 5-6 所示)。在这个模型中，五个连续的阶段构成一个新组合实现过程。其中，创新的利润与企业家的选择和活动形成一个正反馈环路，被解释为对利用研究开发作为经济进步工具的刺激。1942 年，熊彼特在其《资本主义、社会主义和民主》一书中又强调，大企业在资本主义的经济发展和创新过程中起着决定性的作用。他指出“一个现代企业，只要它觉得它花得起，它首先要做的事情就是建立一个研究部门”。根据熊彼特的思想转变，经济学家菲利浦斯(A. Philips，1971)在其《技术与市场结构》一书中提出大企业模型。该模型经过弗里曼的修改和完善被学术界普遍接受(如图 5-7 所示)。在大企业模型中，新的可能性主要由企业内部的研发机构来创造，但这是在与外生的技术发明和技术进步的相互作用中完成的。

图 5-6
企业家创新模型[①]

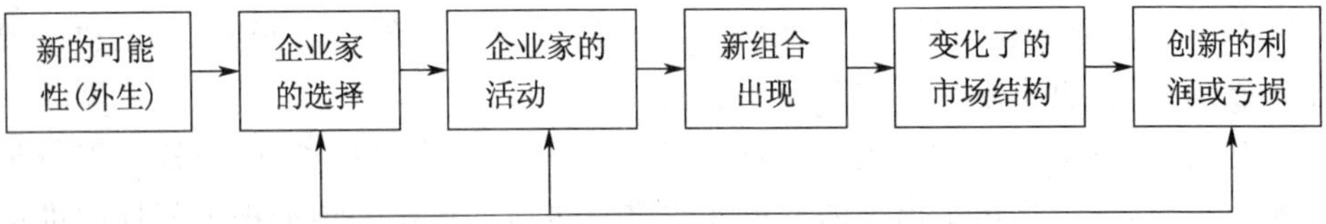

图 5-7
大企业创新模型[②]

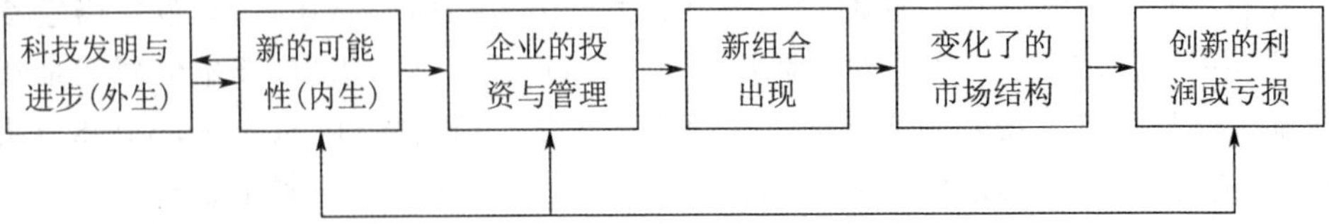

---

① 资料来源：Rothwell R，Zegveld W. Reindustrialization and Technology[M]. London：Longman Group Limited，1985：62.

② 资料来源：Freeman C. The Economics of Industrial Innovation[M]. Cambridge：The MIT Press，1982：212-213.

(3)技术创新主体的争论。1947年,熊彼特在其著作《资本主义、社会主义和民主》中强调了市场势力在技术创新中的作用。他认为在完全竞争条件下,任何企业都没有利润来支持技术创新。而垄断企业或寡头企业在研究开发的投入和研究成果的应用方面具有一系列优势:包括易于获得研发投入的资金、有效分散技术创新风险和规模经济效应。在他看来,保持一定的市场势力是诱发开发活动的根源,无论是事先的投入还是事后的应用,市场势力的存在都对技术创新起到了促进作用。实际上,熊彼特强调了大企业在技术创新过程中的决定性作用。然而有些学者研究发现技术创新与企业规模不存在稳定的相关关系。1965年,谢勒尔(F. Scherer)对488家大企业的技术创新进行调查发现,专利发明并不与企业规模增长成正比。他认为在竞争企业数量不是很多的情况下,竞争会加快技术创新步伐。曼斯菲尔德(E. Mansfield)运用回归统计模型对大企业在技术创新中的作用进行了分析,结论是大企业创新比例与其所占市场份额之间存在相关性,但并非严格对应,而是随行业状态而定。

有些学者则强调了小企业在技术创新中的优势。1970年,阿罗(K. Arrow)在其著作《经济福利和发明的资源配置》中比较了完全垄断和完全竞争的市场的技术创新收益,认为完全竞争市场更有利于技术创新。1982年,美国盖尔曼研究所对美国121个行业中的635种创新产品进行了分析研究,发现中小企业每百名职工提供的技术创新数是大企业的2.5倍,而且还证明中小企业在创新商业化中(即从技术创新到产品投放市场)所需的时间比大企业短。1984年,皮埃尔和赛伯(M. Piore and C. Sabel)对中小企业集聚的新产业区进行了分析和研究,认为中小企业之间存在一个知识和技术迅速扩散的创新网络,从而使新产业区具有高效、持续的创新能力。

(二)技术创新的内容

从创新的定义来看,熊彼特认为技术创新包括技术性变化的创新和非技术性变化的组织管理创新。其中,采用一种新产品、采用一种新方法、开辟一个新市场和控制原材料的一种新来源等四个方面都属于生产创新。在企业产品差异化战略中产品创新和工艺创新处于重要地位。

1. 产品创新

产品创新是指新产品、新服务的商业化,即企业运用新技术向市场提供新产品和新服务。新产品的"新"既包括产品制造原理的变化,也包含产品结构和性能的变化。据此,产品创新分为全新产品创新和改进产品创新。全新产品创新是指产品用途及其制造原理有显著变化。例如,美国贝尔发明电话机、杜邦公司首次推出尼龙、波音公司首次推出喷气式飞机等。改进产品创新是指在产品的技术原理没有发生重大变化的条件下,产品的结构和性能上的改进。例如,智能手机、方便携带的笔记本电脑、书写顺滑的中性笔等。

产品创新实质上是技术可能性与市场需求相结合的过程。一方面,产品创新承认新产品的潜在需求;另一方面,产品创新依托科技知识,以科技知识支持新产品的研发与制造。产品设计、试生产和销售正是技术可能性与市场需求相结合的过程。据此,产品创新成功归结为以下两个因素:一是企业的科技竞争力。科技竞争力是企业获得竞争优势的一个知识集合,它决定着企业的研发能力和创新产品的新颖程度。强大的内部研究开发能够监视行业技术前沿,并能把这些知识转变为产品竞争优势。创新产品贵在以新胜旧,无论是全新产品还是改进型产品,至少在某个方面应具有优于市场上已有产品的特性,如性能、外形、色彩、包装以及其他附加功能等。二是关注市场需求变动的能力。能够满足用户需求是创新产品在市场上得以销售的前提条件。创新企业只有迎合、引导并创造用户需求,技术创新选择才有可能获得成功。企业必须关注顾客的需求及其变化,快速发现潜在的市场需求,或者找出顾客不满意的根源,准确定位产品改进方向。在此基础上合理确定产品更新的速度。产品变换频度过高,研发成本高,利润减少;而变换频度过低,则不能满足消费者的需求,还可能失去一部分市场份额。

2.工艺创新

工艺创新也称过程创新,是指产品生产技术的变革,包括新工艺和新设备的采用。过程创新同样也有重大创新和渐进创新之分。例如,计算机集成系统、钢铁生产中的连铸系统等属于重大创新;而像土法炼焦转变为机焦生产就是渐进工艺创新。过程创新的作用主要在于降低原材料及能源消耗、提高劳动生产效率、增强产品的性能。例如,机焦生产大大降低了能源和原材料的消耗;而流水线生产方式大大提高了劳动生产效率。

根据工艺创新活动的源与时序,工艺创新分为三个层次:第一层次是源于企业发展战略的工艺预创新。它包括三个方面:一是未来产品型号发展必需的关键工艺;二是从技术发展趋势看必然要发展的技术等;三是为提高产品技术水平而需要解决的一些关键工艺。其创新源是企业的发展战略,目的在于增强企业的技术创新能力,主要为未来产品创新服务。第二层次是源于产品创新的工艺实时创新,即产品研制阶段的工艺创新,其创新源于新产品设计中存在的生产技术瓶颈,主要为正在研制的产品服务。这一阶段的工艺创新更多的利用现有技术进行二次开发。第三层次是源于规模经济的批量工艺创新,即批量生产阶段的工艺创新,其创新源是规模经济,目的是使试制的产品达到批量生产的质量和效能要求,其实质是科技成果的工程化。

案例5.4

引领世界芯片技术的英特尔

英特尔公司于1968年由罗伯特·诺伊斯、戈登·摩尔和安迪·格鲁夫创建于美国硅谷,经过40多年的发展,英特尔公司在芯片创新、技术开发、产品与平台等领域奠定了全球领先地位,并始终引领着相关行业的技术产品创新及市场的发展。英特尔为计算机工业提供关键元件,包括性能卓越的微处理器、芯片组、板卡、系统及软件等,这些产品是标准计算机架构的重要组成部分。英特尔一直坚守“永不停顿、不断创新”理念,根据市场和产业趋势变化不断推陈出新,将更多特性和功能集成到每个芯片上。从微米到纳米制程,从4位到64位微处理器,从奔腾(pentium)到酷睿(core),从硅技术、微架构到芯片与平台创新,英特尔不间断地为行业注入新鲜活力。在创新过程中，公司采用“携手探路”制度，将研发部门和产品部门进行资源联合配置，强化技术与市场的信息反馈。“探路”就是根据已确定的产品方向评估、筛选相关技术与实现方案，确保创新产品能够更好地满足市场需求，能够为世界各地的用户带来更加精彩的体验。英特尔芯片的创新是技术与市场完美结合的典范。

(三)技术创新成果的保护

技术创新成果是一种知识产权，它具有公共品的特征(即不排他性的特征)，如果其他企业可以方便地、无偿地获得有关产品或新工艺的知识，那么创新企业也就无法获得技术垄断地位和相应的创新收益。从而，技术发明和技术创新活动减弱，影响产业或国家的技术进步。因此，创新企业要顺利实现产品差异化，必须对创新成果实施保护。企业知识产权的保护主要有两种方式，即专利保护和商业秘密保护。一项创新成果一旦申请专利保护，就不再是商业秘密。

1.专利保护

专利是受法律规范保护的发明创造，它是指一项发明创造向国家审批机关提出专利申请，经依法审查合格后向专利申请人授予规定时间内对该项发明创造享有的专有权。授予专利权的三个条件是新颖性、实用性和创造性。新颖性是指不同于现有的技术(申请日之前在国内外为公众所知的技术)，也没有任何单位或个人就同样的成果在申请日之前向专利行政部门提出过申请。实用性是指该发明或者实用新型能够制造或者使用，并且能够产生积极效果。创造性是指与现有技术相比，该成果具有突出的实质性特点和显著进步。

(1)专利法对专利权人专有权的保护。各国专利当局根据新颖性、实用性和创造性三个标准对专利申请进行审查，符合规定的授予专利权并加以法律保护。专利权人依法对获得的专利成果享有控制、利用和支配权，任何单位或者个人未经专利权人许可，不得实施专利权人的专利成果。①专利权人享有自己实施其专利技术的权利。专利权人通过实施专利技术而给专利权人带来相应的垄断收益，这是专利权人申请专利的直接目的。专利权人通过实施专利来获得收益也被称为专利的经济效用。②专利权人转让其专利权。专利权人通过收取一定的费用将专利所有权转让给他人。付款方式可以是一次性收取一笔费用，也可以是定期收取一笔费用。当然，专利权人也可以通过赠予等方式处置其专利权。③专利权人出售专利许可证。专利权人以实施许可合同方式允许买方在一定条件下实施其专利，这是专利权人经常使用的一种方式。在这种方式中，专利权人可以只收取一笔固定的专利许可使用费用，也可以按提成支付的办法，即按合同规定分享专利实施者的商业成功或失败的方式收取专利许可使用费。专利权人通过专利所有权或使用权的转让而获得收益也被称为专利的合同效应。

(2)专利制度对专利权人专有权的限制。专利制度在保护专利权人垄断收益的同时，还必须考虑专利成果对提高社会收益的机制和效用。因此，在专利制度对专利权人的独占权实施保护的同时，也对其权利进行了一定的限制和约束，包括专利的期限、专利的地域性、专利的年费、专利的强制许可等。①专利权的时间限制。专利法对专利权实行有限期的保护，即所谓专利保护期。当一项专利超过其规定的保护期后，专利法对专利权人的独占权不再进行保护。我国《专利法》第42条规定："发明专利权的期限为20年，实用新型专利权和外观设计专利权的期限为10年，均自申请日起计算。"②专利的地域性限制。专利的地域性限制表现为一个国家（地区）授予的专利权，仅在该国（地区）的法律管辖范围内才有效。未在本国申请的专利，不受本国法律的保护。③专利的年费限制。专利年费的限制表现为专利权人必须每年按时向专利管理机关缴纳规定的费用以维持法律对其独占权的保护，否则就在期限届满前终止专利权。有一部分专利虽然没有超过保护期，但专利权人已经停止交纳专利年费，专利法也就不再继续保护这些专利权人的独占权。④专利的强制许可制度。专利权的强制许可是指国家专利管理机构依照法律规定，可以不经专利权人的许可（同意），径行授权他人实施专利权人的发明或实用新型专利的一种法律制度。

2.商业秘密的保护

《中华人民共和国反不正当竞争法》第10条规定："商业秘密是指不为公众所知悉，能为权利人带来经济利益，具有实用性，并经权利人采取保密措施的技术信息和经营信息。"世界贸易组织的《与贸易有关的知识产权协议》(TRIPS)对以往知识产权公约中从未涉及的商业秘密的保护进行了规定，并列出未披露信息（商业秘密）构成的三个条件：一是它在某种意义上属于秘密，即其整体或者要素的确切体现或组合，未被通常涉及该信息有关范围的人普遍所知或者容易获得；二是由于是秘密而具有商业价值，能够解决生产、经营中的现实问题，为拥有者带来经济利益和竞争优势；三是在特定情势下合法控制该信息之人的合理保密措施的对象。

(1)商业秘密保护制度对商业秘密权的保护。商业秘密的财产权性质决定了商业秘密权人具有控制权、使用权、收益权和处分权。商业秘密所有人通过严格的保密制度和措施来享有这些权利，并能够为所有人带来不同的效用。①使用商业秘密。商业秘密所有人有权依法使用自己的商业秘密，获得经济收益和竞争优势。只要这种使用不违反社会道德准则，不妨碍他人的合法权益和社会公共利益，其他任何人均不得干涉。②转让和许可商业秘密。商业秘密所有人可以通过有偿转让和许可他人使用商业秘密来获得经济收益，也可以将商业秘密入股，获得股权和相应的收益。③处分商业秘密。商业秘密所有人有处分自己商业秘密的权利，包括放弃商业秘密权，将其公布于世从而变为公有财产；用遗嘱方式让他人继承商业秘密等。

商业秘密权利人对商业秘密权的取得，并非法律确认和保护的"法定专有权"，而仅仅是一种"事实专有权"，它是通过合法持有人对商业秘密采取自然保护和合同保护等保密措施来实现的。尽管权利人力求保持商业秘密的秘密性，但是权利人所能采取的保护措施并不能达到绝对保密程度。在当事人认为自己的商业秘密权受到了侵犯，并以此为据向法院要求保护时，法院才能介入以维护权利人的合法权益。知识产权法律对于通过不正当竞争方法侵犯他人商业秘密的行为是严格禁止的,从而为商业秘密提供了间接保护和侵犯后的司法救济。目前,大多数国家尚未制定保护商业秘密的专门性法律,主要是通过合同法、侵权法、反不正当竞争法及刑法中的有关规定对商业秘密实施间接保护。我国相关法律规定,任何不经权利人许可而采用不正当手段获取、披露、使用或允许他人使用权利人的商业秘密的行为都是对权利人商业秘密所有权的侵犯。这些侵权行为主要包括四个方面:一是以盗窃、利诱、胁迫或者其他不正当手段获得权利人的商业秘密;二是披露、使用或者允许他人使用以前项手段获取的权利人的商业秘密;三是违反约定或违反权利人有关保守商业秘密的要求,披露、使用或者允许他人使用权利人的商业秘密;四是第三人明知或者应知前款所列违法行为,仍获取、使用或者披露个人的商业秘密、非法泄露商业秘密和非法使用或允许他人使用商业秘密。

(2)商业秘密保护制度对商业秘密权的限制。因为商业秘密权是依靠所有人的严格保密而享有的实际专有权,所以商业秘密的保护不受期限、地域以及强制许可的限制。商业秘密在任何时间、任何国家以及任何环境中都应该得到法律的保护,这与专利制度对专利权的限制有很大的不同[5-4]。

[5-4]
专利保护与商业秘密保护的区别

在商业秘密保护制度中,法律对商业秘密权的限制主要体现为权利的非绝对排他性。这主要表现在同一项商业秘密可以存在多个所有人,即商业秘密权利主体的多元化。法律允许他人通过独立研究开发和反向工程获得商业秘密,从而也成为商业秘密的合法权利人。只要行为人能够证明创新成果是自己投资人力、财力所创造,即使该成果与他人商业秘密雷同或近似,也不构成侵权。一旦有更多的人通过正当的手段拥有商业秘密,原权利人的获利能力和收益水平明显下降,这就形成对商业秘密所有人的一种限制。商业秘密保护制度激励其他人通过合法的竞争手段来获取商业秘密,同时也促使商业秘密权人更早地采取专利方式保护自己的创新成果,早日向社会公开其技术秘密,推动社会的技术进步。

案例5.5

可口可乐的商业秘密保护

可口可乐公司是全球最大的软饮料公司之一,拥有500多个饮料品牌,其中可口可乐是全球最有价值的品牌。可口可乐品牌之所以在饮料市场雄霸全球,在很大程度上得益于其独特的产品配方及其对配方的严格保密制度。独特的配方使可口可乐饮料具有迷人的独特口味,严格的配方保密制度维系着可口可乐品牌的竞争优势。

可口可乐配方自1886年在美国亚特兰大诞生以来,其保密时间长达130余年之久。可口可乐公司建立了完善的商业秘密管理制度,在涉密人员、高层管理人员以及合作伙伴等层面都采取了严格的保密措施。

(1)严格管理涉密人员。可口可乐中占比不到1%的神秘配料"7×100"由三种关键成分组成。这三种成分分别由公司总部的3个身份被保密的高级职员掌握,每个人除了自己知道的成分,均不知道另外两种成分。而且,公司与这三个高级职员都签署了"绝不泄密"

的协议。

(2)严格掌控配方查询。如果有人提出查询秘方,必须事先提出书面申请,经公司董事会正式投票同意,才能在有官员在场的情况下,在指定时间内打开,从而使配方保密上升到董事会层面。

(3)严格控制原浆生产。可口可乐在与合作伙伴的贸易中只向合作伙伴提供半成品(浓缩的原浆),从不涉及原浆的配方以及技术。获得其生产许可的厂家只能得到原浆,以及从原浆配成可口可乐成品的技术和方法。1988 年,中美合资上海申美饮料食品有限公司成立,并建立原浆生产和原浆配糖兑水灌瓶两个生产车间。其中,原浆生产车间由美方独立管理。

二、广告行为

广告就是企业通过大众传播媒体所进行的商品或服务信息的传播活动。其目的是告知消费者和顾客产品的独特性,并劝说和诱导消费者购买其产品。围绕产品差异化目标,企业广告行为分析的重点是广告的类型、广告的强度和广告的效应。

[5-5]
微信广告与理解自我

(一)广告的类型

做广告时,企业不可能向消费者提供产品的全部信息,而是有选择地提供产品信息。企业需要根据产品的性质和特点来选择传播的内容和方式[5-5]。

1.产品类型

尼尔森(P. Nelson,1970)根据企业与消费者信息不对称的程度,把产品分为搜寻品和经验品两类。其中,搜寻品就是指消费者在购买之前通过自己检验(视觉、触觉)就可以基本判断其质量的商品,如服装、家具、书籍等。经验品是指消费者在购买使用后才能知道其质量的商品,如食品、化妆品、电脑、汽车等。在此基础上,达比和卡尼(M. Darby and E. Karni,1973)又区分出信任品,即消费者使用后也难以确定其质量的产品,如医疗、法律服务等服务产品。

2.广告的类型

针对不同的产品,企业选择不同的广告内容,从而出现不同的广告类型。对于搜寻品,企业传递产品的存在、质量、性能和价格等内容,即信息型广告。

对于经验品和信任品,企业只传递产品的存在,而不传递有关产品的其他信息,即劝说型广告。

对于搜寻品,厂商不仅需要传递产品存在的信息,而且还要传递产品的价格、结构、成分以及性能等信息,以帮助消费者了解产品的主要优点,引导消费者的购买。由于信息性广告提供了本产品不同于其他产品的信息,从而使消费者对该产品的评价和偏好发生变化。

对于经验品和信任品,厂商主要通过品牌宣传来告之产品的存在,劝说消费者相信品牌商品的品质,相信企业的技术与整体实力,从而达到引导消费者购买企业的产品和服务的目标。劝说型广告通常会请一些明星来做代言人，强化产品说服力。例如，TCL移动通信请金喜善担任形象代言人，篮球明星姚明为苹果电脑代言，奥运游泳冠军孙杨为北京现代汽车代言等。

(二)广告的强度

企业做广告是要付费的，这就是广告的成本。那么一个追求利润最大化的厂商如何确定它的最佳广告费用呢？美国经济学家多夫曼和斯坦纳（R. Dorfman and P. Steiner，1954）在《美国经济评论》杂志上发表一篇题为《最佳广告与最佳质量》的论文，把广告费用引入企业利润最大化的决定，通过数学分析得出决定广告强度的两个重要因素是：产品需求的广告弹性（E_a）和产品需求的价格弹性（E_p）。

1. 假定

广告的单位成本是 k，广告的数量为 α，那么广告的成本（费用）为 $k\alpha$。企业通过广告，产品的市场需求量增加。因此，产品市场需求量不仅由价格决定，而且也受到广告的影响，那么产品需求是市场价格和广告的函数，即 $q=q(p,\alpha)$。与此相应，生产成本可以表示为 $C(q(p,\alpha))$。

2. 厂商利润最大化决策

根据假设，厂商的利润函数为

$$\pi(p,\alpha)=pq(p,\alpha)-C(q(p,\alpha))-k\alpha$$

当产量为价格与广告数量的函数时，厂商通过价格和广告数量的选择使其利润达到最大化。因此，厂商利润最大化的两个一阶条件为：

$$\frac{\partial\pi}{\partial\alpha}=p\frac{\partial q}{\partial\alpha}-\frac{\partial C}{\partial q}\cdot\frac{\partial q}{\partial\alpha}-k=(p-C')\frac{\partial q}{\partial\alpha}-k=0,\quad (p-C')\frac{\partial q}{\partial\alpha}=k \tag{5.15}$$

$$\frac{\partial\pi}{\partial p}=q+p\cdot\frac{\partial q}{\partial p}-\frac{\partial C}{\partial q}\cdot\frac{\partial q}{\partial p}=(p-C')\frac{\partial q}{\partial p}+q=0,\quad (p-C')\frac{\partial q}{\partial p}=-q \tag{5.16}$$

从公式(5.15)可以看出，以广告为变量，企业实现利润最大化的一阶条件是：增加一个单位广告所带来的不计广告成本的利润，即 $(p-C')\frac{\partial q}{\partial\alpha}$，正好等于广告的单位成本（$k$）。显然，如果不计广告成本的利润大于广告的单位成本，那么企业将追加广告数量；反之，如果不计广告成本的利润小于广告的单位成本，则企业将缩减广告的数量。只有当增加一个单位的广告所带来的不计广告成本的利润正好等于广告的单位成本时，企业不再增加广告，也不再减少广告。

在考虑广告成本时，企业利润最大化必须满足以上两个一阶条件。下面根据利润最大化的两个条件来分析企业广告强度的决定。用公式(5.15)除以公式(5.16)，得：

$$\frac{\frac{\partial q}{\partial\alpha}}{-\frac{\partial q}{\partial p}}=\frac{k}{q}$$

等式两边同时乘以 α/p，则公式表示为：

$$\frac{\frac{\partial q}{\partial \alpha}\cdot \alpha}{-\frac{\partial q}{\partial p}\cdot p}=\frac{k\alpha}{pq}$$

等式左边分子与分母同时乘以 $1/q$,得:

$$\frac{\frac{\partial q}{\partial \alpha}\cdot \frac{\alpha}{q}}{-\frac{\partial q}{\partial p}\cdot \frac{p}{q}}=\frac{k\alpha}{pq}$$

即:

$$\frac{E_\alpha}{E_p}=\frac{\mathrm{AD}}{\mathrm{SL}} \tag{5.17}$$

公式(5.17)表示厂商达到利润最大化的条件,即多夫曼—斯坦纳条件。其含义是厂商实现利润最大化时,厂商的广告强度应该等于产品需求的广告弹性与需求的价格弹性之比。此时的广告强度为厂商的最优广告强度。

3.最优广告强度

多夫曼-斯坦纳条件表明,最优广告强度取决于产品的需求价格弹性和需求的广告弹性,它与需求的广告弹性呈正相关,与需求的价格弹性呈负相关。从需求的广告弹性来看,需求的广告弹性越大,则表明增加一个单位广告所带来的需求量越多,厂商就能够占有更多的市场份额,因追加广告获得的利润就越多,因而企业就愿意做更多广告;反之,需求的广告弹性越小,则表明增加一个单位的广告所带来的需求量就越小,从而增加的市场份额也就越少,因追加广告而获得的利润增量就越少,因而企业就不愿意多做广告。在现实经济活动中,信息差异越显著的市场,广告对顾客的影响就越大,企业的广告强度也就越大。美国著名产业组织学者凯维斯(R. Cawes)对非耐用消费品、耐用消费品和工业品等三种市场上的广告强度进行了比较研究。他认为在非耐用消费品市场,水平差异是产品差异化的重要来源,因此广告对消费者形成的主观偏好影响很大,也即需求的广告弹性很大,因此,企业常常试图通过大量的广告投入来影响消费者偏好。耐用消费品市场的产品差异主要来源于垂直差异,消费者的购买决策相当谨慎,受到广告影响的程度较非耐用消费品小,也即需求的广告弹性较小。因此,耐用消费品生产企业把它们的广告投入控制在一个很低的水平上,而把大部分的销售费用于销售组织的建立和完善方面。对于工业品市场而言,特别是中间产品具有标准化和规格化,产品垂直差异比较小,而且产品购买者都是具有经验和鉴别能力的专家,广告在改变他们的购买决策方面的作用更小,即需求的广告弹性更小,因此工业品企业用于广告的费用较少,而用于人员推销活动的费用较多。

从需求的价格弹性来看,产品的需求价格弹性越小,企业的市场势力就越大,其价格与成本的差额更大,从而增加一个单位广告所带来的边际收益更大,企业就愿意多做广告;反之,需求价格弹性越大的产品和服务,企业的市场势力越小,其价格与成本的差额更小,从而增加一个单位广告所带来的边际收益更小,企业就不愿意多做广告。

案例5.6

广告强度与产品差异化的实证数据

从日本部分产业广告强度与产品差异化程度的相关性可以明显看出(见表5-2),产品差异化程度越高,行业的广告强度也越大。其中,极高差异化行业的平均广告强度是高度差异化行业平均广告强度的5倍,而高度产品差异化行业的广告强度是中度产品差异化行业的3.4倍。

表5-2 日本部分产业的广告强度与产品差异化

产　业	企业数/家	广告强度/%	产品差异化程度
化妆品、牙膏	3	10.2	极高
肥皂、洗涤剂	2	8.9	极高
一般药品	5	13.3	极高
方便面	2	4.2	极高
平均		9.15	
点心	4	3.0	高度
面包	3	1.7	高度
乳制品	3	1.5	高度
橡胶轮胎	5	1.0	高度
平均		1.8	
涂料	5	0.7	中度
食用油	5	0.7	中度
人造黄油	4	0.6	中度
砂糖	5	0.1	中度
平均		0.525	

资料来源:杨公朴,夏大慰. 产业经济学教程[M]. 上海:上海财经大学出版社,1998.

(三)广告的效应

广告的效应是指广告通过媒体传播之后所产生的作用和影响。对企业来说,广告有助于扩大企业的知名度,增强消费者对产品品牌的认知,提高产品的销售额。除此之外,广告在传播产品信息的过程中,还会引起市场运行、社会生活和政府管理等多个方面的变化。

1.价格广告具有降价效应

对于生产同质商品、市场集中度比较低从而市场竞争比较充分的行业,价格广告会影响市场价格。如果所有企业不做价格广告，那么各个厂商向消费者索要不同的价格，市场竞争受到限制。但是，如果低价厂商单方面做价格广告，引导消费者进行价格比较，低价厂商会吸引更多的消费者，这些厂商的规模会增加，并迫使其他厂商也降低价格，从而使市场平均价格下降。可见，提供相对价格信息的广告倾向于降低产品的市场价格。

旅游者—本地人模型分析了价格广告的降低效应。在该模型中，本地人是信息灵通的消费者，并且搜寻成本为零，他们知道市场上价格的分布情况；而旅游者只能通过逛商店来收集信息，信息收集的成本高得足够造成一个双价格均衡，即本地人只在低价商店购买，而旅游者只能进行随机购买。这样，低价商店对本地人和幸运的旅游者收取较低的价格，而高价商店对其他旅游者收取较高的价格。然而，如果相对低价的商店能够在当地媒体做广告，旅游者收集信息的成本下降，则低价商店所占的市场份额上升。如果足够多的消费者被告知的话，则所有商店均制定低价，从而使得市场价格下降。许多实证研究表明了信息型广告降低了消费者支付的平均价格。20 世纪 60 年代，美国各州政府对配镜师做广告有不同的规定。一些州允许眼镜和验光服务做广告，而另一些州禁止这种广告。美国经济学家宾哈姆(L. Benham，1972)调查研究了各州法律差别对市场的影响。结果发现，与禁止做广告的州相比，允许做广告的州的眼镜价格下降了 20%。

案例5.7

央视记者暗访凤凰古城家庭旅店

2014 年“五一”期间，中央电视台记者前往湖南著名旅游景区凤凰古城暗访，发现部分家庭旅馆住宿收费乱象比较突出。记者以游客身份分别询问同一家旅馆的标间住宿价格，每次得到的单价都不相同，价格高低起伏大。第一路记者被人领进旅店，告知标间价格为 420 元。半小时后，另一路记者再次询问同一间房的价格，被告知是 380 元。记者随后又电话联系了这家旅馆，没想到这次报出的价格又变成了 480 元。由于住宿价格并不公开，游客前往住宿的价格多少全靠“运气”。事实上，旅游景点的商品和服务的价格广告都很少，各商家所要的价格不同，但市场平均价格较高。特别是景点纪念品、旅游地土特产、民俗文化产品存在旺盛的需求，进一步推高了市场价格。

2. 劝说型广告能够克服劣质品问题

在经验品市场上，消费者可能并不具备鉴别高质量产品和低质量产品的能力，只知道优质产品和劣质产品出现的概率，而企业知道自己的产品属于哪种类型。在这样一个市场上，消费者的风险是中性的，他按照随机事件的平均值(期望值)来决定愿意支付的价格，结果消费者愿意支付的价格低于优质产品的价格，而高于劣质产品的价格。对于这样一个价格来说，低质量产品的生产企业愿意出售，而高质量产品的生产企业不愿意出售，从而形成了劣质产品驱逐优质产品的问题。

解决这一问题的主要方式是优质产品生产企业做高成本的广告，借此发出高质量产品的信号。20世纪70年代，尼尔森(P. Nelson)首先对此进行了研究，他认为市场机制能够使高质量产品生产厂商的高成本广告获得较高的回报，原因在于消费经验将导致重复购买行为。消费者在使用高质量产品的过程中会形成该产品是高质量的消费经验，这种经验导致消费者的重复购买，高质量产品生产企业由此获得更多的收益，从而弥补高成本的广告。相反，低质量产品生产企业的广告不会带来消费者的重复购买。这样，在一个较高的广告成本水平上，销售优质产品的厂商愿意承担该广告费用，而销售劣质产品的厂商却不愿意承担。可见，高成本广告确实是高质量产品的信号，表达的含义是："我们是最好的，不然我们不会花费大量资金做广告。"因此，持续的、高成本的广告显示了产品的高质量，协助消费者形成产品质量的排序，从而使收入和产品质量实现合理的匹配，避免了劣质产品驱逐优质产品的问题。

案例5.8

蒙牛的品牌广告

中央电视台每年广告的标王都一掷千金，很多企业对此趋之若鹜。2003年，央视广告标王熊猫手机的中标价为1.08亿元，之后蒙牛、宝洁、伊利、纳尔斯、茅台、剑南春等著名品牌企业荣登央视广告标王宝座(见表5-3)。2013年，央视广告标王剑南春的中标价高达6.09亿元。企业竞争央视广告标王，实际上是在创造一种品牌效应，向消费者发出优质产品信号。它至少让亿万观众知道和熟悉这个品牌，并且通过这种烧钱的方式向消费者表明自己的信心与实力。2005年，蒙牛乳业集团出资近3 000万元冠名"超级女声"，并借此推出新产品蒙牛酸酸乳，在各类媒体总共投入一亿多元广告费用。蒙牛策划"蒙牛酸酸乳超级女声"对其品牌进行宣传，"酸酸甜甜就是我"和"想唱就唱"这两首歌把蒙牛酸酸乳的品牌定位与超级女声的流行时尚很好地联系在一起，深深印入全国亿万观众的心中，使其销售量直线上升。蒙牛与"超级女声"的结合所产生的整合传播效果被业界称为国内广告营销的经典案例。

表5-3 央视历年标王与中标价

年份	中标价/亿元	标王
2003	1.08	熊猫手机
2004	3.10	蒙牛乳业
2005	3.80	宝洁公司
2006	3.94	宝洁公司
2007	4.20	宝洁公司
2008	3.78	伊利集团
2009	3.05	纳爱斯集团
2010	2.039	蒙牛乳业

续表

年　份	中标价/亿元	标　王
2011	2.305	美的集团
2012	4.43	贵州茅台集团
2013	6.09	四川剑南春集团
2016	3.695 1	P2P平台翼龙贷

资料来源：根据相关资料整理(2014年、2015年未公布相关数据)。

3.信息型广告过度与资源浪费问题

一些研究试图证明某些市场中的企业做了过量的广告以诱导消费者购买产品，有的甚至是他们根本不需要的商品。从资源配置的效率来看，厂商从事的信息型广告超过社会最佳量。

格罗斯曼和夏皮罗(G. Grossman and C. Shapiro，1984)发表论文《信息型广告和差异化产品》，证明有差别的市场上存在过度的信息型广告。他们假设，厂商出售有差别的商品，消费者只能通过广告知道某一特定品牌的存在及其相关的产品信息。为了得到更多的消费者，一家厂商必须在更多的媒体上登广告，发出传单等，以吸引消费者来购买其产品。对于整个市场来说，如果广告的数量导致消费者与品牌更好地配对，广告增加了社会福利，而如果广告只是将消费者从一家厂商转向另一家产品性能相似的厂商，广告就在浪费社会资源。格罗斯曼和夏皮罗的研究证实，市场上每家厂商所做的广告少于平均的社会最佳水平，但由于市场上存在太多的厂商，从而广告总量又太多了。他们得出结论：提高消费者与产品配对的有益效果不足以弥补仅在厂商之间重新分配消费者的浪费效果。因此，广告的私人收益超过了社会收益，有过度广告存在。

虽然在有差别的产品市场上存在过度的信息型广告，但是广告也不可能告知消费者产品的所有信息。对于那些可能导致厂商销售额下降的信息，厂商会刻意隐瞒。可见，供求双方信息不对称的情况依然存在。

案例5.9

躲不过的售楼小广告

在我国，酒类、化妆品、房地产、保健品和保险市场充斥着大量广告。特别是房地产企业通过平面、网络、广播电视和户外广告等形式投放大量的楼盘信息广告。在许多大城市的交通路口、商场门口及公园附近，经常发现年轻人在散发售楼小广告。济南市花园路一位环卫工人告诉记者，她在这个路口清洗路面很长时间了，每天正午和黄昏的人流高峰期都要清扫上百张传单，这还不包括市民扔到废物桶里的传单，其中许多都是楼盘广告。当记者问及散发传单的年轻人时，她说有四个人负责在花园路上发这家楼盘的广告，见人就送。因为主管说了,不管人家要不要,塞到手里就算成功。对于这类大同小异的售楼传单,人们收到后直接扔进废物桶。显然,房地产广告数量超过消费者所需的数量,过多的广告对消费者的选择没有任何价值和意义,不仅浪费了资源,而且还影响环境卫生。

4.虚假广告对社会造成损害

为了占领更多的市场份额、争取更多的消费者加盟,一些生产商及其销售代理利用广告捏造事实,在广告活动中对商品或服务的内容做不真实的宣传,欺骗或误导消费者购买,侵害了其他经营者合法权益以及消费者的利益。这种以欺骗方式进行不真实的广告宣传,就是虚假广告。

虚假广告的出现与企业行为模式和产品特性密切相关。从企业行为模式来看,虚假广告厂商大多没有长期计划和发展战略,只是想在市场上“捞一把就走”,因而希望通过虚假信息来吸引那些敢于尝试新鲜事物的消费者,并收取一个很高的价格。从产品市场特性来看,虚假广告更多地出现在经验品和信任品市场。在经验品市场,因为消费者在购买经验品之前没有能力检验产品的质量,因而虚假广告在短期能够达到欺骗的目的。从全社会角度来看,至少要部分消费者先做出尝试,其他消费者才能从他们那里获取产品质量的信息。在信任品市场上,即使消费者使用后也难以确定其质量,因而虚假广告能够欺骗更多的消费者,也能够欺骗更长的时间。在现实经济生活中,药品、保健食品、美容、征婚、旅游等产品和服务市场中往往存在虚假广告。

[5-6] 国家广电总局令第61号《广播电视广告播出管理办法》

虚假广告的危害主要表现在以下三个方面。一是虚假广告阻碍竞争。虚假广告是一种不正当的竞争行为,对其他合法经营者的利益造成损害。虚假广告以其虚高的性价比迷惑消费者和顾客,在短期销售额迅速增加,使合法经营企业的市场份额和利润缩小。因此,虚假广告是公平竞争的重大障碍,它的存在影响竞争机制作用的有效发挥,扰乱正常的市场交易秩序,从而阻碍市场经济的健康发展。二是虚假广告损害消费者的合法权益。虚假广告是一种误导行为,使消费者财产利益和人身利益受到侵害。由于虚假广告缺乏真实性,消费者的预期效用难以得到满足,使消费者的财产受到不同程度损害,更为严重的是还可能影响消费者的身心健康。三是虚假广告的社会危害。虚假广告不仅给生产者、消费者造成损失,而且导致市场主体之间出现信任危机。在不断上升的防范心理下,交易成本增加了,政府的监管成本增加了,社会诚信水平也将受到影响[5-6,5-7]。

[5-7] 《广播电视广告播出管理办法》的补充规定

案例5.10

虚假医疗广告为何屡禁不止

从2009年开始,国家工商行政管理总局不定期对医疗、药品、保健食品、化妆品及美容服务类广告进行抽查监测,并对违法广告予以公告。但是,从各年检查的情况来看,违法广告屡禁不止。2009年,国家工商行政管理总局公布的涉及虚假宣传的严重违法广告达57例,其后各年公布的非法广告也几乎在40例以上(见表5-4)。由于医疗服务属于经验品,其效果只有在购买消费后才能知晓。因此,虚假广告在短期存在很大的利润空间。同时,医疗等经验品市场中的虚假广告的罚款成本比较小,这些都是造成虚假广告屡禁不止的原因。

表 5-4　　各年情节严重的违法广告及产品领域　　单位:个

年　份	非法广告数	化妆品	医疗药品	保健食品	其　他
2009	57	3	44	10	
2010	50	2	36	10	2
2011	39	3	20	15	1
2012	48	2	35	10	1
2013	42	9	23	8	2
2014	40	1	18	16	5

资料来源:根据国家食品药品监督管理总局违法广告公告整理.

第三节　组织调整行为

企业的组织调整行为是企业通过产权交易方式扩展或紧缩组织边界的行为。对于这个概念的理解要注意以下三点。一是企业的组织调整行为是通过产权交易来实现的。笼统地讲,产权就是一组权利,包括使用权、收益权和处置权等。企业产权是指凭借对企业资产的所有权、占有权、支配权和处置权,给所有者和占有者带来一定收益的权利。在单一业主制和合伙制企业中,企业资产所有者同时也是企业经营者,即投资者对企业注入资本,形成了经营性资产,并直接经营和管理这些资产。业主享有这些资产的所有权、使用权、收益权和处置权等权利。而在现代公司制度中,企业的投资者与经营者分离,企业产权也分为两部分:投资者投入资本,拥有出资人所有权,包括资产收益权、重大决策权和对管理者的选择权;企业作为法人拥有法人财产权,包括财产的占有权、使用权、处置权和部分收益权。在市场经济条件下,产权是一种特殊的商品,在产权交易市场上企业产权的整体或部分产权是可以在不同主体之间进行买卖、交换、转让的。二是企业通过产权交易可以拓展企业边界,扩大企业规模,也可以紧缩企业边界,缩小企业规模。在拓展企业边界方面,企业主要采取兼并、合并等行为;而在缩小企业边界方面,企业主要采取企业分立行为。三是在市场经济条件下,企业所面临的市场环境瞬息万变。当企业所处的市场环境发生变化时,企业必须迅速做出反应,使企业的规模适应市场环境的变化。产权交易给予企业极大的机动性,使企业能够根据市场的变化迅速调整自身的规模,从而保持经营活力。

一、企业兼并

(一)企业兼并的定义

企业兼并是企业合并的一种方式。我国《公司法》规定:“合并是指两个或两个以上的企业根据法定程序、通过订立契约而结合成一个企业的法律行为。”我国《公司法》明确了合并的两种形式:新设合并和吸收合并。新设合并又称联合,指两个或两个以上的公司合并成一个新公司,参与合并的各方均归于消灭。在新设合并下,新设立的公司接受消失公司的全部资产和负债,消失公司的股份转化成新设公司的股份。吸收合并又称兼并,是指一个或几个公司并入一个存续公司的行为。在吸收合并中,吸收方存续,而被吸收公司全部解散。企业兼并是最常见的合并类型。在兼并过程中,被兼并公司的法人资格将消灭,其产权、资产、业务由兼并企业接管。

与企业内部扩张相比,兼并具有两个显著的特点。一是快速扩张。通过兼并,企业可以直接利用被兼并企业的厂房、设备和技术等社会生产力,尽快实现规模经济效应。二是高效扩张。由于新建或扩建项目的报审手续十分复杂,企业需要耗费大量的人力、物力和时间,尤其是涉及征用土地的建设性投资时,这方面的费用更大。而兼并节约了这些交易费用,而且也可以避免社会、环境等方面的限制。因此,兼并是一种快速、高效的扩张方式。

(二)企业兼并的操作方法

在兼并过程中,兼并企业可以先购买被兼并企业的资产,也可以先购买被兼并企业的股票。而无论资产转移还是股权转移,兼并企业所支付的形式或者是现金或者是公司股份,这样,在逻辑上,就可以划分出两类四种吸收合并的方式(见表 5-5)。

表 5-5 企业兼并的方法

		转移方式	
		资产转移	股权转移
支付方式	现金	现金购买资产	现金购买股份
	股份	股份购买资产	股份购买股份

1.现金购买资产方式

吸收公司以现金购买被吸收公司的全部资产,包括全部权利和义务(债权和债务);被吸收公司失去原有的全部资产,股东依据其股权分配现金,被吸收公司消灭。

2.股份购买资产方式

吸收公司以自身的股份购买被吸收公司的全部资产,包括全部权利和义务;

被吸收公司的股东分配被吸收公司所持有的吸收公司的股份，并因此成为吸收公司的股东，被吸收公司消灭。

3.现金购买股份方式

吸收公司以现金购买被吸收公司股东的股份，而成为被吸收公司的唯一股东，然后解散被吸收公司，被吸收公司的全部权利和义务由吸收公司承受，被吸收公司消灭。

4.股份购买股份方式

吸收公司以自身的股份换取被吸收公司股东所持有的被吸收公司的股份，而使被吸收公司的股东成为吸收公司的股东，吸收公司成为被吸收公司的唯一股东，然后解散被吸收公司，被吸收公司的全部权利和义务由吸收公司承受，被吸收公司消灭。

(三)企业兼并的类型

按照兼并双方生产活动在产业链上的关系，兼并可以分为横向兼并、纵向兼并和混合兼并三种类型。

1.横向兼并

横向兼并又称为水平兼并，是指同一行业竞争者之间的兼并。横向兼并双方处于同一条产业链上的同一生产环节，生产相同产品，相互竞争。横向兼并的动机主要包括规模经济效应、追逐市场势力和管理协同效应。

(1)规模经济效应。规模经济效应是指产品的单位成本随着生产规模的扩大而逐渐降低的现象。在兼并过程中，兼并企业与被兼并企业的厂房、设备、技术等资源实现整合，迅速扩大生产能力，提高生产效率。同时，兼并企业通过原材料批量采购、营销资源综合利用等方式可以带来成本的节约。横向兼并使企业迅速扩大生产规模，获得成本领先优势，提高市场竞争能力。例如，2004 年 12 月，联想集团以 12.5 亿美元收购美国 IBM 个人电脑业务，并购后联想在全球 PC(个人计算机)市场的份额达到 7.8%，生产能力迅速扩大；同时，联想集团充分利用 IBM 员工的丰富经验和大企业客户资源优势，进一步提高了其在世界电脑市场的竞争力。

(2)追逐市场势力。企业通过横向兼并减少竞争对手，提高市场集中度，使兼并企业的市场支配力提高，并以此获得垄断或寡占利润。其具体途径包括：一是兼并企业若获得足够大的市场份额，成为市场主导企业，那它就可凭借其市场优势地位，采取限制产量，提高价格的策略。二是兼并使市场企业数量减少，导致寡头之间容易形成价格或产量共谋，以获得稳定的垄断利润。因为追逐市场势力的横向兼并会限制竞争，因此各国反垄断法都有控制合并的规定，特别是对企业的横向兼并实施严格的审查制度。

(3)管理协同效应。管理协同效应是指当两个管理内容相似而管理能力具有差别的企业发生兼并之后，整体管理效率将得以提高。当一个企业拥有高效率的管理团队，而其管理能力又超过企业管理的需要，那么兼并同行业管理低效率的企业，将使这些管理能力迅速转移到低效率企业，进而使兼并后企业的整体管理效率得以提升。

案例5.11

美国波音公司兼并麦道公司

1996年12月15日，世界航空制造业的龙头企业美国波音公司（以下简称波音公司）宣布收购世界航空制造业排名第三的美国麦道公司（以下简称麦道公司）。合并之后，新波音公司的资产总额达到500亿美元，净负债为10亿美元，员工总数为20万人，成为当时世界上最大的民用和军用飞机制造企业。这场不寻常的并购使得波音公司在世界市场上的占有率提高到65%，牢牢站稳市场领导者地位。这次收购不仅涉及交易双方的利益，而且涉及美国政府以及欧盟各国政府的国家安全战略，其中还引发反垄断的争议。

波音公司之所以收购麦道公司，兼有扩大规模和追求管理效率的动机。一方面，波音公司不管是利润，还是营业收入都呈现递减的态势，面临欧洲空中客车公司的冲击和挑战，因而通过并购来扩大生产规模、改善企业经营效率成为重要策略。合并后，航空公司培训、维修和配件的成本得到节约。另一方面，波音公司和麦道公司合并后，通过互相取长补短，把新波音公司的管理效率提高到一个新的水平。两大公司合并后，新波音公司的管理费用将小于合并前各公司管理费用之和。

资料来源：干春晖.并购案例[M].北京：清华大学出版社，2004.

2.纵向兼并

纵向兼并也称为垂直兼并，是指在生产上存在着投入产出联系的企业之间的兼并。在纵向兼并中，兼并双方处于同一条生产链的相邻环节，存在纵向合作关系。例如，生产整车的企业与汽车零部件企业之间的兼并；钢铁厂与铁矿采掘厂之间的兼并都属于纵向兼并。其中，当一个企业兼并了向其提供原材料或投入品的供应商时，称之为后向兼并；反之，当一个企业兼并了使用自己产品的客户时，称之为前向兼并。后向兼并是企业向零部件或者原材料生产业务领域扩张；而前向兼并是企业向再加工业务领域，甚至是销售领域的扩张。在市场竞争中，企业进行纵向兼并的动机主要包括节约交易费用、绕开进入壁垒和追求垄断势力。

(1)节约交易费用。1937年，科斯曾经指出，企业的存在是因为节约交易费用。纵向并购是一种以内部组织替代市场交易的手段。企业通过纵向兼并克服了环境的不确定性，降低了机会主义行为，促进了合作，从而能够有效控制产业链上分离的生产环节之间的各种损耗。纵向兼并使兼并企业的业务向上游和下游环节延伸，市场交易内部化，从而避免了市场交易过程中的信息搜寻、讨价还价以及监督履约等多项交易费用。根据威廉姆森的观点，交易费用越大，企业替代市场的倾向越明显。在经济活动中，如果企业面临频繁的交易、反复的敲竹杠等问题，最有效的解决方式就是采取纵向兼并，发展成为一个纵向一体化企业。

(2)绕开进入壁垒。进入壁垒是指潜在进入者进入市场时所遇到的障碍与不利因素，包括结构性壁垒、政府管制壁垒和策略性壁垒等。作为潜在进入者，企业向上游或下游方向拓展业务，可以采取新建企业的方式和兼并的方式。如果采取新建企业的方式进入，不可避免地受到进入壁垒的限制；而如果企业以兼并某个在位企业的方式进入，短期内产业供给能力保持不变，遭遇在位企业报复的可能性比较小；同时，也不会受到政府准入制度的限制。因此，纵向兼并是企业进入相关市场的有效手段。

案例5.12

美国杜邦公司收购大陆石油公司

杜邦公司是美国十大财团之一，是由杜邦家族组成的依靠化学工业和军火工业起家的财团。20 世纪初，杜邦公司通过兼并其他化学公司的方法，开始全面进入化学工业产品市场。到 20 世纪 30 年代初，杜邦公司已经发展成为生产各种化工产品的巨大的垄断组织。1981 年，杜邦公司以 80 亿美元的价格收购大陆石油公司，成为美国当时最大的纵向并购案例。杜邦公司是美国著名的化工公司，生产石油化工产品；而主营石油开发的大陆石油公司是石油生产企业，因而杜邦收购大陆石油公司属于纵向并购。

杜邦收购大陆石油公司的主要原因是降低交易成本，稳定石油供应。杜邦公司 80% 的产品原料是石油，收入的 70% 来自石油制品，但杜邦公司并没有像其他化工公司一样控制大型石油公司。1973 年以来的石油危机使该公司蒙受重大损失。1980 年，石油输出国组织提高了石油的价格，直接导致杜邦公司的成本上升了 36%，从而使杜邦公司在石油化工产品生产中的竞争力明显下降。因此，杜邦公司并购大陆石油公司可以建立稳定的原料供应基地，不受或减少石油涨价的影响，也会进一步稳定它在石油化工产业中的地位。

3.混合兼并

混合兼并又称为复合兼并，是指分属不同产业，生产技术上也不存在投入产出关系的企业之间的兼并。在混合兼并中，兼并双方处于不同产业链，不存在直接的生产经营联系。混合兼并的主要动机包括分散风险、追求范围经济和扩大经理人声誉。

(1)分散风险。任何企业都将会遇到市场风险或波动。单一产品生产企业将会发现，它们的销售收入、利润与不能控制的市场风险紧紧地联系在一起。一旦企业所在的市场需求下降，或政府准入标准提高，或受到竞争对手的打压，企业的收入和利润将受到很大的冲击。但是，对于多元化经营的企业，单个产品市场的波动对整个公司的冲击就较小。因此，企业往往通过混合兼并，将其业务分散到不相关的市场中经营，可以熨平收入流量的波动，大大地减少它的资金运作成本。并且这种财务上的益处将使得它以较低的成本运作于它经营的所有产业。

(2)追求范围经济。混合兼并可以使多种产品生产同时使用企业资源，从而获得范围经济。如生产诀窍、技术知识以及不可分割的实物资产，甚至是品牌声誉。范围经济不仅带来资源利用效率的提高，而且能够获得互补性经济活动产生的协同效应。例如，计算机硬件生产与软件生产就可以在研发、销售等方面获得协同效应。

(3)扩大经理人声誉。企业并购活动在某种程度上服从于经理人个人利益最大化的需要。当并购能够提高经理人的声誉、增加薪酬和扩大权利时，经理人可能在股东利益受损的情况下实施并购。混合兼并，实现多元化经营是经理人利益最大化的重要途径。这是因为：多元化经营使经理人控制了更多的资源，扩大了其职权范围；多元化经营使经理人在多个市场建立起声誉，降低了自身职业的风险；多元化经营扩大公司规模，有利于提高经理人的报酬。

案例5.13

菲利普·莫瑞斯公司并购卡夫食品公司

菲利普·莫瑞斯公司(PM)于1919年在美国的弗吉尼亚成立，是美国众多烟草制造商中的一员。20世纪50年代，PM进入了快速增长时期。20世纪60年代，PM推出了有过滤嘴的“万宝路”香烟，并配上独特的硬包装，在美国香烟市场获得了巨大成功，成为美国第一卷烟品牌。20世纪80年代，PM在国际香烟市场上的份额达到6.5%，超过老牌的英美烟草公司，成为世界第一大烟草公司。1988年，PM以129亿美元的巨资兼并了以生产卡夫、麦斯威尔、果珍等著名食品品牌而著称的卡夫食品公司，成为典型的混合兼并案例。

20世纪80年代初，香烟危害健康逐渐被人们认识和重视，美国反吸烟的呼声也越来越高。1985年夏季，美国食品与药品管理局宣布，尼古丁列为毒品，规定“凡是影响人体器官结构与功能的物品行销市场时必须接受政府的监督”。在这种环境下，虽然卷烟销售量随人口增加而增加，但人均消费量却开始下降。为应对香烟市场萎缩的趋势，分散经营风险，PM加快了多元化经营的步伐，并于1988年并购以食品为主导产品的卡夫食品公司，并不断将集团业务从香烟转向食品；凭借卡夫食品、米勒啤酒等被兼并企业的品牌优势，PM迅速发展成为仅次于雀巢公司的全球第二大包装食品公司。2003年，该公司改名为奥驰亚集团公司(ALG)，2005年ALG位列《财富》全球500强第17位。

综上所述，企业兼并是一把“双刃剑”，有其积极的方面，也有其消极的方面。企业兼并使生产要素得以向优势企业集中，社会资源得到优化，生产效率、管理效率都得到提高。但是，兼并不可避免地产生垄断势力，并产生垄断的低效率和社会福利损失。因此市场经济国家都非常重视通过适当的产业组织政策来调节企业的兼并行为，使其保持在一个适度的水平上。无论如何，企业兼并是企业应对市场变化、获得竞争优势的重要手段。它是一种客观存在的经济现象，有其自身发展演变的规律[5-8]。

[5-8]
企业重组兼并五大经典案例评析

案例5.14

全球企业并购浪潮

19世纪末期以来，全球企业并购经历了六次浪潮。第一次并购浪潮发生于19世纪末至20世纪初期，并购类型以横向并购为主。优势企业通过对同行业劣势企业的兼并，集中了同行业资本，在市场上获得了一定的市场势力。在美国出现了美国烟草公司、杜邦公司等大规模企业。第二次并购浪潮发生于20世纪20年代，兼并方式多种多样，但以纵向兼并为主。如英国电器、英国帝国化学工业集团等大型公司就是在这一时期通过兼并形成的。第三次并购浪潮发生于20世纪五六十年代，并在20世纪60年代后期达到高潮。这一时期的并购主要以混合兼并为主，企业通过兼并实现多元化经营以降低经营风险。第四次并购浪潮发生于20世纪70年代中期至20世纪80年代末期，并在20世纪80年代形成高潮。这次并购没有哪种形式占主导，各种兼并形式并存；而且跨国并购开始发展。第五次并购浪潮发生于20世纪90年代中期，横向并购与纵向并购并存。大量企业把无关联业务剥离出去，相应并购同类业务企业。这一时期，银行业内的横向并购异常频繁，花旗集团、汇丰控股公司等大型金融机构在全球展开兼并。2005年以来，全球国际资本流动继续增加，特别是全球并购活动迅速增多。2006年，全球并购交易总额达到3.9万亿美元，第六次并购浪潮席卷而来，并出现一些新的特点：一是能源与矿业、保险业的并购规模迅速上升，尤其是保险企业的并购十分突出；二是并购方式多元化，横向、纵向和混合兼并形式并存；三是新兴市场的企业并购活动日趋活跃，来自拉美、亚洲等地的新兴市场成为此次并购浪潮的主体。目前，我国正在进行产业结构转型升级，我国企业的海外并购规模持续上升，特别是2008年经济危机以来，我国企业在海外的并购愈发积极主动，出现中石化与加拿大石油公司的并购、吉利收购沃尔沃、三一重工收购德国普茨迈斯特、安邦保险收购美国华尔道夫酒店等大型并购案。

二、公司分立

(一)公司分立的含义

公司分立是指一个公司依法定程序分为两个或两个以上公司的法律行为。它是公司资本收缩的基本形式。实践中，公司往往根据专业化分工的需要，将原公司中从事某一类或某一部分业务的机构独立出来，另行成立一个公司法人，使其独立对外承担民事责任，以便独立经营。分立将一个公司分为多个独立承担民事责任的公司，缩小了企业的规模。

(二)公司分立的形式

公司分立的形式有两种，即新设分立和派生分立。新设分立是指一个公司将其全部资产分割设立两个或两个以上的公司的行为。例如，A公司将其全部资产一分为二，分别设立了B、C两个公司，在B、C两个公司诞生之同时，A公司归于消灭。在新设分立的情况下，原公司解散，需办理注销登记，新设公司需办理设立登记。派生分立是指一个公司以其部分资产设立另一个公司的法律行为。例如，A公司以其部分资产另外设立B公司，A公司不因B公司的成立而消灭，只是发生资产额的减少。在派生分立的情况下，原公司虽存续，却减少了注册资本，应依法办理变更登记，派生的公司则应办理设立登记。纯粹的派生分立是指存续公司(母公司)以其部分资产设立新公司，新公司的股权按照母公司股东在母公司中的持股比例进行分配，从而形成一个与母公司有着相同股东和持股比例结构的新公司(子公司)。这样，母公司在法律上和组织上将子公司分立出去。

公司分立是资本收缩的一种基本形式，它的特点包括：①被分立公司的资产和负债，移转于新设公司，这种移转不仅在被分立公司与新设公司之间生效，而且对第三者也生效;②被分立公司的股东按照公司分立决议确定的内容变成一家或者多家存续公司或者新设公司的股东;③视公司分立的具体形式,原公司终止其存在或者存续;④分立后的新设公司之间、新设公司与存续公司之间互相独立,均为独立法人。

(三)公司分立的动因

一个公司做出分立决策,通常要考虑相互关联的多个因素,这些因素可能同时存在,也可能相继出现。

1.降低代理成本,提高管理效率

对于一个规模庞大的多元化经营的公司来说,其经营的各项业务单元各有特点,不适合按同样的管理模式来经营;而且,管理幅度太大不利于监督和激励,容易导致偷懒、扯皮、推诿等问题,形成过高的代理成本。因此,将一个大公司按照业务单元特点分立成两个或更多的有着不同管理人员的独立实体,能够减少甚至消除其中一些由于管理原因而造成的低效率。公司分立后,管理人员不仅能够更好地集中于相对单纯的业务,而且能够更好地把管理人员与股东的利益结合起来,最大限度地降低代理成本,形成更为有效的激励机制。此外,公司分立常常能够创造出一个简洁而有效的分权化的公司组织,使公司能够更快地适应经营环境的变化。

2.强化主营业务,提高公司盈利水平

公司为突出主业,集中人力和财力发展主营业务(研发、生产和销售等),通过分立处置那些与主业经营不相关的股权。上述与主业经营不相关的股权管理由派生分立的子公司来负责。通过分立,公司剥离不适于长期战略、没有成长潜力或影响公司整体业务发展的部门、产品生产线或单项资产,公司的主营业务更加突出,发展目标更加明确,从而有利于提升主营业务的竞争优势。西方一些经济学家认为,通过分立可以为子公司和母公司重新定位,在确定子公司和母公司各自比较优势的基础上,能使它们更加集中于各自的优势业务,提供更具竞争力的专业化产品和服务。

专业化和多元化是两种不同的公司发展战略,长期以来存在较大的争论。然而,只要战略模式适合企业自身条件和环境,同样能够建立竞争优势。通常,当公司的主营业务受到冲击时,公司战略应向专业化方向调整。

案例5.15

杭州南方特种泵业有限公司的派生分立

2007 年 3 月 31 日,根据杭州南方特种泵业有限公司股东会决议,拟在原杭州南方特种泵业有限公司的基础上,派生分立杭州金润投资有限公司,并将杭州之春绿色食品有限公司、杭州万达钢丝有限公司等与主业无关的长期股权投资、其他应收款等资产予以剥离。分立存续公司杭州南方特种泵业有限公司的注册资本由 5 700 万元减少为 5 200 万元,派生分立的杭州金润投资有限公司注册资本为500万元，分立后的各公司股东持股比例与分立前保持一致。

杭州南方特种泵业有限公司派生分立的目的是突出主营业务，促进主营业务更快发展。发行人主要经营不锈钢冲压焊接离心泵及无负压变频供水设备等的研发、制造和销售，但是发行人分立前持有杭州之春绿色食品有限公司90%出资额和杭州万达钢丝有限公司78.125%出资额。杭州之春绿色食品有限公司经营范围为加工销售鱼干、销售农副产品；杭州万达钢丝有限公司主要从事钢铁线材拉丝、酸洗业务。这些业务与主营业务毫不相关。杭州南方泵业有限公司为突出主业、集中人力和财力发展不锈钢冲压焊接离心泵的研究、生产和销售业务，决定通过分立处置上述与主业经营不相关的股权。

3.实施反并购，分立目标资产

伴随公司并购的兴起，为谋取暴利和争夺企业控制权的恶意收购也应运而生。面对形形色色的敌意收购，反并购也相继展开。其中，公司分立成为反并购的一种重要手段。有时收购方收购目标企业的目的仅是为了获得目标企业的某项优质资产。如果目标企业能够清楚地意识到收购方的这一意图，那么就可以通过子公司分立的方式将这一特定资产分立出去，从而打消收购方的收购意图。从资产价值、盈利能力和发展前景等诸多方面衡量，在混合企业内经营最好的业务单元被喻为“皇冠上的珍珠”。这类资产通常会诱发其他企业的并购意图，使企业成为兼并的目标。目标企业为保全其他业务单元或资产，可将“皇冠上的珍珠”这类经营好的资产分立或抵押，从而达到反并购的目的。

4.应对税制结构，减轻企业税负

在税收筹划中，公司分立是一个重要手段。税收筹划是指纳税人在法律允许的范围内，根据税后利润最大化的要求安排纳税行为的一种活动。税收筹划的依据是税负差异，即不同行业、不同规模的企业税负存在差异。对于一个多元化经营的公司，如果分立能够使一些业务单元享受较低税率，那么分立就能减轻企业的税负。在企业所得税采用累进税率的情况下，通过分立使原来适用高税率的一个企业，分化成两个或两个以上适用低税率的企业，使其总体税负得以减轻。《中华人民共和国企业所得税法(2008)》相关条款规定，企业所得税的税率为25%；而符合条件的小型微利企业(缴纳税金在30万元以下，员工人数在100人以下)，减按20%的税率征收企业所得税。

一些企业包含有政府保护和扶持的业务单元，如果将这些业务单元分立出去，就可享受到税收的优惠。例如，农业龙头企业实行农工商联合经营模式，目的是取得稳定的农产品原料。但是，这种多元化经营模式忽略了税收影响。根据现行税收政策，农业生产者销售自产初级产品免税，一般纳税人收购农业产品可以计提13%的进项税。据此，如果农工商联合公司将农业产品生产单元分立出去，不仅农业企业享受免缴增值税的优惠政策，而且加工工业还能享受计提增值税进项税的好处。

事实上，一个公司做出分立部分资产或产业的决策，很少仅是由于某一单个原因引起的,通常要涉及相互关联的多个因素,这些因素可能同时存在,也可能是相继发生的。因此,公司的高层管理人员在做出公司分立的决策时,应该综合考虑这些因素,做出合理的选择。

公司分立对市场结构的影响主要表现为分立使得市场集中度下降,垄断因素减弱,从而提高了市场竞争活力。与兼并一样,分立也是社会资源优化的重要手段,在突出主业以提高专业化生产水平,盘活企业资产方面具有积极的意义。

第四节 策略性行为

托马斯·谢林(T. Schelling,1960)在其著作《冲突的战略》中首次对策略性行为进行了定义,认为策略性行为是指一个厂商通过影响竞争对手对该厂商行动的预期,使竞争对手在预期的基础上做出对该厂商有利的决策行为。一个厂商的策略性行为对竞争对手预期的影响,实质上是通过影响它们共同的市场环境所实现的。这些市场环境包括市场中现有的和潜在的竞争对手数量、行业的生产技术、行业的供求关系等。因为市场环境是竞争对手决策必须考虑的因素,所以主导厂商可以通过策略性行为改变市场环境,进而影响竞争对手的预期。策略性行为研究的重点是寡头垄断市场中寡头企业之间的相互依存行为,从而为反不正当竞争和反垄断提供理论依据。根据寡头之间是否存在协调机制,策略性行为可分为非合作策略性行为和合作策略性行为。

一、非合作策略性行为

非合作策略性行为是指企业为追求利润最大化所采取的提高其竞争地位的行动。这类行为通过影响竞争对手和潜在进入者预期,达到遏制竞争对手,扩大自身市场势力,实现己方利润增长的目的。非合作策略性行为包括价格策略性行为和非价格策略性行为两种类型。

(一)价格策略性行为

价格策略性行为是指企业为了防御潜在进入者或驱逐竞争对手而采取的有意识的价格干扰行为。它并不是市场结构下必然发生的价格行为,而是取决于企业战略的需要。如果主导企业想要驱逐竞争对手,那么采取的是掠夺性定价行为;如果主导企业为了防御潜在进入者的进入,则采取限制性定价行为。

1.掠夺性定价行为

掠夺性定价又称驱逐对手定价,是指一家企业为将竞争对手排挤出市场或吓退试图进入市场的潜在进入者而降低价格的行为。在大多数掠夺性定价中,企业将价格压低至平均成本以下,待对手退出市场后再行提价,旨在通过短期亏损来换取长期收益。

(1)掠夺者。掠夺性定价的一个重要条件是在将竞争对手排挤出市场后,在位厂商有能力提高价格,并补偿在降价期间的损失。而要做到这一点,要求掠夺者必须具有市场支配地位,不占市场支配地位或不具有优势地位的企业由于产量小而没有能力影响和控制市场的价格,即使这样的企业发出降价行为也只能是扩大一定的市场份额而不会对市场竞争构成限制和影响,因而不能达到驱逐竞争对手的目的。

具有垄断势力的大型寡头采取降价策略降低市场价格,掠夺者和被掠夺者双方都将承受重大损失。如果厂商势均力敌,掠夺很难成功。这是因为,在掠夺期掠夺方为了维持低价必须满足在此价格水平上的所有需求量,而竞争对手为达到损失最小化,可以自由减产。这样,掠夺者的损失更大,掠夺成功的可能性更小。为了保证掠夺成功,掠夺方必须具有比竞争对手更强的忍耐能力,有能力承担低价带来的更多亏损。这种超强忍耐力来源于三个方面:雄厚的资金、领先的生产成本和其他市场的交叉补贴。大型寡头因自有资本规模大、经营业绩好,在资本市场上的融资能力强,能够向企业注入更多的资金;大型寡头凭借规模经济效应和技术优势建立成本领先优势,因而在相同的低价水平承受较小的亏损;大型寡头一般都是多元化经营的大企业,掠夺期的亏损能够得到其他市场盈利的补偿。可见,掠夺者必须是具有忍耐低价能力,且谋求扩大垄断势力的大型寡头。

(2)掠夺过程。理性的掠夺者要求掠夺期损失就像是投资一样,能够在将来得到补偿。这意味着掠夺方存在掠夺后能够巩固市场垄断权利的理性预期,而且垄断利润足以弥补掠夺期的损失。因此,当掠夺方将竞争对手驱逐出市场后,掠夺方凭借更强大的垄断势力再度把产品价格提升到可获得经济利润的水平上,实现长期占有垄断利润的目的。可见,掠夺过程被设计为先亏损后盈利模式。如果掠夺者能够成功驱逐竞争对手,掠夺者对行业供给的控制力进一步提升,从而通过限制供给而使价格再次回升成为可能。围绕掠夺者是否能够得到补偿,掠夺性定价理论分为芝加哥学派理论和后芝加哥学派理论。

以完全信息假设为条件,芝加哥学派指出厂商采取掠夺性行为是非理性的。伊斯特布鲁克(F. Easterbrook)和麦吉(J. Mcgee)等人认为,与确定性的巨大损失相比,未来利润的不确定性和贴现率的存在使掠夺得不偿失,因而掠夺性定价在实际中不会发生。其原因包括以下三个方面:一是被掠夺方可以从资本市场获得资金支持,以度过掠夺期。二是消费者作为掠夺第二阶段的最终受害者愿意帮助被掠夺方度过掠夺期。其主要措施包括拒绝掠夺方的低价商品,继续以原价购买被掠夺方的产品;与被掠夺方签订以竞争价格供货的长期合同等。三是即使被掠夺方被迫离开市场,当掠夺方再次提高价格到垄断价格时,被掠夺方仍然可以重新进入。

基于不完全信息假设,后芝加哥学派认为掠夺性定价是理性的,在位企业会采取低价打击进入者。由克瑞普斯、米尔格罗姆、罗伯茨和威尔逊(D. Kreps, P. Milgrom, J. Roberts and R. Wilson, 1982)建立的声誉模型认为,如果假定是更接近现实的不完全信息而非完全信息,为了遏制进入、引诱退出或者威慑对手以缓和竞争,无论是强势在位者还是弱势在位者都会采取低价以打击进入者。对于强势在位者(低成本企业)而言,打击的收益严格优于容纳的收益,打击是其占优策略;而对于弱势在位者(高成本企业)而言,打击获得的收益小于容纳的收益。

然而，如果选择容纳，高成本企业就暴露了弱势身份，会招致更大规模的进入，从而丧失未来的收益。因此，高成本企业也选择打击。在克瑞普斯和威尔逊的不完全信息动态博弈理论模型中，拥有私人信息的信号发送者对早期进入者实施掠夺性定价，以便建立强硬在位者（总是打击进入者）声誉，从而遏制未来进入者。声誉模型的思想来自于对连锁店悖论的解释。在连锁店模型中，一个居于市场支配地位的企业在多个区域性市场经营，每个区域市场都面临潜在的进入者。这样在位厂商通过在某一个或某几个市场中采取掠夺性定价策略，排挤进入者从而建立一种强硬的声誉，会阻止其他企业进入其他区域市场。在此之后，恢复进入前的价格，实行垄断定价[5-9]。另一种掠夺性定价理论来源于爱德沃兹（1955）的鼓鼓钱袋假说。以金融资本市场不完善为假设，该理论认为，拥有充裕资金（鼓鼓钱袋）的大企业能够通过掠夺性定价将实力弱小的竞争对手驱逐出市场。当大企业降低价格时，资金雄厚的大企业即使在亏损的情况下能够支持更长时间，仍然具有进一步投资的实力；而实力薄弱的小企业由于种种原因筹集不到足够的资源而难以为继，无情的竞争就会影响它们的前景，从而被迫退出市场。

[5-9]
连锁店悖论

（3）掠夺性定价的评价。掠夺性定价强化了寡占市场中大企业的市场支配力，市场集中度进一步提高，从而限制了竞争，损害市场竞争活力。因此，在一般市场经济国家掠夺性定价被当作是一种违反公平竞争的不正当市场行为。《中华人民共和国反不正当竞争法》第 11 条规定："经营者不得以排挤竞争对手为目的，以低于成本的价格销售商品。"此条规定所指的现象即为驱逐竞争对手定价行为。

在市场经济条件下，企业通过价格优势吸引消费者、扩大市场份额是一种正当的、常见的竞争手段。但是，掠夺方之所以愿意将价格降低到成本以下，是企图通过采取此种手段迫使竞争实力较弱的企业退出市场，从而扩张市场势力甚至是独占市场。在反垄断司法实践中，企业降价是否被认定为掠夺性定价的依据是降价的意图、降价的程度和降价的影响。①动机标准，即降价是否以排挤竞争对手为目的。但多数经济学家认为动机是一种不可靠的标准，因为掠夺者的主观动机极少会客观地显示，而需要借助推测加以判断。②成本标准，成本是掠夺性定价的基本标准。短期边际成本、平均成本、平均可变成本都曾出现在国内外法律法规中，作为判定不正当竞争的依据。③损失补偿标准，即降价之后提价获取最高利润以补偿低价损失的可能性。这一标准将新厂商或势力弱小厂商为开拓市场而采取的促销行为排除在掠夺性定价行为之外。

案例5.16

美国烟草业的掠夺性定价

1875 年，美国烟草公司成立，资产总额达 2 500 万美元，是当时美国最大的烟草制造商。此后 20 多年，美国烟草公司通过买断萨克机器的专利权、强势广告和低价促销手段打造卷烟品牌，提高市场竞争地位。其中，采用低价促销手段逼迫竞争对手退出市场，并以低价收购其资产。例如，1901 年，美国烟草公司的香烟品牌"美国丽人"与威尔斯白头烟草公司的类似产品角逐北卡罗来纳州的香烟市场。美国丽人的价格是 1.50 美元/千支，恰与要求缴纳的税金一样多。显然，美国丽人的价格明显低于其成本，烟草公司声称低价促销是产品导入期的优惠措施。到1903年，烟草托拉斯就顺利地收购了无法与其竞争的威尔斯白头烟草公司。在1881—1906年间，美国烟草公司采用掠夺性定价方式收购了40余家竞争对手，迅速发展成为一个烟草托拉斯组织，在烟饼、香烟、鼻烟和紧扣烟的销售上控制了很大的市场份额。1911年，美国反托拉斯局起诉美国烟草公司利用掠夺性定价等方式垄断烟草业，控制95%的美国卷烟市场。该公司被勒令拆分为16家公司。

资料来源：卡尔顿，配罗夫. 现代产业组织[M]. 上海：上海三联书店，上海人民出版社，1998.

2. 限制性定价行为

限制性定价又称阻止进入定价，它是指寡头垄断市场上的在位企业为预防和阻挠潜在进入者进入而采取的降价行为，它通过在位厂商的当前价格策略来影响潜在厂商对进入市场后利润水平的预期，从而影响潜在厂商的进入决策。在信息完全和信息不完全条件下，厂商的限制性定价行为存在差异。

(1)完全信息的静态限制性定价。静态限制性定价是指在位企业通过制定一个低于诱发进入的价格以遏制潜在进入者进入。在这个价格水平范围内，潜在进入者预期进入市场后无利可图，从而延缓进入或放弃进入。由此，在位企业实现了阻止潜在进入者进入的目的。在静态限制性定价中，在位企业和潜在进入者的策略有以下几种。

①在位企业的策略。为达到遏制进入的目的，在位企业调整其产量水平，使价格位于行业平均成本与最高阻止进入价格之间。此后，无论潜在进入者进入与否，在位厂商都将维持原有产量不变。

②潜在进入者的策略。潜在进入者相信，新企业进入后，在位企业不会改变它的产量，因此它进入以后，行业的总产量等于它的产量和原有企业产量之和，供给大于需求将导致价格下降。行业价格下降使得超额利润消失，潜在进入者选择不进入。

(2)完全信息的动态限制性定价。在静态限制性定价中，在位企业设定的价格低于垄断价格，以阻止潜在企业进入。在位企业为稳定获得较低的超额利润，而失去了短期内获得高的超额利润的机会。然而，如果在位企业不愿意放弃短期的高额垄断利润，又将采取怎样的价格策略呢？如果在位厂商不会放弃短期的高额利润，它会选择一个高于最高阻止进入价格的价格，并在潜在厂商进入的时滞期内获得高额垄断利润。但是，随着潜在进入者的进入，在位企业的垄断势力下降，长期利润受到威胁。可见，一家面临新厂商进入威胁的在位企业必须在当前利润和未来利润之间进行平衡。动态限制性定价理论认为，一个利润最大化的主导厂商会采取跨时期利润总额最大化的定价策略，即在保证获得短期较高超额利润的基础上，主导厂商将设法延缓和阻挠潜在进入者的进入，尽量减少未来利润的损失，以实现跨时期利润最大化。

在动态限制性定价中，主导厂商通过改变产量来影响和控制市场价格。主导厂商制定的价格越高,市场吸引力越大,潜在进入者进入的速度也越快。潜在进入者的进入大致分为两种类型:在同一时间进入和持续进入两种。结团进入模型和持续进入模型就分别讨论了上述两种情况下,主导厂商的动态限制性定价策略。

①结团进入动态限制性定价模型。在结团进入模型中,所有潜在进入者都发现市场存在超额利润,并在同一时间开始建设各自的工厂。在经历一个时滞后,潜在进入者同时向市场提供同类产品,市场价格快速下降。在这个过程中,主导企业制定的价格越高,潜在进入者进入的时滞就越短,因而主导厂商获得垄断利润的时间也就越短。主导厂商可以做出两种选择:一是把价格设置在垄断价格水平,从而在新厂商涌入之前的一个很短时间内获得最高超额利润;二是选择一个比垄断价格水平低的价格,延缓从属厂商进入的时间,从而在进入发生之前的较长时间内赚取较高的垄断利润。主导厂商采取的最优策略是:将价格水平定在短期垄断价格水平与最高阻止进入价格水平之间,通过延缓潜在进入者的进入,争取延长获取较高超额利润的时间。结团进入模型表明:面对爆发式的进入威胁,主导厂商不会索取比竞争水平高出太多的价格,它会以较长时间地获得较高的垄断利润的方式来实现跨期利润最大化。

②持续进入动态限制性定价模型。当潜在进入者是逐渐但持续的进入时,主导厂商必须平衡当前的利润和未来的市场份额。主导厂商的定价策略和均衡价格要视市场需求状况、潜在进入者的价格敏感程度等因素而定。一种可能的定价方式是主导企业先行使一个短期的垄断价格,获得最高超额利润。随着从属厂商数目的逐渐增加,主导厂商扩大产量以降低价格,直至把价格降至最高阻止进入价格以下,迫使新厂商退出市场。当新厂商全部退出后,再把价格提高并维持在最高阻止进入价格水平,以防止新的厂商进入。这样做,它是以短期的高利润来弥补未来的低利润。人们经常看到这样的情况,新产品刚刚导入市场时价格很高,然后逐渐回落,甚至降低到竞争性价格水平。

(3)不完全信息的限制性定价。在现实环境中,市场信息往往是不完全的,对手的成本函数及其策略,以及市场的状况对于厂商来讲并不是完全知识,很多信息为私人所有,因此限制性定价行为需要采用不完全信息动态博弈模型分析。20 世纪 80 年代,米尔格罗姆(P. Milgrom)、罗伯茨(J. Robert)和哈瑞顿(J. Harrington)等人认为在不完全信息条件下,价格能够起到信号传递的作用,限制性定价会在均衡中出现,于是他们将信号传递模型引入限制性定价研究之中。信号传递模型是一个两阶段不完全信息动态博弈,参与者为信号发送者和信号接收者,发送者具有信息优势,拥有接收者所没有的相关信息;发送者通过一定的行为告诉接收者自己的特征或类型。博弈分为两个阶段:第一阶段,信号发送者向接收者发出一个信号;第二阶段,信号接收者收到信号后选择一个行动策略。这时,博弈结束,两个参与人的收益随之决定[5-10]。

[5-10]
信号传递模型

①垄断限制性定价模型。米尔格罗姆和罗伯茨(1982)首次运用信号传递模型建立了垄断限制性定价模型。该模型假设,在位厂商的成本与进入者无关,且在位厂商和潜在进入者仅知道自己的成本函数。若潜在进入者进入后,则彼此知道成本。因为潜在进入者知道自己的成本类型,但并不了解在位厂商的成本函数

和收益函数，只能根据对在位厂商先前行动的观察来进行估计。在这种信息不对称的情况下，在位厂商通过价格行为向潜在进入者传递有关成本的信息，以影响潜在进入者对在位者成本类型（高成本或低成本）的估计，进而使潜在进入者做出延缓进入或不进入的决策。当在位厂商面临潜在进入者的威胁，它将试图通过降低价格向潜在进入者传递自己是低成本厂商的信息，让潜在进入者意识到进入是无利可图的。对于低成本厂商来说，它将利用限制性定价手段向潜在进入者显示自己是一个低成本企业，区别于定价高的高成本企业，从而成功阻止进入。这一结论在博弈论中被称为分离均衡。对于高成本厂商来说，它也可以通过扩大产量从而降低价格，把自己伪装成低成本企业，以阻止潜在进入者进入。这一结论在博弈论中被称为混同均衡。

②哈瑞顿的研究。在米尔格罗姆和罗伯茨的研究中，潜在进入者知道自己的成本类型，而且它的成本与在位者不存在相关性。哈瑞顿（1986）指出，垄断限制性定价模型高度依赖于其假设前提，如果放松这一前提，即在一个更加接近现实的假定下，在位厂商的定价行为将可能发生改变。他假定进入者完全处于信息弱势，它不仅不知道在位厂商的成本类型，而且也不知道自己的成本类型，只是知道它的成本与在位厂商的成本存在正相关性。在这种假设条件下，在位企业的价格传递的是行业的特征和类型。由此，哈瑞顿得到了相反的结论：在位厂商将提高价格，把限制性价格设定在高于短期垄断价格的水平，向潜在进入者传递该产业具有高成本、低利润的信息，从而策略性地遏制潜在进入者的进入。

案例5.17

英特尔公司的限制性定价

1985 年，英特尔公司推出“386”微处理器芯片。直到 1990 年底，英特尔公司的市场份额为 100%。1991 年，高级微设备公司（AMD）开发出类似的“386”芯片，并向其他计算机制造商出售，英特尔公司在芯片市场的垄断被打破。为此，英特尔公司的应对策略就是快速提高“386”芯片的产量，以降低价格。在两个月内，“386”芯片产量扩大一倍，价格从 200 美元降到 50 美元；同时英特尔公司力求使计算机制造商使用英特尔公司速度更快的“486”芯片。为了确保“486”芯片市场的垄断地位，从 1992 年开始，英特尔开始迅速扩大“486”芯片的产量。1991 年“386”芯片产量是“486”芯片的 10 倍；1992 年为 2.9 倍，1993 年二者持平。英特尔公司“486”芯片的价格从 319 美元降到 109 美元。尽管高级微设备公司攫取了 30%的“386”市场份额，但英特尔公司却控制了“486”芯片市场。之后，英特尔公司每推出一款新的微处理器时，定价在 1 000 美元左右。当高级微设备公司、威盛电子公司等竞争对手推出相似的集成电路对其构成威胁时，英特尔公司就会降低该款产品的价格，使其从高端市场进入大众市场。可见，动态限制性定价是英特尔公司稳固市场势力的重要手段。

（二）非价格策略性行为

为了在竞争中获得更大的优势和地位，在位企业除采用价格策略外，还可采取多种非价格掠夺手段或策略，遏制对手进入市场，或排挤竞争对手。

1.空间先占与产品扩散策略

在位厂商在潜在进入者进入之前通过投资生产潜在进入者将生产的产品，能达到遏制进入者进入的目的，这种策略称为空间先占策略。伊顿和李普西(B. Eaton and R. Lipsey, 1979)认为，在位厂商为了遏制潜在进入者生产替代产品，可以通过在潜在进入者进入之前抢先生产新产品，来填满产品特性空间而不给潜在进入者留下任何销售空间。如果进入发生，价格竞争将使市场价格趋于边际成本，企业无法获得超额利润。基于这种预期，潜在进入者的选择是不进入。

空间先占的可信程度在理论和实践中都引发争议。在实践方面，虽然空间先占权的策略性思想是明确的，但是在实际实施过程中，在位厂商对进入的反应一般比较迟缓，垄断厂商遏制进入存在一定困难。在理论方面，朱迪(K. Judd, 1985)认为先占不一定是可信的进入遏制策略。他分析了一个生产多种产品的厂商，当其中一个固定投资少、退出成本低的产品市场面临进入威胁时的策略选择。如果潜在进入者想要生产该产品的替代品，潜在进入者的进入必然引发激烈的市场竞争，而在位厂商则存在撤出该产品的事后激励。这样，在位厂商的先占性投资就不具有承诺的价值，通过先占来遏制进入就不是一个可信的威胁。可见，先占成为可信威胁的必要条件是在位企业的退出成本足够高，高额的退出成本才能使在位企业的先占性投资具有承诺的价值，在位企业才会不遗余力地采取空间先占行为来阻止潜在进入者进入。

2.预告产品信息策略

当企业在产品市场推广过程中慢于竞争对手，竞争对手可能首先推出新产品时，那么企业就通过预告产品信息的方法来推迟竞争对手的市场份额到达临界点的时间。预告产品信息主要是遏制现存消费者向其他供应商转移并鼓励他们耐心等待本公司产品的出现。预告产品信息发生后，其他厂商将推测，即使更快地推出新产品，市场份额的增加也将是缓慢的。这样，预告产品信息也能够延缓其他厂商推出新产品的时间。

案例5.18

新品上市发布会

企业新品上市发布会是指企业为了推出新产品，邀请各类新闻媒介记者和重要客户参加的新闻发布会。新品上市发布会主要目的是把新品较为重要的信息传达给新闻媒体和客户，它是企业联络、协调与客户之间关系的一种最重要的手段，也直接关系着新品未来的销售和推广效果。近年来，大型企业都精心组织新品上市发布会，一般由公司总裁或高管来介绍新产品的外观、特点、性能及使用方法，并提供丰富多彩的产品信息资料，包括图表、照片、实物、模型、录音、录像、影片、幻灯片、光碟等。有些新品发布会还设置了互动环节，及时解释客户提出的相关疑惑，不仅增强了会议气氛和宣传效果，而且也能有效稳定客户资源和消费人群。一些优势企业还会提前公布新品发布会的时间，进一步增强消费者对新品的期待热情。苹果公司在推出新款手机之前，都召开新品上市发布会，对稳定和扩大市场份额产生积极作用。

3.捆绑销售与搭配销售

捆绑销售与搭配销售是共生营销的两种常见方式。捆绑销售是指企业将可分离的产品和服务搭配或捆绑后销售。捆绑式销售是指企业以单一价格将产品与互补产品、产品与技术服务一同出售。例如,消费者在购买品牌计算机时,购买价格中包含了计算机硬件、软件和技术服务的费用。搭配销售是指企业利用其经济和技术的优势地位,在向顾客供应一种商品或服务时,要求其购买另一种低于市场价格的商品或服务。捆绑销售和搭配销售价格上的优惠能够促进消费者的购买,增强企业的市场份额。如果捆绑销售发生,潜在进入者就必须在被捆绑和搭售的多个产品上都发展生产能力,其进入的成本和风险明显增加,因而将推迟或取消市场进入。

案例5.19

微软公司的捆绑销售

微软公司利用 Windows 操作系统优势,与其生产的浏览器、播放器捆绑销售,并受到其他软件生产厂商的反垄断控诉。1997 年 10 月,微软公司发布性能稳定的 IE 4.0,这款浏览器已经非常接近美国网景公司的浏览器 Netscape,而且在一些性能上两款浏览器甚至各有千秋。这时捆绑的作用突然间显现出来,用户不再下载即使是免费的 Netscape。美国网景公司就被垄断了操作系统的微软公司用这种非技术的方式打败,从此一蹶不振,最终在 1998 年被美国在线收购。根据 1994 年微软公司和美国司法部达成的和解协议,微软公司同意不在 Windows 操作系统上捆绑销售其他的微软软件。针对微软公司在 Windows 操作系统中捆绑了 IE 浏览器,美国司法部状告微软公司垄断行为的反垄断诉讼正式拉开序幕。

2004 年,欧盟判定微软公司在 Windows 操作系统中捆绑媒体播放器的做法违反了反垄断法,对其开出了 4.97 亿欧元的罚单,并要求将微软媒体播放器从 Windows 操作系统中剔除出来。欧盟称,微软公司把它的 Media Player 与其十分畅销的 Windows 操作系统捆绑在一起,使其竞争对手 Real Networks 产品和苹果的 Quick Time 等处于不利的竞争地位。欧盟还指控说,微软公司的视窗只和微软公司自己的服务器软件兼容,损害了使用 Linux 或 UNIX 等操作系统的竞争者。现实问题是如果微软公司一旦真的停止了它的捆绑式销售方式,那也就是意味着微软公司将遭受灭顶之灾。因为微软公司的大部分发展战略都是意在向广大的消费者提供一整套无缝式应用软件。

资料来源:魏静.微软公司垄断案大回放[DB/OL].[2004-04-08].http://gb.cri.cn/321/2004/04/08/762@123690.htm.

4.长期契约

长期契约策略是指企业通过与客户或消费者签订长期契约以遏制进入的策略性行为。长期契约是一种排他性交易,它排斥了合同当事人(客户)选择另一方当事人(企业)的竞争对手进行交易的权利,从而有助于排挤企业的竞争对手、提高企业的市场地位。而且,企业与客户签订长期契约降低了潜在进入者的市场份额预期，对进入也产生较强的阻挠作用。

事实上，长期契约锁定市场需求的策略限制了若干卖者与一个买者（合同当事人）接触的通道，很容易形成所谓的市场圈定。市场圈定指的是一种商业行为限制若干买者与一个卖者接触的通道（上游圈定），或者限制若干卖者与一个买者接触的通道（下游圈定）[5-11]。市场独占就是商业实践活动中常见的一种长期契约策略。所谓市场独占是指产业链中的一个上游制造商与下游独立零售商达成排他性契约，明确规定签约的零售商不能销售其竞争对手的产品。依据市场圈定理论的观点（S. Salop and D. Scheffman，1983），长期的独占契约迫使其他厂商只能采用其他低效率的销售渠道，从而提高竞争对手的成本，达到反竞争的效果。但是，芝加哥学派的戴瑞克特（A. Director，1956）、博克（R. Bork，1978）等经济学家认为，独占交易提高了在位生产商的经营效率，同时增加了消费者剩余。目前，对于独占交易的可行性还存在很大争议。

[5-11]
市场圈定

案例5.20

康师傅的独占交易

近年来，我国企业市场竞争手段多样化的趋势日趋明显。在食品、饮料等市场，一些大型供货商与副食品商场、家电专卖店、超市等卖场签订排他性销售协议，以排挤其竞争对手。在方便面市场，2008 年统一企业中国控股有限公司推出老坛酸菜牛肉面以来，统一方便面的市场占有率迅速提升。方便面市场的两大寡头：统一企业中国控股有限公司与康师傅控股有限公司之间的竞争也日趋激烈。2012 年 5 月，康师傅控股有限公司与东北地区的一些小型超市、杂货店签订专卖协议，协议明确规定除了指定的辛拉面之外，货架上的方便面只能陈列康师傅牌方便面，并给予签约零售商较高的现金补偿（500 元/月），提高了货架费。康师傅控股有限公司这种独占交易行为使竞争对手的销售点数量和销售额明显下降，引起统一企业中国控股有限公司的不满。在饮料市场，加多宝与王老吉两大品牌的竞争不断加剧，销售的排他性行为也时有发生。2012 年 8 月，广药集团与中石化广东分公司达成排他协议，分布在广东省的中石化易捷便利店只卖广药集团的王老吉，不卖加多宝。

5. 提高转换成本

无论是企业还是消费者在转换使用不同厂商的产品时都会出现一系列的不适应状况，由此要付出更多的时间、克服紧张情绪以及承担经济损失。转换成本描述了消费者或用户从使用一家厂商的产品更换为使用另一家厂商的产品过程中面临的成本或损失，其主要来源于学习成本、交易成本、配套成本以及转换品牌的优惠折扣损失等。学习成本是指消费者为熟练使用某个特定的品牌产品而付出的时间和劳动。当消费者转换品牌后，仍然要重新学习新产品的结构、功能、保养和使用方法等知识。为了转换产品和技术，企业客户还必须支付新产品、新技术培训的费用。交易成本是指购买新的品牌产品时，消费者需要搜寻信息、谈判、签约等活动，而这些活动产生的交易费用要比重复购买熟悉产品时的交易费用要高。配套成本是指产品转换时，消费者或客户更换、调整互补品的支出。更换新产品或新技术时，客户需要购买与其配套的辅助设备，企业客户还需要承担改造生产流程的支出。优惠折扣是指消费者重复购买企业的产品时所享受的折扣或回赠。对于购买新产品的客户，企业一般不会给予折扣优惠。转换成本的存在增强了客户的忠诚度，限制了用户的消费转移，从而导致新厂商必须以更低的价格或更完美的服务来吸引用户的注意，从而付出更高的成本。当在位厂商不断强化和巩固消费者转换成本时，其他厂商可能无法获得足够的用户需求来弥补过多的成本支出。因此，提高转换成本成为巩固在位厂商优势、限制新厂商进入的重要策略。

6.提高竞争对手的成本

1983 年，萨勒普（S. Salop）和谢夫曼（D. Scheffman）提出一种更具优势的竞争策略，即通过提高竞争对手成本将对手赶出市场。对于在位企业来说，提高对手成本比掠夺性定价有更明显的优点，与高成本者竞争总是一件更好的事情，即便不会将对手赶出市场，也能给竞争对手以教训，并且吓退企图进入市场的企业。提高竞争对手成本策略包括以下四种行为：一是提高生产要素价格。在位企业提高工人工资和原材料等投入品的价格，行业内各企业的生产成本都将上升，行业利润率下降。掠夺性企业凭借雄厚的资金实力或其他市场的交叉补贴，形成超长的忍耐力，而一部分跟随厂商将被迫退出市场，同时也能吓退试图进入行业的企业。二是纵向兼并以提高竞争对手的成本。当一个下游企业兼并上游企业后，形成的新企业仍然向其他下游竞争对手提供中间产品。如果该企业占有的市场份额足够大的话，它就可能提高中间产品的价格，从而提高竞争对手的成本。三是借助于政府管制来提高竞争对手的成本。对于率先创新的掠夺性企业，它们可以俘获（劝说、贿赂或者威胁）管制者，使得管制者采取更严格的准入标准。相对于竞争对手和新进入者来说，率先创新者服从新规制的成本低得多，从而可以达到遏制竞争和进入的目的。四是利用互补品的兼容性提高竞争对手的成本。如果现有厂商能够生产互补的两种产品，而竞争对手只能生产其中的一种，则现有厂商可以改变互补品的兼容难度来提高竞争对手的成本。

案例5.21

美国加利福尼亚炼油业的实证研究

1992 年，加利福尼亚空气资源委员会实施了旨在减少污染排放的第二阶段新配方规制。由于新规制政策将大幅度提高该州大多数炼油企业的成本，因此招致企业界代表即西部州石油委员会的反对，但却得到了该州最大汽油零售商——大西洋富田公司（Atlantic Richfield Company，ARCO）的支持，原因在于 ARCO 于 20 世纪 80 年代便开发出更为清洁的 EC-X 汽油，因此它服从新规制的成本低得多。布朗（Brown，2008）的研究指出，新规制实施后加利福尼亚炼油业的市场集中度明显上升，按照蒸馏能力计算的小企业市场份额从 1994 年的 12.34%降低到 2003 年的 1.31%，而大企业的市场份额却急剧扩张，其中 ARCO 的市场份额从 1995 年到 1999 年上升了 34%。

资料来源：沈宏亮.社会性规制的市场结构效应：文献综述及启示[J].经济社会体制比较，2001(5).

7.过度生产能力

生产能力是指在一定时期、一定技术条件下，企业运用全部固定资产所能生产的最大产品数量，或者能够处理的原材料数量。在短期，企业无法改变生产能力，只能在生产能力范围内调整产量。如果在位企业将生产能力设定在一个很高的水平上，在位企业通过增产来打击进入就成为可置信威胁，从而过度生产能力投资成为在位企业阻挠进入的重要策略。斯宾塞(A. Spence，1977)的生产能力投资模型阐述了一个在位厂商采用过度生产能力投资来遏制潜在进入者进入的情形。为了遏制进入，在位厂商把生产能力设置在一个很高的水平。由于预先的生产能力的投资形成了大量的沉淀成本，因而成为遏制进入的事先承诺。也就是说，进入威胁发生时，在位厂商采用提高产量打击进入的威胁是可信的。在没有进入威胁时，在位厂商不会利用全部生产能力；但是在面临进入威胁时，它能够利用剩余的生产能力迅速扩大生产，降低市场价格，从而使潜在进入者的预期利润下降直至为零。

迪克西特(A. Dixit，1980)对斯宾塞的模型提出质疑。他认为，既然在位厂商具有先动优势，那么在位厂商实际上充当了价格领导者的角色。因此，潜在进入者会认为，进入发生后在位厂商将维持其产量不变。而且，他放弃了短期生产能力不能扩大的假定，生产能力能够按其意愿进行扩张，因而产量扩张不会受到生产能力的限制。据此，在位企业没有必要预先设置过度生产能力，它将通过生产能力选择把市场均衡维持在有利于自己的水平上。而进入决策就取决于潜在进入者在双寡头市场均衡中是否能够获利。

8.研发与创新

研发与创新是企业降低生产成本，提高产品差异化程度的重要手段，也是企业排挤竞争对手、限制潜在进入者进入的重要策略性行为。如果企业通过研发创新成功地获取了技术专利权，那么该企业就可以利用专利法的保护来巩固和提高其垄断势力。因此，为了获得技术专利权，企业之间展开激烈的研发与创新竞争。这种竞争的结果是，只有第一个专利申请者获得专利所有权和全部创新收益，而其他参与者将面临专利权人的打击。这种"优胜者获得所有的博弈"类似于体育竞赛，被西方学者称为"专利竞赛"。

在自然垄断市场，垄断企业具有明显领先于潜在竞争对手的研发与创新实力("先占")，潜在进入者不可能必然性地跳到前面("蛙跳")而抢先获取专利，从而会自动退出竞赛。垄断企业获得专利的预期阻止了潜在进入者的进入。在大多数情况下，垄断厂商获取专利的目的不是为了使用专利，而是把它作为限制潜在进入者进入、维持垄断地位的工具。所以，垄断企业的大部分专利处于"沉睡"状态。弗得伯格和吉尔伯特(D. Fudenberg and R. Gillbert，1983)则利用完全信息动态博弈理论分析了不完全竞争市场中一个企业处于微弱领先优势("ε-先占")时的专利竞赛，建立了 ε-先占权模型。该模型假定：信息是完全的，企业获得的关于竞争对手的一切信息是可信的；企业获取专利权的概率随企业累积经验的增加而增加;所有企业在 R&D 工作的进展中都是等效率的(固定的 R&D 强度),则企业累积的经验就是 R&D 工作时间的函数。参与者为具有先动优势的企业和追随者。具有先动优势的企业最先开展研发与创新,之后追随者进入。在追随者进入时,先进入者已经积累了一定的知识和经验,因而形成微弱的领先优势(ε-先占)。如果先进入者持续进行研发与创新,而追随者又不可能进行一个加速的 R&D,那么经验相对缺乏的追随者越过先进入者而获得专利的概率很小。结果,追随者选择退出竞赛,先进入者最终获得专利权。然而,由于发明的随机性和技术创新的不确定性,追随者也有可能通过"蛙跳"超越先进入者而获胜。如果在 ε-先占权模型中放弃完全信息、固定的 R&D 强度、独立研发等假设,追随者"蛙跳"的可能性大大增加,并引发激烈的专利竞争。

案例5.22

世嘉和任天堂的创新竞赛

20 世纪 80 年代末 90 年代初,电子游戏市场的两大寡头曾经上演过一场创新竞赛。他们是日本的两家电子游戏公司:任天堂株式会社(以下简称任天堂)和世嘉株式会社(以下简称世嘉)。1983 年,任天堂推出第三世代游戏机(FC 游戏机)并取得很大成功,从而使其迅速发展成为全世界最大的电子游戏公司。尽管世嘉的历史更悠久,但市场份额低了很多,处于第二位。

从 20 世纪 80 年代末开始,任天堂就着手开发一种更快的 16 位游戏机。但是,任天堂并不急于推出这款新产品。团队成员认为还没有最大限度赚够 8 位游戏机的钱。事实上,20 世纪 80 年代末,任天堂的 8 位游戏机已达到销售的顶峰,推出 16 位机型会明显倾吞 8 位机型的市场。而世嘉则不用担心这种产品的替代。1988 年 10 月,世嘉推出了 16 位的家庭系列游戏机。这种功能更强大的机型的优势在于图像和声音的质量更好,并且能够显示多人游戏图像。更好的系统加上有力的促销使得世嘉在 20 世纪 90 年代初的市场份额大幅度提高。1991 年 9 月,任天堂推出了自己的 16 位机型。激烈的价格战开始,两家的市场份额几乎各占一半。在 8 位到 16 位机型的转换过程中,任天堂失去了垄断地位,不得不与世嘉共享市场。21 世纪以来,电子游戏市场的创新竞赛依然激烈,除任天堂、世嘉以外,索尼公司和微软公司后来居上,以其强劲的创新能力得到快速发展。

二、合作策略性行为

合作策略性行为是指企业旨在协调本行业各家企业行动和限制竞争而采取的一些行为。合作策略性行为的研究源于卡特尔合谋理论。寡头垄断企业之间的相互依存性导致寡头企业之间存在不同程度的竞争与合作,从而导致合作策略性行为的发生。博弈论的引入使合作策略性行为的研究更加精确。

(一)默契合作策略性行为

默契合作策略性行为是指寡头垄断厂商以一种纯粹“非合作”的方式进行合作的行为。也就是说,在企业间并未达成任何协议或进行任何事先联络(非合作)的前提下,有意识的平行行为也可使企业通过理性的决策过程,达成默契合谋来规避竞争风险,维持垄断价格。按照博弈论的解释,默契合谋的“合作”是局中人某种讨价还价过程的结果,合作是一种结果而不是过程。

1.重复博弈

重复博弈是指如果企业间存在长期关系,博弈将重复无限多次。每个参与企业都有动机树立合作的信誉,并鼓励对方也树立合作的信誉以换取双赢的机会,从而形成默契的合作关系。

重复博弈属于动态博弈的范畴,同样的博弈重复多次,其中每次博弈称作“阶段博弈”。重复博弈最重要的特征是阶段博弈之间没有物质上的联系,也即后一阶段博弈的结果并不因前一阶段博弈而改变。但是,这并不意味着博弈的参与企业观察不到对手的历史。相反,参与企业价格选择依赖于以前的价格选择历史。重复博弈的“阶段博弈”都可能出现子博弈完美纳什均衡。也就是说,在某种产出水平上每一厂商的利润不低于在单期博弈中所能赚取的最低利润,这一产出水平的策略组合可以无限期重复,从而陷入“富有的困境”。

2.冷酷策略

在重复博弈中,只要所有企业都采取合作的策略,保持较低的产量和较高的价格,合作继续;若一方背叛合作,提高产量,则合作终止,所有参与企业对此行为加以惩罚,大家都提高产量,市场回归竞争。一个寡头厂商背叛是一个触发点,在此之后,寡头厂商间都是不合作的,所以冷酷到底策略又称“扳机策略”。

3.胡萝卜加大棒

冷酷到底策略是通过一个严酷的威胁来维系合作的。如果任何一个参与企业从合作的路径上偏离,所有参与人都用不合作来惩罚背叛者。而胡萝卜加大棒策略则是一个相对温和的策略。一开始,所有参与企业都保持低产量以获得高利润;一旦某个企业提高产量,则所有企业都提高产量惩罚它。如果任何一个企业在惩罚期不惩罚,则惩罚期重新开始。如果没有企业在惩罚期不惩罚,合作期又重新开始。在卖方集中度很高、产品差别较小的行业中,企业间并不存在任何协调机制,但却经常出现定价趋于一致的现象。

案例5.23

中国食用油市场的默契合作

2013 年 2 月至 2014 年年初,国际国内市场主要食用油原料价格回落,国际期货市场豆油收盘价跌幅近三成,国内豆油行情跟随下行。

2013 年 4 月，益海嘉里投资有限公司宣布旗下的金龙鱼食用油率先降价，降幅高达15%；与此同时，另一食用油巨头福临门也宣布，该公司调和油、大豆油也降价，降幅在16%左右。

2014 年 3 月，益海嘉里投资有限公司首先宣布降价销售金龙鱼食用油，降幅达到10%；同时，中粮集团福临门食用油价格也同时下调 10%，而且涉及降价品种与金龙鱼一致。之后，鲁花等食用油价格也降价销售。

2014 年 10 月，金龙鱼、福临门食用油又出现一次集体降价。益海嘉里投资有限公司率先降价销售金龙鱼食用油，降幅在 10%～13%，品种主要有调和油、菜籽油以及豆油品类。中粮集团随后也宣布旗下的福临门食用油降价 10%，涉及品类主要包括调和油、豆油和菜籽油。随后，鲁花、胡姬花、龙大、西王等品牌的花生油、玉米油、调和油、葵花籽油、橄榄油也开始降价销售。

(二)明确合作策略性行为

明确合作策略性行为是指寡头企业通过公开或秘密的协议来协调行为以使合作组织利润最大化。明确合作策略通过各种协调机制解决了寡头之间信息不对称的问题，参与企业的机会主义行为就能够较快地被竞争对手察觉，从而降低了参与企业背叛的可能性。

1.共同成本手册与多产品定价公式

在寡头厂商价格合谋中，一个显而易见的难题是产品的异质性。这种异质性表现为两种情形：一是不同厂商的产品是不完全替代品；二是不同厂商的产品型号不同。针对第一种情形，合谋厂商可以使用共同成本手册来制定价格。产品是由零部件构成的，零部件一般是标准化的，厂商可以通过规定零部件的价格加总来计算产品的价格。使用共同成本手册的厂商保证了生产者价格基准的同一性，违反这一基准就被视为背叛行为。针对第二种情形，合谋厂商可以用多产品公式定价法来解决。厂商可以协定一个基本单元价格，这个基本单元价格在合谋厂商间是通用的，价格的变动是同比例的。例如，纸板箱行业厂商可以协定一个单位价格(元/立方米)，厂商按照纸箱体积乘以单位价格的方式定价。

2.转售价格维持

转售价格维持通常是指供应商与零售商之间的上下游价格控制关系。如果零售商不按供应商的建议价格销售商品，供应商就拒绝供货。转售价格维持是上游制造商合谋的商业惯例。在制造商合谋的过程中会出现这样一个问题：零售商的成本是不同的，那么市场上零售价格的差异来源于两个方面：一是制造商供货的价格不同；二是销售商成本变化或零售加成额变化而造成。在这种情况下，即使制造商制定了统一价格，市场零售价格也可能出现差异。然而，当市场出现差异化的价格时，制造商不易发现价格差异的原因，因而也无从发现背叛行为。因为偷偷降价的供货商和其他供货商一样会声称，价格差异是零售环节造成的。通过转售价格维持可以消除价格波动，使背叛行为易于察觉。因为它要求销售价格不得低于一个底线，所以即使供货商降价，零售商也不能低于这个价格底线销售。

3. 基点定价

在水泥、钢材、木材、煤炭等行业，寡头厂商在地理上是很分散的，如果运输费用比较可观的话，厂商间达成和维持合谋协议就变得困难重重了。为解决上述问题，寡头厂商采取了基点定价办法。基点定价是指寡头选定某些城市或货物集散地作为基点，按照基点市场价格加产地到销售地的运费来定价。一般地，产地与销售地距离越远，运费越大，产品定价也越高。基点定价方法能够有效防止厂商将价格折扣解释为运费较低的欺骗行为。因此，当所有厂商都采用基点定价时，他们就能轻易地察觉一个厂商的背叛行为，从而迅速加以惩罚。

4. 一致—竞争条款

现实中有两种一致—竞争条款。一种是“不一致就解除”条款，供应商与顾客间签订合同，规定供应商将与竞争对手的价格一致，若不一致就解除消费者购买的义务，消费者就可以寻找更优惠的供应商。另一种“不解除”条款使得供应商对消费者的承诺以合同的形式保存下来，但是没有解除的条款。

一致—竞争条款实质上是将顾客作为监督人，这种机制可以激励顾客去监督和报告竞争对手的价格。这样，价格偏离行为的察觉就容易多了，并且竞争对手率先降价的激励也没有了，因为这样做并不会得到更多的顾客。

5. 预告价格变动

一个厂商率先提价面临着其他厂商不跟进的风险，那么其市场份额就会大大减小。如果先行提价的厂商要比慢慢跟随而动的对手厂商多承担一笔损失的话，就没有哪家厂商愿意充当价格领袖。预告价格变动就是解决这个问题的一种方法。当一个厂商发出提价预告信息后，该行业的其他厂商可以在提价生效前决定是否跟从。如果对手均决定不跟进，提倡提价的厂商就可以不实施提价。这样，预告价格变动实际上减小了率先实行价格变动的厂商负担的风险。在需求下降的情况下，首先削价的厂商相对后削价的厂商会获利更多。因此每家厂商会争相降价。如果发出价格下调预告，没有厂商能够从先行削价中获利，从而缓和厂商们的削价冲动。

6. 最惠国待遇条款

最惠国待遇条款是指缔约一方现在和将来给予任何第三方的一切特权、优惠和豁免，也同样给予缔约方。作为卖方，寡头向所有顾客做出承诺，卖方不会以更低的价格销售给其他购买者。这种承诺条款具有两重效力：一方面，该条款降低了厂商降价的动力。因为一旦降价，厂商必须将这部分折扣返还给原来的消费者，这就增加了惩罚的力度。另一方面，该条款增加了消费者监督的激励，因为消费者一旦发现厂商向别的消费者提供折扣，就有权追索价格折扣而获利。

7. 行业协会

行业协会是企业为了协调利益关系，自下而上聚集而成的民间性质的同业或商人团体。行业协会的功能是多重的，包括代表行业中所有厂商与政府沟通、游说使得价格变动的提案获得大多数厂商认可、公布产品的标准、发布行业数据、设

[5-12]
国外行业协会发展的启示

立道德标准、出版行业期刊和报纸、定期集会等。显然，行业协会不仅是行业信息交换平台，而且在协调行业内企业之间行为方面的作用不可小视。若一家厂商有背叛行为，行业协会可以采取极端的做法进行惩罚，甚至将其赶出协会[5-12]。

我国的行业协会大多是随着政府职能转变，自上而下从政府部门分离出来部分职能和部分人员而组建的具有浓厚官方、半官方色彩的组织。它往往代行政府有关部门授予的行政权力。其主要职能包括开展全行业调查，为政府加强宏观管理和调整产业政策提供依据；根据政府授权和委托，进行行业管理；协调企业之间的关系，推动横向联合；信息咨询服务；开展培训教育；开展国际交流与合作等。

案例5.24

温州烟具协会胜诉反倾销

1993年7月，美国通过并颁布保护儿童的CR(Child Resistant)法案，并于1994年开始实施。该法规对打火机的质量提出强制性要求。当时温州企业却没有一家应诉，从而使众多浙江打火机厂商退出美国市场，转而进军欧盟市场。这是温州打火机行业第一次在海外遭到较大的阻击和封杀。

2001年9月，欧盟也向中国打火机行业举起了CR大棒。欧盟内部表决通过了CR法规，规定：凡在2欧元以下的打火机必须装上安全装置；否则，到2004年6月，欧盟将停止此类打火机的进口，到2005年6月，在欧盟市场上禁止销售此类产品。这意味着2欧元以下的温州打火机如不及时进行产业升级，或增加其附加值提高打火机价格，将被迫退出欧洲市场。为此，已经成长壮大的温州烟具协会迅速组织打火机生产的核心企业，筹集资金、起草抗辩理由书和报告、聘请涉外律师进行交涉，并向欧洲打火机进口商协会发出考察温州打火机业的邀请。同时，协会组建的交涉团赴欧洲会晤了德国、意大利、比利时等欧盟成员国的标准化组织、欧洲消费者安全与保护委员会、欧洲儿童保护委员会及其他有关组织，并与欧洲打火机进口商协会等举行了多次会谈。最后，欧盟的答复是：假如经投票后CR法规获得通过，那么欧盟愿启动修正立法的程序，修正CR法规。最终这项贸易技术壁垒法规要经两年后到2004年方能正式生效。

2002年6月28日，欧盟宣布对中国等东南亚国家的可充气打火机实施反倾销调查。接到消息后，烟具协会理事会成员召开紧急会议，组织16家有规模和实力、对公益事业比较热心的大企业开展应诉工作。应诉后，烟具协会向欧盟委员会递交了4次报告说明中国企业反倾销理由。同时，为应对欧盟委员会调查官员的调查，烟具协会对每家企业都进行指导，并组织企业在现场进行准备。经过协会的精心组织和协调，应诉获得成功。2003年7月17日，欧洲打火机制造商联合会撤销对中国打火机的反倾销申诉，这意味着一度要向中国打火机企业关闭的欧盟市场依旧敞开，温州烟具协会成功地挽救了中国打火机行业。

8.分割市场与固定市场份额

分割市场是指寡头瓜分客户和地理区域的协议。因为每个寡头都有特定的客户或销售区域，所以一旦有厂商降价，那么其他地区的销量就会减少，从而暴露其背叛行为。市场分割能够成功地维系合谋，每个厂商都不会轻易降价销售。

固定市场份额是指寡头瓜分市场份额的协议。协议规定了每个寡头的市场份额。如果一个厂商降价提升了自己的市场份额,那么其他厂商的市场份额就会减少。其他厂商将采取报复行为,通过降价销售达到相应的市场份额。遭到报复后,率先降价厂商的份额没有增加,而利润却因为价格下降而减少了。如果市场份额能够容易观察,所有厂商都将产生利润下降的预期,那么没有一个厂商愿意率先降价。这样,固定市场份额就成功地维系了寡头之间的价格合谋。

(三)合作策略性行为的公共政策

无论是默契合作,还是明确合作,寡头之间的合谋必然限制竞争,因而与反垄断法促进竞争的宗旨相背离。默契合作策略性行为缺乏构成合谋的证据,因而在法律上判定默契合作违反垄断法是比较困难的。在反垄断实践中,价格同一本身并不是违法的证据,只有当价格同一伴随着另外一些证据出现才可能被视为非法合谋。相比之下,明确合作策略性行为存在协调机制,因而成为反垄断法规制的重要对象。禁止垄断协议在美国、日本和欧盟的反垄断法中都有明确规定。

美国《谢尔曼法》第 1 条规定:“任何以托拉斯或共谋或其他形式联合限制州际或对外贸易或商业活动的协议或合并,均被宣布为非法。”第 2 条规定:“任何从事垄断、企图进行垄断或与他人联合或共谋垄断的行为均属违法”。依据该法,任何厂商预谋或正式缔结的协议都会作为其犯罪事实认定的充分证据,而不管这一协定最终是否导致了市场势力。例如,固定纵向价格协议和划分市场范围协议都被认为是非法的。

德国《反限制竞争法》第 1 条规定:“处于竞争关系之中的企业间达成的协议、企业联合组织做出的决议以及联合一致的行为,如以阻碍、限制或扭曲竞争为目的或使竞争受到阻碍、限制或扭曲,则是禁止的。”在德国司法实践中,判定明确合作是否违法,还需要根据第 5 条(合理卡特尔)进行调查和权衡,如果合谋是出于正当的商业原因,而且企业生产效率的提高抵消了对竞争损害的影响就可以得到豁免。

日本《关于禁止私人垄断和确保公平交易法》第 2 条规定:“关于本法所称的垄断,是指事业者单独或与其他事业者结合,或合谋或以其他不论何种方法排除别的事业者的事业活动,违反公共利益,在一定的贸易范围内实质上抑制竞争。”

《中华人民共和国反垄断法》第 13 条规定:“禁止具有竞争关系的经营者达成下列垄断协议(排除、限制竞争的协议、决定或者其他协同行为):固定或者变更商品价格;限制商品的生产数量或者销售数量;分割销售市场或者原材料采购市场;限制购买新技术、新设备或者限制开发新技术、新产品;联合抵制交易;国务院反垄断执法机构认定的其他垄断协议。”

本章小结

在一定市场结构中,企业以利润最大化为目标,在市场机制调节下展开一系列行动和策略。企业的市场行为主要包括价格行为、产品差异化行为和组织调整行为。近年来,企业策略性行为也开始受到关注。

企业的价格行为分为结构性价格行为和策略性价格行为。结构性价格行为是指某种市场结构所表现的价格行为。寡占市场中比较典型的价格行为模型包括古诺模型、伯川德模型、斯塔克尔伯格模型和价格卡特尔模型等,其中后两个模型存在或暗或明的串谋行为。

企业实施产品差异化战略的目的是使顾客能够认知产品差异,并把本企业的产品与市场上同类产品区别开来。产品差异化行为主要包括企业技术创新和广告行为,前者能够为顾客创造独特价值、提升产品性能,而后者则把这些产品信息传输给顾客,促其形成认知。

随着资本市场不断完善,现代企业越来越重视资产的经营,通过产权交易方式调整企业生产规模已经成为一个重要手段。企业兼并分为横向兼并、纵向兼并、混合兼并,基本目标是实现规模经济和范围经济。企业分立的原因较多,其中降低组织成本是较为常见的原因。

企业策略性行为的出发点是影响竞争对手的预期,它分为合作策略性行为和非合作策略性行为。作为策略性行为研究的重点,非合作策略性行为采用博弈论方法分析了在位企业之间、在位企业与潜在进入者之间的博弈。合作策略性行为探讨了默契合作和明确合作两种类型共计十一种行为。

复习与思考

一、名词解释

过度生产能力　价格策略性行为　技术创新　劝说型广告　兼并

二、单项选择题

1. 在位企业针对竞争对手而发起的降价行为被称为(　　)。

A. 限制进入定价　　B. 掠夺性定价

C. 基点定价　　D. 价格领导制

2. 古诺模型的主要特征是(　　)。

A. 串谋,且产量决策优先　　B. 串谋,且价格决策优先

C. 无串谋,且产量决策优先　　D. 无串谋,且价格决策优先

3. 在《经济发展理论》一书中,(　　)首次提出技术创新概念。

A. 约瑟夫・熊彼特　　B. 斯塔克尔伯格

C. 约瑟夫・伯川德　　D. 安东尼・奥古斯丁・古诺

4. 价格卡特尔成员间分配产量的依据是(　　)。

A. 卡特尔利润最大化的边际成本　　B. 卡特尔利润最大化的价格

C. 各成员利润最大化的边际成本　　D. 各成员利润最大化的价格

5. 高质量产品生产厂商愿意做高成本广告的主要原因是(　　)。

A. 能够获得消费者的重复购买　　B. 能够提高产品的使用价值

C. 能够提高消费者的转换成本　　D. 能够提高产品的市场价格

6. 根据企业并购理论,纵向一体化属于(　　)。

A. 横向兼并　　B. 纵向兼并　　C. 混合兼并　　D. 以上都是

7. 下列属于默契合作策略性行为的是(　　)。

A. 掠夺性定价　　B. 重复博弈

C. 转售价格维持制度　　D. 过度生产能力

三、简述题

1. 简述广告行为对市场结构的影响。
2. 试述企业兼并的主要动机。
3. 说明在位企业的阻挠策略。
4. 评论伯川德悖论。
5. 提高竞争对手成本的途径有哪些？
6. 简述合作策略性行为的公共政策。

四、论述题

试论述市场结构对技术创新的影响。

第六章　市场绩效

市场绩效是指在一定的市场结构中，由一定的市场行为所形成的价格、产量、成本、利润、产品质量以及技术等方面的最终经济效果。它反映了特定市场或产业的运行状态和效率。对于市场绩效的理解，需要注意以下几点：一是市场绩效是市场运行的整体状态，或者说是行业的整体态势，而不是市场中某个企业的生产效率或状况；二是市场绩效是对市场运行的全面评价，包括市场价格、产出规模、成本大小、利润高低、产品质量优劣以及技术进步的速度等各方面的指标，而不是单一方面或单一指标；三是市场绩效是对市场运行效率的评价，因此必然以一定的价值判断为前提，即什么样的市场运行状态就是好的，什么样的市场运行状态就是差的。这就是说，市场绩效的分析实际上是一个规范分析。在研究中我们有必要按照不同的价值判断标准来进行分析和研究，它们分别是社会福利标准、产业生产效率标准和技术进步标准。

第一节　社会福利标准与市场绩效

一、社会福利标准

社会福利是指一个社会所有成员的个人福利或效用的总和。福利经济学家通常用社会总剩余来表示社会福利的大小。社会总剩余是消费者剩余与生产者剩余之和。消费者剩余是指消费者购买一定数量的某种商品愿意支付的最高价格与实际支付的价格之间的差额。生产者剩余是指企业在提供一定数量的某种产品时实际接受的总支付（总收益）与愿意接受的最小支付（所有生产单位的边际成本）之间的差额。

（一）社会福利标准

福利经济学第一定理表明：完全竞争市场的一般均衡实现了帕累托最优，资源配置处于有效率状态，社会福利达到最大。完全竞争市场竞争激烈，在短期内市场价格等于企业的边际成本；而在长期内市场价格位于企业平均生产成本的最低点，企业只能获得正常利润。完全竞争市场的运行状态和效果是：企业实现最有效率的生产，行业具有产量大、价格低和利润率低的特征。而与完全竞争的市场结构相比，垄断市场的市场价格高于边际成本，如果市场价格也高于平均成本，则垄断厂商能够长久地获得超额利润。完全垄断市场运行的整体状态是：垄断企业控制市场供给，行业具有产量小、价格高和利润率高等特征。按照福利经济学观点，竞争会使社会福利增加，而垄断会造成社会福利的损失。

(二)福利三角形

要比较完全竞争与完全垄断市场的社会总剩余，可假设某行业最初是一个成本不变的完全竞争行业，则该行业的长期供给曲线为水平线 LS，其市场需求曲线为 D（如图 6-1 所示）。在长期均衡状态下，各厂商长期平均成本达到最低点，且等于价格水平，厂商只能获得正常利润，行业均衡产量为 Q_C，厂商收益为四边形 OP_CCQ_C 的面积。由于市场价格线与长期供给曲线重合，市场中不存在生产者剩余，社会总剩余即为消费者剩余，即$\triangle P_CEC$ 的面积。

现在假定该行业变成一个垄断行业，且垄断厂商能够按照那些单个竞争性厂商相同的成本操作各自分离的工厂。这样，原来的竞争性供给曲线就变成垄断厂商的平均成本曲线。因为它是水平的，所以它也是垄断厂商的边际成本曲线，即 MC＝AC＝LS。显然，垄断厂商的生产者剩余为四边形 P_CP_MBA 的面积，消费者剩余为$\triangle P_MEB$ 的面积，则社会总剩余为四边形 P_CEBA 的面积。与完全竞争市场相比，垄断市场的社会剩余变小了。垄断造成的社会福利损失为$\triangle ABC$ 的面积，它被称为福利三角形。

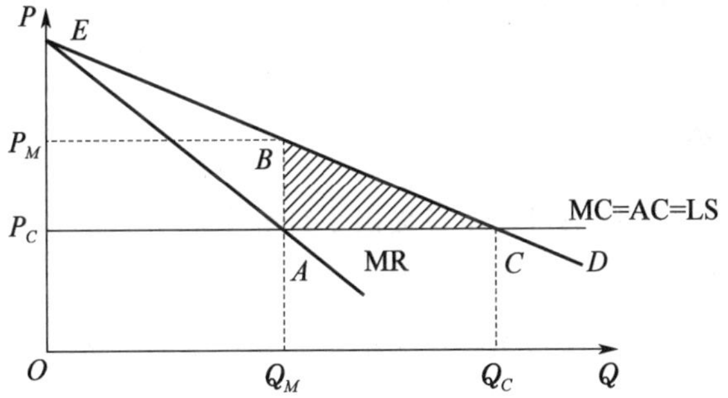

图 6-1
垄断带来的福利损失

二、评价指标

哈佛学派在分析市场绩效时，以资源配置效率和社会福利为价值标准。他们认为，市场竞争能够使社会福利增加，而垄断会损害社会福利。在完全竞争条件下，竞争充分，企业不能获得超额利润，资源配置最有效率，社会福利达到最大；而在完全垄断市场中，垄断势力最强，垄断企业经常存在超额利润，资源配置效率低，社会福利小。由此，可以根据市场竞争的程度来判断社会福利，进而评价市场绩效，即竞争程度越高，社会福利越大，市场绩效越好；反之，垄断势力越强，社会福利越小，市场绩效越差。完全竞争市场作为竞争最完全的市场，被认为具有最大的社会福利，从而成为判断社会福利的理想市场标准。完全竞争市场的价格、利润率水平也成为市场绩效评价的参考标准。

(一)税后资本收益率

1. 税后资本收益率公式

税后资本收益率的计算公式为:

$$R=(\pi-T)/E \tag{6.1}$$

式中:R——表示税后资本收益率;π——表示税前利润(会计利润);T——税收总额;E——行业的自有资本(注册资本)。

2. 税后资本收益率评价

税后资本收益率是反映行业会计收益率高低的一个指标,主要体现行业运用自有资本的效率。根据资源配置效率和社会福利标准,完全竞争的市场结构不存在超额利润,其会计收益率水平是低的,相当于社会平均利润率。这样就可以利用税后资本收益率的高低来评价市场绩效。也就是说,一个市场的税后收益率越高,该市场就越偏离理想的完全竞争状态,社会福利就越小,市场绩效就越差。贝恩的经验研究表明,随着市场集中度的提高,产业长期利润率也有所提高,但这两个指标的正相关度并不显著。

实际上,影响税后资本收益率的因素不仅是垄断势力,还有以下因素:作为风险性投资报酬的风险利润;由于不可预测的需求变化和费用变化形成的意外利润;因成功地开发和引入新技术而实现的创新利润等。因此,在使用税后资本收益率指标时,一定要全面分析高利润率的形成原因,不能简单地把高利润率全部归结为垄断因素。

[6-1]
阿巴·勒纳
生平简介

(二)勒纳指数

1934 年,阿巴·勒纳(A. Lerner)提出了计算垄断势力的指标:勒纳指数[6-1]。

1. 勒纳指数公式

勒纳指数表示市场价格与边际成本的偏离率。其计算公式为:

$$L=(P-\mathrm{MC})/P \tag{6.2}$$

2. 勒纳指数的评价

在完全竞争的市场结构中,勒纳指数为零。在完全垄断条件下,勒纳指数增大,但小于 1。可以看出,勒纳指数反映的是当市场存在市场势力时,价格与边际成本的偏离程度,也就是说,勒纳指数越小,竞争程度就越高,垄断程度就越低,市场绩效就越好。勒纳指数越大,则市场竞争程度越低,垄断性越强,市场绩效就越差。但是,当在位企业实施限制性定价和掠夺性定价时,勒纳指数也比较低,此时就不能由勒纳指数推断市场结构及其绩效。在这种情况下,评价市场绩效还需要考虑其他因素,如市场中企业的数量、市场价格变动的历史及幅度等。

案例6.1

我国房地产市场的勒纳指数有多高

21世纪初，随着我国房地产价格的不断上涨，人们开始关注房地产市场运行绩效。一些经济学者开始测算我国房地产市场的勒纳指数。由于数据来源及对边际成本取值的不同，勒纳指数的测算会得出不同结果。况伟大(2004)测算了1996—2002年各年北京、深圳、上海和天津4个城市房地产市场的勒纳指数，表明北京市的勒纳指数均在0.6以上，上海市的勒纳指数则在0.4左右，深圳和天津房地产市场的勒纳指数居于北京和上海之间。江小国、王先柱(2015)基于我国房地产市场商品房销售均价与销售情况面板数据(2002—2012)进行计量分析的结果是：我国房地产市场的勒纳指数为0.388，房地产市场的垄断程度较高。为了揭示勒纳指数的变动过程，他们选取我国35个大中城市(包括直辖市、省会城市等)各年份的截面数据进行回归分析，结论是我国大中城市房地产市场的勒纳指数总体上呈下降趋势，房地产市场的竞争程度不断增强。从35个大中城市的勒纳指数分布来看，各城市的勒纳指数都在0.50～0.63之间，明显高于全国平均水平。显然，我国大中城市的房地产价格远远高于其实际价值，泡沫经济已经十分明显。

资料来源：江小国，王先柱. 我国房地产市场垄断程度的变动趋势分析[J]. 云南财经大学学报，2015(5).

(三)贝恩指数

著名的产业组织学家贝恩指出，在一个市场中，若持续存在超额利润，一般就反映市场存在垄断因素。超额利润越高，市场垄断性越强。为此，贝恩针对性地提出考察超额利润率水平的指标：贝恩指数。

1. 超额利润

超额利润，也称为经济利润，是会计利润扣除正常投资收益(机会成本)的剩余[6-2]。其计算公式为：

$$\pi_e = \pi_a - iV \tag{6.3}$$

[6-2]
成本与利润

式中：π_e——超额利润；π_a——会计利润；i——正常投资收益率；V——投资总额。

2. 贝恩指数

贝恩指数的计算公式为：

$$B = \pi_e / V \tag{6.4}$$

式中：π_e——经济利润(超额利润)；V——投资总额；B——贝恩指数。

3. 贝恩指数的评价

显然，贝恩指数是行业的超额利润率。按照贝恩的观点，超额利润率越高，垄断力量越强，社会福利越少，市场绩效越低。与勒纳指数相比，贝恩指数所要求的基础数据相对比较容易获得，产生系统偏差的可能性就减少了。但是，这两个指标与税后资本收益率一样，都是建立在高利润率由垄断势力所导致的假定基础上。实际上，垄断势力能够导致更高的价格和更高的利润率，但高利润率却未必就一定是由垄断势力导致的。因此，在运用贝恩指数评价市场绩效时，还需要参考其他相关指标。

案例6.2

中国银行业的高利润来自哪里

21 世纪以来，中国银行业利润率不断增长，到 2011 年银行业资产利润率达到 1%，资本利润率达到 10%。有很多专家认为银行暴利来自金融垄断，主要包括两个方面：一是利率没有市场化，国家垄断资金价格的定价权。2010 年，中国银行业利润的 80% 以上、排名前 5 家的银行利润的 90%以上都来自利息差，这是因为利息是由中国人民银行负责制定的；二是金融市场没有放开国家垄断市场准入权。金融领域缺少市场最活跃的一支重要力量——民间资本。而且，政府的管制还有效阻止了国外金融资本的进入，这进一步限制了金融市场的竞争。

《金融研究》杂志 2012 年第 9 期刊登了中国人民银行行长周小川的署名长篇文章：金融危机中关于救助问题的争论。他在谈到银行业获得高额垄断利润问题时指出，中国除了工、农、中、建、交等大型银行，还有数百家各种类型的中小商业银行和农村信用社及村镇银行，因此说银行业垄断恐怕站不住脚。他说，目前银行业盈利能力较强、利润较高也是客观存在的，其背后有一些原因，但显然不是垄断造成的。

针对 2011 年以来温州民间信贷引发的地方金融危机，2012 年 3 月 28 日，国务院常务会议决定正式设立温州市金融综合改革试验区，引导民间融资规范发展，加快发展新型金融组织。2012 年 4 月 26 日，全国首创的温州民间借贷登记服务中心正式开业。继温州列为综合改革试验区后，全国其他一些地方也开始谋求金融变革，以小额贷款公司合法化运营为标志，民间金融与国有金融的竞争基本形成。2015 年，我国开始实行修改后的《中华人民共和国外资银行管理条例》，修改后的条例降低了外资银行在中国境内设立机构和开展业务的门槛，放松了对外资银行的限制。未来，银行业内国有资本、民间资本和国际资本的竞争程度将不断提高，银行业利润率下降也将成为必然。

资料来源：根据中国银监会年报整理。

第二节　生产效率标准与市场绩效

生产效率表示投入与产出的比率，可以用单位产品需要的要素投入量来表示，即单位产品的成本。对于一个产业的总产量和总成本对比而言，平均成本越低，其生产效率就越高，产业就越有竞争力；反之，如果一个产业的平均成本越高，则其生产效率就越低，产业就缺乏竞争力。产业生产效率的一个重要影响因素是产业的企业规模构成，其被称之为产业的规模结构效率。产业的规模结构效率可以通过规模经济的实现程度、纵向一体化的范围经济的实现程度和行业生产能力的利用程度三个指标来度量。

一、规模经济的实现程度

用达到或接近最小有效规模的企业的产量占整个产业总产量的比例来反映规模经济的实现程度。达到最小有效规模的企业的平均成本达到最小，生产效率最优。产业中，这样的企业越多，产业的平均成本就越低，生产效率就越高。如果产业内大多数企业都达到最小有效规模，那么整个产业的单位产品的成本也就处于一个低的水平，生产效率就高；反之，如果产业内企业大多数没有达到最小有效规模，则产业的单位产品成本就处于一个较高水平，生产效率就低。

（一）规模经济的实现程度分类

依据产业内达到或接近最小有效规模企业的产量占产业总产量的比重，可以把产业的规模结构效率分为三种状态。

1. 低效率状态

产业市场上未达到最小有效规模的企业是市场的主要供给者。这种规模结构反映了该产业的大部分企业不能实现规模经济效应，单位产品成本高，存在着低效率的生产，行业竞争力低下。

2. 高效率状态

市场的主要供给者是达到或接近最小有效规模的企业。这种规模结构表明产业的大部分企业都实现了规模经济效应，产业的平均成本达到最低，处于高效率生产状态，产业的资源规模结构效率达到了最优状态。

3. 非效率状态

市场的主要供给者是超过最小有效规模的大企业。这类大规模企业的生产成本反而高于最小有效规模的企业。在集中度过高的市场中，处于垄断地位的大企业的生产成本常常高于规模较小的企业的生产成本，这是传统的新古典经济学理论从生产技术角度无法解释的来源不明的低效率现象。美国经济学家莱宾斯坦（H. Leibenstein，1966）称之为 X-非效率。新古典经济学只是把企业当作一个具有产出功能的生产单位，从投入—产出角度来探讨企业实现利润最大化的途径，而并不探讨企业内部组织及组织成本。因此，对于大规模企业出现的生产成本上升现象无法进行解释。莱宾斯坦等人从组织协调成本上升的角度解释了生产效率下降的原因，并引起经济学家的关注和研究[6-3]。总结和归纳现有的研究成果和观点，X-非效率的原因主要包括以下几个方面。

［6-3］
大企业易出现 X-非效率

（1）动力减弱。大规模企业处于垄断地位，在没有外在竞争压力的环境中，企业家（管理者）成本最小化的努力程度下降。这种惰性会使企业固守已有的低效率行为，而不是寻求更有效的成本最小化的生产方式。思想僵化阻碍了企业的创新和发展。而如果市场存在竞争，为了获得更多的利润和市场份额，企业必然会十分关注产品的成本，更努力地追求成本最小化。

（2）激励失灵。大规模企业岗位设置繁杂，人员数量庞大，管理层对员工的诉求了解不够充分，因而不能对各个岗位、各个人员进行有效的激励，结果工人的努力程度下降，一些优秀员工跳槽，从而影响到企业的生产效率；而且，管理层也无法监督到每一个岗位和每一个员工的劳动表现，结果工人就有偷懒的动机，影响了整个生产过程和生产效率。过宽的管理幅度可能使企业的利益分配不当，激励制度顾此失彼。而一些小企业却对自己员工的情况了解充分，能够灵活地给予激励，监督也比较到位，从而避免了类似的低效率的现象。

(3)负协同效应。大规模企业的机构庞大，业务单元繁多。企业各个机构、业务单元的目标并不完全一致，缺少对整体利益的考虑和关注。因此，生产过程中出现合作摩擦，造成负协同效应，使生产效率下降，如扯皮、拖拉、推诿等。企业的业务单元过多、战线太长，可能导致企业资源分配不当，降低生产效率。而在一些规模较小的企业，各部门业务关联紧密，部门关系协调，不会产生这种负协同效应。

总之，在市场集中度过高的产业中，处于垄断地位的超经济规模企业的生产已经不能再使产业的长期平均成本降低，并导致产业出现较高的平均成本。大企业的 X-非效率使产业也处于非效率状态。

(二)经验研究

1.贝恩的经验研究

美国学者贝恩对发达国家产业规模结构效率进行了经验研究，发现多数产业处于高效率状态，即达到最小有效规模的企业是市场的主要供给者。贝恩对美国汽车、水泥、石膏制品、钢铁等 20 种产品生产的调查表明，70%～90%的产品是由达到最小有效规模的企业生产的。而在另外一部分产业中，大公司的生产成本高于较小规模公司的生产成本，这表明存在不必要的超经济规模的过度集中现象，并降低了产业规模结构效率。

2.越后和典的经验研究

日本学者越后和典对产业规模结构低效率的研究发现，一部分产业尽管长期处于产业规模结构低效率状态，但市场中的企业却仍然能够获得一定的利润。一方面，小企业通过有效的产品差异化，可以找到自己的目标市场顾客，即使价格比较高，顾客也会愿意购买有特色的商品。此外，企业还积极行动以有效保持这些顾客对他们的企业及其品牌的忠诚度。另一方面，小企业可以通过雇佣低工资的劳动力来转嫁小规模生产导致的成本上升，这种状态在劳动密集型的产业中非常多见。

实际上，一个国家低效率产业的企业能够获利的第三个原因是政府的产业保护政策。如果一个国家存在这样的低效率的产业，那是因为政府对其他国家同类产品的进入采取了限制，如收取高额关税、制定进口配额等。如果外国同类产业具有较高的规模结构效率，那么产品就具有成本上的优势。在市场开放的情况下，国外的产品就会占领本地或本国的市场，从而使得本国低效率产业的企业无法继续获利。我国汽车行业的大部分企业都没有达到最小有效规模水平，其产品成本远远高于发达国家汽车产品的成本。这些低效率企业的存在与政府的产业保护政策相关。

二、范围经济的实现程度

纵向一体化的企业能够增强生产环节之间的工艺协同性和资源互补性，从而节约生产费用，提高生产效率。如果一个行业中，实现联合生产的企业居多，则行业的平均成本就较低；反之，如果一个行业中，单一生产企业居多，则行业的平均成本就越高。因此，可以用纵向一体化联合企业的产品产量占产业总产量的比重来反映范围经济的实现程度。例如，在炼焦行业中，与独立焦企业相比，钢焦联合企业的生产实现了资源的循环利用，资源消耗大幅度减少，生产效率明显提高。因此，如果炼焦行业的焦炭产量大多数由联合焦企业提供，则行业的生产效率因为范围经济达到较高水平；反之，若炼焦行业的焦炭产量大多数是由独立焦企业提供，则行业的生产效率处于较低水平。

三、生产能力的利用程度

产能利用率是指实际产能占设计产能的比重，它反映产能利用的程度。产能利用率越高，产业资源利用越充分，生产效率就越高；反之，产能利用率越低，资源闲置和浪费越严重，生产效率越低。按照国际通行标准，产能利用率超过90%为产能不足，79%～90%为正常水平，低于79%为产能过剩，低于75%为严重产能过剩。在一个行业的企业构成中，产能过剩企业的数量越少，行业的产能利用率就越大，生产效率就越高。

产能过剩的行业不仅出现在传统产业，也可能出现在新兴产业；产能过剩可能是一个短期现象，也可能是一个长期现象。在传统产业，产品大多是中低端产品，市场需求逐渐萎缩，产能过剩是一个必然的趋势。如果行业信息发布滞后、规划引导缺失，过剩产能化解进程迟缓，势必引发严重的产能过剩。在新兴产业，受到快速增长的需求拉动，大量企业集中进入市场，出现阶段性的供过于求，导致阶段性的产能过剩现象。在经济衰退和经济萧条时期，大多数行业的产能过剩将不可避免，产能过剩是一个普遍的现象，但随着经济复苏，产能过剩将逐渐缓解。显然，如果某一产业长期开工不足、生产能力过剩，则表明该产业属于衰退产业，而且是一个退出壁垒较高的产业[6-4]。

[6-4]
产能过剩评价标准

案例6.3

国务院关于化解产能严重过剩矛盾的指导意见

2008年美国次贷危机和房地产泡沫崩溃引发的全球市场需求萎缩，造成了全球很多行业出现产能过剩。例如，美国页岩油气的库存不断增加；澳大利亚铁矿石开采能力已经过剩；全球汽车市场也在趋于饱和等。2012年底，我国电解铝、钢铁、水泥、平板玻璃、船舶产能利用率分别为71.9%、72%、73.7%、73.1%和75%，属于产能严重过剩。这一阶段，我国产能过剩的主要原因有企业的盲目扩张、优惠政策刺激、要素价格扭曲等。为此，2013年10月，国务院印发《关于化解产能严重过剩矛盾的指导意见》，对未来5年我国化解钢铁、水泥、电解铝、平板玻璃、船舶等行业严重产能过剩提出目标、原则和主要任务。其中，主要任务包括坚决遏制产能盲目扩张、清理整顿建成违规产能、淘汰和退出落后产能、调整和优化产业结构、开拓国内市场需求、积极拓展对外发展空间、增强企业创新驱动发展动力、建立长效机制等。

"去产能"将是一个复杂而长期的产业结构调整过程。2014 年，我国粗钢、水泥、平板玻璃的产能利用率为 70%、69.7%和 61.2%，仍然处于产业严重过剩状态。为了进一步化解过剩产能，2015 年 12 月 18 日召开的中央经济工作会议把"去产能"列入 2016 年五大结构性改革任务的首位；2016 年 2 月 1 日印发《国务院关于钢铁行业化解过剩产能实现脱困发展的意见》(国发〔2016〕6 号)、《国务院关于煤炭行业化解过剩产能实现脱困发展的意见》(国发〔2016〕7 号)，明确了今后一个时期钢铁和煤炭行业化解过剩产能的总体方向、工作目标、主要任务和政策要点。

资料来源：根据《国务院关于化解产能严重过剩矛盾的指导意见》(国发〔2013〕41 号)和相关资料整理.

第三节　技术进步标准与市场绩效

技术进步是指技术水平的提高，表现为新的技术代替原有的技术，以及对原有技术的改进和革新。产业技术进步不仅能够促进本产业的增长和发展，同时通过扩散效应还能够带动相关产业的技术进步和产出增长，从而推动国家或地区经济、社会的快速发展。因此，技术进步成为判断市场绩效的一个重要标准。产业技术进步的速度涉及相互联系、相互影响的三个阶段：技术发明、技术创新和技术扩散。技术发明就是有关新的或改进的技术设想，它是关于新产品制造原理和新工艺知识的发现；技术创新是发明的首次商业化应用；技术扩散是指新产品或新技术在产业内逐渐被采用的过程。

产业技术进步的三个阶段紧密相关，每个阶段的状况都影响着技术进步的结果。从三个阶段所起的作用来看，技术发明是产业技术进步的源泉，技术创新是产业技术进步的引擎，而技术扩散是产业技术进步的表现。

一、技术发明及其影响因素

(一)技术发明的概念

技术发明是指在科学发现的基础上，运用创造性思维方法，构思出一种新的技术原理，或创造出一种以原理模型、生产样品等为主的技术物品的研究活动。

技术发明是人类从无到有的一种技术创造活动。通过技术发明活动，人类创造出过去没有的生产方法和技术产品，这些发明成果的最基本特征就是新颖性和科学性。所谓新颖性是指某项发明是前所未有的。如果某项发明成果与现有同一领域或技术体系中的某项成果在属性、功能、特征或形态上具有相同性，则该项创造就不属于发明。科学性是指某项发明要符合科学规律，任何违背自然规律、凭空想象、宗教迷信的创造都不是技术发明。

(二)技术发明的形式

技术发明把人们对于自然界认识的成果提炼为技术原理、原理模型、设计方案、实物样品、生产性样机等技术发明的成果形式。总的来说，技术发明的核心在于构思一种新的技术原理，或创造一种新的技术物品，或创造一种新的技术方法。

1.技术原理的发明

任何技术系统的建构都是根据一定的技术原理而形成的。所谓技术原理就是一个技术系统进行运转的工作原理，它帮助人们将多种不同技术要素联结成具有特定技术特性和功能的技术系统。技术原理的最大特点就是它的知识属性，它往往是以知识形态的方式存在，如电子显微镜原理、生物工程原理、核磁共振技术原理等。

2.技术物品的发明

如果说技术原理体现的是技术的知识形态，那么技术物品则体现的是技术的实物形态。技术物品是技术的实物载体，主要体现为实物模型或样品，主要包括原理性模型、试验性模型、原理性样机、生产性样机等。由此可见，技术物品的实质或特点就是物化了的技术知识。与技术原理比较，技术物品更贴近现实生活，更有利于技术的普及和应用。

3.技术方法的发明

如果说技术物品展现的是物品的结构和性能，那么技术方法展现的则是物品的生产方法和工艺流程。所以，它是一种程序性、方法论的知识，一般表现为设计方案、图纸、工艺流程、程序、规则等技术资料和技术文件。技术方法发明与技术物品发明紧密相关，当一种新材料、新设备、新能源发明时，往往会诞生新的生产工艺和新的生产方法，如纺织机的诞生与纺织工艺的革新，计算机的发明与数控机床加工工艺等。

(三)技术发明的激励

社会、企业与政府都是技术发明的参与者。社会是技术发明的主体，包括研究机构、大学以及个人。由于技术发明活动所产生的技术知识并不能必然导致商业利润，因此早期的技术发明活动主要是由非企业的机构来承担的。但是随着企业竞争日趋激烈，企业不满足于被动地选择已有的技术发明，于是成立企业技术研发机构介入技术发明，企业也逐渐成为技术发明的主体之一。作为管理者，政府的主要作用在于采用一种制度或政策来激发社会和个人从事技术发明，从而增加技术发明成果的存量，为企业开展技术创新储备更多的技术知识[6-5]。

［6-5］
国务院关于大力推进大众创业万众创新若干政策措施的意见

1.技术项目引领计划

政府通过技术预测确定国家中长期的前沿技术和重大技术专题和项目，通过定向委托、公开发布指南、招标等方式组织开展技术研究与发明活动。技术预测是对未来长时期的科学、技术、经济和社会发展进行系统研究，其目标是确定具有战略性的研究领域，选择对经济和社会利益具有最大贡献的技术群。20世纪30年代以来，世界各国陆续开展技术预测并在此基础上设立各类科技计划项目，资助研究机构、大专院校、社会团体及个人积极开展这些项目的研究开发活动。我国科技部国家科技计划项目包括国家科技重大专项、国家重点基础研究发展计划（“973计划”）、国家重大科学研究计划、国家高技术研究发展计划（“863计划”）、国家科技支撑计划等种类。日本、俄罗斯、英国、法国、德国都有国家科技发展计划，美国和加拿大两国虽然没有全国性的科技发展计划，但每个领域、部门、科研机构都有十分详尽的计划。

2.技术研发机构的建设

政府要引导和鼓励工程技术研究中心、企业技术中心、工程实验室、重点实验室等技术研发机构的发展，不断提升研发机构的创新能力。一方面，政府要积极组织实施各级各类工程技术研究中心、重点实验室等研发机构的资金支持计划和税收抵免政策，鼓励和扶持大学、社会团体和企业建立高水平的研发机构。在我国，被认定为国家级、省级的工程技术中心、企业技术中心、重点实验室等研发机构都可获得政府的资金补助，并在后续的各类科技计划立项中予以优先支持。美国主要实行研发税收抵免政策，企业在纳税年度内有效投入超过研发投入的基准值的部分可享受一定比例的税收抵免。另一方面，政府要引导企业与研究院所在研发活动中开展合作，引导高校优势科技资源向企业聚集，鼓励高校、院所在企业中建设重点实验室；支持企业重点实验室建到高校校园，将高校、院所的智力资源优势与龙头企业的产业优势紧密结合，以产业引导应用基础研究。

3.技术发明的激励制度

20世纪以来，随着科技的飞速发展，科技奖励也受到世界各国的普遍重视，科技奖励制度与体系也日趋完善。目前，世界各国科技奖励体制主要有三个类型：一是层次递进型，即根据行政级别将科技奖励分成若干层次，各层次都设立了相对应的奖项，高层次的奖项从低层次的相应奖项成果中评出，层层递进。我国的科技奖励以政府为主导，科技奖励按照行政级别设立国家级、省部级、地市级等不同级别，其中，国家级科技奖项有国家最高科学技术奖、国家自然科学奖、技术发明奖、科学技术进步奖和国际科学技术合作奖。二是相互独立型，即各个奖项之间是相互独立的，不存在层次递进关系。这种奖励体制中各类奖励在总体上也会出现分层现象，但主要依据不是行政级别，而是依据预先功能定位和社会认可程度实现的。英国、美国、法国等西方发达国家的科技奖励体制大都属于这种类型。美国政府的科技奖励主要有国家科学奖章、国家技术奖章以及能源部、农业部、商务部设立的科技奖项。但相比而言，美国各种学会的奖励远多于政府奖励，这些奖励很多都等同于“国家级奖”，也有很高的社会声誉。三是混合型，即层次递进型和相互独立型相结合的一种体制，日本的科技奖励就属于这种类型。日本的科技奖励分为四层，但并不是严格按照行政级别划分，还兼顾了民间奖励的成分。第一层次，综合性科技机构和国家直接管理开发的事业机构的奖励，主要奖励大规模的国家研究开发课题等；第二层次，专业性的科技奖励，该类奖励由各省厅颁发，主要用于奖励高校和省厅负责课题的研究成果；第三层次，企业内设的科技奖励，由企业主办或单独设立；第四层次，科研机构内部设立的科技奖励。

二、技术创新水平与市场结构

技术创新是技术发明的首次商业化应用。技术创新水平主要取决于该市场的技术创新动力和技术创新能力。技术创新动力来源于创新企业对于创新收益的追求，而技术创新能力与企业的规模分布密切相关。创新收益、创新能力与市场结构存在相关关系，不同的市场创新水平也不同。

（一）技术创新收益与动力

技术创新的目的是获得创新收益。不同市场结构下，创新收益有所差别，因而创新的动力也不尽相同。完全竞争市场和完全垄断市场的创新收益比较分析有助于说明这一现象。假定条件是产业内企业的成本函数相同，且单位产品成本是常数，即边际成本曲线和平均成本曲线重合为一条水平线（MC＝AC）。创新前，平均成本曲线为 C_1，成功的创新导致平均成本曲线下降为 C_2（如图 6-2 所示）。

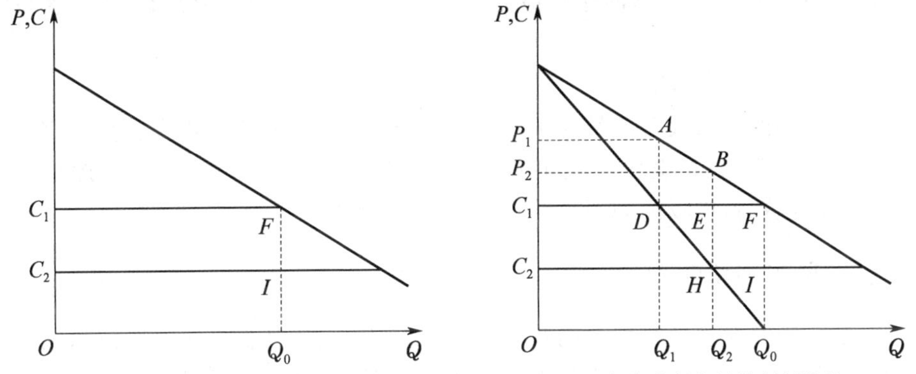

(a) 完全竞争市场的创新收益　　(b) 完全垄断市场的创新收益

图 6-2
不同市场创新收益的比较

1. 完全竞争市场的创新收益

对于完全竞争的市场而言，产业长期均衡时价格水平必然降低至平均成本最低点。在平均成本为水平线的情况下，价格水平与平均成本相重合。市场上的企业没有超额利润。如果市场中有一个企业实现成功的创新，并以收取专利使用费的形式把创新扩散到所有的竞争企业，从而使所有企业的成本曲线下降到 C_2。在产量不变的情况下，C_1C_2IF 的面积 $S(C_1C_2IF)$ 就表示由于技术创新带来的成本节约，它是创新企业应该收取的专利使用费的总额，也就是创新企业的创新预期收益。

2. 完全垄断市场的创新收益

对于完全垄断的市场而言，垄断厂商根据利润最大化条件（MC＝MR）进行价格与产量决策，创新前，边际成本为 C_1，则均衡点为 D，均衡价格为 P_1，超额利润为四边形 P_1C_1DA 的面积，即 $S(P_1C_1DA)$。技术创新后，边际成本降低为 C_2，则

均衡点为 H，均衡价格 P_2，超额利润为四边形 P_2C_2HB 的面积，即 $S(P_2C_2HB)$。这样，完全垄断厂商因创新带来的垄断利润为：

$$S(P_2C_2HB)-S(P_1C_1DA)$$

3.两种市场的创新收益比较

完全竞争市场的创新收益为：

$$S(C_1C_2IF)$$

完全垄断市场的创新收益为：

$$S(P_2C_2HB)-S(P_1C_1DA)$$

两个市场创新收益的差为：

$$\begin{aligned}&S(C_1C_2IF)-[S(P_2C_2HB)-S(P_1C_1DA)]\\&=S(C_1C_2IF)-S(P_2C_2HB)+S(P_1C_1DA)\\&=S(C_1C_2IF)-S(C_1C_2HE)-S(P_2C_1EB)+S(P_1C_1DA)\\&=S(C_1C_2IF)-S(C_1C_2HE)+S(P_1C_1DA)-S(P_2C_1EB)\\&=S(EHIF)+S(P_1C_1DA)-S(P_2C_1EB)\end{aligned} \tag{6.5}$$

$S(P_1C_1DA)$为完全垄断企业在创新前满足利润最大化条件的产量(Q_1)所对应的超额利润，而 $S(P_2C_1EB)$被看作是创新前产量为 Q_2 时所对应的超额利润。因为产量为 Q_1 时企业的利润达到最大，所以有 $S(P_1C_1DA)>S(P_2C_1EB)$，由此可得：

$$S(EHIF)+S(P_1C_1DA)-S(P_2C_1EB)>0 \tag{6.6}$$

两个市场的创新收益差额大于零，证明完全竞争市场的创新收益高于完全垄断市场。这说明，完全竞争市场的创新动力高于完全垄断市场。并由此形成推论：竞争程度越高，市场的创新收益越大，从而创新的动力越强。

(二)技术创新能力

一般认为企业规模与技术创新能力存在密切关系，但企业规模对技术创新能力的影响是非线性的。大企业和小企业在技术创新方面各具优势，不同的技术创新模式、不同的行业状态适用于不同规模的企业。大企业是完全垄断市场或寡占市场的主体，小企业则是竞争性市场的主体，因此大企业和小企业创新能力的比较，实际上能够反映出两个市场的技术创新能力。

1.大企业在技术创新中的优势

大企业研发与创新优势主要表现在以下几个方面。一是大企业的超额垄断利润为研发和创新提供了充足而稳定的资金支持，从而有能力建立设施完善的实验室，购买昂贵的专用性设备，使研发更具效率。也就是说，大企业比小企业更有能力投资于新产品的研究和工艺创新。二是大企业可以将研发的固定费用分摊到各种各样的项目中，通过同时进行多项目研究来分散研发与创新的风险，也即大企业具有抵御风险的能力。三是大企业具有规模经济效应，创新成功后，技术成果能够在大规模生产中得到应用，从而获得更高的创新收益。而且，大企业可以充分利用业务单元之间的技术重叠，在多个领域或生产环节上有效地利用研发成果，充分实现创新的市场价值。但是，为了防止技术信息泄露，大企业在技术创新中采取的策略是高度保密、自成体系。

2.小企业在技术创新中的优势

小企业受其生产规模的限制，在创新投入、抵御风险以及创新盈利等方面都逊色于大企业。但小企业创新也有自身的优势，包括以下几个方面。一是反应迅速。小企业对市场反应敏锐，决策果断，易于把握创新机遇。这是因为小企业不具备大公司复杂的等级阶层，发现技术创新机遇时，不需要层层请示和逐级协调，从而能够快速做出反应。二是管理灵活、有效激励。小企业一般也有明确的管理制度，但在管理过程中具有较大的弹性。小企业可以根据技术创新的要求，灵活地调整激励的对象和力度，从而有利于激励和调动研究人员的创新积极性，推动技术创新的进程。三是创新合作意识强烈。中小企业的创新是一种开放式创新，中小企业之间，中小企业与科研机构、大学、政府之间形成一个知识和技术迅速扩散的机制，即创新网络。在这样一个网络中，企业享受着知识外溢的好处，因而保持了持续的创新能力。20 世纪 70 年代以来，美国硅谷、日本九州岛、意大利第三地区和中国的中关村等中小企业集群地区表现出旺盛的创新能力，并引起人们高度关注。

比较而言，大企业具有强大的创新投入能力、抵御风险能力和创新盈利能力，大企业在重大的、革命性的创新方面占据优势，这也就是熊彼特所谓的“根本性创新”。而小企业具有反应迅速、创新合作意识强烈等优点，适合于开展改进性的技术创新，即所谓的“渐进性”创新。如果技术创新是指根本性创新的话，那么完全垄断市场的技术创新能力高于完全竞争市场的创新能力。

案例6.4

美国创新模式的比较

美国学者安纳利·萨克森宁(A. Saxenian，1994)从技术创新的角度对比分析了美国的两个以电子产业为主体的高新技术产业区域：硅谷和 128 公路地区。美国硅谷集聚了上万家科技型中小企业(惠普、网景、英特尔、苹果、太阳微系统等)，创新过程依靠区域创新网络体系，表现在硅谷企业在创新中存在广泛的合作和信息共享。硅谷企业之间通过灵活的竞争和合作的形式共同学习、互动创新，形成一种高效的区域创新系统，逐渐占据了美国乃至世界电子产业的中心位置。而美国 128 号公路地区则是由实力雄厚的大公司组成(美国无线电公司、阿杰克公司、波纳罗伊德公司等)，业务单元囊括了主板、芯片、显示器和磁盘驱动器等所有配件。这些大公司的创新都具有明显的纵向一体化特征，市场信息和技术被网罗到公司内部，创新内化于这些大规模的企业。因而，企业间及企业与各类机构关系疏远，缺乏社会性或商业性的互相依存。创新外部性的缺失影响了企业对市场的判断力和反应速度，对创新产生限制。1977 年以后，该地区积极借鉴硅谷成功的经验，成立马萨诸塞州高技术委员会，联合 128 公路地区的高科技公司开展技术创新合作，高科技产业得以快速发展。

资料来源：萨克森宁．地区优势：硅谷和 128 公路地区的文化与竞争[M]．上海：上海远东出版社，1999．

(三)不同市场结构的技术创新水平比较

通过以上分析,可以发现完全竞争市场和完全垄断市场的技术创新表现各有优势。完全竞争市场具有高的技术创新动力,但是企业规模小,创新条件有限,因而技术创新能力不足。完全垄断市场具有高的技术创新能力,但缺乏竞争压力,因而不容易产生重大的技术创新。即使在有专利竞赛的情况下,完全垄断者会早于潜在进入者率先实现技术创新,但也不会迅速地运用于生产中,而是束之高阁。这两种市场的创新水平都低于社会期望的最优状态。

如果把市场竞争强度和企业规模结合起来考察不同市场结构对技术创新的影响,寡占市场的技术创新具有综合优势。一方面,从技术创新能力来看,寡占市场中的主体是大型的寡头,它们和完全垄断企业一样具有高的技术创新能力;另一方面,从技术创新动力来看,寡占市场中存在两家以上的寡头,而且还有一些跟随型企业。那么寡头企业之间的竞争、跟随型企业对寡头企业的威胁都使寡头企业产生较高的创新动力。可见,寡占市场在技术创新能力和动力方面都达到较高的水平,这种组合导致寡占市场具有高的创新水平(见表 6-1)。而且,与紧密的寡占市场相比,较为松散的寡占市场的竞争程度更高,从而创新水平也更高。为此,熊彼特曾指出,寡占市场中的大企业具有完成技术创新的能力和动机。

当然,对于各种不同市场中技术创新水平的认识仍然存在不同的观点。有的学者提出,寡占企业和垄断企业复杂的层级官僚体系阻碍了研发活动,而小企业在技术创新方面发挥着越来越重要的作用。

表 6-1　　不同市场的创新水平比较

	完全竞争市场	寡占市场	完全垄断市场
创新动力	高	较高	低
创新能力	低	较高	高

案例6.5

苹果与三星的产品创新

在智能手机市场,苹果与三星是两大寡头。根据市场研究机构 GFK 最新的全球智能机统计数据显示,2016 年上半年苹果的全球市场份额为 17.9%,而同期三星的全球市场份额为 24%,二者合计达到 41.9%。两大寡头都是凭借强大的技术创新能力赢得了市场。在科技飞速发展的网络科技时代,两家公司谁能够率先创新而把握市场先机,谁就会摆脱这种胶着状态,占据智能手机市场的领先地位。

苹果手机(iPhone)成功模式的第一阶段就是依托技术创新,手指触控图形界面、Wi-Fi 功能、高质量的软件等创新,树立起一个具有行业标杆地位的终端。苹果公司创造性地永远领先竞争对手一步,形成对客户的掌控力。2007 年 6 月第一代 iPhone 在美国上市;2008 年 7 月苹果推出 3G iPhone;2009 年 6 月 iPhone 3GS 发布;2010 年 6 月乔布斯发布 iPhone 4;2011 年 10 月 iPhone 4S 发布;2012 年 9 月 iPhone 5 发布;2013 年 9 月 iPhone 5S 发布;

2014 年 9 月 iPhone 6 和 iPhone 6 plus 发布；2015 年 9 月 iPhone 6s 和 iPhone 6s plus 发布；2016 年 9 月 iPhone 7 和 iPhone 7 plus 发布。

三星的设计能力已经达到世界级水平，2016 年 1 月，咨询公司 Sqoop 公布了 2015 年度获得专利数量最多的企业排名，三星以 7 506 项专利位居榜首。从 2010 年 3 月三星公司推出智能手机 Galaxy Note 开始，三星智能手机不断升级，到 2014 年 9 月，三星公司推出性能更强大的 Galaxy Note4，同时推出全球首款“曲面侧屏”智能手机 Galaxy Note Edge 以及智能手表 GearS 和智能眼镜 GearVR。2016 年 5 月，三星又推出全新 Galaxy C 系列智能手机 Galaxy C5 和 Galaxy C7。在 4G 时代，三星又再次成为引领者，从芯片、终端网络设备全面布局，取得了多项里程碑式的第一，展示了强大的技术实力。

资料来源：根据相关资料整理.

三、技术扩散及影响因素

(一)技术扩散的概念

技术扩散是指技术创新成果通过一定渠道从创新源向潜在使用者的传播过程。当产业内一项技术创新出现以后，率先创新者获得超额利润并产生示范作用，随后潜在使用者通过一定的渠道纷纷采纳新技术。由于“企业家”的引导，许多创新的障碍被消除，使一部分模仿者有“能力”进入该产业。当模仿所要求的条件继续下降时，模仿创新变得更加容易，成群的模仿者开始进入该产业或部门，并引起其他部门企业的创新模仿。随着模仿的推进，两个趋势变得明朗：一是创新变的为人们所熟悉，并逐步向常规技术转化，直至成为一种自由的选择。二是市场竞争程度不断提高，创新的垄断利润日益减少，直至成本规律又重新支配产品市场。技术扩散使新技术得以在产业内和全社会传播和推广，对经济、社会发展产生重要影响。

(二)技术扩散的过程

从经济学意义上来说，技术创新扩散是企业追逐超额利润的结果。潜在使用者是否采用一项技术创新取决于采用的成本与预期收益的比较。当采用某项技术创新所获利益的期望值大于企业在采用过程中所支付的转换成本时，企业将采用新技术，技术创新扩散就发生了。由于潜在使用者的成本函数、收益预期以及技术信息量存在差异，新技术并不会被市场中所有潜在使用者在同一时间采纳。不同主体在引进新技术上存在明显的时差，它们选择不同时期使用新技术。由此，技术扩散表现为一个过程，并分为三个时期。

1. 技术扩散初期

新技术的信息是不完备的，潜在模仿者无法肯定技术创新的价值而不愿意承担新技术投资的风险，采纳新技术需要克服相配套的技术问题、材料问题、能源问题等技术壁垒，因而导致很高的成本；而且市场需求较小且不稳定。在这种情况下，只有少量的企业有能力采用新技术。因此，在这一阶段扩散的速度比较慢。

2. 技术扩散中期

经过一段时间的技术扩散，技术创新的价值和创新收益已经被采纳新技术的企业所验证；采纳技术创新的许多难题也已经被克服，因而采纳新技术的难度下降，导致成本下降；而且市场需求也不断扩大，预期收益明显增加。在这种情况下，大量潜在使用者都认为有利可图，从而都纷纷采用新技术。因此，扩散中期的技术扩散速度明显加快。

3. 技术扩散晚期

经过一段时间的模仿，潜在的使用者已经基本上采纳了新技术，而市场上剩余的企业通常不具备采用新技术的实力，并被淘汰出市场，技术扩散减速并趋于停滞。这是技术扩散晚期的主要特征。

从以上分析可以看出，技术扩散不是一个匀速的过程，在不同的阶段扩散速度是不同的，形成先慢后快再慢的三阶段特征。1961 年，经济学家曼斯菲尔德(E. Mansfield)发现技术扩散过程与传染病扩散过程十分相似，并借鉴传染原理建立了技术创新扩散的“S”形模型(如图 6-3 所示)。传染病模型是用来描述流行性疾病的扩散的模型，其特点是该病患者的人数越多，易感人群被感染的机会就越大。当患者人数少时，传染病的传播速度就慢，而当患者人数增加到一定程度后，传染的速度就迅速增加。当易感人群基本被感染，则传染速度又缓慢下来，因此传染病的传播呈现一个“S”形的路径[6-6]。与传染病模型相似，技术创新过程也呈现“S”形路径。在图 6-3 中，横坐标表示时间，纵坐标表示采纳新技术企业占潜在使用者的比重(N_t/N^*)，即扩散率。显然，在扩散初期，技术扩散速度低，因而扩散率上升的比较缓慢，曲线比较平缓，但随着时间的推移变得比较陡峭，而在扩散中期，扩散速度比较快，扩散率上升相当迅速，曲线陡峭；当到达扩散晚期，扩散速度变慢，扩散上升缓慢，曲线斜率变小，并逐渐趋于水平状态。

［6-6］
SARS 传播模型

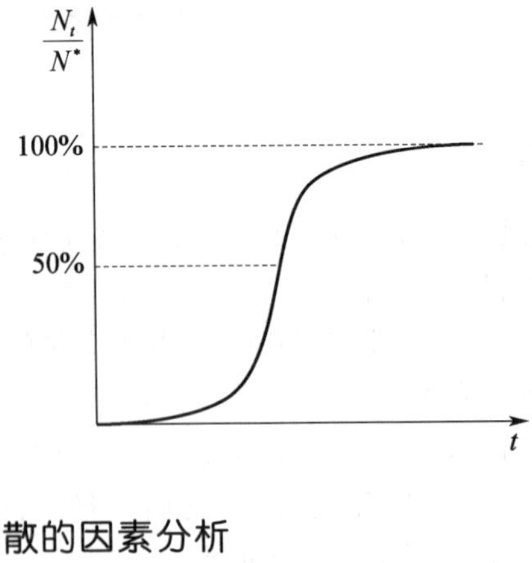

图 6-3
技术创新的扩散过程

(三)影响技术扩散的因素分析

对于不同产业而言，完成一次技术扩散过程所需的时间是不同的。影响技术扩散进程的主要因素包括模仿成本、知识产权保护制度和市场竞争程度。

1. 模仿成本

无论采取何种方式，潜在使用者获取新技术都需要付出成本。其一，模仿者通过技术转让或技术许可等方式获得新技术，需要支付特许权使用费或技术许可使用费。其二，模仿者通过反向工程解密技术，也需要投入大量人力和物力。其三，模仿者通过窃取等不正当手段获取技术，还面临侵权成本。在技术扩散过程中，模仿成本越小，企业采纳新技术的速度越快，技术扩散完成的时间就越短。

2.知识产权保护强度

知识产权保护的司法制度赋予技术成果的拥有者在一定期限内享有独占权利，包括对技术创新成果的实施权利、许可权利和转让权利等。这些权利对模仿者获取新技术产生限制，增加了模仿者获取新技术的成本，从而影响技术扩散的进程。如果一个国家对某一市场的知识产权保护较弱，对知识产权人的权利限制较多、较宽，对知识产权的侵权成本设置较低，知识产权权利人就倾向于通过许可、转让等方式获取收益，这种情况有利于技术扩散。反之，如果一个国家在某一市场采取严格的知识产权保护，赋予知识产权权利人更大的权利和更长的保护期，对知识产权侵权成本设置较高，则权利人就更倾向于自己实施新技术。这种情形不利于技术扩散。

一般来说，一个国家的知识产权保护强度与其经济发展水平密切相关。国家在经济发展初期，自主创新能力比较弱，对国外技术转移有较强的依赖性，因而采取知识产权弱保护政策，以减少本国企业的模仿成本，提高技术对本国企业的溢出，从而促进对外来技术的消化和吸收。而当国家进入发达经济阶段，自主创新能力形成，并成为某些技术的出口国时，往往采取知识产权强保护政策，以维护创新者的收益，激发创新动力[6-7]。

[6-7]
中美知识产权保护强度测度与比较

3.市场竞争程度

在产业经济活动中，产业内企业之间竞争越激烈，企业的技术积累倾向就越大。如果出现技术创新时，企业也更有动力去采纳新技术，从而加快技术扩散速度。

在完全竞争的市场中，需求对于价格和品质的变化具有完全的弹性。因此，任何企业单位成本下降或产品品质提高的技术创新一经出现，便可在极短的时间内占领市场，产业内旧技术被立即淘汰，新技术立即在最大范围内扩散完毕。在竞争性市场，由于顾客对于更低成本、更高品质的毫不犹豫的选择，企业对新技术的采用几乎是不假思索的。

然而，现实市场总是不完全竞争的。由于产品差异化的存在，每个企业都拥有一群相对稳定的顾客，一项使产品单位成本更低、品质更高的新技术出现后，创新产品不一定很快被顾客所接受，较低的价格也不一定能够改变消费者的偏好。因此，创新产品的价格和品质信息不会立即在这些顾客中传播开来，因而这些新产品也就不能立即占领全部市场。但是，随着时间的推移，创新产品的优势会表现出来，创新产品的信息将会在顾客中广泛地传播，一些属于未创新产品的顾客将逐渐转换成为创新产品的顾客，从而使创新产品的市场占有率不断提高，原产品不断被挤出市场，原产品生产企业不断采用新技术。显然，在不完全竞争市场中，竞争程度越高，新产品促销力度越大，新产品信息的传播速度越快，顾客转移的速度就越快，从而潜在使用者采用新技术的速度就越快。反之，竞争程度越低，顾客转移的速度就越慢,从而技术创新扩散的速度就越慢。在完全垄断的市场里,顾客根本无法选择品质与价格,因此技术创新扩散的速度就更加缓慢。

可见,竞争性越强的市场越有利于技术创新扩散,垄断性越强的市场越不利于技术创新扩散。

案例6.6

从制造业大国向制造业强国的转变

经过多年来的快速发展,我国已经成为名副其实的制造大国,但是自主创新能力不强,研发能力薄弱,关键核心技术和装备主要依赖进口的问题十分突出。

新中国成立以来,我国建立起齐全的制造业生产体系,形成庞大的生产规模,取得一系列技术创新成果。2010 年,我国制造业产值占世界比重达到 19.8%,跃居世界第一;在 500 余种主要工业品生产中,我国有 220 多种产品的产量居世界第一。目前,在载人航天、大型运载火箭、月球探测、卫星导航、高性能计算机、超大规模集成电路、核电技术、支线飞机研发、通信技术等当代科技的尖端领域,取得一大批重大自主创新成果,实现了历史性突破,极大地提高了我国的综合国力和国防实力。通过多年的艰苦努力,一大批高档数控机床新产品研制成功并投入使用,工业装备保障能力和重大装备国产化水平不断提高,为国民经济重点建设提供各种成套设备。全国发电总装机容量中,国产机组已达 80%以上;年产千万吨级大型炼油设备,国产化率达 90%;国产 100 万千瓦超临界火电机组、国产 750 千伏交流输变电成套设备已投入运行;日产 10 000 吨大型新型干法水泥生产线、年产 100 万吨乙烯、30 万吨级合成氨、百万吨级钾肥等一大批大型成套技术装备实现自主化。机械工业主要产品中约有 40%的产品质量接近或达到国际先进水平。到 2010 年,依托工业企业设立了 127 个国家工程研究中心、729 个国家级企业技术中心和 5 532 个省级企业技术中心,企业发明专利申请数已占国内发明专利申请总数的 53%。

但是,我们也必须清醒地看到,自主创新能力不强、全员劳动生产率低、产品增加值率低、知名品牌缺乏已成为“大而不强”最基本的特征。从研发投入看,2009 年我国规模以上工业企业研发经费内部支出仅占主营业务收入的 0.69%,而微软公司研发投入占销售收入比重达到 14.6%。从专利水平看,2010 年,我国申请 PCT(国际专利合约)专利 12 337 件,仅相当于美国的 1/4、日本的 1/3,平均每 1.3 亿美元出口才有 1 件国际专利申请。除华为、中兴等个别企业与国际同行具有数量相近的专利外(专利授权相互使用),其他大企业专利数量不多、质量不高。从标准来看,以我国企业牵头的成为世界主流标准少之又少,仅有 TD-SCDMA(时分同步码分多址)等少数几个,大多数行业的核心技术由发达国家的跨国公司控制。从增加值率来看,我国制造业增加值率仅为 21.5%,远低于工业发达国家 35%的平均值。这说明我国制造业大多处于价值链的中低端,附加值低。从品牌建设来看,我国制造业的产品质量不高,缺乏世界知名品牌和跨国企业。企业在品牌设计、品牌建设和品牌维护等方面投入严重不足,品牌化发展滞后。据统计,2014 年,在世界品牌 500 强中,我国内地仅有 29 个品牌入选,远低于美国、法国和日本等国家。

为此，2013 年初，中国工程院会同工业和信息化部、国家质检总局共同组织开展了“制造强国战略研究”重大咨询项目研究。该项目提出，力争用 30 年时间，通过“三步走”战略，实现制造强国的战略目标：即到 2025 年，使我国制造业迈入制造强国行列[6-8]；到 2035 年，使我国制造业整体达到世界制造强国的中等水平；到 2045 年，使我国制造业综合实力迈入世界制造强国前列。

资料来源：国务院关于印发工业转型升级规划（2011—2015 年）的通知（国发〔2011〕47 号）。

[6-8]
国务院关于印发《中国制造 2025》的通知（国发〔2015〕28 号）

本章小结

市场绩效的研究是一种规范分析方法。社会福利标准、生产效率标准和技术进步标准是评价市场绩效的三个价值判断前提。

社会福利标准反映的是市场的资源配置效率。哈佛学派认为，垄断会损害资源配置效率，降低社会总剩余。据此，通常采用税后资本收益率、勒纳指数和贝恩指数对市场垄断程度和市场绩效进行评价。

生产效率标准反映了市场上产品的平均成本。产业的生产效率来源于规模经济的实现程度、纵向范围经济的实现程度和生产能力的利用程度。相应地，可以用规模结构效率、联合企业产量比重和产能利用率对市场绩效进行评价。其中，规模结构效率用最小有效规模企业的产量占产业总产量的比重来度量，它是判断产业生产效率的重要指标。

技术发明、技术创新和技术扩散是推动产业技术进步的三个重要环节。其中，技术创新承上启下，它是对技术发明的商业化应用，又是技术扩散的源头。技术创新在不同的市场结构中表现不同，其中寡占市场的创新处于较高水平。

复习与思考

一、名词解释

市场绩效　勒纳指数　规模结构效率　产能利用率　技术扩散

二、单项选择题

1. 下列说法错误的是（　　）。

A. 垄断市场的供应量比完全竞争市场高　B. 垄断造成巨大的福利损失
C. 垄断产生规模经济　D. 垄断必须以法律形式予以禁止

2. 不能用于反映市场绩效的指标是（　　）。

A. 技术进步率　B. 勒纳指数　C. 贝恩指数　D. 基尼系数

3. 若行业中大部分企业达到或接近最小有效规模，则该产业的规模结构效率为（　　）。

A. 高效率状态　B. 低效率状态　C. 非效率　D. 以上都不是

4. 技术创新理论创始人熊彼特认为（　　）。

A. 创新和企业规模大小无关
B. 完全竞争是推动资本主义发展的主要动力
C. 小厂商具有更大的创新动力
D. 大型企业和垄断势力有利于推动技术进步

5. 经济学家引入传染病模型来描述技术扩散的过程，其变化规律是（　　）。
A. 先快后慢再快　B. 先慢后快再慢　C. 先快后慢　D. 先慢后快

6. 贝恩指数代表的是（　　）。
A. 企业的超额利润率　B. 企业的会计利润率
C. 行业的超额利润率　D. 行业的会计利润率

三、简述题

1. 简述我国产能过剩行业的状况。
2. 分析 X-非效率的原因。
3. 简要评价贝恩指数。
4. 比较大企业和小企业在技术创新中的地位和作用。
5. 比较不同市场结构的技术创新水平。

第七章　产业结构理论

关于产业经济活动,不仅要分析同一产业内企业之间的竞争与垄断关系,即产业组织,而且也有必要探索不同产业间的经济技术联系,即产业结构。如果说,产业内企业之间的关系与产业的绩效紧密相关的话,那么,产业之间关系就与国家的宏观经济运行效果紧密联系。也就是说,产业结构与经济增长有着密切的关系。产业结构的演进能够促进经济总量的增长,经济总量的增长也会诱发产业结构快速演进。产业结构与宏观经济发展之间的这种关系已经被许多国家的经济发展实践所证实。因此,产业结构的分析和研究越来越受到许多国家的重视,一些新兴的工业化国家(日本、韩国)产业结构研究与产业结构实践都取得了丰硕的成果。本章主要介绍产业结构研究及其相关的理论成果。

第一节　产业结构理论体系

一、产业结构的含义

"结构"一词的含义是某个整体的各个组成部分的相互关系和排列状态。在产业经济活动领域,结构既可以用来表示产业内企业之间的关系,也可以用来表示产业之间的关系。在英国、美国等西方国家,产业结构用来解释产业内部企业之间的关系,产业结构就是指市场结构或产业组织。在中国、日本等东亚国家,产业结构与产业组织的含义不同,产业内企业之间的关系用产业组织来表示,而产业之间的关系用产业结构来表示。

具体来说,产业结构就是指产业之间的技术经济联系和相互关系。产业结构可以从两个不同的方面进行分析:一是从质的规定性方面,不同产业在国家和地区经济中的地位和作用不同,建立起以功能、地位和比例关系为特征的关系和结构,即狭义的产业结构理论;二是从量的依赖性方面,产业之间存在着投入产出的数量关系,建立起以关联方向、亲疏程度等为特征的关系和结构,即产业关联理论。产业结构理论和产业关联理论是用来解释产业之间关系的重要理论。

二、产业结构理论的研究内容

人们在研究和分析产业结构问题过程中形成了一系列的相关理论,它们统称为产业结构理论，主要包括产业关联理论、产业结构演变理论、产业结构优化理论。

产业关联理论包括产业之间的关联方式、投入产出表、投入产出模型、产业波及效果分析等。它采用的是一种静态研究方法。

产业结构演变理论主要解释产业结构演进的基本规律，以及影响产业结构形成与演变的因素。它采用的是一种动态研究方法。

产业结构优化理论用来分析产业结构调整及其运行机制，为政府制定产业政策提供科学的指导。其研究内容包括产业结构的评价、主导产业的判别和选择、产业结构的高度化与合理化标准与途径等内容。它采用的是一种静态研究和动态研究相结合的方法。

三、产业结构理论形成的背景

(一)经济理论研究领域的拓展

产业结构理论的形成与发展始于20世纪30年代，它是经济学理论适应经济发展要求而不断拓展研究领域的结果。在20世纪30年代之前，经济学的研究主要集中于微观领域，即单个决策主体（企业和家庭）。以马歇尔（A. Marshall）为代表的新古典经济学家普遍认为，市场机制在配置资源方面是灵活的、完美无缺的，它总是能够把经济调整到充分就业的经济状态，因此，在长期内经济运行不会出现过剩等经济危机，政府只是充当“守夜人”的角色。因而，资源的配置就是私人部门的事情，因而经济学研究的主要任务是阐述企业利润最大化、消费者效用最大化的机制和原理。

但是，1929年爆发的世界性的衰退性经济危机，打破了“市场机制”的神话，新古典经济学无法解释这种普遍的生产过剩现象。于是，凯恩斯（J. Keynes，1936）等经济学家建立宏观经济学，在宏观层面研究资源配置与利用。凯恩斯主义认为，由于存在有效需求不足的问题，因而市场机制并不能总是把经济运行调整到充分就业状态，因而不可避免地出现生产过剩和失业的危机。因此，政府有必要来调节总需求，来弥补市场缺陷，使市场实现充分就业的状态。这样，政府就必须关心经济运行中经济总量的变化，分析社会总资源的配置、利用程度和效率，以及存在的问题，并采取合理的宏观经济政策予以干预。

凯恩斯主义干预宏观经济的财政政策和货币政策在20世纪四五十年代曾经获得西方各国政府的采用，并一度获得成功。但是，由其导致的不断扩大的国家财政赤字受到人们的质疑和反对。在这样一个经济历史背景下，一些经济学家开始分析资源在产业之间的配置及其变化，探究产业结构演变与经济总量增长的关系，试图从产业层次去寻找弥补市场缺陷的途径与政策，由此将经济学的研究领域拓展到产业层面。与新古典经济学和凯恩斯主义假设不同，产业经济学在研究中假定，产业之间生产要素的边际报酬不相等。因此，资源在部门之间的流动能够引起产出的变化。赫希曼、罗斯托等经济学家都认为，资源在部门之间的流动是引起经济增长的原因。这样，长期被主流经济学所忽视的产业结构研究迅速发展，并形成一系列系统的理论和方法。

(二)东亚国家的产业结构政策实践

第二次世界大战后,为推动工业化进程,日本、韩国、新加坡、泰国等东亚国家对产业活动实施政府干预,有效推动了产业结构的转换升级。日本是第二次世界大战以来产业政策实践最为成功的国家。日本在第二次世界大战后确立了赶超型的产业政策,其核心思想是日本要赶超英美发达国家,这要求日本尽快建立起本国的主导产业。但如果日本把它的未来寄托在劳动密集型产业上,“将永远无法摆脱亚洲贫穷与停滞的模式”,因此,必须发展资本和技术密集型产业,实现产业结构的高度化。因此,日本政府通过产业发展规划,确定各个不同时期的战略性新兴产业,并通过税收、补贴、金融、外贸等经济手段和经济管制等方式加以扶持,促进主导产业的更替,推动产业结构的高度化。第二次世界大战初期,日本政府实施以“倾斜生产方式”为核心的产业复兴政策,确定了以煤炭和钢铁为优先发展产业,目的在于高度利用国内有限的资源,迅速重新启动工业化,拉动经济发展。此后,日本就不断进行产业结构优化升级。20 世纪 60 年代后期为机械、化纤产业,20 世纪 70 年代为汽车工业,20 世纪 80 年代初中期为家电产业,20 世纪 80 年代后期为计算机、新材料等高技术产业。日本在短短 20 年的时间里居然完成了工业化进程,进入发达国家行列。一些经济学家和世界贸易组织的分析认为,日本经济快速增长的秘诀就是依靠实施产业政策。在日本的产业结构政策实践过程中,日本的许多学者,诸如赤松要、筱原三代平、马场正雄等提出了一系列产业结构理论,不断地丰富和完善了产业结构理论体系。

1961 年韩国实行“政府主导型资本主义”模式,开始实施“五年计划”,每个五年计划都明确重点发展部门。第一次经济发展五年计划(1962—1966 年)确立出口导向型工业化战略,重点发展以出口为目的的纺织、服装、制鞋等劳动密集型产业;第二次五年计划(1967—1971 年)重点发展以轻纺工业为主导的出口工业,进一步扩大出口贸易;第三次五年计划(1972—1976 年)和第四次五年计划(1977—1981 年)重点发展重化工工业,确立有色金属、石油化工、机械、船舶、电子等产业为战略性产业。在产业政策干预下,韩国出口贸易迅速上升,国民经济得到快速发展。

第二节 产业结构理论的思想渊源

产业结构理论虽然形成于 20 世纪三四十年代,但关于产业结构的研究可以追溯到 17 世纪。威廉·配第、亚当·斯密、弗朗斯瓦·魁奈以及我国张之洞等人的思想为产业结构理论的形成奠定了基础。

一、威廉·配第的研究

关于产业之间关系的研究,最早见于英国古典政治经济学家威廉·配第(W. Petty,1672)的《政治算术》一书中[7-1]。威廉·配第认为,各国国民收入水平

[7-1]
威廉·配第的“政治算术”

的差异和经济发展的不同阶段，其关键是由于产业结构的不同。在书中，威廉·配第根据当时英国的实际考察得出结论：工业比农业收入多，商业又比工业的收入多，即工业比农业的附加值高，商业又比工业的附加值高。配第举例说，英格兰的农民一周可赚到4个先令，而一个海员的工资加上伙食费等其他形式的收入可以达到每周12个先令，因此一个海员的收入是一个农民收入的3倍。他同时还指出，大部分人口从事制造业和商业的荷兰，其人均国民收入要比欧洲大陆其他国家高得多。

配第较早注意到经济发展与产业结构变动之间存在关联，虽然他没有从理论上精确地论证按人口平均产值的高增长率与产业结构的高变换率之间的内在关系，但是他的观点为产业结构研究指明了方向。

二、弗朗斯瓦·魁奈的研究

重农学派的代表人物弗朗斯瓦·魁奈（F. Quesnay）在其《经济表》（1758）和《经济表分析》（1766）中，按照经济活动的性质，把社会成员划分为生产阶级、土地所有者阶级和不生产阶级。生产阶级是指从事农业和"纯产品"生产的租地农场主和农业工人。所谓纯产品是每年生产出来的农产品扣除了生产过程中所耗费的生产资料和农业生产者的生活资料后所剩余的部分。土地所有者阶级是指通过地租和赋税从生产阶级那里获得"纯产品"的阶级，包括地主及其仆人、君主、官吏等。不生产阶级是指不创造"纯产品"的阶级，包括工商资本家和工人。在此基础上，他分析了货币在三个阶级之间的流通。土地所有者阶级向生产阶级支付货币以购买粮食，向不生产阶级支付货币以购买工业品（生活品）；不生产阶级向生产阶级支付货币以购买粮食和原料；生产阶级向不生产阶级支付货币以购买工业品（生产用品和生活用品）。

流通过程的分析正确说明了农业、工业之间的流通，包含了国民经济各部门间产业关联的思想。

三、亚当·斯密的研究

古典经济学的创始人亚当·斯密（A. Smith，1776）在其《国富论》中把社会劳动区分为生产劳动和非生产劳动。他指出："有一种劳动，加在物上，能增加物的价值；另一种劳动，却不能够。前者因可生产价值，可称为生产性劳动，后者可称为非生产性劳动。制造业工人的劳动，通常会把维持自身生活所需的价值与提供雇主利润的价值加在所加工的原材料的价值上；反之，家仆的劳动，却不能增加什么价值。"按照这一标准，斯密把农业、制造业、批发商业、零售商业都看作生产性劳动部门，这些部门的劳动可固定而且实现在劳动对象或可卖物品上；除上述四种职业外，从事其他职业的人都是非生产性劳动，包括牧师、医生、律师、演员、官吏等，这些职业的劳动不能固定亦不能附加在特殊物品或可卖商品上，不能直接增加价值和生产物质财富。在斯密看来，非生产性劳动是必要的，但他们的劳动是非生产性的，不能直接增加价值和生产物质财富，因而其数量应受到必要的限制，限制在社会最必需的限度内。而生产性劳动则不同，它直接生产物质财富，创造价值，因而这种劳动的数量应尽量增加，不受任何限制。

社会劳动分类初步论述了产品生产和服务劳动的区别，有助于人们认识不同职业的劳动性质，为产业分类提供了一种重要的思路。

四、中国近代的产业结构思想理论

19 世纪 60 年代，中国开始了以“自强”与“求富”为宗旨的洋务运动。洋务运动通过引进西方先进的生产技术创办了一大批军事工业和民用工业，开启了中国近代工业化进程。在洋务运动及近代工业化过程中，中国出现了一系列经济社会改革的理论和观点，其中不乏产业结构的思想和言论。

（一）张之洞的“三事合一”思想

张之洞是洋务运动后期的主要代表人物，他在《劝学篇》(1898)中阐明了经济、教育、政治等方面的改革思想和观点[7-2]。其中在“农工商学”一篇中，张之洞论述了“三事合一”的产业协调思想。他说：“大抵农、工、商三事，互相表里，互相钩贯，农瘠则病工，工钝则病商，工、商聋则病农。三者交病，不可为国矣。”所以他主张“必将农工商三事合为一气贯通讲究，始能阜民兴利”。他提出了以工业为主导，以农业为基础，以商业、交通为纽带的产业全面发展思想。

[7-2]
张之洞及其
《劝学篇》

在农、工、商之中，他仍然把农业看作“本”业，认为“中国以农立国，……夫富民足国之道，以多出土货为要义。无农以为之本，则工无所施，商无可运”。他看到了农业在国民经济中的基础性作用，认为要发展工商业，必然要求农业部门提供充足的原材料。同时，他也意识到“中国生齿繁而遗利少，若仅博农业一端，断难赡养”。因此必须重视发展工商业。

张之洞指出工业是农商发展的关键，是提高农商效率的枢纽。他说：“工者，农商之枢纽也。内兴农利，外增商业，皆非工不为功。”显然，张之洞已经形成“以工立国”的思想。而且张之洞还注意到工业体系内部各部门间的关系协调，推动建立“自相挹注”的工业体系。

关于商学，张之洞论述了商业与工业相辅相成的关系。他指出，“外国工商业两业相因而成，工有成器，然后商有贩运，是工为体，商为用也。此易知也。其精于商术者，则商先谋之，工后作之，先察知何器利用，何货易销，何物易变新式，何法可轻成本，何国喜用何物，何术可与他国争胜，然后命工师思新法，创新器，以供商之取求，是商为主，工为使也。此罕知者也。”

总之，在产业结构上，张之洞看到了农、工、商各产业协调发展的重要性，尤其是看到了近代工业对于国民经济发展的重要性。工业化思想是张之洞产业经济思想的核心。在他领导下，湖北建立起了近代工业体系。他的工业化主张为中国近代工业化提供了理论基础。

（二）梁启超的产业四门论

梁启超是戊戌变法的领导人之一。在康有为、严复等人的影响下，他于 1897

年写成《＜史记·货殖列传＞今义》一文，用西方经济学的观点对《史记·货殖列传》加以阐释，并提出了一系列经济改革主张。在该文中，梁启超讨论了工商各业的分野及各产业之间的互动关系。梁启超把经济活动分为农、矿、工、商四门。他说："西人言富国学者，以农、矿、工、商分为四门。农者地面之物也，矿者地中之物也，工者取地面地中之物而致用也，商者以制成致用之物流通于天下也。四者相需，缺一不可。"

对于各产业间的关系，梁启超认为"尽地力者，农矿工之事，观时变者，商之事也。两者相须而成，不可偏废"。一方面，"邑业与野业，常相倚者也。邑业盛则野业不得不随之而进。"其中，"野业"指农业，"邑业"指城镇工商业。这句话体现了城镇工商业有利于农业发展的思想。另一方面，他认为农业发展为工商业崛起积累资本。他指出美国"惟专意振兴农业，其农产物运输欧洲各国获厚利，全国资本增加，乃出其资本以营工商。今反观渐渐压倒欧洲矣"。由此，他提出"由农而工，由工而商"的产业发展思想。

以工立国也是梁启超的产业发展的核心思想。他认为工业发展时要注重各业之间的良性互动。他指出，"如兴一机器织布之厂，费本二十万，而造机器之人，得其若干；种棉花之人，得其若干；修房屋之人，得其若干；工作之人，得其若干；贩卖之人，得其若干。而且因买机器也，而炼铁之人，得其若干；开矿之人，得其若干。因买棉花也，而赁地种植之人，得其若干；造粪料造农器之人，得其若干；因修房屋也，而木厂得其若干，窑厂得其若干，推而上之，炼铁开矿，以至窑厂等人，其货物又有其所自出，彼之所自出者，又复有其所自出，如是互相牵摄，沾其益者，至不可纪极。"这段论述描述了生产活动中价值的创造，揭示了各产业之间的产品联系和价值联系，体现了投入产出的思想。

(三)张謇的产业经济思想

1903年，清政府设立商部，奖励工商。由此，社会上兴起一股实业救国的热潮，涌现出张謇、荣宗敬、荣德生等一批实业家。张謇首先提出"实业救国"的口号，相关思想收录于其著作《张季子九录·实业录》(中华书局，1931)。其中，他对农工商之间关系及产业发展次序都有深刻的见解。他说："凡有国家者，立国之本不在兵也，不在商也，在乎工与农，而农为尤要。盖农不生则工无所作，工不作则商无所鬻。民生之业农为本，殖生货者也，工次之，资生以成熟者也，商为之绾谷，而以人之利为利者也。汉人重农谓为本富，商为末富，亮哉！"他说的农本，已不是封建时代从民食角度所强调的那种封建自然经济的农业，已突破了传统重农思想的范畴，而是作为工业原料的农业。"农产品不有以增殖之，则工商业之发展永无可望。"因此，他所称以农为本，主要还是从工业发展的需要出发的，主张依托现代工商业来振兴传统的农业。他虽说农、工为本而商为末，但却从未说过"重本抑末"这类的话。而且，他还明确地表示，自己说的末，决无轻视、歧视的含义，"本对末而言，犹言原委，义有先后而无轻重。"他认为农工商之间有着天然的联系。"农不出则乏其食，工不出则乏其事，商不出则三宝绝，虞不出则财匮少。四者民所衣食之原也。”

“棉铁主义”即棉铁政策，是张謇实业救国思想的核心。他提出“殖产兴业，棉铁最为重要”。因此，张謇在兴办实业时，把重点放在棉铁，标榜“棉铁主义”。按照他的看法，棉织品是当时外国进口货的第一大宗，是中国利权外溢的“第一至大之漏卮，也是全国国民的日用必需品”。铁则是“兴实业、制造农工之品所不可缺的东西”。因此，发展这两种工业最有利于“堵塞漏卮”。而且棉铁又是国家的基本工业，必须发展棉铁工业，才可以“操经济界之全权”。再者，中国经济力量薄弱，发展工业必须有步骤，“若事事并营，力分而益薄。……故与其分而至薄，无宁和合而为厚。”棉铁优先发展反映了张謇对产业发展次序和重点的判断，体现了产业发展的非平衡思想。

第三节　产业结构理论的形成与发展

20 世纪三四十年代，一些经济学家开始深入系统地研究产业结构问题，日本学者赤松要、德国经济学家霍夫曼、美国经济学家里昂惕夫和英国经济学家科林·克拉克等人从不同角度分析了产业之间的关系及其变化规律，建立了比较完整的、系统的产业结构理论。20 世纪五六十年代，产业结构研究日趋活跃，美国经济学家赫希曼、罗斯托、钱纳里、刘易斯、库兹涅茨，以及一批日本学者在产业结构研究方面形成了大量的成果，使产业结构理论得到快速发展。

一、雁行形态论

[7-3]
“雁行形态”理论及实证研究综述

雁行形态论阐述了后起工业国一个产业依次经历进口、进口替代和出口等阶段的发展变化规律，它是由日本著名的经济学家赤松要在 1935 年根据统计研究得出的经验法则。第二次世界大战后，赤松要、小岛清和山泽逸平等人深化和扩展了这一学说，并赋予新的含义[7-3]。

(一)基本模型

赤松要在 20 世纪 30 年代研究日本的棉纺织业发展过程时发现，日本棉纺织品的发展经历了进口—进口替代—出口三个阶段。在这一过程中，国内生产(S)与国内需求(D)之比(S/D)呈现由小到大，然后又由大变小的变化规律，在图形上呈现倒“V”形，就像三只大雁结群飞行的状态，因此称为雁行形态(如图 7-1 所示)。可见，雁行形态论最早被用来描述后起国某一特定产业产生、发展和趋向衰退的生命周期或过程。后来，人们在出口增长阶段后又扩展了两个阶段：成熟阶段和逆进口阶段。在成熟阶段，该产业开始向国外转移，本国生产规模下降，出口开始减少。在逆进口阶段，该国的这类产业基本转移到更落后的国家和地区，其产品需求主要通过进口满足。

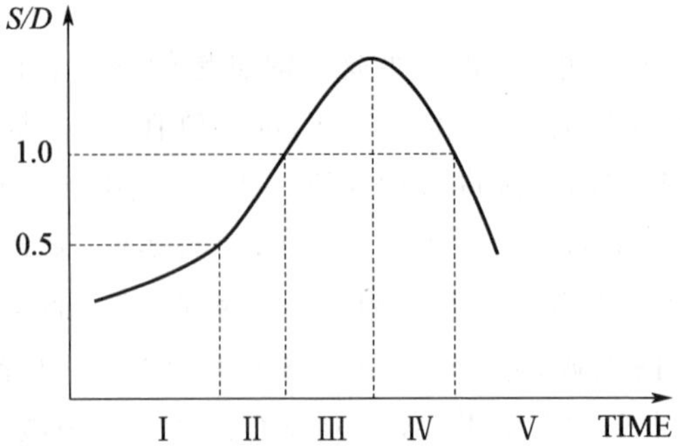

图 7-1
雁行形态基本模型

(二)基本模型的拓展

根据雁行形态论的基本思想,日本研究人员分析了国家内部产业之间的发展次序和国家之间的发展次序,从而把雁行形态论拓展到国家和国际层次。

1. 产业间发展次序

在研究过程中,赤松要发现雁行形态规律从棉纺业开始,然后转向重化工业产品,再转向机械、电子工业。这样,雁行形态理论就能够说明一国国内不同产业兴衰的变化过程,也即一国国内产业结构的内在变化。后起国家的工业产业,如果能够周期性地出现雁行产业发展形态,就能够不断促进本国的产业结构升级和发展,迅速完成工业化进程,迅速提高工业技术水平(如图 7-2 所示)。

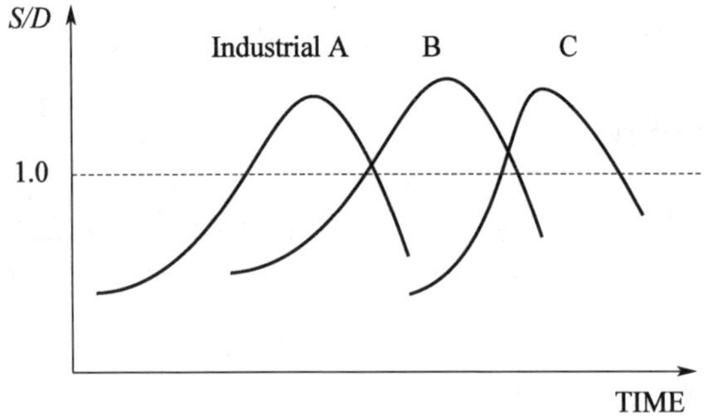

图 7-2
雁行形态理论变形之一:产业兴衰

2. 国家间发展次序

20 世纪 80 年代,小岛清等人提出边际产业(失去比较优势的产业)的国际产业转移理论,并探讨了东亚地区的国际产业转移和国家间经济发展次序,形成东亚雁行模式。其基本观点是:第二次世界大战后,日本经济迅速崛起,依次把纺织、化学、钢铁、汽车等成熟的或者失去比较优势的产业转移到新兴经济体(NIES),即亚洲四小龙;亚洲四小龙又将其边际产业依次转移到东盟国家(ASEAN)和中国,由此形成后起国家依次接受国际产业转移、追赶先进国家的"东亚雁行模式"(如图 7-3 所示)。在边际产业转移过程中,东亚国家间形成技术梯度和垂直型分工。其中,日本技术水平和经济发展水平最高,它通过资金技术的供应、市场吸收和传统产业的转移,带动该地区的经济增长,因而被看作是东亚雁行的雁首。

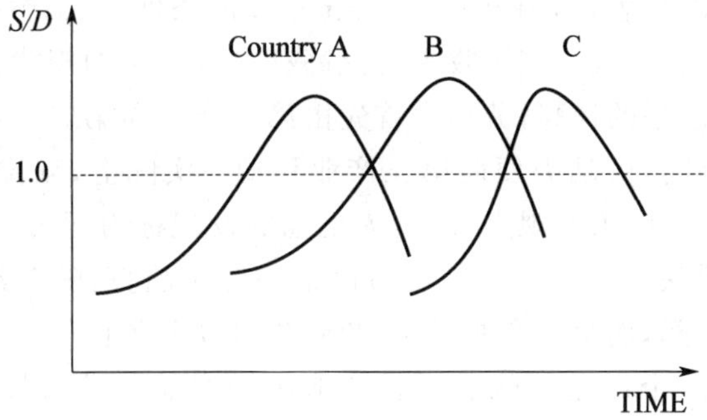

图 7-3
雁行形态理论变形之二：国家兴衰

案例7.1

中国崛起与后雁行模式

20 世纪 90 年代以来，随着东亚经济的快速发展，各国之间的技术与产业梯度日益缩小。虽然，日本在微电子、半导体、计算机、工业机器人、超导应用、光线通讯等新兴产业和高技术领域具有相当优势，但是韩国、新加坡、中国等国家正在逐步摆脱跟随者的地位，开始跳跃式地进入知识技术密集型产业领域，缩小了与日本的技术与经济差距，东亚国家之间分工也逐渐由垂直型分工向水平分工转变。这样，东亚雁行模式已经不能解释东亚经济发展的实际，并对东亚经济持续增长产生制约。为此，人们开始质疑"东亚雁行模式"，并提出了特技飞行模式、群行发展模式等"后雁行模式"。其中，特技飞行模式是指在一种新技术出现之后，如果后发国家积极加以应用，就可能开创出新产品、新市场和新产业，从而提升在技术梯度中的位置，形成新的雁行形态。群行发展模式是指东亚各国应大力发展本国和地区的优势产业和资源禀赋优势，培植和发展具有国际竞争优势的产业或领域，并带领和推动东亚地区相应产业的发展。这样，每个产业领域形成一个特定的雁行形态，东亚地区形成多个雁行形态并存的格局。

20 世纪 80 年代以来，我国经济快速增长。1978—2010 年，我国 GDP(国内生产总值)年均增长速度达到 15.90%，我国 GDP 的世界排名由第 15 位上升到第 2 位。近年来，随着创新驱动发展战略的实施，我国技术创新能力不断提高，并推动了产业结构转型升级。我国的跨国公司开始向南亚、东南亚、中亚、西亚地区转移成熟的产业。我国作为亚洲最大的发展中国家，必将对亚洲特别是东亚经济产生重要的推动作用，我国正在实现由"东亚雁身"向"东亚雁首"的华丽转变。从中长期看，我国必须持续进行技术创新投入，培育自主创新能力，建立产业不断升级的机制，才能始终处于东亚经济发展的前列，也才能在东亚雁行发展中发挥更大的作用。

资料来源：欧定余，陈维涛. 东亚雁行分工模式局限性分析：基于中国数据的面板协整分析[J]. 经济问题，2010(8).

二、配第—克拉克定律

英国经济学家科林·克拉克(C. Clark，1940)在威廉·配第研究成果的基础上，采用三次产业分类体系，深入地研究了就业人口在三次产业中的分布结构及其变动规律。1940年克拉克在出版的《经济进步的条件》一书中指出，劳动力在三次产业中的结构变化与人均国民收入的提高存在着一定的规律性，即随着经济发展，人均国民收入水平的提高，劳动力首先由第一产业向第二产业移动；当人均国民收入进一步提高时，劳动力便向第三产业移动。实际上，克拉克的发现实际上是用统计方法证实了配第的观点，故后人把他的发现称为配第—克拉克定律。配第—克拉克定律反映了三次产业劳动力比重的变化趋势：随着经济发展，第一产业劳动力比重在下降，而第二产业、第三产业劳动力比重上升。

克拉克认为，一个产业的就业增长率取决于产品需求增长与劳动生产率增长。其一，农业和农业就业。随着经济发展，农业劳动生产率提高，单位农产品的需求收入弹性最小，农产品需求增长率低，并呈下降趋势，从而引起第一产业劳动力向外转移。其二，工业和工业就业。克拉克认为，无论是按每小时劳动产出，还是按人均产出，第二产业的劳动生产率增长速度均比其他产业要快，但第二产业产品的需求增长率相对较慢。因此，随着经济进步，第二产业的劳动力也会减少。即使加工工业产品的需求增长率提高，但是也不会高于劳动生产率的增长。其三，服务业与服务业就业。随着经济发展，第三产业劳动生产率提高，由于服务的需求收入弹性最高，服务的需求增长要快于劳动生产率的增长。因此，随着人均收入水平的提高，劳动力必然由第二产业流向第三产业。克拉克依据市场供求关系，运用了需求收入弹性、劳动生产率增长率等指标，使得产业结构分析更加规范。

克拉克明确提出三次产业结构及其变化，引起许多经济学家的研究兴趣，推动了三次产业结构的研究和应用。但是，在研究方法上，这一定律只使用了单一的劳动力指标，不能全面反映产业结构演变的特征和趋势。

案例7.2

我国中部地区就业结构及其变动趋势

20世纪90年代以来，我国中部地区六省（湖北省、湖南省、江西省、安徽省、山西省和河南省）的劳动力结构发生较大变化（见表7-1）。从三次产业的劳动力结构看，中部地区第一产业劳动力比重从1995年的56.0%逐步下降到2015年的36.0%，第二产业劳动力比重略有上升，而第三产业的劳动力比重则由22.1%上升到36.6%。从劳动力比重的时间序列来看，中部地区的劳动力流动符合配第-克拉克定律，并突出地表现为向第三产业的转移。虽然农业剩余劳动力开始大规模转移，但是农业劳动力比重远远大于10%。与发达国家相比，中部地区第三产业的劳动力比重远低于60%，第三产业具有吸纳大量劳动力的潜力。因此，农业劳动力转移仍将继续，并大量流向第三产业。

表7-1　　中部地区就业结构变化趋势　　单位：%

年　份	第一产业比重	第二产业比重	第三产业比重
1995	56.0	21.9	22.1
2000	54.0	21.4	24.6

续表

年　份	第一产业比重	第二产业比重	第三产业比重
2005	40.2	27.8	32.0
2010	35.2	29.9	34.9
2015	36.0	27.4	36.6

数据来源：根据我国中部地区六省各年统计年鉴计算.

三、投入产出理论

投入产出理论由美国经济学家里昂惕夫(W. Leontief)创立，主要分析一个国家和地区各产业之间的投入产出关系。受瓦尔拉斯(L. Walras,1874)的一般均衡模型的影响和20世纪30年代苏联国民经济平衡表的启发，里昂惕夫在20世纪30年代开始从事投入产出方面的研究。1936年，他发表投入产出领域的第一篇论文:《美国经济制度中投入产出的数量关系》;1941年，他在对美国的经济结构进行深入分析的基础上，出版了《1919—1929年美国经济结构》一书，详细介绍了投入产出分析的基本内容。之后，他对投入产出分析的原理进行了系统总结和拓展，于1953年和1966年分别出版了《美国经济结构研究》和《投入产出经济学》两本著作，建立了完整的投入产出分析体系。

投入产出分析是一种用于分析部门间发生的投入与产出关系的计量分析方法，是按照一定时期内各部门的投入来源和产出去向，编制纵横交错的部门联系平衡表(投入产出表)，并据此建立产业之间、产业与宏观经济之间关系的数学模型(投入产出模型)。投入产出分析有助于人们了解众多产业之间复杂的生产联系及相互依存关系、认识产业结构的特征，为政府制定产业结构政策提供了理论依据。投入产出分析理论提出后在国际上产生重要影响，并得到广泛的应用。1968年，联合国将投入产出表推荐作为国家国民经济核算体系的组成部分，使之成为国际上公认的经济分析方法和常规的核算手段。迄今，世界上有100多个国家和地区编制过投入产出表;有80多个国家和地区定期编制投入产出表。1974年我国编制了第一张实物型投入产出表，1982年编制了第一张价值型投入产出表。从1987年开始，我国每隔5年编制一次全国投入产出表。

四、人均收入影响论

美国著名经济学家、"GNP之父"西蒙・库兹涅茨(S. Kuznets,1971)在继承科林・克拉克研究成果的基础上，从国民收入和劳动力在产业间分布入手，对经济增长过程中的产业结构变化作了深入的研究。

配第-克拉克定律主要描述了经济发展中劳动力在三次产业之间分布结构的演变规律。在此基础上，美国经济学家库兹涅茨从国民收入和劳动力在产业间分布这两个方面，分析了伴随经济发展的产业结构变化规律。库兹涅茨在其著作

《各国经济增长:总产值和生产结构》中,利用20世纪六七十年代的统计体系,收集和整理了20多个国家的庞大的历史数据,描述和分析了百年来世界主要国家经济增长的过程,并考察了经济增长过程中各国产值和劳动力在产业间分布结构的变化,总结出如下结论:随着人均收入水平的提高,农业部门(第一产业)实现的国民收入的比重,以及农业劳动力在全国劳动力中的比重,均处于不断下降之中;工业部门的产值比重是上升的,工业劳动力的比重是大体不变或略有上升;服务部门的劳动力比重上升的趋势是明显的,但国民收入的相对比重却是大体不变或略有上升(见表7-2)。实际上,库兹涅茨是从产值和劳动力两个方面解释了人均收入水平对产业结构变动的影响。他的这种观点被称为"人均收入影响论"。

库兹涅茨不仅发现了一个国家产业结构变动的趋势,而且还对一个国家产业结构演变的阶段进行了研究。他通过对57个国家原始数据的分析,得到1958年各国人均收入水平与产业结构状况的对应关系,并按由低到高的顺序划分为五个阶段,被称为工业化五阶段说。

表7-2　库兹涅茨的工业化五阶段说　　单位:%

人均GDP/美元	第一产业(比重)		第二产业(比重)		第三产业(比重)	
	产值	劳动力	产值	劳动力	产值	劳动力
70	48.4	80.5	20.6	9.6	31.0	9.9
150	36.8	63.3	26.3	17.0	36.9	19.7
300	26.4	46.1	33.0	26.8	40.6	27.1
500	18.7	31.4	40.9	36.0	40.4	32.6
1 000	11.7	17.0	48.4	45.6	39.9	37.4

案例7.3

我国中部地区产业相对国民收入分析

产业相对国民收入也即产业比较劳动生产率,是指某产业产值比重与劳动力比重的比率。它可以反映产业的生产效益,也可以揭示产业结构的变动的特征。分析1995—2015年间我国中部地区相对国民收入的数据发现,中部地区产值比重和劳动力比重变化符合工业化后期的特征:第二产业产值增长放缓,第三产业劳动力增长开始加快。第二产业相对国民收入最高,说明第二产业具有较高的劳动生产率。从时间序列看,第二产业的相对国民收入变化较小,说明中部地区第二产业产值增长与劳动力增长速度相当,工业已经不能大量容纳劳动力。第一产业的相对国民收入小于1,说明第一产业的劳动生产率较低。从时间序列来看,第一产业的相对国民收入呈持续下降趋势,说明第一产业的劳动力比重在持续下降,中部地区农业劳动力仍有大量剩余,农业劳动力减少的趋势仍然存在。第三产业相对国民收入水平介于第一产业和第二产业之间,各年相对国民收入的平均值为1.24,说明第三产业的劳动生产效率较高。从时间序列来看,第三产业的相对国民收入呈持续下降趋势(见表7-3),说明产值增长慢于劳动力增长,第三产业大量吸纳劳动力的时期已经来临。

表 7-3　　我国中部地区相对国民收入汇总

年　份	第一产业	第二产业	第三产业
1995	0.48	1.88	1.46
2000	0.36	1.99	1.54
2005	0.42	1.68	1.14
2010	0.33	1.85	0.95
2015	0.28	1.84	1.12

数据来源:根据我国中部地区六省各年统计年鉴计算.

五、标准结构模型

库兹涅茨的研究是以发达国家为对象的,而对于典型的二元经济的发展中国家并不一定适用。20 世纪 60 年代以来,一些经济学家对发展中国家的经济增长与结构演变进行了更加深入而广泛的研究。其中,美国经济学家钱纳里(H. Chenery)的"标准结构"研究最具影响。

钱纳里认为经济结构变化与国民收入水平增长有密切的关系。因此,他一直倡导并使用结构分析方法,通过国际比较研究探索不同国家发展过程中结构变化所具有的共同性和特殊性。1975 年,钱纳里等人出版著作《发展的形式 1950—1970》,介绍了著名的"世界发展模型"。他利用 101 个国家 1950—1970 年间的统计资料进行归纳分析,总结了各国经济结构转变的全过程,得到一个经济发展水平与产业结构相对应的模型,即著名的"世界发展模型"。1986 年,钱纳里等人在《工业化和经济增长比较》一书中,以世界发展模型为基础,推导出人均 GDP 与经济发展阶段的对应关系——标准工业化模型,即不同的人均收入水平对应着不同的经济结构特征。根据人均收入水平,他把经济发展过程分为初级产品生产阶段、工业化阶段和发达经济阶段。在初级产品生产阶段,经济活动以农业生产为主,工业为手工业,生产力水平低下。在工业化阶段,大机器工业迅速发展,工业发展成为经济的主导产业。他根据人均收入水平把工业化过程分为工业化初期、工业化中期和工业化后期三个时期(见表 7-4)。他认为,在不同的工业化时期起主要作用的制造业也不同,从而将制造业分为三种类型:初期产业指工业化初期对经济发展起主要作用制造业部门,如食品、皮革、纺织等部门;中期产业指工业化中期对经济发展起主导作用的制造业部门,如非金属矿产品、橡胶制品、木材加工、石油、化工、煤炭制品等部门;后期产业指在工业化后期起主要作用的制造业部门[7-4]。发达经济阶段包括后工业社会和现代社会两个时期。其主要特征是技术高度发达,第三产业发展迅速并占据主导地位。

[7-4]
钱纳里工业化阶段理论

表 7-4　　钱纳里的标准工业化模型(1986)　　单位:美元

时期	人均国内生产总值变动范围			发展阶段
	1964 年	1970 年	1982 年	
1	100～200	140～280	364～728	初级产品生产阶段
2	200～400	280～560	728～1 456	工业化阶段
3	400～800	560～1 120	1 456～2 912	
4	800～1 500	1 120～2 100	2 912～5 460	
5	1 500～2 400	2 100～3 360	5 460～8 736	发达经济阶段
6	2 400～3 600	3 360～5 040	8 736～13 104	

资料来源:钱纳里,鲁宾逊,赛尔奎因. 工业化和经济增长的比较研究[M]. 上海:上海三联书店,1989.

1989 年,赛尔奎因(M. Syrquin)与钱纳里对标准结构进行修正,提出产业结构标准模式。在该模式中,经济阶段划分除人均 GDP 标准外,又增加了产业结构标准(见表 7-5)。因此,该模式被称为产业结构标准模式。

表 7-5　　赛尔奎因、钱纳里产业结构标准模式(1989)

阶段	人均 GDP (1980 美元)	产值构成/%			就业构成/%		
		第一产业	第二产业	第三产业	第一产业	第二产业	第三产业
农业社会	<300	48.0	21.0	31.0	81.0	7.0	12.0
	300	39.4	28.2	32.4	74.9	9.21	5.9
工业化初期	500	31.7	33.4	34.9	65.1	13.2	21.7
工业化中期	1 000	22.8	39.2	37.8	51.7	19.2	29.1
工业化后期	2 000	15.4	43.4	41.2	38.1	25.6	36.3
现代社会	4 000	9.7	45.6	44.7	24.2	32.6	43.2
	>4 000	7.0	46.0	47.0	13.0	40.0	47.0

资料来源:Syrquin M,Chenery H. Three Decades of Industrialization[J]. World Bank Economic Review,1989,3(3).

钱纳里等人关于工业化特征的描述是建立在对第二次世界大战后工业化进展较为迅速的国家的考察基础上的。在这之前已经实现工业化的发达国家(如英国、美国等国家)则不在样本国家之列,这对于把工业化作为一种历史过程加以考察来说,自然是一个欠缺。不过他们所描绘的工业化过程中生产、贸易和消费结构的变化,还是能够反映大多数工业化的基本经验或趋势,因而他们对不同人均收入水平下经济结构的不同特征的描述,成为迄今多数工业化理论和政策研究所参照的一种似乎最具典范意义的"标准结构"。

六、霍夫曼工业化经验法则

1931 年,德国经济学家霍夫曼(W. Hofmann)在《工业化的阶段和类型》一书中,对 1880—1929 年间 20 多个国家的工业化过程进行了实证分析。后来,其在 1958 年出版的《工业经济的成长》一书中,又着重分析了工业化各阶段工业部门结构变动状况。在分析过程中,他把工业部门分为消费品工业、资本品工业和其他工业三个部分。他发现,工业化过程中消费品工业净产值与资本品工业净产值之比(霍夫曼比例)是逐渐下降的,因此提出"霍夫曼工业化经验法则"。他根据霍夫曼比例的大小,将工业化过程划分为四个阶段(见表 7-6)。

表 7-6　　霍夫曼比例与工业化阶段

工业化阶段	霍夫曼比例	工业结构特征
第一阶段	5(±1)	消费品工业在制造业中占统治地位,资本品工业不发达
第二阶段	2.5(±0.5)	资本品工业较快发展,但消费品工业规模仍占明显优势
第三阶段	1(±0.5)	消费品工业与资本品工业的规模达到大致相当的程度
第四阶段	<1	资本品工业的规模大于消费品工业的规模

由于资本品工业是重工业的重要组成部分,因而霍夫曼比例下降揭示了工业化过程中工业部门结构演变的一种趋势——重工业化趋势。因为资本品工业与消费品工业相比,具有资本、技术密集的特点,同时资本品工业比例增大意味着工业加工程度深化,中间产品和最终产品比例扩大,所以霍夫曼比例越低,说明资本品工业规模越发展,相应地消费品工业比重越小,工业结构乃至整个产业结构高度越高。霍夫曼比例在测定工业化程度时,具有简便、可操作性强的特点,因此被我国不少学者使用。但是,对于那些既是最终消费品,又具有中间品性质的产业来讲,统计上会出现问题。霍夫曼提出以 75%以上用途作为划分标准,但在实际统计中应面临较大的难度。而且霍夫曼经验法则作为一种经验法则,不具有普遍的应用价值,只能作为政策制定的参考[7-5]。

[7-5]
霍夫曼系数法的缺陷及其修正

案例7.4

21 世纪初我国重工业化道路的争论

从 1999 年开始我国工业发展出现转折性变化,无论在产值、投资、利润增长方面,重工业都超过轻工业,出现明显的重工业化趋势。到 2004 年,重工业比重达到 67.6%。同时,钢材、水泥等工业快速发展引发煤荒、电荒、油荒、气荒和运荒等问题,而且环境污染也不断加剧。于是,人们开始思考和讨论我国重工业化的前景和未来的选择。

2004 年下半年,吴敬琏教授发表谈话和文章,对工业过度重型化的趋势表示担忧。他认为霍夫曼经验法则只是一个未被后来的经验数据证实的假说。他指出"无论从理论还是实践,都无法得出中国经济必须经过'重工业化'阶段这一结论。"他认为,处于工业化后期的中国应该走新型工业化道路,实现三个转变:从依赖资源向依赖技术转变;从重制造业向重服务业转变;从传统管理向信息化管理转变。

一些学者针对吴敬琏教授的观点提出反驳意见。厉以宁教授等人认为,世界上各国工业化道路并无统一模式,但是就工业化进程而言,重工业化阶段是工业化进程绕不过的坎。

即使是后起的工业化国家(如韩国、日本等)也并无例外。简新华教授认为,重工业化与新型工业化并不矛盾,重工业并不必然是资源消耗型、环境污染型产业,重工业化并不必然是粗放增长,也不是坚持已经过时的工业化道路。我国现在还不可能以服务业为主导,而且发展重工业并不排斥生产性服务业的发展。

资料来源:陈文通.对“重工业新阶段论”的争论和评价[J].中共中央党校学报,2005(2).

七、不平衡增长学说

自20世纪50年代以来,发展中国家的工业化浪潮汹涌而来,许多国家的经济增长空前高涨。在经济发展实践的推动下,西方经济发展理论有了重大进展,提出若干均衡发展理论模型,主张国民经济各部门要均等发展和同步发展,最终实现经济的均衡发展。这些理论认为,由于资本供给特别是基础设施供给的不可分性、储蓄的不可分性以及需求的不可分性,发展中国家为了迅速工业化必须全面地、大规模地投入资本。这些理论的核心是同时在广大的范围内对各个工业部门进行投资,将产生巨大的外部经济效果:一是对相互补充的工业部门投资,可以创造出互为需求的市场,解决因市场狭小、需求不足而阻碍经济发展的问题;二是对相互补充部门同时投资,可以降低生产成本,增加利润,为提高储蓄、提供再投资的资本创造了条件,从而消除了供给不足的障碍。其代表性的理论有罗森斯坦·罗丹(P. Rosenstein-Rodan,1943)的大推进理论、纳克斯(R. Nurkse,1953)的贫困恶性循环论、内尔森(R. Nelson,1956)的低水平均衡陷阱论、莱宾斯坦(H. leibenstein,1957)的临界最小努力命题论。经济发展平衡理论提出后,在西方经济学界引起广泛的争议,遭到许多经济学家的反对和质疑:一般区域特别是发展中国家和地区不可能具备推动所有产业和区域发展的资本和资源,因而也很难做到平衡发展。显然,区域均衡发展理论采用的是静态的分析方法,无法解释现实的经济增长过程,不可能为区域发展问题找到出路。因此,一些经济学家提出了非平衡增长理论,强调应当集中有限资源发展重点产业或部门,以促进整体经济的发展。

[7-6] 50年来影响最大的发展经济学家——赫希曼

美国经济学家艾伯特·赫希曼(A. Hirshman)是“不平衡”增长学说的创始人[7-6]。他于1958年出版了对经济发展理论具有重要影响的著作《经济发展战略》。在此书中,赫希曼对当时流行的平衡增长理论提出质疑,并以拉丁美洲各国的经验设计了一个不平衡发展模型。他认为,国民经济系统中的各个产业的发展是存在主次之分和先后次序的;产业之间存在着关联效应,发展是按照主导部门带动其他部门增长,由一个行业引发另一个行业增长的方式进行的。因而,经济增长是一个不平衡的连锁演变过程。赫希曼认为,在国民经济活动中,有两种诱导机制或许能在直接生产活动部门发生作用:前向联系效应和后向联系效应。前向联系效应:“即任何在性质上并非唯一满足最终需求的活动,将导致利用其产品作为某种新生产活动投入的意图”。也就是指一个部门与消耗其产品的部门之间的联系。前向联系较强部门的产品价格下降后消耗这类产品的部门成本随之下降，产品或服务价格随之降低，市场需求会扩大，从而促进了经济增长。这就是前向联系所具有的诱导机制。前向联系则永远不会以单纯的形式出现，而是呈现出钳形附带反馈效应。例如，A产业的发展，通过前向联系效应引起下游产业B的发展，而B的发展又对A产业产生后向联系效应。中间产品生产具有较强的前向联系效应。后向联系效应："即每一非初级经济活动将导致通过国内生产，提供其所需投入的意图"。也就是指一个部门与向它提供投入的部门之间的联系。后向联系强的部门扩大投资，会拉动投入物价格上涨，从而刺激为其提供投入物的部门扩大投资，经济随之增长。这就是后向联系所具有的诱导机制。最终产品具有较强的后向联系效应。赫希曼用联系效应总和来衡量一个产业对其他产业的刺激力度：如果行业W的建立，经过联系效应，能够导致净产量约为 $x_i(i=1,2,3,\cdots,n)$ 的 n 个行业的建立，并且假定行业 W 的建立使每个行业得以建立的概率为 $p_i(i=1,2,3,\cdots,n)$，则该产业的联系效应总和为 $\sum_1^n x_i p_i$。赫希曼把W称为主导行业，而受到W刺激而发展的行业被称为卫星行业，并认为"主导行业一经建立，卫星行业几乎必然接踵而至"。而两个行业及更多行业所产生的联系效应就要大于它们个别的联系效应总和，这个事实有助于解释发展的累积特征。当行业A首先建立时，其卫星产业很快就会相继建立，而当行业B随后建立时，它就势必将导致既非A行业，也非B行业单独能够带来的其他厂商的建立。行业C的建立，某些需要A、B、C同时激发的产业便会相继建立。"推而广之，以行业发展中联系作用导致的累积效应机制，可以解释为什么在一个国家的初级发展阶段，工业成长的加速现象会如此明显"。赫希曼主张发展中国家应把资源集中投入联系效应大的部门，特别是那些具有较强后向联系的制造业部门，从而通过联系效应促进其他部门成长，即实现不平衡增长。

八、主导产业扩散效应理论

美国经济学家罗斯托(W. Rostow)在其《经济增长的过程》(1955)和《经济成长的阶段》(1960)等著作中，提出了主导产业扩散效应和经济发展阶段理论[7-7]。他用非总量的部门分析方法来解释国家和地区经济的起飞过程。罗斯托认为，国家和地区的经济增长从表面上看是一个总量问题，即人均收入的有规则的上升。但总量分析不能说明增长的过程，增长实际上是主导产业带动相关产业发展的复杂的联系过程。总量指标的变化不过是部门经济活动的结果而已。他用主导产业的扩散效应来解释国家和地区的工业化现象。他认为主导产业有两个基本标准：一是引入新技术和新生产函数，因而具有高速增长的势头，并达到显著的生产规模。这是主导产业对经济增长的直接贡献。二是该部门的联系效应(包括回顾效应、前向效应和旁侧效应)渗透到整个经济，引起整体经济的急速增长。这是主导产业对经济增长的间接贡献。罗斯托借鉴了赫希曼的后向联系效应和前向联系效应，并提出了旁侧效应。旁侧效应是指主导部门的成长还会引起它周围地区在经济和社会方面的一系列变化。这些变化趋向于在广泛方面推进工业化进程，如商业模式、市场结构、基础设施建设、城市化等。罗斯托认为，主导产业的出现

[7-7]
了解罗斯托的经济理论体系

是经济“起飞”的基本条件，当主导产业的增长速度和规模达到一定水平，其能量足以引诱出经济的基本扩张效应时，经济增长速度将急剧上升，经济实现“起飞”。而且，在“起飞”已经出现的时候，社会经济还必须有能力利用前向联系，加快新兴产业成长。这样在旧的主导部门衰退时，新的主导部门能够产生。这种能力使主导部门的职能不断从旧的主导部门转移到新的主导部门，从而将真正的“起飞”与过渡阶段中“流产”的工业高潮区别开来。这样，经济就能够实现持续发展。

罗斯托认为，一个国家经济持续发展要经历以下几个阶段：第一阶段是传统社会，指牛顿之前的历史阶段，农业生产占主导地位，不存在现代科学技术，生产力水平低下；第二阶段是为“起飞”创造条件的阶段。虽然决定国家和地区经济活动的力量仍然是非工业部门，但是这个时期的经济社会的变化为起飞创造了资金和市场条件：一是科学技术开始在农业和工业中使用，农业和矿业生产率提高，为工业部门发展积累了资金，生产性投资率显著超过人口增长率；二是国内贸易扩张，市场体系逐步建立，为工业部门提供市场。第三阶段是“起飞”阶段，一个或几个新的制造业部门的迅速增长成为国家或地区经济增长的引擎，国家和地区开始进入工业化阶段。这一时期，国民生产总值增长率和投资率有一个明显的加速趋势。第四阶段是向成熟推进的阶段，也称为自我持续增长阶段：旧的主导部门出现减速时，诞生新的主导部门，其扩散效应能继续推动经济增长。依此类推，持续增长就是起飞过程的重复。第五阶段是高额群众消费阶段，这一时期工业已经高度发达，主导部门转向耐用消费品和服务业，其中汽车工业是这一时期的一个主要标志。第六阶段是追求生活质量阶段，这个时期的主导部门转变为提高生活质量的产业：教育、保健、医疗、社会福利、文娱和旅游等部门。

九、增长极理论

1950 年，佩鲁(F. Perroux)发表《经济空间：理论与应用》一文，提出增长极概念，他认为现实世界中经济单元之间的影响是不均等的，一些经济单元（企业或产业）支配着另一些经济单元，这些具有支配效应的经济单元被称为推进型单元，它们的增长和创新会诱导其他经济单元的增长和模仿创新。这样，如果一个拥有支配效应的经济以“受力场”形式出现，那么配置在这个场内的推进型单元即为“增长极”。增长极可以是拥有某种分享合同的厂商群内的一个或一组厂商，也可以是某种工业部门或产业。它们因为技术创新而以高于工业产值和国民经济总产值的速度增长。佩鲁认为，“增长并非同时出现在所有的地方。它以不同的强度首先出现于一些增长点或增长极上，然后通过不同的渠道向外扩散，并对整个经济产生不同的终极影响。”受增长极控制和影响的厂商或产业组成受推进型单元，这些受推进型单元不再以政治上的疆界为限。推进型单元通过诱导受推进型单元的发展使经济发展呈现出整体性特征。佩鲁认为，增长极的诱导机制包括以下几个方面：一是一个产业的扩张在某种环境下能够产生席托夫斯基所称的“金融性外围经济”，即在生产纵向联系中一个产业通过对其他产业投入的供给和产品的购买来增加它的利润。二是一个产业的设立能够刺激其他产业的创新与模仿。三是一个部门的扩张能够通过里昂惕夫投入产出关系对经济中的其他部门产生乘数效应。四是寡头市场结构中的支配性厂商能够通过经济福利诱导其他厂商进行创新和采取销价战略。五是某一产业中的新增投资能够像凯恩斯所分析的那样,对经济产生乘数和加速效应。

在佩鲁看来,增长极是一组推进型企业或产业。由于外部经济和集聚效应,造成作为增长极的工业在空间上呈集中分布,并与现存的城市结合在一起。据此,增长极开始向空间概念转变。法国经济学家布代维尔(J. Boudeville,1966)认为,增长极将作为以拥有推进型产业复合体的城镇出现。经过这种修正,增长极便与产业集聚的城镇等同起来,增长极的层次性便对应于城镇体系的等级性,并且将这种结构发展成具有可操作性的区域模式。在这种模式中,增长极就是城市增长中心,该增长中心的增长可以带动周围地区。这种对佩鲁增长极概念的修正较大程度地削弱了原始的增长极思想,但反映了人们的注意力从主导部门间的相互影响转向空间集聚的利益和空间极化效应。

案例7.5

中海壳牌南海石化项目与大亚湾石化新城

2002 年 11 月,中海壳牌南海石化基地在广东惠州市大亚湾经济技术开发区奠基,拉开了国内最大石油化工项目建设的序幕。中海壳牌石化项目由中国海洋石油总公司(45%股权)、壳牌南海有限公司(50%股权)和广东投资开发公司(5%股权)合资建设,总投资 43 亿美元,设计生产能力为 80 万吨/乙烯、43 万吨/丙烯和 230 万吨石化产品。自 2006 年项目投产以来,按照一个大项目带动一个产业,连起一条产业链,形成一片产业群,打造一个产业基地的发展思路,大亚湾石化区吸引了一批国内外客商前来投资置业,石化产业链不断延伸,精细化工、仓储物流、交通运输以及科学研究等配套产业随之发展。截至 2015 年底,大亚湾石化区已经落户项目 79 宗,总投资 1 678 亿元,"炼化物流一体化"的产业格局已经初步形成。石油化工产业链的不断延伸,在大亚湾经济技术开发区产生了广泛的带动效应,营商环境不断改善、基础设施日臻完善,人口不断增加,大亚湾已经由一个南海小渔村崛起为现代化的石化新城,成为我国重要的石油化工基地。

按照《广东惠州环大亚湾新区发展规划(2013—2030 年)》,大亚湾石化区将是环大亚湾新区发展的增长极。环大亚湾新区将按照基地化、园区化和一体化的布局原则,依托现有龙头企业和炼化一体化后续建设项目,以乙烯原料轻质化和优质化为方向,延伸发展中下游产业链,提高精细化工产业比重,以大亚湾石化区为核心,带动惠阳、惠东精细化工产业基地建设,打造技术领先、资源循环利用和生态安全的世界级石化产业集群。

资料来源:惠州市人民政府. 广东惠州环大亚湾新区发展总体规划(2013—2030 年)[R]. 2014.

十、二元结构模型

(一)二元结构模型

刘易斯(W. Lewis,1954)在其论文《无限劳动供给下的经济发展》中提出发展中国家存在的二元经济结构变化。其基本假设条件是:一是不发达经济分为两个部门,即以城市为中心的现代化的工业部门(商品经济发达,生产效率高)和以农村为中心的农业部门(自产自足,生产效率低);二是传统部门的边际劳动生产率为零,存在劳动的无限供给;三是从传统农业部门转移出来的劳动力的工资下限为农业部门的人均产出水平(最低生存费用)。

刘易斯认为,在一个二元经济结构的国家中,发展的核心问题在于经济的重心逐渐由传统的农业部门移向现代工业部门,这个过程通过两部门之间劳动力流动来完成,并分为两个阶段:第一阶段,农村存在剩余劳动力,工业能够以稍高于农业部门的人均产出的低廉的价格源源不断地吸纳农业剩余劳动力,获得巨额利润,并通过累积效应加快规模扩张。第二阶段,资本加速积累,迅速吸收农业剩余劳动力。当农业剩余劳动力消失,农业劳动力的边际生产率提高并与工业达到一致,这时经济中的二元结构也消失了,各部门劳动力工资完全由其边际生产率决定[7-8]。

[7-8]
“刘易斯拐点”不一定出现

(二)刘易斯—费—拉尼斯模型

1961年,费景汉和拉尼斯(J. Fei and G. Ranis)在《经济发展的一种理论》一文指出,刘易斯的模型有两个缺点:一是不重视农业在促进工业方面的重要性,会造成农业的停滞;二是忽视了农业生产率提高而出现农产品剩余,而这一点正是农业劳动力向工业流动的先决条件,否则工业中新吸收的来自农业的劳动力就没有口粮和其他农产品供应。为此,他们两人对刘易斯模型进行修正,修正后的模型被称为刘易斯-费-拉尼斯模型。他们把二元结构的演变分为三个阶段:第一阶段,传统农业部门劳动力的边际生产率为零,经济中存在着显性失业,因而劳动力是无限供给的。当这些劳动力向工业部门转移时,农业总产量并不会减少,这样就会出现农业剩余,它正好可以满足转移到工业部门的劳动力对粮食的需求。因此,农业产品的价格不会发生变动,工业部门的工资也保持不变。当这种类型的劳动力转移完毕,经济发展进入第二阶段。第二阶段,农业部门劳动力的边际产量大于零但小于农业部门平均产量,经济中存在隐蔽性失业。由于这部分剩余劳动力的边际产量大于零,当他们转移出去后,农业总产量就会下降,而剩下的农业劳动力仍然和以前同样消费,所以提供给工业部门的农产品达不到平均消费水平,经济中粮食短缺并导致价格上涨,工业部门工资开始上升。当农业中全部剩余劳动力被吸收到工业部门,经济就进入到第三阶段。第三阶段,农业已经没有剩余劳动力,农业已经开始商业化和资本化,农业和工业中的工资水平都由其劳动力的边际产出来决定,当农业部门劳动力的边际产量和工业部门的边际产出相等时,经济就进入统一的劳动力市场阶段。

十一、动态比较费用论

第二次世界大战后，为了摆脱经济落后状况，实现赶超欧美国家的战略目标，日本政府陆续制定了一系列产业政策，学术界也在国外理论的基础上不断创新，为赶超战略和产业政策提供理论依据。筱原三代平的动态比较费用论就是在这种形势推动下产生的。

筱原三代平的动态比较费用论是在批判李嘉图的相对成本说基础上发展起来的。他认为，依据李嘉图的相对成本说，发达国家将其发展的重点放在重工业等收入弹性高的产业，而发展中国家只发展生产农产品等收入弹性低、技术进步率低的初级产业。如果这种分工持续就会产生“马太效应”，即穷国越穷、富国越富。日本要赶超欧美等发达国家，就不能原封不动地接受静态比较成本说。为此，他借鉴李斯特扶持幼小产业学说，提出产品的比较成本可以转化。从某一时点看在国际贸易中成本处于劣势的产品，从发展的眼光看，可能转化为成本领先的优势产品，即形成动态比较优势。筱原三代平认为，对于那些有潜力的、对国民经济有重要意义的产业，政府要采取产业倾斜扶持政策和贸易保护政策，促进其比较优势的形成。经过10～15年的扶持发展，这类产业的生产效率提高了，商品价格甚至会低于从外国进口的商品价格，从而成为具有国际竞争优势的产业。

十二、中等收入陷阱理论

[7-9]
“中等收入陷阱”本身就是理论陷阱

世界银行《东亚经济发展报告(2006)》最先提出“中等收入陷阱”的概念，基本含义是：鲜有中等收入的经济体成功地跻身为高收入国家，这些国家往往陷入了经济增长的停滞期，既无法在工资方面与低收入国家竞争，又无法在尖端技术研制方面与富裕国家竞争。进入这个时期后，贫富分化、过度城市化、信仰缺失等社会问题集中爆发，社会也处于不稳定状态[7-9]。国际公认的成功跨越“中等收入陷阱”的国家仅有日本和韩国，而拉美地区和东南亚一些国家则进入经济增长的停滞期。1999年，我国人均GDP达到7 229元(折合873美元)，开始进入下中等收入国家；2014年，我国人均GDP达到47 203元(折合7 684美元)，已经进入上中等收入国家行列，我国正面临“中等收入陷阱”的风险。

21世纪以来，国内外学者针对“中等收入陷阱”的原因展开研究。从理论研究和实际情况来看，“中等收入陷阱”的主要原因包括以下几个方面：一是在自主创新和人力资本方面的投资不足，未能克服技术创新瓶颈，难以形成新的竞争优势产业和发展动力；二是收入分配差距拉大不仅制约着社会消费需求的增长，而且由此引发的社会动荡也影响着经济的稳定发展；三是人口结构老化和工资水平上升使人口红利消失，传统的劳动密集型产业发展面临挑战；四是过度城市化导致城市供给与居民需求的矛盾凸显，城市不能为居民提供充足的就业机会和必要的生活条件，从而降低资源配置效率，引发大量的社会问题。实际上，产业结构转型升级是经济持续增长的必要条件，而技术创新则是推动产业结构转型的关键力量。因此，技术创新能力，尤其是自主创新能力是中等收入国家经济、社会持续发展的关键。20世纪80年代韩国的“技术立国”和20世纪90年代日本的“科学技术创新立国”的实践经验都说明，依托技术创新，培育和发展新兴产业，推动产业结构转型升级对于跨越“中等收入陷阱”具有重要的作用。

十三、产业融合理论

20 世纪 70 年代以来，随着信息技术的快速扩散，产业之间的协作不断加强，产业之间的边界逐渐模糊并形成新的产业业态。产业之间的融合现象引起人们的广泛关注，并在产业融合的概念、类型和动机等方面展开研究。

（一）产业融合的概念

1978 年，麻省理工学院尼古路庞特（N. Negrouponte）关注和分析了计算机、印刷和广播业之间的技术渗透，认为三个产业之间技术重叠的领域将成为成长最快、创新最多的领域。沿着这一思路，人们开始描述和理解产业融合现象。1997 年，美国学者格林斯腾和卡恩纳（S. Greensteina and T. Khanna，1997）将产业融合定义为“为了适应产业增长而发生的产业边界的收缩或消失”。1997 年，欧洲委员会在其发表的《电信业、媒体业和信息技术部门融合绿皮书》中把产业融合描述为“产业联盟和合并、技术网络平台和市场等三个角度的融合”。2001 年，日本学者植草益认为产业融合就是通过技术革新和放宽限制来降低行业间的壁垒，加强行业企业间的竞争合作关系。实际上，从原因与过程来看，产业融合是从技术融合到产品和业务融合，再到市场融合，最后达到产业融合。其中，技术融合是指创新产业的新技术向其他产业领域的渗透，并对其他产业的原有技术和工艺进行改造，如互联网技术向金融领域的渗透；产品和业务融合是指技术融合发生后，产业所提供的产品性能或服务的方式发生相应的变化，如互联网金融业务；市场融合是指新产品、新服务的竞争优势创造更多的市场需求，如互联网金融客户数量的增长。

（二）产业融合的形式

产业之间的融合分为三种形式：产业渗透、产业交叉和产业重组。产业渗透往往发生在高科技产业和传统产业的边界处，即高新技术向其他产业渗透、融合，并形成新产业，如生物芯片、纳米电子、互联网金融等；产业交叉往往发生在产业之间功能互补的业务单元之间，即通过产业间功能互补和延伸实现产业间的融合，如工业旅游、生产性服务、医养结合等；产业内部重组主要发生在同一产业的子产业之间，是指原本各自独立的产品或服务单元重组结为一体的整合过程，如集治疗、保健、康复、预防为一身的康复医院，集老年医疗、护理、康复和临终关怀为一体的老年护理医院等[7-10]。

[7-10]
产业跨界融合的五大趋势

（三）产业融合的原因

产业融合来源于技术扩散、协作生产和放松管制等因素。第一，技术扩散为产业融合开辟了通道。技术扩散是创新技术由创新企业向模仿企业渗透和转移的过程，既包括产业内扩散，也包括产业间扩散。当新技术跨越产业间的界限传播时，技术融合必然导致产业融合。例如，随着互联网的广泛应用，电子商务、慕课、智能制造等一系列“互联网＋”的新业态也随之产生。第二，生产协作推动了产业融合。随着部门分工的深化，不同产业之间的生产协作要求也不断提升。企业开展产品或服务创新必须获得来自相关产业的技术支持，必须与供应商、客户、研究院所开展紧密合作，这就有效地促进了产业融合。第三，经济管制放松为产业融合创造了制度环境。管制放松使潜在进入者更容易进入一个市场。当其他产业的业务逐渐进入到本产业竞争中，一系列新产品和服务形式必然出现，产业融合的活力得到释放。

案例7.6

我国的新型工业化道路

工业化是一个国家或地区产业结构转型和发展不可逾越的一个阶段，但工业化并没有固定模式。作为一个新兴的工业化国家，我国工业发展面临的技术挑战、市场需求和生态环境都具有新的变化，特别是信息产业与工业的结合成为一种必然趋势，因而我国的工业化模式也区别于传统的工业化模式。2002 年，在中国共产党第十六次全国代表大会上，党中央提出新型工业化道路，即坚持以信息化带动工业化，以工业化促进信息化，走出一条科技含量高、经济效益好、资源消耗低、环境污染少、人力资源优势得到充分发挥的新型工业化道路。

新型工业化道路突出地表现为以下三个特征。一是信息产业与工业的融合。我国的工业化伴随着第三次技术革命，信息产业对于工业发展来说既是挑战，也是机遇。西方发达国家是在完成了工业化之后，进入信息化阶段；而我国面临工业化和信息化的双重任务。然而，信息产业与工业的融合却成为加快工业发展的重要途径。因此，我国的工业化必然是工业化与信息化并举，通过工业化促进信息化，通过信息化带动工业化的相互促进的新路子。二是工业发展与生态环境保护并重。新型工业化是在经济发展的过程中注重环境保护、坚持可持续发展的发展模式。新型工业化强调工业生产与生态环境之间的协调，要改变先污染后治理的传统工业化模式，通过采用源头治理、资源循环利用等循环、绿色、低碳的生产和生活方式，建立资源节约和环境友好型社会。三是效率优先兼顾公平。传统工业化道路造成社会财富过度集中、贫富悬殊，缺乏社会公平性；新型工业化是在效率优先的同时，兼顾公平的发展模式，它力求在保持经济稳定增长的基础上，缩小差距、共同富裕，体现了社会公平。

本章小结

17—18 世纪，人们已经开始认识到产业之间的不同，并探讨产业之间的关系。配第分析了农业、工业和商业之间的收入差异及其对国家经济发展水平的影响；魁奈则把社会成员分为生产阶级、土地所有者阶级和不生产阶级，并探讨了阶级之间的货币流通；斯密根据劳动的价值形成，把社会劳动分为生产性劳动和非生产性劳动。这些关于产业结构的思想和观点是产业结构形成发展的重要思想渊源。

19 世纪后期，中国开始洋务运动和近代工业化进程，也出现了一系列产业结构思想萌芽。这些思想主要包括张之洞的“三事合一”思想、梁启超的产业四门论、张謇的“棉铁主义”等。

20 世纪 30 年代以来，人们在研究和分析产业结构问题过程中形成了一系列的相关理论，这些理论统称为产业结构理论，主要包括产业关联理论、产业结构演化理论、产业结构优化理论和产业结构政策理论等。本章重点介绍了十三种理论和模型，它们分别是雁行形态论、配第—克拉克定律、投入产出理论、人均收入影响论、标准结构模型、霍夫曼工业化经验法则、不平衡增长学说、主导产业扩散效应理论、增长极理论、二元结构模型、动态比较费用论、中等收入陷进理论和产业融合理论。

复习与思考

一、名词解释

产业结构　配第-克拉克定律　动态比较费用理论　非平衡增长　中等收入陷阱

二、单项选择题

1. 产业结构理论是一种(　　)。

A. 中观经济理论　　B. 微观经济理论
C. 宏观经济理论　　D. 古典经济理论

2. 罗斯托关于经济增长本质研究的角度是(　　)。

A. 从总量的变化过程来研究产业结构的变化趋势
B. 从部门的变化过程来研究经济总量增长的规律
C. 从均衡竞争的假设条件来研究经济增长
D. 从“次优论”的角度来研究经济增长

3. 霍夫曼比例是指(　　)。

A. 消费品工业净产值与资本品工业净产值的比例
B. 供给与需求的比例
C. 轻工业品净产值与重工业品净产值的比例
D. 以上都对

4. (　　)在其著作中详细分析了产业的关联效应。

A. 赫希曼　　B. 马歇尔　　C. 库兹涅茨　　D. 周振华

5. 在钱纳里的标准结构模型中，工业化过程分为(　　)。

A. 二阶段　　B. 三阶段　　C. 四阶段　　D. 六阶段

6. 工业化是指(　　)在国民经济中的地位和比重不断上升的过程。

A. 工业　　B. 农业　　C. 服务业　　D. 建筑业

7. 一个产业的雁行形态发展过程依次出现的顺序是(　　)。

A. 进口—进口替代—出口—逆进口　　B. 进口—进口替代—逆进口—出口
C. 进口—逆进口—进口替代—出口　　D. 出口—逆进口—进口替代—进口

三、简述题

1. 简述中等收入陷阱的主要成因。
2. 简述张謇的“棉铁主义”。
3. 简述霍夫曼工业化经验法则。
4. 简述配第-克拉克定律。

四、论述题

1. 运用产业融合理论，分析我国新型工业化道路的内涵及其主要途径。
2. 论述刘易斯的二元经济模式以及在我国的适应性和局限性。

第八章　产业结构演变

纵观世界各国产业结构的历史变迁，不难发现产业结构变化是一个客观现象，它不以人的意志为转移，而且产业结构演变具有一定的规律性，现有的产业结构理论也给予了总结和归纳。认识和掌握产业结构演变规律有助于人们正确理解和判断国家或地区产业结构变化的趋势，推动产业结构的转型升级，进而推动经济的增长。对于产业结构演变这一客观经济现象，需要了解以下几个方面的内容：一是经济增长和产业结构演变的关系；二是产业结构演变的一般规律；三是产业结构演变的影响因素。

第一节　产业结构演变与经济增长

产业结构演变与经济增长之间具有内在的联系，产业结构演变能够推动经济增长，而经济增长也会促使产业结构发生演变。但是，在相当长的时期内，产业结构演变与经济增长之间的关系被忽视，产业结构因素被排除在传统经济增长理论的研究领域之外。20 世纪 40 年代以来，随着社会分工越来越细，产业部门增多，资源在部门之间的流动也越来越复杂，从而有一些经济学家开始关注产业结构变动与经济增长的关系。这一时期，经济学家普遍认为产业结构演变与经济增长具有内在的联系，但是在二者之间的因果关系分析中存在着分歧。经济增长理论强调总量增长，认为总量增长是因，产业结构演变是果，只有经济增长才能导致产业结构的快速演变。而结构主义发展理论强调产业结构，认为产业结构演变是因，经济增长是果，即经济增长是部门经济活动的结果而已。

一、经济增长理论对经济增长的分析

自亚当·斯密以来，经济增长一直是经济学家们所关注和研究的热点问题，他们对经济增长因素的探讨也从未停止过。在这个过程中，经济增长理论经历了古典增长理论、新古典增长理论和内生增长理论三个不同的阶段。虽然这些经济增长理论的假设、方法不同，但是都把经济增长的因素归结为资本存量的增加、劳动力数量的增加、技术进步等，并没有考虑资源在不同产业之间的流动对经济增长的影响。其前提假设是竞争均衡，即市场机制能够使资源在产业之间的配置实现最优状态，所有部门的劳动和资本都能带来相同的边际产出（边际生产率）。这

样，在任何既定的时间节点上，部门之间资本和劳动的转移都不可能增加总产出。因此，在传统经济增长理论研究过程中，资源在产业之间的分配及其流动是不重要的，产业结构因素被排除在经济增长研究领域之外。

（一）经济增长的因素

1.古典增长理论

古典经济学理论特别关注对经济增长的分析。亚当·斯密（A. Smith，1776）认为，经济增长的根本源泉首先是劳动生产率的提高，其次是参加生产性劳动的人数增加或比例提高。影响劳动生产率的主要因素是分工和专业化的程度，这是因为分工可以提高技巧和熟练程度；分工可以免除时间损失；分工有利于机械的发明和使用。而分工和专业化程度又取决于资本积累和市场需求规模，因此资本积累对经济增长具有特别重要的作用。

斯密对经济增长持乐观的看法。他认为资本增加和分工的不断深化，总产出不断增加，并刺激资本积累进一步增加和分工深化，从而对劳动力需求进一步扩张，生产规模进一步扩大，所以经济增长是持续的。可见，古典经济学想告诉人们，顺从市场对资源的配置，保持资本积累的良性循环，会更好地促进经济增长。

2.新古典增长理论

1956 年，新古典增长理论的代表人物索洛（R. Solow）建立新古典增长模型，分析社会实现稳态增长的条件。他假设资本和劳动是可以替代的，资本的边际产出是递减的，技术进步是一个外生变量。索洛根据充分就业和均衡增长这两个条件，提出了经济社会实现稳态的条件，即 $s\tilde{y}=(n+\delta+g)\tilde{k}$。索洛模型认为，充分就业稳态增长实现时，有效劳动的平均储蓄等于资本广化，人均产出的增长取决于外生的技术进步率（g）。根据新古典增长理论，影响经济增长的主要因素有储蓄率（s）、人口增长率（n）和外生技术进步（g）等。

3.内生增长理论

以索洛为代表的新古典经济增长理论认识到技术进步对经济增长的作用，但是外生的技术进步是经济系统无法预知和控制的，因而这一理论对经济增长的内在规律性无法做出解释。20 世纪 80 年代中后期，以罗默（P. Romer）、卢卡斯（R. Lucas）为代表的经济学家开始建立内生增长理论，他们认为技术进步是内生的，知识和技术的形成和累积源于经济系统本身，其主要途径是干中学和大学创造。为此，内生增长理论在经济增长模型中引入知识生产函数，说明经济能够不依赖外力而实现持续增长。

（二）经济增长与结构演变的关系

依据经济增长理论的观点，产业结构演变不是经济增长的因素，它只是经济总量增长的结果，随着经济总量的增长而发生。

美国经济学家库兹涅茨（S. Kuznets，1966）认为结构调整是经济增长的结果。在结构变化与经济增长的关系中，首要的问题是经济总量的增长，只有总量的高速增长才能导致结构的快速演变。没有总量足够的变化，结构变化的可能性就会大大地受到限制。他在其著作《现代经济增长》中指出："在现代经济增长过程中，人口和产量的高速增长总是伴随着各种产业比重在总产出和所使用的生产性资源方面的明显变动。如果人口增长了，其对土地和其他自然资源的比率就要改变，对不同产业便产生不同影响；如果由于技术变化使资本投资和生产性资源质量改进，总产值和人均产量增长了，它对不同产业产生的影响也是不一样的。"他曾经利用统计数据作过经验分析，结论是随着人均收入水平的上升，农业部门的产值比重和劳动力比重都在下降，工业部门产值比重在上升，劳动力比重略有上升，而服务业产值比重略有上升，劳动力比重明显上升。实际上，库兹涅茨的人均收入影响论是从产值和劳动力两个方面解释了人均收入水平提高对产业结构变动的影响。他的主要依据是：消费者需求结构的变动直接拉动生产结构的转换，而消费者需求结构的变化与社会总产出增长直接关联。根据他的观点，经济增长与产业结构变化的关系是：经济总量的高增长率引起消费者需求结构的高变化率，消费者需求结构的高变化率又拉动了生产结构的高转换率。

二、结构主义发展理论对经济增长的分析

经济增长理论之所以忽视产业结构对经济增长的影响，是因为经济增长理论假定经济体系能够自动地实现资源最优配置的竞争均衡状态，因而资源在部门之间的流动不具有产出效应。但是，在现实经济运行中，竞争均衡很少出现，各部门之间从未出现过相等的边际收益。在不发达国家经济发展中则经常出现结构失衡状态。最常见的两种情况：一是部门刚性导致的发展缓慢。例如，农业部门对于价格刺激所作出的反应就严重滞后于工业部门，生产要素的运动表现出呆滞和迟缓，大量的非熟练劳动集中于农业，商品和劳务的供给难以扩张，往往产生"导致发展中断的瓶颈"，农业发展水平严重地落后于工业等部门，从而形成所谓的"二元结构"。二是在工业部门内部，由于供求弹性因产品不同而发生变化，某些部门自然将会比其他部门增长得更快，由此造成了结构性非均衡。

［8-1］结构主义发展理论

20世纪50年代，以钱纳里（H. Chenery）、赫希曼（A. Hirshman）、罗斯托（W. Rostow）等为代表的一批经济学家以发展中国家经济增长和发展为研究对象，探讨产业结构变动对经济增长的影响，形成了结构主义发展理论[8-1]。该理论认为，在预见不足和要素流动限制的情况下，各个生产部门之间的生产要素的边际生产率是不同的。在发展中国家由于成熟和完善的市场经济体系远未形成，市场上价格相对变动对资源配置的刺激作用很小，市场不完全限制了竞争，商品和要素对价格变动反应迟钝，价格机制不能提供可用来指导一个趋向于最适度位置的完全竞争经济的各种信号，从而使新古典理论描述的经济体系自动趋向最佳资源配置的均衡无从实现。以结构非均衡假设为前提，结构主义发展理论认为产业结构转换具有促进经济增长的效应，生产结构的变化能够更有效地对技术加以利用；劳动力、资本等生产要素从生产率低的部门向生产率高的部门转移，能提高劳动生产率和资金等要素使用效率，产生资源再配置效应，从而能够加速经济增长。

当非均衡状态不断以新的结构形式出现，增长将持续下去。因此，结构主义发展理论观点强调政府要千方百计地促进要素从农业部门等生产率低的部门向工业等生产率高的部门转移。实际上，生产要素投入增加与结构变化都影响经济的增长。

美国经济学家罗斯托从理论上阐述了产业结构演变对经济增长的影响。他认为现代经济增长是一个结构不断调整的过程，没有结构调整，就无法实现经济的总量增长。罗斯托认为，现代经济增长就是技术创新部门的增长所引起的累积扩散过程。这个累积扩散过程只能从部门角度加以研究。这是因为，第一，新技术的吸收本来就是一个部门的行为。技术创新总是出现在某个特定的部门，而不是所有的部门。技术创新的出现总是与某一特定部门经济上、制度上和社会上所有的问题相联系。技术创新使一个或几个部门实现迅速增长，成为整体经济增长的强有力的引擎，这些部门被称为主导产业或主导部门。第二，主导产业的增长通过前向、后向和旁侧效应带动了其他部门（辅助增长部门和派生增长部门）的增长，从而形成一个相互影响、相互制约的极其复杂的过程。罗斯托把这个过程称为起飞。第三，当原有的主导部门技术创新优势丧失，并被新的主导部门所替代，则新一轮增长的扩散过程开始，重复起飞使经济实现持续的增长。可见，经济增长只能够用部门活动过程来解释，人均收入的上升也只不过是部门活动的结果而已。

澳大利亚学者卡斯珀教授根据20世纪50年代世界银行提供的资料，测算了各国经济增长的情况（如图8-1所示）。其在分析中区分了结构变化因素和劳动力、资本投入因素对经济增长的影响。结果发现，原联邦德国、日本、法国等国家第二次世界大战后经济发展很快，不仅仅是生产要素投入增加，而且产业结构变化的贡献率也较高。产业结构对经济增长的贡献更明显。与其他国家相比，澳大利亚经济增长主要依靠要素投入，产业结构改变小，经济发展慢于其他国家。

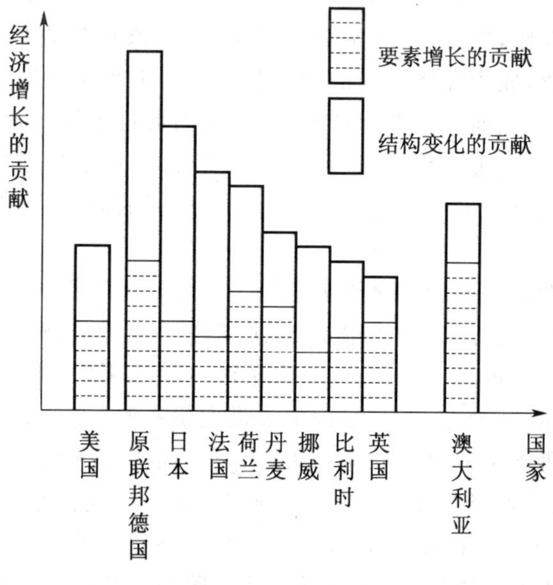

图 8-1 若干国家经济增长情况分析

第二节　产业结构演变规律

虽然各个流派关于产业结构与经济增长的关系存在激烈的争论，但却存在一个不争的事实：产业结构是不断演变的，产业结构演变是客观存在的。我国在改革开放之前，大部分地区都以农业生产为主，而现今大部分地区的经济活动都以工业为主导。产业结构的变化是十分明显的。产业结构的演变是有一定规律的，三次产业结构的演变、三次产业内部结构演变以及主导产业结构演变从不同侧面体现了产业结构演变的规律。

一、三次产业结构演变的规律

三次产业结构是指第一产业、第二产业和第三产业在国民经济中的相互地位及其比例关系，它是国民经济结构中最重要的一种关系。世界产业经济活动的历史表明，随着人类科学技术和生产力水平的不断提高，三次产业结构发生三次大的变化，人类社会依次经历农业社会、工业社会和后工业社会。

（一）以农业为主导的农业社会时期

在工业革命（1760 年）之前，人类产业经济活动的主要内容是农业生产，第一产业的比重最大，在国民经济活动中占主导地位；第二产业和第三产业比重都很小，第二产业有所发展，第三产业的地位很低。这个时期被称为农业社会或前工业化时期。

（二）以工业为主导的工业社会时期

从工业革命开始，资本主义国家开始了工业化过程。其基本的特征就是：机器生产取代手工操作，机器大工业迅速发展，工业产值和劳动力比重迅速上升，并逐步超过第一产业，成为经济活动的主体和中心。工业化伴随着商品化，大规模的商品生产对销售、流通等服务业产生要求，从而促进了第三产业的发展。第三产业发展速度较快，比重也呈上升趋势；与此同时，农业增长相对缓慢，农业的比重呈不断下降的趋势。工业化过程又分为三个不同的阶段：工业化初期、工业化中期和工业化后期。

在工业化初期，工业得到迅速发展，第二产业比重迅速上升；而农业比重呈下降趋势，但农业仍然占有最大的份额；第三产业有一定发展，第三产业比重缓慢上升。随着工业化的推进，当第一产业比重降到 20% 以下时，第二产业比重上升并超过第一产业比重，从而在 GDP 结构中占最大份额时，进入工业化中期阶段（见表 8-1）。随着工业产品规模的持续扩大，工业产品需求的收入弹性下降，工业增长速度下降，第三产业增长速度超过第二产业，第三产业比重迅速上升。当第一产业的比重降到 10% 左右，第二产业的比重稳定在最高水平或有所下降，而第三产业的比重持续上升状态时，工业化进入后期阶段。从以上分析来看，工业在国内生产总值中的比重将经历一个由上升到下降的"∩"形(钟形)变化过程。

表 8-1　工业化不同阶段的标志值

	工业化起始阶段	工业化实现阶段			后工业化阶段
		初期阶段	中期阶段	后期阶段	
人均 GDP 1996 年美元	620～1 240	1 240～2 480	2 480～4 960	4 960～9 300	9 300 以上
三次产业产值结构	第一产业占绝对支配地位，*I* 小于 20%	*A* 大于 20%；*I* 值小于 *A*，但超过 20%	*A* 小于 20%，*I* 大于 *A* 且在 GDP 中最大	*A* 小于 10%，*I* 值保持在最高水平	*I* 值相对稳定或下降，*S* 大于 *I*
农业从业人员占全社会从业人员比重	60%以上	45%～60%	30%～45%	10%～30%	10%以下
工业内部结构		以原料工业、基础工业为中心的重工业化阶段	以加工装配工业为中心的高加工度化阶段	以技术密集型加工工业为中心的技术集约化阶段	

注：*A* 表示第一产业所占比重；*I* 表示第二产业所占比重，*S* 表示第三产业所占比重。

世界各国工业化进程在时间上并不一致。18 世纪 60 年代，工业革命首先在英国爆发，法国紧随其后，美国的工业化从 19 世纪早期开始，我国的近代工业化源于 19 世纪中后期的洋务运动。

(三)以服务业为主导的后工业社会

随着服务业的快速发展，工业和农业的比重持续下降，而第三产业的比重持续上升，服务产业在产业经济活动中的地位也不断上升。由于工业、农业提供的是实物产品，而第三产业提供的是服务，因此产业结构的变化反映出从产品型经济向服务型经济的转变。人们把这种现象称为经济服务化或第三产业化。当第三产业的比重超过工业和农业比重之和时，服务型经济取代产品型经济成为国民经济活动的主体和核心，人类的经济活动进入后工业化社会或信息社会。

1973 年，美国社会学家贝尔(D. Bell)出版《后工业社会的到来：社会预测尝试》一书，认为美国已经进入后工业社会，其首要的特征是经济从产品型经济向服务型经济的转变，其标志是美国服务业的劳动力比重与产值比重(1969 年分别达到 60.4%与 61.1%)已经超过工业与农业之和。同一时期，美国学者托夫勒(A. Toffler，1980)和奈斯比特(J. Naisitt，1982)也相继提出类似概念与理论，认为人类社会经历了农业经济社会、工业经济社会以后，正在迈向以服务经济或信息经济为特征的后工业社会或信息社会。贝尔等人的理论引起世界性的广泛关注，而国际经济发展的现实则为其提供有力的验证：根据世界银行对各国 GDP 构成的统计，1970 年已有 11 个高收入国家和地区的第三产业份额超过 50%。而到 1991 年，几乎所有高收入国家和地区的第三产业份额都已超过 60%，部分中等收入国家的服务业比重也达到或超过 50%。可见，经济服务化已经成为发达国家的普遍经济特征，并开始向工业化水平较高的中等发达国家与地区扩散，从而成为国际性的发展趋向。

[8-2] Reindustrialization：View From the Source

[8-3] 欧美国家"再工业化"的启示

工业化之后，发达国家进入以服务业为主的经济阶段，大部分制造业被转移到发展中国家，出现制造业空心化现象，产品生产的国际竞争优势明显下降，抵御经济危机的能力减弱。针对这一现象，美国社会学家阿米泰·伊兹欧尼(A. Etzioni, 1980)在《纽约时报》上发文，提出了"再工业化"[8-2]。他针对过度消费和投资相对不足的问题，建议美国应通过吸引大量投资，将新技术引入制造业，提高生产效率，重塑制造业的竞争优势。2008 年金融危机爆发后，发达国家抗危机能力不足的弱点充分暴露，从而催生了欧美国家的再工业化战略，跨国公司的制造业投资和生产能力开始"回流"向母国[8-3]。当然，再工业化的目标是发展高端制造业，谋求产业结构的高级化，以继续保持在制造业价值链上的高端位置。再工业化现象说明，服务业过度发展会影响经济的稳定性，服务业发展不能与实体经济脱节。

案例8.1

改革开放以来我国三次产业结构的调整

改革开放以来，我国国内生产总值实现快速增长。1980—2014 年间，我国 GDP 年均增长速度达到 15.69%。伴随经济总量的快速增长，我国三次产业结构也发生了较大的变化。第二产业产值比重在 45%的高位徘徊，第一产业产值比重从 30.17%下降到9.10%，第三产业产值比重从 21.60%上升到 47.805%(见表 8-2)。总体上看，我国三次产业结构演变呈现出工业化时期三次产业结构演变的基本规律。在此期间，我国产业结构经历了三次大的调整。第一次大调整发生在 1989—1991 年。1985 年以来的经济过热到 1989 年达到高潮，通货膨胀率达到 18%。为此，政府针对性地进行了治理整顿和改革，主要是通过压缩投资规模，降低工业增长速度。第二次大调整始于"九五"初期的 1996 年。1993 年下半年以来，我国实施了以治理通货膨胀为首要任务的宏观调控，经过三年多的努力，到 1996 年底，宏观调控基本上达到了预期目标，国民经济成功地实现了"软着陆"。之后，政府开始积极推进经济结构优化，加大对农业、能源、交通运输、邮电通信等基础产业的发展，同时推进产业关联度大、对调整产业结构有显著作用的重点项目建设。"九五"时期，我国成功抵御了东南亚金融危机冲击，保持国民经济适度增长，产业结构调整方面也取得了实质性的进展。第三次大调整发生在 2002 年。2002 年，党的十六大报告提出优先发展信息产业，在经济和社会领域广泛应用信息技术。在政策引导下，以通信设备、计算机及其他电子设备制造业为代表的高新技术产业得到迅速发展，工业在数量和质量上都实现了跨越式发展；以信息技术为基础的现代服务业也蓬勃兴起，2014 年我国第三产业增加值的比重已经超过第二产业增加值的比重。2015 年，中央经济工作会议明确提出供给侧结构性改革，将采取有效措施化解过剩产能，大力发展高端制造业和现代服务业，我国第四次产业结构大调整已经开始。

表 8-2　　改革开放以来我国三次产业结构的变化

年　份	国内生产总值/亿元	第一产业增加值比重/%	第二产业增加值比重/%	第三产业增加值比重/%
1980	4 545.62	30.17	48.23	21.60
1985	9 016.04	28.44	42.89	28.67
1990	18 667.82	27.12	41.34	31.54
1995	60 793.73	19.96	47.18	32.86
2000	99 214.55	15.06	45.92	39.02
2005	184 937.37	12.12	47.37	40.51
2010	401 512.80	10.10	46.67	43.23
2014	644 791.10	9.10	43.10	47.80

数据来源：根据中华人民共和国统计局网站的数据整理.

二、三次产业内部结构的演变规律

(一)农业结构演变规律

农业结构是指农业生产系统内种植、养殖及加工等各业的比例关系，它随着社会生产力的发展而发展，是一种动态结构。其中，种植业和畜牧业之间的矛盾及关系是农业结构的核心。世界上发达国家一般都先后经历原始农业、传统农业和现代农业等不同阶段，种植业和畜牧业之间的关系也发生相应变化。在传统农业阶段，农业生产效率低，粮食问题突出，世界上大多数国家的农业都是以种植业为主导产业，畜牧业处于从属地位。这在人口众多的中国、印度等亚洲国家尤其明显。欧洲虽然较早就产生了农牧混合型的农业产业结构，但农民主要的经济来源仍然是种植业，家庭饲养业在农民经济生活中居于次要地位。

随着农业生产技术的不断提高，种植业比重呈下降趋势，而畜牧业比重逐渐提高。20 世纪中期，发达国家的畜牧业比重基本与种植业持平，畜牧业已经成为发达国家农业生产的主体。20 世纪 70 年代，在发达国家的农业产业结构中，畜牧业的比重都超过了 60%，澳大利亚、新西兰、丹麦等农业发达国家的畜牧业比重甚至达到 70%～80%。农业生产实现了从种植业为主向以畜牧业为主的转变。与发达国家相比，我国农业结构依然呈现以种植业为主的特征(见表 8-3)，2014 年我国畜牧业产值比重仅为 28.3%。

农业结构演变的规律是在市场调节下，农业内部各部门根据市场供求关系变化而调整的结果。从畜产品的需求来看，随着经济的不断发展，社会对畜产品的需求不断增加。这表现在以下两个方面：一是随着居民的收入水平的提高，肉、蛋、奶等畜产品的消费需求大大增加。有人认为多数畜牧业产品属于“优等品”，在经济发展达到较高水平时，社会对畜产品的需求有快速增加的趋势。二是随着农产品加工业的发展，对畜产品的需求也不断增加。畜产品是农产品加工业的主要原料之一，食品工业原料的80%来自畜牧业。因此，农产品加工业，特别是食品工业的发展必然对畜产品产生大量的需求。从饲料供给来看，随着种植业技术水平和生产效率的不断提高，耕地中用于饲料（牧草、饲料谷物等）种植的面积不断扩大，从而为畜牧业发展提供了充足的饲料来源。农业发达国家的种植业由粮食作物、经济作物和饲料作物构成，其中以饲料作物为主，饲料作物面积占农业耕地面积的70%以上。显然，随着经济的不断发展，社会对畜产品需求的增加为畜牧业发展提供了良好的市场需求环境。同时，农业技术水平的提高，为畜牧业发展提供了充足的饲料。这些有利条件必然促使畜牧业快速发展。畜牧业发展速度超过种植业，使畜牧业在农业中的比重不断上升[8-4]。畜牧业发达程度不仅反映农业产业结构的升级与优化，同时也是衡量一个国家和地区农业现代化水平的重要标志。国际上，通常以畜牧业产值比重达到50%作为评价标准。从国际经验看，在种植业发展到一定阶段后，大力发展产业关联度更高、比较效益更大的畜牧业，并以此促进农业产业结构提档升级，是许多发达国家和地区走过的成功之路。

［8-4］
世界畜牧业经济发展模式及对我国的启示

表 8-3　我国农、林、牧、渔业产值比重变化趋势　单位：%

产　业	1980年	1985年	1990年	1995年	2000年	2005年	2010年	2014年
种植业	75.6	69.2	64.6	58.4	55.7	49.7	53.3	53.6
林业	4.2	5.2	4.3	3.5	3.8	3.6	3.7	4.2
畜牧业	18.4	22.1	25.7	29.7	29.7	33.7	30.0	28.3
渔业	1.7	3.5	5.4	8.4	10.8	9.0	9.3	10.1
农林牧渔服务业	0.0	0.0	0.0	0.0	0.0	4.0	3.7	3.8

数据来源：根据历年中国统计年鉴数据整理计算.

（二）工业结构演变规律

在现代经济的产业结构调整过程中，工业扮演着主导的角色。工业化是国家和地区工业高速增长的过程，也是工业各行业“新陈代谢”旺盛的时期。伴随着新兴工业部门的发展，传统工业部门衰退收缩，工业内部各行业间的关系、地位及比例发生改变。在工业化过程中，工业结构演变经历了三个阶段。

1.重工业化

一般地说，经济发达国家的工业化过程均是从轻工业起步的。随着工业化的发展，重工业在整个工业中的比重不断上升。重工业中首先是原材料工业得到迅速发展，煤炭、电力、冶金、化学等能源、原材料工业发展最快，其比重和地位也迅速上升。这就是重工业化过程。确切地说，重工业化是以轻工业为中心向以原材料工业为中心的演进。一般而言，这个演进过程常常发生在工业化初期。当一个国家或地区的重工业产值超过轻工业产值，且原材料工业处于中心地位时，就可以判断经济社会处于工业化初期阶段。产业结构统计分析中判断重工业化程度的一个重要指标是霍夫曼系数。霍夫曼系数越低，重工业化程度就越高。

2.高加工度化

在重工业化过程中，工业结构又表现为以原材料工业为中心向以加工、组装工业为中心的方向演进，这个过程就是所谓的“高加工度化”。加工、组装工业是对原材料进行再加工或组装，从而形成制成品的工业，如机械工业、电子工业、运输设备制造业、金属制品工业、水泥制品工业、化肥工业等。在工业高度化过程中，由于新的技术不断发展和加工手段不断复杂，最终产品的生产过程中不断衍生和分化出更多的中间产品生产环节，原材料的加工链条越来越长，中间品、零部件等半成品的种类和产量迅速增加，工业生产出现“迂回化”特点，从而成品、半成品生产的增长速度大大超过了原材料工业的增长速度。因此，高加工度化的一个显著特点是工业加工程度的迅速深化，组装工业的发展快于原材料工业的发展速度。深加工由一定科学技术基础所支撑，因而高加工度化反映了工业发展对资源依赖程度的下降，而对技术依赖程度的上升。工业高度化常常发生在工业化中期。当重加工业产值超过原材料工业产值时，加工、组装工业的主体地位得以确立，就可以断定经济社会处于工业化中期。判断高加工度化的重要指标是工业加工度，即加工工业增加值与原材料工业增加值之比。显然，工业加工度数值越高，加工程度越高，工业结构水平越高。

3.技术集约化

技术集约化过程大约始于 20 世纪 70 年代。在高加工度化过程中，工业对技术的依赖程度不断上升，科学技术日益成为工业资源中最重要的组成部分。这不仅表现在传统工业部门采用越来越先进的技术和工艺进行改造提升，而且表现为以知识、技术密集为特征的高新技术产业不断兴起和发展。微电子、激光、机器人、生物工程、宇航、新能源、新型材料等新兴的高技术工业获得迅速发展，并在工业中逐步取得主导地位。技术集约化常常发生在工业化后期，当高新技术产业产值占工业产值的比重达到 30%以上，技术密集型产业对工业增长起主要支撑作用时，就可以判断经济社会进入工业化后期。判断技术集约化程度的重要指标是技术密集型产业比重和工业的 R&D 投入强度。其中，技术密集型产业比重是指技术密集型产业增加值占工业增加值的比重。在实际应用时，由于技术密集型产业的界定标准模糊，一般用高新技术产业比重来代替。显然，高新技术产业增加值比重越高，工业集约化程度就越高，产业结构水平就越高。工业的 R&D 投入强度是指工业研发经费投入与工业产品销售收入之比。R&D 投入强度越大，技术创新越活跃，技术集约化程度越高。

工业结构演变规律反映了工业化进程中工业结构变化的一般规律，霍夫曼、钱纳里、库兹涅茨等经济学家都对工业结构演变进行过分析和总结。然而，并不是每个国家、每个地区的工业化都完全按照这种工业结构演进顺序去发展。美国、英国的工业化与工业结构演变规律基本一致，而日本快速工业化、中国先重后轻的工业发展顺序又具有特殊性[8-5]。

[8-5]
第一次世界大战前德国工业化的历史经验及其典型化事实

案例8.2

我国工业化阶段的判断

改革开放以来，我国工业经济迅速增长，工业结构也在不断变化。进入21世纪，我国工业结构面临转型升级的挑战，关于我国工业化阶段的讨论也不断升温。国内一些行政机构和学术研究机构对我国工业化阶段分析的结论不尽一致，分歧的焦点在于工业化中期或工业化后期。工业和信息化部、国家统计局的结论是我国仍然处于工业化中期，工业化可持续较长时期；而中国社科院课题组的结论是我国工业化正在由工业化中期向工业化后期过渡；国家信息中心和一部分学者认为我国工业化已经进入工业化后期。

中国社会科学研究院黄群慧利用工业化综合指数来判断工业化阶段。第一，选取反映工业化水平的指标：人均GDP、三次产业产值比例、制造业增加值占总商品生产部门增加值的比重、人口城市化率和第一产业就业比重；再结合相关理论研究和国际经验估计确定工业化不同阶段的标志值。第二，基于上述指标体系和各个工业化阶段的标志值，选择阶段阈值法进行指标的无量纲化，再用加权合成法来构造反映工业化水平和进程的综合指数（权重用层次分析法确定）。第三，根据工业化水平综合指数判断工业化阶段。工业化水平综合指数（ICI）与工业化阶段的对应关系为：ICI =0 为前工业化时期，1≤ICI≤16 为工业化前期的前半段，17≤ICI≤33 为工业化前期后半段，34≤ICI≤50 为工业化中期的前半段，51≤ICI≤66 为工业化中期的后半段，67≤ICI≤83 为工业化后期的前半段，84≤ICI≤99 工业化后期的后半段，ICI≥100 后工业化时期。计算结果显示，1995年我国工业化水平综合指数仅为12，2000年我国工业化水平综合指数为18，2005年我国工业化水平综合指数提高到41，2010年我国工业化水平综合指数达到66，表明我国工业化即将进入工业化后期。

资料来源：黄群慧. 中国的工业化进程：阶段、特征与前景[J]. 经济与管理，2013(7).

（三）第三产业结构演变规律

分析发达国家和我国第三产业的发展，能够发现在第三产业不断发展壮大的过程中，其内部结构演变也存在一定的规律。一般来说，第三产业结构演变经历了三个阶段。

1. 商业、交通运输和仓储业领先发展

第三产业具有广泛的服务特性，它是在产品生产和人民生活对相关服务需求的刺激下发展起来的。第三产业发展与第二产业发展关系尤为密切。在工业化初期和中期，商品生产规模日益扩大，商品交易、商品运输、商务联系日益频繁，由此刺激和带动了商业、交通运输业和仓储业的迅速发展，成为这一时期第三产业迅速发展的最主要力量。显然，商业、交通运输和仓储业的领先发展，使其产值和劳动力在第三产业中的比重不断上升并占据主导地位。美国工业化初期，商业、交通运输和仓储业被带动而最先开始发展，并逐渐成为城市产业的重要组成部分。19 世纪美国交通运输业发生巨变，相继建成了五条横贯大陆的铁路，极大地改善了运输条件，降低了运费，促进了商品流通，进一步推动了商业发展。19 世纪后期，很多小型零售商店向大型百货公司发展，专业化的批发企业大量出现，极大地繁荣了城市的商业。

2.金融保险、房地产和社会服务业快速发展

19 世纪末 20 世纪初，西方发达国家相继进入工业化快速发展时期，第三产业面临新的需求和机遇，内部结构再次发生变化。一方面，以股份制为特征的现代企业制度开始普及，跨国公司也不断兴起，产业发展对资本流动的要求越来越强烈，金融中介机构成为筹集资本和调整社会资源分配的重要手段，由此促进了金融、保险业的迅速发展。另一方面，伴随工业化而来的城市化，使人口大量向城市集中，大城市对房地产的大量需求也刺激了房地产业的迅速发展。金融、保险和房地产业的快速发展，使其产值和劳动力在第三产业中的比重不断上升。与此相反，商业、交通运输和仓储业等传统服务业增长变缓，其在第三产业中的比重呈现下降趋势。分析美国 1948—2000 年第三产业的构成变化，可以发现，商业、交通运输和仓储业增加值占第三产业比重保持下降趋势，从 1948 年的 46.64%下降到 29.43%；劳动力比重则从 47.02%下降到 33.45%。而同一时期，金融、保险业和房地产业发展迅速，其产值占第三产业的比重从 18.02%上升到 26.35%；而劳动力比重则从 5.23%上升到 7.64%。金融、保险业和房地产业成为第三产业以及 GDP 增长的第一推动力，而且，社会服务业也呈现快速发展趋势，社会服务业产值比重由 15.07%上升到 29.44%，也成为第三产业增长的另一个动力(见表 8-4)。

表 8-4　　1948—2000 年美国第三产业内部各业产值比重　　单位:%

年份	交通运输和仓储业	批发和零售业	金融、保险业	房地产业	社会服务业	其他
1948	13.35	33.29	4.45	13.57	15.07	20.27
2000	8.10	21.33	11.16	15.19	29.44	14.78

数据来源:根据美国商务部经济分析局提供的数据整理.

3.计算机和软件服务、信息咨询业、科学教育事业等现代服务业迅速发展

第二次世界大战后，随着信息技术的应用和发展，产生了一系列新兴的服务业形态，如计算机和软件服务、移动通信服务、信息咨询服务等。同时在信息技术应用的信息化过程中，从传统产业改造和衍生出新型的服务业，如电子商务、网上银行、在线教育等。信息技术的应用和普及极大地推动了这些服务业的快速发展。同时，在知识经济条件下，产业经济活动越来越依靠知识和技术的投入，因而刺激人们更多地通过各种教育事业积累人力资本，通过发展科学研究事业获得技术优势，从而促进了科学研究和教育等文化产业的蓬勃发展[8-6]。

[8-6]
文化产业将成为国民经济产业支柱

案例8.3

20世纪末我国第三产业结构的变化

分析我国1978—2014年第三产业内部各行业增加值占GDP的比重(见表8-5),能够发现三种不同的变化方向:一是商业、餐饮业、交通运输和仓储业的产值比重基本保持不变,或略有下降。其中,交通运输、仓储和邮政业的比重由4.9%下降到4.4%。二是金融、保险业和房地产业的产值比重明显上升。其中,金融业产值占GDP的比重由2.1%上升到7.2%,已经超过交通运输、仓储和邮政业的产值比重,仅次于批发和零售业的比重。三是其他服务业的产值比重也快速提升,教育、文化艺术及广播电影电视业、科学研究和综合技术服务业等产业的发展都呈现出良好势头。2014年全国文化及相关产业增加值为23 940亿元,占GDP的比重为3.76%。国家统计局的核算数据表明,文化及相关产业在稳增长、调结构中发挥了积极作用。这也预示着在21世纪,文化产业等现代服务业将引领我国服务业发展的趋势,逐渐发展成为我国第三产业的核心。

表8-5　1978—2014年中国第三产业产值构成及变化　单位:%

年份	批发和零售业	交通运输、仓储和邮政业	住宿和餐饮业	金融业	房地产业	其他
1978	6.6	4.9	1.2	2.1	2.2	7.2
1980	4.2	4.7	1.0	1.9	2.1	8.0
1985	8.8	4.6	1.5	3.2	2.4	8.4
1990	6.7	6.2	1.6	6.1	3.5	8.0
1995	7.8	5.3	2.0	5.2	3.8	9.2
2000	8.1	6.1	2.1	4.8	4.1	14.1
2005	7.5	5.7	2.2	4.0	4.5	16.9
2010	8.7	4.5	1.9	6.2	5.7	16.6
2014	9.7	4.4	1.7	7.2	5.9	18.4

资料来源:根据历年中国统计年鉴数据整理计算.

三、主导产业结构演变的规律

产业结构演变的实质是产业的新陈代谢,表现为一些产业不断衰退,而另一些产业不断兴起。由于技术、市场等原因,原有的主导产业增长速度下降,在国民经济中带动作用下降,并逐渐丧失主导和中心地位;而新兴产业发展速度快,其在国民经济中的比重和地位呈现上升趋势,并逐渐占据国民经济的主导和中心地位,实现主导产业的更替。国民经济就是在这样一个主导产业不断更替过程中得以持续发展的。

(一)主导产业转换的过程

从三次产业结构演变规律来看,经济社会依次经历了以农业为主导的农业社会、以工业为主导的工业社会和以服务业为主导的后工业化社会。

在工业社会,主导产业依次经历了以轻工业为主导、以原材料工业为主导、以加工、组装工业为主导和以知识、技术密集型产业为主导等多个阶段(如图 8-2 所示)。

20 世纪 90 年代以来,以通信、计算机制造及软件产业为主体的信息产业凭借其活跃的技术创新,实现了快速增长,发展成为带动性最强、渗透性最广的战略性产业。21 世纪,新一代信息技术正在步入加速成长期,智能机器人、物联网的广泛应用,将继续推动信息产业的高速增长,信息产业作为主导产业的地位和作用也将日益明显[8-7]。

[8-7]
信息产业:一个新的工业化阶段

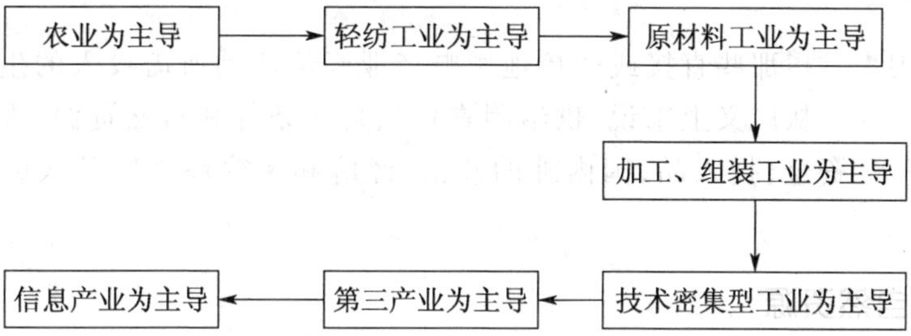

图 8-2 主导产业转换顺序

(二)主导产业转换的内在逻辑性

主导产业的转换存在一定的内在逻辑和先后顺序,后一个主导产业往往是经过前一个主导产业的刺激、影响和带动而兴起的。例如,只有农业生产率大大提高,农业为轻纺工业的发展储备了大量的农业剩余劳动力,轻纺工业才具备了发展的条件和基础;轻纺工业的发展要求大量的能源、原材料等中间产品和机器设备等资本品,这种后向的联系有效地带动了重工业的发展;而在重工业发展中,首先要发展原材料工业,从而为以原材料加工和组装的重工业奠定基础。加工、组装工业的发展也体现着工业化过程中技术因素贡献程度的提高,工业技术水平不断提高,从而为知识、技术密集型工业的发展奠定了坚实的技术条件和智力资源。第二产业的发展对相关服务业产生越来越多的需求,而且社会生活水平的提高,消费者对服务的要求也不断增加,由此刺激和带动了第三产业的不断发展,其在国民经济中的地位也不断地上升,并逐渐占据主导地位。

因此,政府在促进产业结构演进过程中,一定要遵循主导产业结构演变的过程和客观的顺序。只有在前一个主导产业发展到一定程度,为后一个主导产业兴起储备了足够的生产要素和需求条件时,主导产业才能顺利地实现转换,从而推动经济社会发展。如果不顾客观条件一味地加快新的主导产业发展,不仅新兴主导产业无法得到旧主导产业的促进,发展受到限制,而且原有主导产业因为政策导向而丧失发展时机,因而也不能持续发展,由此可能造成经济的巨大波动。韩国第三产业就是在第二产业发展不够充分的条件下超前发展起来的,结果第三产业中为现代工业服务的金融、保险等产业因缺少第二产业的刺激和带动而发展不良，给韩国工业和社会生活带来了不少问题。

第三节　产业结构演变的影响因素

产业结构的变化和演进不是孤立的，是许多经济的和非经济的因素综合作用的结果。一切影响经济发展的因素，都直接或间接地作用于产业结构，推进或制约产业结构的发展变化。这些因素包括供给因素、需求因素、国际经济因素和产业政策因素等。研究和了解产业结构变动的因素，有助于人们认识产业结构变动的规律和趋势，有助于政府制定合理的产业政策和措施。

一、供给因素对产业结构变动的影响

供给因素是指那些直接或间接地影响产业经济活动所需投入的生产要素或生产环境因素。从广义上来说，供给因素包括自然条件和自然资源、人口和劳动力、生产技术、资金、投入品、国内外的政治、经济和法律环境以及人的思想与观念等。

(一)自然资源

自然资源是产业经济活动的重要生产要素。自然资源对产业经济活动产生一定影响。一个国家和地区自然资源的赋存状况、自然条件的特殊性会吸引或排斥某些产业的发展，从而对产业结构的形成和演变产生重要影响。

1. 丰富的自然资源

一般来讲，自然资源丰富的国家和地区应充分发挥资源优势，积极开发利用丰富的自然资源，形成以采掘业、原材料工业为主导的产业结构，即资源型产业结构。在经济发展初期，资源型产业结构有利于发挥资源优势，促进国家和地区经济增长。但随着资源大规模开发，资源枯竭、环境污染等问题日益凸显，资源型产业结构面临转型升级。在有些国家和地区，随着科学技术的不断进步，资源开发链逐渐延伸，加工工业的比重和地位逐渐上升，产业结构向资源开发和加工并重的方向演变，形成所谓的资源—加工型产业结构。例如，加拿大、澳大利亚等国家、美国的五大湖地区、德国的鲁尔地区都具有类似特征。这些国家和地区自然资源丰富，但也具有较发达的科学技术，其产业结构体现了资源开发和加工工业并重的特征。显然，随着科学技术的发展，产业经济活动对自然资源的依赖程度在下降。然而，在有些国家和地区，丰富的自然资源却限制了产业结构的升级与转换，从而限制了经济增长的速度。1993 年，奥蒂(R. Auty)在研究矿产国经济发展问题时发现，丰裕的资源对一些国家的经济增长并不是充分的有利条件，反而成为一种限制，他把这种现象称为“资源诅咒”。资源诅咒产生的重要原因是丰富的资源限制了制造业等非资源性产业的发展，阻碍了产业结构升级。这是因为：①新生的资源性产业具有较高的边际收益，从而使资本向资源性产业流动，限制了其他部门的投资。②资源性产业需要的是对工资要求不高的廉价劳动力，从

而引起技术人才的流失，导致人力资本积累不足。这在长期会限制技术密集型产业的发展。③较高的资源性收益容易引发寻租，滋生政治利益集团。这些利益集团凭借有利于资源性产业发展的政策来维护自身的利益。

2.匮乏的自然资源

对于那些国土比较狭小，自然资源比较短缺的国家和地区，经济发展主要依靠技术和劳动力的投入，对输入原料进行加工，或开展商业及旅游业等服务行业，形成以加工业或服务业为主导的产业结构，即所谓的加工贸易型产业结构。日本、新加坡等都较为典型。日本国土面积狭小，缺乏工业资源和土地资源，但它利用紧邻太平洋贸易通道的有利位置，不断改善海运工具和开发深水大港，加快加工工业的发展，使太平洋沿岸地域成为世界主要加工工业地区，日本成为典型的加工贸易型国家。新加坡是个面积狭小，自然资源短缺的国家，但该国充分发挥优越的位置、交通与信息条件，大力发展航运业、转口贸易、加工出口及旅游业，其已发展成为世界上富有的国家之一。

案例8.4

鲁尔区产业结构调整与环境治理

鲁尔区位于德国西部，是德国重要的工业区，也是资源型结构转型的成功典范。早在19世纪中叶，鲁尔区凭借丰富的煤炭资源发展成为以煤炭、钢铁、化学等重化工业为核心的德国最大工业区。

20世纪50年代以后，伴随世界能源结构变化、世界钢铁产量过剩以及新技术革命的兴起，一大批新兴工业部门涌现，鲁尔区单一的重化工业结构日益显露弊端，煤炭、钢铁等主导产业迅速衰落，失业率上升，结构性危机出现。为此，鲁尔区一方面对煤炭和钢铁工业实行了“关、并、转”等合理化改组，同时，鼓励兴建新兴工业和保险、旅游等第三产业部门，并强化文教、科研，注重人才培养，进一步推动企业的技术改造。同时，鲁尔区对严重的环境污染进行了综合治理，建立了完备的治污设施，并采取大规模植树造林等措施，使昔日浓烟蔽日、黑尘满地的厂区，成为环境优美的花园。经过清理改造和产业结构调整，鲁尔区经济迅速走出了低谷，产业结构由资源型产业为主导转变为以电子计算机和信息产业为主导，经济社会实现协调发展。

(二)劳动力

劳动力是产业经济活动的主体，它的数量、质量和流动性不仅影响产业经济活动，而且也影响产业结构的形成与演变。

1.劳动力数量

国内外经济发展的历史证明，劳动力丰富且价格低廉，资金又缺乏的发展中国家，为了充分解决就业问题，发挥劳动力价格低廉的优势，适合于发展劳动密集型产业，如纺织业、食品业、餐饮业等。20世纪后期，中国、印度、越南等亚洲国家和地区的劳动密集型产业都有快速增长。中国的制鞋、服装、纺织、玩具、家具、塑料制品和箱包七大类劳动密集型产品在国际市场上的竞争优势比较明显。而劳动力不足、资金比较充裕的发达国家,更多地依靠物化的资本和技术,发展技术密集型和资金密集型产业。在欧盟国家中,德国、意大利、瑞典等国出现人口负增长情况,劳动力资源比较短缺,因而以发展技术密集型、资本密集型产业为主。德国的汽车制造业、机械制造业、化学工业都具有很强的国际竞争优势。

2.劳动力素质

高素质的劳动力不仅能够迅速适应新的技术和新的产业,加快新兴产业的发展进程,而且也能够积极参与传统产业的改造,提升传统产业的生产效率。这些都说明,高素质的劳动力是产业结构演进的促进因素;反之,劳动力素质低,适应新技术的能力低,劳动力就成为技术进步、产业结构转换和优化的阻力。日本在第二次世界大战后提出科教兴国战略,大力发展教育事业,培养了一大批科技人才和高素质的劳动力,对于促进日本的工业化,推动产业结构升级起着决定性作用。相反,非洲人口长期在低水平上徘徊,劳动力与现代制造业难以形成有效的结合,因而制约了经济发展和产业结构的演进。

3.劳动力流动

在比较利益的推动下,劳动力在产业之间、产业内不同企业之间不断地流动。劳动力流向哪个产业,哪个产业的发展条件就得到加强,就获得了发展;反之,没有得到充足劳动力的产业,发展就会受到限制。因此,劳动力流动是产业结构演进的重要条件。如果一个国家劳动力市场完善,优质的劳动力资源能够不断地从传统产业向新兴产业转移,从而满足新兴产业对优质的、充足的劳动力资源的需求,就能促进它们的健康发展,推动该国产业结构的演进;反之,如果劳动力市场不完善,劳动力流动受到限制,传统产业的劳动力闲置,而新兴产业所需的劳动力不能得到满足,国家产业结构就呈僵化状态。

(三)资本供给

资本如同人体的血液,是产业发育成长的基本条件。没有资本的增长,产业的生成和扩张是难以实现的。资本的总量和供给结构对产业结构的形成和变动产生重要影响。从资本总量来说,一个国家如果资本充足,那么就适合于发展资本密集型产业;而资金匮乏的国家主要发展资源密集型和劳动密集型产业,也可以充分利用国际产业转移来发展传统资本密集型产业。从资本供给结构来看,在同一时期,不同产业所获得的资本供给是不等的,产业发展也处于不平衡状态,那些获得较多资本的产业,能够获得充足的、优质的生产要素,从而得以快速发展;而对于那些资本短缺的产业,陷入生产要素短缺的困境,增长速度受到限制。

(四)生产技术

任何一个产业的经济活动都建立在特定的技术基础之上。技术进步提高了产业的技术水平,从而提高了产业的生产效率,促进了该产业的发展,也提高了该产业在国民经济中的地位;技术进步改变了产业生产活动的工艺流程和材料结构,从而也改变了产业与其他产业之间的关联关系。

从时空上看，技术进步一般并不是同时发生在各个产业内，而是一种不平衡现象。技术变革和进步只是集中在几个生产领域，而不是均匀地分布在各个工业部门。技术进步的不均衡性决定了产业之间的发展是不平衡的，产业之间的关联也是在不断变化的，从而使产业结构处于演变之中。

1.产业间的新陈代谢

技术进步的非均衡性导致新旧产业之间的实力对比发生变化，引起产业结构改变。技术创新和技术进步使专业化分工深化，推动了新兴产业的出现和发展。新兴产业是在新兴技术基础上形成的，因其技术进步速度快，往往也是劳动生产率提高最快和产出增长最快的部门。它们能够吸引和集聚更多的生产要素，从而实现更快发展，并逐渐发展成为经济活动的主体和核心。而与此同时，一些旧的产业因技术落后，市场需求萎缩而逐步被淘汰。技术进步使产业体系不断推陈出新，主导产业依次更替，实现产业结构的演变。同时，在新兴产业发展的同时，新兴技术将向各个产业扩散和转移，促进原有技术的更新和传统产业的改造，从而使产业结构在整体上实现全方位的技术进步和升级。

2.产业间的关联关系

产业间的投入产出关联主要取决于生产技术关联。因此，任何一个产业的技术变化，都会改变它与其他产业之间的技术关联，从而改变产业之间的投入产出关系。从单个产业来看，技术进步使某些产业的中间需求率和中间投入率发生变化。例如，炼铁技术的进步使焦比下降，则炼铁工业对炼焦工业的依赖程度就有所下降。从总体来看，技术进步推动着专业化分工的程度，生产的迂回化使产业之间的分工越来越细，产业间的联系也趋于复杂化和紧密化。

案例8.5

德国的高科技战略与“工业 4.0”

德国是全球制造业中最具竞争力的国家之一，其机械和装备制造业全球领先，这是德国政府持续推进技术研发和创新的结果。20 世纪 80 年代以来，德国将创新置于国家发展的核心位置，不断出台创新驱动发展战略与政策制度，成为引领和保障德国创新驱动发展的重要手段。为了确保德国在科技和经济领域的领先地位，2006 年，德国首次发布《德国高科技战略》，从国家层面系统地提出高科技发展战略，确定了旨在加强德国创新力量的明确政策路线；2010 年，德国制定了《德国 2020 高技术战略》，试图把创新理念转化为具体创新活动，依靠研究和创新来激发科技和经济的活力，推动制造业转型升级。该战略瞄准全球范围面临的重大挑战，提出气候/能源、健康/营养、移动工具、安全、通信五大需求领域。这五大需求领域和交叉领域的十四项“关键技术”包括生物技术、电动技术、电子技术、能源研究、信息通信技术、航空技术、航天技术、航海技术、交通技术、医疗技术、微系统技术、纳米技术、光学技术、产品技术和材料创新。在每一领域，“高科技战略”确定具体“未来项目”，目前五大领域共有十大未来项目，包括碳中性高能效环保城市、智能能源转换、可再生资源作为石油替代品、个性化药物治疗、优化营养提升健康、老年独立生活、工业 4.0、互联网服务经济、安全识别和可持续移动工具。

工业 4.0 是德国高技术战略的十大项目之一。2013 年由多领域专家组成的德国工业 4.0 工作组发布了专题报告——《保障德国制造业的未来:关于实施“工业 4.0”战略的建议》。在德国工程院、西门子和博世两大公司和产业界的建议和推动下,2013 年汉诺威工业博览会正式推出《德国工业 4.0 战略》。该战略认为,18 世纪引入机械制造设备的工业是 1.0 时代,20 世纪初的电气化与自动化是工业 2.0 时代;20 世纪 70 年代开始的信息化是工业 3.0 时代;而工业 4.0 是指基于信息物理系统(CPS)的智能制造时代,即利用物联信息系统将生产中的供应、制造、销售信息数据化、智慧化。“工业 4.0”战略要点是:一个网络(物联网系统 CPS)、两大主题(智能工厂和智能生产)、三项集成(企业间横向集成、生产系统纵向集成与端对端的集成)、四大技术前提(标准化和参考架构、有质量保障的网络服务、微电领域的研发、部件间无障碍互通)和六项措施(实现技术标准化和开放标准的参考体系、建立复杂模型管理系统、建立一套综合的工业宽带基础设施、建立安全保障机制和规章制度、创新工作组织和设计方式、加强培训和持续职业教育)。德国通过新理念、新战略、新技术,把信息化推向质的变化阶段,推动以智能制造、互联网、新能源、新材料、现代生物为特征的新的工业革命,为其他国家工业转型升级、发展先进制造业提供了重要的方向和启示。

资料来源:宇燕.德国工业 4.0 及高科技战略对我国的启示[EB/OL].[2015-09-25]. http://acs.mofcom.gov.cn/sites/template2.

(五)中间投入品供给

中间投入品即中间产品,是指市场上企业在生产活动中一次性消耗的原料、燃料及其他产品和服务。一个产业的生产活动需要消耗来自其他产业的产品和服务。投入品的数量、价格和质量影响产业的发展和变化,从而引起产业结构的改变。当上游产业发展到一定规模,就为下游产业和前向关联产业提供了充足的、低廉的投入品,下游产业才能得到迅速地发展,从而实现产业结构的推陈出新和主导产业的转换。确切地说,当一个产业的后向关联产业得到发展,能够向其提供充足的投入品时,该产业也得以发展。发达国家工业化过程的主导产业转换体现了中间投入品供给的作用。只有农产品生产规模达到一定程度,以农产品为原料的轻工业才能得以大规模发展;而只有原材料工业发展到一定程度,才能满足加工工业大发展对投入品的需求。因此,上游产业或后向关联产业的发展水平,决定着投入品的供给水平和价格水平,从而也影响下游产业和前向关联产业的发展程度,以及产业结构演变的进程。可见,政府在推动重点产业发展时,一定要重视其后向关联产业的状态及发展。

[8-8]
新加坡的经济转型经验值得借鉴

(六)社会、文化因素

产业经济活动不仅受到经济因素的影响,而且与政治、文化、社会和法律等外生因素也存在十分密切的关系[8-8]。这些外生因素作用于经济因素,从而间接地影响产业结构的演变。

1. 政治与产业结构

政治是指阶级、政党、政府、民族、利益集团等现象及其关系，其中阶级现象是其本质。政治主体之间关系的变化会引起政府的政策、制度和法律变化，进而影响经济和产业的发展。政治现象主要包括国内政治与国际政治两大部分。

(1)国内政治。国内政治的表现主要包括阶级与阶级斗争，党派斗争，民族与地区冲突，政府的重大会议、活动以及重要决策。国内阶级之间的关系及其变化与产业结构改变相关。例如，英国资产阶级革命对工业化产生重要影响。17 世纪后期，英国资产阶级和新贵族发动宫廷政变，推翻封建统治建立资本主义制度。英国资产阶级革命废除了封建制度，消除了不利于资本主义制度发展的种种束缚，为工业革命创造了重要的政治前提。

(2)国际政治。国际政治表现主要包括外交、援助、经济制裁、军事冲突、军工生产与军用设施。国际政治关系及其变化对国家产业结构演变和经济发展有重要影响。例如，美国在国家成立初期受到英国的经济封锁，重要的工业产品被禁止输入美国，从而迫使美国开始大力发展重要工业行业，并较早地摆脱了农业国的地位。新中国成立之初，我国处于西方资本主义国家的封锁之中，国家难以利用国际产业转移，严重地制约了我国技术进步和产业结构演进。而在同一时期，亚洲“四小龙”却在国际转移浪潮中承接了发达国家转移的产业和技术，加快了工业化和产业结构演进的速度，使经济获得了迅速的发展。

2. 文化与产业结构

文化是指人类社会意识形态及与之相适应的制度和措施，它包括知识、信仰、艺术、道德、法律、风俗、语言以及社会成员的习惯。文化是在一定人群中存在的共有的、稳定的、遵守的意识、道德规范和行为准则等。它通过影响人的行为而影响产业经济活动，进而影响产业结构的演化。例如，西方国家的文化崇尚个人自由主义，富有冒险精神。在消费方面，人们敢于超前消费，尝试各种新的商品和服务，从而促进了个性产品和新兴产业的发展。在生产活动方面，人们敢于冒险开展技术创新，个人不怕失败，社会宽容失败，从而加快了西方国家技术创新速度，推动着新兴产业的发展和产业结构的演进。东方文化比较保守，推崇隐忍，这种特点就阻碍了人们发现、接受新事物的速度和进程，从而不利于技术创新和新兴产业的发展。

3. 法律环境与产业结构

法律规范了市场主体的行为，法律通过对企业行为的影响，进而影响产业发展以及产业之间的关系。从知识产权法的角度来看，法律赋予了创新者独占的权利，从而影响技术创新的环境，进而影响新兴产业的发展。严格完善的知识产权法律制度，能够有效激励技术创新，有利于新兴产业的发展；而不健全的法律和不严格的执法环境使创新动力减弱，不利于创新，不利于新兴产业的形成与发展，从而对产业结构转型产生制约。

二、需求因素对产业结构演变的影响

需求对产业结构演进的拉动作用是显而易见的。满足需求是生产的目的，企

［8-9］
三大最终需求对我国产业结构的影响分析

业的行为就是发现潜在需求并设法予以满足的过程。新的需求催生新的产品、新的产业，市场需求结构的变化必然诱发产品结构发生变化。因此，需求的方向和水平指示着产品生产的方向和水平。随着人均收入水平上升，需求结构将发生变化，并引导和拉动产业结构发生变化[8-9]。需求结构变化对产业结构演进产生巨大拉力，成为经济发展的“发动机”。下面我们从居民消费结构、投资结构、最终需求结构以及中间需求与最终需求的比例四个方面进行分析。

（一）居民消费结构

居民消费结构是指居民用于购买各种消费品和服务的支出构成，它随着人均收入水平的变化而变化。随着人均收入水平的升高，需求收入弹性较大产品的需求量将快速上升，使它们在居民消费结构中的比重不断增加。这种需求结构的变化必然导致需求收入弹性大的产业的迅速扩张，使其在消费品行业结构中的比重也不断上升。因此，居民消费结构变动必然影响消费品行业的结构。一般来说，随着人均收入水平的提高，居民消费结构中，用于衣、食、住、行的支出结构将发生变动，用于食物的支出在总支出中的比重将不断缩小，而用于住房、汽车、教育、旅游和通信等方面的支出不断增加。这种消费结构的变化对房地产业、汽车制造业、教育产业、旅游业和通信业的发展产生强大的拉动作用。21 世纪以来，这些产业在我国得到快速发展，这与我国居民的消费结构转变密切相关。

（二）投资结构

投资对第二产业的拉动作用最为明显。在资本形成过程中，有 90％以上的资本品需要由第二产业（工业和建筑业）提供。资本品需求结构的变化必然引起资本品生产行业结构的变化，并通过产业关联效应引起相关产业的变化。

制造业是提供资本品（机械设备、仪器仪表、运输设施等）的重要部门，投资需求结构的变化必然引起制造业内部结构的变化。而且制造业内部存在较强的产业关联效应，投资结构的变动就会对第二产业的总量和结构产生较大影响。

投资与建筑业的关联度也很高，投资总量和结构的变化对建筑业及其关联产业产生影响。随着机器设备等资本品需求的增加，厂房、仓库等生产性建筑设施的需求也随之增加。建筑业的较快增长又进一步带动了建材、钢铁等原材料行业的快速增长。随着技术进步，对精密仪器仪表、智能机器以及信息网络的投资将进一步扩大，对建筑业的材料使用、建筑设计提出了更高的要求，从而会带动新兴建筑材料工业和建筑设计服务业的快速发展。

（三）最终需求结构

在最终需求构成中，消费和投资的比例关系决定了消费资料产业和资本资料产业之间的发展和相互关系。随着加工技术水平的提高和生产规模的扩大，机器设备等资本品的需求增长将超过消费品需求的增长，因而使得资本品工业得以更快地发展。霍夫曼工业化经验法则说明了资本品工业比重不断上升的规律，实际上反映了投资需求相对于消费需求的更快增长。

(四)中间需求与最终需求的比例

中间需求是指各个生产部门对一次就将其本身的全部价值转移到产品中去的产品(中间品)的需求,如原材料、燃料、物流服务等。中间需求旺盛促进中间品行业的发展,采掘业、原材料工业等得以迅速发展。最终需求是社会对最终产品的需求,包括居民消费、投资需求、政府购买需求和出口需求等部分。最终产品需求旺盛促进制成品行业的发展,加工、组装工业得以迅速发展。中间需求与最终需求的比例决定着中间品行业和最终产品行业的发展及其比例关系,中间需求与最终需求的比例变化推动着产业结构的演变。影响中间需求和最终需求比例的因素主要有两个方面:一是生产技术水平。生产技术水平越高,专业化程度越高,最终产品生产过程中的中间生产环节越复杂(迂回生产),从而对中间产品的需求也就越大。二是随着人民收入水平的提高,消费品和服务的需求规模和档次不断上升;随着生产规模的扩大,企业对生产设备等资本品的投资规模将随之扩大。因此,随着经济增长,最终产品的需求也在不断增加。显然,中间产品需求和最终产品需求规模都随着经济发展而增加。发达国家的经验表明,随着经济的发展和技术水平的提高,中间产品生产大多都被转移到发展中国家,而本国更多地发展最终产品生产。这样,发展中国家的中间需求比例上升,中间品行业发展较快;发达国家最终需求比例相对上升,对最终产品生产行业产生强大的拉动作用。

案例8.6

美、日、韩的消费结构演进规律

美、日、韩消费结构升级规律显示,居民消费结构升级趋势主要按照"衣食—住行—康乐"的路径进行,一般来说分为两个阶段。第一阶段是"衣食"向"住行、康乐"升级,即随着人均收入水平的提高,与"衣食"相关的非耐用消费品支出比重会逐渐下降,而与"住行"相关的耐用消费品支出所占比重会迅速上升,与"康乐"相关的支出比重会缓慢上升;第二阶段是"衣食、住行"向"康乐"升级,即当人均收入水平进一步提高时,耐用消费品支出所占比重增长变缓,甚至出现下降,而与医疗保健、娱乐等相关服务支出所占比重则继续上升。

美国居民消费结构升级的趋势主要按照"衣食—住行—康乐"的路径进行。1942—1962 年,美国人均 GDP 在 1 000～3 000 美元。这一时期,与衣食相关的食品、服装等非耐用消费品的支出比重逐渐下降,而与住行相关的汽车、家电等耐用消费品所占比重会逐渐上升;1962 年以后,美国人均 GDP 超过 3 000 美元,耐用消费品所占比重基本稳定或略有下降,而与医疗保健、娱乐等相关的服务支出所占比重大幅度上升。

从 1963—2004 年日本家庭消费支出结构的变化趋势来看,与"康乐"相关的阅读、交通通信、医疗保健所占比重长期呈扩大趋势,特别是汽车、医疗用品及设备的支出增长最快;而与"衣食"相关的食品饮料、衣服鞋类、家具及家具用品呈下降趋势;住房、教育在支出结构中呈现先上升后相对稳定的变化规律。

1980 年，韩国人均 GDP 超过 6 000 美元，私人消费支出结构呈现出明显的消费升级趋势，主要表现为食品、酒精饮料、烟草、服装、住房等消费支出的比重下降；而家具、电器、健康、交通、通讯、娱乐文化等项支出的比重快速上升，但 1995 年后这些支出的增速逐渐放缓，其在消费支出中所占的比重也趋于稳定。

资料来源：董雪峰.中国消费结构升级研究及消费行业配置：美日韩消费结构升级的经验和启示[R].长春：东北证券股份有限公司，2011.

三、国际经济联系与产业结构演变

随着世界经济一体化的推进，国家之间的相互依赖程度在逐渐加深，国际经济联系对国内经济活动的影响也越来越深刻。

（一）国际贸易与产业结构演变

1.进口与供给结构的调整

从进口角度来看，从国外进口本国紧缺的资源、服务和技术可以弥补国内生产要素短缺，改善国内供给结构，为某些产业发展提供充足的投入品，刺激它们的发展。例如，进口生产资料、机器设备、购买优质铁矿、购买专利使用权等，都有利于相关产业的发展。同时，从国外进口某些新产品、新技术还能够开拓本国的市场需求，为本国同类产业发展创造市场需求。这些都有利于相关产业的发展，从而引起产业结构的变化。

我国进口结构已经由进口中高档消费品为主转变为以进口先进设备和中高档原材料为主，即消费型进口商品结构转变为生产型进口商品结构。在进口的生产资料中又以加工贸易所需的零部件和生产中所需的能源和资源为主，其中机电产品、新技术产品、资源性与能源性产品以及农产品是主要的进口商品。其中，电子元器件、汽车关键零部件的进口满足了电子工业、汽车工业的发展要求。由于我国高新技术产品的自主知识产权少，许多产品设计、关键零部件、工艺装备严重依赖进口。短期内，一些国内需要的技术产品通过进口得到补充，有利于高新产业发展和结构转型。铁矿、石油、大豆等能源、资源性产品的进口，对稳定钢铁工业、石油化工以及食用油生产也具有重要作用。

2.出口与需求结构的调整

从出口角度来看，出口需求是国家总需求的重要组成部分，出口结构变化首先引起出口行业生产规模的变化，并通过后向关联效应引起相关投入品生产行业的变化，从而引起产业结构变化。改革开放以前，我国经济增长主要是靠投资和消费等国内需求拉动的，出口作为需求因素在我国经济增长中的作用很弱。改革开放以后，随着出口规模的快速扩张，出口对总需求的拉动作用不断增强，出口结构变化也成为影响我国产业结构演变的重要因素。

21 世纪初，我国出口结构以工业品为主，服务出口占出口总额的比重不足 10%。在工业品出口中，机械、电子和七大类劳动密集型产品是主导产品，其出口额占出口总额的60%以上。出口结构对不同产业产生不同的拉动作用。出口对我国第二产业的发展具有明显的拉动作用，这也是近年来第二产业迅速发展的重要原因之一。从第二产业内部来看，出口对高新技术产业的拉动不明显，而对传统产业产生明显的促进。从部门来看，出口对采掘业、纺织业、缝纫及皮革产品制造业、化学工业、通信及电子设备制造业的拉动作用最为明显。

(二)国际直接投资与产业结构演变

国际直接投资是指投资者以控制企业部分产权、直接参与经营管理为特征，以获取利润为主要目的的资本对外输出。国际直接投资的产业类型、生产规模和管理方式等对东道国的产业结构演变有重要影响。

1.资本流入与产业结构

从资本的流入来看，直接投资对一国产业结构演变的影响主要包括三个方面：一是数量效应。直接投资进入一国的某个产业，将直接带来该产业的规模扩张，如果是投资新建则是增量波动，如果是收购兼并则是存量的调整；二是扩散效应。直接投资带来的产业规模扩大，将通过前向关联效应、后向关联效应和旁侧效应等方式带动东道国的相关产业生产规模的扩张。而且，直接投资带来的资金、技术、人才、管理方式等若干要素将扩散到东道国的其他产业或相关产业，由此带来更广泛地影响。三是鲶鱼效应。国际投资所形成的产业将对该国已有产业的发展形成威胁，被投资国同类产业乃至其他产业的企业将通过借鉴学习等方式吸收经验，加快自身的发展，有效加快东道国的技术创新，从而推动产业结构的演进[8-10]。

[8-10]
跨国公司在华本土化策略及其启示

2.资本流出与产业结构

从资本流出来看，资本流出意味着国际产业转移的进行。发达国家把技术创新缓慢，不再具有技术竞争优势的产业转移到发展中国家，以谋求成本优势。国际产业转移使国内资源更多地集中于新兴产业领域，从而实现国家产业结构的推陈出新，推动产业结构向高级化方向演变。

在新一轮的国际产业转移中，以美国、日本为代表的发达国家，将电子、汽车等产业向发展中国家转移，在国内转向发展更高技术水平的产业，如信息产业、宇航工业、新材料工业等。

案例8.7

国际投资与我国产业结构转型

根据我国商务部数据显示，截至2015年底，全国非金融领域累计设立外商投资企业83.640 4万家，实际使用外资金额16 423亿美元。外商投资遍及制造业、服务业、农业、基础设施等诸多领域，已形成了全方位、宽领域和多层次的对外开放格局。2015年，我国吸收外资再创新高，全年设立外商投资企业2.657 5万家，实际使用外资金额78 135亿美元。与此同时，外资质量持续提升，产业结构进一步优化。其中，服务业实际使用外资4 770.5

亿美元,在全国总量中的比重为 61.1%;制造业实际使用外资 2 452.3 亿美元,占比为 31.4%。在制造业中,高技术制造业实际使用外资 583.5 亿元,占比为 9.5%。目前,世界 500 强跨国公司中的 480 多家公司已在华投资或者开展经营活动,所投资行业遍及汽车及零部件、石化、能源、基础设施、生物、医药、通信和软件服务等。当前世界经济正在展开新一轮产业转移,我国能否在这个历史关键时期抓住产业调整的机遇,成为全球新的产业链中的重要一环,显得尤为重要。

与此同时,我国境内投资者的对外直接投资也在不断增加。2015 年,我国境内投资者共对全球 155 个国家或地区的 6 532 家境外企业进行了非金融类直接投资,累计实现对外投资 7 350.8 亿元人民币。其中,我国企业对"一带一路"相关国家进行的直接投资额为 148.2 亿美元,投资主要流向新加坡、哈萨克斯坦、老挝、印度尼西亚、俄罗斯和泰国等。

资料来源:商务部新闻办公室. 商务部外资司负责人谈 2015 年吸收外资情况[EB/OL]. [2016-01-14]. http://www.mofcom.gov.cn/article/ae/ag/201601/20160101234256.shtml.

四、产业政策对产业结构变动的影响

[8-11] 国家发展改革委《产业结构调整指导目录》(2011年本修正)

产业政策是政府为实现经济目标而干预产业经济活动的各种政策,它通过经济政策和行政手段来鼓励或限制产业的发展,引导和促进产业结构向既定方向演进。政府在制定产业政策时,一般将产业分为鼓励类、限制类、淘汰类,不属于上述三类,但符合国家法律、法规和政策规定的,为允许类,允许类不列入目录。2005 年,我国颁布首部《产业结构调整指导目录》;2011 年再次颁布《产业结构调整指导目录》,并在 2013 年进行修正。修正后的《产业结构调整指导目录》共有 1 408 条,其中,鼓励类 761 条,限制类 223 条,淘汰类 424 条[8-11]。以钢铁工业为例,指导目录中钢铁产业类条款共计 84 条,其中,鼓励类 17 条,限制类 20 条,淘汰类中落后生产工艺装备 44 条,落后产品 3 条。指导目录对于引导钢铁产业的投资产生重要作用。

1.鼓励类产业

鼓励类主要是对经济社会发展有重要促进作用,有利于节约资源、保护环境、产业结构优化升级,需要采取政策措施予以鼓励和支持的关键技术、装备及产品。对于鼓励类产业,政府给予信贷支持和税收减免等优惠政策,促进产业规模的扩大。

2.限制类产业

限制类主要是工艺技术落后,不符合行业准入条件和有关规定,不利于产业结构优化升级,需要督促改造和禁止新建的生产能力、工艺技术、装备及产品。对于限制类产业,政府禁止新项目建设,控制行业规模;对于现有生产能力,允许在一定时期内采取措施改造升级。

3.淘汰类产业

淘汰类主要是不符合有关法律法规规定,严重浪费资源、污染环境、不具备安全生产条件，需要淘汰的落后工艺技术、装备及产品。对于淘汰类产业，政府禁止新项目投资。对于现有生产能力，地方各级政府要在规定的淘汰期限责令其停产或予以关闭。在淘汰期限内国家价格主管部门可提高水、电、气等生产要素价格。各金融机构应停止各种形式的授信贷款支持，并采取措施收回已发放的贷款。

本章小结

产业结构演变与经济增长密切相关，但关于二者之间关系的认识存在较大的分歧。经济增长理论认为，经济增长会诱发产业结构演变；而结构主义发展理论认为，产业结构演变具有经济增长效应。

产业结构演变存在一定规律。三次产业结构演变、三次产业内部结构演变以及主导产业更替都体现了演变的客观性和规律性。其中，主导产业演变是产业结构演变的基本规律。

产业结构演变的影响因素包括供给因素、需求因素、国际经济联系和产业政策。这些因素与生产活动密切相关，它们通过影响产业而推动产业结构演变。我国改革开放以来的实践说明，国际贸易和国际直接投资对我国产业结构的形成和发展产生重要的作用。

复习与思考

一、名词解释

主导产业　技术密集型产业高加工度化　资源诅咒　后工业社会

二、单项选择题

1. 在需求结构中，对产业结构影响最大的因素是(　　)。

A. 投资结构　　B. 居民消费结构

C. 中间需求和最终需求的比例　　D. 最终需求结构

2. 三次产业分类法的创始人是(　　)。

A. 霍夫曼　　B. 科林·克拉克

C. 费希尔　　D. 库兹涅茨

3. 在人类经济社会发展过程中，三次产业依次发展的顺序是(　　)。

A. 农业—工业—服务业　　B. 农业—服务业—工业

C. 工业—农业—服务业　　D. 服务业—农业—工业

4. 从总体上来说，推动产业结构变化的最根本、最主要的因素是(　　)。

A. 需求因素　　B. 制度因素　　C. 科技进步　　D. 社会因素

5. (　　)认为产业结构演变是经济增长的因素。

A. 古典增长理论　　B. 新古典增长理论

C. 内生增长理论　　D. 非平衡增长理论

6. 利用高技术产业的迅速发展来推动经济的快速发展，这种经济增长的方式属于(　　)。

A. 内涵式扩大再生产　　B. 生产资料扩大再生产

C. 外延式扩大再生产　　D. 消费资料扩大再生产

三、简述题

1. 简述工业结构演变的规律。
2. 简要分析跨国公司直接投资对东道国产业结构的影响。
3. 辨析经济增长与产业结构演变的关系。

四、论述题

1. 以德国为例，论述创新驱动发展战略在产业结构转型升级中的作用。
2. 论述发达国家“再工业化”战略。

第九章　产 业 关 联

在国家和地区的产业经济活动中，产业之间存在复杂的生产技术联系。一方面，任何一个产业的生产都需要投入生产要素，其中大部分来自其他产业的产出，也有自身的产品；另一方面，一个产业的产出按其用途可以分为中间产品和最终产品两个部分，其中中间产品是供给其他产业作为中间消耗的部分。一个产业通过投入和产出与其他产业建立起生产技术联系，即投入产出关系。产业关联理论通过对产业之间的投入产出关系的分析，能够使人们更深刻地理解产业之间更为精确的、复杂的生产技术联系，以及产业间投入产出关系对经济增长的影响。产业关联理论的内容主要包括产业关联的特征、投入产出分析方法和产业波及效果。

第一节　产业关联概述

一、产业关联的含义

产业关联即投入产出关系，是指以各种中间产品消耗为纽带建立的技术经济联系。

在产业经济活动中，任何一个产业的经济活动都不是孤立的。一个产业在生产过程中需要投入一些生产要素，如能源、原材料、半成品等，这些投入品主要来源于其他产业的产出，这就是所谓的投入。同时，一个产业经济活动的结果就是向社会提供商品或服务，除最终产品外，其他部分作为中间产品供其他产业消耗，这就是所谓的产出。因此，通过中间产品消耗，产业之间在投入与产出活动过程中建立起技术经济联系，即产业关联。

产业关联的实质是产业之间产品或服务的流动和交易，而且实物的流动和交易伴随着产业之间价值形态的联系。实物形态关联的优点是直观、易于理解，但由于各种投入品的计量单位不统一（如克、尺、升等），因而不同产业之间的关联程度不能进行比较或加总。价值形态的关联以货币单位计量，从而避免了单位不统一引起的计量难题，提高了投入产出分析的实用性，扩大了投入产出的应用范围。所以，在产业关联分析中，使用更多的是价值形态的关联。

二、产业关联的表现形态

产业关联表现为产品或服务在产业之间的流动，并由这种流动形成产业之间复杂的经济技术联系。因此，产业之间的产品和服务联系是产业关联最基本的表现形式，但不是唯一的表现形式。伴随着产品和服务在产业之间的流动，产业之间在很多方面形成了联系。

（一）产品或服务联系

所谓产品或服务联系是指宏观经济活动中，一些产业为另一些产业提供产品或服务，或者产业之间互相提供产品或服务的关系。产品或服务的关联可以通过实物形态和价值形态表现出来。从实物形态来看，产业之间相互提供中间产品的数量，是用中间产品的实物量来表示的，即以产品的标准单位或自然单位计量的产品数量。从价值形态来看，产业之间相互提供中间产品的数量，是用中间产品的价值量来表示的，即以货币单位计量中间产品的价值量。在价值形态联系中，一个产业的中间产品价格不仅影响其价值量，而且还会影响关联产业的产品价格，从而形成价格联系。当一个产业产品价格下降，消耗其产品的下游产业的成本下降，从而价格也下降。

（二）生产技术联系

一个产业在使用相关产业提供的投入品时，并不是被动地接受，而是依据本产业部门的生产技术特点、生产工艺要求对投入品提出技术和质量标准，以确保本产业产出品的质量和性能。因而，产业间产品或服务联系反映了产业间生产技术的联系状况。一般来讲，存在产业关联的双方，如果一方产业技术发生重大变化，其对投入品的要求将发生变化，从而引起产业间投入品的供求比例的变化，以及投入品生产技术的变化。例如，随着冶炼技术的不断提高，焦比在不断下降，钢铁工业对焦炭的需求量逐步下降。又如，在工业化初期，纺织业对棉花种植业的依赖程度很大，后者直接制约着前者的发展。随着化纤工业的发展，纺织业投入品的替代品出现了，使纺织业对棉花种植业的依存度减少了，并建立了与化纤工业的产业关联。总之，产品或服务联系是生产技术联系的载体，反过来生产技术联系的变化也影响产品或服务的联系。

（三）生产规模联系

当两个产业之间存在产品或服务的流动时，两个产业的生产规模就建立起联系，并相互影响，即一个产业生产规模的变化，通过投入产出关系影响相关产业的生产规模。例如，钢铁工业的发展对煤炭产业的产品产生更多的需求，需求拉动使煤炭产业的生产规模也随之扩大。又如，奶牛业规模的扩大使生奶供给量增加、生奶价格下降，从而推动奶制品业扩大生产规模。以规模联系为基础，产业之间的生产要素投入量也呈现相关关系，即劳动力投入联系和投资联系。

1.劳动力投入联系

在技术水平不变的条件下,一个产业扩张必然引起本产业劳动力需求增加,该产业带动关联产业发展,关联产业的劳动力需求也增加。可见,产业间存在产品或服务联系时,也必然存在劳动力就业联系。

2.投资联系

当一个产业因增加投资而扩大生产能力时,必然要求投入品生产行业也具有相当的生产能力,提供更多中间产品,从而促使这些产业也增加投资,扩大生产规模。同时,该产业扩大生产能力引起产品价格下降,还会诱导消耗其产品的行业增加投资,扩大生产能力。可见,产业间存在产品或服务联系时,必然存在投资联系。

总之,产业关联的表现是多方面的,包括产品或服务联系、生产技术联系和生产规模联系等。其中产品或服务联系是产业关联最为基本的表现形式,原因如下:一是产品或服务联系是产业之间联系的基础和核心,产业之间其他的联系形式都是在此基础上派生出来的。产业之间如果不存在产品或服务的联系,也就无所谓产业关联。二是产业间关联的本质是产业间产品或服务的供求要均衡。三是社会劳动生产率和经济效益的提高,最终归结为产业间提供产品或服务的质量提高和成本节约。

案例9.1

2014 年我国化肥产业遭遇大考

2014 年 8 月 7 日,中央电视台经济频道《经济半小时》栏目播出了名为“化肥产业遭遇大考”的节目,探讨了产业关联对化肥产业的影响。化肥产业是传统煤化工产业,包括氮肥、磷肥、钾肥以及复合肥几个种类,其中氮肥约占化肥总产量的 73%,是我国农业生产消费中最多的一种。2014 年,受我国经济增速放缓的影响,氮肥市场乃至整个化肥行业出现了前所未有的困境,甚至出现了全行业亏损的局面。1—5 月份,整个氮肥行业亏损 23.6 亿元,比去年同期效益下降 160%。究其原因,主要是受到煤炭市场波动的影响。煤不仅是燃料,也是生产化肥的主要原料,2013 年下半年以来,煤炭市场需求下滑,煤炭价格大幅下降并带动尿素产品价格一路下滑,而且化肥降价的幅度大于煤炭的幅度。从 2012 年第二季度的 2 500 元/吨持续下跌,到 2014 年 5 月份全国尿素平均价格甚至下滑到了 1 400 元/吨,跌幅高达 44%。因此,我们看到,煤炭产业和煤化工产业之间的产业关联性使煤炭价格与尿素价格形成联系,并相互影响。因为煤炭价格的大幅下降,化肥产业遭受池鱼之殃。当然,除此之外,化肥市场需求下降,产能过剩,出口需求萎缩以及煤化工产业的转型升级等也是影响化肥产业面临困境的原因。

三、产业关联的方式

在一个国家或地区宏观经济运行过程中,产业关联的方向、关联的程度是多种多样的。在关联的方向上,通常情况是上游产业向下游产业提供投入品,但在有些情况下也存在下游产业向上游产业提供投入品的情况。在关联的程度上，两个产业可能存在直接的关联，即一个产业消耗另一个产业的产品；也可能存在间接的关联，即产业之间通过中间环节产品而发生联系。

（一）单向关联与多向关联

单向关联是指社会再生产过程中，上游部门向下游部门提供产品，以供其生产时直接消耗，但下游部门的产品不再返回上游部门的关联方式（如图 9-1 所示）。简言之，单向关联中的单向是指产业间联系的方向是单一的。

图 9-1
单向关联

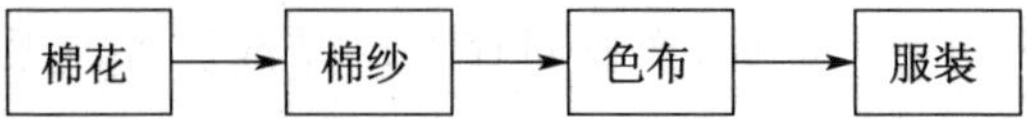

多向关联是指社会再生产过程中，上游部门向下游部门提供产品，以供其生产时直接消耗，同时下游部门的产品也返回相关的上游部门的关联方式。煤炭采掘、钢铁与机械工业之间就存在着多向关联（如图 9-2 所示）。实际上，多向关联反映了产业关联中存在相互交织的不同产品或服务的流动方向。一个方向是自上游向下游的，另一个方向是自下游向上游的。在两个产业的关联分析中，多向关联得到简化。例如，煤炭产业与电力产业之间，就包括了煤炭向电力提供发电的燃料，而电力部门向煤炭产业提供动力，这种关联也称为双向关联[9-1]。

[9-1]
论教育与经济的双向关联

图 9-2
多向关联

（二）顺向关联与逆向关联

所谓顺向关联是指产业之间按照生产链上生产工序的先后顺序，前一产业部门向后一产业部门提供投入品的关联方式。例如，棉花种植业向纺纱业提供棉花就是顺向关联。逆向关联是指后续产业部门向先行部门提供产品，作为先行部门的生产消耗。例如，机械工业向钢铁工业提供机械设备，这就是典型的逆向关联。在现实的经济运行中，产业部门间的联系是十分复杂的，顺向关联和逆向关联往往交织在一起。

（三）直接关联与间接关联

在产业之间产品或服务流动的过程中，如果一个产业向另一个产业提供投入品，供另一个产业生产时消耗，这样的关联就称为直接关联。直接关联产生直接消耗关系，即某个产业生产时，直接消耗另一个产业的产品。间接关联是指两个产业通过一些中间环节产品而建立起的产业关联。例如，汽车工业与采油设备制造业之间，并不存在直接关联，但是，汽车工业生产要消耗汽油，而汽油生产需要消耗石油，石油开采又需要使用石油开采设备。这样，汽车工业通过一系列中间环节产品间接消耗了石油开采设备，两个产业建立间接关联。产业间的间接关联产生间接消耗，根据中间环节产品的次数可以对间接消耗进行分类：通过一个中间环节产品而发生的间接消耗，称为一次间接消耗；通过两个中间环节产品而发生的间接消耗，称为二次间接消耗，依次类推。下面以煤炭采掘业与电力工业为例来具体分析。

1.直接关联与直接消耗

煤炭采掘业生产活动过程中需要消耗电力，这是直接消耗。

2.间接关联与间接消耗

煤炭采掘业除了直接消耗电力外，还同时消耗采煤设备、钢材、坑木等产品，而生产这些产品同样也需要消耗电力，这是煤炭采掘业对电力的一次间接消耗。进一步分析，在制造采煤设备、钢材等产品的生产过程中需要消耗钢材、机床、生铁、耐火材料等产品，而生产这些产品同样也需要消耗电力，这是煤炭采掘业对电力的二次间接消耗(如图 9-3 所示)。这个过程可以继续推导下去，形成多次间接消耗。两种产品生产间发生多少次间接消耗，主要是由各产品生产工艺和技术特点来决定的。

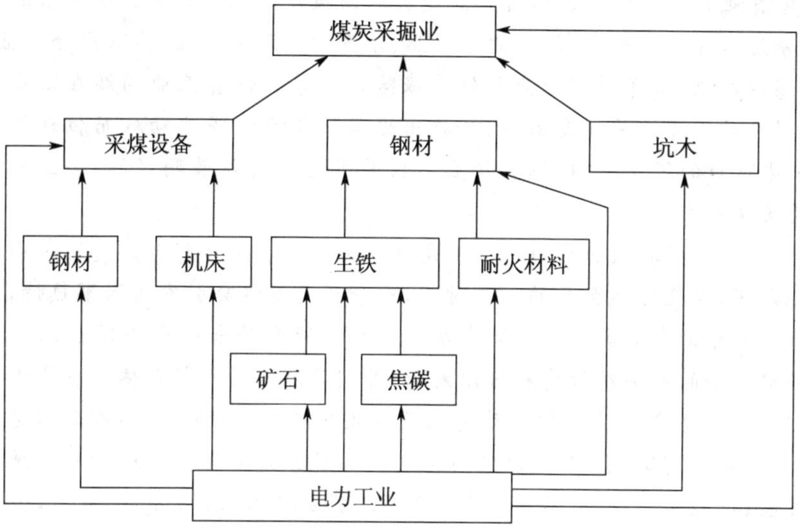

图 9-3
煤炭采掘业与电力工业的产业关联与中间产品消耗

一次间接消耗：
电力→采煤设备→煤炭
电力→钢材→煤炭
电力→坑木→煤炭
二次间接消耗：
电力→钢材→采煤设备→煤炭
电力→机床→采煤设备→煤炭
电力→生铁→钢材→煤炭
电力→耐火材料→钢材→煤炭
三次间接消耗：
电力→矿石→生铁→钢材→煤炭
电力→焦炭→生铁→钢材→煤炭

3.产业关联与完全消耗

在社会再生产中,两个存在直接关联的产业,也可能同时存在间接关联。也就是说,这两个产业之间存在直接消耗和间接消耗,直接消耗与间接消耗之和是一个产业对另一个产业产品的总消耗,我们称之为完全消耗。

案例9.2

奥运会的关联效应分析

作为全球最大的体育竞技赛事,奥运会逐步建立成型的商业模式。奥运会的大量投入不仅通过门票、转播、赞助、广告和纪念品等多项收入得到补偿,而且通过强大的关联效应获得了多方面的回报。奥运投入关联效应是指奥运会赛事及相关活动对关联产业所产生的带动效应。总体上看,奥运会及相关活动对举办国的各类产业都有广泛的促进,能创造更多的就业机会,对总量增长也有重要贡献。从产业角度来看,体育产业、旅游产业、文化产业和金融业的增长效应更为明显。

(1)奥运会对体育业的关联效应。体育产业是关联面极广的上游产业。从需求的角度来看,体育产业可分为体育用品产业、体育健身产业、体育竞赛表演产业、体育中介产业、体育旅游产业、体育媒体产业、体育博彩产业和体育保险产业等。体育产业的潜在需求非常大。奥运会前后,国民对体育的关注度高涨,释放出更多的体育消费冲动从而拉动体育产业发展。奥运会举办城市的经验表明,体育产业不仅是奥运会受益最明显的产业,也是赛后拉动经济增长的活跃产业。

(2)奥运会对旅游业的关联效应。奥运经济是注意力经济和借势经济。奥运举办国在筹办和举办奥运会期间,以及奥运会后的一段时间,充分利用奥运会引发的赛事热情,借势发展本国和举办城市的旅游业,给举办国和举办城市的旅游业带来一个阶段性的加速发展。研究以往历届奥运会的有关统计资料可以看出,外国旅游者的人数是体育参赛者人数的 25 倍到 40 倍,因此,奥运会对举办国的旅游业关联效应较大。1984 年洛杉矶奥运会为美国吸引了 22.5 万入境旅游者;1988 年汉城奥运会的入境旅游者达 22 万人,极大地推动了韩国旅游业的发展;1992 年巴塞罗那奥运会吸引了 30 万游客,创汇 30 亿美元,使西班牙成为当时仅次于美国的第二大旅游创汇国家;2000 年悉尼奥运会使澳大利亚新增加的旅游生意为澳大利亚赚取 30 亿澳元的外汇,加速了澳大利亚旅游业的发展。2004 年的雅典奥运会也对旅游业产生了强大的关联效应,这种关联效应使得希腊在 2004—2006 年间,国际旅游人数从 1 212 万人增加到 1 375 万人,旅游收入从 103 亿欧元增加到 117 亿欧元。

(3)奥运会对文化产业的关联效应。奥运会使世界各国居民更加关注举办国的自然、经济和文化,这为举办国传播民族文化、推动文化产业发展赢得了历史机遇。雅典奥运会平均每天吸引 35 亿到 38 亿电视观众,占全球可收看电视总人数的 95%左右,电视节目转播覆盖 220 个国家和地区。北京奥运会期间吸引了 40 多亿电视和网络观众,带来世界了解北京、了解中国的热情,为传播中国文化、提升中华文化的亲和力提供了前所未有的机遇。

(4)奥运会对金融业的关联效应。在历届奥运会上,保险都是风险管理的核心问题。按照国际惯例,奥运保险多由举办国实力最强的保险公司承担,而国外公司则以强大的实力参与竞争。以中国太平洋保险公司为例，从 1992 年开始，太平洋保险公司为参加第 25 届巴塞罗那奥运会的中国体育代表团提供人身意外伤害保险 2 655 万元；到 2000 年，太平洋保险公司作为悉尼奥运会体育健儿的独家承包人，除常规提供的人身意外伤害保险外，太平洋保险公司还为全体运动员在参赛期间从国内携带的运动服装、体育器材及个人财产提供了因意外造成的丢失或损害保险。2008 年北京奥运会，形成 3 000 多亿元的保险需求，产生了 3 亿多元的保险费用。

资料来源：邢玉升，陈丽敏. 奥运会与周边产业的关联效应分析[J]. 生产力研究，2008(19).

第二节 投入产出分析方法

在一个国家的产业经济活动中，每个产业的活动都消耗相关产业提供的投入品，同时本产业的产出也被其他相关产业所消耗。这样，国民经济中的产业经济活动就形成了部门之间相互消耗产品而又相互提供产品的复杂的投入产出关系。投入产出分析方法采用投入产出分析表和投入产出模型来模拟国民经济各产业部门间产品或服务“流入”、“流出”的社会再生产过程，对国民经济各部门间相互依存关系进行数量比例分析。20 世纪 40 年代，华西里·里昂惕夫(W. Leontief)创立了分析产业间投入产出关系的方法——投入产出分析[9-2]。作为一种科学的研究方法和手段，投入产出分析问世以后，在世界各个国家和地区经济分析、经济预测和经济计划中得到了广泛应用，里昂惕夫也因此获得 1973 年诺贝尔经济学奖。

[9-2] 华西里·里昂惕夫简介

一、投入产出表

投入产出表也称为里昂惕夫表或产业关联表，是记录和反映一定时期内各个产业部门之间发生的产品或服务流动的部门联系平衡表。投入产出表建立的假设条件有。一是产业活动的独立性，即除了投入产出关系及其效果外，产业之间不存在其他关系。一个产业不会对其他产业产生外部效应，各产业活动的效果总和等于其同时进行活动的总效果。二是产业产出的单一性，即对于投入产出表中的任一产业，其产出是单一的，或者说相同的产出只来自同一个产业。三是规模报酬不变性，即任何产业的投入与产出同比例变化。四是技术的相对稳定性。五是价格体系的公正性。

在编制投入产出表时，中间产品和服务的计量单位可以是实物单位，也可以采用价值指标。实物单位是根据中间产品和服务的自然属性而采用的计量单位，它能够直接反映产品的具体特征或使用价值。例如，钢铁、布、煤气、电的实物计量单位分别是吨、米、立方米、千瓦·时等。价值指标是用货币单位来表示中间产品和服务的数量的指标，它脱离了物质的具体内容和特征，具有抽象性，且易受价格影响。根据不同的计量单位，投入产出表分为实物型投入产出表和价值型投入产出表。

[9-3]
实物型投入产出表的部门划分

（一）实物型投入产出表

表 9-1 是一张简化的实物型投入产出表，其计量单位是产品的实物单位[9-3]。

1.实物型投入产出表的基本结构

（1）行与列。投入产出表是一张纵横交错的棋盘式平衡表。纵列与横行所列部门数目相同、部门名称相同，部门排列次序一致。

列表示某一部门（产品 j）生产过程中的投入来源，包括两项：一是纵向排列各部门（产品 i）提供的投入品；二是劳动力。

行表示某部门（产品 i）产出的去向。它由两项组成：一是由横向排列各部门（产品 j）消耗的中间产品；二是作为最终产品用于消费、投资和出口。

（2）表中各元素的经济含义。x_{ij}——j 产品生产过程中消耗的 i 产品数量；U_i——产品 i 中作为中间品的总量；Y_i——产品 i 中 作为最终产品的总量；X_i——产品 i 的生产总量；L_j——产品 j 生产时投入的劳动力数量；L——全部产业经济活动所投入的劳动力总量。

表 9-1 实物型投入产出表

产出 / 投入		单位	中间产品							最终产品	总产品
			产品 1	产品 2	…	产品 j	…	产品 n	小计		
单位											
物质消耗	产品 1		x_{11}	x_{12}	…	x_{1j}	…	x_{1n}	U_1	Y_1	X_1
	产品 2		x_{21}	x_{22}	…	x_{2j}	…	x_{2n}	U_2	Y_2	X_2
	⋮		⋮	⋮		⋮		⋮	⋮	⋮	⋮
	产品 i		x_{i1}	x_{i2}	…	x_{ij}	…	x_{in}	U_i	Y_i	X_i
	⋮		⋮	⋮		⋮		⋮	⋮	⋮	⋮
	产品 n		x_{n1}	x_{n2}	…	x_{nj}	…	x_{nn}	U_n	Y_n	X_n
劳动力			L_1	L_2	…	L_j	…	L_n	L	—	L

2.实物型投入产出表中的平衡关系

在实物型投入产出表中存在一些平衡关系。由于每列中各种投入品、劳动力的计量单位不统一，因此纵列各项不能相加。因而，实物型投入产出表中的平衡关系主要体现在横行之中。

(1)总产出构成。在实物型投入产出表中，行表示某一产业产品的去向。按照产品去向，一个产业的总产出分为最终产品和中间产品，其平衡关系为：

$$X_i = \sum_{j=1}^{n} x_{ij} + Y_i \quad (i = 1,2,3,\cdots,n) \tag{9.1}$$

(2)劳动力加总。在实物型投入产出表中，有一行表示各个产业的劳动力人数。各个产业的劳动力人数的总和为社会劳动力总数。其平衡关系为：

$$L = \sum_{j=1}^{n} L_j \quad (j = 1,2,3,\cdots,n) \tag{9.2}$$

(二)价值型投入产出表

表 9-2 是一张价值型投入产出表，用货币数量表示流动的产品或服务价值量[9-4]。这样，不同产业间的产品或服务流动的数量就有一个相同的计量单位，从而便于加总和比较。

[9-4]
各种价值型投入产出表

表 9-2　　　　**价值型投入产出表**

产品去向 消耗来源		中间产品					最终产品				总产出
		部门 1	部门 2	…	部门 n	小计	固定资产更新 G	积累 K	消费 W	小计	
物质消耗	部门 1	x_{11}	x_{12}	…	x_{1n}	$\sum_{j=1}^{n} x_{1j}$	G_1	K_1	W_1	Y_1	X_1
	部门 2	x_{21}	x_{22}	…	x_{2n}	$\sum_{j=1}^{n} x_{2j}$	G_2	K_2	W_2	Y_2	X_2
	⋮	⋮	⋮	⋮	⋮	⋮	⋮	⋮	⋮	⋮	⋮
	部门 n	x_{n1}	x_{n2}	…	x_{nn}	$\sum_{j=1}^{n} x_{nj}$	G_n	K_n	W_n	Y_n	X_n
	小计	$\sum_{i=1}^{n} x_{i1}$	$\sum_{i=1}^{n} x_{i2}$	…	$\sum_{i=1}^{n} x_{in}$		$\sum_{i=1}^{n} G_i$	$\sum_{i=1}^{n} K_i$	$\sum_{i=1}^{n} W_i$	Y	X
	固定资产折旧	D_1	D_2	…	D_n	D					
新创造价值	劳动报酬	V_1	V_2	…	V_n	V					
	社会纯收入	M_1	M_2	…	M_n	M					
	小计	N_1	N_2	…	N_n	N					
总价值(总投入)		X_1	X_2	…	X_n	X					

1. 价值型投入产出表的基本结构

(1)行与列。行表示部门生产的产品的分配使用去向，包括供相关产业生产消耗的中间产品和用于消费和投资的最终产品。列表示某生产部门在生产过程中的各项消耗（投入），包括各个产业提供的中间产品，固定资产折旧（D）、劳动力消耗（V，以劳动报酬来表示）以及其他生产要素的消耗（M，用社会纯收入来表示，包括租金，利息，利润等报酬）。其中，劳动力报酬与社会纯收入为新创造的价值（N）。上述各项投入之和为总投入（X）。由于各种投入要素转化为其报酬，所以纵列也表示产品生产中价值的形成过程。

(2)表中各元素的经济含义。x_{ij}——j 产业部门生产中所消耗的第 i 产业部门的产品数量的价值；X_i——i 产业部门的年产品价值总量；Y_i——i 产业部门提供的年最终产品价值；D_j——j 部门全年提取的折旧基金；V_j——j 部门劳动者一年内的全部报酬总值；M_j——j 部门劳动者创造的纯收入；N_j——j 部门一年内所创造的国民收入（$N_j=V_j+M_j$）；X_j——j 产业部门的年投入总量。

(3)基本结构。观察棋盘式的投入产出表 9-2 可以发现，每一行都表示某个产业产品的分配使用情况，包括中间产品需求和最终产品需求两个部分。每一列都表示某个产业产品价值的形成过程，也可以看作两个部分：一是投入品的价值转移，二是折旧与新创造的价值，被称为毛附加值。行与列纵横交叉，构成了相互联系的三大部分：中间需求部分、最终需求部分和毛附加值部分（见图 9-4）。

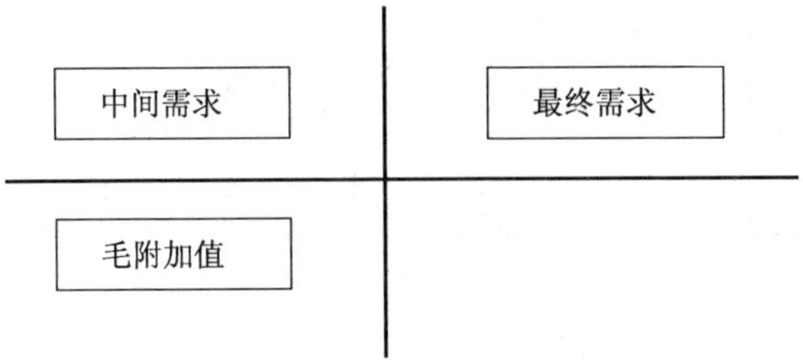

图 9-4

投入产出表的构成示意简图

中间需求部分是投入产出表的基本部分，它反映了国家产业经济活动中，各产业间相互提供中间产品的依存和交易关系。纵列表示各部门生产时，所消耗的各部门所提供的中间产品的价值，用 $\sum_{i=1}^{n} x_{ij}$ 来表示。横行表示各部门产品的分配使用去向，用 $\sum_{j=1}^{n} x_{ij}$ 来表示。

最终需求部分反映各产业生产的产品中作为最终产品的数量和去向。最终产品去向分为消费、投资和出口三个部分。消费（W）分为个人消费和社会消费两个部分；投资分为固定资产更新（G）与新增固定资产（K）两个部分，其中新增固定资产又分为生产性固定资产和非生产性固定资产。在数量上最终需求为：

$$X_i - \sum_{j=1}^{n} x_{ij}$$

毛附加值部分是产品总价值中扣除中间产品价值转移的部分。毛附加值分为两个部分：折旧（D）和新创造的价值（N）。在数量上毛附加值为：

$$X_j - \sum_{i=1}^{n} x_{ij}$$

2.价值型投入产出表中的平衡关系

由于价值型投入产出表使用统一的货币计量单位,因而各行、各列中存在平衡关系,而且根据投入产出表三大部分的划分,同一产业的行与列也存在平衡关系。

(1)总产出构成。与实物型投入产出表相似,价值型投入产出表的行表示某一产业总产出的构成。总产出分为中间产品和最终产品两个部分,其平衡关系为:

$$\sum_{j=1}^{n} x_{ij} + Y_i = X_i \quad (i = 1,2,3,\cdots,n) \tag{9.3}$$

(2)总投入构成。列表示某产业的投入来源或价值构成。由于采用统一的货币单位,产业的各种中间消耗可以加总,因而价值型投入产出表的每一列也存在平衡关系。从总价值的角度看,产业的总价值分为中间产品的价值转移和新创造价值两个部分,其平衡关系为:

$$\sum_{i=1}^{n} x_{ij} + D_j + N_j = X_j \quad (j = 1,2,3,\cdots,n) \tag{9.4}$$

(3)产出与投入。在价值型投入产出表中,行存在平衡关系(总产出构成)、列存在平行关系(总投入构成),而且行与列之间也存在平衡关系,包括总产出与总投入、最终产品与毛附加价值。

①总产出与总投入。对于同一产业来说,在纵向排列时(i')的总产出与在横向排列时(j')的总投入是相等的。它是从产品去向和投入来源两个不同角度对同一产业的产值进行考察分析,其平衡关系为:

$$\sum_{i=1}^{n} x_{ij'} + D_{j'} + N_{j'} = \sum_{j=1}^{n} x_{i'j} + Y_{i'} \quad (i' = j') \tag{9.5}$$

②最终产品与毛附加价值。各产业最终产品的市场价值总和与各产业的毛附加价值总和相等,其平衡关系为:

$$\sum_{i=1}^{n} Y_i = \sum_{j=1}^{n} D_j + \sum_{j=1}^{n} N_j \tag{9.6}$$

二、投入产出模型

投入产出表记录了产业间投入产出关系,并揭示出投入产出关系中的各种平衡关系。依据这些平衡等式,可以建立基于投入产出分析关系的经济变量之间的函数关系。例如,总产出与最终产出之间的函数关系(X,Y),总价值与新创造价值之间的关系(X,N),探讨投入产出关系对总产出、最终产出的影响。建立投入产出模型首先需要计算投入产出表的的各类系数,然后依据这些系数确定经济变量之间的函数关系。

(一)投入产出表的系数

在投入产出表中,每一行的产业之间、项目之间存在关联及数量关系;同样,每一列的产业之间、项目之间也存在关联及数量关系。投入产出表的系数很多,主要包括直接消耗系数、直接折旧系数、国民收入系数、劳动报酬系数、社会纯收入系数、直接劳动消耗系数和完全消耗系数。

1.直接消耗系数

直接消耗系数也叫投入系数，在投入产出表中是指生产单位 j 产品所需要直接消耗的 i 产品的数量，即中间产品消耗占总产出（总投入）的比重。直接消耗系数的计算公式为：

[9-5]
2005年我国投入产出直接消耗系数表

$$a_{ij}=\frac{x_{ij}}{X_j}\quad (i,j=1,2,3,\cdots,n) \tag{9.7}$$

这一关系式可以表示为矩阵的形式，即 $\boldsymbol{A}=\boldsymbol{Q}\hat{\boldsymbol{X}}^{-1}$（或者 $\boldsymbol{A}\hat{\boldsymbol{X}}=\boldsymbol{Q}$），其中 $\boldsymbol{A}$ 为直接消耗系数矩阵，直接消耗系数矩阵反映了各产业总产出与中间产品直接消耗的关系[9-5]。它是建立模型最重要、最基本的系数。

$$\text{式中：}\boldsymbol{A}=\begin{bmatrix} a_{11} & a_{12} & \cdots & a_{1n} \\ a_{21} & a_{22} & \cdots & a_{2n} \\ \vdots & \vdots & & \vdots \\ a_{n1} & a_{n2} & \cdots & a_{nn} \end{bmatrix};\quad \boldsymbol{Q}=\begin{bmatrix} x_{11} & x_{12} & \cdots & x_{1n} \\ x_{21} & x_{22} & \cdots & x_{2n} \\ \vdots & \vdots & & \vdots \\ x_{n1} & x_{n2} & \cdots & x_{nn} \end{bmatrix}$$

$$\hat{\boldsymbol{X}}^{-1}=\begin{bmatrix} \frac{1}{X_1} & 0 & \cdots & 0 \\ 0 & \frac{1}{X_2} & \cdots & 0 \\ \vdots & \vdots & & \vdots \\ 0 & 0 & \cdots & \frac{1}{X_n} \end{bmatrix};\quad \hat{\boldsymbol{X}}=\begin{bmatrix} X_1 & 0 & \cdots & 0 \\ 0 & X_2 & \cdots & 0 \\ \vdots & \vdots & & \vdots \\ 0 & 0 & 0 & X_n \end{bmatrix}$$

2.直接折旧系数

直接折旧系数是某产业部门生产单位产品所提取的直接折旧费用的数额。其计算公式为：

$$a_{Dj}=\frac{D_j}{X_j}\quad (j=1,2,3,\cdots,n) \tag{9.8}$$

3.国民收入系数

国民收入系数是指某产业部门生产单位产品所创造的国民收入或净产值的数额。其计算公式为：

$$a_{Nj}=\frac{N_j}{X_j}\quad (j=1,2,3,\cdots,n) \tag{9.9}$$

4.劳动报酬系数

劳动报酬系数是指某产业部门生产单位产品需支付的劳动报酬。其计算公式为：

$$a_{Vj}=\frac{V_j}{X_j}\quad (j=1,2,3,\cdots,n) \tag{9.10}$$

5.社会纯收入系数

社会纯收入系数表示某产业部门生产单位产品所能提供的社会纯收入数量。

该系数的计算公式为：

$$a_{Mj}=\frac{M_j}{X_j}\quad(j=1,2,3,\cdots,n)\tag{9.11}$$

上述四个系数可以用矩阵形式表示为：

$$\boldsymbol{A}_\delta=\boldsymbol{Q}_\delta\cdot\hat{\boldsymbol{X}}^{-1}$$

式中：$\boldsymbol{A}_\delta=\begin{bmatrix}a_{D1} & a_{D2} & \cdots & a_{Dn}\\ a_{V1} & a_{V2} & \cdots & a_{Vn}\\ a_{M1} & a_{M2} & \cdots & a_{Mn}\\ a_{N1} & a_{N2} & \cdots & a_{Nn}\end{bmatrix}$；$\boldsymbol{Q}_\delta=\begin{bmatrix}D_1 & D_2 & \cdots & D_n\\ V_1 & V_2 & \cdots & V_n\\ M_1 & M_2 & \cdots & M_n\\ N_1 & N_2 & \cdots & N_n\end{bmatrix}$

$$\hat{\boldsymbol{X}}^{-1}=\begin{bmatrix}\frac{1}{X_1} & 0 & \cdots & 0\\ 0 & \frac{1}{X_2} & \cdots & 0\\ \vdots & \vdots & & \vdots\\ 0 & 0 & \cdots & \frac{1}{X_n}\end{bmatrix}$$

6.直接劳动系数

直接劳动消耗系数表示某产业部门生产单位产品所需投入的劳动力数量。其计算公式为：

$$a_{Lj}=\frac{L_j}{X_j}\quad(j=1,2,3,\cdots,n)\tag{9.12}$$

[9-6]
直接消耗系数与完全消耗系数的意义和计算

7.完全消耗系数

完全消耗系数是某产业生产单位产品对各产业部门产品的直接消耗和间接消耗量的总和。完全消耗系数是直接消耗系数与间接消耗系数之和。为了建立完全消耗系数的计算公式，需要将图 9-3 进行简化（如图 9-5 所示），并通过直接消耗系数来构建间接消耗系数[9-6]。

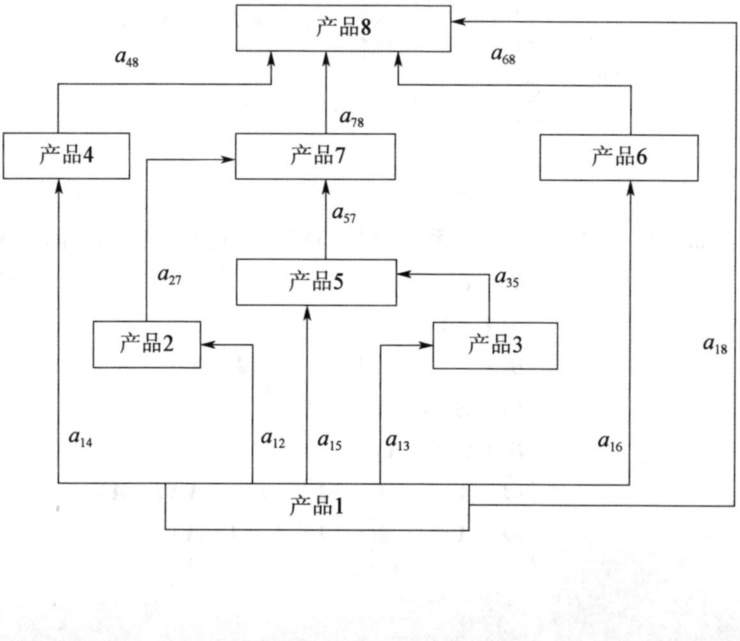

图 9-5
煤炭与电力工业的产业关联的简化

一次性间接消耗是通过一个中间产品环节建立的消耗关系，一次性间接消耗系数是两个直接消耗系数相乘之积，即：

$$a_{18}^{(2)} = a_{48} \cdot a_{14} + a_{68} \cdot a_{16} = \sum_{k=1}^{n} a_{1k}^{(1)} a_{k8} \tag{9.13}$$

二次性间接消耗是通过两个中间产品环节建立的消耗关系，二次性间接消耗系数是三个直接消耗系数相乘之积，即：

$$a_{18}^{(3)} = a_{78} \cdot a_{27} \cdot a_{12} + a_{78} \cdot a_{57} \cdot a_{15} = \sum_{k=1}^{n} a_{1k}^{(2)} a_{k8} \tag{9.14}$$

$m-1$ 次间接性消耗是通过 $m-1$ 个中间产品环节建立的消耗关系，$m-1$ 次间接消耗系数是 m 个直接消耗系数相乘之积，即：

$$a_{18}^{(m)} = \sum_{k=1}^{n} a_{1k}^{(m-1)} a_{k8} \tag{9.15}$$

根据各类消耗系数计算公式，分别求取产业之间的间接消耗系数，从而构建间接消耗系数矩阵（见表 9-3）。

表 9-3　　间接消耗系数及间接消耗系数矩阵

消耗类型	矩阵元素	矩　阵
直接消耗	a_{18}	$\boldsymbol{A}$
一次性间接消耗	$a_{18}^{(2)} = \sum_{k=1}^{n} a_{1k}^{(1)} a_{k8}$	$\boldsymbol{A}^2$
二次性间接消耗	$a_{18}^{(3)} = \sum_{k=1}^{n} a_{1k}^{(2)} a_{k8}$	$\boldsymbol{A}^3$
三次性间接消耗	$a_{18}^{(4)} = \sum_{k=1}^{n} a_{1k}^{(3)} a_{k8}$	$\boldsymbol{A}^4$
$m-1$ 次间接消耗	$a_{18}^{(m)} = \sum_{k=1}^{n} a_{1k}^{(m-1)} a_{k8}$	$\boldsymbol{A}^m$

完全消耗系数等于直接消耗系数与间接消耗系数之和。其计算公式为

$$\begin{aligned} b_{ij} &= a_{ij} + \sum_{k=1}^{n} a_{ik}^{(1)} a_{kj} + \sum_{k=1}^{n} a_{ik}^{(2)} a_{kj} + \cdots + \sum_{k=1}^{n} a_{ik}^{(m)} a_{kj} \\ &= a_{ij} + \sum_{k=1}^{n} (a_{ik} + a_{ik}^{(2)} + a_{ik}^{(3)} + \cdots + a_{ik}^{(m-1)}) a_{kj} \\ &= a_{ij} + \sum_{k=1}^{n} b_{ik} a_{kj} \end{aligned} \tag{9.16}$$

将其写成矩阵形式，直接消耗系数矩阵与完全消耗系数矩阵之间的关系如下：

$$\boldsymbol{B} = \boldsymbol{A} + \boldsymbol{BA}$$

$$\boldsymbol{B}(\boldsymbol{I} - \boldsymbol{A}) = \boldsymbol{A}$$

$$\boldsymbol{B}(\boldsymbol{I} - \boldsymbol{A})(\boldsymbol{I} - \boldsymbol{A})^{-1} = \boldsymbol{A}(\boldsymbol{I} - \boldsymbol{A})^{-1}$$

$$\boldsymbol{BI} = \boldsymbol{A}(\boldsymbol{I} - \boldsymbol{A})^{-1}$$

$$\boldsymbol{B} = \boldsymbol{A}(\boldsymbol{I} - \boldsymbol{A})^{-1}$$

$$(\boldsymbol{I} - \boldsymbol{A})^{-1} - \boldsymbol{B} = (\boldsymbol{I} - \boldsymbol{A})^{-1} - \boldsymbol{A}(\boldsymbol{I} - \boldsymbol{A})^{-1}$$

$$(\boldsymbol{I} - \boldsymbol{A})^{-1} - \boldsymbol{B} = (\boldsymbol{I} - \boldsymbol{A})(\boldsymbol{I} - \boldsymbol{A})^{-1}$$

$$(\boldsymbol{I}-\boldsymbol{A})^{-1}-\boldsymbol{B}=\boldsymbol{I}$$

$$\boldsymbol{B}+\boldsymbol{I}=(\boldsymbol{I}-\boldsymbol{A})^{-1}$$

$$\boldsymbol{B}=(\boldsymbol{I}-\boldsymbol{A})^{-1}-\boldsymbol{I} \qquad (9.17)$$

(二)投入产出的基本模型

投入产出系数是建立总产出与其他经济变量之间函数关系的必要条件。在此基础上,可以依据投入产出表中行平衡关系和列平衡关系分别构建两个基本模型。

1. 根据行平衡关系构建的经济模型

行的平衡关系为:

$$\sum_{j=1}^{n} x_{ij} + Y_i = X_i \quad (i=1,2,\cdots,n)$$

或者

$$Y_i = X_i - \sum_{j=1}^{n} x_{ij}$$

如果用 $a_{ij} \cdot X_j$ 来替代 x_{ij},则:

$$Y_i = X_i - \sum_{j=1}^{n} a_{ij} \cdot X_j$$

$$\begin{cases} X_1-(a_{11}X_1+a_{12}X_2+\cdots+a_{1n}X_n)=Y_1 \\ X_2-(a_{21}X_1+a_{22}X_2+\cdots+a_{2n}X_n)=Y_2 \\ \cdots\cdots\cdots\cdots \\ X_n-(a_{n1}X_1+a_{n2}X_2+\cdots+a_{nn}X_n)=Y_n \end{cases}$$

用矩阵表达为:

$$\boldsymbol{Y}=(\boldsymbol{I}-\boldsymbol{A})\boldsymbol{X} \qquad (9.18)$$

式中:$(\boldsymbol{I}-\boldsymbol{A})=\begin{bmatrix} 1-a_{11} & -a_{12} & \cdots & -a_{1n} \\ -a_{21} & 1-a_{22} & \cdots & -a_{2n} \\ \vdots & \vdots & & \vdots \\ -a_{n1} & -a_{n2} & \cdots & 1-a_{nn} \end{bmatrix}$; $\boldsymbol{X}=\begin{bmatrix} X_1 \\ X_2 \\ \vdots \\ X_n \end{bmatrix}$; $\boldsymbol{Y}=\begin{bmatrix} Y_1 \\ Y_2 \\ \vdots \\ Y_n \end{bmatrix}$

$(\boldsymbol{I}-\boldsymbol{A})$称为里昂惕夫矩阵,该矩阵反映了总产出与最终产出之间的相互关系。在每一行,对角线上的系数为$(1-a_{ij})$,反映了产业生产一单位产品扣除自身消耗外的剩余部分;其他元素均为负值,反映了其他产业生产一单位产品需要消耗的本产业的中间消耗数额。对于纵向排列的部门(产品 i),其行上的平衡关系是该产业的总产值扣除自身消耗,再扣除其他产业对本产品的消耗,剩余部分就是本产业的净产值或最终产出。这样,如果我们知道各个产业的总产出,通过里昂惕夫矩阵就能够计算各产业的最终产出了。

上述模型经过变换,形成 $\boldsymbol{X}=(\boldsymbol{I}-\boldsymbol{A})^{-1}\boldsymbol{Y}$。$(\boldsymbol{I}-\boldsymbol{A})^{-1}$ 被称为里昂惕夫逆阵。里昂惕夫逆阵与完全消耗系数的关系为

$$(\boldsymbol{I}-\boldsymbol{A})^{-1}=\boldsymbol{B}+\boldsymbol{I}$$

$$\boldsymbol{B}+\boldsymbol{I}=\begin{bmatrix} b_{11} & b_{12} & \cdots & b_{1n} \\ b_{21} & b_{22} & \cdots & b_{2n} \\ \vdots & \vdots & & \vdots \\ b_{n1} & b_{n2} & \cdots & b_{nn} \end{bmatrix}+\begin{bmatrix} 1 & 0 & \cdots & 0 \\ 0 & 1 & \cdots & 0 \\ \vdots & \vdots & \vdots & \vdots \\ 0 & 0 & 0 & 1 \end{bmatrix}=\begin{bmatrix} b_{11}+1 & b_{12} & \cdots & b_{1n} \\ b_{21} & b_{22}+1 & \cdots & b_{2n} \\ \vdots & \vdots & & \vdots \\ b_{n1} & b_{n2} & \cdots & b_{nn}+1 \end{bmatrix}$$

$$(\boldsymbol{I}-\boldsymbol{A})^{-1}\boldsymbol{Y}=\begin{bmatrix} \bar{b}_{11} & \bar{b}_{12} & \cdots & \bar{b}_{1n} \\ \bar{b}_{21} & \bar{b}_{22} & \cdots & \bar{b}_{2n} \\ \vdots & \vdots & & \vdots \\ \bar{b}_{n1} & \bar{b}_{n2} & \cdots & \bar{b}_{nn} \end{bmatrix}\begin{bmatrix} Y_1 \\ Y_2 \\ \vdots \\ Y_n \end{bmatrix}=\begin{bmatrix} b_{11}+1 & b_{12} & \cdots & b_{12} \\ b_{21} & b_{22}+1 & \cdots & b_{2n} \\ \vdots & \vdots & & \vdots \\ b_{n1} & b_{n2} & \cdots & b_{nn}+1 \end{bmatrix}\begin{bmatrix} Y_1 \\ Y_2 \\ \vdots \\ Y_n \end{bmatrix}$$

$$=\begin{bmatrix} \sum_{j=1}^{n} b_{1j}Y_j+Y_1 \\ \sum_{j=1}^{n} b_{2j}Y_j+Y_2 \\ \vdots \\ \sum_{j=1}^{n} b_{nj}Y_j+Y_n \end{bmatrix}=\begin{bmatrix} X_1 \\ X_2 \\ \vdots \\ X_n \end{bmatrix}$$

如果已知各部门的最终产出 Y_i，通过里昂惕夫逆阵就能求得各产业的总产出以及中间产出。各产业对中间产品的完全消耗可以用完全消耗系数矩阵来表示：

$$\boldsymbol{BY}=\begin{bmatrix} b_{11} & b_{12} & \cdots & b_{1n} \\ b_{21} & b_{22} & \cdots & b_{2n} \\ \vdots & \vdots & & \vdots \\ b_{n1} & b_{n2} & \cdots & b_{nn} \end{bmatrix}\begin{bmatrix} Y_1 \\ Y_2 \\ \vdots \\ Y_n \end{bmatrix}=\begin{bmatrix} \sum_{j=1}^{n} b_{1j}Y_j \\ \sum_{j=1}^{n} b_{2j}Y_j \\ \vdots \\ \sum_{j=1}^{n} b_{nj}Y_j \end{bmatrix}$$

$$\begin{cases} b_{11}Y_1+b_{12}Y_2+\cdots+b_{1n}Y_n=\sum_{j=1}^{n} x_{1j} \\ b_{21}Y_1+b_{22}Y_2+\cdots+b_{2n}Y_n=\sum_{j=1}^{n} x_{2j} \\ \cdots\cdots\cdots\cdots \\ b_{n1}Y_1+b_{n2}Y_2+\cdots+b_{nn}Y_n=\sum_{j=1}^{n} x_{nj} \end{cases} \tag{9.19}$$

综上所述，根据行平衡关系构建的投入产出模型，主要解释总产出和最终产出之间的函数关系。通过里昂惕夫矩阵可以分析总产出对最终产出的影响，通过里昂惕夫逆阵可以用最终产出的变化解释总产出的变化。

2.根据列平衡关系构建的经济模型

列的平衡关系为：

$$\sum_{i=1}^{n} x_{ij} + D_j + N_j = X_j \quad (j = 1,2,3,\cdots,n)$$

或者

$$X_j - \sum_{i=1}^{n} x_{ij} - D_j = N_j$$

$$x_{ij} = a_{ij} \times X_j, \quad D_j = a_{Dj} \times X_j$$

则

$$X_j - (\sum_{i=1}^{n} a_{ij} X_j + a_{Dj} X_j) = N_j$$

$$X_j - (\sum_{i=1}^{n} a_{ij} + a_{Dj}) X_j = N_j$$

用矩阵可以表示为：

$$\boldsymbol{N} = (\boldsymbol{I} - \hat{\boldsymbol{C}})\boldsymbol{X} \tag{9.20}$$

式中：

$$(\boldsymbol{I}-\hat{\boldsymbol{C}}) = \begin{bmatrix} 1-\left(\sum_{i=1}^{n} a_{i1}+a_{D1}\right) & 0 & \cdots & 0 \\ 0 & 1-\left(\sum_{i=1}^{n} a_{i2}+a_{D2}\right) & \cdots & 0 \\ \vdots & \vdots & & \vdots \\ 0 & 0 & \cdots & 1-\left(\sum_{i=1}^{n} a_{in}+a_{Dn}\right) \end{bmatrix}$$

$$\boldsymbol{X} = \begin{bmatrix} X_1 \\ X_2 \\ \vdots \\ X_n \end{bmatrix}; \quad \boldsymbol{N} = \begin{bmatrix} N_1 \\ N_2 \\ \vdots \\ N_n \end{bmatrix}$$

$(\boldsymbol{I}-\hat{\boldsymbol{C}})$描述了价值转移系数矩阵，揭示了总产出与社会纯收入（新创造价值）之间的函数关系。除上述投入产出的两个最重要的基本模型外，根据分析需要还可建立中间产品流量模型、劳动力流量模型和国民生产总值流量模型。

三、投入产出分析的应用

投入产出表揭示了产业之间以中间产品消耗为纽带的相互关系，投入产出模型反映了建立在投入产出关系基础上的总产出与最终产出等经济变量的函数关系。因此，通过投入产出分析，能够深入分析产业之间的经济技术联系、产业之间的比例和结构以及基于投入产出关系的国民经济总量运行的规律等。投入产出分析在经济实践中的应用十分广泛，对政府制定政策也具有重要的指导意义。

(一)产业的投入结构和销路结构

产业之间客观上存在着以中间产品消耗为纽带的技术经济联系,这在投入产出表中明显地表现出来。投入产出表中,横向排列的需求部门从纵向排列的供给部门获得所需的投入品。从横向排列的需求部门来看,它要从各个部门获得不同的投入品,从而形成了投入结构;而从纵向排列的供给部门来看,它的中间产品流向不同的生产部门,从而形成了销路结构。因此,利用投入产出表就能够计算出各个产业的投入结构和销路结构,从而说明各产业投入的来源构成和产品的去向结构。

1.投入结构

每个产业的经济活动都需要消耗其他部门提供的中间产品。用 x_{ij} 表示产品 j 生产中消耗的产品 i 的数量,则 j 产业消耗的 i 产业提供的中间产品的比例为:

$$a_{ij}=\frac{x_{ij}}{X_j}\quad (i,j=1,2,\cdots,n) \tag{9.21}$$

这就是直接消耗系数,它反映了某个产业消耗的中间产品的种类和比例,即中间产品的投入结构。投入结构揭示出一个产业的经济活动需要消耗哪些产业的产品,这为建立合理的产业结构提供了依据;同时,从动态分析的角度来看,不同时期产业的投入结构是在不断变化的,对于这种变化的了解,有助于合理地制定国民经济年度计划和中长期计划。

2.销路结构

任何产业经济活动的结果是向社会提供一定的产品或服务,这些产品或服务的一部分作为中间产品流向其他产业。一个产业的中间产品流向各个产业的数量是不同的,这样就出现了某一部门中间产品在各个产业部门的分配比例或结构,这一比例或结构被称作是分配系数。其计算公式为:

$$d_{ij}=\frac{x_{ij}}{X_i}\quad (i=1,2,\cdots,n) \tag{9.22}$$

通过分配系数可以清楚地看出某一部门的中间产品的去向,从而反映出该产业在产业发展顺序上与其他产业的关系,以及该产业受其他产业发展的影响程度。这些都为规划产业发展,制定产业政策提供了依据。

(二)产业部门在国民经济中的特征与作用

通过投入产出关系,国民经济各部门建立起有机的联系,形成国民经济整体运行态势。但是,各个产业在国民经济运行中的特点不同,其作用也有很大的差别。为此,我们以投入产出表为基础,通过中间需求率和中间投入率两个指标来分析不同产业在投入产出关系中的产业特征,并以此为基础判断产业在国民经济运行中的作用与地位。

1.中间需求率与中间投入率

(1)中间需求率。中间需求率是指各产业对某个产业中间产品的需求与社会对该产业产品总需求的比。它说明纵向排列部门的产品用途结构,即中间产品需求与最终产品需求构成，反映了某产业中间产品部分占总产品的比重。其计算公式为：

$$G_i = \frac{\sum_{j=1}^{n} x_{ij}}{\sum_{j=1}^{n} x_{ij} + Y_i} \quad (i = 1,2,\cdots,n) \tag{9.23}$$

由于一个产业的产品不是作为中间产品被投入到其他产业的生产过程，就是作为最终产品在消费、投资、出口等领域被直接使用或消费。显然，中间需求率＋最终需求率＝1。如果一个部门的中间需求率越大，则其最终需求率就越小，该部门的前向关联产业越多，它就越具有原材料产业性质，如钢铁工业、石油开采、煤炭采掘业等。反之，如果一个部门的中间需求率越低，则其最终需求率就越大，该部门的前向关联产业就越少，则该部门就越具有最终产品生产性质，如食品工业、机械工业、木材加工业等。因此可以依据中间需求率的大小来判断产业的性质以及在经济运行中的作用。

(2)中间投入率。中间投入率是从投入角度来讨论产业性质的。中间投入率是指某产业部门在一定时期的生产过程中，中间投入与总投入之比。而从价值形成的过程来看，中间投入率是指某产业部门生产过程中，中间产品的价值转移与总价值之比。其计算公式为：

$$F_j = \frac{\sum_{i=1}^{n} x_{ij}}{\sum_{i=1}^{n} x_{ij} + D_j + N_j} \quad (j = 1,2,\cdots,n) \tag{9.24}$$

这个指标反映了各产业在生产过程中为生产单位产品而需要从其他部门购买中间产品的数量，反映了中间产品价值占总产品价值的比重。从价值的形成过程来看，一个产业的价值形成来源于中间产品价值转移与毛附加价值两个部分。因此，中间投入率与毛附加价值率具有如下关系：中间价值率＋毛附加价值率＝1。如果一个产业的中间投入率越高，其毛附加价值率就越低，这些产业后向关联的产业就越多，对其他产业的依存程度就越高，如冶炼业、化学工业、纺织工业等。反之，如果一个产业的中间投入率越低，则其毛附加价值就越高，这些产业的后向关联的产业就越少，说明产业越靠近产业链的上游环节，国民经济的基础性地位越突出，如农业、服务业、采掘业等。因此，可以根据中间投入率来判断产业发展的依存程度，并以此为基础分析产业发展的先后顺序。

2.产业的分类

根据中间需求率和中间投入率的公式，可以计算投入产出表中每个产业的中间需求率和中间投入率的大小，并根据两个指标数值的大小对产业进行分类。钱纳里、渡边等经济学家根据美国、日本等国家的投入产出表进行计算和整理，并根据中间需求率和中间投入率把国民经济各个产业划分为四种类型(见表 9-4)。从表中不仅能够看到各个产业的性质和特点，同时也能够较准确地确定各产业在国民经济中的地位与作用[9-7]。

[9-7]
我国金融业的中间需求率与中间投入率

表 9-4　　　　按中间需求率和中间投入率大小划分的不同产业群

中间投入率＼中间需求率	小	大
大	Ⅲ 最终需求型产业 日用杂货、造船、皮革及其制品、食品、粮食加工、运输设备、机械、木材和木材加工、非金属矿物制品、其他制造业等	Ⅱ 中间产品型产业 钢铁、纸及纸制品、石油产品、有色金属冶炼、化学、煤炭加工、橡胶制品、纺织、印刷及出版业等
小	Ⅳ 最终需求型基础产业 渔业、运输、商业、服务业等	Ⅰ 中间产品型基础产业 农、林、煤炭、金属采矿、石油及天然气、非金属采矿、电力等

第Ⅰ类产业称为中间产品型基础产业，其具有中间需求率大，中间投入率小的特征。

第Ⅱ类产业称为中间产品型产业，其具有中间需求率大，中间投入率也大的特征。

第Ⅲ类产业称为最终需求型产业，其具有中间需求率小，中间投入率大的特征。

第四象限的产业称为最终需求型基础产业，其具有中间需求率小，中间投入率也小的特征。

3.产业的作用与地位

由于各类产业具有不同的中间需求率和中间投入率，因而在经济运行中处于不同的位置，其作用也不相同。第Ⅰ类和第Ⅱ类产业具有大的中间需求率，它们产品的大部分作为半成品、原材料流向其他产业，这些产业是下游产业发展的基础和条件。与第Ⅱ类产业相比，第Ⅰ类产业中间投入率小，对其他产业的依存度也小，产业基础性地位更加突出。

第Ⅲ类和第Ⅳ类产业具有中间需求率小的特征，其产品大部分作为最终产品流向消费、投资和出口等领域，它们处于生产链的末端，是对其他产业的产品的再加工。与第Ⅳ类产业相比，第Ⅲ类产业发展需要大量的中间投入，对其他产业的投入品的依存度大，最终产品生产的特点更典型。

从四类产业比较可以看出，第Ⅱ类产业具有中间投入率大，且中间需求率大的特点，它对其他产业的依存度大，其他产业对它的依存度也大；而第Ⅳ类产业具有中间需求率小，且中间投入率也小的特征，它与其他产业之间的依存度都较小。

(三)产业的关联关系

由于各个产业的中间需求率和中间投入率不同，因而每个产业与其他产业关联的范围和亲疏程度都存在一定差别。但是，这一特征在投入产出表中并未得到充分反映。为此,可以以产业的中间需求率和中间投入率建立二维坐标轴,重新进行产业的定位和排列,编制三角形配置投入产出图。

1.假设条件

产业关联是单向关联,即在产业链上,上游产业向下游产业提供投入品,而下游产业的产品不再返回到上游产业。越接近最初产品生产的产业,其中间投入率越小,而中间需求率越大;反之,越接近最终产品生产的产业,其中间投入率越大,中间需求率越小。

2.坐标轴的建立

可以以中间投入率为横坐标,且从右向左中间投入率由小到大排列;以中间需求率为纵坐标,且从上到下中间需求率由小到大排列。由此,建立了各种中间需求率和中间投入率组合的平面图(如图 9-6 所示)。在此基础上,在横轴和纵轴上以完全相同的顺序列出产业序号,这样不同的序号所代表的产业就具有了不同的中间需求率和中间投入率组合。例如,产业 1 具有最大的中间投入率和最小的中间需求率;而产业 n 具有最小的中间投入率和最大的中间需求率。

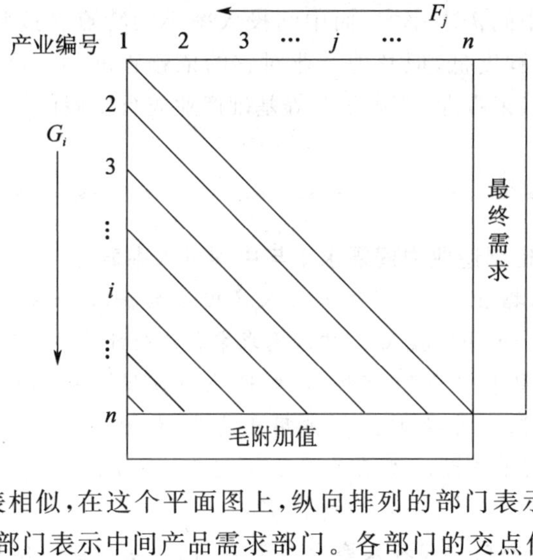

图 9-6
三角形配置投入产出图

与投入产出表相似,在这个平面图上,纵向排列的部门表示中间产品供给部门,而横向排列的部门表示中间产品需求部门。各部门的交点位置表示中间产品的消耗关系。例如,纵向排列的产业 3 与横向排列的产业 2 的交叉位置位于对角线下方,表示产业 2 消耗产业 3 的产品数量;而纵向排列的产业 2 与横向排列的产业 3 的交叉位置位于对角线的上方,表示产业 3 消耗产业 2 的产品的数量。

3.三角形配置投入产出图

在坐标轴上,序号越大,中间投入率越小,中间需求率越大,产业越接近最初产品生产。根据单向关联假定,只有序号大的产业能够向序号小的产业提供投入品。因此,产业间的投入产出关系只能出现在对角线下方区域。这样就形成了一个三角形配置的投入产出图。

在图 9-6 中,每个序号所代表的产业都具有不同的产业关联关系。例如,产业 1 具有最大的中间投入率和最小的中间需求率,它的产业关联特点是:需要从各个产业获得投入品,但不向任何产业提供中间产品。又如,产业 2 具有较大的中间投入率而较小的中间需求率，它的产业关联特点是：它需要从产业 1 以外的其他产业获得投入品，但它只向产业 1 提供投入品。依次类推，直到产业 n。产业 n 具有最大的中间需求率而具有最小的中间投入率，则它的产业关联特点是：它不需要从任何部门获得投入品，但它要向所有的部门提供投入品。

从以上分析中可以看出，每个产业的产业关联特征是不相同的，各个产业部门之间相互依存的程度也各有不同。这种"亲疏程度"为政府制定产业政策提供了可靠的依据。

(四)产业部门发展的顺序

所谓产业发展的有序性是指国民经济运行中，为保证国民经济持续稳定的发展，各个产业部门有先后的发展顺序。非均衡增长理论表明，产业发展是非平衡的，发展有先后顺序，有主次之分，而产业发展的这种先后次序是由产业之间依存程度决定的。一般来讲，中间需求率大的产业向其他产业提供大量的中间产品或服务，是其他产业赖以生存和发展的基础，其他产业的发展对它依存度很大。这些产业应该得到优先发展，特别是那些处于第一象限，或者处于阴影三角形底部的产业，它们具有中间需求率大，而中间投入率小的特点。这些产业对其他产业提供投入品的依赖程度低，但其他产业对它的依赖程度却很高，尤其需要得到优先发展。这是农业、采掘业、能源工业等基础产业先行发展的根本原因。

案例9.3

浙江省制造业中间需求率与中间投入率表

2010 年，浙江省统计局依据 2007 年浙江省投入产出表数据，深入剖析浙江省制造业投入产出现状，并对各类制造业的中间投入率、中间需求率和产业性质进行了分析(见表 9-5)。2007 年浙江省制造业的中间需求率为 56.5%，即制造业所提供的全部产品或服务中，约 56.5%被各部门用于中间使用，另外约 43.5%被用于消费、投资、出口等最终使用。制造业的中间投入率为 78.9%，也就是说制造业总产出中约有 79.9%来源于中间投入，另有 20.1%来源于部门增加值。

2007 年，浙江省制造业各部门中间投入率均高于 70%，说明浙江省制造业普遍存在附加值率偏低、总体上还依靠生产要素投入来增加产出的现象。若以 50%的中间投入率和 50%的中间需求率为分界点，浙江制造业可以分成两大类：一类属于高中间投入率、低中间需求率的最终需求型产业；另一类是高中间投入率、高中间需求率的中间产品型产业。两类产业的比例为 9：8，其中，最终需求型产业主要为轻工消费品产业和资本品产业，如食品制造及烟草加工业、服装皮革羽绒及其制品业、通用专用设备制造业、交通运输设备制造业、电气机械及器材制造业和仪器仪表及文化办公用机械制造业的中间需求率都小于 40%；中间产品型产业以重工业居多，如化学工业、非金属矿物制品业、金属冶炼及压延加工业和金属制品业中间需求率均在 70%以上，其绝大部分产品销售于生产资料市场，用于社会再生产。

表 9-5　　2007 年浙江省制造业中间投入率和中间需求率一览表　　单位：%

行　业	中间需求率	中间投入率	产业类型
制造业合计	56.50	78.86	中间产品型
食品制造及烟草加工业	36.83	71.64	最终需求型
纺织业	57.93	77.85	中间产品型
服装皮革羽绒及其制品业	35.64	76.15	最终需求型
木材加工及家具制造业	49.72	79.90	最终需求型
造纸印刷及文教用品制造业	66.74	79.95	中间产品型
石油加工、炼焦及核燃料加工业	43.90	94.96	最终需求型
化学工业	71.65	79.30	中间产品型
非金属矿物制品业	83.22	75.59	中间产品型
金属冶炼及压延加工业	88.88	85.00	中间产品型
金属制品业	74.20	78.59	中间产品型
通用、专用设备制造业	27.48	75.70	最终需求型
交通运输设备制造业	19.15	77.34	最终需求型
电气、机械及器材制造业	36.35	81.50	最终需求型
通信设备、计算机及其他电子设备制造业	54.63	80.52	中间产品型
仪器仪表及文化办公用机械制造业	24.81	76.00	最终需求型
其他制造业	29.55	76.18	最终需求型
废品废料	95.53	84.13	中间产品型

资料来源：浙江省统计局. 浙江省制造业投入产出实证研究[DB/OL]. [2010-05-17]. http://www.zj.gov.cn/art/2010/5/17/art_5499_212344.html.

第三节　产业波及效果分析

产业之间的投入产出关系使产业之间相互联系在一起，通过投入产出关系一个产业的变化势必会影响到与其直接关联的产业，而这些受到影响的产业通过投入产出关系又会影响到与其直接关联的另一些产业，产业系统按照这个次序依次传递这个变化，但影响力逐渐减弱。结果，一个产业的变化会影响到多个产业的变化，引起国民经济总产出的变化，这就是产业波及效果。通过对产业波及源、产业波及线路的分析可以更好地理解波及效果。

一、产业波及源

产业波及现象说明，一个产业的初始变化通过投入品需求的变化，从而影响到投入品生产行业的产出变化，而这些变化了的行业又会影响到为其提供投入品行业的变化。也就是说，一个产业的初始变化，通过直接或间接关联会引起中间产品产量的变化，最终引起各个产业产出的变化，乃至整个国民经济的变化。那么，这个引起中间产品产量变化的初始变化是什么？

(一)最终需求的变化

产业的产出分为最终产品和中间产品，那么产业产出的变化不是来源于最终产品变化，就是中间产品变化。追根溯源，引起中间产品产量变化的因素不可能是中间产品本身，而只能是最终产品。也就是说，最终产品需求的变化是产业波及的初始变化量。当一个或几个产业的最终需求发生变化，它们必然相应地要求增加或减少投入品，由此引起产业波及现象。

(二)毛附加值的变化

从另一个角度来看，如果投入更多的人力、资本或提高技术水平，即毛附加值增加，该产业的总产出增加，因此也能引发产业波及，促进经济增长；反之，这些要素的投入的减少，使产业产量减少，产业系统将沿着相反的方向出现产业波及。

二、产业波及线路

［9-8］
“互联网＋”将全面波及三大产业

一个产业要影响另一些产业，它们之间必然是相互联系的，存在一个传导机制。在产业波及中，产业间的投入产出关系就是这一传导机制。投入产出关系包括直接关联和间接关联，相应地形成直接消耗系数和间接消耗系数。也就是说，一个产业的变化会通过直接关联方式和间接关联方式引起投入品生产行业的变化，受到影响的产业也以同样的方式影响向其提供投入品的生产行业的变化[9-8]。这样，各产业依靠传导机制形成连锁反应（如图 9-7 所示）。但是，随着产业波及的进行，产业影响力将不断减弱，最终消失。

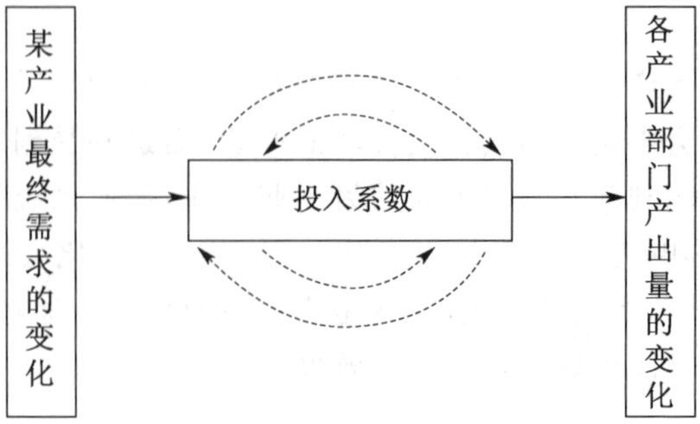

图 9-7 产业间中间需求的波及

三、产业波及效果的分析

当一个产业的最终需求发生变化，通过直接消耗、间接消耗会影响到其他产业，产生波及效果。对产业波及效果的分析，可以从以下几个角度进行：一是最终需求变化对总产出的影响；二是最终需求变化对其他产业的影响；三是最终需求构成中某个项目变化对各产业的影响；四是最终需求变化对各产业资本、就业的影响。

（一）最终需求对总产出的影响

最终需求的变化能够带来各个产业总产出多大变化呢？这取决于产业关联的完全消耗系数的大小。完全消耗系数大，则相同的最终产品增长，引起更多的中间产品的增长，从而总产出变化大；反之，完全消耗系数小，则相同的最终产品增长，只要求较少的投入品的增长，从而总产出的变化就小。利用投入产出模型的知识，总产出与最终产出的模型有$(\boldsymbol{I}-\boldsymbol{A})\boldsymbol{X}=\boldsymbol{Y}$，$(\boldsymbol{I}-\boldsymbol{A})^{-1}\boldsymbol{Y}=\boldsymbol{X}$。显然，后一个模型有助于分析和解决上述问题，在这个模型中，矩阵$(\boldsymbol{I}-\boldsymbol{A})^{-1}$被称为里昂惕夫逆阵，且$(\boldsymbol{I}-\boldsymbol{A})^{-1}=\boldsymbol{B}+\boldsymbol{I}$，即完全消耗系数矩阵与单位矩阵之和。其矩阵形式如下：

$$(\boldsymbol{I}-\boldsymbol{A})^{-1}=\begin{bmatrix} b_{11}+1 & b_{12} & \cdots & b_{1n} \\ b_{21} & b_{22}+1 & \cdots & b_{2n} \\ \vdots & \vdots & & \vdots \\ b_{n1} & b_{n2} & \cdots & b_{nn}+1 \end{bmatrix}$$

利用里昂惕夫逆阵，可以建立模型：

$$(\boldsymbol{I}-\boldsymbol{A})^{-1}\boldsymbol{Y}=\boldsymbol{X} \tag{9.25}$$

$$(\boldsymbol{I}-\boldsymbol{A})^{-1}\boldsymbol{Y}=\begin{bmatrix} b_{11}+1 & b_{12} & \cdots & b_{1n} \\ b_{21} & b_{22}+1 & \cdots & b_{2n} \\ \vdots & \vdots & & \vdots \\ b_{n1} & b_{n2} & \cdots & b_{nn} \end{bmatrix}\begin{bmatrix} Y_1 \\ Y_2 \\ \vdots \\ Y_n \end{bmatrix}=\begin{bmatrix} \sum_{j=1}^{n} x_{ij}+Y_1 \\ \sum_{j=1}^{n} x_{ij}+Y_2 \\ \vdots \\ \sum_{j=1}^{n} x_{ij}+Y_n \end{bmatrix}=\begin{bmatrix} X_1 \\ X_2 \\ \vdots \\ X_n \end{bmatrix}$$

$$\begin{cases} X_1=(b_{11}Y_1+b_{12}Y_2+\cdots+b_{1n}Y_n)+Y_1 \\ X_2=(b_{21}Y_1+b_{22}Y_2+\cdots+b_{2n}Y_n)+Y_2 \\ \cdots\cdots\cdots\cdots \\ X_n=(b_{n1}Y_1+b_{n2}Y_2+\cdots+b_{nn}Y_n)+Y_n \end{cases}$$

该矩阵函数的经济意义是：一个最终产出变化量通过完全消耗关系引起各产业中间产品产出的变化，进而引起各产业总产出的变化。其变化程度取决于完全消耗系数的大小。因此，如果已知各部门的最终产出，就可以用里昂惕夫逆阵来求解这些部门的总产出（包括中间产出和最终产出）。这也就是说，只要知道最终需求的变化，就能够计算各产业总产出的变化，以及国民经济总产出的变化。

(二)最终需求变化对各产业的影响

完全消耗系数矩阵中的元素 b_{ij} 表示 j 产业最终需求变化一个单位对 i 产生的直接和间接影响。利用完全消耗系数矩阵,能够分析一个产业对其他产业的影响程度,以及各产业受其他产业影响的程度。人们把一个产业影响其他产业的程度称为影响力,而把一个产业受到其他产业影响的程度称作该产业的感应度。

1.感应度系数

感应度系数是测量感应度的指标,即考察一个产业的感应度与所有产业感应度平均水平的比较。在计算上,首先是计算考察的某个产业受其他产业影响的平均程度,即 $\frac{1}{n}\sum_{j=1}^{n}b_{ij}$;然后计算各个产业受其他产业影响的平均程度,并求其平均值。这个平均值表示所有产业受其他产业影响的平均程度。最后,用所考察的产业的感应度与所有产业的平均感应度相比较。其计算公式为

$$S_i = \frac{\frac{1}{n}\sum_{j=1}^{n}b_{ij}}{\frac{1}{n^2}\sum_{i=1}^{n}\sum_{j=1}^{n}b_{ij}} \quad (i,j = 1,2,\cdots,n) \tag{9.26}$$

产业感应度系数如果大于1,表明该产业对其他产业的变化是比较敏感的,在全部产业中居于平均水平以上;反之,若产业感应系数小于1,表明该产业对其他产业变化的反应是迟钝的,在全部产业中居于平均水平以下。

2.影响力系数

影响力系数用来测量影响力的指标,即考察一个产业对其他产业的影响度与所有产业影响度平均水平的比较。在计算上,首先是计算考察的某个产业影响其他产业的平均程度,即 $\frac{1}{n}\sum_{i=1}^{n}b_{ij}$;然后计算各个产业影响其他产业的平均程度,并求其平均值。最后,用所考察产业影响其他产业的平均程度与所有产业影响其他产业的平均程度相比较。其计算公式为

$$T_j = \frac{\frac{1}{n}\sum_{i=1}^{n}b_{ij}}{\frac{1}{n^2}\sum_{j=1}^{n}\sum_{i=1}^{n}b_{ij}} \quad (i,j = 1,2,\cdots,n) \tag{9.27}$$

产业的影响力系数大于1,表明在所有产业的影响力比较中该产业的影响力处于平均水平以上,影响力比较大;反之,若产业影响力系数小于1,表明在所有产业的影响力比较中该产业的影响力处于平均水平以下,产业的影响力比较小。

各个产业的感应度系数和影响力系数因工业化所处的阶段以及国家产业结构的特征而有所区别。一般来说,在工业化过程中重工业大都表现为感应度系数较高,而轻工业大都表现为影响力系数较高。表 9-6 列出了 1997 年和 2000 年中国产业的感应度系数和影响力系数。

表 9-6　　1997 年和 2000 年中国产业的感应度系数和影响力系数

产业	序号	1997 年		2000 年	
		感应度系数	影响力系数	感应度系数	影响力系数
农业	1	1.174 3	0.755 9	1.067 4	0.770 4
采掘业	2	1.420 6	0.870 2	1.334 3	0.812 3
食品制造业	3	0.695 5	1.000 1	0.645 7	0.960 0
纺织、缝纫及皮革产品制造业	4	1.052 8	1.120 6	1.066 1	1.171 3
其他制造业	5	1.057 8	1.050 9	0.894 5	1.069 0
电力及蒸汽、热水生产和供应业	6	0.771 8	0.939 5	1.049 4	0.959 5
炼焦、煤气及石油加工业	7	0.736 0	1.096 8	1.028 8	1.024 5
化学工业	8	1.664 1	1.155 8	1.750 3	1.187 6
建筑材料及其他非金属矿物制品业	9	0.790 1	1.081 7	0.596 5	1.099 4
金属产品制造业	10	1.455 5	1.241 2	1.331 8	1.238 9
机械设备制造业	11	1.846 1	1.209 4	2.002 4	1.283 4
建筑业	12	0.469 1	1.151 3	0.454 8	1.165 6
运输邮电业	13	0.882 5	0.851 8	0.891 9	0.895 4
商业饮食业	14	1.097 9	0.888 2	1.061 2	0.921 1
公用事业及居民服务业	15	0.751 0	0.913 9	0.751 5	0.925 8
金融保险业	16	0.660 4	0.747 9	0.656 8	0.610 5
其他服务业	17	0.474 5	0.924 6	0.466 6	0.905 3

数据来源：陈仲常. 产业经济理论与实证分析[M]. 重庆：重庆大学出版社，2005.

(三)最终需求项目对各产业的影响

利用里昂惕夫逆阵系数表，不仅能够计算最终需求对各产业总产出的影响，同时也能够计算最终需求各个项目（消费、投资、出口等）对各产业总产出的影响。

1. 生产诱发系数

最终需求各项目对产业总产出的影响称为生产诱发，反映最终需求项目对产业总产出影响的指标称为生产诱发系数。其计算公式为：

$$W_{iL}=\frac{Z_{iL}}{Y_L}\quad (i,L=1,2,\cdots,n) \tag{9.28}$$

式中：W_{iL}——第 i 产业部门对最终需求 L 项目的生产诱发系数；Z_{iL}——第 i 产业部门对最终需求 L 项目的生产诱发额（计算方法：用里昂惕夫逆阵乘以投入产出表中 L 表示的最终需求列向量，由此能够计算出该最终需求项目 L 对各产业的生产诱发额）；Y_L——各产业最终需求 L 项目的合计额（即投入产出表中 L 表示的最终需求列向量中,各个元素的和)。

2.生产的最终依赖程度

根据投入产出表和里昂惕夫逆阵,能够计算某个产业对各个最终需求各项目的生产诱发额,如农业对消费的诱发额、农业对投资的诱发额和农业对出口的诱发额等。最终需求的项目不同,对农业的生产诱发额也不同,对农业生产发展的重要性就不同。那么,在这些最终需求的项目中,农业发展更依赖于哪个最终需求项目的诱发?这就需要比较最终需求各项目对该产业的诱发额,并进行比较。最终依赖度系数反映了某个最终需求项目的诱发额占该产业所有最终需求项目的生产诱发额总和的比重。其计算公式为:

$$Q_{iL} = \frac{Z_{iL}}{\sum_{L=1}^{n} Z_{iL}} \quad (i,L = 1,2,\cdots,n) \tag{9.29}$$

式中:Q_{iL}——第 i 产业对最终需求项目 L 的依赖度;Z_{iL}——最终需求项目 L 对第 i 产业的生产诱发额;$\sum_{L=1}^{n} Z_{iL}$ ——最终需求各项目对第 i 产业的生产诱发额总和。

通过计算每一个产业的生产对各最终需求项目的依赖程度,便可得到各产业的生产依赖各最终需求项目的系数表,即最终依赖度系数表。

(四)最终需求变化对资本和就业的影响

利用里昂惕夫逆阵,还可以计算最终需求变化而引发的就业人数和资本量的变化情况。反映最终需求变化对就业量变化、资本量变化的指标是综合就业系数和综合资本系数。

1.综合就业系数

综合就业系数反映某部门生产一单位产品在本部门和其他部门直接或间接需要的就业人数。综合就业人数计算仍然需要通过里昂惕夫逆阵求得。若用 v 表示该产业的就业系数(产业就业人数/产业总产值),用 l 表示劳动力,则综合就业系数的计算方法是:用各产业的就业系数乘以昂惕夫逆阵中代表该产业的行的系数,这样就得到一个综合就业系数矩阵,其矩阵式表示为:

$$\mathbf{L}=\mathbf{V}\ (\mathbf{I}-\mathbf{A})^{-1} \tag{9.30}$$

式中:

$$\mathbf{V}=[v_1\ v_2\cdots\ v_n]\ ;\quad \mathbf{L}=[l_1\ l_2\cdots\ l_n]$$

$$(\mathbf{I}-\mathbf{A})^{-1}=\begin{bmatrix} b_{11}+1 & b_{12} & \cdots & b_{1n} \\ b_{21} & b_{22}+1 & \cdots & b_{2n} \\ \vdots & \vdots & & \vdots \\ b_{n1} & b_{n2} & \cdots & b_{nn}+1 \end{bmatrix}$$

$$\mathbf{V}(\boldsymbol{I}-\mathbf{A})^{-1}=[v_1\ v_2\cdots\ v_n]\begin{bmatrix} b_{11}+1 & b_{12} & \cdots & b_{1n} \\ b_{21} & b_{22}+1 & \cdots & b_{2n} \\ \vdots & \vdots & & \vdots \\ b_{n1} & b_{n2} & \cdots & b_{nn}+1 \end{bmatrix}$$

$$=[l_1\ l_2\cdots\ l_n]$$

2.综合资本系数

综合资本系数反映某部门生产一单位产品在本部门和其他产业部门中直接和间接需要的资本。与计算综合就业系数相同,综合资本系数的计算仍然需要通过里昂惕夫逆阵求得。若用 c 表示该产业的资本系数(产业资本量/产业总产值),用 k 表示资本,则综合资本系数的计算方法是用各产业的资本系数乘以昂惕夫逆阵中代表该产业的行的系数,这样就得到一个综合资本系数矩阵,其矩阵式表示为:

$$\mathbf{K}=\mathbf{C}(\boldsymbol{I}-\mathbf{A})^{-1} \tag{9.31}$$

式中:

$$\mathbf{C}=[c_1\ c_2\cdots\ c_n]\ ;\quad \mathbf{K}=[k_1\ k_2\cdots\ k_n]$$

$$(\boldsymbol{I}-\mathbf{A})^{-1}=\begin{bmatrix} b_{11}+1 & b_{12} & \cdots & b_{1n} \\ b_{21} & b_{22}+1 & \cdots & b_{2n} \\ \vdots & \vdots & & \vdots \\ b_{n1} & b_{n2} & \cdots & b_{nn}+1 \end{bmatrix}$$

$$\mathbf{C}(\boldsymbol{I}-\mathbf{A})^{-1}=[c_1\ c_2\cdots\ c_n]\begin{bmatrix} b_{11}+1 & b_{12} & \cdots & b_{1n} \\ b_{21} & b_{22}+1 & \cdots & b_{2n} \\ \vdots & \vdots & & \vdots \\ b_{n1} & b_{n2} & \cdots & b_{nn}+1 \end{bmatrix}$$

$$=[k_1\ k_2\cdots\ k_n]$$

案例9.4

我国旅游产业关联度测算及宏观经济效应分析

南开大学刘晓欣等学者(2011)利用2002年和2007年的我国投入产出表资料,对我国旅游产业的产业关联度及产业波及效果进行了分析,结果表明,旅游产业有较高的后向关联度,对国民经济有较大的拉动作用,且拉动作用日益增强。旅游产业属于劳动密集型产业,其产品主要用于消费,因而具有较强的就业效应和较高的消费效应。

(1)关联度测算及分析。旅游业有较高的消耗系数,说明旅游业对上游产业的拉动能力较强,后向关联效应明显。2007年,旅游业直接消耗系数较大的部门为运输、餐饮和住宿业,说明旅游业对这些部门的直接带动作用较大。从旅游业完全消耗系数看出,除工业部门外,系数值排在前列的依次是运输业、餐饮业和住宿业,说明旅游业对这些部门以及与这些部门相关的部门的综合带动作用较强。通过比较2002年和2007年的消耗系数,不管是直接消耗,还是完全消耗系数,旅游业对工业、住宿业、运输业、餐饮业以及金融业的消耗系数都有较大程度的提高,说明旅游业的发展对这些产业或部门的带动能力越来越大。从总的直接消耗系数来看,2007年旅游业每产出10 000元,需要直接消耗中间投入6 834元,比 2002 年提高了 49.25%，说明旅游业对上游产业的拉动能力有较大幅度的提高。

(2)旅游业产业波及效果分析。无论是 2002 年的数据，还是 2007 年的数据都显示，旅游业的影响力系数大于感应度系数，说明旅游业对于整个国民经济的推动作用更强。2007 年，旅游产业的影响力系数大于 1，即影响力大于所有产业的平均水平，说明旅游产业对国民经济发展有较大的推动能力；而且 2007 年的影响力系数大于 2002 年的影响力系数，增加幅度为 21%，说明旅游业对国民经济的推动作用加强。从感应度系数来看，旅游业的感应度系数远远低于全国的平均水平，且呈下降趋势，说明国民经济发展对旅游产业的带动作用较弱。旅游业感应度系数下降的原因比较复杂，可能的原因是旅游业投资周期长、易受外部冲击，降低了产业间连锁反应能力。

(3)宏观经济效应分析。在投资效应方面，2007 年旅游业的营业盈余系数较低，除农业外，仅高于住宿业，说明旅游业的经营效果较差，投资回报率较低。与 2002 年相比，2007 年的营业盈余系数下降了 75.9%，说明我国旅游业的经营状况在恶化，投资回报率下降。旅游业的投资周期长，旅游消费市场较容易受到各种突发事件的影响，造成旅游行业投资风险较大。旅游业较低的回报率对潜在投资的吸引力在减弱，从而也会影响与旅游产业后向关联度高的产业的投资。对于消费效应，2002 年和 2007 年旅游业的最终消费系数都处于较高水平，旅游业每 10 000 元的总产出中分别有 6 237 元(2002 年)和 6 354 元(2007 年)用于消费，消费占总产出的比重超过 60%。这说明旅游业总产出中大部分用于消费，大力发展旅游业是刺激消费需求的重要手段。在出口效应方面，旅游业的出口系数分别为 0.164 5(2002 年)和 0.084 3(2007 年)，数值有所下降，说明我国的旅游服务虽对国外游客具有一定的吸引力，但国内旅游消费占主导地位，其系数下降表明国内旅游消费主导地位的上升，拓展旅游业国际市场潜力和空间巨大。

资料来源：刘晓欣，胡晓，周弘. 中国旅游产业关联度测算及宏观经济效应分析：基于 2002 年与 2007 年投入产出表视角[J]. 旅游学刊，2011(3).

本章小结

产业关联是指产业之间以各种中间产品消耗为纽带建立技术经济联系。与实物形态的关联相比，价值形态的关联分析具有更强的实用性。

投入产出分析是研究经济系统部门间投入与产出的相互依存关系的经济数量分析方法，主要分析工具是投入产出表和投入产出模型。投入产出表是记录各产业投入来源和产出去向的棋盘式表格，直观展现了产业间复杂的投入产出关系以及国民经济的平衡关系。以投入产出表中横行和纵列存在平衡关系，利用直接消耗系数、完全消耗系数等系数，投入产出理论建立起两个基本模型。利用横行的平衡关系建立的矩阵模型说明总产出和最终产品之间的关系，其建模的重要系数矩阵是里昂惕夫矩阵。利用纵列平衡关系建立的模型说明总产出与社会纯收入之间的关系，其建模的重要系数矩阵是价值转移系数矩阵。

投入产出分析的理论基础是瓦尔拉斯的一般均衡理论。里昂惕夫通过一些假定对瓦尔拉斯一般均衡模型进行简化，使得投入产出分析方法得到广泛的应用。其中，投入结构、销路结构、中间投入率与中间需求率在经济分析中发挥重要价值。

产业波及效果是以投入产出关系为传导机制的产业连锁反应过程，其波及源主要包括最终需求的变化和毛附加值的变化（资本、劳动和技术等）。一个产业发生变化对相关产业产生影响，进而对总产出产生影响。

复习与思考

一、名词解释

产业关联　前向关联　后向关联　直接消耗系数　完全消耗系数　产业波及

二、单项选择题

1. 投入产出分析方法是由（　　）首创。

A. 库兹涅茨　　B. 里昂惕夫

C. 瓦尔拉斯　　D. 斯蒂格勒

2. 投入产出分析的理论基础是（　　）。

A. 瓦尔拉斯的一般均衡理论　　B. 魁奈的《经济表》

C. 苏联计划平衡思想　　D. 马克思再生产图式

3. 下列各项中，中间需求率小且中间投入率也小的产业是（　　）。

A. 钢铁　　B. 煤炭　　C. 运输　　D. 电力

4. 描述某一产业受其他产业波及作用强度的系数称为（　　）。

A. 完全消耗系数　　B. 生产诱发系数

C. 感应度系数　　D. 影响力系数

5. 引起产业波及的波及源一般是指（　　）。

A. 中间产品产量变化和中间需求的变化　　B. 最终需求的变化和毛附加值的变化

C. 劳动力的变化　　D. 产业的初始变化

6. 下面指标不是产业波及效果分析的主要工具的是（　　）。

A. 产业的感应度系数和影响力系数　　B. 生产诱发额系数和生产的最终依赖程度

C. 综合就业系数和综合资本系数　　D. 国民收入系数和直接折旧系数

三、简述题

1. 简述产业关联的方式及特征。

2. 分析价值型投入产出表中的平衡关系。

3. 举例说明间接关联与间接消耗。

4. 简述按照中间需求率和中间投入率的产业分类方法。

5. 简述里昂惕夫逆阵的含义

四、计算题

若某地区的经济分为工业、农业和其他生产部门。根据其价值型投入产出表（见表 9-7）试求：

1. 农业的生产诱发额和最终依赖度。

2. 直接消耗系数矩阵。

表 9-7　　　　某地区价值型投入产出表　　　　单位:亿元

投入＼产出	中间产品			最终产品			总产品
	工业	农业	其他	投资	消费	净出口	
工业	20	60	0	10	100	10	200
农业	70	140	75	60	150	15	510
其他	0	110	45	45	95	5	300
固定资产折旧	30	50	40				
劳动报酬	50	90	90				
社会纯收入	30	60	50				
总产值	200	510	300				

第十章 产业结构优化

产业结构演变理论和产业关联理论分别从不同侧面揭示了产业之间存在的关系，以及对经济增长的影响。人们在不断认识和掌握产业结构相关理论和规律的基础上，有意识地运用这些规律和知识来推动产业结构的演进，调整产业之间的关联关系，从而使产业结构系统向更高、更好的方向发展，达到促进国民经济发展的目的。这就是产业结构优化实践。产业结构优化是一个复杂的系统工程，需要准确把握，重点推进。

第一节 产业结构优化概述

一、产业结构优化的含义

产业结构优化是指通过调整产业构成与产业关联的关系，使各产业间实现协调发展，产业结构不断由低级向高级演进，从而推动经济增长的过程。在理解产业结构优化这个概念时需要注意三个方面。

(一)产业结构优化是一个系统概念

产业结构优化的对象是产业群落，它是由众多产业有机联系形成的整体，因而产业结构优化是一个系统工程，需要整体设计，同时还要抓住主要任务。产业结构优化的基本思路充分体现了产业结构优化的系统性特征。

1.产业结构优化的对象具有系统的特征

产业结构优化的对象是分布在一个国家和地区的产业群落。产业群落中，各个产业之间存在着有机联系，如投入产出联系、生产技术联系、共享资源和设施的联系、技术创新与扩散的联系等。产业之间的有机联系使得这个产业群落具有了整体性、关联性、动态性、有序性等系统特征。因此，产业群落是一个经济系统，也可以把它称为产业系统或生产系统。

2.产业结构优化是一个系统工程

产业系统的功能表现在两个方面：一是提供社会需要的产品或服务，满足生产和生活不断增长的需求；二是提高经济运行的效率，促进经济的增长。也就是说，在资源总量不变的条件下，改变资源在各个部门之间的分配也能够提高产出水平，促进经济增长。产业结构优化的目标就是提升产业系统的功能，即通过产业结构优化调整产品或服务的结构，更好地满足社会的需求，进一步提高产出水平，有效推动经济的增长。产业系统是一个大型而复杂的系统，产业结构优化是一个系统工程，只有从系统的组成要素、结构、环境等方面进行综合考虑，整体设计产业结构优化方案，才能提高产业系统的整体功能。

3.产业结构优化的主要方面

产业结构优化涉及产业之间复杂的经济联系，需要做出缜密的考虑。但是，事物都有其主要方面，产业结构优化也应该突出重点。产业结构优化的主要方面表现为产业结构高级化和产业结构合理化。产业结构高级化又称产业结构高度化，是指遵循产业结构演化规律，通过技术创新促进主导产业有序更替，推进产业结构整体水平由低级向高级状态不断演进的过程。产业结构合理化是指依据产业关联关系，通过调整产业之间的关联方式和亲疏程度，提高产业之间协调水平和关联效应的过程。

产业结构合理化和产业结构高级化是相互联系、相互影响的。一方面，产业结构合理化是产业结构高级化的基础。产业结构合理化是在特定产业结构水平下的产业协调过程。协调有序的产业结构使产业之间具有层次性、结构性，原有的主导产业能够有效带动战略性新兴产业发展，从而顺利实现主导产业的更替，实现产业结构的升级转化；反之，如果产业结构长期处于失衡状态，就不可能顺利实现产业结构的新老交替，从而阻碍产业结构的高级化进程。另一方面，产业结构高级化能够有力刺激和推动产业结构合理化。产业结构高级化表示随着主导产业更替，产业结构整体水平和素质随之提高。在新的主导产业代替旧的主导产业的过程中，主导产业的关联产业也随之生成发展，并诱发相关产业的变化。每次主导产业更替都将启动一轮产业间的连锁反应，有效地刺激和加快产业间关联关系、比例关系的调整。可见，产业结构合理化是产业结构高级化的基础，而产业结构高级化是产业结构合理化的重要动力。

（二）产业结构优化是一个相对概念

产业结构优化是一个相对概念，它不是指产业结构水平或合理程度的绝对高低，而是产业结构发生的相对变化。这表现在两个方面：一是相对于过去的结构；二是相对于本国的供给和需求结构。这就要求在产业结构优化的分析中，始终坚持辩证唯物主义的观点。

1.相对于过去的结构

从世界经济发展的历史来看，任何一个国家的产业结构都是在主导产业更替中实现转型升级的。对于一定时期形成的产业结构而言，随着技术、资源与环境、市场供求的变化，产业结构会出现一定问题和缺陷。如果能够依据产业结构演进规律，采取一定的措施，加快产业结构的演变，使产业结构变得更加合理和高级，这就实现了产业结构优化。例如，西方大部分国家的产业结构已经发展到以服务业为主导的后工业社会阶段，这种结构就比过去的以工业为主导的结构更合理；我国虽然处于以工业为主导的工业化阶段（工业化中后期），但比工业化初期的结构就更加合理。因而,产业结构优化是相对于过去而言的。

2.相对于本国的供给结构和需求结构

从产业结构合理化的角度来看,同一时期,不同国家的产业经济活动面临的经济环境是不同的,因而产业系统的组成、关联方式、产出构成等方面都存在明显的差别。例如,现阶段美国和我国的经济环境有很大的差别,产业结构也存在很大的差异,因此不能简单说美国的产业结构是合理的、协调的,而我国的产业结构就不合理、不协调。这是因为,产业结构合理化的一个标准是产业结构要与本国、本地的供给结构、需求结构相适应。如果一个国家的产业系统与本国的供给结构相适应,能够充分发挥本国、本地的优势,这个结构就是合理的;如果一个国家的需求结构正常,并且产业系统的产出结构与需求结构相吻合,则该产业结构就是合理的。可见,产业结构合理化是相对于本国、本地的供给结构和需求结构而言的。

(三)产业结构优化是一个动态概念

产业结构优化是一个动态过程,是产业结构逐步趋于合理、不断升级的过程。从产业结构高度化来看,就是产业结构从低水平状态向高水平状态的发展过程。从产业结构合理化来看,就是在一定的产业结构水平下,产业关联逐步与本国或本地区资源、技术要求、社会需求相适应的过程。无论是发达国家还是发展中国家,产业结构都是持续不断演进和发展的。产业结构优化是产业结构不断变化的过程,它不存在终极目标。这就要求在产业结构优化的分析中始终要坚持动态的观点。

二、产业结构优化的途径

产业结构的演变有其内在规律,这就要求在产业结构优化中,要遵循产业结构演变的规律,准确发现制约产业结构演变的因素,并针对性地制定产业结构政策,有效推动产业结构转型升级[10-1]。在产业结构演变理论中,影响产业结构变动的因素包括四大类:供给因素、需求因素、国际贸易因素和国际投资因素。那么,通过调整供给结构、需求结构、国际贸易结构和国际投资结构,引起产业要素供给环境或市场需求环境的变化,就能够优化资源在各个产业之间的配置,从而引起产业结构变化,进而推进产业结构的合理化和高度化。

[10-1]
优化产业结构之忧

(一)调整供给结构

供给结构是指在一定价格条件下资本、劳动力、技术、自然资源等生产要素在国民经济各产业间的配置比例。供给结构包括资本(资金)结构、劳动力供给结构、技术供给结构以及自然资源禀赋等。供给结构直接或间接地影响各个产业生产要素投入的满足程度以及运行环境,从而影响到各个产业的发展,并引导建立特定的产业关联方式。供给结构的变化将使各个产业要素供给环境相对发生变化,从而引起产业发展差异,导致产业结构的变化[10-2]。例如,20 世纪末我国高等教育扩大招生规模,高校大多能够从金融系统获得充足的贷款,高等教育事业规

[10-2]
从供给侧推动产业结构优化升级

模获得了空前发展，极大地提升了教育产业在国民经济各部门中的比重和地位。但到2010年，由于高校贷款风险加大等原因，金融系统流向高校的资金大大减少，高等教育规模扩张受到一定的限制。

（二）调整需求结构

需求结构是指在一定的收入水平条件下，社会对各产业产品或服务的需求比例。满足各种需求是产业系统的主要功能，因此需求的方向和水平指示着产品生产的方向和水平。需求结构发生变化，将引导和拉动产业结构发生变化。需求结构变化对产业结构演进产生巨大拉动力，成为经济发展的“发动机”。调整需求结构，实际上就是引导机构和个人转变需求结构，从而改变各产业的市场需求环境，引导产业系统产出结构变化，实现产业结构优化目标。例如，我国住房、养老体制改革释放出大量的潜在需求，从而有力拉动了房地产业、保险业等服务业的发展，推动了第三产业的发展。

（三）调整国际贸易结构

国际贸易结构是指国民经济各产业产品或服务的进出口比例。从进口结构来看，从国外进口本国紧缺的资源、服务和技术可以弥补国内生产要素短缺，改善国内供给结构，为某些产业发展提供充足的投入品，刺激它们的发展。进口结构变化就是进口商品的种类、数量的变化，这种变化将改变各产业的生产要素的供给状况，有的趋于好转，而有的恶化，由此导致产业间增长速度的分化，引发产业结构变化。从出口结构来看，国外需求结构变化引起出口结构变化，出口结构变化使各产业的市场需求环境发生变化。首先是引起出口产品生产行业的结构变化，而出口产品生产行业结构的变化必然引起中间产品生产行业结构的变化。也就是说，出口需求增长的行业，势必带动为其提供投入品行业的更快发展；而出口需求减少的行业，势必限制为其提供投入品行业的发展。由此引发连锁反应，产业之间的地位和比例发生变化。可见，调整进口结构和出口结构都能够引发和促进产业结构优化。

（四）调整国际投资结构

跨国公司的全球化战略导致资本的国际流动，加快了国际产业转移进程，对相关国家的产业结构都产生重要影响。从资本流入的角度来看，外资结构改变直接扩大了东道国某些行业的比重和地位，同时会缩小在某些行业的投资，直接影响东道国产业结构的变化。此外，这些变化将通过后向关联影响投入品生产行业的生产，即跨国公司本地化间接影响了东道国产业结构。直接影响和间接影响将引起国内产业结构的变迁。如我国的手机制造业、轿车工业都是通过引进外资发展起来的。外资流入不仅壮大了这些产业的规模、增加就业人口，而且在政府本地化政策约束下，手机配件、汽车零部件的国内市场需求增加，也拉动了关联产业的发展。从资本流出的角度来看，资本结构改变将直接缩小母国传统行业的规模，为新兴产业集聚生产要素创造了更为充裕的条件，从而有助于产业结构的升级。这种改变通过投入产出关系影响到相关的投入品行业的生产规模，直接和间接地影响母国产业结构的变化。总之，国际资本结构的变化通过直接与间接影响，改变着相关国家的产业结构。因此，通过调整国际投资结构，能够有效促进产业结构优化（如图 10-1 所示）。

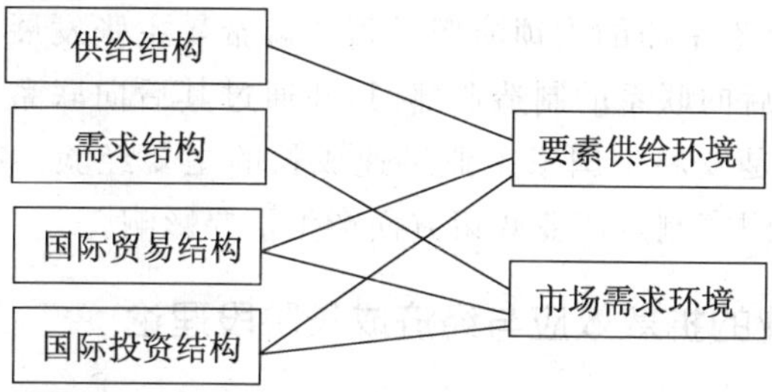

图 10-1
产业结构与影响因素的关系

三、产业结构优化效应

产业结构优化的最终目的是促进国民经济的增长。产业结构优化对经济增长的作用和贡献被称作产业结构优化效应。产业结构优化效应的分析来源于三种具有重要影响的理论，它们分别是产业关联与非平衡增长理论、主导产业扩散与经济成长阶段理论和投入产出理论。

（一）产业关联与非平衡增长理论

美国经济学家赫希曼（A. Hirschman，1958）在他所著的《经济发展战略》一书中详细分析了产业之间的关联，并利用产业关联解释了经济增长。

1. 产业关联

赫希曼认为产业之间存在着诱导机制，使得一个产业的产量、价格等方面的变化影响到其他产业。他认为这种诱导机制可以分为前向联系和后向联系。

（1）前向联系。前向联系是指一个产业对消耗其产品的部门的影响，“即任何在性质上并非唯一满足最终需求的活动，将诱发那些以其产品为投入品的行业的出现或发展”。例如，炼焦产业的发展能够推动煤化工产业的出现和发展。在投入产出表中，前向联系是指纵向排列的供给部门对横向排列的需求部门的影响。前向联系较强部门的产品价格下降后使那些吸收其产品的部门成本随之下降，产品或服务价格随之降低，市场需求会扩大，从而促进了这些产业的发展。这就是前向联系所表现的诱导机制。

（2）后向联系。后向联系是指一个部门对向它提供投入品的部门的影响，“即每一非初级经济活动将诱发那些为它提供投入品的行业的出现或发展”。例如，炼焦工业的发展，扩大了对原煤的需求，从而引起煤炭产业扩大投资、加快技术进步。在投入产出表中，后向联系是指横向排列的需求部门对纵向排列的供给部门的影响。后向联系强的部门扩大投资，会拉动投入品价格上涨，从而刺激为其提供投入品的部门扩大投资和生产规模。这就是后向联系所具有的诱导机制。

根据上述分析，汽车、手机等最终产品生产只有微弱的前向联系，农业等初级产品生产行业只有很微弱的后向联系，而钢铁、水泥等中间产品生产具有更广泛的前、后向联系，其关联总效应更强。

2.经济增长的机制

赫希曼认为，国民经济系统中的各个产业的发展存在主次之分和先后次序，一个行业的发展通过前、后向联系，引发相关行业发展，从而引起经济增长。因而，经济增长是一个不平衡的连锁演变过程。赫希曼主张发展中国家应把资源集中投入到具有较强后向联系的制造业部门，并通过其后向联系促进中间产品生产的发展。他认为这是发展中国家工业迅速成长的主要经验。赫希曼非平衡增长理论在指导发展中国家制定产业政策方面产生重要影响。

(二)主导产业的扩散效应与经济成长阶段理论

罗斯托(W. Rostow,1960)在他所著的《经济成长的阶段》一书中阐述了主导产业的扩散效应，并利用扩散效应解释了经济增长的过程。

1.主导产业的扩散效应

扩散效应是指主导产业"不合比例增长"能够引起其他关联产业发展的作用和效力。这种作用和效力表现在三个方面：回顾效应、前向效应和旁侧效应。

(1)回顾效应。回顾效应是指主导产业的增长对向其供应投入品的行业的影响。罗斯托认为，根据主导产业或新产业的技术特点，它们在处于高速增长阶段时，会对原材料和机器设备等投入品产生新的投入要求。这些投入反过来又要求现代设计观念和方法的发展，便带动了为其提供投入品的产业的发展。如近代棉纺织业刺激了纺织机械和蒸汽动力机的制造，并在广泛的领域促进和改进了冶炼技术。

(2)前向效应。前向效应是指主导产业产品质量的提高和数量的扩大，改善了以其产品为投入品的行业的发展环境，从而诱导了这些产业的出现和发展。大多数新兴工业部门往往是在主导产业前向效应中产生和发展起来的。这样，主导产业产生了一种刺激力，要促使经济活动在更宽领域内展开，为新的主导产业的出现和发展建立起台阶。

(3)旁侧效应。旁侧效应是指主导产业的成长给所处地区的经济和社会注入新的活力，从而引起经济社会方方面面的变化，在更广泛的方面推动经济增长和社会变革，如企业制度的演变、人口城市化、各类新兴服务业的兴起和发展、经济制度的改革、市场体系的完善等。这样，新主导产业的出现常常改变了它所在地区的经济社会面貌。例如，棉纺织业兴起改变了曼彻斯特；汽车工业发展改变了底特律；现代信息产业的发展正在改变企业的管理方式、产品设计方式、交易方式以及人们的生活方式。总之，旁侧效应对经济发展的影响是巨大的，无法估量的。

2.经济增长的机制

罗斯托认为，主导产业的出现是经济起飞(工业化)的基本条件，当主导产业的增长速度和规模达到一定水平，其能量足以诱发经济的基本扩张效应时，经济增长速度将急剧加速，经济实现"起飞"。而且，在起飞已经出现的时候，社会经济还必须有能力利用前向联系，培植新的主导产业。这样，在旧的主导产业衰退时，新的主导产业能够产生。这种能力使主导产业的职能不断从旧的主导产业转移到新的主导产业，从而实现经济的持续增长。因此，罗斯托认为经济增长就是主导产业快速增长，并通过三种扩散效应带动相关产业增长的过程。经济增长本质上是一个部门活动的过程。为了系统描述经济持续增长，他把经济的发展划分为六个阶段：传统社会阶段、为起飞创造前提阶段、起飞阶段、向成熟推进阶段、高额群众消费阶段和追求生活质量阶段。

罗斯托的经济思想一经提出，就备受资本主义国家推崇。一方面，罗斯托的经济思想符合经济社会发展的实际，能够合理解释并指导实践；另一方面，他的研究还扩展到政治和意识领域，提出了与马克思主义相悖的观点，并特意给《经济成长阶段》一书加了副标题：非共产党宣言。

（三）投入产出理论

1966 年，美国经济学家里昂惕夫（W. Leontief）发表《投入产出经济学》，创立了投入产出分析方法。人们在运用该理论和方法的过程中，进一步拓宽了它的应用范围。其中一个最重要的领域就是产业波及效果的分析和研究。产业波及效果说明一个产业变化引起其他产业变化，乃至整个国民经济总产出变化的效果。产业波及的传导机制是产业之间存在的投入产出关系，即各个产业之间相互提供中间产品或服务。通过这种传导机制，一个产业的最终需求增加就会刺激投入品生产行业增加生产；而投入品生产行业生产的增长，也势必带动向其提供投入品的行业的增长。依次类推，各产业依次传递初始的影响和变化，当影响逐渐减弱并消失时，该过程终止。在产业波及过程中，一个产业的变化经过传递而被成倍放大，使各个产业的中间产品和最终产品生产增加，从而使社会总产出增加。

$(\boldsymbol{I}-\boldsymbol{A})^{-1}\boldsymbol{Y}=\boldsymbol{X}$ 是投入产出的基本模型之一，它反映了最终产出与总产出的关系。从动态角度来看，它反映了最终产出与总产出之间的同方向变动关系。因此，利用该矩阵模型能够计算和分析一个或几个产业的最终产出发生变化时，引起的各产业的变化量以及国民经济总产出的变化量。但是，在分析时要注意波及效果的时滞性，充分考虑产业波及的过程及时间，以便获取准确的数据。

产业结构优化的最终目的是促进国民经济的持续增长，而为了达到产业结构优化需要采取某种合理的途径。这样，以产业结构优化为中间目标，就形成了结构优化途径——结构优化目标——经济增长目标的结构优化传导机制[10-3]。

［10-3］
优化产业结构是加快转变经济发展方式的重点任务

案例10.1

同质竞争与上海市的产业结构转型升级

长期以来，上海坐拥长三角洲的龙头地位，对周边地区发挥着一定的辐射作用。但近年来，随着长三角洲地区的飞速发展，上海与周边地区在产业结构上的同质竞争趋势愈加明显，尤其是制造业结构雷同已成为长三角一体化的最大难点和障碍。在《上海优先发展先进制造业行动方案》、《浙江省先进制造业基地建设纲要》、《中共江苏省委、江苏省人民政府关于加快沿江开发的意见》等文件中，汽车、石化、电子信息产业等均列为三地未来发展的主导产业。在长三角16个城市中，选择汽车作为重点发展产业的有11个，选择石化业的有8个，选择电子信息业的有12个。除此之外，在食品饮料、纺织、印刷、塑料、办公机械设备等产业方面，也存在严重的同构现象。作为长江三角洲地区的增长级，上海市必须率先实现产业结构转型升级。

《上海市国民经济和社会发展第十三个五年规划》对上海市产业结构转型升级进行了部署，其基本思路是按照高端化、智能化、绿色化、服务化要求，促进产业融合发展，不断完善以现代服务业为主、战略性新兴产业引领、先进制造业支撑的新型产业体系。其产业结构转型发展的重点是服务型经济和高端制造业发展。在服务经济发展方面，上海市服务型经济已经基本形成，2015年第三产业增加值占地区生产总值的比重已经达到67.75%，经济社会已经进入后工业社会。未来，上海市将进一步提升服务业的能级水平，推动生产性服务业向专业化和价值链高端延伸，生活性服务业向精细化、高品质转变，重点强化金融、航运物流、现代商贸、信息服务、文化创意和旅游会展等服务业的发展，加快推进国际经济中心、国际金融中心、国际贸易中心、国际航运中心的建设。在高端制造业发展方面，《上海市制造业转型升级"十三五"规划》指出，上海市具有发展先进制造业的基础、条件和优势，大型客机生产、海洋石油钻井平台、核电设备、纳米技术、半导体设备等取得重大突破。未来，上海市将以创新驱动、提质增效为主线，大力发展新技术、新产业、新业态、新模式，加快构建战略性新兴产业引领、先进制造业支撑、生产性服务业协同的新型工业体系。该规划推出了上海市未来重点发展的9个战略性新兴产业：新一代信息技术、智能制造装备、生物医药与高端医疗器械、新能源与智能网联汽车、航空航天、海洋工程装备、高端能源装备、新材料、节能环保。

资料来源：上海市国民经济和社会发展第十三个五年规划纲要.

第二节　产业结构高度化

一、产业结构高度化的机制

产业结构高度化是指随着经济、社会的发展，主导产业有序更替，并引发产业结构整体水平由低级到高级的演进过程。产业结构高度化的内在机制表现为三个相互联结的产业经济活动现象，即主导产业形成—主导产业更替—产业结构升级。其基本逻辑关系是，一个主导产业形成，必然建立一个与之相适应、相协调的产业群落。随着经济社会发展，新的主导产业代替旧的主导产业。在新的主导产业的影响下，经济社会形成一个新的产业群落，产业结构发生变化。新的产业结构与旧的产业结构相比，其产业素质、技术水平提高了，产业结构的功能也随之提升。产业结构高度化机制将长期存在，因而主导产业更替、产业结构升级就是一个持续的产业经济现象。

(一)主导产业

1.主导产业的基本特征

罗斯托(1952)最早提出了主导产业概念。他认为,主导产业是那些为数不多的主要成长部门,它们迅速增长,并带动其他部门的增长,促进了经济的扩张。他认为主导产业的特征包括三个方面。

(1)吸收和采用新的科技成果。主导产业能够最迅速、大量地吸收新的技术成果,利用新的资源(形成新的生产函数),从而降低成本,增加利润和积累。

(2)形成持续高的经济增长率。主导产业的产出增长速度高于国民经济整体的平均增长速度,这被罗斯托称为“不合比例的增长”。

(3)产生强大的扩散效应。主导产业的快速增长,通过前向效应、回顾效应和旁侧效应,产生广泛的直接或间接扩散效果,进而带动整个经济的发展。

2.主导产业形成

一般系统论认为,系统存在相互联系、相互影响两个过程:渐进分异和渐进中心化。渐进分异是指结构和功能上彼此分异的专业化机构的形成过程,也即系统的各组成部分被固定在某种机能上。渐进分异使系统的组成部分的功能产生分离,但它们仍然是一个统一的整体,保持有机联系。在渐进分异过程中,所形成的各部分之间存在“等级次序”,某些部分或机构获得支配地位而决定着整体的行为,这个过程被称为渐进中心化。渐进中心化强调了系统主导部分(统治部分)的存在,它支配和统辖从属部分[10-4]。

[10-4]
一般系统论

如果把有机联系的产业群落作为一个系统,主导产业就是产业系统中的主导部分,它对其他产业起摄动、支配、控制、调节作用。对于产业系统而言,渐进中心化就是指一些产业快速增长,并在产业系统中获得支配地位,成为主导产业的过程。产业快速增长需要具备三个条件:资本占有充足、需求收入弹性高和技术进步快。

(1)资本占有充足。某些产业如果占有了充足的资本,就可以获得优质的、充足的生产投入,确保这些产业能够提高生产能力。

罗斯托十分强调投资在主导产业形成中的重要作用。他指出必须有足够的资本才能使主导产业得以发展,还要将大部分利润用于重新投资。同时,他也强调在主导产业的形成时期,全社会的投资水平必须达到一定高度。他指出,在经济起飞阶段,生产性的投资率(投资额在国民生产总值中的比重)要从5%提高到10%以上;而在成熟阶段,投资率要经常保持在10%到20%之间,使生产的增长经常超过人口的增长。

(2)需求收入弹性高。产业的需求收入弹性越大,表明随着国民收入水平的提高,市场需求会呈现快速增长的趋势,从而对该产业产生强大的需求拉动作用。市场需求快速增长是一个产业快速增长的必要条件。

(3)技术进步快。产业技术创新频率高,创新强度大,使得这些产业的生产效率迅速提高,节约了生产成本,利润累积加速,产业规模快速扩大。

从以上分析可以看出,如果一些产业拥有足够的资本、存在强大的需求拉动和具有较高的生产效率，它们就能够实现“不合比例的增长”。它们在产业系统中的地位和作用将逐渐提升，当它在产业系统中占据“中心地位”或“主导地位”时，就成为产业系统的主导产业。

3. 主导产业与产业结构水平

渐进中心化原理认为，主导部分对从属部分的支配和统辖能够保持系统的整体性特征，提升系统的功能。按照这一观点，一个主导产业出现，必然通过各种扩散效应，刺激并带动关联产业的形成与发展。主导产业通过前向效应推动前向关联产业的形成和发展，通过回顾联系效应拉动后向联系产业的形成和发展；主导产业还能够带动与其技术重叠的相关产业发展（如复印机产业与传真机产业的技术大部分重叠），与其产品具有互补关系的相关产业的发展（如计算机制造业与软件业）。随着主导产业的形成，关联产业和相关产业逐渐形成与发展，从而使产业系统的产业组成发生变化，并建立起相应的产业关联方式，由此形成与主导产业相适应的系统结构和功能（如图 10-2 所示）。因此可以说主导产业决定着产业系统的组成和结构，从而也就决定着产业系统的功能。例如，在以棉纺织工业为主导时期，后向关联产业棉花种植业、机械工业，前向关联产业服装业等得到迅速发展；以汽车工业为主导时期，后向关联产业钢铁工业、橡胶工业、石油工业、内燃机制造等得到迅速发展，前向关联产业公路运输业、汽车维修业也得到迅速发展。

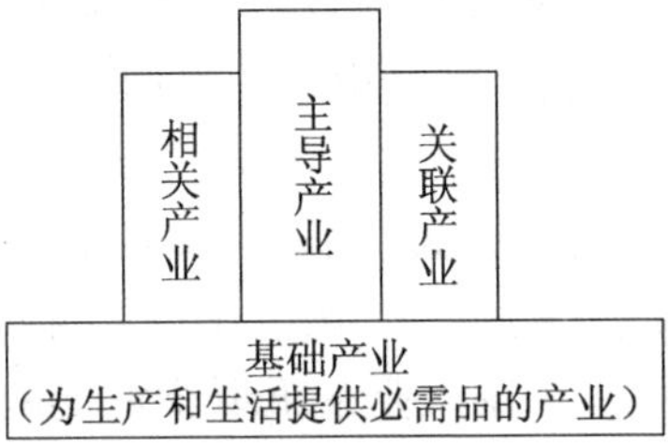

图 10-2 主导产业与产业结构框架图

（二）主导产业的更替

［10-5］技术创新过程

主导产业的兴起本质上是技术创新所导致的。也就是说在某个经济发展阶段，一个或几个产业处于技术创新的活跃状态，从而实现快速增长，并在国民经济中占据主导地位，成为主导产业。那么，任何一个产业的技术创新（根本性创新）会一直处在活跃状态吗[10-5]？换句话说，一个产业会成为一个国家或地区永久性的主导产业吗？当然不会。A-U 创新过程模型对一个特定产业的持续创新过程做了深入分析。

1. 产业的持续创新过程模型（A-U 创新过程模型）

20 世纪 70 年代，美国学者阿伯纳西（N. Abernathy）和厄特拜克（J. Utlerback）通过对以产品创新为主的技术创新过程的研究发现（A-U 创新过程模型），在一个根本性的产品创新出现之后，还会有一系列后继的渐进性创新，但技术创新水平逐渐减弱，这一过程称为持续创新过程。该理论把一个特定产业的持续创新过程分为三个不同的阶段：不稳定阶段、过渡阶段和稳定阶段（如图 10-3 所示）。

（1）不稳定阶段。一个产业的出现是从一个根本性的产品创新开始的。一个根本性的创新在市场上推出一种新产品，具有新的用途和功能，从而形成一个新的产业。在这一阶段，厂家为满足潜在用户需求进行产品创新，新产品市场频繁出现各种新产品。这一阶段，主导产品设计尚未确定，产品尚未定型，多种产品设计进入市场且频繁变动（如早期的汽车、计算机等）。这一阶段为产业的技术不稳定阶段，是一个在商业上与技术上不断"尝试、纠错"的阶段。由于创新风险大，产品成本高，产品性能不稳定，市场需求狭小，因而产业内企业以小规模生产为特点，产业处于缓慢增长的状态。

（2）过渡阶段。经过一段以"尝试、纠错"为特点的技术发展与变动时期，市场上会逐渐出现一个被顾客广泛接受的、代表优秀产品的主导设计（如福特"T"型车、Windows 操作系统等）。在主导设计确立后，产品创新率急剧下降，产品基本定型，创新重点从产品创新过渡到重大的工艺创新，即所谓的技术过渡阶段。在过渡阶段，产品定型使创新的市场风险减少，生产要素投入迅速增长；重大的工艺创新使产品成本下降，性能稳定，市场需求迅速增长。这一阶段大量企业进入市场，在位企业扩大生产规模，产业处于快速增长的状态，其在国民经济中的比重和地位明显上升。

（3）稳定阶段。重大工艺创新后，产品设计与工艺设计日趋标准化，生产中开始使用大量的专用设备，标准化、规模化企业占据市场主导地位，企业由此享受规模经济带来的好处。这一阶段重大创新率明显下降，创新体现在以降低成本和提高质量为目标的渐进性创新，创新的强度和频率都处于低水平状态，产业的技术创新进入稳定阶段。在这一阶段，市场需求基本稳定，产业供给基本满足市场需求，生产要素投入量增长缓慢，产业进入缓慢增长状态。

在稳定阶段过后，可替代的新产品出现并开始持续创新过程，该产业的技术逐步被淘汰，市场需求萎缩，生产要素开始退出该行业，产业规模呈下降趋势。

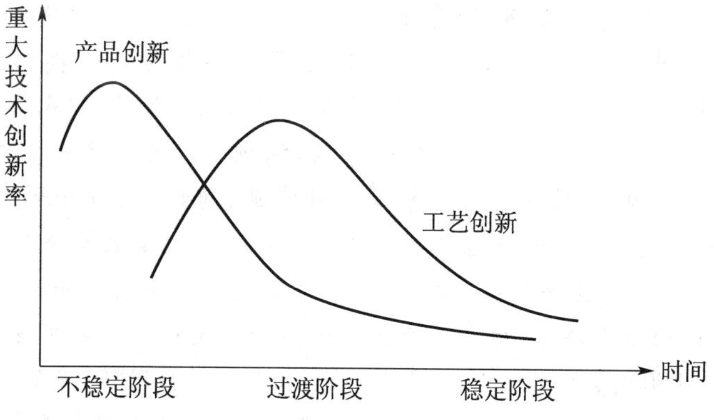

图 10-3
A-U 创新过程模型

2.技术创新与主导产业更替

从产业创新过程的角度观察，一个产业的技术创新进入到过渡阶段，产业获得快速的增长，并对整个经济增长起到推动作用，那么它就能够成为这一时期一个国家或地区的主导产业。但是，当这个产业发展进入稳定阶段时，技术创新活动减弱，产业增长缓慢，对其他部门的带动作用、对经济的推动作用已经基本消失。此时，这个产业已经不符合主导产业的特征，不具有主导产业的功能和作用，它已经不再是主导产业。与此同时,社会的技术进步仍然在持续地进行,并表现在另一些产业或部门进入活跃的技术创新状态。这些产业进入到过渡阶段并逐渐拥有主导、支配产业系统的能力和水平,从而实现主导产业之间的新老交替。所以,从某个时点上来看,当原有主导产业在收缩,而一些新兴产业在崛起时,主导产业更替现象正在发生。主导产业的更替具有三个特点。

(1)连续性。主导产业更替是一个连续变动的过程。当原有高增长产业增长变缓,作用下降时,便会为新的高增长产业所取代。从时间序列上来看,主导产业更替将在经济发展过程中不断出现,因而在经济社会的不同阶段存在不同的主导产业。

(2)有序性。主导产业更替呈现出有序性。主导产业更替不是随机变化的,而是具有技术层次、更替顺序的内在规律。从技术上来讲,技术创新的作用是不断推动技术的进步和发展,而由技术创新引起的主导产业新老交替,也必然表现为新主导产业的技术水平高于原有主导产业的技术水平(计算机工业与钢铁工业的比较)。

(3)方向性。从经济联系来看,主导产业更替的有序性表现为新的主导产业是在原有主导产业关联效应带动下发展起来的。罗斯托更为注重前向联系对新主导产业形成的影响。他认为,在起飞已经出现的时候,社会经济还必须有能力利用前向联系,这样在旧的主导部门衰退时,新的主导部门能够产生。这种能力使主导部门的职能不断从旧的主导部门转移到新的主导部门,从而实现经济的持续增长,如钢铁工业—汽车的更替,炼焦—煤化工的更替。

案例10.2

深圳市主导产业更替与经济增长

从1980年8月建立深圳经济特区开始,深圳市的产业结构发生三次战略性调整,推动了经济的快速增长,增强了经济活力。20世纪80年代,深圳市充分利用港、澳资金发展“三来一补”(来料加工、来样加工、来件装配和补偿贸易)工业企业,服装、印刷、玩具、皮具、箱包等劳动密集型行业得到快速发展。20世纪90年代,深圳市政府以建立高新技术产业生产基地为目标调整产业结构,扶持发展计算机及软件产业、通讯业、微电子及基础元器件、机电一体化等产业,诞生了华为、中兴通讯和康佳电子等一批大型电子企业。2000年,深圳市确定以电子信息化产业为主导的高新技术产业、现代物流业和金融服务业作为三大支柱产业。2005年再次做出重大决定,把文化产业作为第四大支柱产业来发展。2013年,深圳市发布《深圳市产业结构调整优化和产业导向目录》,其中生物医药、新能源、互联网、新材料、文化创意产业、新一代信息技术产业等六大类产业被确定为鼓励发展类产业(战略性新兴产业),预示了下一轮产业结构调整的方向。为了推进战略性新兴产业发展,2016年,《深圳市国民经济和社会发展第十三个五年规划》提出了战略性新兴产业重点发展的八项领域:集成电路、新型显示、基因技术、高端医学影像、新能源汽车、高端材料、数字内容和节能环保。

资料来源:龙锟,陈明.“三来一补”有起飞就有落幕[N].广州日报,2013-09-09.

(三)产业结构演变与产业结构升级

1.主导产业更替与产业结构演变

随着经济发展和技术进步,主导产业不断更替。主导产业不同,由主导产业扩散效应带动发展起来的关联产业也不同,则产业系统的产业组成和关联方式不同,产业系统的功能也不同。例如,钢铁工业带动的后向联系产业是炼焦业、采矿业,前向联系产业是机械、汽车等;而计算机工业的后向联系产业是电子工业,前向联系产业是信息服务业、网络等。这说明,当主导产业更替时产业结构和产出功能也发生相应的改变,即产业结构随主导产业更替而变化。主导产业的更替是一个持续的过程,从而产业结构也具有了不断演化的特征。

2.主导产业更替与产业结构升级

(1)主导产业技术水平决定产业系统的功能。从区际和国际贸易来看,主导产业是一国或地区的专门化部门,承担着向外提供商品的职能。主导产业技术水平越高,其生产效率就更高,在国际贸易中获利更大。从系统产出水平来看,主导产业的技术创新成果,通过技术扩散被相关产业吸收。主导产业技术水平越高,关联产业的技术水平也越高,产业结构的整体的技术水平也越高,其产出功能越高。

(2)主导产业更替与产业结构升级。主导产业更替的有序性说明新的主导产业技术水平高于原主导产业。因此,新主导产业的技术水平和生产效率提高了,相关产业的技术提高到一个更高的水平,新产业结构的整体技术水平就提高了,因而新产业系统的生产效率得以提高。可见,随着主导产业的更替,产业结构的技术水平及产出功能是不断升级的,也就是说,产业结构呈现出由低级向高级的演化趋势。

二、产业结构高度化的经验与规律

(一)世界各国主导产业更替的规律

总结世界各国主导产业更替及产业结构升级的实践,可以发现大多数国家的经济发展都经历了五次主导产业更替,即轻纺工业替代农业、原材料工业替代轻纺工业(重工业化)、加工组装工业替代原材料工业(高加工度化)、技术集约型工业替代加工组装工业(技术集约化)、信息产业替代技术集约型工业(见表 10-1)。伴随着主导产业的更替,主导产业综合体出现明显的变化,产业结构水平和产业结构功能也呈现出由低级向高级的演化规律。

表 10-1　　主导产业与主导产业综合体的更替

阶　段	主导产业部门	主导产业综合体
第一阶段	棉纺织业	纺织工业、冶炼工业、采煤工业
第二阶段	钢铁工业、铁路修建业	钢铁工业、采煤工业、造船工业、纺织工业、机器制造业、铁路运输业、轮船运输业及其他工业

续表

阶　段	主导产业部门	主导产业综合体
第三阶段	电力、汽车、化工和钢铁工业	电力工业、电器工业、机械制造业、化学工业、汽车工业，以及第二阶段主导产业综合体中的各产业
第四阶段	汽车、石油、钢铁和耐用消费品工业	耐用消费品工业、宇航工业、计算机制造业、原子能工业、合成材料工业，以及第三阶段主导产业综合体中的各产业
第五阶段	信息产业	信息产业新材料工业、新能源工业、生物工程、宇航工业等新兴产业，以及第四阶段主导产业综合体中的各产业

(二)美国主导产业的更替

1.农业社会

19世纪之前，美国是一个落后的农业国，全国约有95%的人口住在农村，农民使用原始的生产工具，基本上处于自给自足的自然经济状态，经济社会远远落后于欧洲。

2.工业化初期

19世纪上半叶，美国开始了工业化进程。1814年，棉纺织业首先开始使用机器生产，此后机器生产迅速推广到其他部门。由于发达的种植业和畜牧业提供充足的原料，美国的轻工业得到快速发展。在美国制造业15类产品中，轻工业占10类，其中面粉及肉类、棉纺织、木材加工和制鞋业等四个部门依次居于前列。到1900年，轻工业与重工业的比重是1.5∶1。

3.工业化中期

20世纪20年代开始，随着内燃机技术的使用，美国铁路运输业得到高速发展，美国农村和郊区的人口源源不断地被运送到城市，美国的工业化进程陡然加快。依靠资源优势的钢铁工业和石油产业发展迅速，汽车工业随后也发展成为美国的支柱产业。这一时期，美国形成著名的钢铁城(匹兹堡)、石油城(克里弗兰)、汽车城(底特律)以及地毯城(多尔顿)。

4.工业化后期

第二次世界大战后，在第三次科技革命推动下，美国的电子、航空和宇航、石油化工、原子能等新兴工业部门蓬勃发展。电视机、电子计算机和工业数据处理设备的生产连续20年创新销售纪录，硅谷、波士顿、北卡兰罗纳的高科技“三角区”迅速发展。美国航空和宇航工业的销售额也迅速上升，1968年该行业销售额超过300亿美元，雇员超过100万人，其中半数是工程师和科学家；1969年“阿波罗十一号”宇宙飞船第一次载人登上月球。另外，塑料、合成橡胶、合成纤维、合成洗涤剂、药物、杀虫药剂等化工产品产量也不断增长，休斯敦成为全美最大的石油化工中心。

5.后工业化社会

20世纪80年代以来，美国经济服务化已成基本趋势。服务业增长迅速，其中，金融、保险业、房地产业、专业服务、教育、艺术娱乐、餐饮和贸易业已经成为美国经济的中坚力量，形成世界金融中心（纽约）、世界电影中心（好莱坞）等全球性服务业中心。这一时期，美国制造业进一步萎缩，但仍然是美国经济持续增长的基础。经过内部细分产业的调整，美国的电子产品制造业将其竞争的核心集中在对技术和资本要求较高的关键零部件的生产上，而将附加值低的产品及生产环节进行压缩，进而提高其综合生产能力，引领制造业高速增长。

21世纪以来，美国的新兴服务业、信息业、专业与商业服务业迅速增长。高技术服务业日益成为新的经济增长点。其中，计算机和数据处理服务业是增长最快的三大产业之一，电信服务、计算机和数据处理服务产出最大。无论是计算机、通信设备、软件等IT（信息技术）产品生产与服务业，还是运用这些技术与产品的产业都实现高速增长。

（三）日本主导产业的更替

1.农业社会

19世纪末期以前，日本是一个农业国家。

2.工业化初期

1885年，日本经过明治维新后，引进西方技术的“殖产兴业”策略获得效果，以棉纺织业和食品工业为代表的轻工业快速发展，日本步入了工业化之路。在第一次世界大战之前，日本的轻纺工业是促进工业化的主导产业，其中，纺织业（纤维业）在1885—1915年的平均增长率高达7.5%，并对机械制造业的发展产生强大的拉动作用。1900年，轻工业生产额占工业生产额的比重达到73%。

3.畸形重工业化

第一次世界大战到第二次世界大战结束之间，在军事需求的刺激下，日本的重化学工业获得了快速发展。1930—1944年的14年间，日本重化学工业在工业中所占的比重由32.3%迅速上升到79%，完成了主导产业由轻工业向重化学工业的转变。需要指出的是，日本重化学工业内部各行业发展不平衡，钢铁、机械工业一直处于重化学工业的中心地位。

4.快速工业化

第二次世界大战后，日本为了加快经济恢复，开始实施产业结构高度化策略，根据发展阶段的不同选择了不同的新兴产业作为战略性产业进行重点扶持，从而加快了产业结构的升级。在这一过程中，日本主导产业依次经历了钢铁、煤炭—汽车、家电—半导体、电子计算机的更替。经过20多年的发展，日本迅速完成了工业化进程。

5.后工业化社会

20世纪70年代，日本进入后工业化社会，金融业、航运业、保险业以及商业服务业快速发展，东京发展成为世界重要的金融、航运和服务中心。20世纪80年代以来，日本开始新一轮的工业结构高度化计划，明确提出了“通向技术立国之路”、“创造性的技术立国”的战略思想，集中发展知识密集型产业，智能机器人、新材料、医用电子器材、生物技术、新能源等产业。

进入21世纪后，日本更加重视信息技术、新能源等新兴产业的发展。2004年6月，日本公布了新能源产业化远景构想，计划在2030年以前把太阳能和风能发电等新能源技术扶植成商业产值达3万亿日元的基干产业之一，新能源产业成为日本的支柱产业。为应对经济危机，日本在2009年4月推出了“新增长战略”，将未来产业重点发展方向锁定在节能汽车、低碳经济、医疗护理、清洁能源发电、文化旅游等方面，试图以科技创新赢得未来发展的先机。

(四)中国主导产业的更替

1.农业社会

1949年之前，中国经济基础薄弱，以农业为主导，农业产值的比重达到58.5%。工业基础差，纺织业和食品业畸形发展(占工业产值的60.5%)，重要的原材料和机器设备都靠进口。

2.优先发展重工业

1949—1957年间，政府实施优先发展重工业的经济计划，集中资源发展钢铁、煤炭、电力、石油、机械、有色金属及基本化工工业。在“一五”期末，农轻重的比例已经调整为43.3∶31.2∶25.5，工业产值超过农业产值，而且重工业在工业中的比重迅速提高，由26.4%提高到45%。飞机制造业、载重汽车制造业、轮船业、电力工业、钢铁工业、机械制造业等部门的建立改变了新中国成立初期生产资料严重短缺的局面。

1958—1978年间，产业结构政策基本上沿袭了前一时期重工业优先发展的导向。1958—1960年期间，我国提出并实施“赶英超美”的发展战略，其基本目标是钢铁产量15年内赶上英国，50年内超过美国。为此，我国经济发展过分强调重工业，人力物力都向钢铁、机械等重工业集中。1960年，我国轻重工业产值比例达33.4∶66.6。在1964—1978年期间，为应对恶劣的国际政治环境，我国实施“三线建设”，即在中西部内陆腹地开展的以备战为中心，以军工为主体的规模巨大的经济建设运动。这一时期，我国进一步加大对重工业、国防工业和交通运输业的投资，而且主要集中投向“三线”地区。1978年，我国的轻重工业比例为43.1∶56.9，重工业依然占据主导地位。

3.轻工业“补课”阶段

20世纪80年代，我国实施改革开放，我国政府着手扭转重工业畸形发展的状况。1981年，我国政府提出了经济建设的十条方针，其中第二条是把消费品工业的发展放到重要地位，进一步调整重工业的服务方向。为此，能源和物资的供应，贷款和投资的分配，科学技术力量的分配和科研课题的选定，以及国外技术和设备的引进，都应该注意保证消费品工业发展的需要。在重工业内部侧重发展为农业和轻工业提供生产资料的部门，彻底扭转重工业自我循环的状态。在这个时期，冰箱、洗衣机、录音机、彩电等耐用消费品以及纺织等轻工业取得了很大发展，其发展速度远远高于工业平均增长速度。到 20 世纪 80 年代后期，轻重工业比例保持基本平衡的态势，1990 年轻工业的比重已经接近 50%。

4.重工业化阶段

20 世纪 90 年代，随着我国经济的迅速发展，长期存在的能源、原材料、交通通信等产业“瓶颈”问题更加突出，为此我国又开始了新一轮的重工业化过程。电力、钢铁、机械制造、汽车、造船、化工、电子、建材等工业成为国民经济成长的主要动力，电力、能源、钢铁等原材料工业占据了主导地位。到 1998 年，重工业的比重已经提高到 60%；到 2005 年，重工业比重再提高到 69%，重工业化趋势十分明显。

5.高加工度化阶段

21 世纪初，在基本完成重工业化阶段的基础上，我国的工业化进入到高加工度化阶段，加工、组装工业开始迅速扩张。这一时期，电子及通信设备制造业、汽车工业、房地产业表现出快速增长的势头，并带动了钢铁、有色金属、建材、机械、化工等行业的发展。这一阶段，电子及通信设备制造业、汽车制造业、新能源等产业在国民经济中占据主导地位[10-6]。

[10-6]
我国产业结构演变 30 年

6.技术集约化与服务型经济发展阶段

2015 年，我国传统产能过剩的问题凸显，钢铁、煤炭、铝、水泥、平板玻璃、造船、有色金属、建材、纺织、食品等行业的产能过剩问题严重，而新兴产业发展却受到制约，经济增速放缓。面对产业结构转型升级的挑战，我国政府提出了供给侧结构性改革战略。在化解过剩产能方面，要以市场为导向，通过兼并重组、破产清算清理过剩产能；在创新增长动力方面，要不断优化劳动力、资本、土地、技术、管理等要素配置，激发创新创业活力，推动高端制造业和现代服务业发展，培育新的增长动力。“去产能、调结构”是制造业转型升级的过程，我国的工业化进程由高加工度化进入技术集约化阶段；“去产能、调结构”也是现代服务业大发展的过程，我国经济社会正在由产品型经济向服务型经济转变[10-7]。

[10-7]
主导产业大换帅

三、产业结构高度化的度量

从一个时点上看，一个国家的产业结构必然处于一定水平上。在产业结构的高度化的评价方面，国际上似乎还没有通行的标准和方法。这里介绍几个可行的判断指标。

（一）主导产业的技术水平

主导产业的技术水平决定产业结构和功能的水平。主导产业技术水平越高，其对应的产业结构水平就越高，产出功能也就越强。在分析和判断时，我们可以结合世界主导产业更替规律，通过分析本国现阶段主导产业的特征，基本判断产业结构的水平。例如，我国目前加工组装工业迅速发展，进入到高加工度化的工业化阶段；美国已经形成以服务业、信息产业为主导产业结构，经济已经进入到后工业化社会。

(二)第三产业的比重

随着经济社会发展，服务业将取代工业占据经济的主导地位，即所谓经济服务化。按照这样的演变趋势，第三产业的比重能够反映出一个国家和地区产业结构高度化的进程。第三产业比重越高，则产业结构高度化水平越高；反之，产业结构高度化水平越低。当然，第三产业比重也不是越高越好，过高的服务业比重，显示制造业地位下降，反而会影响国民经济的稳定性。

(三)产业系统的产出功能

在产业结构高度化过程中，产业结构的技术水平在不断提升，从而产业系统的生产效率也在提升，系统的产出水平不断提高。随着系统产出水平的不断提高，经济发展达到更高的阶段。因此，产出的人均指标能够反映出产业系统的产出水平以及经济发展的阶段。钱纳里的"标准结构"和世界银行的国别收入分组标准(见表 10-2)都具有重要的参考价值。

表 10-2　　世界银行国别收入分组标准　　单位：美元

人均国民总收入分组	划分标准			
	2000 年	2005 年	2010 年	2015 年
高收入国家	>9 266	>11 116	>12 276	>12 736
上中等收入国家	2 996～9 265	3 596～11 115	3 976～12 275	4 126～12 735
下中等收入国家	756～2 995	906～3 595	1 006～3 975	1 045～4 125
低收入国家	<755	<905	<1 005	<1 045

数据来源：根据世界银行相关报告整理.

四、产业结构高度化的促进政策

产业结构高度化的过程也就是主导产业更替的过程。新的主导产业代替原有的主导产业是市场机制调节下产业间对资源、技术、市场份额竞争的结果。也就是说，市场竞争机制能够有效地选择主导产业，并引导产业结构升级。在过去，许多西方国家都依靠市场的自发调节机制来实现产业结构高度化，政府对产业结构高度化采取自由放任的政策。只有在经济发展过程中出现了问题，才不得不采取一些补救的政策和措施。但是，对于那些想要赶超发达国家的发展中国家来说，单纯依靠市场机制是难以实现的，政府必须对产业发展进行干预，加快本国产业结构高度化的进程，从而快速提升经济增长率和经济收益。在政府干预的模式下，政府必须遵循产业结构高度化的客观规律，进行产业结构高度化的规划，确定各个时期的战略性新兴产业，并通过政府的立法、政策，循序渐进地扶持战略性新兴产业的发展，加快主导产业的更替，从而促进产业结构高度化进程。

案例10.3

美国信息产业发展的经验

美国信息产业发展特点是产业竞争力领跑全球，技术创新水平居首位，注重掌控标准制高点。①产业竞争力领跑全球。根据英国经济学家信息部(EIU)的《IT产业竞争力指数》报告，美国IT产业的国际竞争优势主要来源于良好的创新氛围、雄厚的人才资源、先进的技术基础设施、健全的法律制度、政府的支持以及开放的商业环境。②技术创新水平居首位。基于全球最雄厚的技术创新成果储备、最充裕的人才储备和巨额的信息技术研发投入，美国的信息技术水平在全世界处于绝对领先地位。第二次世界大战后，全球60%的信息科技发明出自美国，70%在美国最先付诸使用，这些创新一直推动着美国信息产业的发展。③注重掌控标准制高点。标准规范代表着信息技术的主流，掌握标准往往就意味着掌握市场。美国政府和信息产业企业都非常注重对标准的掌握，积极争取在制定信息技术标准方面发挥重要作用。对基础软件、办公软件、移动通信等领域标准的掌控帮助美国企业获得了巨额利润。

美国信息产业发展采取的是一种宏观管理与市场调节相结合的模式。美国政府在鼓励信息产业各部门、各企业自由经营、自由发展的同时，通过间接手段调控信息产业发展的规模、速度与方向，控制信息产业的结构与总量。其具体政策措施包括以下几个方面：一是采取一系列中长期科学技术发展规划促进信息产业的发展。美国历届政府先后制定实施了美国关键技术(1991)、高性能计算与通信计划(1992)、国家信息基础设施的行动纲领(1993)等重大研究发展计划，以确保信息产业核心技术的领先地位。二是加强基础研究和提高研发投入。美国从克林顿政府开始扩大电子信息研发投入，并积极引导大公司进行信息技术的应用开发活动，而且私人企业基金、风险投资基金也向国内的大学实验室提供大量基础研究资助。巨额投入带来巨大产出，美国在信息技术领域的发明专利数量在全世界遥遥领先。三是风险投资加速信息产业的发展。风险投资在信息技术开发与应用方面都起到了重要作用，为微电子技术及半导体行业的发展奠定了基础。而且，风险投资的参与使信息技术成果转化的周期大大缩短。四是实施有针对性的税收优惠政策。税收豁免和税收优惠也是美国政府支持信息产业发展的一项重要手段。五是重视信息产业人才培养和引进。美国政府专门出台了许多人力资源政策措施，以培训和引进信息人才，为产业的长期持续发展创造了良好条件。

资料来源：安晖，杨春立. 美国信息产业做强有道[N]. 中国电子报，2011-07-05.

第三节 产业结构的合理化

产业结构高度化反映了产业结构由低级水平向高级水平的演进过程，也就是不同产业结构水平状态之间的递进。那么，对于产业结构高度化过程中的任何一个级别的产业结构状态而言，其内部结构也存在不断完善、产出功能不断提升的演进过程与趋势，这就是产业结构合理化。下面从产业结构合理化的内容、判断和调节机制等三个方面来了解产业结构合理化。

一、产业结构合理化的内容

当一个主导产业形成，并初步建立起一个特定的产业结构时，产业系统的产出功能并没有达到最优。这主要表现在产业系统的产出结构与需求结构并不完全一致，产业系统的生产效率也没有达到最大。这是因为对于初建的产业系统而言，资源在产业之间的配置还不够合理，产业之间的关联关系不够协调，关联效应没有得到充分发挥，从而限制了产业系统的整体功能。只有产业之间比例关系、关联关系、地位关系由不合理向合理变化、由不协调向协调变化，才能够有效地提高产业系统的产出功能，从而促进整个经济、社会的发展。根据上述分析，产业结构合理化的主要目标是增强产业系统的产出功能，包括产业系统的产出效率和产出结构。

(一)增强产出效率的合理化内容

产业系统的一个功能是提高系统的产出规模和水平，促进经济的增长。如果产业系统中产业间明确分工、相互合作，形成有机的关联方式，那么某些产业部门的优先发展才能带动其他产业部门的发展，产业波及过程才可以顺利完成，从而出现系统产出大于各产业产出之和的整体效果。产业之间的相互关系越协调，产业结构的产出功能就越强，经济就能保持较快的增长。因此，通过调整产业之间的关联关系，使产业之间的关系向协调化方向发展，就能够实现提升产出效率的目标。提高产业之间协调程度的主要途径包括产业之间素质相当、关联紧密和地位有序三个方面。

1.产业之间素质相当

产业素质是对产业技术水平、产出效率、竞争能力、获利能力等方面的综合描述，产业素质的高低主要表现在产业的技术水平和生产效率等方面。若要取得较高的系统运行效率，则各个产业应当具有基本相同的素质。如果产业之间存在技术水平的断层和劳动生产率的强烈反差，产业之间中间产品的流动以及生产合作就会出现较大的摩擦。例如，在一个国家经济运行中，如果一个产业的后向关联产业素质较低，则其投入品的质量不能满足本产业生产技术的要求，或者影响到产品的质量和性能，产业间的关系就变得松散。后向关联产业对本产业增长的感应度较低，本产业增长的波及效应受到限制。例如，我国汽车的整车生产能力已经达到一个高的水平，但发动机、变速器、燃油喷射系统等高附加值的配件却依赖于国际市场，我国的零部件厂商只能提供音箱、内饰等低附加值的配件。这些配套企业很难参与整车的开发过程，特别是很难进入进口车的配套体系。整车生产规模扩张的后向关联效应并不明显。要改变这种情况，我国汽车零部件企业要适应国际产业发展的趋势，积极参与主机厂的产品开发工作，在关键汽车零部件领域形成系统开发能力，接近和达到跨国公司的技术要求。

2.产业之间关联紧密

一个国家产业之间的关联关系是否紧密，影响着产业扩散效应。关联关系紧密，主导产业的发展对相关产业必然产生广泛的、强大的带动效应；反之，产业之间联系比较松散，主导产业对其他产业发展的影响就比较小。赫希曼、罗斯托等学者在讨论产业间的关联效应时，都强调主导产业的扩散效应。美国学者迈克尔·波特（M. Porter，1990）在其《国家竞争优势》一书中讨论了主导产业与关联产业之间相互促进、相互提升的双向关联效应。他认为一个具有国际竞争优势产业的形成，依赖于四个主要因素：生产要素、需求条件、相关产业和支持产业、产业内竞争，并由此构建了所谓的钻石体系（如图 10-4 所示）。其中，企业型客户、支持性和相关性产业与优势产业存在相互促进、相互提升的关系，表现在以下几个方面。

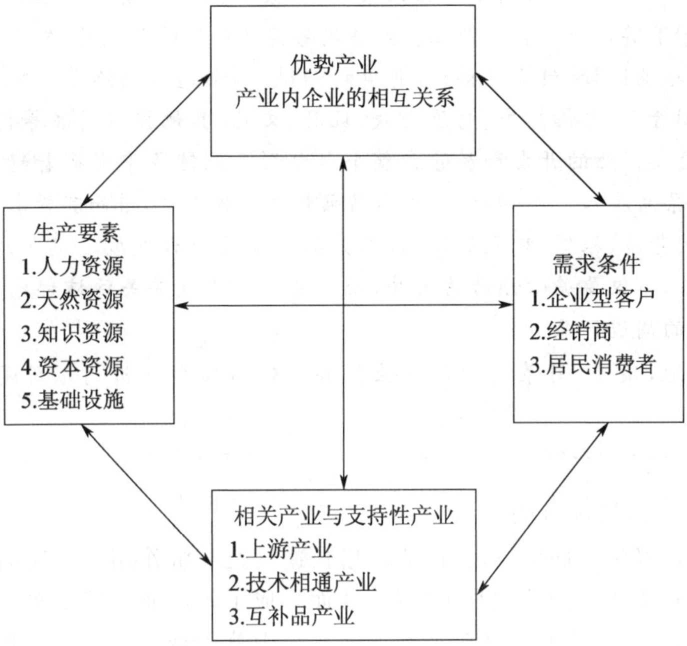

图 10-4
迈克尔·波特的钻石体系

（1）下游产业对国际竞争优势产业的影响。国内客户特别是企业型客户需求的质量、数量通过后向关联影响优势产业的发展。如果下游产业购买增加就能够刺激优势产业进一步扩大生产规模；如果下游产业的需求具有挑剔和超前的特性，则能够增强优势产业的市场信息和创新动力，从而维持国际竞争优势。

（2）上游产业对国际竞争优势产业的影响。优势产业的发展与上游产业是密切相关的。如果上游产业具有竞争优势，它们能够向国际竞争优势产业提供最先进的投入品，以提高国际竞争产业产品的质量和价值，并通过投入品向国际竞争优势产业传递新技术、新方法和商业机会的相关信息，从而协助国际竞争优势产业开展研发和技术创新。

［10-8］
解析
迈克尔·波特的“钻石模型”

（3）相关产业与国际竞争优势产业之间的相互提升与促进。技术相通产业的技术进步为国际竞争力产业的技术创新提供了有效的支持；互补品产业的发展为国际竞争力产业的产品打开市场销路。

总之，只有各个产业之间相互依赖，形成相互促进、相互提升的关联关系，产业关联效应才能够充分发挥出来[10-8]。

案例10.4

好莱坞影视产业与关联产业的发展

位于美国加利福尼亚州的好莱坞以其影视产业而著称，是全球电影、音乐产业的中心地带，拥有世界顶级的娱乐产业。好莱坞发展影视业的条件优越，具有良好的自然地理环境、高效的商业运作模式和庞大的市场需求，而且影视业与关联产业之间的紧密的协作也是十分重要的因素。①上游产业。由于当地的电影和电视传播业发达，使得特技效果、道具、服装、布景、产物保险以及演员培训等行业云集，这些关联产业的质量和地缘优势又使得影城更有竞争力。②下游产业和相关产业。好莱坞影视产业链除了制作、发行和放映三个主要环节之外，还包括录像带、付费点播、付费电视频道、移动通信网络等扩窗发行和音像出版、主题公园、电影音乐、电影广告、电子游戏、玩具、文具、其他授权商品等衍生开发，统称为后电影产业。这些产业的开发和经营在整个大电影产业链条中发挥着越来越重要的作用，其收入已远超票房收入。例如，迪士尼由动画片进入故事片，进而其资本开始进入图书、画册出版，游乐园营造、旅馆、观光游轮，录像产品和播放平台发展。现在，好莱坞在考虑投资一部电影之前，不仅要关心预计的票房，而且更重要的是要关注这部电影能否产生、如何延伸有利可图的周边产品。

资料来源：陆地，梁斐. 好莱坞影视产业集群的钻石模型分析[J]. 新闻爱好者，2014(2).

3.产业间的地位有序

在一定的经济发展阶段，各产业的增长速度及经济作用是不同的，因而各产业在产业结构中所处的地位是不同的，从而形成了各产业之间主次、先后有序的组合。例如，主导产业和支柱产业在产业系统中就占据了支配地位和主要地位，对其他产业发展产生重要影响，成为影响系统运行最主要的因素。产业系统的层次性和结构性保证了产业系统的运行是有序的。在这种秩序下，产业之间存在合理的分工与协作，各个产业能够处于适当的位置，各自发挥其功能，从而保证产业系统形成强大的生产能力。如果各个产业主次不分，轻重无序，系统总体就不能出现由关联而引起的产业波及效果秩序和结构，从而影响产业系统的产出功能。因此，通过确立产业之间的相对地位关系、发展的先后顺序来确立主次关系，就能够进一步扩大产业关联效应，增强产出效率。

(二)调整产出结构的合理化内容

产业系统的另一个功能是其提供的产品或服务能够满足社会需求，这种需求包括了最终需求和中间产品需求。从结构主义发展理论的观点来看，如果产业系统的产出结构与需求结构不一致，就需要调整产业结构，即调整资源在各个产业之间的配置，进而调整产业之间的产出比例关系。例如，供不应求行业(短线行业)需要更多的资源和生产能力，而供大于求的行业(长线行业)存在资源与生产能力过剩的问题。那么，产业结构合理化就是引导供不应求行业获得更多的资源，形成更大的生产能力；而供过于求行业及时转移过剩的生产能力，缩小生产规模。资源的再配置以及生产能力的调整使得产业之间的资源配置比例、产出比例更合理，从而使得产出结构更符合需求结构。

二、产业结构合理化的判断

从理论上讲，产业结构合理化就是产业之间关系趋于协调的过程。但是，产业之间的关系以不同层面、不同方式存在。因此，人们很难用一个特定指标来评价产业结构合理化的程度。目前，产业结构合理化的评价指标和方法尚不统一，国内学者之间的分歧较大。

（一）产业结构合理化的基准

1. 关于产业结构合理化基准的讨论

在我国学术界，由于不同学者对产业结构合理化概念的理解不同，因而对产业结构合理化的标准存在不同的看法。周振华、苏东水、史忠良、李京文、李悦等人都提出了不同的标准。

（1）"聚合质量"标准。上海社会科学院周振华（1992）在其《产业结构优化论》中提出了"结构聚合质量"标准，他认为"较高的聚合质量来自于产业间的协调"，从而用"聚合质量"反映产业之间协调程度。

（2）三项标准。复旦大学苏东水教授（2005）在其主编的《产业经济学》一书中提出产业结构合理化的三个主要标准是国际基准、需求结构基准和产业间比例平衡基准。

（3）四项标准。江西财经大学史忠良教授（2005）在其主编的《产业经济学》一书中认为，合理的产业结构主要体现在以下四个方面：一是资源合理利用。产业系统能够充分有效地利用本国的人力、物力、财力以及国际分工的好处；二是产业协调发展。国民经济各部门协调发展，社会的生产、分配、交换、消费顺畅进行，社会扩大再生产顺利实现；三是需求得到满足。国民经济持续稳定地增长，社会需求得以实现；其四，经济社会可持续发展。人口、资源、环境良性循环，经济社会协调发展。

（4）五项标准。浙江财经大学王俊豪（2012）在其主编的《产业经济学》教材中提出了产业结构合理化的五个基准，即充分有效地利用国内外两个市场和两种资源；国民经济各部门协调发展，社会再生产顺畅进行；产业结构与需求结构相适应；有利于科技进步和产业结构向高度化、现代化推进；具有良好的经济效益，实现人口、资源和环境的可持续发展。

（5）六项标准。中国社会科学院李京文、郑友敬（1988）在其《技术进步与产业结构——概论》一书中提出了产业结构合理化的六条标准，即资源合理利用标准、产业协调发展标准、需求应变能力标准、经济效益最佳标准、充分吸收科技成果标准和充分利用国际分工标准。

（6）七项标准。中国人民大学李悦（2004）在其主编的《产业经济学》一书中提出了产业结构合理化的七个标准，即发挥优势标准、比例协调标准、结构完整性标准、先进性标准、创汇能力标准、自我调节和应变能力标准以及经济效益标准。

2. 常见的合理化基准

从上述论述可以看出，不同学者对产业结构合理化的标准有着不同的看法。不仅标准多寡不一，而且考察问题的角度、侧重点也不尽相同。不过，仔细观察不难发现，众多的提法中仍有一些共同之处，即存在一些公认程度比较高的产业结构合理化标准，主要有国际标准结构基准、需求结构基准、产业比例协调基准和资源利用有效性基准。

(1)国际标准结构基准。库兹涅茨、钱纳里、霍夫曼等学者用统计分析方法，对样本国家产业结构演化不同阶段的数据进行了统计归纳，得出了不同阶段产业结构的标准特征，被人们称为“标准结构”(见表 10-3)。“标准结构”把发展阶段与产业结构状态对应起来，成为判断和评价产业结构合理化程度的参照标准。如果一个国家某个经济阶段的产业结构与“标准结构”存在较大差距，就可认为该产业系统偏离了大多数国家的发展轨迹，因而判断其产业结构是不合理的；反之，如果一个国家某个阶段的产业结构与“标准结构”比较接近，就认为这个产业系统符合产业结构演变的一般规律，因而其结构是合理的。

表 10-3　　产业结构合理化的国际基准

提出者	模　　型	标　　准	图表索引
库兹涅茨	工业化五阶段说	人均收入，三次产业结构	表 7-2
钱纳里、鲁宾逊和塞尔奎因	标准工业化模型	人均收入	表 7-4
塞尔奎因和钱纳里	产业结构标准模式	人均收入，三次产业结构	表 7-5
霍夫曼	工业化经验法则	霍夫曼比例	表 7-6

“标准结构”是通过对各国同一发展阶段上产业结构的特征进行回归分析所得出的一般性结构特征。而同一阶段，各国的技术水平、资源禀赋、劳动力状况、经济制度等存在较大差异。例如，“大国”和“小国”、市场经济国家与非市场经济国家的国情就存在很大的差异，因而各国在同一阶段不可能都出现“标准结构”中的一般性结构特征。即使在一国之内，不同地区之间的经济发展过程也存在很大差异。例如，新中国成立以来，我国江苏省和山西省的霍夫曼系数都呈下降趋势，但呈现出不同的特征。1952—2014 年江苏省的霍夫曼系数由 16.92 下降到 0.36，符合霍夫曼系数变化的一般规律，其工业化依次经历了霍夫曼划分的四个阶段。而同期山西省的霍夫曼系数则是由 0.54 下降到 0.07；若按霍夫曼系数标准，山西省工业化一直处于第四阶段。显然，作为我国能源重化工基地，山西省的工业化具有很强的特殊性。因此，有的学者认为“标准结构”只能作为判断产业结构是否合理的参考依据，而不能成为判断的根本标准。

(2)需求结构基准。在商品经济中，产业系统的功能之一就是产出要能够满足市场需求。因而，产出结构与市场需求结构的匹配程度就成为判断一个产业是否合理的标准之一，即产业结构合理化的需求结构标准。产业系统的产出结构与需求结构越一致，产业结构就越合理；反之，二者越不适应、不一致，则产业结构就越不合理。

但是,单纯以需求结构基准来判断产业结构是否合理具有一定的片面性,这是因为要先确定需求结构是否正常,在需求结构正常的前提下,才可以对产业结构是否合理进行判断。若需求是畸形的,供需之间出现差距是正常的,而不能据此判断产业结构不合理。

(3)产业比例协调基准。产业之间的比例协调不是指各个产业的资源配置比例、产出比例都相等,而是指资源配置比例能够满足各产业的要求,产出比例能够适应需求结构要求的均衡状态。这些都反映了产业系统的资源配置效率、适应市场需求的程度,因而产业比例协调成为衡量产业结构合理化的基准。

但是,对于一个产业系统而言,存在着众多的产业间比例关系,如三次产业比例关系、传统产业与新兴产业之间的比例关系、主导产业与关联产业之间的比例关系、中间产品与最终产品之间的比例关系等。应选择其中重要的、可以测量的比例关系进行分析,如三次产业比例、轻重工业比例等。

(4)资源利用有效性基准。产业系统具有一定的生产能力,能够利用生产要素生产社会需要的产品或服务。因而,有人把产业系统形象地称为"资源转换器",其功能就是将所输入的各种生产要素,转换成适合市场需求的各种产品或服务。充分有效地利用各种生产要素是产业系统运行的基本目标,因而资源利用有效性成为判断产业结构合理化的标准。全要素生产效率和资源产出率从不同角度考察资源利用效率。全要素生产效率反映了产业系统的产出水平,全要素生产效率越高,产业系统的产出水平就越高,经济就能够保持快速增长。资源产出率是国内生产总值与主要物质资源消耗量的比值,它反映自然资源的利用效率[10-9]。资源产出率越高,说明自然资源的利用效率越高,经济的可持续增长能力就越强。

[10-9]
绿色转型的重要指标——资源产出率

但是,资源利用的有效性并没有一个绝对的标准,它只能是一个相对的标准。运用这一标准时需要进行比较分析。一是纵向比较,与本国、本地区历史上的资源利用效率进行比较;二是横向比较,与同期国际的生产效率比较。显然,利用资源利用有效性标准进行判断就存在较大的模糊性。

(二)产业结构合理化的测定方法

依据上述产业结构合理化的基准,可以采用相应的方法对产业结构合理化的程度进行测定。

1.国际比较法

国际比较法即以"标准结构"为参照标准,将某一国家某一个阶段的产业结构特征与同一阶段的"标准结构"进行比较,偏差较大时,即认为此时的产业结构是不合理的,如果基本接近,则可认为是合理的。

2.影子价格法

影子价格是指用线性规划方法计算出来的反映资源最优使用效果的价格,即当资源增加一个数量而得到目标函数新的最大值时,目标函数最大值的增量与资源的增量的比值[10-10]。从影子价格的定义来看,处于最佳配置状态下之要素的边际产出近似于影子价格,因此可以用要素的边际产出来估计影子价格。影子价格与市场价格不同。市场价格是供求关系决定的价格,是交易的价格;而影子价格

[10-10]
影子价格

是企业根据要素在生产中的贡献而做出的估价，是效率价格。

按照西方经济学理论，当各种资源的边际产出相等时，表明资源得到合理配置。据此也可以利用影子价格来测定产业系统资源配置的状况。基本的做法是：计算各个产业部门的影子价格，然后计算各产业部门的影子价格与产业系统影子价格平均值的偏离程度。偏离越小，资源配置越合理，产业结构就越合理。

3.需求判断法

需求判断法就是分别判断各个产业的实际生产能力与产业的市场需求是否相符，若大部分产业是基本接近，则表明产业结构是合理的；若大部分产业存在供需矛盾，则表明产业结构是不合理的。

4.需求适应性判断法

需求适应性判断法是一种动态的需求判断方法，它是测量产出结构随需求结构变化而变化的能力，即产业结构对市场需求的适应性能力。其基本的方法是：分别计算每个产业产品的需求收入弹性和生产收入弹性。若大部分产业的需求收入弹性与生产收入弹性基本接近，则说明此产业与社会需求有充分的适应性；若大部分产业的需求收入弹性和生产收入弹性存在较大的差距，则说明产业与社会需求是不适应的。

5.结构效果法

结构效果法从结构变化与系统功能变化的相关关系进行分析。如果产业结构变化引起产业系统产出水平的提升，促进了经济增长，则产业结构变化处于合理化轨道之中；反之，则说明产业结构变化处于不合理方向上。如果产出下降明显，则说明产业结构出现逆转现象。

案例10.5

安徽省产业结构合理化分析

安徽省是我国中部地区的工业大省，纺织、化工、医药、冶金、煤炭、建材、机械、汽车、家电和食品等产业实力雄厚，现代服务业发展迅速。潘和平等人依据赛尔奎因-钱纳里产业结构标准模式对安徽省产业结构的合理化程度进行评价。依据安徽省1992—2014年人均GDP的时间序列，选取与标准模式中人均GDP一致的年份(见表10-4)，并进行相应的对比(如图10-5所示)。与国际基准相比，安徽省第一产业产值比重的变化与国际基准比较一致；第二产业产值比重在各个阶段都高于国际基准；而第三产业产值比重在大多数阶段都低于国际基准。

表10-4　　1992—2014年安徽省三次产业构成

年　份	人均GDP/美元	产值构成/%			就业构成/%		
		第一产业	第二产业	第三产业	第一产业	第二产业	第三产业
1994	348.09	22.62	47.98	29.40	61.60	17.50	20.90
1996	544.12	28.45	43.65	27.90	60.60	17.40	22.00

续表

年 份	人均 GDP/美元	产值构成/%			就业构成/%		
		第一产业	第二产业	第三产业	第一产业	第二产业	第三产业
2003	1 185.99	19.98	38.76	41.26	50.80	20.40	28.80
2008	2 230.79	16.02	47.44	36.54	40.70	24.70	34.60
2012	4 445.53	12.66	54.64	32.70	36.40	26.30	37.30
2014	5 315.16	11.47	53.14	35.39	32.80	28.10	39.10

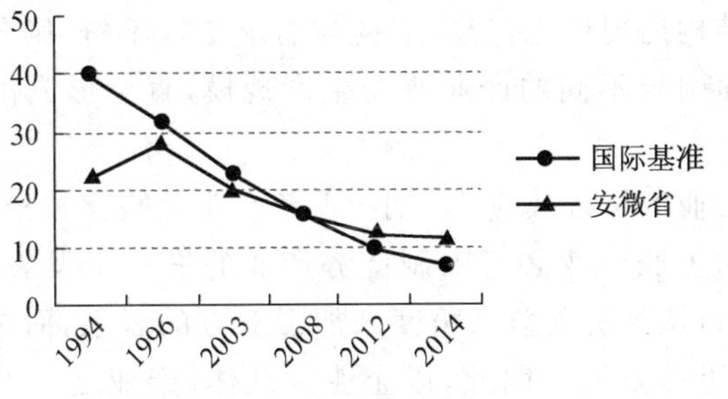

(a) 安徽省第一产业产值比重评价

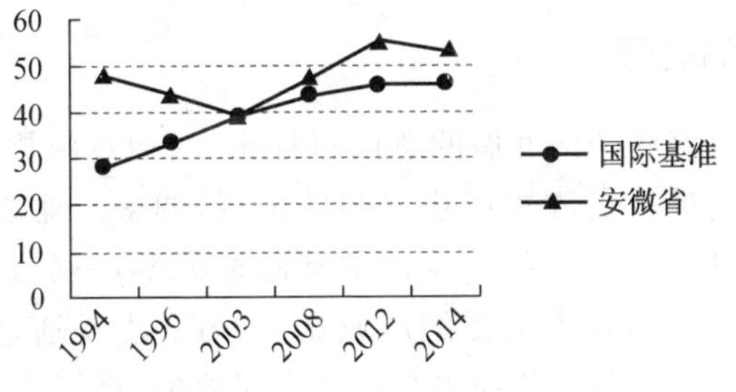

(b) 安徽省第二产业产值比重评价

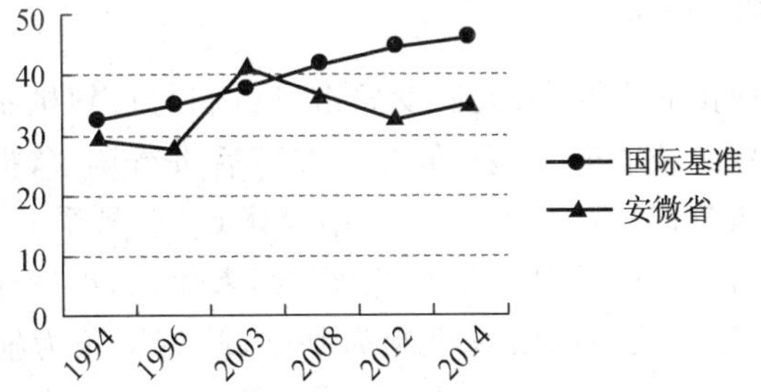

(c) 安徽省第三产业产值比重评价

图 10-5 安徽省三次产业产值比重变化趋势

资料来源:根据《安徽省统计年鉴》(1993—2015 年)相关数据整理计算.

三、产业结构合理化的调节机制

产业结构合理化就是产业结构从不合理向合理、从不协调向协调的演进趋势和过程。这个过程可以在市场机制调节下自发地进行,可能是在政府计划和组织下完成。市场机制和政府干预是产业结构合理化的两种调节手段。

(一)市场机制的调节

在市场机制调节下，价格信号引导资源在各个产业部门之间的分配，供求机制引导产业之间产出比例变化。当产业系统出现不合理现象时，价格机制就会引导资源在产业间进行再分配，引导各个产业改变生产能力，从而使产业结构向合理化方向演进。

(1)产业系统出现长线产业，其产品的滞销就会导致产品价格下降，从而产出就会减少，收益减少使资源开始转移；反之，如果出现短线产业，其产品价格会上升，从而产出就会增加，资源就会流入。

(2)如果需求结构出现变化，产出结构与需求结构不符，则各个产品的相对价格会发生变化，从而引导不同的产业改变生产规模，直至形成供给结构与需求结构之间新的平衡。

(3)如果优势产业的扩散效应比较小，或者产业关联比较松散，关联产业的发展就会受到影响，而关联产业必将限制优势产业的进一步发展。在这种情况下，优势产业的企业必将从经济利益的角度来加强双方的联系，而关联产业也希望在优势产业的带动下迅速发展。因此，以企业为载体，产业之间的关联效应将不断地增强。

(二)计划机制的调节

在计划体制下，政府从经济发展的总体目标出发，通过法规、政策等向经济主体发布行政指令，强制进行资源在产业之间的配置，调整产业之间的产出比例等内容，使产业结构得以变动。这些指令通常有两种类型：一类是直接对企业的生产数量加以要求，从而达到政府想要的产业比例；另一类是通过变动资金供给结构来调整资源在产业间的配置，从而引起产业之间地位、比例等变化。

(三)混合机制的调节

在产业结构合理化的实践中，人们发现市场机制与计划机制都存在一定的缺陷。市场调节的信号比较准确、灵敏，但却是在事后进行调节，损失大，时滞长；计划机制是一种事前调节，具有主动性、损失小等优点，但易受主观影响。因此，在实践中世界各国根据实际情况把两种形式结合起来使用，更好地推进了产业结构合理化进程。通常，各国采用以市场机制为基础，政府干预为辅的调节方式。在这个模式中，企业成为产业结构合理化的主体，但是并不否认政府在产业结构合理化中的积极作用，而是强调政府和企业在这方面有一个适当的分工。

案例10.6

消除制度陷阱，推动产业结构优化

体制机制转换是我国产业结构优化的根本保障。改革开放以来，我国经济能够保持持续高速增长，一个重要原因就是在一些重要历史时刻及时改革束缚经济发展的体制机制，释放“制度红利”。从党的十一届三中全会做出改革开放的决策，到1992年邓小平南方谈话和党的十四大召开，再到2001年加入世界贸易组织，都是我国适应形势变化主动做出的重大制度调整，有效地推动了产业结构转型升级。但近年来，我国产能过剩日益突出、新兴产业发展缓慢，产业结构转型升级面临严重挑战。深究之后发现体制因素是关键。官员政绩的GDP考核制度，中央和地方财权和事权不匹配，都加剧了地方政府的投资冲动和惯性。如果不突破现有的体制框架，去产能、调结构的目标是难以实现的。

消除“制度陷阱”就是要消除现有体制机制中与经济发展方式转变以及产业结构优化不相适应的地方，为战略性新兴产业和高端生产性服务业发展创造有利条件和“制度红利”。为此，各地要积极转变政府职能，要将工作重点转移到发展战略谋划和市场监管，减少对产业活动的直接干预；要自觉运用市场规律，尊重企业在产业升级中的主体地位，通过税收、金融等政策激发企业的活力；要构建产业政策的科学制定、有力执行、动态调整、自我纠错的良性循环机制，统筹考虑各行业发展，增强产业政策制定的科学性、公平性，避免少数行业政策的过度叠加，避免政策上的“套利行为”和机会主义。

资料来源：赵昌文，王晓明，王忠宏. 深化改革，促进产业结构升级[N]. 人民日报，2014-6-23.

本章小结

产业结构优化是一个系统的、相对的、动态的概念，这就要求在产业结构优化的学习和实际工作中，一定要坚持系统的观点、辩证的观点和动态的观点。产业结构优化的两个重要内容是产业结构高度化和产业结构合理化。

产业结构高度化是产业结构优化的重要方面。产业结构高度化的主要机制是主导产业的有序更替。当新的主导产业接替原主导产业，产业系统中的产业构成发生变化，产业系统的技术水平和产出效率提高，产业结构实现由低级向高级的转变。

产业结构合理化的主要目标是提高产业系统的产出功能，包括系统的产出效率和产出结构。在提高产业系统的产出效率方面，产业结构合理化的主要内容包括产业素质相当、产业关联紧密和产业地位有序三个方面。在调整产出结构方面，产业结构合理化的内容主要是引导资源在产业间合理流动，通过资源配置变化引起产业产出比例变化，使产出结构逐步与需求结构趋于一致。

产业结构优化能够在市场机制调节下自然完成，但需要持续更长的时间。西方国家的工业化过程是在市场机制调节下完成的，但大多数国家都持续了100多年的时间。如果政府能够遵循产业结构演变规律，对产业结构演变进行干预，则会大大加快产业结构优化的进程。第二次世界大战后，日本采用了产业结构高度化规划，推动主导产业的快速更替，极大地加快了工业化进程。

复习与思考

一、名词解释

产业结构优化　产业结构高度化　产业结构合理化　影子价格　资源产出率

二、单项选择题

1. 产业结构优化是一个(　　)。

A. 系统的概念　　B. 绝对概念　　C. 静态概念　　D. 以上都是

2. 不能用于衡量产业结构合理化程度的标准是(　　)。

A. 国际基准　　B. 需求结构标准

C. 产业比例一致性基准　　D. 资源利用有效性标准

3. 产业结构高度化的关键是(　　)。

A. 相关产业发展　　B. 主导产业更替　　C. 配套产业发展　　D. 基础产业转换

4. 按照 2015 年世界银行收入划分标准,目前我国属于(　　)。

A. 低收入国家　　B. 高收入国家　　C. 下中等收入国家　D. 上中等收入国家

5. 在技术创新的 A-U 模型中,进入(　　)的产业适合担当主导产业。

A. 不稳定阶段　　B. 稳定阶段　　C. 过渡阶段　　D. 淘汰阶段

6. 实施创新驱动发展战略,要增强(　　)对经济增长的贡献度。

A. 劳动力投入　　B. 资本投入　　C 技术投入　　D. 土地投入

7. 影子价格是(　　)。

A. 交易价格　　B. 竞争价格　　C 效率价格　　D. 垄断价格

三、简述题

1. 简述产业结构优化的途径。
2. 简述主导产业的基本特征。
3. 比较分析中国和日本工业化过程的差异。
4. 简述迈克尔·波特的“钻石体系”。
5. 简述产业结构合理化的判断基准。

四、论述题

依据国际基准,分析和评价我国 1978—2013 年间产业结构合理化的程度(见表 10-5),并提出促进产业结构合理化的对策。

表 10-5　　1978—2013 年间我国三次产业产值构成

年度	增加值比重			年度	增加值比重		
	第一产业	第二产业	第三产业		第一产业	第二产业	第三产业
1978	27.7	47.7	24.6	1996	19.3	47.1	33.6
1979	30.7	47.0	22.3	1997	17.9	47.1	35.0
1980	29.6	48.1	22.3	1998	17.2	45.8	37.0

续表

年　　度	增加值比重			年　　度	增加值比重		
	第一产业	第二产业	第三产业		第一产业	第二产业	第三产业
1981	31.3	46.0	22.7	1999	16.1	45.4	38.6
1982	32.8	44.6	22.6	2000	14.7	45.5	39.8
1983	32.6	44.2	23.2	2001	14.0	44.8	41.2
1984	31.5	42.9	25.5	2002	13.3	44.5	42.2
1985	27.9	42.7	29.4	2003	12.3	45.6	42.0
1986	26.6	43.5	29.8	2004	12.9	45.9	41.2
1987	26.3	43.3	30.4	2005	11.6	47.0	41.3
1988	25.2	43.5	31.2	2006	10.6	47.6	41.8
1989	24.6	42.5	32.9	2007	10.3	46.9	42.9
1990	26.6	41.0	32.4	2008	10.3	46.9	42.9
1991	24.0	41.5	34.5	2009	9.8	45.9	44.3
1992	21.3	43.1	35.6	2010	9.5	46.4	44.1
1993	19.3	46.2	34.5	2011	9.4	46.4	44.2
1994	19.5	46.2	34.4	2012	9.4	45.3	45.3
1995	19.6	46.8	33.7	2013	9.3	44.0	46.7

第十一章　产业布局

产业与空间是不可分割的，任何一种产业经济活动必然落实在一定的地域之中，所有的产业经济活动不可能脱离地域而进行。产业在一个国家或一个地区范围内的空间分布与组合的特征和规律就是产业布局。产业布局包括相互联系的三个方面：企业的区位选择、产业的集聚和经济空间结构。国内外产业发展与布局的经验表明，多数产业经济活动的布局一旦形成是难以改变的，如有失误就必须为此付出高昂代价。因此，必须充分认识和理解产业布局现象，利用产业布局规律指导生产实践活动。

第一节　区位理论与实践

19 世纪 20 年代以来，系统的区位研究理论开始出现。最早的区位理论是农业区位的选择，其来源于杜能的《孤立国》；工业区位选择理论的早期代表著作是韦伯的《工业区位论》。这一时期，资本主义生产力迅速发展，产业经济活动中的商品销售范围、原料地范围愈来愈大，人们开始考虑企业布局在什么位置才能够降低生产成本，从而实现利润最大化。区位理论流派众多，它们从不同角度探讨了经济活动区位选择的基本方法和规律，对实践活动具有重要的指导价值。但是，随着技术进步和经济发展，区位选择的经济社会基础发生变化、产业类型和形态也发生变化，因而人们有必要不断探索不同类型产业的区位选择及其变化趋势[11-1]。

[11-1]
区位

一、区位理论

(一)杜能的农业圈层理论

德国经济学家杜能(J. Thünen)于 1826 年出版了《孤立国同农业和国民经济的关系》(简称《孤立国》)一书[11-2]。在这本书里，他根据多年在德国北部麦克伦堡平原长期经营农场的经验，提出了一个围绕中心城市的农业圈层布局模式，以此反驳当时农业生产中流行的观点：农作物的布局决定于自然条件，而农业收益正向取决于生产的集约化程度。

[11-2]
杜能简介

1.假设条件

杜能研究的是一个假想的、与世隔绝的孤立国,并满足以下条件:

(1)孤立国只有一个中心城市,它是全国销售农产品的唯一市场;

(2)孤立国只有一种交通工具——马车。这是当时所属年代陆地的主要交通工具。

(3)农产品的运费与重量、距离之积成正比。

(4)孤立国为一平原,全国各地农业发展的自然条件,如土壤、气候、地形等条件完全一致。

(5)农作物的经营以谋取最大利润为目的。

(6)农业地区为荒地所包围,这些荒地只供狩猎之用。荒地圈的存在使得孤立国与世隔绝。

2.分析方法

(1)同一农产品的最大种植极限。杜能分析的中心问题是:在孤立国内,如何布局农业才能从每一单位面积的土地上获得最大利润。他认为农业生产的利润是农产品的销售收入扣除掉农业生产成本和产品运费的剩余部分,其用公式表示为:

$$R=pQ-cQ-ktQ=(p-c-kt)Q \tag{11.1}$$

式中:R——地租收入;p——农产品的市场价格;c——农产品的生产费(平均生产成本);Q——农产品的生产量(等同于销售量);k——距中心城市(市场)的距离;t 农产品的运费率。

对于同一种农产品,市场价格是由同一个中心城市确定的,因此在一个特定的时期内,孤立国各种农产品的市场价格是固定的。由于各地农业生产的条件完全一致,因此同一种农产品的生产成本也是固定的。所以,同一种农产品的利润主要取决于运费,而运费又取决于生产地与中心城市的距离。距中心城市越远,产品的运费就越高,从而利润就越小。当距离增加,并使 $kt=p-c$ 时,这个距离就是该产品的最大种植极限。这样,任何作物的布局都被限制在以城市为中心,以最大种植极限为半径的圆内。

(2)不同农产品种植的比较利润。由于每个农产品的市场价格、生产成本和运费都不相同,所以每个农产品都有适合于自己的最大种植半径。从理论上讲,每个农产品在其种植半径内进行生产都是可行的。然而,这样就可能出现一个地点种植几种农作物的可能性。由于在一个地点种植几种农作物所获得的利润不同,农场主必然会选择利润最大的农作物进行生产。因此,农作物的分布主要取决于同一地点种植作物的比较利润。

(3)不同区域农业生产方式选择。一个区域农业生产的集约化程度取决于地租和产品的运输距离。从地租来看,一个区位的地租越高,农场主越倾向于采取集约化的生产方式,通过提高单位土地面积的产出水平,以便获得地租以外的利润。从运输距离来看,运输距离越远,单位产品所产生的运费就越高,单位面积产量的提高将带来更大的运费支出。为使利润最大化,在运输距离较远的区位,农场主不愿意增加单位土地的投入,倾向于采取粗放型的生产方式;而在运输距离越近的区位,单位产品所产生的运费就越少,农场主可以通过提高单位面积的产量来获得更大的利润,从而采取集约化的生产方式。结合以上两个因素,在孤立国,距离中心城市越近,则地租越高,运输距离越短,从而适合采用集约化经营;而距离中心城市越远,地租越低,运输距离越长,从而适合采用粗放型的生产方式。

3.农业圈层分布

根据以上分析,杜能为孤立国设计了围绕中心城市的六个同心圈的农业圈层布局模式(如图 11-1 所示):自由农作圈、林业圈、轮作农业圈、谷草农作圈、三圃农作圈、畜牧业圈。第六圈以外的土地已无经济开发价值,只能沦为荒地。

(1)自由农作圈。该圈农作物以蔬菜、牛奶、鲜花为主,并包括所有其他不易运输,因而运费昂贵且易于腐烂的农产品。由于该圈距离中心城市最近,其地租最高,只有依靠高度集约化的经营,增加收入,才能获得地租以外的利润。

(2)林业圈。该圈主要生产薪材、建筑用材和木炭。在杜能所处的时代,居民做饭与取暖用的燃料主要是薪材。由于占用车辆空间很大,单位产品的运费很高,木材就必须在城市近处种植。其中,内层生产供城市使用的薪材,外层生产建筑用材。

(3)轮作农作圈。该圈农作物以土豆、大麦、苜蓿、黑麦、豌豆为主,产品便于运输,不宜腐败。农业生产方式采用六区轮作制,即每一块地分为六区:土豆、大麦、苜蓿、黑麦、豌豆、黑麦,六年轮回种植,但没有出现休闲地。

(4)谷草农作圈。该圈作物与轮作农作圈的作物种类相似,主要为谷物和牧草,但生产方式更为粗放,出现休闲地。该圈生产方式采用七区轮作制,即每一块地分为七区:黑麦、大麦、燕麦、牧草、牧草、牧草、休闲地,七年轮回种植。该圈单位土地面积上的投入较少,借以降低生产成本,以弥补因距离远而引起的运费追加。

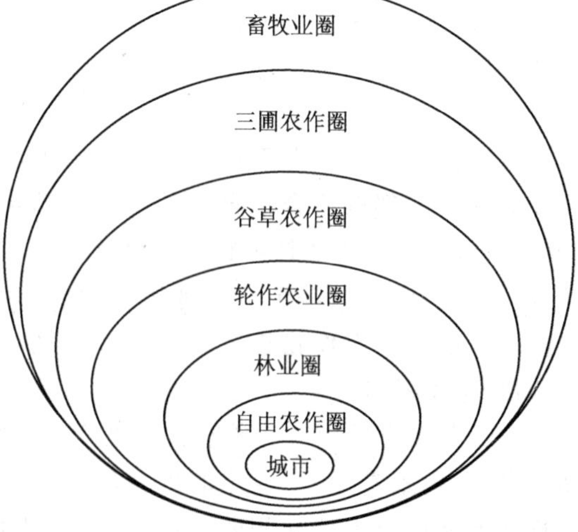

图 11-1
杜能农业圈层理论

(5)三圃农作圈。该圈作物以黑麦、大麦等谷物为主,生产方式更加粗放,休闲地增加。农业生产实行三区轮作制,即每一块地分为三区:黑麦、大麦,休闲,三年轮回种植。由于处在整个谷物种植地带的最外围,农产品运费十分高,因此农业经营十分粗放，土地大量休闲，全靠地租低、投入少来控制农产品的成本，弥补其增加的运费支出。

(6)畜牧业圈。该圈距离城市太远，因为运费太高，已超过谷物生产的极限，大量土地用来放牧或种植牧草，以牲畜和乳制品供应市场。

(二)韦伯的工业区位理论

1909年，德国经济学家韦伯(A. Weber)发表了《工业区位理论——区位的纯粹理论》，他运用工厂区位因子分析法对当时的鲁尔区进行了研究，提出工业区位理论。他认为，工业区位选择的基本原则是尽量降低生产成本，尤其是要把运费降到最低限度。

1.假设条件

(1)研究的地域单元是一个孤立国或地区。

(2)在影响工业区位的因素中，只探讨经济因素，而地形、气候、种族、技术、政治、政策等因素假定是相同的。

(3)工业原料地、消费区(市场)和劳动力供应地为已知，矿藏条件、产品需求量和工资水平固定不变。

(4)运费由运送物品的重量和距离决定，运输方式为铁路。

2.分析方法

在上述假定条件下，韦伯认为理想的工业区位应当选在生产费用最小的地点。其中影响生产费用的主要区位因素有七项：原料与燃料、工资、运费、集聚、地租、固定资产维修与折旧、利息。在韦伯当时看来，七项因素中最主要是运费、工资和集聚三项因素。他分析的基本思路是：①运费对工业区位的选择起着最有力的决定作用，由运费因素决定工业企业布局的雏形，即工业区位定向；②工资影响可能引起由运费定向的工业区位产生第一次偏离；③集聚因素引起由运费、工资定向的工业区位产生第二次偏离，并由此决定工业企业的区位。

(1)运费定位。运费定位的中心思想是在考虑消费地和原料产地的情况下，工业区位选择运输量(吨公里)的极小点。运费包括原料运输费用和产品运输费用。产品假定为一种产品，而原料的种类多样。按照原料的产出和分布特点可以把原料分为遍在性原料和局部性原料；根据产品生产过程中原料的失重程度分为粗原料(失重原料)和纯原料。运费定位研究分以下几种情况进行分析：

①一个市场(M)和一种原料(R)的情况。最小运费区位取决于原料类型。若原料为遍在性原料，则工厂区位选择在市场；若原料为局部性纯原料，则工厂区位选择在市场或原料地；若原料为局部性粗原料，则工厂区位选择在原料地。

②一个市场(M)和两种原料(R_1,R_2)的情况。若生产过程不可分割，原料地为两个，且与市场不在同一地点，区位选择可借鉴龙哈德“区位三角形”求解(如图11-2所示)。龙哈德(W. Launhard，1882)把三个方向的运输假定为同一运输平面，原料地(R_1)、原料地(R_2)和市场(M)是企业区位的三个引力中心，构建起“区位三角形”。韦伯认为，企业的最优区位是三项运费之和的最小值点，其满足：

$$\min F = f \cdot \min(m_1 r_1 + m_2 r_2 + r_k) \tag{11.2}$$

式中：F——单位产品总运费；f——运费率；m_i——单位产品消耗的原料重量；r_i——原料的运距；r_k——产品运距。

图 11-2
龙哈德“区位三角形”

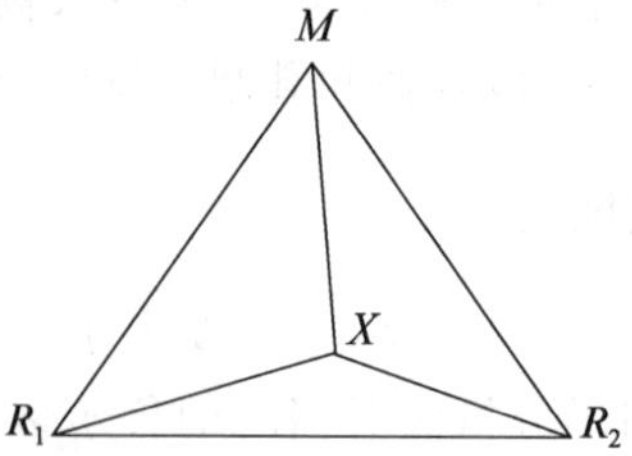

根据几何学分析，这个最优区位（X）在区位三角形内部。在三个引力中心之中，谁的引力大，企业就靠近谁，其运输距离就比较短。从原料角度来看，如果原料的用量大，损重率高，则原料地对企业区位的引力更大。

③多个市场和多种原料的情况。对于多个市场和多个原料地等更为复杂的情况，韦伯认为可以利用区位三角形的变形，即区位多角形求解，以确定生产成本的最低区位（如图 11-3 所示）。多角形的顶点表示多个市场或多个原料地。它们与企业之间连线越短，表示对企业区位的引力越大，企业所处的区位是运费的最低点，其满足：

$$\min F = f \cdot \min\left(\sum_{i=1}^{n} m_i r_i + r_k\right) \tag{11.3}$$

图 11-3
区位多角形

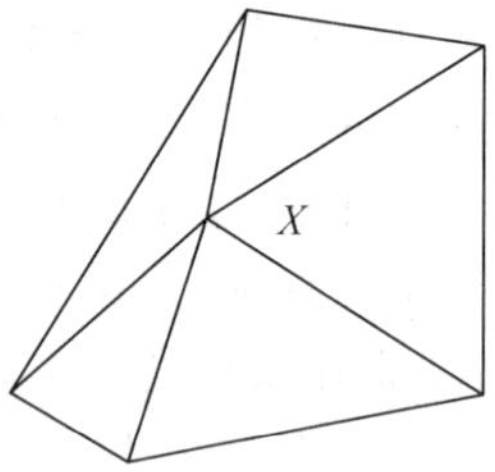

（2）工资因素对运费定向模式的第一次偏离。如果考虑工资因素的话，则运费的最低点并不一定是生产费用的最低点。假如一个地点与最低运费地点相比，其工资费用节约大于运费的追加，则该地点的生产费用是最低的。那么，企业的区位就选择在这个地点，而不是运费最低点。

（3）集聚因素对运费、工资因素定位的第二次偏离。韦伯认为，工业企业向某一地点集聚能够提供某些利益（共用基础设施、生产协作等），从而提高企业的生产效率，降低企业的生产成本。如果一个地点与运费、工资决定的最低费用点相比，其集聚带来的成本节约大于运费和工资的追加额，则工业区位选择在集聚地点。

（三）区位理论的发展

杜能和韦伯的区位理论主要以距离因素分析区位选择，为区位理论发展奠定了坚实的基础。沿着区位选择的研究方向，经济学家和地理学家开始探讨多种因素对区位选择的影响，形成了成本学派、市场学派等不同理论流派，丰富和发展了区位理论。

1.成本学派理论

成本学派理论的基本观点是:在假定需求给定,且对企业区位选择不产生影响的条件下,单一企业区位选择的标准是生产费用最小。成本学派早期的代表人物是龙哈特、韦伯、高兹、胡佛和阿隆索等人的研究进一步丰富和发展了成本学派理论。

(1)高兹的海港区位理论。1934 年,德国学者高兹(E. Kautz)在其发表的《海港区位论》中探讨了海港建设中的最优区位选择。他认为海港区位选择基本原则是总体费用最小,即经由海港的每制品数量单位花费的费用压缩到最小。他仿效韦伯的区位分析方法,研究了海港区位选择中的运输指向、劳动指向和资本指向。其基本的思路是:首先由运输费用最小确定海港区位,然后由劳动指向、资本指向对区位进行修正。在分析运费时,高兹把运费分解为两个部分:一是由腹地经由陆地到达海港的运费,该项运费取决于腹地到海港的距离;二是经由海洋到达海外的运费。该项费用主要取决于运输货物的容积、重量和价值三个部分,这项分析从根本上修正了韦伯"吨公里"的运费观念。在分析劳动力指向时,高兹认为港湾内制品移动的劳动费用是仅次于运费的一项重要费用。海港区位从运输费用最小地点向劳动费用最小地点转移的条件是:劳动费用的节约额大于运输费用的增加额。在分析资本指向时,他认为港湾投资主要是内河水运、航道、锚地、栈桥和码头等港湾本身的费用,而这项费用与自然条件密切相关。自然条件优越可以大大节约港湾建设的投资,如天然良港、广而深的水域等。港湾投资越小,则制品转运所收取的港口建设费就越低。如果港口建设费的节约额大于运费的增加额,海港区位就会偏离运费最小地点。

(2)胡佛的运输区位理论。1948 年,美国学者胡佛(E. Hoove)在其著作《经济活动的区位》中对运费的构成做了进一步分析。他认为运输成本由两部分构成:一是线路运营费用,与运距相关;二是站场装卸费,与运距无关。在此基础上,他提出了两类最优区位:终点区位和转运点区位。若企业使用一种原料生产一种产品,在一个市场销售,且原料和市场之间有直达运输,则企业布局在交通线的起讫点(终点)最佳,因为在中间设厂将增加站场费用。若原料地和市场之间无直达运输线,原料又是局部失重原料,则港口或其他转运点是最小运输成本区位。胡佛的运输区位理论为人们在港口布局工业提供了理论依据。

(3)阿隆索的竞租模型。1964 年,美国哈佛大学教授阿隆索(W. Allson)在其著作《区位与土地利用:关于地租的一般理论》中提出了单中心城市地价竞租模型,认为各种经济活动在使用土地方面是彼此竞争的,通过土地供给中的竞价决定各自的最适区位。在竞租模型中,城市是一个无任何差异的平原,所有的就业中心和商品以及服务都在市中心,区位差别表现为到市中心的距离。阿隆索认为,决定各种经济活动区位的因素是其所能支付的地租。对区位较敏感、支付地租能力较强的竞争者将获得市中心的土地所有权,其他经济活动的土地利用依次由市中心向边缘分布。在城市中,商业具有最高的竞租能力,可以支付最高的地租,所以商业用地一般靠近市中心;随着地租从市中心向郊外逐渐下降,用地类型依次为商业区、工业区、住宅区、城市边缘区和农业区(如图 11-4 所示)。而在商业区，不同的服务业因付租能力的不同而选择不同的区位，付租能力较高的先进的生产性服务业往往布局在条件最为优越的城市中心区，而占地面积大、付租能力低、对信息和市场不敏感的服务业一般布局在城市的近郊区。

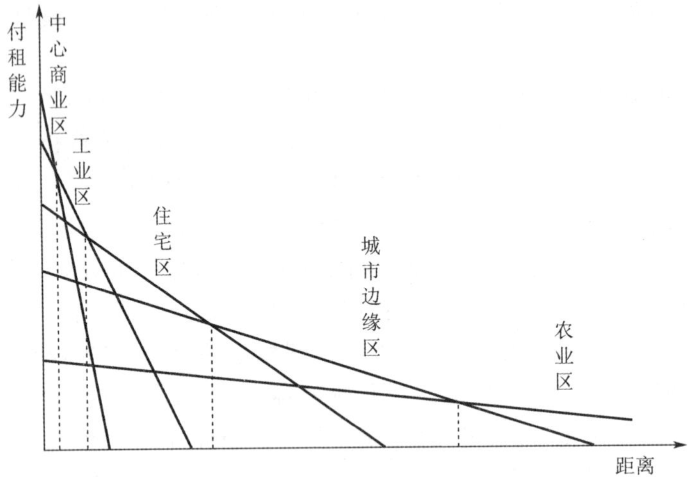

图 11-4
阿隆索的竞租曲线

2.市场学派理论

20 世纪 20 年代，西方国家进入垄断资本主义时代，商品的实现成了企业经营者最关心的问题。这一时期，企业的区位选择在考虑成本和运费的同时，开始关注产品的销售市场区域。在实践的推动下，以市场区划分为主要内容的市场学派理论得到发展。代表性的理论有：费特尔贸易区边界区位理论、帕兰德的市场竞争区位理论、罗斯特朗的盈利边界理论、克里斯塔勒的中心地理论、廖什的市场区位理论等。

(1)费特尔的贸易区边界理论。1924 年，美国经济学家费特尔(F. Fetter)提出了贸易区边界区位理论。他认为，贸易区的边界是由该区产品的单位生产成本和单位运输成本之和决定的，两种费用的高低与市场空间大小成反比。他根据成本和运费的不同假定，提出了两个生产地贸易区分界线的抽象理论。假定有 A、B 两个生产基地，若两地各自的生产费用和运输费用及其他条件均相同，则两地的贸易分界线是一条平分两个贸易区的中心垂直线(Z_0)；若两地的生产费用不同而其他条件相同，则两个市场的边界线是一条弯向生产费用较高贸易区的曲线；若两地的运输费用不同而其他条件相同，则两个市场的边界线是一条弯向运输费用较高贸易区的曲线(如图 11-5 所示)。

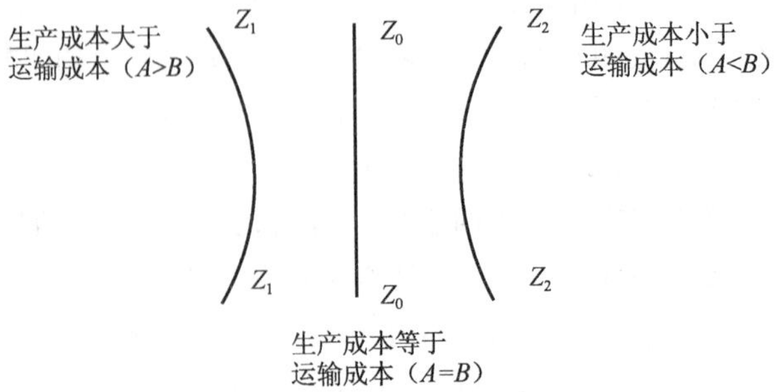

图 11-4
费特尔的贸易区边界

(2)帕兰德的市场竞争区位理论。1935 年，瑞典经济学家帕兰德(T. Palander)在其学位论文《区位论研究》中采用动态经济分析方法研究竞争区位。帕兰德研究的重点是在生产地、竞争条件、工厂费用和运费率已知的情况下，价格如何影响生产者的产品销售地域范围。

帕兰德分析了一个直线市场上两个企业的市场范围的确定及其对利润的影响。在市场范围确定方面，他假定消费者在某地购买商品的价格等于生产地价格加上产品从生产地到消费地的运费，那么各地方购入价格(运费与距离呈比例时)将随着离生产地的距离而增加。作为消费者将在购入价格和交通费之和最小的产地购买商品，而生产者通常首先在附近地区销售其商品。因此，两生产地的销售边界应该是从任何生产地购买商品购入价格相同的地点。帕兰德建立起两生产地运费、价格因素的不同组合条件下的市场区域划分体系。其中，最简单的情况是：如果两个竞争厂商的价格和运费率相同，则两竞争者的市场分界线是位于其连接线的中点的垂线。在利润影响方面，他认为生产者占有的市场地域大小将对其获得的利润产生影响。如果每单位产品的生产费用和利润给定，且销售量与市场地域的大小有关，那么总利润将是生产地与其销售市场间的距离的函数。任一生产者的销售地域或利润将会受到其竞争者的区位行为决定或其他行为的影响。

(3)罗斯特朗的盈利边界理论。1958 年，英国地理学家罗斯特朗(E. Rawstron)提出空间盈利边际概念。盈利边际就是企业配置在一定范围内才有利可图，稍一超越就会亏损。在此基础上，英国地理学者史密斯(D. Smith)对空间盈利边际进行了系统分析，其主要思想是：由供求关系确定各地的产品价格；由生产成本和运费率共同确定各地产品的成本；做出反映空间差异的成本曲线和价格曲线，两曲线共轭部门即是盈利区；两条曲线的两个交点，就是所谓盈利边际，交点以外的空间就是亏损区。

史密斯将西方新古典主义经济学的供求价格概念引入区位决策，采用空间成本和价格曲线进行分析(如图 11-6 所示)。其主要结论是：企业的最佳区位应为需求最大的空间位置，且其市场区的范围主要受空间成本曲线的限制。如果企业的空间成本曲线非常狭小，则盈利边际即市场的范围会变得非常狭小。一些原料失重或产品不宜运输的产业具有这种特点，如冶金、鲜食品等部门。有些工业空间成本折线较平，往往运费比重小，于是市场范围大，甚至可在全国生产，如精密器械。

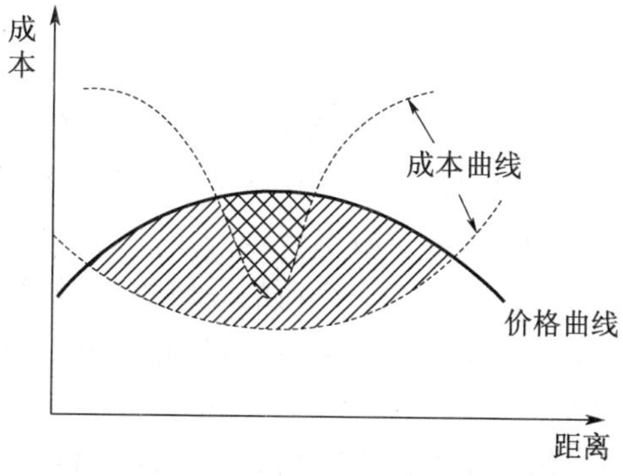

图 11-6
史密斯的空间成本和价格曲线图

(4)克里斯塔勒的中心地理论。1933 年,德国地理学家克里斯塔勒(W. Christaller)在其《南德的中心地》一书中论述了一定区域内城镇等级、数量、职能及其市场服务范围的关系,建立了中心地学说。他假设区域是一个均质的平原,原料和人口分布均匀;城镇应该位于乡村中心的地点(中心地),向周围乡村人口提供所需要的货物和服务。基于此,克里斯塔勒探讨了中心地的市场服务地域范围。为了避免相邻中心地服务范围的重叠交叉,将每个中心地服务范围表示为六边形形状。在一个区域内,最高级的中心地只有一个,次一级的中心地较多,等级更小的中心地更多。其中较高级的中心地服务于几个较低级的中心地。不同等级的中心地所提供货物与服务的等级不同,服务的范围也不同。越是高级的中心地,其服务的范围越大,所提供的货物与服务的等级越高;反之,等级越低的中心地,其服务的范围越小,所提供的货物与服务的等级就越低。例如,珠宝、汽车、时髦服装一般都分布在高等级的中心地;而副食品等大量日常必需品的供应点很多,但其销售半径却很小。按此原理,可按不同吸引范围,确定各类商业及其他服务业数量、规模,预测区域内不同等级城镇的数量、规模,规划合理的城镇体系[11-3]。

[11-3]
克里斯塔勒
中心地等级
分布理论

(5)廖什的市场区位理论。1940 年,廖什(A. Losch)在其《经济的空间秩序》一书中把区位选择与产品销售范围相联系,即考虑了市场对区位选择的作用。其研究内容分为三个层次:一是企业的市场区的决定,认为企业市场区范围是由产品价格与运费共同决定的;二是同一产品生产企业的市场区分布问题,认为各个企业市场区的形状可以是正六边形、正方形或三角形等,但只有正六边形的市场区的单位面积的需求量为最大;三是在一个国家或区域范围内由不同产品和服务的市场区彼此叠加形成的市场网的空间布局,即区域产业布局问题。他认为,在一个国家和地区的众多产品供给地中,至少存在一个共同的中心地,以满足大范围的市场需求,成为最高级的中心地;然后依据人口规模等因素确定次一级的中心地,从而形成中心地系统。

二、产业的区位选择

在企业区位选择实践活动中,不同产业的生产过程不同、生产工艺不同,影响其区位的因素也存在较大差别。而且,随着经济、技术的进步,同一产业的区位选择的因素也处在不断变化之中。

(一)农业的区位选择

1.农业生产的特点

农业是指人类培养动植物以取得产品的社会生产部门,它是人类利用动植物的生物机能,促进和控制生物和自然环境相互适应,将自然环境中的物质、能量转换成社会需要的农产品的生产,以及附属于这种生产的各部门的总称。作为一种经济活动部门,农业生产必然服从经济活动的一般规律,如社会再生产过程、市场供求机制等。但是,由于其劳动对象为动植物,是有生命的事物,因而农业生产对自然环境具有很强的依赖性。

(1)经济再生产与自然再生产过程相结合。农业是利用动植物的生物机能而进行生产的部门，农业生产与自然条件有着更为密切的联系。动植物生长、发育、繁殖有其自身的生命周期，这是一个自然再生产的过程。例如，植物生长要经历萌芽、开花、结果等阶段；动物的一生要经历出生、生长发育、繁殖、死亡四个阶段。自然再生产依赖自然环境，自然因素直接参与了农业的自然再生产过程。但是，农业生产本质是一个人们投入劳动取得产品的经济再生产过程。人类利用动植物的自然生长规律，通过改造自然再生产赖以进行的物质条件和环境，从而促进生物更好地生长和发育，获得人类需要的产品。如土壤改良、水利设施建设、育种、大棚、地膜、农业电气化与自动化、饲料添加剂等。可见，农业生产就是自然再生产和经济再生产的统一。如果自然再生产脱离人类活动，则其产品质量和数量会呈现无序状态，不能有效满足人类生活的需求；而如果人类活动违背自然再生产规律，也同样不能获得有效的农产品供给。

(2)土地是农业生产的基本生产资料。农业生产是在土地上进行的，农业生产的发展对土地具有特殊的依赖性。在农业生产中，土地不仅是单纯的劳动场所，更主要的是提供不断满足植物生命活动所必需的水分、养分的主要源泉。因此，土地是农业不可缺少的、无法代替的基本生产条件，是农业中的主要生产资料。土地的数量、土壤的质量以及土地利用现状对农业生产的发展和布局有着相当重要的影响。

(3)农业生产具有连续性和周期性。动植物自然再生产有一定的周期性，生物的生长和发育在较长的时间内按照一定规律呈现出不同的阶段，而且这个过程会周而复始地进行。例如，大多数农作物的培植周期是6～8个月，大多数的畜禽养殖周期是1年。由于各种动植物产品生产都需要一定的周期，从而使农业生产呈现出周而复始的周期性特点；而且，农业生产还具有连续性，每个农业生产周期内各阶段生产活动依次进行，彼此不能中断。

(4)农业生产具有强烈的季节性。在一个农业生产周期内，动植物生长发育的各阶段对光、热、水、土等自然因素都有一定的要求，每个阶段都对应着最佳节气。因此，农业生产应不违农时，应根据生物学规律在特定的农时完成相应的农业生产活动，确保动植物能够顺利生长和发育，循序完成其生命周期。这样，农业生产活动也呈现出随着季节变化而变化的特点。如农作物生产的播种、管理和收割都有一定的时间要求；动物的出生、生长、育成也具有季节性特点。

(5)农业生产具有强烈的地域性。不同的动植物生长发育规律不同，其所要求的水分、热量、地形地貌等自然条件也不同，因此每一种动植物都对应着最佳的地理区域。因此，农业生产应该因地制宜，根据地域的自然条件以及经济社会条件选择不同的农产品进行生产。这样，不同的地域就呈现出不同的农业生产特色，农业生产也就具有了强烈的地域性。例如，我国自东南向西北降雨量逐渐减少，以400毫米等降水量线为界，其以西、以北为农牧区，以东、以南为农业区；以800毫米等降水量线为界，以北为旱作农业，以南为水田农业。

2.影响农业区位的因素

农业是一个自然再生产与经济再生产的复合体，自然条件、技术条件和经济社会条件是影响农业区位选择的因素。与其他产业相比较，自然条件对农业区位选择的影响更大。

(1)自然条件。自然条件是动植物赖以生存和发展的物质基础,其中气候条件、地形地貌、土壤和水资源对农业生产及其区位产生重要的影响。

①气候条件。由于各种农作物生长习性差异,对气温、降水、光能都有不同的要求,因此各种作物的布局受到气候条件的影响。在粮食作物布局上,我国具有南稻北麦的分布特征。这是因为水稻性喜温湿,适宜于水田种植,主要分布在秦岭—淮河一线以南高温多雨的热带、亚热带季风气候区及热带雨林气候区;而小麦生长要求的热量、水分条件并不很高,多分布在秦岭—淮河一线以北的温带大陆性气候区。

[11-4]
横断山地区的垂直农业生态系统

②地形地貌条件。一方面,海拔高度变化影响气温,进而影响动植物的分布。在中山或高山地区,从山麓到山顶随热量条件的变化,出现明显的农业垂直分带现象。例如,我国横断山脉山岭海拔多在 4 000~5 000 米,从谷底到峰顶分布着相当于北半球的亚热带、温带、寒带等气候类型,农业生产依次呈现种植业—森林—畜牧业的垂直分带现象[11-4]。另一方面,地势起伏影响动植物的生存环境和农业生产的工艺,进而影响动植物的分布。地势起伏小的地区水土流失轻、易于灌溉、有利于机械化操作。从平原、山地与丘陵三大地形比较来看,平原地区地势平坦,易于安排灌溉设施和机耕,适宜发展种植业。例如,松嫩平原、成都平原和江汉平原都是我国重要的商品粮基地。山地起伏大,陡坡多,谷地窄,引渠灌溉、机械耕作和运输困难,则适合于发展林牧业,如大兴安岭、小兴安岭、长白山和横断山是我国重要的森林区。而丘陵地区地势起伏比较和缓,对农垦的限制又比山地小,因而是重要的林果种植业地区。例如,辽东丘陵是我国重要的林果业基地,黄土丘陵区经济林丰富,盛产板栗、核桃、柿子和花椒等产品。

③土壤。土壤是植物生长发育的基本条件,也是一种特殊的农业生产资料。土壤对发展农业、林业和牧业生产具有适宜性和限制性,每一种土壤都有其适种作物的种类、草类及树种等。土壤的属性和肥力决定了土壤的利用方向,从而影响农业生产的分布。例如,我国江南丘陵地区的地带性土壤为酸性红壤,适合于茶树生长,因而江西庐山、福建武夷山、安徽黄山和浙江龙井等很多地方被开辟为茶园,江南茶区因此成为我国重要的茶叶产地。

④水资源。水资源是维系农业生产的重要基础资源。在全球大部分地区,降水不能满足作物生产的需要,灌溉农业成为作物增产和稳产的必然选择,农业用水量占总开发水量的 70%以上。而在年降水量少于 200 毫米的干旱、半干旱地区,农业生产完全依靠灌溉,农业用水量所占比重高达 80%以上。对于灌溉农业,稳定的、充足的灌溉水源就成为农业生产的必要条件,农业布局在河水、湖水、地下水、冰雪融水丰富的地方就成为必然选择。我国的宁夏平原、河套平原位于半干旱地区,但是依靠黄河水源的供给,形成发达的灌溉农业,成为宁夏和内蒙古重要的商品粮基地。

(2)技术条件。农业技术是人们在农业生产中对农业自然条件进行开发利用和改造的重要手段,既包括工业为农业提供的生产资料,如化肥、农药、膜、塑料大棚、滴水灌溉设施、农用器具等,也包括农业自身的良种培育和施肥、播种、除草、杀虫等农艺技术。农业技术的发展和改进，通过影响自然条件和社会经济条件而影响农业的分布。一方面，人们通过培育良种、改良耕作制度等技术改革，扩大了某些农作物的分布范围。例如，我国将橡胶生产由热带推广到北纬 22°，将双季稻生产推广到江淮平原，将小麦的种植高线扩展到 4 000 米的高度。另一方面，人们依靠农业技术改造不适宜的自然因素，使之适合于发展农业，从而扩大了动植物分布的区域范围。例如，以色列北部为地中海气候，南部为干旱的热带沙漠气候，全国有近三分之一的土地是沙漠，耕地面积少，水资源非常缺乏。20 世纪 60 年代以来，随着滴水灌溉技术的发明和应用，以色列成功地在沙漠地区发展起高效节水农业。目前，以色列的农业不仅能够供给全国 90%以上的粮食，而且以色列还成为欧洲花卉和蔬菜市场的主要供应国之一。

(3)经济社会条件。农业生产和经营是经济社会活动的重要组成部分，供求关系、政府政策、交通运输技术、经济地理位置、劳动力素质等因素对农业区位产生重要影响。

①供求关系。一方面市场供求关系影响农产品的市场价格，从而影响农产品的种植面积和分布范围。如在猪周期的上行阶段，猪肉供不应求引起价格上涨，则养猪户增加，养猪业的分布范围扩大；反之，在下行阶段，猪肉价格下降则导致养猪业的分布范围缩小。另一方面，农产品需求结构变化引导农产品结构的变化，进而影响农产品的分布范围。20 世纪 90 年代以来，我国奶制品市场的需求量迅速增加，国内出现“养牛热”，土地广阔、牧草丰富的东北、华北和西北地区的奶牛养殖的区域范围随之扩大。

②政府政策。政府的农业生产政策对农产品生产形成直接干预，从而影响农产品的分布。例如，为了保护和改善生态环境，2002 年我国发布退耕还林条例，将易造成水土流失的坡耕地有计划、有步骤地停止耕种，按照适地适树的原则，因地制宜地植树造林，恢复森林植被。由此，种植业的分布范围缩小，而林业的分布范围扩大。

③交通运输技术。高速公路、高速铁路等交通技术以及农产品保鲜、冷藏技术的发展克服了远距离运输的各种问题，极大地扩展了优质农产品的市场范围，从而使农产品生产向优质农产品生产基地集聚，从而形成区域性或世界性的农产品生产基地。太湖平原、鄱阳湖平原、洞庭湖平原、江汉平原、珠江三角洲、江淮地区、成都平原、松嫩平原、三江平原是我国九大商品粮生产基地，它们都具有水路交通运输方便、市场广阔的特点。在世界范围，美国、加拿大、澳大利亚、阿根廷、法国等国成为世界粮食输出国；阿根廷、丹麦、新西兰等国成为世界主要乳畜产品供应国。

④经济地理位置。经济地理位置决定着农业生产的用地成本，从而成为农产品选择的重要的因素。一般来说，距离城镇越近的区位，其地价越高，从而应选择单位面积产值更高的农产品，如花卉业、乳牛业、禽蛋业、蔬菜业等。

⑤劳动力素质。农业劳动力素质影响着农业生产结构的调整，进而影响农产品的分布及其变化。农村种养结构的优化要求农民把生产要素配置到既能密集利用劳动力和知识技术，又能获得良好的市场效益的农业品种上。这就要求农村

劳动力具有较高的文化素质、技术能力和市场开拓意识。只有这样，农民才愿意接受新的农业技术和农业产品，而且也能够较快适应新的生产工艺，顺利完成生产和销售，实现产品结构的转换。随着农民文化水平的提高，农业新技术和新品种的应用地域范围不断扩大，农产品的分布特征随之发生变化。

案例11.1

美国的自然条件与农业带

美国幅员辽阔，地形复杂，各地气候差异较大，可以发展多种农作物。美国充分利用不同地区的自然条件和经济社会基础，按照因地制宜的原则，将农作物集中分布在适宜生长的区域内，形成了四个农业专业化地带：乳畜带、玉米带、小麦带和棉花带。乳畜带主要分布在美国东北部和沿五大湖各州。这一地带纬度高、气候湿冷，土地贫瘠，不适合种植谷物，但有利于多汁牧草生长。而且，这里接近美国东北部工业区，城市和人口密集，拥有巨大的牛奶和乳制品的消费市场。小麦带位于美国中部和北部地区。这里地势低平，土壤肥沃，降水量较少，比较适宜种植小麦。小麦带生产的小麦质地优良，大部分用于出口。玉米带位于乳畜带以南的地区。这里地势平坦，土质肥沃，气候温和、雨量适中，自然条件十分有利于玉米的生长。美国玉米带是世界上最大的玉米专业化生产区，也是美国重要的玉米出口生产基地。棉花带位于密西西比河下游，地处亚热带季风性湿润气候区，春夏降水多，秋季降水少，适合于棉花生长。但由于不合理开垦导致土壤肥力下降，近年该带的棉花种植面积有减少的趋势。

(二)工业的区位选择

1.工业生产的特点

工业是获取自然界中蕴藏的自然资源以及对原材料进行加工和再加工的物质生产部门。其中，自然界蕴藏的资源包括矿产资源、森林资源、水资源和太阳能等。原材料来源于两个方面：一是农业生产提供的产品；二是工业生产自身提供的半成品。与农业生产相比，工业生产对自然因素不要求更多的投入，而主要是依靠技术和资本。工业生产的特点包括以下三个方面。

(1)工业生产主要是物理的和化学的变化过程。工业生产主要是通过物理的和化学的变化，以及少量的微生物作用来完成的。工业生产不像农业生产那样直接受热量、水分、土壤等自然环境因素所引起的时间、空间的严格限制。除了采掘业等少数部门受到空间限制外，工业生产只要具备原材料、设备、技术和劳动力等条件就能够随时随地进行生产。

(2)工业生产过程可以分为相对独立存在的多个阶段。工业生产过程分为许多阶段和环节，从总体上看这些阶段和环节是有先后顺序，并以一定比例约束的。例如，钢铁工业分为采矿—选矿—烧结—炼铁—炼钢—轧钢等；纺织工业分为纺纱—织布—印染等。但是，这些生产阶段和环节又是相对独立存在的，即各生产阶段是可分离的、非连续的。与农业生产的连续性、周期性特点不同，工业生产的各阶段在时间上可以同时交错进行，在空间上各个阶段可以分散异地独立运作。

(3)工业建设场地很难移动。工业企业迁移是一项庞大、复杂工程。由于工业生产中使用很多的生产设备和仪器,因而工业企业搬迁将产生拆卸费、包装费(固定费)、运输装卸费、安装调试费、损耗费、保险费、不可预见费、资金成本、管理费用等高额的成本。因此,工业建设场地一般是很难移动的,特别是重大工业项目一经建设不宜迁移。即使是在政府的强制下搬迁,企业能够得到政府拨付的搬迁补偿款,但是多年来形成的企业文化、员工生活、市场区位优势等将会发生很大变化,并将影响到企业的生产和经营;而且,企业搬迁进入新区后,其生产工艺、经营模式等还需要根据当地的经济政策、社会文化条件而发生适应性变化。因此,工业企业的选择应十分慎重,既要综合考虑自然资源、经济和社会各个方面的因素,还需要把近期发展与远期规划结合起来。

2.影响工业区位的因素

从生产原理上来讲,除了采掘业必须布局在自然资源富集的地区外,工业生产的区位选择具有较大的灵活性;但是,从经济可行性分析来看,工业企业布局的区位会影响企业的成本和利润,工业区位选择成为企业利润最大化的一个重要手段。传统的工业区位理论强调运输费用、集聚效应等区位因素,现代工业区位选择还考虑了生产技术条件,劳动力因素和位置、交通和信息条件,投资环境等区位因素。

(1)运输费用。在工业生产过程中,原材料、零部件和燃料需要运进工厂,所生产的产品需要运到市场。运输成本是工业企业不可忽视的成本之一,通过区位选择降低运输成本是工业区位选择的一个基本思路。对于原料不便长途运输或者原料损重率很高的工业,其区位应接近原料产地。例如,葡萄酒厂、制糖厂和钢铁厂等都具有原料指向的特点。对于产品不便于长途运输或者原料损重率很低的工业,其区位应接近市场。例如,啤酒厂、重型机器制造厂和食品厂等具有市场指向的特点。而对于那些运输量比较大的工业,其区位要接近交通枢纽,如化工厂、水泥厂等。随着工业技术水平不断提高,工业生产对原材料的依赖程度下降,原材料对工业区位的影响在减弱,而市场对工业区位的影响在增强。

(2)集聚效应。产业集聚除了共享基础设施和开展生产协作外,其外部性还包括成熟的专业人才市场、发达的中间产品与服务和强烈的知识外溢。产业集聚的外部性增加了工业企业的收益,从而也成为工业企业选择区位的重要考虑因素。随着专业化分工的深化,企业选址越来越趋向于集聚。一般来说,大城市的地价贵、工资高,传统产业的中小企业难以承受高额的生产成本,因而其集聚区大都位于中心城市的外围区域,而高新技术产业园区大都依附于大城市。随着信息技术的发展与经济全球化,工业企业不同职能出现空间分离趋势。总部作为企业的最高决策管理层,需要丰富的信息、便捷的服务和大量的商务接触,因而总部经济集聚区一般位于发达的大都市圈;而生产厂家和生产基地则主要集聚于经济边缘地区。

(3)生产技术条件。生产技术条件包括生产设备与工艺、从业人员素质与科技研发水平等。在知识经济时代,知识、技术逐渐已经成为企业的核心竞争力,也成为工业企业选址的一项重要因素。工业企业在进行区位选择时要求当地的技术水平要与企业的技术要求匹配：一是当地的劳动力素质必须与企业的工艺技术要求一致，以保证正常的生产过程和产品品质；二是当地配套产业的素质与本产业的素质相当，以实现紧密高效的生产协作；三是当地具有相当的智力资源，能够通过产学研一体化来支撑企业进行技术创新。与劳动密集型产业、资本密集型产业相比，技术密集型产业是依靠知识积累和技术创新来完成生产的，因而对当地的技术要求也比较高。这类产业一般布局在高等院校密集、科技发达的地区，如电子工业、飞机、精密仪表、人工智能、生物制药等。北京中关科技园区是我国国家级高新技术产业园区、国家自主创新示范区、具有国际影响力的科教创新资源密集区。截至 2010 年，中关村集聚了 30 多所国家重点高等院校和 100 多家国家骨干科研院所，60 多家国家重点实验室，60 多家国家工程中心，80 多家跨国公司研发机构。丰富的智力资源对人工智能、移动互联网、集成电路、生物医药等高新技术产业形成强大的引力。2015 年，中关村新创办科技型企业超过 2 万家。

(4)劳动力因素。劳动力数量和素质是影响工业区位的重要因素，而且劳动力素质对工业区位的影响在逐渐增强。在劳动力数量方面，劳动力成本是工业企业成本的重要组成部分，特别是在劳动密集型工业（如纺织工业、电子组装工业等）企业的成本中，劳动力的工资成本占有较大比重。因此，这类工业在区位选择时十分关注劳动力的价格，往往选择那些具有大量廉价劳动力的地区建厂。发达国家跨国公司生产基地的区位转换主要是考虑劳动力成本的节约。例如，20 世纪 70 年代，美国、日本以及欧洲的制造业向亚洲四小龙转移；20 世纪 90 年代，发达国家制造业向东南亚和中国转移；进入 21 世纪，发达国家的制造业开始向南亚地区转移[11-5]。

[11-5]
国际制造业布局和转移新趋势及我国应对策略

在劳动力素质方面，劳动力的知识水平和技能是工业企业技术进步的基础，是提高企业生产效率的关键因素。技术密集型工业的技术装备程度高、生产工艺的技术含量高，其生产和经营依靠具有专业知识的高级人才。这类工业企业在区位选择时主要考虑劳动力的素质和相关的专门人才，往往会选择智力资源丰富、专门人才集中的地区。美国硅谷之所以成为美国电子产业的集聚区域，是因为这里集聚着斯坦福大学、加利福尼亚大学伯克利分校等十几所著名大学，技术研发实力强、电子工程等专业的人才供给充足。

(5)位置、交通与信息条件。经济地理位置、交通条件和信息条件是影响工业生产的重要因素，三者紧密联系、互相影响构成一项综合区位因素。选择位置、交通与信息条件优越的区位带来的益处主要表现在以下几个方面：一是交通网络通达性好，交通便捷，有利于商品经济的发展；二是信息网络发达，信息量大，沟通及时，有利于企业获取市场需求信息和把握行业技术研究的前沿动态，提高技术创新水平；三是经济地理位置优越的地区往往也是人口、经济集聚的地区，企业生产和经营能够获得强大的经济技术辐射，如先进的技术、完善的基础设施、广阔的市场和优质的生产要素等。因此，选择位置、交通与信息条件优越的区位成为工业企业选址的一个重要倾向。我国东部沿海地带和长江经济带、日本沿太平洋沿岸工业区、美国东北部的大西洋沿岸城市群、西欧大西洋沿岸等都是世界上位置、交通与信息条件优越的地区，也是产业分布最为密集的地区。

纵观经济发展历史，一个条件变化会引起其他两个条件的连锁反应，从而对工业企业布局产生影响。①交通条件与综合区位因素。16 世纪，世界贸易和船运通道由地中海转移到大西洋，英国的经济地理位置和信息条件随之大为改观，工商企业开始向西欧国家特别是英国集中，英国的贸易地位迅速上升，由世界荒凉地带演变为世界重要的经济贸易中心。②经济地理位置与综合区位因素。20 世纪 80 年代，我国实施开放型经济战略，东部沿海地区紧邻太平洋沿岸国家的经济地理位置优势凸显，由此也刺激了交通运输设施和信息设施的发展，进而吸引了大量的跨国公司和民族资本。③信息条件与综合区位因素。在信息社会，“互联网＋”正在改变企业经营模式，信息条件成为企业选址的重要因素。例如，浙江乌镇是一座有千年历史的水乡古镇，也是我国互联网经济发展最早、最发达的区域之一。当扫码支付在我国一线城市刚刚崭露头角时，它已经在乌镇的商超系统普及。随着第三届世界互联网大会的召开，乌镇引发全球关注，打造世界互联网高地的战略吸引了一批互联网相关项目，进一步加快了乌镇的经济发展。

(6)投资环境。投资环境是指直接与投资利益相关的自然、经济和社会条件。按照投资环境的表现形态，投资环境分为硬环境和软环境。硬环境主要是指工业企业赖以生存和发展的基础设施、生态环境等物质条件，主要包括给排水、电力、道路交通、网络通信、燃气动力等基础设施。进入 21 世纪，信息化推动了区域性信息化服务平台建设，可持续发展模式促进了生态环境建设。软环境是指政府管理、市场发育和社会文化环境等影响企业运营的非物质条件，主要包括政务服务、金融支持服务、税收优惠政策、生产要素价格、市场容量和法制环境等因素。近年来，为了营造创业创新的环境，我国各地软环境建设的重点已经由税收优惠政策、降低要素价格等经济层面转向人才软环境、法制环境等社会文化层面。

投资环境是企业不可完全控制的因素，在其他区位因素相同的条件下，企业会把资金投向有利的环境中，以谋取更稳定的收益。因此，优越的投资环境也是吸引工业企业投资的重要因素。天津经济技术开发区是我国投资环境最好的国家级经济技术开发区之一，也是我国工业企业最密集、经济发展水平最高的工业区域。天津经济技术开发区为了提升企业的发展空间，打造了六大优质投资环境：优越的区位交通环境、坚实的实体经济基础、丰富的楼宇经济载体、浓厚的科技创新氛围、优厚的人才基础和高端的区域文化和生活环境。优越的投资环境对国内外资本产生巨大的虹吸现象。截至 2015 年年底，天津经济技术开发区已经累计引进各类外资项目 5 581 个，实际使用外资 531 亿美元，拥有 1.4 万余家企业和 56 万从业人员，形成电子、汽车两个产值超过 1 500 亿元的产业，石化、装备、食品三个产值超过 500 亿元的产业。

案例11.2

钢铁工业区位选择的三次变化

18 世纪，世界钢铁工业进入焦炭炼铁时代。当时的钢铁生产需要消耗大量的煤炭资源，钢铁工业企业的区位主要靠近大型煤田，便于燃料运输，从而形成近煤型布局。如德国的鲁尔区(鲁尔煤田)、英国的南威尔士(南威尔士煤田)。20世纪初期,冶金技术创新降低了钢铁生产的焦比,炼铁所用的焦煤数量大幅度下降,钢铁工业企业的区位转向靠近大型铁矿产地,便于铁矿石运输,从而形成近铁型布局。如我国的包头钢铁集团有限责任公司(白云鄂博铁矿)和鞍山钢铁集团公司(鞍山式铁矿)等。第二次世界大战后,全球航运业快速发展,巨型矿石运输船只出现,钢铁工业企业的区位向沿海钢铁消费区转移,以利于原料和产品的运输,从而形成临海型布局。如我国的上海宝山钢铁股份有限公司(上海港)、首钢京唐公司(曹妃甸港)、日本濑户内海沿岸的钢铁工业(福山港、大阪港、神户港)也是按这种方式布局和发展起来的。

(三)服务业的区位选择

1.服务业的特点

服务业也称第三产业,它是指生产和提供各类服务的企业经济活动的集合。与农业、工业等物质生产部门不同,它所提供的产品不是物质产品,而是社会所需要的各种各样的服务。服务业生产的特点主要表现在产品的无形性、消费的即时性和质量的差异性三个方面。

(1)产品的无形性。服务业提供的产品是服务,它是能够满足顾客需要的一项活动或一系列活动,包括针对个人需要提供的活动,如旅游、健身和美容等;针对企业生产提供的活动,如金融、审计和专业服务等;针对社会需要提供的活动,如教育、医疗、国防等。服务不是有形的物体,而是无形的行为。与农产品、工业品的实物形态不同,服务无法有效展示,其形态看不见、摸不着,只有消费者在接受服务活动过程中才能体会和感受其价值;服务不是静态的物件,而是一项活动过程,所有权随购买活动不会发生转移。

(2)消费的即时性。服务是一种满足顾客需要的活动或行为过程,服务的生产过程也就是服务的消费过程,其生产过程和消费过程在时间和空间上几乎是统一的。①服务不可储存。服务作为一项活动,只有当买方和卖方同时参与才能完成。与物质产品不同,服务是无法存储的;与物质产品生产企业不同,服务企业不能先生产后销售,只有当需求发生的同时服务才能生产和销售。例如,只有患者与医生沟通后,医生才能给患者提供诊疗服务。②服务不可运输。在大部分的服务活动中,服务企业必须与顾客直接接触,服务的生产、销售和消费在同一地点进行。与物质产品不同,服务是无法运输的;与物质产品生产企业不同,在没有顾客的地方服务企业不能生产服务,因而服务设施的位置必须尽可能靠近消费人群。例如,商业银行的储蓄所一般选址在居民住宅区、车站、医院、娱乐场所、机关、团体、企业事业所在地。

(3)质量的差异性。服务本质上是一种人与人之间的互动,服务质量既受企业可控因素的影响,也受不可控因素的影响。一方面,服务提供者的差别导致服务质量的差别。虽然服务项目有规定的操作流程和业务标准,但服务企业人员的态度、业务素质和应变能力等个性因素影响服务的质量。另一方面,服务的过程也会由于服务对象的随机性而产生不同的结果。服务企业面对的不是机器或者流水线,而是具有情感、意志和能动性的顾客。顾客的个性是多样化的,顾客的心理会随着时间、地点和环境的变化而不断变化,这种变化会引起服务流程或标准的某些调整,从而影响服务活动的项目和效果。

2.影响服务业区位的因素

服务活动过程表现为人与人之间的互动过程,自然因素对服务活动及其区位的影响较少。与第一产业、第二产业相比,气候、土地、矿产等因素对服务业区位选择的影响较少,而人口、集聚、文化和基础设施等因素的影响比较大。

(1)服务对象。服务企业要实现盈利必须拥有一定数量的服务人群、获得一定规模的市场需求量。而服务的生产和消费在时间和空间上的不可分性决定了服务企业又必须与服务对象直接接触。因此,在空间上接近服务对象成为服务业区位选择的最重要因素。一般来讲,人口密度大、经济发展水平高的城镇拥有更多的消费者和制造业企业,对服务的需求数量和需求层次也越高,从而对服务企业产生更大的吸引力。在一个城市和区域中,人口稠密的商业中心地段、企业集聚的园区也都是服务企业集中分布的区位。

服务业涵盖了很多行业,不同行业的服务对象不同,其区位选择也具有不同特点。①为个人和家庭提供日常服务的服务业区位靠近消费者居住地。一般档次服务活动主要分布于社区,高档服务活动主要趋向于城镇的商业中心。②生产性服务企业的区位也趋向于大城市中心,高级专业化生产性服务活动集中于中央商务区(CBD)[11-6]和主城区,如法律、研发设计、商务服务、金融服务等;而常规性的生产性服务活动趋向于郊区中心和产业园区,如运输仓储、信息处理和节能环保等。

[11-6]
中央商务区

(2)集聚。服务业在空间布局上比制造业更趋向于集聚,目的是畅通信息交流和实现“展览会效应”。一方面,利用地理接近而节省相互间物质和信息流的传输费用,从而降低生产成本。服务业集群内丰富的业务联系、个人关系及社区网络加快了企业间市场信息、技术信息、人才的流动,有利于企业及时掌握和了解市场和技术动向,灵活调整服务活动方案,提升市场适应能力;另一方面,不同于单品销售具有比较集中的目标客户,服务集群提供的服务项目种类多、层次广,能够满足不同偏好、不同层次顾客的需求,形成类似于博览会、展览会的营销形式,对市场产生更大的吸引力。比较而言,生产性服务业集聚的主要目的是为了便捷地获得市场信息;而消费性服务业集聚则主要是利用“展览会”效应扩大销售额。

金融业的空间集聚趋势相当明显,世界各国的大的银行总部、交易所、证券公司、投资基金和保险公司都集中在特大城市,而且在城市中又集中在很小的空间范围内,如纽约的曼哈顿、伦敦的金融街。20 世纪 90 年代,我国服务业的集聚态势逐渐明显,上海陆家嘴、北京金融街、广州天河中心商务区、天津滨海中心商务区、重庆解放碑商务区、深圳福田区商务区的集聚和发展尤为突出。

(3)交通通达性。为了获得一项服务,顾客必须到达服务企业,从而要克服一段空间距离,并为此支付交通费用和时间成本。而在空间距离一定的条件下,交通的通达性与便捷程度就成为顾客选择服务企业的一个重要因素。也就是说,区位的交通通达性和便捷程度是决定服务业企业市场需求量的一个重要因素，从而也成为影响服务业企业区位选择的重要因素。交通设施条件好的市场区域，顾客克服空间距离所花费的交通费用低、时间消耗少，从而能够为企业带来更多的消费者和企业客户，对服务企业形成强大的吸引力。因此，重要的交通枢纽中心（如机场、火车站、码头、地铁站、公交站等）容易形成大型的商业中心或中心商务区。低级城市或城市郊区通过发展高速公路、城际高铁、轨道交通等方式能够改善对外的交通通达性，融入都市圈，有效促进服务业发展。2013 年 7 月，宁杭高铁、杭甬高铁顺利开通，长江三角洲城际铁路骨架网基本构成，以上海、南京和杭州为核心的“一小时交通圈”真正形成，由此带来每年 4 亿多人次的客流量，为长江三角洲地区的服务业发展注入了强大活力。

（4）租金。土地、厂房和办公用房等生产经营场所的租金是企业的生产成本之一。但与工农业生产活动相比，服务业企业使用的土地、办公用房等位于城镇的中心，其土地和房屋的租金处于更高水平，租金在经营成本中的比重也更高。因而，租金对服务业企业的影响更大。租金对服务业企业区位选择的影响表现在以下两个方面：一方面，在同一城镇内部，不同类型的服务企业根据各自的付租能力选择相当的区位，从而形成服务业布局结构。北美大都市区生产性服务业区位的实证研究表明，城镇服务业空间布局形态是在“集中—分散—再集中”的调整过程中实现的。城市发展初期，生产性服务业首先集中于 CBD，而后随着租金的上升和郊区的发展，部分服务行业开始向郊区分散转移，并在郊区的中心地段重新集聚，形成次级商务中心。另一方面，在人口密度、交通通达性和城市职能相似的城镇之间或同一城镇的次级中心之间，租金的水平就决定着区位对服务业企业的引力。一般而言，租金越低的区位，对服务业企业的吸引力就越大，服务业发展规模和水平也就越高。

（5）历史文化特色。历史文化因素包含历史遗迹、历史传统和社会文化等因素，它对服务业的区位选择起着重要的影响。①文化古迹与旅游业区位选择。历史上形成并遗留下来的文化艺术品或文化遗址是发展旅游业的依托，对旅游业的区位选择产生决定性的影响。例如，我国四大佛教名山（山西五台山、浙江普陀山、四川峨眉山、安徽九华山）在发展文化旅游业发展方面具有得天独厚的优势。②文化传统与消费性服务业的区位选择。不同的区域价值观念、生活习惯不同，服务需求也不同，从而对消费性服务业的区位选择产生影响。例如，婚俗文化是我国传统文化的重要符号，具有鲜明的民族性和地域性。近年来，随着新人对婚庆服务需求的增加，我国的婚庆公司数量也迅速增加，特别是在汉族集聚的城市出现了婚庆文化产业园区。③社会文化生活与新兴服务业的发展。在文化发达的地区或城市，居民的精神文化需求层次高，文化观念新，其服务业的市场需求规模大，特别是对新兴服务业的发展产生强大的需求拉动作用。例如，改革开放以来，古老的北京焕发生机，首都市民的精神文化需求不断释放，吸引和催生了一大批文化产业企业，仅东城区和西城区就有各类剧场 50 余个，各类文化活动异彩纷呈。

案例11.3

国际金融中心的分布

金融业的空间分布特征是集聚，集聚规模的大小形成了不同等级的金融中心，其中，国际金融中心是指聚集了大量金融机构和相关服务产业，全面集中地开展国际资本借贷、债券发行、外汇交易、保险等金融服务业，并且能够辐射和影响全世界的城市或地区。国际金融中心的形成有其历史背景和区域条件，国家经济发展和城市经济实力是金融中心形成的必要条件。目前，三大国际金融中心是纽约、伦敦和东京。英国是老牌的资本主义国家，从18世纪中叶到20世纪初，英国都是世界上经济最强大的国家和国际贸易中心，贸易发展引发结算和融资的大规模需求，从而刺激了金融业的快速发展。作为英国的经济中心和欧洲经济中心，伦敦集聚了大量的银行、证券和保险企业，发展成为最早的国际金融中心。第二次世界大战后，美国经济实力迅速提升，成为世界第一强国，国内有大量资本交易活动，对外投资也十分活跃。作为美国经济最发达的城市，纽约凭借其密集的资金往来和良好的区位发展成为国际金融中心。进入20世纪，日本金融业表现出明显的集聚趋势，其中东京金融市场的规模随着海外市场和对外贸易的迅速扩大而扩大。特别是在20世纪50—70年代，日本经济经历了高速发展，实现赶超战略并跻身世界经济强国之列。在此期间，东京金融市场的规模不断扩大、职能不断提升，发展成为国际金融中心。三大国际金融中心的时区分布也满足了全球金融市场24小时连续运作的要求。纽约位于西五区，伦敦位于零时区，二者的时差为4小时；东京位于东九区，纽约与东京的时差为13小时，伦敦与东京的时差为8小时。

第二节　产业集群理论与实践

产业集聚是同一产业的不同企业在一定空间范围内的集中分布，生产和提供专业化的产品和服务。产业集聚形成的经济单位被称为产业集群或企业集群。产业集群是一种颇具竞争力的生产力布局形式，是经济活动中普遍存在的客观经济现象。20世纪70年代以来，人们认识到产业集群的重要价值，产业集群理论得以形成和发展，产业集群的实践形式不断拓展。

一、产业集群理论

18世纪后期，人们已经认识到产业集群现象，但是直到20世纪70年代产业集群的系统研究才逐渐形成和发展起来。

(一)产业集群理论的思想渊源

1. 专业化分工思想

对于产业集群的研究最早可以追溯到亚当·斯密(A. Smith)，他在1776年出版的《国民财富的性质和原因的研究》一书中对专业化分工的论述被看作是对产业集群起因的最早解释。斯密认为，专业化分工是国民财富增进的源泉。他将分工分为三种：企业内分工、企业间分工和社会分工。其中，企业间分工使企业具有专业化生产优势，并获得规模报酬递增效应。显然，专业化生产企业是产业集群的基本单元，由分工出现的专业化生产企业就成为产业集群分析的起点。

2.外部性思想

[11-7]
什么是马歇尔产业区

19 世纪末，经济学家马歇尔（A. Marshall）基于对英国谢菲尔德的刀具制造商和北安普顿的制衣厂商集聚现象的观察，提出了“产业区”概念，并分析了中小企业集聚的原因[11-7]。他在《经济学原理》（1890）中指出，产业集聚的主要原因是产业规模扩大所导致的外部性，它包括以下三个方面：一是劳动力市场共享。由于集聚产生对特定产业技能劳动力的大量需求，从而吸引和培养熟练的技术工人，形成专业化的劳动力市场。这样，各企业可以方便地获得特定技能的劳动力，降低了劳动力出现短缺的可能。二是专业化的中间产品和服务。由于产业内企业的集聚，从而产生了对中间产品和服务的大量需求，在达到中间产品和服务企业的最低需求规模时，就会引发中间产品和服务的本地化生产。这样，原本是企业的某些业务项目就被剥离出去，由这些中间产品生产厂商生产。专业化分工进一步深化，结果企业的专业化程度和生产效率提高。例如，服装生产厂家集聚，可以刺激纽扣生产厂商的出现。三是技术外溢。每个中小企业都不能拥有全部的生产知识和技术，因而需要与其他企业交流与合作；而地理临近加速了信息的沟通与交流，增强了知识和技术的外溢。马歇尔把它称为产业集聚的“空气”。他指出，“行业的秘密不再成为秘密，而似乎是公开了，孩子们也不知不觉地学到许多秘密。优良的工作受到正确的赏识，机械上以及制造方面和企业的一般组织上的发明和改良之成绩，得到迅速的研究；如果一个人有了一种新思想，就被别人所采纳，并与别人的意见结合起来，它就成为更新思想之源泉。”

3.成本节约思想

德国经济学家韦伯（A. Weber，1909）在其著作《工业区位理论》中论述了集聚对工业布局的影响，认为集聚可以给企业带来更多的收益或节省更多的成本，从而能够改变企业的区位。韦伯引用费用指数（单位产品的生产费用）分析了集聚优势，即与生产完全分散或者集结程度小的场合相比，处于某种集结的集团中的企业的费用指数较少。韦伯将集聚因子的作用分为两个阶段：第一阶段，为了实现内部节约，生产要素在企业内部集聚，使得生产企业的规模大型化；第二阶段，为了实现外部节约，多数企业在一定地域集聚，即所谓的地域集聚。韦伯认为，地域集聚的因素来源于以下几个方面：一是技术设备的改良，技术设备的改良使设备功能越来越专业化，空间集聚为各种设备之间开展生产协作创造了条件，专业化企业因此可以获得辅助产业的协作；二是劳动力组织的改善，即产业集聚可以促进劳动力组织的专业化发展；三是经济组织的调整，集聚可以产生广泛的市场化，大规模的市场交易以及对中间商的规避可以节省企业购买和出售环节的成本；四是公用事业费用的节约，集中化使企业可以共同使用公共设施，如道路、煤气、自来水等设施，从而降低企业的“一般经常性开支成本”。

4.规模化思想

美国区域经济学家埃德加·胡佛(E. Hoover,1937)在其著作《区位理论与制鞋、制革工业》中论证了不同产业的区位结构之后,将规模经济区分为三个不同的层次:单个区位单位(工厂、商店等)的规模决定的经济、单个公司(即联合企业体)的规模决定的经济和单个产业在某个区位的集聚体的规模决定的经济。而这些经济各自得以达到最大值的规模,则可以分别看作是区位单位最佳规模、公司最佳规模和集聚体最佳规模。胡佛的主要贡献在于指出产业集聚存在一个最佳的规模,如果集聚企业太少,集聚规模太小的话,则达不到集聚能产生的最佳效果;如果集聚企业太多,则可能由于某些方面的原因使集聚区的整体效应反而下降。

(二)产业集群理论的形成与发展

虽然人们很早就认识到产业集群现象,但产业集群的研究一直被学术界所忽略。直到20世纪70年代,当世界传统工业区都陷入了经济衰退与停滞的时候,意大利中部和东北部地区(第三意大利)的经济却异军突起,美国硅谷的高技术产业迅速发展,产业集群现象才真正引起世界的广泛关注。新社会经济学、新竞争经济学、新经济地理学和工业生态学从不同角度对产业集群展开系统的研究。

1.新社会经济学与新产业区研究

1985年,格兰维特(M. Granovetter)在其论文《经济行为和社会结构:嵌入性问题》中指出,企业的经济行为虽然是自主的,但是却受到社会关系的影响。只有深深地嵌入当地的社会结构、人际关系网络的经济行为,才是企业在现实经济社会中乐于接受的,也是长期有效的。新社会经济学派认为,基于信任、规则和文化背景之上的社会关系网络是企业竞争力的重要来源,并把它称为"社会资本"[11-8]。

[11-8]
新社会
经济学

新社会经济学家在观察和分析产业集群时引入了社会嵌入性观点。1978年,意大利学者巴卡提尼(G. Bacattini)在分析和总结意大利东北部和中部的中小企业集群的基础上,提出新产业区的概念,即新产业区是由具有共同社会背景的人们和企业在一定自然地域上形成的社会地域生产综合体。1984年,皮埃尔和赛伯(M. Piore and C. Sabel)合著的《第二次产业分工》认为"第三意大利"的产业区与19世纪马歇尔描述的产业区具有惊人的相似,并归纳总结出以下特点。①新产业区的主要特征是弹性专精,大量专业化的中小企业在地域范围内的集聚,它们之间分工协作,形成适应市场变化的地方生产体系。②集群可以获得"集体效率",企业之间既竞争又合作,合作的形式不仅有正式的战略联盟、合同契约和投入产出联系,还包括非正式的交流、沟通、接触和面对面的谈话。企业与市场中介、行业协会及政府之间也存在紧密的联系,通过协调实现共同行动,提高集群的生产效率。③企业的经济行为根植于地方文化和社会关系网络,由此建立起以信任和承诺为基础的默契合作关系,从而减少机会主义,促进企业之间开展有效的合作,提高企业和集群的生产效率。新产业区理论将社会资本引入集群发展研究中,建立内生社会资本模型,认为社会资本、空间距离是影响产业集群效应的内生因素,良好的社会关系有助于节约交易费用。

马库森(A. Markusen,1996)认为意大利式的新产业区不能够完全解释世界各国的产业集群现象，对新产业区概念进行了拓展。其在《光滑空间中的黏着点：产业区分类》一文中通过对美国、韩国、日本和巴西等四个国家中发达经济区域的研究，提出了四种典型的产业区类型：①马歇尔式产业区，即由众多的本地小企业集聚形成的产业区，本地企业处于相同文化背景的社区，常常有长期的契约或社会义务。②轮轴式产业区，即围绕一个或多个主要企业（核心企业）集聚形成的产业区，大量的中小型企业是核心企业的配套企业，它们高度依赖于大而强的核心企业。③卫星平台式产业区，即主要由跨国公司的分支工厂集聚形成的产业区，但各跨国公司的分支机构之间缺乏有效的区内联系或协作，缺乏地方根植性，因此企业中途转移的可能性较高，降低了集群发展的稳定性。④国家力量依赖型产业区，即由一个或几个大型国家机构（如军事基地、国防工厂、武器研究室、大学、政府办公机构等）所支配和吸引形成的产业区。其经济关系主要取决于国家政治而非私营部门。

2.新竞争经济学与产业集群研究

20世纪80年代，美国哈佛大学教授迈克尔·波特（M. Porter）发表了其著名的竞争优势理论三部曲：《竞争战略》（1980）、《竞争优势》（1985）和《国家竞争优势》（1990）。在《国家竞争优势》一书中，他首次提出了产业集群概念，并分析了产业集群竞争优势的来源。1998年，波特在哈佛商业评论上发表了《集群和新竞争经济学》一文，对产业集群进行了详细定义，系统分析了集群与国际竞争优势产业的关系，形成了新竞争经济学。

波特认为，产业集群是在某一特定领域中，在地理位置上集中，且相互联系的公司和机构的集合，并以彼此共同性和互补性相联结。波特把产业集群纳入竞争优势理论的分析框架，认为产业集群是介于科层制与市场制之间的中间组织。与科层制组织（企业）和纵向一体化组织不同，产业集群能够避免组织的刚性，避免保持正式的伙伴关系所带来的管理上的挑战；与自由的、偶然的市场交易关系也不同，产业集群的地理邻近有助于培育和建立企业之间的信任和协调。这种自由独立、非正式联系的企业及相关机构形成的集群是一种能在效率、效益及弹性方面创造竞争优势的空间组织形式，是国际竞争优势产业的共同特征，如美国的电子产业集聚在硅谷、德国的汽车产业集聚在慕尼黑等南部地带、瑞士的制药公司集聚在巴塞尔。

新竞争经济学强调，现代竞争优势依赖的是生产效率，而不是企业的投入和单个企业的规模。生产效率则取决于企业间竞争的形式，而不取决于竞争的领域。产业集群能够提高企业的生产效率的原因主要包括以下四个方面。一是分工与协作提高了企业的生产效率。集群内企业数量众多，虽然每个企业的规模经济效应并不明显，但高度的、紧密的分工协作，提高了企业的生产效率。二是地理邻近带来了成本的节约。本地化的专业人才市场降低了劳动力的交易成本，相互信任关系减少了机会主义，便捷的信息交流有利于捕捉市场机遇，中介机构和公共设施的共享降低了生产成本等。三是创新网络提高群落内企业的持续创新能力。本地化的创新网络促进了技术信息的传播，相互学习和模仿带来技术的不断改进；供应商、挑剔的客户和研究机构同时卷入创新链条，不仅激发出创新的灵感，也创造出合作创新的机会；集群内企业更容易感知竞争对手的压力，因而进一步增强企业的竞争意识和创新动力。四是集群影响力提高了企业经营的稳定性。产业集群形成的品牌形象增强了消费者对集群产品的忠诚度，有利于集群中每个企业的销售，从而降低了企业的市场风险；基于集群的社会关系网络，本地金融机构和投资公司对集群的企业往往收取较低的风险金，从而有效降低了金融市场波动带来的冲击；凭借集群发展过程中逐渐形成的交易、技术网络或平台，企业能够更加顺利地完成生产和交易活动。

3.新经济地理学与产业集聚研究

20世纪90年代以来，经济地理学与经济学研究领域的交织不断加强，经济学家开始重新审视区位与空间在经济活动中的作用。以克鲁格曼为代表的主流经济学家把空间因素引入经济模型来分析空间经济行为，构建了新经济地理学。

克鲁格曼（P. Krugman，1991）在其《报酬递增与经济地理》一文中采用柯布—道格拉斯函数形式构造了一个两区域模型：中心—外围模型，论证了产业集聚与规模经济之间的紧密关系，从理论上证明了工业活动倾向于空间集聚的一般趋势。中心—外围模型的基本假定：①两个地区与两个部门（工业部门和农业部门）；②工业生产具有规模报酬递增特征，农业生产是规模报酬不变；③工业产品的运输费用为正，农业产品不需运输费；④从事工业生产的是技术工人，他们可以在区域间自由移动；从事农业生产的是非技术工人，他们不能在区域间自由移动。中心—外围模型的基本内容是：一个国家的两个地区经济最初是完全相同的。工业企业由于存在规模经济需要采取大规模生产，因此运输费用成为生产成本的重要组成部分。为了使运输成本最小化，工业企业倾向于选择在市场需求比较大的地区（前向联系）。而如果这个区域制造商多，作为工人的消费者就能够以较低的交通成本购买到所需商品，其实际工资水平相应较高，从而个人倾向于选择在该地区生活和工作，从而又刺激了这个区域的市场需求（后向联系）。因此，一个经济规模较大的区域，由于前向联系和后向联系会出现一种自我持续的制造业集中现象，经济规模越大，运输成本越低，制造业集中越明显，制造业在经济中所占的份额越大。中心—外围模型的结论是：报酬递增、运输成本与要素流动之间相互作用所产生的向心力导致两个起先完全相同的地区演变成一个“核心与外围”的产业集聚模式。

克鲁格曼的产业集聚模型强调了规模收益递增和历史偶然事件在产业集聚中的重要作用。新经济地理学在规模报酬递增和不完全竞争的前提下，通过集聚力和分散力来分析区域产业集聚和区域发展的动力机制。在中心—外围的经济空间结构中，外围地区的租金和工资水平相对低于中心地区。因此，当其他条件假定不变时，经济活动在外围地区进行可以实现成本节约，获得比中心地区较高的利润。然而，在规模经济条件下，当收入递增对生产活动发挥作用时，由于生产活动所需原材料、零配件的购入以及产品向市场投放都需要产生运输费用，相关经济活动的企业在地理空间上相互接近、集中生产就可以产生规模经济效应，带来运输成本的节约。企业为追求空间集聚效应形成持续的集聚力，从而使集聚具有了自我持续、自我累积的效应。不过，这种递增的要素回报只在集聚发生的区位的有限的空间领域中表现出来，因为远距离的交通费用和空间通信费用决定了这种净收益的增长是有界限性的。于是，本地化的规模报酬递增和空间距离带来交易成本之间的平衡，被用来解释现实中多个集群分布的现象。在产业集聚的路径方面，克鲁格曼将最初的专业化归于一种历史的偶然因素。他认为，区域专业化在历史偶然因素的作用下发生并建立起来后，就会在外部规模经济的作用下持续下去，区域发展也因此被锁定，这就是所谓的路径依赖。

4.工业生态学与生态工业园区

20 世纪 60 年代以来，传统的工业经济活动方式消耗了大量的资源，并造成严重的环境污染。工业经济系统与自然生态系统之间的矛盾不断加剧，人们开始反思并寻求变革。人们将生态学的理论和方法引入工业经济，试图建立类似于自然生态系统的工业生态系统，从而推动了工业经济学和生态学的融合。1989 年，弗罗施与加勒朴勒斯（R. Frosch and N. Gallopoulos）发表《制造业的战略》一文，提出工业生态学的概念，认为可以借鉴和模仿生态系统中的食物链来建立工业企业之间的生产联系，以减少对自然生态环境的影响。由于工业园区是实践和研究工业生态系统的理想环境，因此生态工业园区成为工业生态学研究的重点领域。

美国学者劳爱乐（E. Lowe，1992）将生态工业园区（EIP）定义为：一个由制造业企业和服务业企业组成的企业群落，它通过在包括能源、水、原料等这些基本要素在内的环境与资源方面的合作和管理，来实现生态环境与经济的双重优化和协调发展，最终使企业群落寻求高于公司效益之和的群体效益。科特和豪（R. Cote and J. Hall，1995）强调 EIP 是企业之间相互合作形成的工业共生系统。中国环保总局（2003）在其印发的《生态工业示范园区规划指南（试行）》中指出，生态工业示范园区是通过物流或能流传递等方式把不同工厂或企业连接起来，形成共享资源和互换副产品的产业共生组合。实际上，生态工业园区是企业之间因循环利用资源而形成的产业集群。区别于传统的工业集群和高新技术园区，生态工业园区理论是从生态学的视角，以生态效应的标准来研究产业集群。

[11-9]
产业共生如何实现

工业共生是指不同企业间的合作，并通过这种合作共同提高企业的生存能力和获利能力，同时实现对资源的节约和环境保护。在工业园区运行中，工业共生就表现为企业间相互利用副产品的工业合作关系。根据共生双方的利益关系，工业共生模式分为共栖、互利共生和偏利共生三种。其中，共栖是指两个企业均因对方的存在而获益，但双方相对独立；互利共生是指两个企业均因对方而获益，但双方依存；偏利共生是指合作关系中的企业，一方因联合而得益，但另一方并未受损。根据共生参与企业的所有权关系，工业共生模式又分为自主实体共生和复合实体共生。其中，自主实体共生是指参与企业都具有独立的法人资格，双方不具有所有权上的隶属关系，企业之间的副产品交换通过市场交易完成[11-9]。例如，丹麦卡伦堡生态工业园区就属于自主实体共生模式。复合实体共生是指所有参与合作的企业同属于一家大公司，参与实体没有自主权，合作行为按照公司计划和指令进行。例如，中国贵唐集团生态工业园属于复合实体共生。

生态产业链是指园区内的企业模仿自然生态系统的生产者、消费者和分解者,以资源的循环利用为纽带形成的工业代谢链网。生态产业链建立的基本理论是关键种理论。环境管理学家罗伯特·艾尔斯(R. Ayres 1996)在研究生态工业园构建时率先提出"大型轴心公司"的概念,他认为该公司能够向其他公司提供原料或已加工过的材料,从而吸引和集聚一系列的"卫星型"企业,并将废物转化为可以使用的产品。之后,人们把生物群落中的"关键种"引入生态工业园区研究中,并提出了生态产业链的设计技术方法:以"关键种企业"为核心构建主导产业链,通过几个补链项目完成主导产业链与其他产业链的耦合,通过园区废物回收处理系统完成动脉产业链与静脉产业链的结网,最终构建起产业生态系统(IES)。目前,生态产业链的研究重点已经转向生态产业链的稳定性分析、工业代谢实证分析等领域。

产业生态系统形成的路径多种多样。根据政府在生态工业园区建立和发展中的作用,生态工业园区的组织模式分为自下而上的自组织模式与自上而下的有意设计组织模式。自下而上的发展路径主要是"核心承租商"模式,即在一个或两个已经存在的或规划的"核心"承租商周围自发集聚形成企业群落,逐步构建起工业共生系统。在自组织模式的集聚过程中,企业更关注经济利益,不愿承担风险较大的循环经济技术项目。随着相关产业种类和企业数量的增加,循环经济技术趋于成熟,园区的共生系统将逐步趋于完善,资源循环利用水平逐步提高。自上而下的发展路径主要是政府主导型,政府制定较高的环境准入标准,选择符合条件的建链、补链项目入园,并鼓励和要求企业之间开展副产品交换,从而形成工业共生系统。由于政府关注环境效益,倾向于激进地建立高水平的资源循环利用系统,使企业背负过重的环保成本,引发企业理性与政府理性的冲突,从而抑制了产业集聚的进程。美国开普查尔斯生态工业园成功的经验是政府既关注环境效益,同时也重视对企业利益的激励。

5.技术创新理论与创新集群

1912年,约瑟夫·熊彼特(J. Schumpeter)发表《经济发展理论》,开创了技术创新理论。在熊彼特的影响下,技术创新研究遵循发明—开发—设计—中试—生产—销售的"线性模式",研究重点局限于企业内部。20世纪80年代以来,学者们将技术创新研究的视角从企业内部转向企业外部,认为企业的外部信息及企业间的联系能够有效克服单个企业技术创新能力的局限,降低创新活动中的技术和市场不确定性,从而形成技术创新的"网络范式"。1987年,弗里曼(C. Freeman)在其《技术和经济运行:来自日本的经验教训》一书中率先提出了"国家创新系统",即"公私部门的机构组成网络,它们的活动和相互作用促成、引进、修改和扩散了各种新技术"。为了研究区域层面上的创新活动,英国学者库克(P. Cooke,1992)首先提出区域创新系统,即在一定地理区域中相互分工与关联的生产企业、研究机构和高等教育机构等构成的区域性组织体系。实际上,产业集群存在发达的创新网络,它是一个典型的区域创新系统。经济合作与发展组织(OECD,2001)在《创新集群:国家创新体系的推动力》的研究报告中提出创新集群,认为它是简化的国家创新系统,是"以创新为目标"的产业集群,它是由企业、研究机构、大学、风险投资机构、中介服务组织等构成,通过产业链、价值链和知识链形成战略联盟或各种合作，具有集聚经济和大量知识溢出的特征。

区域创新网络分为要素和关系两大组成部分。要素是构建区域创新网络的节点，其分为主体要素、资源要素、功能要素和环境要素。主体要素由企业、政府、高校与科研机构、中介机构、金融机构等组成，其中企业是核心主体；资源要素由知识、信息、技术、人才和资本等子要素构成；功能要素由组织学习、知识创造、技术创新和制度创新等子要素组成；环境要素由创新文化、市场结构、金融体系、政策法律体系、基础设施、管理体制等子要素组成。关系是创新知识的产生、传播、渗透的通道和途径，是构建网络的基本框架。主体要素之间的关系分为正式关系和非正式关系。其中，正式关系是基于契约、合同形成的关系，如基于契约的交易关系、战略联盟、供应链管理、行业规范等。非正式关系是基于感情逻辑形成的、隐藏于集群中的社会关系，包括血缘关系、地缘关系、友谊关系等。由于非正式关系分布广泛，因而是知识、信息传播的重要途径。知识和技术信息的交流动力来源于以下几个方面。一是集体学习。创新网络中大量同质主体存在激烈的竞争，加大了主体技术学习的动力，形成同行企业之间、企业与供应商、投资方以及科研院所之间相互学习的氛围。二是合作创新。高度的分工和专业化要求企业之间、企业与其他主体之间实现有机联系和合作，只有通过多个机构的协同才能完成创新。三是地缘关系。地理临近为企业提供了更广泛的交流机会，减少了知识和信息交流和交易的费用，特别是对隐含性知识的传递具有重要意义。四是信任关系。相互信任使机构之间建立起比较紧密的关系，克服了企业边界对知识和信息流动的限制。五是创新环境。集群所在地的社会文化环境使得创新性机构能够创新，并与其他机构相互协调。在上述动力因素中，欧洲创新环境研究小组(GREMI，1995)认为集体学习是创新网络形成的关键因素。

创新集群是典型的区域创新系统。集群内各行为主体相互间的正式、非正式关系形成了各种关系链层次，构成了纵横交错、发达的创新网络，集群成员获取创新资源的活动具有强烈的网络化特征。与传统的产业集群相比，创新集群的特点表现在以下几个方面。一是多元创新要素汇集。创新集群的构成要素是多元的，从事创新活动的参与者也是多元的。企业、科研院所、金融机构、中介结构和政府等都是创新主体，打破了传统产业集群把科研院所作为外生变量的局限，为集群创新创造了更好的条件和环境。二是创新集群的核心功能是知识和技术的生产、交流、扩散、共享和转化，成员之间更注重创新合作而不是生产合作。三是创新集群具有发达的创新网络。创新主体之间在人才、技术、资金、信息等高端要素之间建立起更为紧密而复杂的联结，形成高效的协同创新能力，进一步提高了创新资源的组织效率和利用效率，减少创新风险，产生边际递增效应。四是创新集群具有更高的生产效率。传统产业集群通过集聚控制成本，而创新集群通过集聚提高技术水平，因而创新集群具有更高的生产效率。20 世纪 90 年代中期知识经济开始形成，科学技术知识的生产、扩散和应用成为国家竞争优势的基本来源，创新集群发展上升到国家战略层面。大多数国家都意识到，作为一个政策性工具，创新集群对推动国家创新经济的发展具有重要意义。2006 年，欧盟企业与工业理事会明确指出，集群在创新驱动和经济增长中起着关键作用，它能够为企业提供理想的环境,并与其他企业、投资者、高等院校和科研机构形成捆绑机制。在这种形势下,借助成熟的市场机制和适度的政策调节,发达国家的许多产业集群先后从低端迈向高端,由注重成本节约的传统产业集群升级为注重创新的创新集群。2006年,我国提出了建立创新型国家的战略目标,并把培育若干综合竞争力居世界前列的创新型企业和科技型中小企业创新集群作为目标之一。

二、产业集群实践

产业集群是随着产业分工的深化趋势而出现和发展的。从19世纪英国的"产业区",到20世纪意大利的"新产业区",从传统产业集群到高科技产业集群,从自发集聚的产业集群到政府主导开发的各类产业园区,产业集群作为产业布局的特殊形式一直在持续。在经济全球化的背景下,产业集群表现出很强的竞争力,世界各地都出现了很多成功的集群案例(见表11-1),如美国的硅谷、意大利东北部产业区、卡伦堡生态工业园区以及蓬勃发展的中国经济技术开发区等。

表11-1　世界著名的产业集群

集群名称	国家和地区	产业或产品领域
硅谷	美国加利福尼亚州	微电子、生物技术、风险资本
斯图加特汽车集群	德国斯图加特市	汽车及零部件
第三意大利	意大利东北部和中部	纺织品、鞋、机械、食品
索菲亚科技园	法国里维埃拉地区	电信、生命和健康科学、地球科学
丰田汽车城	日本丰田市	汽车及零部件
瑞士制表区	瑞士汝拉地区	钟表业
班加罗尔软件园	印度卡拉塔纳邦	计算机软件
新竹科学工业园	中国台湾地区新竹市	半导体硬件
卡伦堡生态工业园区	丹麦卡伦堡市	电力、炼油、生物制药、建材
赫尔辛基	芬兰赫尔辛基	电子通信业
苏州工业园区	中国江苏省	电子信息,机械制造

资料来源:根据相关资料整理.

(一)美国高新技术产业集群的发展

高新技术产业集群是指高科技产业的企业及其相互关联的企业、机构在一定的地域内聚集形成的生产体系。集群的主要参与者包括高科技的专业化生产厂商、设备与服务供应商、研究机构和大学和市场中介机构。其主要特征是知识和智力资源丰富,区域创新网络发达,科技成果转化迅速。美国是世界上最早发展高科技产业园区的国家,拥有加利福尼亚州的硅谷、北卡罗来纳州的科研三角园、波士顿“128号公路”、华盛顿西北部的I-270高技术走廊、科罗拉多州的“硅山”、佛罗里达州的“电子工业带”、亚特兰大技术园、田纳西技术走廊、德克萨斯州的“硅原”、弗吉尼亚的生物技术研究园等众多的科技园区，积累了丰富的经验，引领世界高科技产业园区发展的方向。

1.硅谷

硅谷是位于美国西海岸加利福尼亚州北部旧金山南郊，圣克拉拉县和圣胡安两城之间一条长48千米、宽16千米的狭长地带。从20世纪50年代起，这一地区开始出现集聚趋势，吸引了一大批世界知名的高新技术跨国公司，集聚了世界各地具有不同文化背景的优秀人才、技术和风险资本，发展成为世界上最具创新能力和活力的高科技园区。

(1)自发形成。20世纪50年代初，美国斯坦福大学建立了“斯坦福工业园区”，吸引通用电器公司(GE)、柯达(Kodak)、惠普(HP)、国际商业机器公司(IBM)等公司入驻，产业集聚开始起步。发展初期，军工电子产品的需求拉动了硅谷电子信息产业的扩张，美国国防经费的投入也促进了科技基础设施和相关的支持机构的建立和发展，硅谷逐渐形成了科技创新的气氛，企业争相发展科技，区域科技能力逐步提升。20世纪70年代，该区域相继出现苹果公司(Apple)、太阳微系统公司(Sun Microsystems)和硅图公司(Silicon Graphics)等一批计算机公司，计算机产业迅速发展壮大，成为美国最主要的半导体工业制造基地，并受到美国各界的关注。1971年，美国的《每周商业》报纸电子新闻的一系列文章以“美国硅谷”为题目介绍这一产业集群，硅谷由此得名。其中，“硅”是因为当地的企业多数是与由高纯度的硅制造的半导体及电脑相关，而“谷”则是集群所处的圣塔克拉拉谷。20世纪90年代，硅谷的互联网产业率先兴起，3Com公司、思科公司(Cisco)、网景通信公司(Netscape)、雅虎公司(Yahoo)、eBay公司和谷歌公司(Google)等企业在世界IT产业处于领先地位，硅谷变成了世界的人才高地和科技创新的策源地，成为高科技产业园区的象征。

硅谷的形成和发展是市场化的产物，企业的自主创新和成果转化都是依靠市场化手段完成的。政府很少直接介入硅谷的经济活动，政府主要通过制定各种适当有效的政策措施和完善法律制度来推动硅谷企业的成长，包括为新成立的企业免费(或只收少量租金)提供临时工作场所，为企业家免费提供培训，制定法律允许大学、研究机构、非营利机构和小企业拥有联邦资助发明的知识产权等。

(2)发达的区域创新网络。硅谷的创新能力来源于发达的区域创新网络，大学、科研院所、风险投资、中介机构都是集群创新网络中的重要节点。首先，硅谷非常注重产学研的结合，大学、研究机构与企业之间形成紧密的合作关系，有效推动了高新技术产业的发展。硅谷除了拥有斯坦福大学、加州大学伯克利分校等著名研究型大学外，还有多所专科学校和技工学校，以及100多所私立专业学校。这些学校特别注重新理论、新结构、新工艺的研究与开发，而且与企业之间联系非常紧密，如共同建立研究所，共同开发新产品等。它们之间的合作，不仅有助于科研成果的迅速转化，而且也有利于为企业培训技术和管理人才，达到双赢的结果。更为重要的是，许多大学和科研机构人员直接投资兴办企业，进一步推动了科技成果的产业化进程。据估计,硅谷之中由斯坦福的教师和学生创办的公司占硅谷企业总数的60%～70%,硅谷目前一半的销售收入来自斯坦福大学的衍生公司。

其次,完善的中介服务体系促进了硅谷各种创新要素的整合和技术创新能力的提升。中介服务体系不仅是企业技术创新体系的一部分,而且在整合各种创新要素、提高技术创新能力等方面起着重要作用。硅谷的中介服务主要包括人力资源机构、技术转让机构、会计审计机构、法律服务机构、咨询服务机构、猎头公司以及物业管理公司等机构。例如,硅谷的技术转让服务机构由大学的技术转让办公室和技术咨询、评估、交易机构组成,主要工作是将大学的研究成果转移给合适的企业,同时把社会和产业界的需求信息反馈到学校,推动校企合作。

最后,大量的风险资本和良好的融资环境为硅谷高新企业的发展创造了条件。风险投资是高技术产业发展的催化剂。20世纪60年代,风险投资在硅谷逐步占据了主导地位,对硅谷高技术产业的发展起到重要的推动作用,风险投资和硅谷地区的发展形成了一种相互促进的良性循环机制。著名的英特尔公司、罗姆公司、苹果公司等都是靠风险投资发展起来的。据相关资料统计,美国大约50%的风险投资基金都设在硅谷,硅谷的风险投资额约占全美风险投资的三分之一。

(3)创新的文化氛围。硅谷作为高科技产业的集聚中心,具有勇于创业、宽容失败、崇尚学习、讲究合作、尊重知识、文化包容的独特文化。硅谷文化是在高科技产业发展的特殊环境中逐步形成的,并且对高科技产业的进一步发展产生巨大的影响。①勇于创业,宽容失败激发了企业家的探索热情,企业之间形成激烈的创新竞赛。每年,硅谷有大量的公司破产,同时又有大量公司诞生。企业的新陈代谢推动了产品更新和工艺更新,使硅谷爆发出强大的竞争活力。②崇尚学习使人们既着力于自身能力和水平的不断提高,又注重在竞争中向对手学习。正是由于硅谷特殊的文化氛围,以及这种文化所具有的强烈融入性和扩散性,确保了知识和信息在各种水平的公司之间、产业之间和技术人员之间的流动。③尊重知识、文化包容使硅谷成为技术人才创新和创业的乐土。美国西部移民活动形成的包容文化吸引着来自世界各地的佼佼者,他们不仅母语和肤色不同,文化背景和生活习俗也各有所异,所学专业和特长也不一样。如此一批科技专家聚在一起,必然思维活跃,容易激发出创新思路。目前,硅谷集结着世界各国的科技人员达100万以上,美国科学院院士在硅谷任职的有近千人,获诺贝尔奖的科学家就达30多人。

2.北卡三角科学园

美国北卡罗来纳州三角科学园(Research Triangle Park,RTP)位于美国北卡罗来纳州杜克大学(北角)、北卡大学教堂山分校(东南角)、北卡州立大学(西南角)之间的三角形区域。该园于1959年开始建设,规划面积约28.33平方千米。经过长期的建设和发展,园区的生物科技产业和电子信息产业形成强大的国际竞争优势,园区已发展成美国最重要的研发中心,被誉为美国的“东部硅谷”。

(1)政府主导形成。政府主导型科技园是政府为了提升国家与区域的科技水平,规划并组建的一种科技园区,它集高校、科研机构与高新技术企业于一体,通过合作项目的划拨,科研经费支助、税收优惠等手段,积极引导三者的有效融合,促进科研成果的产业化。北卡三角科学园是一个典型的政府主导科学园。20世纪50年代,北卡罗来纳州还是美国经济落后的农业州。1952年,北卡罗来纳大学的奥杜姆教授提出借助大学建立科研公园来带动经济发展的设想,即在三所大学之间的区域建设科学研究基地,充分发挥三所大学的人才和技术成果优势,吸引政府、财团、企业来此投资创办研究开发机构,通过科技创新转变北卡州落后的经济状态。1954年,北卡州专门成立调研委员会进行调研,其提交的报告认为,"北卡州现在有一个独一无二的、未被开发的优势,可以吸引科研机构和企业落户州内,并引导发展成为美国重要的研发中心。"1956年,由政府、大学和企业组成的三角科学委员会开始筹集资金;1959年,非营利性组织三角科学园基金会成立,专门负责管理园区事务,三角科学园开始正式启动。

北卡三角科学园是政府催生形成的产业集群。在三角科学园发展过程中,政府在提供初始研究经费、税收减免、环境建设和发展战略等方面发挥了重要的作用。一是减免税收。北卡三角科学园建立之初,政府在财政异常困难的情况下,规定园区只需向所在的县政府纳税,不必同时向所在市政府纳税。二是提供资金支持。北卡州是美国第一个向大学、科研机构、企业实验室提供基金的州政府;政府通过"北卡小企业项目"、"绿色企业支持"等形式直接对高科技中小企业进行资金支持;州政府对入驻园区的企业提供低息贷款、贷款担保及其他金融服务。三是环境建设。政府在生活环境、投资环境和智力环境等方面进行了大量投资。在投资环境方面,建立了园区公共服务平台,帮助企业获得市场机会和投资,为企业提供全产业链服务;在智力环境方面,北卡州政府积极推动建立北卡生物技术研究中心、北卡微电子研究中心等研究机构;同时,积极引进美国环境健康科学研究院和IBM进驻园区,极大地增强了园区的吸引力。在生活环境方面,三角科学园正在打造一种新型的"创新社区",即创造一个不仅创新公司愿意在此落户,而且人们愿意在此居住生活的地方。四是制定科技园发展战略。州政府围绕优势产业,制定集群发展战略。20世纪60年代,科学园发展的重点是化学工业;20世纪70年代,园区发展重点转向环境保护研究;20世纪80年代,州政府进一步明确把微电子和生物工程视为最有前途的技术领域,并确定了集中于这些核心产业的"产业集群"发展战略。

(2)轮轴式产业集群。20世纪60年代中期,北卡罗来纳州政府利用美国调整产业结构的机会,吸引美国环境健康科学研究院和国际商业机器公司(IBM)进驻园区。这两个机构的进驻,吸引了一批科研机构和企业进入园区,成为园区发展的拐点,从而为园区持续发展奠定了基础。随着大型跨国公司的入驻,大量配套的中小企业迅速发展,围绕跨国公司的转包业务建立起分工与协作的生产体系。例如,IBM是园区最大的企业,其周围几十家企业与其形成共生关系,有些与其有直接业务合同关系,另一些只是间接为其服务。在三角科学园中,大型跨国公司是核心,它们拥有核心技术,占有大量的员工和资源,支配和影响着中小企业的发展。2006年,三角科学园共有134家公司,员工37 485人。其中,园区最大的12个公司雇用了30 150名员工,占到园区员工总数的80%。

经过多年调整与发展,到20世纪90年代,三角科学园通过轮轴式集聚逐渐形成两个具有国际竞争优势的高科技产业:生物技术产业和电子通信产业。生物技术与制药产业群的公司数量达 49 家,其核心企业有葛兰素史克(GlSK)、杜邦(DUPONT)、巴斯夫(BASF)、拜耳(BAYER)等大型跨国公司;电子通信产业群集聚着 25 家公司,其核心企业主要有国际商业机器公司(IBM)、北方网络(Nortel Networks)、思科(CISCO)、索尼爱立信(Sony Ericsson)、联想集团(Lenovo)等跨国公司。进入 21 世纪,三角园区在加强以上两个领域的国际领先地位的同时,将重点支持生命科学领域的研究和产业转化。

(3)官产学一体化创新网络。在三角科学园中,政府、高校和企业之间在技术研发和应用领域存在强烈的互动与合作,形成官、产、学一体化创新网路。

基于市场机制,企业与高校在技术创新中高度融合。一方面,高校通过对企业实际需求的考察确定研究方向,因而其研究成果与企业技术创新的要求一致,能够被及时地转化为高科技产品,不断满足市场需求;另一方面,高校把园区作为学生实习和教师专业培训的场所。实际上,三所高校的校区本身就是科技园区的组成部分,校区中散布着企业的研发中心和师生创立的公司。

基于经济政策,政府、企业与高校形成紧密的合作关系。在三角科学园创新网络中,政府通过三个途径与企业、高校的研发联系在一起,成为区域创新网络的重要节点。一是成立三角区大学研究中心。三角基金管理委员会投资建立三角区大学高级研究中心的目的是为三所大学及园区的科学家提供专门的场所来进行合作。该研究中心下设六个研究机构:北卡罗来纳州微电子中心、北卡罗来纳州生物技术中心、国家人类研究中心、统计和应用数学研究机构、国家统计中心和巴罗威尔康基金。通过这些机构,政府、企业与高校形成密切的交流和互动。二是政府资助高校开展项目研究。项目资助使研究机构了解政府的技术发展和产业发展规划,而研究机构的发现和应用也有助于政府了解技术与市场变化,调整其发展战略。北卡州政府的科研经费大量向高校倾斜,通过提供科研项目、科研场所和设备使高等院校逐渐成为科学研究领域的主力军。三是为具备科研实力的高技术产业创办研究中心,同时积极推动企业与高校的合作。

政府、企业和大学的协同创新,使高校的科研工作具有针对性,企业的社会生产不断革新,政府的战略意图得以实现,从而使产业集群具有持续的创新能力。

(4)科学的运营管理方式。三角研究基金委员会是园区日常运营的主体,它由政府、核心企业和高校三方代表组成,主要负责开发、招商、管理、商业运作和租赁等环节。三角研究基金委员会为非营利机构,委员会对重大战略和决策进行协商讨论,并聘请专业人员进行市场运作。三角研究基金委员会建立起政府、学术界和产业界沟通协商平台,政府通过三角研究基金会对园区施加影响,但并不介入直接的管理。这种管理方式合理地平衡着产业集群发展中政府与市场的关系,确保地方政府的引导和影响保持在适度范围内。

园区的创新产业链管理也十分完善,从研发前期的基金到科技成果的产生再到科研成果转化,研发活动的每个环节分别由不同主体负责。在研发基金方面,园区主要资金支持主体为政府、私募股权投资、风险投资所提供的研发基金;在人才供给方面,人才供给主要由大学安置服务中心负责;在成果产生方面,园区研发支持主体主要是三角研究院，主要提供协助入园企业提升研究、开发和技术能力等服务；在成果转化方面，成果转让等环节分别由不同的主体负责。其中，园区研发主要成果转换主体为附属大学的技术转让办公室。

(二)意大利中小企业集群

意大利被誉为"中小企业王国"。中小企业始终是意大利经济发展的重要支柱，而且中小企业分布呈现明显的产业集群特征。20 世纪 70 年代，"第三意大利"崛起充分证明中小企业集群具有很强的国际竞争力。20 世界 90 年代以来，意大利中小企业集群发展模式发生转变，同时政府也在积极推进高科技中小企业集群的发展。

1."第三意大利"的兴起

20 世纪 70 年代末期，意大利东北部到中部地区在欧洲国家普遍经济衰退的情况下获得了快速增长，发展成为欧洲最具经济活力的地区之一，受到世界各国的关注。为了区别于意大利西北部工业化地区和南部落后地区，这一地区被称为"第三意大利"(A. Bagnasco，1977)。"第三意大利"崛起的主要力量来自具有国际竞争优势的中小企业集群。在纺织、制鞋、瓷砖和家具等行业，大量的中小企业集聚在一定的地域，彼此之间形成高度专业化的分工与协作体系，并能够根据市场需求进行多样化的、高质量的产品生产。这种弹性专精的生产组织方式具有很强的内生发展动力和市场适应能力，从而形成并保持了地方生产体系的竞争优势。

(1)弹性专精的产业区。弹性专精是意大利中小企业集群主要的生产组织方式，这样的中小企业集群被称为"新产业区"(G. Bacattini，1978)。新产业区内存在着高度的专业化分工与协作，少数企业提供社会最终产品，大部分企业从事各种中间产品的生产。首先，产业集群中分为最终生产企业和中间产品生产企业。最终产品生产企业向集群以外的市场提供产品，而中间产品生产企业向最终产品生产企业提供中间制品和服务。最终产品生产企业不一定拥有生产过程的所有设备，但拥有设计产品、制定生产计划、安排生产工艺、检验产品质量的能力。它们可根据产品的加工工艺选择和组织中间产品生产企业进行生产。它们是集群的生产组织者，也是集群与市场之间的协调者。其次，中间产品生产又分为一系列生产环节和加工工艺，某个生产环节上的企业精于相应的工艺并不断进行技术革新，不同生产环节上的企业形成紧密的协作关系，有效提高了生产效率；同时，每一个产品加工工艺存在大量的中间产品企业，它们的技术特征存在一定差别，能够满足不同最终产品的加工要求，从而使得集群可以提供多样的技术和产品，适应高度变化的市场需要。由于市场压力，弹性专精的产业区既有高度的竞争，也存在密切的合作。最终产品企业之间、同一环节上的中间产品企业之间存在激烈的竞争以谋求差异化，但是这种竞争是一种开放的竞争，是一个不断交流、学习提高的过程。而具有上下游关系的企业之间存在紧密的合作，在材料、工艺特色和产品数量等方面有序协调。

弹性专精产业区形成的一个重要条件是以地域为中心的乡土文化传统。意大利有很强的家族意识，与家族成员在一起生活是绝大多数意大利人的共识，因而意大利人对乡土具有很强的依恋。各个地域构筑起以家族为基础的地域社区文化和社会关系网络，人与人之间、企业与企业之间存在着千丝万缕的联系，建立起相互信赖、团结合作的社会关系。这种社会关系十分有助于企业之间的协调与交流，有利于集群建立紧密的分工协作体系。

(2)产业区模式的调整。新产业区立足于产品开发、市场开拓，主要解决了当地的就业问题，推动了地方经济发展，创造了当时的经济奇迹。但是，20 世纪 90 年代以来，面对知识经济和跨国公司全球生产系统，新产业区的可持续发展面临重大挑战。

①知识经济与产业区模式的调整。新产业区成功的关键是灵活生产系统而不是技术创新，传统产业中的小企业缺乏在关键技术上的创新能力，难以应对知识、技术的快速更新，在知识经济时代难以保持技术领先优势。为此，意大利政府采用科技渗透的方法，促进产业区的技术进步，主要措施包括：一是引入信息、微电子等高技术改进传统产业的生产流程、变革生产工艺，开发高性能产品；二是国家设立技术学校，为中小企业培养和输送大量技术工人，提高小企业接受先进技术的意识和能力。

②跨国公司全球生产体系与产业区模式的调整。新产业区是一个根植于地方文化的地方生产系统，尽管有发达的社会资本，但是却不能改变企业盈利的本质。当面对跨国公司强大的吸引时，地方性的小企业可能转变为跨国公司的供应商。20 世纪 90 年代，一些跨国公司通过企业并购等形式已经进入意大利的艾米利亚等地区，将有竞争力的东道国企业纳入其供应链。随着跨国公司市场的迅速拓展，新产业区中相当一部分企业转变为跨国公司的卫星企业，产业集群将围绕着跨国公司开展生产活动，从而改变弹性专精的生产组织方式和企业之间平等的网络关系，地方生产系统趋于分化。为此，政府和集群相关组织扶持核心企业的成长，提高新产业区中产业的集中度，增强地方生产系统的稳定性；同时，鼓励和引导相互依存度高的小企业之间，以参股形式组成企业集团，以便扩大规模，使其能像大企业那样发挥更大作用。

2. 技术园区的发展

进入 21 世纪，世界高科技发展速度日益加快，不仅改造和提升了传统产业，而且高科技产业的发展不断推动着国家产业结构的升级，进而提高经济增长的速度。根据国际经济与科技发展趋势，2003 年意大利政府决定在全国建立若干个技术园区。与新产业区自发形成不同，技术园区是在政府主导下形成的高科技中小企业集群。目前发展比较好的技术园区有：皮埃蒙特的无线电应用园区、拉齐奥的航空航天技术园区、威尼斯朱利亚分子生物医学园区、坎帕尼亚的高分子材料园区、艾米利亚-罗马涅的高级机械园区、维尼托的纳米园区、利古里亚的智能物流等。

2008 年金融危机后，意大利陷入债务危机的泥潭，而依靠科技创新发展高附加值的产品和服务被视为解决欧债危机的重要模式。为此，2012 年，意大利政府推出国家技术集群计划，主要思路是通过支持产学研结合，在信息技术、新能源技术、空间技术以及生物、纳米技术、新材料等领域建立有效的生产系统，并使之产业化，提高意大利的竞争力。国家技术集群是有组织的企业、大学、公共或私人研究机构和金融机构形成的创新网络体系。目前已经确定的国家集群行业领域包括绿色化学、农产品、居住环境、生命科学、智能社区、陆地和海洋交通、航空航天、能源和智能工厂。

从新产业区到技术园区，折射出意大利经济增长模式的变化。但是，中小企业集群依然是意大利经济发展的重要基础，大量小企业集聚、高度专业化与紧密合作依然是各类中小企业集群的基本特征。

案例11.4

意大利的“佩扎罗模式”

佩扎罗位于意大利中部濒临亚得里亚海的马尔凯大区。自20世纪50年代开始，马尔凯大区工业出现持续发展，成为一个拥有500多个网状中小企业集群的大工业区。其中，在木器家具业高度集中的佩扎罗省，中小企业由零散无序分布，逐步形成了网状企业群，形成一个特色鲜明的地区专业化模式。佩扎罗家具工业区中小企业十分普遍，主要生产厨具。厨具生产企业一般是小批量生产，有时甚至是单件产品订货，所以它们往往与多家半成品板材加工企业建立供求关系。半成品板材生产企业生产效率高，是随时随地可以利用的外部生产能力，所以家具生产企业与它们之间的合作不是长期固定的。每一个订单的要求不同，所需要的技术和板材不同，从而都需要进行一次合作谈判。佩扎罗的厨具企业以“流行”为市场开发重点，注重不断开辟市场，其产品样式多而新颖，能够满足各种文化背景、不同品味的人们的需求。20世纪80年代，佩扎罗地区出现大量的专业化销售机构和生产服务商，从而形成一个家具专业化生产和销售的产业集群，成为弹性专精产业区的典范。

资料来源：邓国军，全裕吉．意大利中小企业集群网络模式及其组织研究[J]．湖南经济管理干部学院学报，2002(4)．

(三)欧盟生态工业园区建设

欧盟委员会及其成员国的环保历史悠久。20世纪60年代以来，欧盟国家在经济发展过程中不断强化生态环境保护，碳交易市场、生态管理和审核计划(EMAS)、环境技术认证(ETV)、绿色公共采购等一系列环境政策和制度促进了经济与环境的一体化，推动了欧盟国家的经济的可持续发展。在浓厚的环保氛围和环境政策的推动下，以循环经济为主要特征的生态工业园区也率先在欧盟出现并得以快速发展。1972年，丹麦自发形成的卡伦堡生态工业园获得成功，并产生强大的示范效应，欧盟成员国开始积极引导或规划建设类似的生态工业园区，形成众多环保特色鲜明的工业园区，为世界生态工业园区的发展提供了宝贵的经验。

1.卡伦堡生态工业园区

卡伦堡生态工业园区是世界上最早的生态工业园区，也是世界上生态工业园区发展的成功典范。卡伦堡市是位于丹麦西兰岛西北部的工业城市，其靠近海湾，拥有优质的深水港口，但水资源短缺。20 世纪 70 年代初，随着卡伦堡市工业规模的扩大，水、能源等资源缺口扩大，充分利用有限资源成为企业和政府的共识。当时，Asnaes 火力发电厂、Statiol 炼油厂、Gyproc 石膏制板厂、Novo Nordisk 制药厂等企业经过协商，决定建立一个相互协作的生产网络，使本企业的生产剩余或副产品成为其他企业从事生产的资源或半成品，从而使企业群体在整体上降低成本、提高效益、节约资源和能源。20 世纪 80 年代，卡伦堡市主管部门发现并积极推动了这种生态、高效的生产组织方式，并将其称为“工业共生体”。随着卡伦堡市企业数量的增加，园区生态产业链数量逐渐增加，工业共生网络趋于复杂，资源与能源循环利用水平不断提高。

(1)卡伦堡生态产业链的发展。以副产品和废物为纽带形成的生态产业链是产业共生的逻辑基础。20 世纪 70 年代初期，卡伦堡市工业共生关系开始起步，共生体内的企业数目只有 4 家(Asnaes 火力发电厂、Statiol 炼油厂、Gyproc 石膏制板厂和卡伦堡市政)，生态产业链 10 条，其中最主要的是 Gyproc 石膏制板厂有偿使用 Statiol 炼油厂的副产品燃气。1976 年，Novo Nordisk 制药厂加入共生体，它将生产过程中形成的废渣及污泥无偿提供给周围的农场，这些污泥经过杀菌消毒可作为土壤肥料。1979 年，外地企业 Alborg Portland 水泥厂有偿使用 Asnaes 火力发电厂的煤灰，也进入工业共生体。1989 年，Asnaes 火力发电厂将余热有偿供给 Asnaes 养鱼场，Novozymes 酶制剂公司向周围农场提供生物质残渣，Novo Nordisk 制药厂向猪场提供酵母浆，工业共生体成员增加至 9 个。1990 年，Kemira 化肥厂有偿使用 Statiol 炼油厂的副产品硫磺，从而加入共生体。1998 年，Bioteknisk Jordrens A/S 土壤修复厂有偿使用市污水处理厂的污泥，生产生物修复营养剂以恢复被污染的土壤。2001 年，Noveren 废物处理厂开始从各个共生的企业中收集废弃物，以填埋气为燃料发电，而且还向私人家庭提供易燃废弃物。2009 年，Inbicon 纤维素乙醇加工厂在卡伦堡建设并投产，原料中秸秆来自周围农场，酶制剂来自 Novozymes 酶制剂公司，而且还能利用 Asnaes 火力发电厂的高温蒸汽，其生产过程中形成的生物燃料残渣再被送回到发电站焚烧发电。至此，参与卡伦堡工业共生体系的企业达到 11 家，还包括大量的农场、猪场，以及市政的职能机构(公共水资源管理部门、回收站、污水处理厂等)。

在卡伦堡工业共生体系发展的初期，企业数目增长比较快，但产业链条比较少。随着工业生态系统的发育，工业共生体的企业数目增长趋缓，但企业之间的耦合关系趋于复杂，原有的生态产业链不断延伸，产业链数目也不断增加，工业共生系统的资源利用效率进一步提升。20 世纪 70 年代，Asnaes 火力发电厂与 Statiol 炼油厂之间还没有建立共生关系。但是 1982 年两个企业之间已经形成 7 条资源循环利用回路。Novo Nordisk 制药厂生产医药和工业用酶，是丹麦最大的制药公司。该公司发酵过程中产生的废渣、污泥被农场用作肥料，胰岛素生产过程的残余物酵母浆成为猪场的饲料，由此该公司与大量的农场、猪场建立起 10 余条资源循环利用回路。从 1972 年到 2012 年的 40 年间里，卡伦堡生态产业链条由最初的 10 条增加至 31 条，构建起能够充分利用 10 余种副产品以及废水、余热的工业代谢体系(如图 11-7 所示)。该体系以 6 家大企业(Asnaes 火力发电厂、Statiol 炼油厂、Gyproc 石膏制板厂、Novo Nordisk 制药厂、Novozymes 酶制剂公司）为主导企业，主导企业与配套企业之间存在物质、能源双向流动的动脉产业群落；由 Noveren 废物处理厂、Bioteknisk Jordrens A/S 土壤修复厂、市政回收站、市政污水处理厂等组成的静脉产业群落；市政府因其在管理公共水资源、建设社区供热和供水系统，以及造就社区良好环境等方面的职能，也成为该网络的参与和推动者。产业共生协会、金融机构和中介机构为园区企业提供技术、信息、融资等各类生产性服务，形成产业共生的环境支持体系，进一步促进共生网络各节点、各链条的耦合效率。

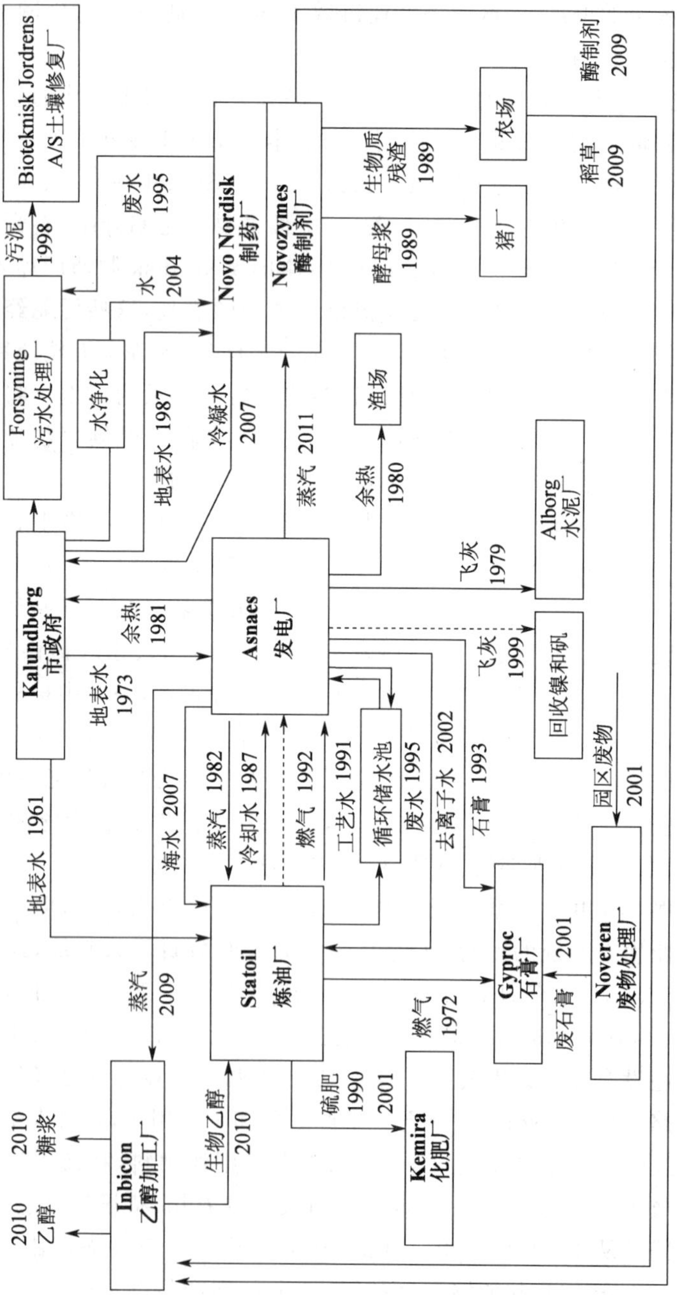

图 11-7 丹麦卡伦堡生态工业园产业共生示意图

（2）工业共生体形成与发展的动力机制。卡伦堡的工业共生体系是企业之间通过一系列的双边协议而逐渐形成的。整体的产业共生网络完全是市场主体基于经济动机而进行交易的结果，既没有进行初步的规划，也没有工业区常见的管理（服务）中心机构。卡伦堡市政府是作为一个成员（水资源分配、污水处理、废物回收等）而不是作为一个主管人参加工业共生网络。工业共生体发展的驱动力来自以下几个方面。一是制度激励。卡伦堡市政府对各种污染物按照数量征收废弃物排放税，而且逐年提高税率，从而使得排放税成为企业的一种成本要素，迫使企业少排放或不排放；而且，对于减少污染排放则给予利益激励。二是利益驱动。企业之间通过资源循环利用回路既减少了“生产者”因排放产生的成本，也降低了“消费者”原料投入的成本。在经济利益驱动下，企业之间形成互惠互利的合作关系。卡伦堡地区地下水昂贵，企业取用地下水要付出昂贵的成本，而发电厂排放污水需要缴纳高额的排放税。为此，一些企业与发电厂主动签订利用发电厂冷却水的协议。粉煤灰、生物残渣、石膏、蒸汽、可燃气体等的循环利用都是建立在互惠互利、有偿使用的基础之上。三是社会促进。卡伦堡市只有 2 万余人，企业家之间彼此有许多非正式的见面机会，形成互信的社会关系网络和共同的区域生态道德观，从而为产业共生奠定了良好的社会基础；同时，产业共生协会由来自合作公司的大量顾问组成，这些人员在工业合作信息收集与合作项目开发过程中相互沟通、协同工作，推动了工业共生体系的产品设计和工艺流程的创新。

2.欧盟生态工业园区发展的特征

卡伦堡生态工业园区循环经济发展模式在欧盟国家得到普遍的认可，并成为欧盟成员国工业园区改造和建设的方向。20 世纪 90 年代以来，英国、荷兰、法国、瑞典、奥地利、爱尔兰、芬兰、意大利等国家的生态工业园区发展速度加快，德国的阿姆斯彻园区、英国的诺斯利生态工业园区、荷兰鹿特丹临港生态工业园区、奥地利地方循环生态工业园区、意大利突瑞生态工业园区、芬兰约恩苏生态工业园区等相继建立。目前，欧盟建设的生态工业园区已达近 40 个。与美国、日本相比，欧盟的生态工业园区内容更加丰富，形式更加灵活，主要表现为以下几个特点。

（1）多种集聚路径并存。在欧盟，生态工业园区形成与发展的路径多种多样。从企业集聚的主导力量来看，存在自发形成和规划建设两种类型。其中，丹麦卡伦堡生态工业园区、荷兰鹿特丹临港工业园区、德国法兰克福赫斯特生态工业园都是企业自发集聚形成的生态工业园；英国诺斯利生态工业园区、奥地利地方循环生态工业园区等都是在政府主导推动下形成的集群。其中，法国、荷兰和英国都有专门的政府机构负责推进产业共生项目及生态园区发展计划。从园区循环经济发展的基础来看，生态工业园区有全新型和改造型两种。德国鲁尔区、法国的勒阿弗尔、瑞典的马尔默、英国的伯明翰都是通过发展循环经济成功实现了从传统产业区（城镇）向生态工业园区（生态城镇）的转型；作为全新型生态工业园区，英国的诺斯利生态工业园区在发展初期就注重废弃物的收集、管理和交换，积极引进具有“绿色制造技术”的企业入园，并创建一些基础设施使得园区企业间可以实现废水、废热等的交换。

（2）园区形式多样。在发展产业共生体过程中，欧盟成员国各有特色。首先，产业共生体或生态工业园区没有统一的命名，出现工业共生计划、绿色商业城、可持续发展工业园区、工业生态系统项目、环境科技园区等名称。其次，生态工业园区的范围差异较大，小至一个企业内部的物质循环，大到一个城镇，都可划入生态工业园区。例如，法国循环经济从园区拓展到社区和城镇，2009年法国开始建设生态社区和生态城市。最后，各国生态工业园区循环经济发展的重点也不同。例如，丹麦卡伦堡生态工业园区形成以水为主的物质交换系统，荷兰鹿特丹港生态工业园区主要建设节能系统。

(3)居民参与度高。长期以来，欧洲国家居民接受环境保护教育，并且已在法律上明文规定了居民对当地环境的权利和义务，从而使居民具有强烈的环保意识和高度责任感，乐于参与生态工业园区的管理，特别是对环境保护方面的管理和监督。在荷兰，从生态工业园区筹备、立项、规划建设，到建成运营的方方面面，当地居民都积极主动献计献策，做出了很大的贡献。居民的参与使得生态工业园区能够吸收更广泛的建议，并形成全方位的约束，从而督促生态工业园区更重视自身的影响，形成更强的发展动力。

(4)欧盟环境政策的影响。长期以来，欧盟委员会及其成员国都一直将环境政策作为其共同政策优先考虑的议题，为此欧盟相继出台了一系列卓有成效的环境政策和行动计划，从而对成员国的生态工业园区发展产生强大的引导和约束作用。从1973年欧共体发表《第一个欧共体环境行动计划》以来，欧盟至今已经完成了六个环境行动计划，政策内容不断拓展到空气、气候变化、水、废弃物、化学品、噪声、土壤、土地使用、自然与生物多样性、生物技术等诸多领域，政策的重点从环境立法原则转向各成员国的具体实践。

2010年以来欧盟颁布的一系列行动指南和计划主要包括生态创新行动计划、生态管理和审核计划、资源效率路线图、绿色公共采购。这些环境计划都与产业共生发展密切相关。生态创新行动计划(EcoAP)的重点是通过环境技术认证，向社会出具生态创新技术的测试和评估报告，推动技术与市场的有效结合；生态管理和审核计划(EMAS)是面向企业和其他社会组织开展生态环境绩效评估的管理工具，迫使那些环保表现欠缺的企业或组织改善其表现，提升企业形象；资源效率路线图涵盖了生态系统服务、生物多样性、矿物和金属、水、空气、土地、海洋等七大方面的资源效率利用规划，实现的主要途径是实现可持续的消费与生产、加强废弃物的回收利用等；绿色公共采购(GPP)计划提倡所有公共部门在采购时选择那些对环境影响相对较小的产品、服务和工程，从而激励企业不断开发绿色技术和产品，推动整个社会的生态创新。

(5)跨国管理计划。Ecopadev(Developing new decision-making tools to promote the sustainable development in european cities based on eco-industrial park strategy)是一个决策支持系统，它由西班牙、芬兰、荷兰、德国、瑞典、葡萄牙六国发起建立的、基于生态工业园区战略的新型决策工具，它为生态工业园区的高效管理提供了支撑和制度保障。

生态工业园发展是将工业空间转换为环境友好型地区的过程，它面临大量的、复杂的问题，因而是一项庞大的系统工程。它不仅仅涉及环境保护，而且也包含着人们生产、生活理念的改变和创新，因此需要人们的团队合作，特别是国际合作。为此，Ecopadev 系统聘请了包括环境问题、健康与安全、人力资源和市场、能源利用效率、牢固建筑结构、交通管理和信息技术等方面的 14 名顶级专家和技术人员进行联合研发。该系统对欧盟的 40 多个园区进行了调查研究，对于欧盟生态工业园区的管理和决策具有普遍的指导意义。系统被设计用来促进信息和经验在不同国家、不同园区、不同群体之间的交流，寻求促进生态工业园区发展的制度与对策。Ecopadev 系统提供了一个有助于生态工业园区发展与稳定的国际合作平台及机制，并可以被用来帮助当地政府宣传生态工业园区循环经济发展政策。

(四)我国经济技术开发区建设

我国的经济技术开发区是在我国的沿海和内陆开放城市内设立的以发展知识密集型和技术密集型工业以及中外合作的科研机构为主的特定区域，它是在政府主导下设立、建设和发展起来的工业企业集聚区域。经济技术开发区特别是国家级的经济技术开发区在我国的改革开放和经济增长中发挥了重要的作用，它是我国改革开放的窗口，吸引外资和技术、发展工业经济的排头兵，也是区域经济发展的增长极。但是，随着我国市场经济不断完善，排他性政策逐步收缩，初始的政策和体制的增长动力减弱，经济技术开发区可持续发展面临挑战，经济技术开发区的转型升级势在必行。

1.我国经济技术开发区发展模式

1978 年，我国实行改革开放政策，积极发展外向型经济。在资本短缺、市场经营经验缺乏的条件下，我国政府先后设立 4 个经济特区和 15 个沿海开放城市，通过减免税收、采用市场调节、赋予更多的经济自主权等手段，来吸引外资、推动经济发展。为了加强对外经济技术合作，集中兴办三资企业和中外合作科研机构，推动知识密集型和技术密集型工业发展，1984 年国家决定在沿海开放城市设立经济技术开发区；1992 年后内陆开放城市也允许建立经济技术开发区。优惠的政策和特殊的制度安排推动了经济技术开发区的迅速发展，从 1984 年我国设立第一个经济技术开发区—大连经济技术开发区开始，经过 30 多年的快速发展，经济技术开发区的数量不断增加，经济功能不断增强。截至 2015 年年底，我国国家级经济技术开发区的数量已经增加到 219 家，实现地区生产总值 77 611 亿元，占同期我国国内生产总值的 11.5%。除此之外，我国还建设有省级、市级等不同等级的经济开发区，遍及全国各省市自治区，它们在引进外资、技术开发和体制创新等方面做出重要贡献，走出了一条以园区为载体的中国特色新型工业化发展道路，成为我国经济增长最快、吸引外资最多、投资环境最优、技术水平最高的现代化产业集聚园区，受到世界各国的关注。

(1)管委会体制。国家级经济技术开发区实行管委会体制。作为城市政府的派出机构，经济技术开发区管委会代表城市人民政府对开发区的工作实行统一领导和管理，协调城市各部门、各单位与开发区有关的工作。其主要职能包括以下几个方面：一是编制经济技术开发区经济、社会总体规划，经批准后组织实施；二是依据总体规划，负责开发区的投资环境建设，包括土地征用、开发、管理和土地使用权出让、转让，各项基础设施的建设和管理（七通一平：通给水、通排水、通电、通信、通路、通燃气、通热力和平整土地)；三是组织开展招商引资活动，审批、审核、申报各类投资项目；四是负责对区内各类企、事业单位的管理、监督、指导和协调工作；五是根据规定权限负责开发区各类涉外事务及进出口行政事务；六是其他经济社会工作。管委会体制是我国大多数经济技术开发区发展初期的管理模式，经济技术开发区的规划、建设和管理都是在政府主导下完成的，属于典型的自上而下的产业集群发展路径。由于城市政府掌握一定的垄断资源，可以通过整合为开发区建设和发展提供较为有利的投资环境，从而加快开发区发展进程。

不同于一般政府机构庞大的垂直管理，开发区管委会主要是为服务企业而设立，具有强烈的服务意识和亲商理念，建立起精简、高效的政府机构，开创了“小政府—大市场”的管理模式。亲商理念和服务思维的基本内涵是：园区管理机构并非真正的社会财富创造者，只有当政府成功地提供了一个适应工商业发展的环境，使企业取得比其他地区更高的投资回报时，政府的作用才能得到体现。在实践中，大多数经济技术开发区管委会根据企业的意愿创新管理方法和手段，实行了一系列与国际管理接轨的政策法规，建立一站式服务中心为企业提供全程、全方位的服务体系，大幅度减低了行政成本和营商成本，对境外资本和国内资本产生强大的吸引力。

(2)体制机制创新。作为我国改革开放的“特殊试验区”和“排头兵”，经济技术开发区实行优惠的财政金融政策和相对独立的管理体制，对国外资本、国内剩余劳动力等生产要素产生强大的虹吸能力，进而推动集群经济的快速增长。①优惠的政策。为了鼓励开发区快速发展，政府赋予开发区优惠的财政、金融政策，如税收减免政策、贴息贷款、融资或上市协助、免征进口设备关税和进口环节增值税、下浮土地使用权出让地价、科技发展专项基金以及人才奖励政策等。优惠的政策给企业带来了成本的节约，从而对企业产生强大的吸引力。②相对独立的管理体制。经济技术开发区是不同于传统体制的“改革试验区”，一些敏感的改革举措和政策措施首先在开发区进行先行先试。为了减少传统行政体制的干扰，经济技术开发区实行相对独立的开发区管理体制。在经济技术开发区建设过程中，城市政府赋予开发区管委会较大的经济与社会管理权限，支持开发区在管辖区内自主进行体制机制创新。体制机制的创新激发了市场活力，提高了资源配置效率，成为经济技术开发区发展的核心竞争力。

(3)跨国公司集聚。相对于内资企业而言，跨国公司享有事实上的“超国民待遇”。尽管国家从宏观政策上抹平了内外资企业的政策落差，但各经济技术开发区为了达标招商引资绩效，在制定经济政策时依然偏向外资企业，从而吸引和集聚了大量的跨国公司和外商投资企业，外资企业主导开发区内经济的趋势不断增强。目前，世界500强跨国公司中约有470家已经在华投资，其中国家级经济技术开发区成为世界500强跨国公司投资的集中地区；不仅如此，经济技术开发区还培育了许多大型的外商直接投资企业，成为外商投资企业的聚集地区。截至2013年底，国家级经济技术开发区累计利用外资超过5 000亿美元，占我国实际利用外资的40%。根据《2014年我国城市外资吸引力评价报告》的数据，2014年我国最具外资吸引力的国家经济技术开发区是天津经济技术开发区，2012年该区实际利用外资达到 50.03 亿美元，紧随其后的是大连经济技术开发区（37.00 亿美元）、苏州工业区（19.60 亿美元）、青岛经济技术开发区（19.04 亿美元）、大连长兴岛经济技术开发区（17.50 亿美元）、广州经济技术开发区（14.01 亿美元）、长春经济技术开发区（12.32 亿美元）、杭州经济技术开发区（10.03 亿美元）、沈阳经济技术开发区（9.80 亿美元）和哈尔滨经济技术开发区（8.57 亿美元）。

在一些经济技术开发区，以跨国公司为核心的产业链已经形成并不断延伸，产业集群特点显现，部分产业集群已经具备较强的国际竞争优势。例如，广州经济技术开发区形成了以宝洁、高露洁为龙头的精细化工产业集群；天津经济技术开发区形成了以三星、摩托罗拉为核心的电子信息产业集群；上海闵行经济技术开发区形成以强生、施贵宝为核心的生物医药产业集群；武汉经济技术开发区依托东风汽车集团形成汽车产业集群；福州经济技术开发区以华映光电、JVC 电子、LG 为龙头的显示器产业集群等。一些经济技术开发区民族工业企业发展迅速，并吸引带动形成产业集群。例如，沈阳经济技术开发区的沈阳鼓风机集团、沈阳重型机械集团吸引 200 多家企业集聚形成装备制造业产业集群，青岛经济技术开发区在海尔、海信、澳柯玛三大名牌企业集团带动下形成家电产业集，上海虹桥经济技术开发区是以上海国际展览中心有限公司为龙头形成现代服务业集群。

2. 中国经济技术开发区的转型升级

在我国向市场经济转轨时期，经济技术开发区突破了原有体制的束缚，依靠制度变迁和排他性政策等外生变量实现了经济高速增长。但是，随着我国市场经济逐渐成熟，国家经济技术开发区的排他性政策逐步普及，管委会体制向行政区管理体制转变，政策体制优势逐渐弱化。当来自于政府的外生动力减弱的同时，国家经济技术开发区必须培植来自于市场的内生动力，通过转型升级推动经济可持续发展。为此，国务院于 2014 年发布《关于促进国家经济技术开发区转型升级创新发展的若干意见》[11-10]，明确提出国家级经济技术开发区要在发展理念、兴办模式、管理方式等方面加快转型，努力实现由追求速度向追求质量转变、由政府主导向市场主导转变、由同质化竞争向差异化发展转变、由硬环境见长向软环境取胜转变。

［11-10］
关于促进国家经济技术开发区转型升级创新发展的若干意见

（1）技术创新。尽管开发区数量迅速增加，但大多以劳动密集、加工组装型企业为主，在国际分工中处于国际价值链的中低端。尽管某些外资企业也在开发区内设置相应的研发中心，但大部分关键技术仍然被母公司控制而难以在开发区内传播和扩散，开发区的自主创新能力不足。未来，国家级经济技术开发区要大力集聚创新人才和要素，积极培育区域创新网络，提高技术创新能力，依靠技术创新推动经济结构转型和经济持续增长，把经济技术开发区建设成为我国创新创业的新高地、高端制造业和现代服务业协调发展的重要基地。政府通过一系列政策和机制推动经济技术开发区的技术进步。①政府要鼓励条件成熟的国家级经开区建设各种形式的协同创新平台，形成产业创新集群；②政府支持国家级经开区创建知识产权试点示范园区，推动建立严格有效的知识产权运用和保护机制；③政府引导国家经济技术开发区建立国际合作创新园，不断深化经贸领域科技创新国际合作。

(2)集群模式。虽然经济技术开发区集聚着大量企业,但是这些企业集聚的动机是摄取“政策租金”,而不是源于企业间互补、互动与合作形成的外部性。因此,经济技术开发区内企业之间分工与合作关系发育滞后,表现为不具有产业价值链关系的简单扎堆现象;集群缺乏信息交流的通道和技术合作的平台,没有形成自我维持、自我发展的内生能力。未来,经济技术开发区要实现由政府主导向市场主导转变,就需要激发集群的内生动力,提高集群自身的吸引能力和自我发展能力。①通过产业链招商,引进配套产业项目和创新元素,构建专业化分工与协作的生产体系;②通过发展生产性服务业和中介机构,增强集群内部企业的耦合程度;③通过凝练和宣传开发区文化,打造各种交流机制,建设交互式网络社区,进一步加强企业之间、企业与政府、社区之间的联系,培育社会关系网络及信任关系。

(3)特色产业。虽然开发区总体规划都有明确的产业定位,但是在项目带动战略的实施过程中,各地都争相开出优厚的政策吸引大项目、好项目。随着一系列项目引进,带动了开发区经济的增长,却导致产业定位越来越模糊,开发区之间产业结构同质化问题越趋明显。近年来,生物医药、电子通讯、食品加工、新材料、机械制造、汽车及零部件生产、光电一体化等产业都逐渐发展成为许多开发区的主导产业。经济技术开发区产业结构高度雷同,隐藏着巨大风险。一旦某类产业发生技术变迁或者出现新的产业转移,大量开发区将同时出现波动,从而引发严重的后果。未来,各开发区在发展过程中,必须依据本地实际进一步确定发展方向和特色主导产业,并围绕特色产业开展产业链招商,并予以配套政策支持,做大做强特色产业,构建具有国际竞争优势的专业化生产系统。各城市政府要鼓励同类企业向特色产业园区集聚,优化企业间的生产协作和配套体系,形成各具特色的制造业产业集群;各省一级政府应该成立省级的开发区发展协调机构,在产业定位、招商引资、发展政策等方面进行分类指导,避免同质化恶性竞争。

(4)软环境建设。投资环境是产业集聚的因素和开发区经济增长的基础。随着各地基础设施投入的不断增加,开发区之间硬环境的差距逐渐缩小,投资者对软环境建设的要求越来越高。软环境建设是一个系统工程,不仅包括政府服务企业的水平和经济管理能力,而且还涉及法律保障、文化氛围、创新网络、体制机制等一系列社会事项。面对软环境建设的挑战,经济技术开发区要进行管理体制创新,提供更完善的公共服务体系。一方面,随着软环境建设,经济技术开发区已经从单纯的经济功能转向城市功能,这就要求开发区管委会逐步承担社会服务和管理职能,改变原有的单一经济管理职能。为此,一些开发区建立政府部门、开发区管委会和企业之间的沟通对话平台,形成互动、联动的纵向协调机制;有些开发区的管理体制开始从管委会体制向行政区体制转换,如上海浦东开发区管委会已经转变为浦东行政区政府。另一方面,经济技术开发区要引进和发展各类服务业企业,在为企业提供公平的市场环境的同时,提供强大的法律保护、先进的信息技术手段、创新合作的平台和优美的生态环境,推动园区向法制化、智能化、创新化和生态化方向发展。

案例11.5

苏州工业园区的创新生态圈

创新生态圈是产业链上下游企业之间，政、产、学、研之间协同创新的开放式合作平台和创新网络，创新生态圈通过各主体之间的互补、互动和合作，形成强大的创新能力。作为我国首个开放创新综合试验区域，苏州工业园区聚集全球要素，打造开放创新生态圈，推动园区技术创新。苏州工业园区围绕创新研发、工程化中试、小规模生产、成果转化、专利运营、产业服务、综合配套等创新环节，加大力度吸引和汇聚领先技术、创新产品、高端人才、产业资本、支撑平台和创业载体六大核心要素，并推动资本的创投人、技术的发明者、成熟的制造企业和政府的服务平台携手，构建开放、合作的创新网络。在创投资金方面，工业园区的东沙湖股权投资中心集聚120多家风投和PE(私募股权投资)机构，旨在搭建一个集基金服务、投融资服务和企业发展服务于一体的股权投资产业集聚平台。在技术信息交流方面，政府服务冷泉落户园区，负责运营冷泉港系列研讨会及园区各类交流会议，搭建起技术交流的平台。在创新孵化方面，金鸡湖创业长廊集聚47家各具特色的创新型孵化器，合计孵化面积5.8万平方米。2014年以来，该长廊已经累计孵化500多个创业项目。在产业化支持方面，政府采运母基金方式引导民间资本投入，即在社会资本参股前，国有资本先注入资本投资，等企业进入成长期时，国有资本再逐步退出。

第三节　经济空间结构理论与实践

经济空间结构是指在一定地域范围内，经济体之间的地域分工与合作格局，以及经济体在经济发展中的地位、相互关系以及发展次序。一方面，经济空间结构可以从经济体之间的地域分工、相互关系的分析，形成劳动地域分工理论和非均衡区域发展理论；另一方面，依据全球、国家和区域三个研究尺度，经济空间结构研究形成世界经济格局、国家经济空间结构和区域经济空间结构等多层次体系。

一、经济空间结构理论

(一)非均衡区域发展理论

第二次世界大战后，随着殖民地国家走上独立自主的发展道路，落后国家和地区的经济发展受到更多的重视，经济学家和地理学家开始研究经济发展过程中落后国家与发达国家、落后地区与发达地区之间的关系，非均衡发展理论逐渐发展起来。其中最具有代表性的有增长极理论、点轴开发理论、循环累积因果理论、不平衡发展理论、倒“U”形曲线、中心-外围理论、梯度推移理论等。

1.增长极理论

法国经济学家弗朗索瓦·佩鲁(F. Pellroux)在1955年首次提出增长极理论。增长极理论的基本思想是：增长并非同时出现在所有部门或地区，而是以不同的强度首先出现在一些部门或地区，然后通过不同的渠道扩散，并对整个经济产生不同的影响。最初，增长极被定义为一组推进型企业或主导部门，它们具有规模大、创新能力高、增长快速等特点。增长极的增长和创新会诱导其他企业或产业的增长和创新。20世纪60年代，以法国经济学家布代维尔(J. Boudeville)为代表的经济学家将增长极理解为由主导部门和有创新能力的企业集聚形成的经济中心，如中心城市、有活力的城市，甚至增长迅速的城镇。这些中心具有生产、贸易、金融、运输、信息决策等多项功能，在自身发展的同时能够推动周围地区的增长。根据增长极理论，在经济发展实践中政府要首先推动增长极的发展，进而带动区域经济增长。国家和地区在经济发展过程中，首先可以通过政府计划和重点吸引投资的形式，有选择地促进特定地区和城市的发展，确立其在国家经济发展中的中心地位；然后凭借市场机制的引导，发挥增长极的辐射作用，从而带动周围落后地区的发展。增长极理论作为一种政策工具，在法国、意大利等国的区域规划和发展战略的制定中得到了普遍应用。

2.点轴开发理论

20世纪70年代，波兰经济学家萨伦巴(P. Zaremba)和马利士(B. Malisz)首先提出点轴开发理论。其基本思想是在国家和区域的增长极基础上形成经济轴，从而促进增长极的扩张，放大增长极的扩散效应，促进周边地区发展。点轴开发理论是增长极理论的延伸，点是指增长极，即中心城镇或经济发展条件较好的区域；"点"与"点"之间的交通干线沿线具有人流、物流密集、生产和运输成本较低等优势，有利的区位条件和投资环境促进沿线地区人口与产业集聚，逐渐发展成为经济轴带。在国家或区域发展过程中，大部分生产要素在"点"上集聚，并由线状基础设施联系在一起而形成"轴"。在经济发展的初期，增长极是发展的重点，但在经济发展到一定阶段后，一个地区形成了强大的增长极和增长轴，并通过商品、资金、技术、信息、劳动力等生产要素的流通和交换，带动腹地区域的开发，提高区域经济总体的发展水平。20世纪80年代，点轴开发理论在我国国土开发整治工作中得到广泛应用和发展。1984年，中国科学院陆大道教授应用点轴理论，提出我国国土开发的"T"形轴带(沿海地带和长江沿线经济带)。2003年，国家发改委课题组把点轴开发理论与国土开发战略结合 提出了区域经济发展空间推进的点线面理论，进一步发展了点轴开发理论 。

3.循环累积因果理论

20世纪50年代，瑞典经济学家缪尔达尔(G. Myrdal)建立循环累积因果理论来分析社会经济发展过程中非均衡现象。循环累积因果效应是指某一社会经济因素变化会引起另一些社会经济因素的变化，而这后一因素的变化反过来又强化了前一因素的变化，从而导致社会经济沿着最初的变化方向不断发展和累积。1957年，缪尔达尔在其著作《经济理论与不发达地区》中利用循环累积因果理论来解释区域经济不平衡发展的原因。他认为，经济发展在空间上并不是同时产生和均匀扩散的，而是从一些条件较好的地区开始的，一旦这些区域由于初始的优势而比其他地区超前发展，则这些区域就会通过累积因果过程而继续超前发展，从而进一步强化和加剧区域间发展的不平衡。循环累积的过程存在两种不同的效应：一是回流效应，表现为各种生产要素向增长极的回流和聚集，产生一种扩大地区经济发展差距的运动趋势；二是扩散效应，即各种生产要素在一定发展阶段上从增长极向周围不发达地区的扩散，从而产生一种缩小地区经济发展差距的运动趋势。在市场机制作用下，发达地区在发展过程中不断积累对自己有利的因素，而落后地区则不断积累对自己不利的因素。因此循环积累因果的作用使经济在空间上出现了“地理二元经济”结构：即经济发达地区和经济不发达地区同时存在。缪尔达尔在如何解决区域之间的不平衡发展问题上，否定了市场机制和自由放任的作用，他寄希望于政府采取积极的干预政策（不应消极等待发达地区或增长极的“扩散效应”）来刺激落后地区的发展，填补累积性因果循环所造成的经济差距。

4.赫希曼的不平衡发展理论

美国经济学家赫希曼(A. Hirschman)是非平衡发展理论的创始人，他不仅分析了产业之间发展的非平衡性，而且也十分关注区域经济之间发展的非平衡性。他在著作《经济发展战略中》中明确指出，经济增长在国际或区际的不平衡性是增长本身不可避免的伴生物和前提条件，经济进步不会在所有地方同时出现，而往往在一个或几个区域实力中心优先得到发展，这些增长点或核心区的增长动力主要来源于核心区内出现的集聚利益和动态增长环境。这种增长点和增长极的出现，必然形成增长中心与周围地区之间的不平等。他认为增长中心与周围地区之间存在着两种效应：一是极化效应，即从短期看，增长中心（极）会不断吸引周围地区的资本、技术、人才向中心集中；两地之间的经济差距会日益扩大；二是涓流效应，即从长期看，由于经济发展到一定程度，增长中心会产生“聚集不经济”，使产业向周围地区扩散，地域上的涓流效应将超过极化效应，从而缩小两地之间经济发展的差距。赫希曼的区域发展不平衡观点与缪尔达尔的循环累积因果理论十分相似，而且在政策上也强调政府的干预，因此有人将二者的观点称为缪尔达尔—赫希曼假说（模式）。

5.威廉姆斯的倒“U”形曲线

1955年，美国经济学家库兹涅茨提出倒“U”形假设，他认为，“收入分配不平等的长期趋势可以假设为：在前工业文明向工业文明过渡的经济增长早期阶段迅速扩大，而后是短暂的稳定，然后在增长的后期阶段逐渐缩小，”即居民收入分配差距的变化呈现先上升、后下降的倒“U”形规律。1965年，美国经济学家威廉姆斯(J. williamson)运用倒“U”形假设来分析区域间收入差距的变化规律。他在《区域发展不平衡和国家发展过程：一个描述过程》一文中，以各地区人均收入的加权变异系数作为地区收入差距的主要评价指标，通过对24个国家的截面数据和10多个国家时间序列数据的分析，研究国家经济增长过程中地区收入差距的变化规律，其结论如下：随着国家经济发展，区域间收入差距的变化呈倒“U”形变化（如图11-8所示），即在国家经济发展的初级阶段，随着国家宏观经济增长，区域间收入差距逐步扩大，然后区域收入差距差异保持稳定；但当经济进入成熟阶段后，区域收入差距随总体经济增长而逐步缩小[11-11]。

[11-11]
倒“U”形
曲线

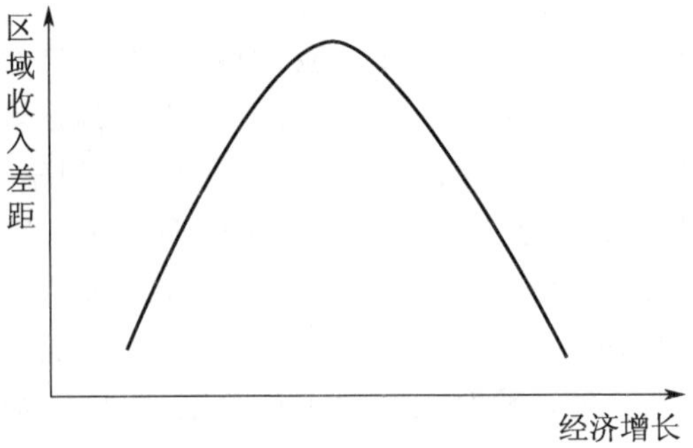

图 11-8
威廉姆斯的倒"U"形曲线

6.弗里德曼的中心—外围理论

1966年,美国经济学家约翰·弗里德曼(J. Friedmann)在其《区域发展政策:委内瑞拉案例研究》一书中提出了中心—外围理论。他将区域经济空间结构分为中心和外围两个部分,认为中心区具有较高的增长倾向,外围区的发展依附于中心区,并按照工业化阶段探讨了中心—外围结构的演变过程。

(1)前工业化阶段与均质空间。前工业化阶段,经济结构以农业为主,整体经济处于低水平状态,各地区经济发展水平没有差异,且相对封闭,彼此很少联系。

(2)过渡阶段与二元空间结构。在工业化初期,某个地方经过长期积累或外部刺激而获得发展动力,率先启动工业化进程,迅速集聚生产要素,经济快速增长,发展成为区域经济的中心。在这个阶段,区域空间结构由单个相对强大的经济中心与落后的外围地区所组成。

(3)工业化阶段与中心地体系。随着工业经济的发展,经济活动的范围不断拓展,在外围地区的某些地方形成新的经济中心。每个经济中心都具有与其规模相应的外围地区,这样区域就形成若干个规模不等的中心—外围结构,即中心地体系。

(4)后工业化阶段与一体化空间结构。工业化使经济发展达到较高水平,区域内各地区之间的经济交往和联系日趋紧密,中心对外围地区的带动与辐射作用增强,中心与外围之间的经济发展水平差距缩小,二者之间的界限逐渐模糊,区域经济空间结构趋于一体化。

7.梯度推移理论

1975年,经济学家克鲁默(G. Krumme)、海特尔(R. Hayor)等人以产品生命周期理论为主要依据创立了梯度推移理论,用于解释区际之间经济发展的差异及产业转移现象。该理论认为,区域经济的发展取决于其产业结构的状况,而产业结构的状况又取决于地区经济部门,特别是其主导产业所处的生命周期阶段。如果其主导产业由处于创新阶段的部门所构成,则说明该区域经济实力雄厚,而且在未来一个时期仍然可以保持发展势头,因此将该区域列入高梯度区域。如果一个地区的主导产业是由处于成熟阶段后期或衰退阶段的产业构成,则该地区经济增长缓慢,贸易收益低下,这种地区属于低梯度地区。该理论认为,创新能力是区域发展梯度层次的决定性因素,高梯度地区创新水平高,处于技术领先地位;而低梯度地区创新水平低,处于技术跟随地位。随着时间的推移及生命周期阶段的变化,产业和技术逐渐从高梯度地区向低梯度地区转移。

20 世纪 70 年代,我国学者根据中国区域发展的实际情况,认为梯度和反梯度都是存在的,可以创造条件使它们发挥作用。他们指出,生产力转移的梯度顺序不一定等于引进先进技术和经济发展的顺序。只要有发展的可能和需要,低梯度地区可以引进世界最新技术,发展新产业,实行跨越式发展,然后向上一级梯度地区进行反梯度推移。

(二)地域分工理论

劳动地域分工是指人类产业活动按地域的分工,即各个地域依据各自的条件与优势,着重发展有利的产业或产品,并以其优势产品与外区进行交换,从而获得利益及其所需产品。地域分工与贸易是随着资本主义生产方式的出现而产生的。资本主义时期,生产力水平迅速提高,商品生产和交换日益频繁,因此各国、各地区根据自身的条件选择和调整最适合的产品进行生产,以期在交换中获利。而且,在技术创新推动下,各部门内部的分工也越来越细,各个国家和地区能够选择和发展各具特色的产业种类,劳动地域分工也趋于复杂化、丰富化。在劳动地域分工实践的推动下,地域分工与贸易理论逐渐发展起来,主要有绝对成本理论、比较成本理论、生产要素禀赋理论、产品生命周期理论和国际生产折衷理论等。

1.绝对成本理论

英国经济学家亚当・斯密(A. Smith,1776)在其《国民财富的性质和原因的研究》一书中将一国内部不同职业之间、不同工种之间的分工原则推演到各国之间的分工,提出绝对成本理论。斯密认为,一个国家比另一国家在生产同种商品中拥有较高的劳动生产率或较低的生产成本,即所谓的绝对优势。如果每个国家都利用各自产品生产上的绝对优势,生产实际成本耗费小于其他国家的商品,然后去交换别国所擅长生产的商品,这样会比各国各自生产自己所需要的一切物品更为有利,将会使各国的资源、劳动力和资本得到最有效的利用,从而大大提高劳动生产率。

斯密的绝对成本理论从劳动分工原理出发,第一次论证了贸易互利性原理,克服了重商主义者认为国际贸易只是对单方面有利的片面看法。这种贸易分工互利的"双赢"思想仍然是当代各国扩大对外开放,积极参与国际分工贸易的指导思想。但是,该理论不能解释当所有产品生产的绝对优势都集中在一国时出现的国际分工和国际贸易。

2.比较成本理论

英国经济学家大卫・李嘉图(D. Ricardo,1817)在其著作《政治经济学与赋税原理》中提出了比较成本理论。李嘉图认为,决定国际分工和国际贸易的一般基础是比较优势而不是绝对优势。即使一国与另一国相比,在两种产品的生产上都占有绝对优势,国际分工和贸易仍然会发生。这是因为任何一个国家在产品生产选择中都存在一种现象:生产某种产品比生产其他产品相对来说更加便宜合算,这就是比较优势。如果一个国家在各种产品生产方面都处于优势,则它选择优势更为明显的产品生产,则更为合算;而另一个国家生产其他产品则劣势相对较小,也更为合算。这样各个国家都选择了具有比较优势的产品进行生产,形成国际分工,这就是所谓的"两优取重,两劣择轻"的国际分工原则。如果每个国家都能够选择那些具有比较优势的产品进行生产,不仅各国都能够得到好处,而且能够增加世界生产总量。

李嘉图的比较成本理论进一步将贸易分工互利性原理一般化、普遍化,揭示了国际贸易领域客观存在的经济运行的一般原则和规律。比较成本理论表明,不论这个国家处于什么发展阶段,经济力量是强是弱,都有可能确定各自的相对优势,即使处于劣势的国家也可能找到劣势中的相对优势,在国际分工体系中找到自己的定位,从参与国际贸易分工中获得利益。

3.生产要素禀赋理论

瑞典经济学家俄林(B. Ohlin,1933)在其《区际贸易与国际贸易》一书中提出了生产要素禀赋理论,即赫克歇尔-俄林模型(H-O 模型)。俄林认为生产要素禀赋的不同是产生国际贸易最重要的基础。生产要素禀赋是一个国家或经济体所拥有的可利用的经济资源的总供给,它既包括自然资源,如土地、矿产,也包括社会积累的资源,如技术、资本和劳动力。俄林论证生产要素禀赋理论的逻辑思路是:首先,各国所生产的同样产品的价格差异是国际贸易的直接基础或直接原因;其次,商品价格的国际差异来自成本的国际差异;再次,商品的成本差别是因为各国生产要素的价格不同;最后,生产要素的价格差异主要由于各国生产要素禀赋不同。因此,生产要素禀赋比率的不同是产生国际贸易的根本原因。俄林指出"贸易的首要条件是某些商品在某一地区生产要比在别的地区便宜"。在每一个地区,出口那些密集使用本地的、相对便宜的生产要素的产品,而进口别的地区能较便宜地生产的商品。

赫克歇尔—俄林模型继承了传统的古典比较成本理论,但又有新的发展。俄林把李嘉图的个量分析扩大为总量分析,不是仅仅比较两国两种产品单位劳动耗费的差异,而是直接比较两国生产要素总供给的差异,从一国经济结构中的资本、土地、劳动力等这些最基本的因素来解释贸易分工基础和贸易格局。

4.弗农的产品生命周期理论

1966 年,美国哈佛大学教授弗农(R. Vernon)在其论文《产品周期中的国际投资和国际贸易》中以美国企业对外直接投资区位为研究对象,提出了产品生命周期理论。弗农的产品生命周期理论以产品生命周期中各个阶段生产区位的变化来解释跨国公司对外直接投资的内在规律。该理论认为,美国企业对外投资活动与产品生命周期有关,企业的对外直接投资是企业在产品生命周期运动中由于生产条件和竞争条件变动而做出的区位间的选择。弗农把一种产品的生命周期划分为创新期、成熟期和衰退期三个阶段。在产品生产的技术创新时期,由于产品的需求弹性较小,成本差异对企业生产区位选择的影响不大,因此产品生产一般布局在技术创新的源地,从而能够充分利用人才、信息和技术优势。在产品生产的成熟时期,产品技术逐渐成熟,产品的样型、结构基本稳定,技术优势弱化。此时,国内外对产品的需求随之扩大,产品价格弹性增加,对降低成本的要求比较迫切。由于国内市场的竞争激烈以及担心丧失国外市场,企业纷纷将生产转移到国外，投资的区位一般选择在与母国收入水平和技术水平相当的国家和地区。在产品生产的衰退阶段（标准化阶段），技术已经普及，产品已经标准化，企业之间的竞争基础是生产成本。这时企业最关心的是寻求成本最低的产品生产区位，于是劳动力成本低的发展中国家成为跨国公司选择的最佳生产区位。

5. 国际生产折衷理论

1977 年，英国经济学家邓宁（J. Dunning）在《贸易，经济活动的区位和跨国企业：折衷理论方法探索》一书中提出了国际生产折衷理论。邓宁通过分析跨国公司国际生产格局形成的基础，指出对外投资的决定因素是所有权特定优势、内部化特定优势和区位特定优势。所有权特定优势是指企业所独有的资产性所有权优势（有形资产和无形资产的垄断权）、交易性所有权优势（全球经营带来的交易成本节约）；内部化特定优势是指拥有所有权特定优势的企业，为了避免外部市场对企业利益的影响而进行内部化交易的能力；区位特定优势是指相对于母国市场，企业在国外市场生产和经营所具有的优势。邓宁认为，如果企业具有了所有权特定优势和内部化特定优势条件，而且又在东道国具有区位特定优势时，对外投资就成为企业的最佳选择。20 世纪 80 年代，邓宁在国际生产折衷理论基础上，提出了国际投资发展周期理论[11-12]。该理论把对外投资与国家经济发展阶段相结合，探讨了一个国家在国际产业转移中的角色和地位。他认为，在经济发展初期，一国基本上处于国际产业的单项移入阶段；而随着人均收入水平和企业国际竞争力的提高，该国逐渐通过对外投资，走上国际化道路，加入到产业向外转移的国家行列。该理论为发展中国家和地区在国际产业转移中的地位转换提供了一定的理论依据。

[11-12] 投资发展周期理论

二、经济空间结构的实践

在各种产业布局因素影响和作用下，产业将落实到一定的地区和国家。从另一个角度来看，每个地区和国家由于其自然、经济和社会条件不同，必然会吸引不同的产业，形成不同的产业结构，导致地域分工和经济发展水平分异。经济空间结构的形态不仅影响不同经济体的发展，而且对于总体经济的发展也具有重要的影响。经济空间结构实践根据研究范围的尺度，按照全球、全国和地区三个层次展开。

（一）世界经济格局

世界经济格局是指全球范围内，各国之间存在的国际分工现象，以及在世界经济发展中国家之间的力量对比、组合状态和相互关系。国际分工和国际产业转移是世界经济格局研究的重要领域，而且二者密切相关。由于自然、经济和历史条件的差异，世界各国的产业结构存在差异，出现国际分工；国际分工不仅决定着各国的经济和技术水平，而且也影响着国际生产要素的流动与配置，推动了国际产业转移的进程。

1. 国际分工的形成与发展

国际分工是经济空间结构在全球范围内的表现，是劳动地域分工超越国家界限广泛发展的结果。它表现为世界上不同国家具有不同的产业结构，在国际贸易中提供不同的商品和服务。在发达国家和发展中国家之间，国际分工明显地表现为垂直分工。例如，美国、日本等发达国家的高端制造业和现代服务业发达，而大多数发展中国家则以钢铁、纺织、化工等传统劳动、资本密集型产业为主体。国际分工格局的形成不是一蹴而就的，它经历了漫长的发展过程。

(1)国际分工的萌芽阶段(16 世纪初至 18 世纪 50 年代)。资本主义以前的各个社会，自然经济占主导地位，生产力水平低，商品经济不发达，国家之间的分工与贸易并不明显。14—15 世纪，地中海沿岸和西北欧国家的手工业和商品经济有所发展，出现了资本主义萌芽。15 世纪末 16 世纪初，随着新航路和新市场的发现，葡萄牙、西班牙、荷兰、英国等欧洲国家的商品经济得到进一步发展。在资本原始积累过程中，资源掠夺和市场拓展推动了国际分工。一方面，这些国家的贵族在国内通过“圈地运动”等方式剥夺土地等生产要素；另一方面，他们用暴力和超经济的强制手段在亚、非、拉美等地区建立殖民地，生产和供给本国不能生产的矿产和农作物原料，而扩大本国工业品的生产和出口，出现了宗主国和殖民地之间分工形式。

(2)国际分工的形成阶段(18 世纪 60 年代至 19 世纪 60 年代)。1760 年英国爆发第一次产业革命，大机器工业代替工场手工业，世界各国开始了工业化进程。随着纺织机、蒸汽机等工业机器设备的发明和应用，工业生产力空前提高，商品生产和贸易规模持续扩大，进而推动了国际分工的形成与发展。由于工业革命在英国最早发生并完成，其工业生产能力迅速增强，国际贸易地位提升，发展成为“世界工厂”；其他国家按照英国生产和消费的需要改变他们的产业结构，成为原料产地和商品销售市场。这样，以英国为主导的工业国和农业国之间的国际分工体系形成。马克思在描述英国的国际地位时写道：“英国是农业世界伟大的中心，是工业太阳，日益增多的生产谷物和棉花的卫星都围着它运转。”

(3)国际分工的发展阶段(19 世纪 70 年代至 20 世纪 30 年代)。19 世纪后期至 20 世纪初，以发电机、内燃机的发明和应用为标志的第二次科技革命爆发，电力、汽车、石油、电器工业等部门兴起，电报、电话等通信方式出现，工业部门的分工进一步细化，生产力水平进一步提高。美国、英国、德国等国家率先利用先进的技术，形成强大的工业生产体系，制成品生产规模迅速扩大；而亚、非、拉美的国家虽然在新技术和机器设备的推动下，某些基础设施、轻工业和采矿业有一定发展，但仍不同程度地处于初级产品供应国的地位，而且其主要作物和出口商品只限于少数几种，大部分被销售到工业发达国家的市场。这样，以英国、美国、德国等国家为主导的“工业欧美，原料亚非拉”的国际分工格局形成。

(4)国际分工的深化阶段(20 世纪 40 年代至 20 世纪 90 年代)。第二次世界大战后，以电子计算机、原子能和空间技术的发明和应用为标志，世界第三次科技革命爆发，电子、信息、宇航、生物工程、原子能和激光等新兴产业在美国迅速发展，并逐渐扩散到其他国家，世界经济迅速进入复苏阶段。在这一阶段，各殖民地国家在政治上纷纷独立，在经济上大力推动工业化进程，形成发展中国家阵营。随着发达国家的产业结构转型升级，一些传统的工业产品生产开始从发达国家向发展中国家或地区转移，导致发达国家（北方）与发展中国家（南方）之间形成制造业内部的水平型分工，表现在以下三个方面：一是高端制造业与简单加工制造业之间的分工；二是资本、技术密集型产品生产；三是劳动密集型产品生产的分工。在国际贸易中，美国、日本和欧盟国家为主的发达国家通过价格剪刀差，掠夺发展中国家的农、矿原料，对发展中国家进行大规模投资及贷款以获得巨额利润和利息，从而使南北贫富差距不断扩大，南北问题成为世界经济格局中的基本问题[11-13]。

[11-13]
金融危机孕育南北格局重大变化

(5)国际分工发展的新趋势（20 世纪 90 年代以来）。20 世纪 90 年代以来，跨国公司的全球化生产体系使国际分工和贸易发生变化。跨国公司全球生产体系就是跨国公司把整条产业链中各个环节、工序布局在全球的最优区位，每个国家只在跨国公司的商品和服务生产的特定阶段或工序进行专业化生产，这使得产品内分工现象引起人们的关注。产品内分工的基本内涵是特定产品生产过程的不同工序或环节通过跨国公司的空间拓展形成跨国性的生产链条，越来越多国家参与某项最终产品的中间产品或服务的生产或供应活动，从而形成基于特定产品生产的产品内分工格局。这种分工形式包括以零部件生产分工和工序分工为主的中间产品生产分工，也包括产品设计、制造和销售的国际分工。一般来讲，跨国公司把产品的研发机构、关键技术产品生产留在母国，而把大量的中间产品生产环节布局在东道国。由于中间产品生产环节的附加价值较低，东道国在国际贸易中获利较少。为此，通过产业转型升级改变不利的产品内分工格局成为大多数发展中国家的战略重点。

2.国际产业转移

产业转移是指某些产业的全部或部分产品生产由某些地域转移到其他地域的过程。产业转移可能是在国内不同地区之间进行，也可能是在不同国家之间进行。国际产业转移是产业在国家之间的转移现象，是指发达国家或地区通过国际贸易和国际投资等多种方式，将产业转移到发展中国家或地区的现象。19 世纪后期，在工业欧美、原料亚、非、拉美的分工基础上，国际产业转移开始出现。欧美国家在迅速发展制成品生产时，对橡胶、铜、石油、铝矾土等工业原材料产生大量需求，矿业和一些初级产品的生产开始向亚、非、拉美的国家转移。由于受当时殖民体系的影响，产业转移主要局限于殖民地和宗主国之间。因此，国际产业转移只是小规模的矿业和初级产品生产的转移。第二次世界大战后，第三次科技革命推动了发达国家产业结构转型升级，一批传统产业开始向经济衰退的国家和独立的殖民地国家转移。在跨国公司推动下，国际产业转移发展迅猛、涉及国家众多，对世界经济格局产生重要影响。从 20 世纪 50 年代至今，国际产业转移先后经历了四次高潮。

(1)第一次国际产业转移浪潮。20 世纪 50 年代，美国在确立了全球经济和产业技术领先地位后，率先进行了产业结构的调整升级，在国内集中力量发展汽车、化工、精密机器、集成电路、家用电器等资本和技术密集型产业，而把钢铁、纺织业等传统产业通过直接投资向正处于经济恢复期的日本、德国等国家转移。日本由于整体经济相对落后、劳动力成本相对较低，在承接了美国移出的轻纺工业后，很快成为全球劳动密集型产品的主要供应者，被喻为继英国、美国之后的第三个“世界工厂”；第二次世界大战结束后，德国在马歇尔计划支持下经济得到恢复。20世纪50年代中期，美国私人资本开始大量涌入德国，直接投资促进了德国经济的快速增长，到20世纪60年代初德国已经赶超英、法，跻身世界经济强国之列。

(2)第二次国际产业转移浪潮。20世纪60年代，科技革命推动发达国家加快产业升级的步伐，美国、德国、日本等国家集中力量发展钢铁、化工、汽车和机械等资本密集型产业以及电子、航空航天和生物医疗等技术密集型产业，而把纺织、服装、制鞋等劳动密集型的轻纺工业逐渐转移到发展中国家，主要是东亚的中国香港、中国台湾地区、新加坡和韩国。它们充分利用丰富的劳动力资源生产和出口纺织、鞋帽、服装、电器、玩具等产品，实现了由进口替代型向出口导向型经济转变，经济持续、快速增长，经济发展水平领先于其他发展中国家，崛起成为新兴工业化国家和地区，因此被称为“亚洲四小龙”。

(3)第三次国际产业转移浪潮。20世纪70年代后期，在两次石油危机打击下，发达国家加快产业结构调整步伐，重点发展以微电子技术为主的能耗小的技术密集型产业和现代服务业，而将汽车、钢铁、造船等资本密集型产业转移到新兴工业化国家和发展中国家。与此同时，亚洲“四小龙”等新兴的工业化国家或地区抓住国际经济提供的产业调整和转移的机遇，及时调整自身的产业结构，开始承接和引进美国、日本等发达国家转移进来的某些资本密集型产业，并将失去比较优势的劳动密集型产业转移到东盟国家等发展中国家，以实现其产业结构的升级。东盟国家沿着亚洲“四小龙”的发展路径，承接亚洲“四小龙”转移出的劳动密集型产业，实施出口导向发展战略，创造了良好的出口业绩和经济发展局面。这一时期，我国实行改革开放政策，充分利用市场潜力大、劳动力成本低和优惠的政策吸引来自发达国家和新兴工业化国家的资本，推动了劳动密集型产业和资本密集型产业的发展，形成庞大的生产能力。

(4)第四次国际产业转移浪潮。20世纪80年代，美国、欧洲、日本等发达国家已经完成了由产品经济向服务经济的转型，金融保险、医疗、教育、文化、专业服务等服务行业成为这些国家经济增长的引擎。20世纪90年代，发达国家的服务业已经十分发达，跨国公司的技术和实力相当雄厚。与此同时，随着工业化的推进和人们生活水平的提高，发展中国家形成巨大的服务需求，特别是在高端服务市场出现供不应求的局面。全球服务经济发展的不平衡，使得发达国家的跨国公司纷纷向发展中国家转移服务项目，掀起了国际服务业转移的浪潮。21世纪，服务业外商直接投资已占全球外商直接投资总额的70%以上，服务业已经取代制造业成为国际产业转移的主要产业。这一时期，国际服务业产业转移的主要方式有对外直接投资和服务外包两种形式。其中，对外直接投资是通过在东道国投资项目实现产业转移，它是金融服务、维修服务、医疗服务、教育服务等产业转移的主要形式。近年来，我国的中外办学机构不断增加，截至2013年年底，我国依法获得批准的中外合作办学机构和项目达到1 979个，其中高等教育阶段在校学生约45万人，西交利物浦大学、宁波诺丁汉大学、上海纽约大学等机构具有很强的竞争力。服务外包或称离岸服务外包是指跨国公司把公司的一部分非核心业务转包给成本较低的发展中国家的企业或公司，以降低企业经营的成本。通过服务外包方式进行国际产业转移的服务项目包括商务服务、计算机及相关服务、法律服务、会计服务、医疗服务等。未来，国际服务外包市场将迅速发展，跨国公司将不断扩大外包业务的范围。

案例11.6

中国的“一带一路”建设

“一带一路”分别指的是丝绸之路经济带和21世纪海上丝绸之路，是中国寻求国际合作、实现国际产业转移的经济通道。丝绸之路经济带由东向西连接中国、中亚、西亚、俄罗斯至欧洲国家；由北向南连接中国、东南亚、南亚至印度洋。21世纪海上丝绸之路的重点路径是从中国沿海港口过南海到印度洋，延伸至欧洲；从中国沿海港口过南海到南太平洋。“一带一路”贯穿欧亚大陆，东边是活跃的东亚经济圈，西边进入欧洲经济圈，而中间广大腹地国家经济发展潜力巨大，传统产业的市场需求旺盛。“一带一路”建设将有效推进沿线国家之间的国际产业转移，加强国家之间的合作，共同推进区域的大合作、大发展。

“一带一路”沿线绝大多数国家处于工业化初期，在相当长一段时期内难以发展出有出口能力的制造业，因而外商直接投资是其推动工业化的基本手段。菲律宾、印度、越南、乌兹别克斯坦、老挝、缅甸、摩尔多瓦、巴基斯坦、孟加拉国、吉尔吉斯斯坦、柬埔寨、巴布亚新几内亚、塔吉克斯坦和尼泊尔等国家都希望通过国际产业转移迅速发展本国经济。目前，处于经济新常态的中国正在进行供给侧结构性改革，面临转移传统产业、发展高端制造业和现代服务业的挑战。中国有意愿、也有能力向沿线国家提供及时的发展经验，转移一部分优质产能。对于纺织、服装、食品和饮料等劳动密集型的产业而言，越南、孟加拉国、斯里兰卡、塔吉克斯坦、埃及、孟加拉国、印度及尼泊尔等国家是中国国际产业转移的主要东道国；对于钢铁、砖材、水泥、锅炉、金属架、手工工具和塑料制品等具有一定技术含量的产业来说，中国与约旦、越南、印度尼西亚、菲律宾、孟加拉、斯里兰卡等国家存在巨大的合作空间。

资料来源：中国海外政经研究中心.“一带一路”中，中国产业转移有哪些选择[R].2015.

（二）国家经济空间结构

国家经济空间结构是指全国范围内，各地区之间的劳动地域分工现象，以及各地区在国家经济增长中的地位及其相互关系。从劳动地域分工来看，由于各地区自然资源、人力资源或社会经济基础不同，从而形成不同的产业结构，具有不同的专业化发展方向。地区专业化生产部门是地区的主导产业或支柱产业，它们向区外提供产品和服务，决定着地区经济所承担的职能和发展水平。从区域经济发展水平来看，不同地区产业结构不同、经济发展水平不同，发展的先后顺序也不同。国家经济增长是一个非均衡的连锁反应过程，表现为一部分地区优先发展，然后通过扩散效应带动周围落后地区的发展。根据增长极理论和点轴理论，国家经济增长就是沿着经济中心—经济轴带—区域全面发展的顺序展开。

1.经济中心

经济中心是指在一国或一定区域经济活动中，经济实力雄厚、技术水平领先，具有强大的综合服务能力，能够渗透和带动腹地经济发展的城市。经济中心是一个国家或区域经济活动的引擎，它通过极化和扩散两种效应与其腹地形成紧密的联系。极化效应是指人才、资本、科技成果不断向中心城市聚集的过程。极化效应使中心城市的产业规模不断扩大，城市的服务职能不断增强，强化了作为区域增长极的地位。扩散效应是指中心城市产业结构高度化过程中，传统产业的生产要素由中心城市向腹地区域的流动过程。扩散效应带动了周边地区的经济发展，并在中心城市周边形成了卫星城镇。经济中心的实力越强，其辐射和影响的腹地范围就越广。按中心城市辐射范围的大小，经济中心可以分为全国性经济中心、区域性经济中心和地方性经济中心。

(1)全国性经济中心。全国性经济中心是指辐射和带动范围波及全国的中心城市。我国具有全国性意义的经济中心包括北京、上海和广州，三大城市都是人口超过 1 000 万以上的特大型城市，经济规模、科技水平和城市服务能力在全国都处于领先地位。2016 年，普华永道发布的《机遇之都 7》对全球 30 个商业中心城市的经济和社会发展进行了全面考察，从交通和基础设施、宜商环境、人口结构特征和宜居性、技术成熟度与成本等 10 个维度衡量这些城市的表现。我国的香港、北京和上海入选，其综合排名分别为第 9 位、第 19 位和第 21 位。其中，香港在宜商环境、门户城市和技术成熟度等方面表现出色；北京在门户城市和经济影响力两个指标上都居第 3 位。上海虽然在门户城市和经济影响力维度位列第 7，但由于其在宜商环境和成本维度排名较低，因而综合排名靠后。

北京是中国的首都，是全国政治、文化中心，世界著名古都和现代国际城市。21 世纪以来，北京坚持高端引领、创新驱动、绿色发展的理念，六大高端产业功能区(中关村科技园区、金融街、经济技术开发区、商务中心区、临空经济区、奥林匹克中心区)初具规模，经济发展高端化格局初步形成，经济社会的服务功能显著提升，首都经济特征进一步显现。2014 年，北京人口为 2 152 万人，实现地区国内生产总值 21 330.83 亿元。未来，北京将发展成为经济繁荣、文化发达、社会和谐、生态良好的现代化国际城市。

上海是中国的直辖市之一，全国重要的经济中心。面对 2008 年爆发的全球经济危机，上海市积极探索创新驱动转型发展之路，以现代服务业为主、战略性新兴产业引领、先进制造业支撑的新型产业体系已具雏形，国际经济、金融、贸易和航运中心的服务能力不断提升，国内经济引领作用和国际科技创新影响力进一步增强。2014 年，上海人口为 2 426 万人，实现地区国内生产总值 23 567.70 亿元。未来，上海将发展成为卓越的全球城市，国际经济、金融、贸易、航运、科技创新中心和文化大都市。

广州是广东省省会、国家历史文化名城，我国重要的中心城市、国际商贸中心和综合交通枢纽。围绕国家中心城市建设目标，广州市深入实施创新驱动发展核心战略，现代服务业的主导作用进一步加强，智能装备及机器人、新一代信息技术、新能源汽车、生物医药等先进制造业稳中提质，中心城市功能不断强化，城市综合承载力明显提高。2014 年，广州人口为 1 308.05 万人，实现地区国内生产总值 16 706.87 亿元。未来，广州市将建设成为经济繁荣、和谐宜居、生态良好、富有活力、特色鲜明的现代化城市。

（2）区域性经济中心。区域性经济中心是指辐射半径大于省域范围而小于全国范围的中心城市。除北京、上海和广州外，我国的两个直辖市（天津、重庆）、24 个省会城市和 1 个单列市（深圳）是不同区域的经济中心或中心城市（见表 11-2），在政治、经济、文化、科教、金融等方面具有引领和辐射能力。根据国务院对各城市总体规划的批复意见，明确为区域性经济中心的城市有天津、重庆、深圳和南宁。其中，天津是环渤海地区经济中心；重庆为长江上游地区经济中心；深圳为华南地区重要的经济中心；南宁为北部湾经济中心。区域性中心城市要加速提升经济科技实力和城市服务职能，发展成为跨省区的高科技工业中心、文化中心、信息中心、交通通信枢纽、金融商贸中心，进一步发挥辐射带动区域科技、经济、社会发展的综合功能。

表 11-2　　我国区域经济发展的中心城市

中心城市	腹地范围	中心城市	腹地范围
天津	环渤海地区经济中心	沈阳	东北地区重要中心城市
石家庄	京津冀地区重要中心城市之一	哈尔滨	东北地区重要中心城市
南京	东部地区重要中心城市	长春	东北地区中心城市之一
杭州	长三角经济中心城市之一	南宁	北部湾经济中心
福州	海峡西岸经济区中心城市之一	重庆	长江上游地区经济中心
济南	环渤海地区南翼中心城市	成都	西部地区重要中心城市
深圳	华南地区重要经济中心	贵阳	西南地区重要中心城市之一
南昌	长江中游地区重要中心城市	昆明	西部地区重要中心城市之一
郑州	中部地区重要中心城市	西安	西部地区重要中心城市
武汉	中部地区中心城市	兰州	西部地区重要中心城市之一
长沙	长江中游地区重要中心城市	西宁	西北地区重要中心城市
太原	华北地区重要中心城市	银川	西北地区重要中心城市
合肥	长三角城市群副中心城市	乌鲁木齐	西北地区重要中心城市
		呼和浩特	北方沿边地区重要中心城市

资料来源：根据各城市的城市总体规划资料整理.

（3）地方经济中心。地方经济中心是指辐射和带动范围限于省域范围，经济、社会实力较周围地区强大，具有一定城市服务功能的中心城市或集镇。我国直辖市和省会城市是各省级行政区的政治中心，而且也是省内最大的综合性产业城市和文教中心。因此，省会城市是省级行政中心和经济中心的复合体，对省域经济产生强大的辐射力和向心力。其中，大部分省会城市的经济辐射范围不仅仅局限于省域，兼具有区域性中心城市的功能；少数位于偏远地区的省会城市，城市规模较小，经济辐射范围也较小，其经济和社会影响局限在省域行政管辖范围内。如拉萨市、海口市等。除省会城市外，各省级行政区还分布着规模不等的中小城市，它们具有一定的经济集聚效应和城市服务能力，连接中心与腹地形成区域经济发展网络，逐级向集镇和农村传递中心城市的技术、产业和信息，成为区域网络开发的重要节点。

2.经济轴带

经济轴带是指产业活动沿着交通干线等基础设施密集分布，而形成的带状产业高地。经济轴带的形成与中心城市扩散的地理路径密切相关。一般来说，中心城市向外扩散人口和产业是沿着交通线路沿线展开的。这是因为交通干线沿线交通便捷、经济社会基础相对较好，因而对向外转移的企业和人口产生强大吸引。随着中心城市实力增强，扩散效应将使轴线沿线地区产业规模与人口密度不断提高，人口、产业和城镇的带状分布特征逐步显现，经济社会实力明显超越周边区域，逐渐发展成为经济发展的带状区域。当人口和产业沿轴带集聚时，轴带及其附近区域的城镇数量不断增加，城市之间的联系不断加强，城市集聚特征也逐步显现。当这些地理距离相近的城市之间形成联系紧密、协调发展的城市联合体时，城市群就出现了[11-14]。

［11-14］
中国主要城市群简表

改革开放以来，随着我国第二产业和第三产业迅速发展和集聚，产业布局出现带状集聚分布现象。1984 年，我国地理学家陆大道先生首先提出了“一横一纵”的“T”形经济轴带（沿海经济带和长江经济带）。2006 年，《中华人民共和国国民经济和社会发展第十一个五年规划纲要》把陇海兰新经济带和京广京哈经济带也纳入国家层面的经济轴带，提出了“两横两纵”型经济轴带。2010 年，《全国主体功能区规划》再增加一条“包昆经济带”；同时，陇海兰新线向西延伸与北疆铁路连接，形成陆桥通道经济带，由此形成了“两横三纵”型经济轴带[11-15]。这五条经济轴带云集了大量的产业和城镇，成为我国承东启西、辐射南北的“经济骨架”。

［11-15］
中国城镇化“两横三纵”格局图

(1)长江经济带。长江是我国的第一大河，全长 6 380 千米，自西向东流经青海、西藏、四川、云南、湖北、湖南、江西、江苏、上海，长江沿岸分布着宜宾、重庆、武汉、九江、南京、苏州、上海等 35 个大中型城市（见表 11-3）。长江沿岸经济总量占全国经济总量的 1/5，集中了相当数量的优势企业和技术研究开发机构，汽车工业、石化工业、钢铁工业、建材工业、机电工业以及高新技术产业发展突出，成为我国东西向的交通要道和产业密集带。未来，长江经济带要进一步发挥长江黄金水道的航运功能，在合理规划布局沿江港口的基础上，不断改善沿江地区的投资环境，提升沿江地区集聚人口和要素的能力，培育壮大战略性新兴产业，建设集聚度高、竞争力强、绿色低碳的现代产业走廊和国际黄金旅游带。

(2)陆桥通道经济带。陇海线、兰新线是我国东西向的主要铁路干线，它们向西与北疆铁路连接，构成“欧亚大陆桥”在我国境内的全部线路，是我国唯一的东西两头双向开放的陆上大交通线。该通道全长 4 591 千米，东起江苏省的连云港，向西一直延伸到新疆的阿拉山口，途经徐州、郑州、西安、兰州、西宁等 40 余个城市。通道沿线分布着丰富的石油、煤炭、水力等能源资源，拥有规模庞大的能源、原材料产业。在陆桥通道的中段，铁路线与黄河沿岸灌溉农业带相重合，城镇集聚分布，农业生产发达。未来，陆桥通道经济带要以铁路、公路等重大基础设施的连通、联动为切入点，强化陆桥通道各城市的合作，进一步提升陆桥通道的经济密度和传输能力。

(3)沿海经济带。东部沿海地区是我国改革开放最早、经济实力最雄厚、科学技术水平最高、交通通信线网密集，与国内外具有广泛联系的地区。1979 年，国家设深圳、珠海、汕头、厦门经济特区，1984 年开放沿海 14 个港口城市，1985 年初又将长江三角洲、珠江三角洲和闽南三角地区(厦门—漳州—泉州)划为沿海经济开放区，在一系列政策支持下沿海地区经济得到快速发展，一批技术含量高的电子、汽车、化工、机械、生物工程等产业迅速发展，经济密度不断提高。同时，城镇化进程加快，城市规模不断扩大，城市群特征日益突出。自北而南，沿海经济带分布着大连、唐山、天津、青岛、上海、宁波、温州、福州、广州、深圳、香港、澳门、海口等 50 余个大中城市，京津冀城市群、山东半岛城市群、长三角城市群、海峡西岸城市群、珠三角城市群等城市群发展十分迅速。未来，沿海经济带要不断提升技术创新能力，继续在制度创新、科技进步、产业升级、绿色发展等方面走在全国前列，加快形成国际竞争新优势，在更高层次参与国家合作与竞争，引领和带动我国经济结构转型升级。同时，要加快辽西地区、江苏沿海、广东的西南沿海和广西沿海的经济发展，进一步挖掘经济增长的潜力。

(4)京哈—京广经济带。京哈—京广铁路是一条南北走向的交通大动脉，该铁路由京哈线和京广线组成。京哈线全长 1 388 千米，北起哈尔滨，南到北京，途经天津、廊坊、唐山、秦皇岛、锦州、沈阳、四平、长春等 20 余个城市。京广线全长 2 270 千米，北起北京市，南到广州市，途经保定、石家庄、邯郸、郑州、武汉、长沙、衡阳、韶关等 30 余个城市。京哈—京广铁路的建设不仅强化并完善了我国南北交通运输网的结构，缩短了南北运输的时间，推动了区域之间的经济贸易往来，加速沿线城市群和经济圈融合。而且，交通条件的改善也加速了沿线地区工业化、城镇化和信息化进程，物质、技术和人口迅速向沿线城镇集聚，由此形成我国重要的一条经济带。未来，京哈—京广经济带要以京广线、京哈线为核心轴，与京九线、哈大线、同蒲线、焦枝线、枝柳线联动，共同打造京广京哈经济带，使之成为我国经济的“脊梁”。

(5)包昆经济带。包昆铁路是我国南北走向的交通干线，北起包头市，南至广西壮族自治区的南宁市，途经呼和浩特、包头、鄂尔多斯、延安、咸阳、西安、汉中、绵阳、成都、重庆、贵阳、昆明等 20 余个城市。包昆铁路是我国西部地区的交通大通道，包昆铁路沿线是西部地区人口和资源较为集聚的地区，也是西部地区发展基础好、资源环境承载能力强、发展潜力大的产业和人口密集带，具备打造成为具有全国性影响、辐射带动西部地区的经济轴带的基础条件。未来，包昆经济带要以交通条件的改善为着力点，积极发展城际高铁，带动发展榆林、延安、泸州、内江、遵义、韶通、六盘水、曲靖等中小城市，提高其经济的集聚程度，增强其辐射能力。

表 11-3　　两横三纵经济带上的主要城市

经济带	主要城市
沿海经济带	丹东、大连、营口、盘锦、锦州、葫芦岛、秦皇岛、唐山、天津、沧州、滨州、东营、烟台、威海、青岛、日照、连云港、盐城、南通、上海、宁波、舟山、台州、温州、宁德、福州、莆田、泉州、厦门、漳州、潮州、汕头、汕尾、深圳、珠海、阳江、茂名、湛江、海口、北海、钦州、防城港、南宁
长江经济带	攀枝花、乐山、宜宾、泸州、重庆、宜昌、荆州、咸宁、武汉、黄冈、鄂州、黄石、九江、安庆、池州、铜陵、芜湖、马鞍山、南京、镇江、扬州、泰州、常州、无锡、苏州、南通、上海
京哈—京广经济带	绥化、哈尔滨、长春、四平、铁岭、沈阳、盘锦、锦州、葫芦岛、秦皇岛、唐山、天津、廊坊、北京、保定、石家庄、邢台、邯郸、安阳、鹤壁、新乡、郑州、许昌、漯河、驻马店、信阳、孝感、武汉、咸宁、岳阳、长沙、湘潭、株洲、衡阳、郴州、韶关、清远、广州、佛山、江门、中山、珠海
陆桥通道经济带	阿拉山口、博乐、克拉玛依、石河子、昌吉、乌鲁木齐、吐鲁番、哈密、嘉峪关、酒泉、张掖、金昌、武威、西宁、兰州、白银、定西、天水、宝鸡、咸阳、西安、渭南、三门峡、洛阳、郑州、开封、商丘、淮北、徐州、连云港
包昆经济带	呼和浩特、包头、鄂尔多斯、榆林、延安、铜川、咸阳、西安、汉中、广元、绵阳、德阳、成都、重庆、遵义、贵阳、安顺、曲靖、昆明

资料来源：根据铁路部门的站点资料整理.

3.国家地域分工体系

我国是国土面积辽阔的发展中国家，我国的劳动地域分工是各种因素综合作用下形成的，其中海陆位置是我国劳动地域分工形成的基础。沿海与内地的关系一直是我国经济空间结构的基本问题。改革开放之前，基于政治安全和军事备战的目的，我国生产力布局采取平衡发展战略，并在“三线”地区投入了大量的人力和物力。改革开放之后，基于经济增长的目标，我国采用了非平衡发展战略，优先发展沿海地区；进入 21 世纪，基于缩小沿海与内地之间的差距，我国开始采取区域协调发展的战略。区域经济发展战略几经调整之后，我国逐步形成了四大经济地区协调发展的总体战略布局。

(1)四大经济地区的形成。其形成过程分为两个阶段。

①三大地带的提出。改革开放之初，我国政府为了提高投资效率，加快经济增长速度，在总结新中国成立以来区域发展经验教训和借鉴西方发达国家区域发展理论的基础上，突破了生产力平衡布局理论的束缚，采用非平衡发展思想，突出效率优先理念，提出优先发展东部沿海地区战略。1986 年 4 月，第六届全国人民代表大会第四次会议批准的《中华人民共和国国民经济和社会发展第七个五年计划》把全国划分为三大经济地带：东部地带、中部地带和西部地带。当时，我国的 29 个省级行政区(不含台湾地区)，分别被划分到不同的经济地带。其中，东部沿海地带(东部地带)包括辽宁省、山东省、江苏省、浙江省、福建省、广东省、北京市、

天津市、河北省、上海市和广西壮族自治区等11个省、市和自治区。中部地带包括黑龙江省、吉林省、山西省、河南省、湖北省、湖南省、安徽省、江西省和内蒙古自治区等9个省、自治区。西部地带包括陕西省、甘肃省、青海省、四川省、云南省、贵州省、宁夏回族自治区、新疆维吾尔自治区和西藏自治区等9个省和自治区。1998年撤销广东省管辖的海南行政区，设立海南省并划归东部地带。1997年，撤销四川省管辖的重庆市，设立重庆直辖市并划归西部地带。这样，我国的31个省级行政区(不含台湾地区、香港特别行政区和澳门特别行政区)分别被划归不同的经济地带。

②四大地区的形成。非均衡发展战略将我国的发展战略重点放到了沿海地区，项目投放优先、体制松绑、政策优惠促进了沿海地区的快速增长，并带动了全国经济总量的增长。但是，东部地带与中、西部地带之间的差距明显扩大。2001年，我国加入世界贸易组织后，东部沿海地区在全球化资源配置的拉动下发展速度加快，国内地区差距进一步扩大。为此，21世纪，我国区域经济发展战略开始强化“兼顾公平”理念，在非均衡发展格局基础上推动区域协调发展，即区域经济再平衡战略。1999年11月，中央经济工作会议根据扩大内需、促进经济增长和东西部共同富裕的客观要求，提出实施西部大开发战略，并将原属于中部地带的内蒙古自治区和东部地带的广西壮族自治区划入西部，享受西部大开发的相关优惠政策。2003年10月，为解决东北地区国企改革以及资源型城市持续发展问题，中央提出振兴东北地区等老工业基地战略，将中部地带的黑龙江省、吉林省和东部地带的辽宁省列为东北老工业基地。至此，我国经济空间结构演变为四大经济地区：东部地区(含10个省级行政区)，中部地区(含6个省级行政区)，西部地区(含12个省级行政区)和东北地区(含3个省级行政区)。2004年3月，在第十届全国人民代表大会第二次会议的《政府工作报告》中，中央首次提出促进中部地区崛起的战略。2006年，《中华人民共和国国民经济和社会发展第十一个五年规划纲要》中明确提出要实施推进西部大开发，振兴东北地区等老工业基地，促进中部地区崛起，鼓励东部地区率先发展的区域发展总体战略，健全区域协调互动机制，形成合理的区域发展格局。“十一五”、“十二五”时期，我国的经济空间结构都贯穿了四大经济地区划分的方案。

(2)四大经济地区的发展战略。2016年，《中华人民共和国国民经济和社会发展第十三个五年规划纲要》按照四大经济地区的战略部署，提出要深入实施西部开发、东北振兴、中部崛起和东部率先的区域发展总体战略，创新区域发展政策，完善区域发展机制，促进区域协调、协同、共同发展，努力缩小区域发展差距[11-16]。

[11-16] 中华人民共和国国民经济和社会发展第十三个五年规划纲要

①西部大开发战略。西部地区由12个省、市、自治区组成，其面积为686.02万平方千米，占全国国土面积的71.46%。2014年西部地区总人口为36 839万人，地区国内生产总值为138 099.8亿元，分别占全国总量的27.04%和20.18%。西部地区土地广阔、矿产资源丰富，但经济社会发展的基础相对薄弱，在西部大开发过程中煤炭、电力、化工、冶金等能源、原材料工业得到快速发展。在空间结构上，增长极具有很大潜力。该地区拥有4个地区性中心城市(西安、成都、兰州、昆明)和9个处于成长期的城市群(成渝、关中、北部湾、呼包鄂榆、黔中、滇中、兰西、

宁夏沿黄、天山北坡城市群);而且路桥通道西段、长江经济带的西段、包昆经济带都经过本区。未来,西部地区大开发要充分利用"一带一路"建设对西部大开发的带动作用,加快内外联通通道建设,加大门户城市开放力度,提升开放型经济水平;进一步提高基础设施水平,加强区域性交通枢纽建设,明显改善落后边远地区对外通行条件;大力发展绿色农产品加工、文化旅游等特色优势产业;设立一批国家级产业转移示范区,发展产业集群;依托资源环境承载力较强地区,提高资源就地加工转化比重。

②东北地区老工业基地振兴战略。东北地区由 3 个省组成,其面积为 78.82 万平方千米,占全国国土面积的 8.21%。2014 年东北地区总人口为 10 976 万人,地区国内生产总值为 57 469.1 亿元,分别占全国总量的 8.05%和 8.40 %。东北地区土地肥沃、森林与矿产资源丰富、农业的机械化、专业化水平高,工业体系较为完备,钢铁、机械、石油、化工、建材、煤炭等重工业基础雄厚。但是,基础设施陈旧、产业结构老化、创新能力减弱制约着东北地区的可持续发展。在空间结构上,该区拥有 3 个重要的区域性中心城市(沈阳、长春、哈尔滨)和两大城市群(哈长、辽中南城市群);而且,京哈—京广经济带北端,沿海经济带北端对东北地区振兴具有较强的辐射带动作用。为提升东北地区的发展活力、内生动力和整体竞争力,东北地区要重点实施以下战略:加快市场取向的体制机制改革,积极推动国资国企改革;加快服务型政府建设,改善营商环境,加快发展民营经济;建设面向俄罗斯、日本、韩国等国家的合作平台,扩大对外开放;大力开展和积极鼓励创业创新,支持建设技术和产业创新中心,吸引人才等各类创新要素集聚,使创新真正成为东北地区发展的强大动力;加快发展现代化大农业,加快促进装备制造等优势产业提质增效,建设产业转型升级示范区,推动产业向集聚化、高端化、智能化方向发展,建设具有国际竞争力的先进装备制造业基地和重大技术装备战略基地、国家新型原材料基地、现代农业生产基地和重要技术创新与研发基地。

③中部地区崛起战略。中部地区由 6 个省组成,其面积为 102.85 万平方千米,占全国国土面积的 10.71%。2014 年中部地区总人口为 36 262 万人,地区国内生产总值为 138 679.7 亿元,分别占全国总量的 26.61%和 20.26%。中部地区具有丰富的自然资源和良好的农业生产条件,粮食生产能力居全国首位,能源、冶金、汽车、大型机械制造等产业在全国占有重要地位。但是,排他性政策缺失、人力资本短缺、开放程度低、城镇化水平偏低等因素导致了"中部塌陷"。在空间结构上,该地区拥有两个中部地区中心城市(武汉、郑州),4 大城市群(中原、长江中游、晋中、江淮城市群);而且,陆桥通道的中东段、长江经济带的中东段、京哈—京广经济带的中段也对本区形成强大的辐射带动作用。未来,中部地区崛起要全面推进对内对外开放,积极探索自由贸易区模式,推动综合保税区的发展,发展内陆开放型经济;要顺应经济梯度转移趋势,对接国家区域发展战略,积极探索产业转移新模式,引导和支持东南沿海地区符合环保等要求的产业、国内外知名企业生产基地等向中部地区有序转移,加快发展先进制造业,建设一批战略性新兴产业和高技术产业基地;完善支持政策体系,推动城镇化与产业支撑、人口集聚有机结合,培育壮大沿江、沿线城市群和都市圈增长极,提升新型城镇化水平。

④东部地区率先发展战略。东部地区由10个省、市、自治区组成，其面积为92.31万平方千米，占全国国土面积的9.62%。2014年东部地区总人口为52 169万人，地区国内生产总值为350 100.9亿元，分别占全国总量的38.30%和51.16%。东部地区位置、交通与信息条件优越，对外开放程度高，金融市场相对成熟、技术创新能力强，经济基础雄厚，汽车、石化、电子等产业的支柱地位突出，交通通信、金融保险、文化传媒、技术服务以及会展业等服务业发展迅速，已经成为大中城市的主导产业。但是，劳动力、土地等生产要素和环境容量的瓶颈制约突出。在空间结构上，增长极的实力和带动能力突出。该地区拥有3个全国性经济中心(北京、上海和广州)，1个东部地区中心城市(南京市)，5个大规模的城市群(京津冀、长三角、珠三角、山东半岛、海峡西岸城市群)；而且，陆桥通道东端，长江经济带东端、京哈—京广经济带的中段和南段、沿海经济带的大部都经过本区。未来，东部地区将率先实现产业转型升级，发展成为我国开放创新转型升级的新高地，进一步发挥对全国经济发展的支撑和引领作用。为此，东部地区要加快建立全方位开放型经济体系，在整合综合保税区、保税港区、出口加工区等特殊海关监管区的基础上，选择合适的区域推广中国(上海)自由贸易区的经验，建立与国际贸易通行规则相衔接的基本制度框架，更高层次参与国际合作与竞争；要加快实施创新驱动发展战略，优化企业创新发展环境，完善产学研相结合的区域创新体系，提高东部地区自主创新能力，打造具有国际影响力的创新高地；加快推动产业升级，积极承接国际高端产业转移，推动传统产业向中西部地区转移，引领新兴产业和现代服务业发展，建设成为我国先进制造业的先行区，具有全球影响力的先进制造业基地。

4.蓝色经济空间

我国海域的面积辽阔，海岸及其邻近海域是我国经济活动的重要空间。海陆统筹是我国海洋经济发展和经济空间结构的基本原则。21世纪，海洋在国家经济发展及维护国家主权、安全、发展利益中的地位更加突出，拓展海洋战略空间成为世界各国的共识。《中华人民共和国国民经济和社会发展第十三个五年规划纲要》明确提出了拓展蓝色经济空间、建设海洋强国的战略目标。

(1)海洋经济区划分。我国东部濒临太平洋，自北向南依次分布着渤海、黄海、东海和南海。依托丰富的海洋资源和辽阔的海洋空间，我国的海洋渔业、海洋油气、海洋旅游、海洋装备制造业、海洋生物医药、海水淡化利用以及海洋交通运输业等产业快速发展，壮大了我国蓝色经济的规模。为科学规划海洋经济发展，合理开发利用海洋资源，2003年，我国发布《全国海洋经济发展规划纲要》，并根据自然和资源条件、经济发展水平和行政区划，把我国海岸带及邻近海域划分为11个综合经济区，通过发挥区域比较优势，形成各具特色的海洋经济区域。这11个综合经济区分别是：辽东半岛海洋经济区、辽河三角洲海洋经济区、渤海西部海洋经济区、渤海西南部海洋经济区、山东半岛海洋经济区、苏东海洋经济区、长江口及浙江沿岸海洋经济区、闽东南海洋经济区、南海北部海洋经济区、北部湾海洋经济区、海南岛海洋经济区。

(2)海洋经济圈划分。2012年，国务院印发《全国海洋经济发展"十二五"规划》，提出推进北部、东部和南部三个海洋经济圈建设，构建层次清晰、定位准确、特色鲜明的海洋经济空间开发格局。

①北部海洋经济圈由辽东半岛、渤海湾和山东半岛沿岸及海域组成。该区域海洋经济发展基础雄厚，海洋科研教育优势突出，是我国北方地区对外开放的重要平台，是我国参与经济全球化的重要区域，是具有全球影响力的先进制造业基地和现代服务业基地、全国科技创新与技术研发基地。重点发展的项目有大连海珍品增殖基地；东北亚黄金旅游、天津邮轮游艇经济、国家海洋博物馆文化产业集群、长岛休闲度假岛、荣成好运角旅游度假区；天津北方国际航运中心、东北亚国际航运综合枢纽；大连海洋生物中试与产业化基地；渤海油气资源开发等。

②东部海洋经济圈由江苏、上海、浙江沿岸及海域组成。该区域港口航运体系完善，海洋经济外向型程度高，是我国参与经济全球化的重要区域、亚太地区重要的国际门户、具有全球影响力的先进制造业基地和现代服务业基地。重点发展的项目有舟山远洋渔业基地；吴淞口国际邮轮码头，东部旅游新基地和生态休闲旅游带；江苏沿海港口群、无锡上海国际航运中心、宁波—舟山港为核心的大宗商品储运加工贸易基地和集装箱干线港；泰州、连云港、大丰、启东海洋生物产业基地；海洋深潜艇装备研发基地、长兴岛海洋工程装备制造基地等。

③南部海洋经济圈由福建、珠江口及其两翼、北部湾、海南岛沿岸及海域组成。该区域海域辽阔、资源丰富、战略地位突出，是我国对外开放和参与经济全球化的重要区域，是具有全球影响力的先进制造业基地和现代服务业基地，也是我国保护开发南海资源、维护国家海洋权益的重要基地。重点发展的项目有红树林区生态养殖示范基地，西沙渔业生产服务基地；中国台湾海峡旅游，南澳岛、红海湾、惠东巽寮湾等海洋综合旅游区，环北部湾滨海跨国旅游区，海南国际旅游岛；厦门港集装箱干线港，北部湾沿海深水港口，海口、洋浦、八所等港口；厦门、福州、泉州海洋药物及生物制品生产基地建设；莺歌海盆地油气资源开发，琼东南盆地油气开发；游艇制造基地等。

(3)海洋经济发展试点区建设。相对于陆地来说，国家对于海洋的开发开放经验相对不足。为此，国家发改委会同有关部门和地方组织开展了全国海洋经济发展试点工作，积极探索有利于促进海洋经济科学发展的创新之路，为全国海洋经济科学发展积累经验、提供示范。自2010年4月以来，经国务院批准，山东半岛蓝色经济区(2011)、浙江海洋经济发展示范区(2011)、广东海洋经济综合试验区(2011)、福建海峡蓝色经济试验区(2012)和天津海洋经济科学发展示范区(2013)先后被确定为全国海洋经济发展试点地区。试点地区积极推进海洋产业结构调整升级，不断优化发展布局，推动建立现代海洋产业体系，努力提升海洋经济发展层次和辐射带动力，取得良好的成效，对全国海洋经济发展的引领示范作用逐步显现。

(三)区域经济空间结构

在实践中，我国主要是按照行政区划系统来进行地区经济空间结构，省级、市级以及县级成为经济空间结构的地域单元。各级政府按行政管辖范围来组织国民经济活动，分析和设计经济空间结构框架。这种形式虽然有利于调动各级政府的积极性，但是，不利于协调各行政区之间内在的经济联系，不利于在全国范围内实现合理的劳动地域分工。在经济空间结构方面，地区性经济空间结构与国家经济空间结构的思路相似，基本上也是分析和选择经济中心和轴带等重点地区，确定地区内的劳动地区分工以及区域发展战略（见表 11-4）。

表 11-4　　我国各省、市、自治区经济空间结构框架

省、市、自治区	经济空间结构	省、市、自治区	经济空间结构
北京市	一核一主一副、两轴多点一区	湖北省	一心二带三区
天津市	一轴两带三区	湖南省	一核三极四带多点
河北省	两翼四区五带多点	广东省	一核一带一区
山西省	一核两带四板块	广西壮族自治区	四群四带
内蒙古自治区	一群两带	海南省	一点两区三地
辽宁省	双擎一轴联动	重庆市	一区两群
吉林	两区四轴两带	四川省	一干多支、五区协同
黑龙江	一心两翼、一带两轴	贵州省	一轴两带四区
上海市	多核多轴	云南省	一区一带五群七廊
江苏省	一带两轴、三圈一极	西藏自治区	一心一线一片多点
浙江省	三群四区七核五极	陕西省	一核四极、两轴两带
安徽省	一圈一带三区	甘肃省	一横两纵六区
福建省	两极两带六湾区	青海省	四区两带一线
江西省	一核两带一板块	宁夏回族自治区	一主三副、两轴两带
山东省	一群两心三圈	新疆维吾尔自治区	一圈一带一群
河南省	两极四带四区多点		

资料来源：根据相关的城市总体规划整理.

1.陕西省经济空间结构

陕西省是我国西部地区经济发展水平较高的区域，能源化工产业、装备制造业、食品工业、旅游业发展良好。陕西省土地面积为 20.58 万平方千米，设有西安、宝鸡、咸阳、铜川、渭南、延安、榆林、汉中、安康、商洛等 10 个省辖市和杨凌农业高新技术产业示范区。陕西省经济空间结构呈现出“一核四级、两轴两带”的格局。“一核”即以西安国际化大都市为核心，建设大西安、带动大关中、引领大西北；“四极”即以宝鸡、渭南、榆林、汉中为省域次核心城市；“两轴”即陇海铁路和连霍高速公路沿线东西向城镇发展主轴，西包—西康铁路和包茂高速公路沿线南北向城镇发展主轴；“两带”即陕北长城沿线城镇发展带和陕南十天高速及阳安铁路沿线城镇发展带。

2.吉林省经济空间结构

吉林省是我国东北地区的内陆省份，是全国重要的交通运输设备制造业基地、石油化工产业基地和商品粮基地。吉林省现辖1个副省级城市(长春)、7个地级市(吉林、四平、辽源、通化、白山、松原、白城)和1个自治州(延边朝鲜族自治州)。其经济空间结构呈现出以长吉一体化和哈大轴位重点的“两区、四轴、两带”的空间格局。“两区”是指长吉都市区和延珲城市组合区,其中以长吉都市区(双核心)为重点。“四轴”是指哈大(哈尔滨—大连)发展轴、珲乌(珲春—乌兰浩特)发展轴、舒梅(舒兰—梅河口)发展轴和南部门户轴(双辽—白山)。其中哈大发展轴、珲乌发展轴为十字形交叉的两条主轴,重点突出发展哈大发展轴。“两带”是指东部边境生态产业发展带和西部草原湿地生态恢复带。其中,东部边境生态产业发展带是保障东北地区生态安全的区域“绿肺”;西部草原湿地生态恢复带是防止草原湿地退化、西部沙化侵蚀哈大经济带的生态修复带。

3.山西省经济空间结构

山西省是我国中部地区北端的省份,是我国重要的能源和工业基地,煤炭采选业、炼焦业、冶金和电力工业具有明显的优势,煤化工业、装备制造业、材料工业和旅游业具有发展潜力。山西省行政管辖区面积为15.63万平方千米,划分为11个地级市,由北向南分别是大同、朔州、忻州、太原、晋中、吕梁、阳泉、临汾、运城、长治、晋城。其中太原市是山西省的省会城市。山西省经济空间结构的特点总体上表现为中部盆地产业密集、经济发展水平高;而东西山地地区工业化水平较低,经济发展比较缓慢。从重点地区来看,太原为山西省经济发展的经济中心城市,大西沿线和太焦沿线形成了明显的经济轴带。从劳动地域分工来看,山西省可以分为晋北、晋中、晋南和晋东南四个经济板块,从而构成以太原市为核心,大西沿线和太焦沿线为轴带,晋北、晋中、晋南、晋东南四个经济板块协调发展的“一核两带四板块”的经济空间结构格局。

4.江苏省经济空间结构

江苏省是我国经济发达、综合实力领先的东部沿海省份之一,其土地面积为10.72万平方千米,现辖13个市(南京、无锡、徐州、常州、苏州、南通、连云港、淮安、盐城、扬州、镇江、泰州和宿迁)。在经济空间结构上,江苏省以沿江、沿海和沿东陇海地区为发展重点,苏北水乡湿地地区、苏南丘陵山地地区为城镇点状发展空间,形成“一带两轴,三圈一极”的“紧凑型”城镇空间结构。“一带”为沿江城市带,它是长江三角洲世界级城市群的北翼核心区。“二轴”为沿海城镇轴和沿东陇海城镇轴。“三圈”为南京都市圈、徐州都市圈、苏锡常都市圈。其中,南京都市圈是全国主要的科技创新基地,长三角辐射中西部地区发展的枢纽和基地;“一极”是淮安增长极,是全省城市化和经济发展方式转型的创新区,苏北最重要的中心城市。

本章小结

本章从微观、中观和宏观三个不同的视角,探讨了产业布局的三个重要现象:区位选择、产业集群和经济空间结构。

在微观层面上，产业布局表现为企业的区位选择。经济学家杜能和韦伯是区位论的奠基者。19 世纪 20 年代，杜能的农业区位论开创了区位选择研究领域；20 世纪初，韦伯的工业区位论系统地提出解决工业区位选择的各种模式，进一步推动了区位理论的研究。20 世纪 30 年代以来，区位论得到快速发展，其中成本学派和市场学派取得大量的研究成果。

在中观层面，产业布局表现为块状经济——产业集群。从马歇尔发现产业区开始，人们认识到产业集聚这种特殊的空间布局形式，但没有引起研究人员的重视。直到 20 世纪 70 年代，产业集群现象才引起人们的高度关注，系统的理论研究逐渐形成，并形成不同的流派。这些流派和理论主要有：新社会经济学与新产业区研究、新竞争经济学与产业集群研究、新经济地理学与产业集聚研究、工业生态学与生态工业园区研究、技术创新学与创新集群研究等。

在宏观层面，产业布局表现为一个全球、国家或地区的经济空间结构。国际经济分工是一种客观存在的现象，国际经济分工的梯度导致国际产业转移。国家和地区经济增长是一种非平衡增长，增长极理论、点轴开发理论、循环累积因果理论、中心—外围理论和梯度推移理论从不同角度进行了诠释和分析。我国的经济空间结构表现为三大经济中心（北京、上海和广州）、五大经济轴带（两横三纵）和四大经济地域（东北地区、中部地区、西部地区和东部地区）。

复习与思考

一、名词解释

产业布局　区位　产业集群　增长极　城市群　国际产业转移

二、单项选择题

1. 区位论最早的代表性著作是（　　）。

A. 杜能的《孤立国》　　B. 韦伯的《工业区位论》

C. 廖什的《经济区位论》　　D. 俄林的《区域间贸易和国际贸易》

2. 威廉姆斯的倒“U”形曲线表明（　　）。

A. 区域经济发展是非均衡的　　B. 区域经济发展是均衡的

C. 随着经济发展，区域经济差距扩大　　D. 随着经济发展，区域经济差距缩小

3. 影响农业区位选择的首要因素是（　　）。

A. 自然条件　　B. 生产技术条件

C. 人口条件　　D. 地租

4. 强调社会资本的产业集群学派是（　　）。

A. 新经济社会学　　B. 技术创新学

C. 工业生态学　　D. 新经济地理学

5. 我国现行的经济区域划分方案是（　　）。

A. 四大经济区域　　B. 六大经济协作区

C. 三大经济地带　　D. 沿海与内地

6. “硅谷”的外部性主要表现是（　　）。

A. 劳动力市场共享　　B. 专业化的中间产品和服务

C. 技术外溢　　D. 同行业企业激烈竞争

三、简述题

1. 简述韦伯工业区位论的主要思想。
2. 简述服务业区位选择的影响因素。
3. 比较分析工业共生的模式。
4. 简述第四次国际产业转移的特点。
5. 简述我国经济空间结构框架。

四、论述题

论述我国经济技术开发区转型升级的意义和路径。

第十二章 产业政策

产业经济活动是一种客观存在的经济现象。在某些阶段，自发的产业经济活动可能出现资源配置的低效率，如垄断限制竞争、战略性新兴产业发展受阻、产业布局过于集中等问题。为此，政府有必要对产业经济活动进行干预，纠正市场失灵。19 世纪末以来，欧美国家的反垄断实践与第二次世界大战后日本、韩国等后发国家的赶超战略都证明产业政策的作用和价值。本章将重点介绍产业组织政策、产业结构政策、产业布局政策、产业技术政策等内容。

第一节 产业政策概述

一、产业政策的含义

1970 年，日本通产省代表在经济合作与发展组织（OECD）大会上发表题为《日本的产业政策》的演讲，首次提出产业政策概念，并论述了产业政策在第二次世界大战后日本经济发展中的重要作用。1972 年，OECD 出版《日本的产业政策》一书，产业政策开始在国际上受到重视，学术界对产业政策的含义做了进一步的探讨。

日本学者小宫隆太郎（1984）认为，产业政策是对以制造业为中心的产业部门之间的配置实行干预的各种政策，以及干预个别产业内部的产业组织、对私营企业的活动水平施加影响的政策总和。这一定义强调了三个层次的内容：在产业结构层次，产业政策主要是指政府在产业间资源配置或基础设施建设方面制定或采取的政策；在产业层次，产业政策主要是指政府针对产业内部组织结构所采取的政策；在企业层次，产业政策是指政府针对私营企业的政策。美国学者查莫斯·约翰逊（C. Johnson，1984）认为，产业政策是政府为了取得在全球的竞争力，在国内发展或限制各种产业的有关活动的总的概括。作为一个政策体系，产业政策是经济政策三角形的第三边，是对货币政策和财政政策的补充。这一定义高度概括了政府干预产业经济活动的目的和内容，并把产业政策纳入经济政策体系之中。

总之，产业政策是政府为了其全局和长远利益而主动干预产业经济活动的各种政策总和。产业政策的行为主体是政府，其干预的领域是产业经济活动，其影响不仅局限于产业本身，而且与国家或地区经济的发展密切相关。

二、产业政策的目标

政府实施产业政策是基于一定的产业经济问题，为了达到一定的经济目标。一个国家面对的产业经济问题不同，所处的国际经济地位不同，产业政策的目标也不同。总结各国产业政策实践的经验，可以把产业政策的目标归纳为三个方面：弥补市场失灵、增强产业的国际竞争力和实现赶超战略。

(一)弥补市场失灵

市场机制是资源配置的最有效的方式，它通过价格机制、竞争机制、供求机制等调节产业内企业之间的关系和产业之间的关系。但是市场机制也存在一定的缺陷，主要表现在公共产品短缺、外部不经济和垄断势力等方面。市场失灵时，资源配置效率下降，产业或市场运行紊乱无序，此时就需要政府采取一定的政策进行干预。

1.增加公共产品供给

公共产品的特点是消费上的非竞争性和受益的非排他性。消费上的非竞争性是指一个人对公共产品的消费不会影响其他人从对公共产品的消费中获得的效用，即增加额外一个人消费公共产品所增加的成本接近于零。受益的非排他性是指生产者不可能阻止不付费者对公共产品的消费，对公共产品不付任何费用的人同支付费用的人一样能够享有公共产品带来的益处。这是因为生产者在技术上无法排斥那些不付费而享用公共产品的人，或者排斥的成本高到使排他成为不经济，如路灯，海上灯塔等。

显然，公共产品生产企业无法通过直接生产与销售公共物品获得正常投资收益率。因此，在市场调节下，公共产品生产行业发展受到制约，公共物品的供给必定小于社会需求，如国防、司法、义务教育、交通运输等。这就需要政府采取措施刺激公共产品的供给，或者直接为社会提供公共物品。

2.矫正外部不经济

外部不经济是指某些企业或个人因其他企业和个人的经济活动而受到不利影响，又不能从造成这些影响的企业和个人那里得到补偿的经济现象。如企业排放污水引起的治理成本、产业规模过大引起要素价格上涨等。外部不经济减少了私人成本或个别产业的成本，但却提高了社会成本，阻碍相关产业的健康发展，并有可能诱发连锁反应，影响宏观经济增长。为此，政府需要对那些带来负外部效应的产业活动和企业行为进行限制，如高污染行业、投资过快增长的行业等。

3.反垄断

如果一个产业处于完全竞争或有效竞争状态，任何企业都不可能对市场价格和行业供给量产生影响，这使得产品价格不会偏离产品的成本，行业产出达到最大。但是，如果规模经济使一些大企业有能力控制市场价格或产量，则损害了市场竞争，从而使社会福利下降。因此，当规模经济发展导致垄断时，政府应该采取政策限制垄断,提高市场竞争活力。

(二)增强产业的国际竞争力

第二次世界大战以来,一批新兴工业化国家技术能力不断提高,电子、汽车、化工等产业具有了国际竞争能力,改善了在国际经济分工体系中的地位。进入21世纪,随着第四次科技革命的来临,各国再次面临新的机遇和挑战,国际分工体系正在经历前所未有的变化。而且,随着经济全球化的推进,各国的产业经济活动更多地依赖于国际市场,产业在国际市场上的竞争也日趋激烈。在这样的形势下,各国政府都十分重视产业政策的作用,通过技术创新支持、出口补贴、优先融资、加速折旧等政策手段扶持和培养产业的国际竞争力。

(三)实现赶超战略

按照梯度推移理论的观点,发达国家和发展中国家经济发展水平的差异主要来源于产业结构水平的差异,而产业结构水平的差异主要取决于主导产业的技术水平。在国际经济分工中,发达国家为维持其技术领先优势,将失去技术创新能力的产业转移到发展中国家,从而与发展中国家保持一定的技术差距和产业结构差距。在市场机制调节下,这种差距很难在短期内消除。但是,如果后发国家遵循产业结构高度化的规律,采取一定措施来扶持战略性新兴产业的成长,加快主导产业更替,就能够促进产业高度化进程,迅速推进经济发展,赶超世界经济强国[12-1]。第二次世界大战后,日本政府认识到如果只依靠劳动密集型产业,国家将永远无法摆脱贫穷与停滞的困境。为此,日本政府通过制定适应不同发展阶段的产业政策及相应的法律或政令等,扶持资本和技术密集型产业的发展,迅速实现了经济复兴并进入世界经济强国之列。

[12-1]
赶超型国家经济发展模式研究及借鉴

三、产业政策的手段

产业政策的手段主要包括直接干预与间接干预两种类型。直接干预,即政府规制,是指政府制定并采取的直接控制和规范产业运行或市场行为的措施和手段;间接干预,即政府引导,是指政府通过一定的手段和方法诱导产业中的企业向政府设计的产业目标发展。

(一)政府规制

政府规制是指政府为实现某些经济社会目标而对经济主体做出的各种直接的具有法律约束力的限制、约束、规范以及由此引出的政府为督促经济主体行为符合这些限制、约束、规范而采取的行动和措施。日本经济学家植草益(1992)对政府规制进行了高度概括:规制是政府依据一定规则对构成社会的个人和构成经济的经济主体的活动进行限制的行为,如污染限制、最低工资限制、垄断势力限制、不正当竞争行为限制等。

1.政府规制的理论依据

政府规制的理论来源于规制的公共利益理论。该理论认为,政府规制产生的原因是市场失灵，如自然垄断、外部不经济、公共产品短缺以及信息不对称等。在这些情况下，政府应该对企业活动进行规制，在确保资源配置效率的情况下，保证公共利益不受损害。公共利益理论认为，政府规制是为保护公共利益而对私人经济活动进行的规制，是政府对公共需要的反应。

与规制的公共利益理论相反，规制俘虏理论认为，政府规制者也具有追求部门利益的倾向。因此，具有特殊影响力的利益集团（被规制企业）就可能针对规制者的自利动机就可能寻租，使规制者成为企业追求垄断利润的一种手段。该理论认为，政府为特定利益集团所"俘虏"，促进了生产者或工会的经济利益，而损害了公众利益和社会福利。基于规制失灵，规制俘虏理论主张放松规制或者采取激励性规制。所谓激励性规制是指在保持原有规制结构的条件下，给予被规制企业提高内部效率的刺激，如特许投标制、价格上限制、社会契约制等。特许投标制是指政府通过投标的方式将一定时期的垄断经营权授予出价最高或承诺最低价格的企业；价格上限制是指政府建立可接受的价格上限，被规制企业可以在低于或等于该价格范围内销售产品或提供服务；社会契约制是指规制当局与被规制企业之间就生产效率签订合同，如果企业实际效率高于合同规定的，政府予以奖励；否则，政府予以处罚。

2.政府规制的手段

根据政府运用的手段和工具的差异，政府规制分为行政规制和法律规制。行政规制基于政府的管理权力，主要工具是政府颁布的规划、规定、制度和条例；法律规制主要是基于立法机构的权利，主要工具是立法机构颁布的法律条款。

（1）行政规制。行政规制是国家运用行政权力，通过制定条例、规定等政令来限制和规范社会经济活动，促进国民经济协调发展的各种行为和措施。政府机构凭借管理权限，通过制定行政法规、颁布行政规定、编制发展规划和召开会议等相对制度化的方式，或者发布批示、讲话、调研等相对非制度化的方式，来设定行政规制的框架，对产业经济活动进行干预。行政规制一般具有强制性、主观性和短期性的特点，它对市场经济活动产生强烈的影响，能够较快达到预定的目标。但是，市场经济国家认为行政规制会干扰市场经济的正常运行，所以行政规制主要适用于紧急情况或特殊行业，如战事经济、经济危机、经济赶超战略或者污染严重的行业、自然垄断行业等。

（2）法律规制。法律规制是指政府全面运用法律手段，依法规制产业运行和企业的经济活动。对于产业经济活动来说，常见的法律规制有《反垄断法》、《反不正当竞争法》和《企业并购法》等。与行政规制相似，法律规制也具有强制性，要求无条件执行，否则会受到法律制裁。与行政规制不同，法律规制以法律条款为准绳，降低了个人主观局限和行政权力的干扰，使规制更为公正、客观和稳定。

目前，西方发达国家政府规制已经形成以法律规制为主，行政规制为辅的政府规制体系。我国的政府规制正处于以行政规制为主向以法律规制为主的转型时期。

3.政府规制的领域

按照规制的内容，政府规制分为经济性规制和社会性规制。前者是为了保证资源配置效率和市场秩序而进行的规制，后者是为了保障消费者和劳动者的健康和安全而进行的规制。

(1)经济性规制。经济性规制是通过政府认可或许可等手段，对企业的进入与退出、产品的价格与质量、行业中企业的数量与供给量等经济行为进行的限制与规范。经济性规制的方式主要有以下几种。一是进入管制。政府为避免过度竞争而在某些产业实施准入制度。许可证制度和进入资格招标是进入管制的两种基本形式。许可证制度是指政府根据有关法律和条例，通过颁发许可证的方式控制市场中企业的数量；进入资格招标制度是按照进入企业的数量和资质标准进行招标，择优确定进入市场的企业。二是数量规制。政府为避免价格波动而对产业的生产能力或产品数量的限制，主要包括投资规制和产量规制。投资规制是指政府对投资项目的立项决策、项目能力、项目收益进行审批，产量规制是指政府对产业的产品和服务的产量进行控制。三是质量管制。政府为确保消费者正当权益而对行业产品质量进行检查、督促和纠正。其主要表现为政府制定有关产品或服务的质量标准及操作规范，规定产品或服务所必须达到的最低质量标准，以维护消费者利益。四是价格规制。政府对产品和服务的价格水平实施的管制行为。传统的价格规制是规制者根据被规制者的成本和收益特征制定单一价格；而激励性定价机制采取价格上限规制。五是不正当竞争行为规制。为了建立完善的市场机制，政府必须及时发现和纠正违反商业道德和市场法规的行为。政府制定并依据《反不正当竞争法》监督企业行为，维护公平、公正的市场运行秩序。六是退出规制。政府为保障公共产品与服务的稳定供给，限制自然垄断行业的经营者随意退出市场。

(2)社会性规制。社会性规制是政府对外部不经济和可能对人身健康造成危害的行为的限制和规范，主要包括确保生命安全、防止灾害、防止公害、保护环境、教育公平等。社会性规制主要涉及具有公共价值的重要行业，尤其是不可再生资源(矿产)、生命健康(食品、药品)、公共安全(特种设备)、公序良俗(出版、电视)等行业。这些行业的经济行为会不可避免地产生外部性，并且这种外部性在私人经济中处于一种极度失控状态，从而需要政府加以约束[12-2]。植草益在《微观规制经济学》(1992)中，按照社会性规制的法律及其目的，对日本的社会性规制体系做了较为全面的分析，基本上反映了市场经济国家社会性规制的范围。

[12-2]
中国社会性规制改革的策略性选择

①确保健康和卫生。其主要有确保健康卫生(药品法、医疗法、传染病预防法、检疫法、水道法)和麻药取缔(大麻取缔法、鸦片法、兴奋剂取缔法等)。

②确保安全。其主要有防止劳动伤害、疾病(劳动基本法、劳动安全卫生法)、保护消费者(消费者保护基本法、消费生活用制品安全法、家庭用品质量表示法、食品卫生法、分期付款销售法)、交通安全(道路交通法、道路运输车辆法、海洋交通安全法、船舶安全法、港口管理法、海上冲突预防法、水上遇难救护法、航空法)、消防(消防法)、枪炮取缔(枪炮刀剑类持有等取缔法)等。

③防止公害、保护环境。其主要有防止公害(大气污染防止法、水质污染防止法、噪音防止法、矿山安全法、金属矿业等公害对策法)、环境保护(自然环境保护法、自然公园法、水产资源保护法)、产业灾害防止(核燃料、原子反应堆规则法、高

压气取缔法、液化石油气安全法等)、防止自然灾害(国土利用法、港湾法、沿岸法、河川法、森林法、矿山法)等。

④确保教育、文化、福利。其主要有提高教育质量(学校教育法、私立学校法、社会教育法)、提高福利(社会福利事业法、老人福利法、残疾人就业促进法)、文物保护(文物保护法、关于保护古都的历史性风土的特别措施法)等。

案例12.1

京沪政府对网约车的经济性规制

2016年10月8日,北京市交通委员会发布的《北京市网络预约出租汽车经营服务管理实施细则(征求意见稿)》提出,网约车驾驶员须为北京市户籍、取得北京市核发的驾驶证件;同期,上海市交通委员会发布的《上海市网络预约出租汽车经营服务管理若干规定(草案)》也明确,在上海市从事网约车经营服务的驾驶员应当有本市户口。

2016年7月出台的《网络预约出租汽车经营服务管理暂行办法》在多个方面明确授权城市政府制定相关规定。例如,第13条规定:"城市人民政府对网约车发放《网络预约出租汽车运输证》另有规定的,从其规定。"第14条规定:"从事网约车服务的驾驶员应当符合3项基本条件和城市人民政府规定的其他条件。"既然上述办法授权城市政府制定细则、增加地方规定,那么"京人京车"、"沪籍沪牌"就有法规依据。不过,这种地方色彩浓厚的规定有利也有弊,如果不能合理权衡利弊,不仅会影响网约车健康发展,也会影响到市民出行。从积极方面来看,网约车"本地化"有利于降低管理成本、减少城市道路拥堵、防止空气污染、增加户籍居民收入。但是,网约车一旦被地方"保护"起来,从网约车到驾驶员的供给很可能会大幅减少。本来,《网络预约出租汽车经营服务管理暂行办法》已经对网约车和驾驶员设置了不少准入条件,如果城市细则再进一步限制,符合条件的司机和车辆会更少。这样,市民出行成本反而上涨,而且也难以获得随叫随到的便利。

作为一种"共享经济",市民可以最大化分享网约车带来的便利。但网约车"本地化"可能使网约车偏离"共享经济"。而且,即使京沪草案获得通过,也未必真正能管住网约车中的外地司机、外地车辆,因为外地司机、外地车辆如果不能光明正大生存,就有可能在灰色地带生存,城市管理者与外来网约车很可能会陷入"猫鼠游戏"。因此,在网约车行业发展过程中,网约车的监管体制需要进一步改革。

资料来源:张海英.网约车本地化要看清利弊[N].湖北日报,2016-10-10(6).

(二)政府引导

政府引导是指政府不对市场主体行为进行规范和干涉,而是利用计划、金融、财政和奖惩等措施来刺激或引导企业生产和投资的方向。

1.信息公开

政府通过发布计划、规划、方案等让公众了解经济发展的方向、重点,引导企业决策,指引产业发展的方向。政府权威信息发布主要包括经济社会发展规划、政府的重大技术开发计划、经济社会运行数据、产业发展调查报告以及负面清单等。同时,政府也可以采取听证会、知识竞赛、征文等方式来宣传经济、社会发展的思路与内容。

2.财政与金融政策

政府的财政、金融政策不仅对产业发展具有重要影响,而且对产业结构调整具有很强的诱导作用。在财政政策方面,政府的产业发展专项基金具有很强的杠杆作用,专项基金投放能够引导和调动社会资本跟进;税收减免、贴息贷款、投资补贴、加速折旧等政策都能够激发投资的积极性,有效提高产业的投资增长率;提供产业发展所需的公共产品和基础设施降低了企业的生产成本,有利于快速提高产业规模。在金融政策方面,政策性银行具有很强的引导性职能。政策性银行通过发放优惠贷款,不仅能够缓解特定产业或企业的资金困境,而且也释放出政府产业扶持的方向,从而引导商业银行向这些产业或企业发放贷款。中央银行的窗口指导虽不具有法律效力,但也可以向金融机构传达国家的政策信号,从而影响信贷投放的数量和产业方向。除此之外,差别利率、放款贷款条件等手段也都具有重要的引导作用。

3.奖惩

在现代市场经济条件下,国家行政机关对主管事物负责相应事项的全过程依法监视、督促和管理。政府的奖惩制度是鼓励企业达标的激励机制,而且对于产业发展也具有良好的引导作用。在产业发展中,对于达到绩效目标的企业给予奖励,而对于未能达到绩效目标的企业给予处罚,从而能够引导产业发展方向,提高产业的素质。如安全生产奖惩、安全环保奖惩、科技进步奖等。

4.产业公共服务平台

产业公共服务是一种经济性公共服务,是指政府、非营利性组织、公立机构等为促进产业发展而提供的各种服务,包括技术创新服务、创业孵化服务、投融资担保服务、信息服务、检验检测服务、公共设施共享服务、管理咨询服务、人员培训服务等。产业公共服务平台就是面向产业或企业集群,依靠电子和媒体将各种服务资源集成于一体的综合服务平台。产业公共服务平台通过其开放性,包容了大量服务提供商和服务接受者,因此可以实现更大范围和更多参与者的资源共享,从而能够为产业发展提供更全面的信息、更具有商业价值的服务。近年来,我国工业和信息化部联合其他部委密集出台了一系列政策,持续支持产业公共服务平台建设。2012 年出台《工业转型升级资金管理暂行办法》、2013 年印发《关于开展小微企业专项行动的通知》、2014 年出台《关于做好 2014 年工业转型升级资金中小企业服务体系专项工作的通知》等。这些政策措施的出台与实施,有利于建设高质量的产业公共服务平台,为企业提供多样化的服务;有利于营造创新氛围,推动产业技术创新,引导产业转型升级。

案例12.2

国家产业公共服务平台

国家产业公共服务平台是由国家工业和信息化部软件与集成电路促进中心(CSIP)主办的集人才培养、共性技术、知识产权、战略咨询、投融资于一体的专业工作平台。平台的主要功能是汇聚行业乃至产业链中形成的基础性技术、服务资源,为行业内的企业提供在线的基础信息服务。该平台包含国家软件公共服务体系、国家食品工业企业诚信公共服务体系、国家软件与信息服务外包公共服务体系、国家中小企业公共服务体系、国家集成电路公共服务体系、技术创新和应用推广公共服务体系六大服务体系。

CSIP 作为国家工业和信息化领域产业公共服务平台的专业建设者,通过整合国家部委、地方政府、行业协会、产业联盟、科研机构、大专院校,以及其他地方和行业公共服务机构的优势资源和力量,成功搭建了国家产业公共服务平台体系,以及专业化的公共服务平台,如国家软件产业公共服务平台、国家能源产业公共服务平台、国家信息产业公共服务平台、中国文化创意产业公共服务平台、国家物联网公共技术服务平台、中国中小企业信息化公共服务平台等。截至 2014 年年底,CSIP 已在全国创建了 21 家地方平台、10 个国家级实验室、10 大产业联盟、25 家企业技术创新中心、5 家企业应用推广中心和 5 大资源库,基本形成了覆盖全国的工业和信息化相关产业公共服务平台体系,能够为产业园区和企业提供共性技术、知识产权、人才培训、投融资咨询、战略咨询以及市场开拓与品牌推广等多个方面的公共服务。

资料来源:国家产业公共服务平台. http://www.csip.org.cn/.

四、产业政策的领域

在经济社会发展中,一个国家或地方政府会面临各种各样的产业经济问题,这些问题主要分布的领域有:产业组织领域的竞争与垄断问题、产业结构领域的产业结构转型问题、产业布局领域的空间发展次序问题、产业技术领域的自主创新问题等。面临的产业经济问题不同,产业政策的内容、手段、方法也不同。因此,根据政府干预的领域,可将产业政策分为产业组织政策、产业结构政策、产业布局政策和产业技术政策四大类(见表 12-1)。

表 12-1　　产业政策的领域与类型

领　域	产业经济问题	政策内容	政策类型
产业组织	垄断限制竞争	反垄断、中小企业扶持	产业组织政策
	不正当竞争	反不正当竞争	
产业结构	产业结构转型受阻	战略性新兴产业发展 衰退产业的退出	产业结构政策
	产能过剩	化解产能	

续表

领　域	产业经济问题	政策内容	政策类型
产业布局	过于分散	增长极发展	产业布局政策
	过于集中	缩小地区差距	
产业技术	技术进步缓慢	技术引进与技术创新	产业技术政策

五、产业政策的实践

虽然产业政策的概念出现较晚，但政府对产业经济活动的干预却由来已久。在产业政策实践中，不同类型的国家、不同历史时期遇到的问题不同，其产业政策的手段和重点也各有侧重。

(一)保护国内产业的贸易保护政策

贸易保护是一种为了保护本国某类产业免受国外竞争者的打压而对同类进口产品进行限制的经济政策，如高额关税、进口配额等。18 世纪后期，后起的美国和德国在贸易保护思想影响下，开始运用贸易保护政策保护国内产业。1791 年，美国独立后第一任财政部长汉密尔顿(A. Hamilton)在其《关于制造业的报告》中提出保护关税说。他认为，美国的制造业非常幼小，而制造业对国家经济是非常重要的。因此，他主张通过关税保护制度来保护幼小工业，主要措施是对本国能生产但竞争力薄弱的进口商品实施严厉的限制进口政策。1841 年，德国经济学家李斯特(F. List)在其《政治经济学的国民体系》中提出幼小产业保护政策，他认为工业落后的国家必须依靠政府的产业保护政策(关税、进口限额、民族产业补贴等)，才能使幼小产业发展成为具有国际竞争优势的产业，推动本国工业的发展，打破原有的国际分工秩序。贸易保护政策对一个国家的产业发展是十分必要的，特别是对后发国家的赶超战略有着积极的作用。贸易保护政策在 19 世纪美国、德国工业化进程中产生积极的影响，在 20 世纪的日本、韩国的赶超战略中也发挥了重要的作用。

20 世纪 80 年代，发达国家经济陷入低速发展状态，失业率较高，对外贸易发展不平衡，从而引发新的贸易保护主义。其贸易保护措施达十多类，如地区经济主义、技术法规与标准、合格评定程序、环保标准、劳工标准、强化反倾销、知识产权保护等。

(二)欧美国家的反垄断实践

反垄断的基本目标是维护有效竞争、保护消费者利益、提高经济运行效率。美国于 1890 年制定的《谢尔曼法》是世界第一部由国家主权保障实施的现代反垄断法。该法被视为西方早期产业组织政策的缩影。第二次世界大战后，欧洲引入反垄断法律制度。20 世纪 90 年代开始，反垄断逐渐在全球发展。

美国是世界上最早实施反垄断的国家。19 世纪末开始，美国联邦反垄断执法机构(联邦贸易委员会和司法部反托拉斯局)依据《谢尔曼法》展开反垄断调查，并成功对标准石油公司、美国烟草公司和美国电报电话公司(AT&T)进行了拆分。1911 年 5 月 15 日，美国最高法院终审裁定标准石油公司垄断贸易成立，勒令该公司必须在从 1911 年 6 月 1 日开始的 6 个月内拆分为 34 家公司。1911 年美国烟草公司被控以杀价竞争等方式垄断香烟市场，后被强制拆分为 16 家企业。1949 年，美国司法部对美国电报电话公司提起了反垄断指控，1974 年，美国司法部再次对美国电报电话公司提起反垄断指控。1984 年，美国电报电话公司被迫拆分为 8 家公司，保留原公司名称的 AT&T 只能经营长话业务，拆分形成的 7 家小公司只能经营市话业务，并受政府的监督和管制。

欧洲联盟没有专门的反垄断法，欧盟反对垄断、促进竞争的法律条款主要来源于《欧盟运行条约》(1957 年)和《欧洲联盟条约》(1991 年)。这些条款包括禁止合谋垄断、禁止卡特尔协议、禁止滥用市场支配势力等。欧盟委员会和理事会通过制定大量的竞争条例，对条约中高度概括的竞争条款进行细化，并赋予其更加明确意义。例如，《关于申报合并与获得控制行为的 2367、90 号法规》、《关于聚合与合作行为的通令》和《关于从属性限制的通令》对企业的兼并行为作了较为详细的规定。此外，欧盟委员会还颁布了大量非规范性指南，其目的主要是向社会阐释欧盟委员会执法的考虑因素，提高反垄断政策的透明度，便于公民和法人遵守。欧盟委员会是欧盟促进竞争法的执行机构，拥有广泛的调查权和处罚权，执法可谓严格，启动过多起反垄断调查案件，并予以严厉的处罚(见表 12-2)。

表 12-2　21 世纪欧盟委员会反垄断调查及处罚

时　间	调查对象	垄断问题	处罚措施
2001 年 11 月	瑞士罗氏医药公司	维生素价格同盟	4.62 亿欧元
2004 年 3 月	微软公司	Media Player 与其操作系统绑定	4.97 亿欧元
2004 年 8 月	威士国际组织	跨国刷卡消费收取跨行交易费	
2006 年 7 月	微软公司	未向竞争对手提供数据	2.8 亿欧元
2007 年 2 月	蒂森-克虏伯、科内、申德勒、奥的斯和三菱等五家电梯公司	操纵电梯采购市场和结成价格同盟	9.92 亿欧元
2008 年 9 月	美国航空、英国航空和西班牙伊比利亚三家航空公司	签署合作协议	
2009 年 9 月	标准普尔	强迫金融机构为使用其负责的美国国际证券识别编码数据付费	

续表

时　　间	调查对象	垄断问题	处罚措施
2010 年 7 月	安赛乐米塔尔、奥地利钢铁联合公司等 17 家钢铁公司	串谋价格和划分市场	5.185 亿欧元
2012 年 9 月	俄罗斯天然气股份有限公司	在中东欧市场操纵天然气价格	
2012 年 12 月	谷歌公司	与合作伙伴签署合约	
2013 年 3 月	微软公司	未向欧洲的 Windows 操作系统用户提供网络浏览器	5.6 亿欧元

资料来源：候德红.浅析欧盟反垄断法执行及对中国之借鉴[J].黑龙江政法管理干部学院学报，2013(3).

案例12.3

美国标准石油公司的拆分

作为美国历史上最为强大的托拉斯，标准石油公司受到美国政府长达 20 多年的反垄断调查和起诉，并最终遭到分拆，这一案例为美国乃至全球的反垄断提供了重要参考。

1870 年 1 月 10 日，洛克菲勒在俄亥俄州创建了标准石油公司，公司名称的寓意是“符合标准的产品”。到 1879 年底，标准公司已控制了全美 90%的炼油业。1882 年，依据“托拉斯”的基本思想，洛克菲勒组织完成了 40 多家厂商的横向兼并，创立美国的炼油托拉斯组织。该托拉斯垄断了全美 80%的炼油工业和 90%的油管生意。1886 年，标准石油公司又创建了天然气托拉斯，标准石油公司最后定名为美孚石油公司。1888 年，美孚石油公司开始进入上游生产，收购油田。到 1890 年，美孚石油公司已经成为美国最大的原油生产商，垄断了美国 95%的炼油能力、90%的输油能力、25%的原油产量。标准石油公司组织模式极度成功，使烟草、钢铁、电信等产业的大公司争相仿效，托拉斯迅速在全美各地、各行业蔓延开来。

面对极不公平的垄断局面，美国反垄断的声音也越来越响，1890 年美国政府颁布《谢尔曼法》。1890 年，俄亥俄州政府起诉美孚石油垄断案成立，石油托拉斯在 1892 年被迫解散。但事实上，洛克菲勒的石油帝国仍然存在，各分公司仍然协同作业，各公司的收入还是由以洛克菲勒为中心的委托人来管理。1899 年 6 月，洛克菲勒改组美孚石油公司，以新泽西州的美孚公司重新登记，美孚石油公司的石油霸主地位再次得以确立。1904 年，联邦政府依据《谢尔曼法》，发起了对美孚石油公司的垄断调查。在经历了 6 年旷日持久的反垄断诉讼过程之后，1911 年 5 月 15 日，美国最高法院判决美孚石油公司是一个垄断机构，勒令其拆分为 34 家公司。目前，全球排名前两位的石油公司埃克森-美孚和德士古-雪佛龙均来自当年的标准石油公司。

(三)后发国家的产业结构政策实践

与欧美先进国家相比，后发国家在实施赶超战略中十分注重产业结构政策。对于先进国家而言，每个产业都处于世界产业链的前沿，每家企业对于未来产业的预期各不相同，政府也不具备主导产业更替的足够信息，产业结构调整更多地依靠市场主体的洞察力和技术创新。而后发国家可以充分借鉴先进国家产业结构演变的历程和经验，确定产业结构调整目标。为了更快实现产业结构调整和转型、缩小与先进国家的经济差距，后发国家的政府制定产业结构调整战略，采取税收、金融等一系列政策支持优先发展产业。产业结构政策实践在日本、巴西和中国的经济发展中都发挥了重要的作用。

1. 日本的经济计划法

第二次世界大战后，日本为了迅速恢复经济，酝酿推出了有关经济计划的法律，即为确保计划实现而制定的规定，如《确保粮食临时措施法》、《石油业法》等。20 世纪 60 年代，为了实现赶超目标，日本政府加快了产业结构高度化的步伐，并推出了一系列工业振兴法：《煤炭矿业合理化临时措施法》(1955 年)、《振兴机械工业临时措施法》(1956 年)、《合成橡胶制造业特别措施法》(1957 年)、《振兴电子工业临时措施法》(1957 年)等，并配合日本开发银行的低息贷款，依次对机械工业、石化工业、汽车工业、电子工业、软件产业等战略性产业进行重点培育。工业振兴法的实施充分保证了战后日本的产业结构调整，促进了日本重化工业的成长。1968 年，日本已经超过了英国、德国等发达国家，成为仅次于美国的世界第二大经济强国。

2. 巴西的倾斜投资政策

20 世纪 60 年代末，巴西采取一系列产业结构政策，推动了经济的高速增长，1967—1974 年间经济增长率达到 10.1%，创造了巴西经济奇迹。20 世纪 60 年代初期，巴西采取替代进口政策，大力发展资本密集型工业。由于所吸收的劳动力有限，工业品需求增长缓慢，导致工业设备严重开工不足，经济陷入困境。1964 年军人执政后，巴西进行经济体制改革，并围绕高速增长目标实施了一系列发展计划。其中，三个全国性经济计划通过重点投资领域的安排推动了产业结构的调整。1965 年，巴西政府实施政府经济行动计划，突出能源和交通运输业的发展，政府在能源和交通运输业的投资比重分别为 31.1% 和 25.1%。第一个全国发展计划(1968—1970 年)在重点扶持能源和基础设施的基础上，加大了对房地产业的支持，能源、交通运输和房地产业的投资比重分别为 26.9%、16.7% 和 23.7%，而工业部门投资仅占 14%。基础设施的发展使全国形成统一的大市场，促进了产品生产和市场销售。第二个全国发展计划(1972—1974 年)强化了对原动力工业的投资，即具有强大扩散效应的工业，包括机器设备、运输设备、冶金、石油化工等部门。这一时期，工业投资的比重上升到 19%，而能源、交通运输业的投资比重下降为 13.6% 和 11.2%。投资增长推动了巴西工业化进程，完善了巴西的工业体系，增强了巴西的经济实力，使巴西在 20 世纪 70 年代跃升为世界第十大经济体。

3.中国的招商引资管理办法

招商引资是指地方政府(或地方政府成立的开发区)吸收投资(主要是非本地投资者)的活动。20 世纪 80 年代,我国实行改革开放政策,各地政府通过税收优惠、基础设施配套和公共服务等举措进行大规模的招商引资,极大地推动了我国经济的增长,取得了令世界惊叹的经济奇迹。招商引资作为促进国家和地方经济社会发展的重要动力,不仅解决了我国工业化过程中资金缺口问题,而且也促进了产业结构优化升级。我国招商引资的主要特点表现在三个方面。一是招商引资的模式以政府机构为主导,包括各级地方政府和各类产业园区管理委员会。为了充分调动招商引资的积极性和能动性,地方政府成立了招商引资机构(招商引资办公室),而且将招商引资与相关人员的绩效考核挂钩。二是政府积极开展投资环境建设,完善基础设施,实施优惠政策、提升企业营商环境,增强对资本的吸引力。其三,不断调整和完善招商引资的管理办法和规定,使招商引资的政策不断向规范化和国际化发展。30 多年来,我国成功地引进了大量的国际资本,激活了国内民间资本,有力促进了我国加工组装工业的发展,汽车工业、石化工业、机械工业、电子工业、生物医药等产业已经发展成为主导产业,加速了我国的高加工度化过程。

(四)产业政策的变化趋势

总结和归纳各国的实践经验,产业政策的演变大致遵循以下几个方面的规律:一是政策内容从简单到复杂、从零星分散到系统化和规范化,政策对象从局部产业向全体产业发展;二是政策手段从直接干预为主向间接干预为主转变,政策推行方式从行政为主向法治化方向转变;三是政策目标从单一性向多元化转变,从局部向全局、从短期向长期、从纯经济领域向综合国力和生活质量领域扩展;四是产业政策决策方式向民主化、科学化方向发展。

第二节 产业政策类型

一、产业组织政策

产业组织政策是指为了建立有效竞争市场,获得理想的市场绩效,政府制定并实施的干预市场结构和市场行为,调节产业内企业之间关系的公共政策。产业组织政策解决的基本问题是竞争和垄断的矛盾。产业组织政策制定的基本原则是维持和增强企业的自由竞争能力,维护市场竞争秩序,提高资源配置效率。根据政策的目标和导向,产业组织政策可以分为三大类:一是抑制垄断以增强竞争活力的政策,如反垄断、中小企业扶持政策;二是抑制过度竞争以实现规模经济的政策,如自然垄断行业规制、企业联合政策等;三是维护正常市场秩序的政策,如反不正当竞争、知识产权法等。其中,反垄断、中小企业扶持政策、自然垄断行业管制以及反不正当竞争是产业组织政策的主要内容。

(一)反垄断

垄断行为是指具有市场势力的企业所采取的排除或者限制竞争的行为。垄断行为限制了市场竞争,降低了资源配置效率,导致市场失灵。为了保持有效竞争,各国政府都对垄断行为进行严厉打击。

1.反垄断的对象

反垄断的基本目标是限制大企业的市场势力,促进市场竞争活力。大企业的庞大生产规模和市场势力来源于三个因素。一是自然垄断,即一些行业具有显著的规模经济效应,市场只能容纳一个或少数几个企业。在位企业只有拥有大规模生产能力,才能获得成本的节约。二是行政垄断,即指政府授予一个或几个企业在一定时间和范围内对某项产品或服务进行排他性或垄断性经营权利的行为。政府将特许经营权授予某个企业或组织,并通过法律、规章或者其他准入机制排除潜在竞争者,从而形成强制性垄断。三是经济性垄断,即少数企业通过控制资源、技术等方式逐渐扩大生产规模,形成具有市场势力的大企业。从这三种形式来看,自然垄断行业基于资源配置效率,不适合于竞争性市场,不存在反垄断问题;行政垄断源于行政权力,而且行政垄断行业多数涉及社会公共利益,也不存在反垄断问题;而经济性垄断是在竞争性行业中出现的市场势力,具有排斥市场竞争的能力。因此,反垄断主要针对大多数竞争性产业中具有市场势力的大企业。

2.反垄断法

反垄断法,也称禁止限制竞争法,一般是指在市场经济条件下,国家为了促进有效竞争,防止和排除垄断所导致的种种弊病而制定的有关法律。反垄断法因其具有规范市场竞争、维护市场秩序、促进经济健康稳定发展的重要作用,而被西方国家誉为"经济宪法"。反垄断法是在资本主义进入垄断阶段后出现的。世界上最早制定反垄断法的国家是美国。它在1890年就制定了著名的《谢尔曼法》。从《谢尔曼法》问世到第二次世界大战结束,这期间除美国在1914年颁布了《克莱顿法》和《联邦贸易委员会法》作为对《谢尔曼法》的补充外,其他国家的反垄断立法几乎是空白。然而,第二次世界大战后,反垄断形势发生了很大的变化。1947年,日本颁布了《禁止私人垄断和确保公正交易法》;1953年法国颁布《公平交易法》;1957年,德国颁布了《反对限制竞争法》(卡特尔法);1958年生效的《欧盟运行条约》第85条至第90条是欧共体重要的竞争规则;1990年,意大利颁布了《竞争和公平交易法》,它是发达市场经济国家中颁布反垄断法最晚的国家。现在,经济合作与发展组织(OECD)的所有成员国都有反垄断法,2007年我国也颁布《中华人民共和国反垄断法》[12-3]。

[12-3]
中华人民共和国反垄断法

(1)反垄断法的内容。综观各国反垄断法的内容,一般都由三部分组成:一是禁止限制竞争的协议。企业间以协议的形式限制竞争,包括价格协调、产量协调等;二是禁止滥用市场支配势力。企业凭借垄断势力,提高价格获取高额垄断利润,或者降低价格驱逐竞争对手等;三是控制企业兼并。企业通过兼并消灭竞争对手,以获取市场支配势力,损害社会公共利益。

(2)反垄断法的例外。在实施反垄断过程中,各国依据法律例外原则,提出不受这些法律限制的适用范围。

美国反垄断法的例外原则适用于特殊行业、特殊组织和某些特殊活动，如通信、电力、自来水等自然垄断行业；容易波动和容易发生过度竞争的行业，如农业、零售业等；特殊组织是指工会组织；特殊活动包括政府批准的为了加强与外国企业竞争的企业协调活动，以及在紧急状态下暂停执行反托拉斯法。

德国《卡特尔法》例外原则主要针对以下八种“合法的卡特尔”：专业卡特尔、合理化卡特尔、结构危机卡特尔、中小企业卡特尔、彩头协作卡特尔、出口卡特尔、进口卡特尔和部长特批卡特尔。

日本反垄断法的“适用除外”的范围主要包括自然垄断所固有的行为、基于特定事业法令的正当行为、无形财产权的行使行为、依法成立的各种合作社行为、转销价格的商定和维持行为、不景气卡特尔、合理化卡特尔等。

3.反垄断的执法机构

大多数国家都特别重视反垄断，为此都设立了专司反垄断法实施的行政机构，它们拥有较为广泛的权力，可以调查垄断和各种限制竞争行为。但是，各国的反垄断机构设置和反垄断执法体系存在一定的差别。

(1)一元行政机构主管模式。在日本，反垄断执法机构是公正交易委员会。它是根据《禁止私人垄断及确保公正交易法》设立的独立行使反垄断执法职权的行政机关，归属于首相直接领导，由委员长和 4 名委员组成。公正委员会不仅拥有执法权力，而且还有法定的准司法权和立法权。执法权是指该机构在执法过程中具有调查、磋商、发布指南、提出警告、给予处罚的权力；准司法权是指通过准司法程序对违反法律的状态和行为进行裁决并采取措施；准立法权是指该机构有权确定不公正贸易的行为、佣金和误导行为，可以制定解决争端的程序等。

(2)行政机构与顾问委员会相结合。在欧洲的许多国家，反垄断执法体系由独立的行政机构与顾问委员会构成。在德国，卡特尔局是独立的反垄断联邦机构，享有执法权、处罚权、批准权、监督权和准司法权，其主要职能是禁止卡特尔、控制并购、监督企业滥用市场支配地位行为、核查政府公共采购和行业检查。该局由决议处、公共采购法庭、总体政策部、诉讼部和制止卡特尔特别办公室构成。其中，决议处负责具体调查和处理有关实质性问题，每个决议处主管某些特定的经济部门。而且，德国还设立了一个分别由国民经济学、企业管理学、社会政策学、技术工艺学或经济法学方面的专家组成的垄断委员会，它是一个独立的咨询机构，负责对企业集中化的现状及发展反响的评判与反垄断法对企业合并相关规定的执行评价。在法国，反垄断执法机构体系由法国财政部工业部和竞争委员会构成。其中，竞争委员会由 16 人组成，7 人来自法院的法官，4 人来自经济、管理领域的专家，5 人来自产业界的人士。

(3)二元行政机构协调模式。美国的反垄断执法机构分为联邦贸易委员会和司法部反托拉斯局两个部门。其中，联邦贸易委员会是隶属于国会的具有准司法性质的行政执法机构，主要职能是制止商业和贸易领域的不正当竞争行为，兼有反垄断和保护消费者权益的职能，但不负责构成犯罪的垄断案件的处理。司法部反托拉斯局是隶属于联邦政府的行政执法机构，主要职能是对构成犯罪的垄断案件进行调查并向法院提起诉讼。为了解决反垄断职能交叉的问题，两个部门之间定有协议，建立了良好的沟通协调机制，形成二元协调反垄断执法体系。

(4)三元行政机构联合模式。在我国,反垄断执法体系是在国务院反垄断委员会领导下,由国家工商总局、商务部和国家发改委分别负责。国家工商总局反垄断与反不正当竞争执法局的主要职能是负责垄断协议、滥用市场支配地位、滥用行政权力排除限制竞争的反垄断执法(价格垄断协议除外)等方面的工作;商务部反垄断局的主要职能是负责审查经营者集中行为;国家发改委价格监督检查与反垄断局的主要职能是负责依法查处价格垄断协议行为。2008 年以来,我国的反垄断取得一定成效,审查处理了一批具有较大社会影响的垄断案件,涉及横向垄断协议、纵向垄断协议、滥用市场支配地位、经营者集中审查等不同类型[12-4]。特别是国家发改委价格监督检查与反垄断局的反垄断法执法取得阶段性成果。2013 年 1 月,因为价格垄断,三星、LG 等 6 家境外企业被处罚金 3.53 亿元;2013 年 2 月,因为转售价格限制,茅台、五粮液被处罚金 4.49 亿元;2013 年 8 月,因为实施纵向垄断,合生元、美赞臣、多美滋等多家知名奶粉企业被处罚金 6.68 亿元。

[12-4] “十二五”期间反价格垄断取得重大进展

案例12.4

微软霸权受限

作为全球最大的软件商,微软公司在全球 PC 机操作系统等软件市场占有巨大的市场份额,经常被推上反垄断法庭。在 2000 年,微软公司险遭美国司法局的分拆。尽管最终幸运地逃过了一劫,但微软的市场势力受到极大的限制。

1998 年 5 月 18 日,美国司法部和 20 个州正式向联邦地区法院提起上述,指控微软公司违反反垄断法,指控内容包括试图与网景瓜分浏览器市场、与因特网服务商和内容服务商签订排他性协议、限制电脑制造商修改和自定义电脑启动顺序和电脑屏幕、与视窗 95 和视窗 98 捆绑销售因特网浏览器软件等。其间,双方经过多次交锋,没有达成和解协议。2000 年 6 月,杰克逊法官宣判微软公司违反了美国《谢尔曼法》,使用阻碍竞争的手段维持微软的垄断地位,其三项罪名分别是:非法利用在个人电脑操作系统市场上的垄断地位、企图垄断浏览器市场和在 Windows 操作系统中捆绑 IE 浏览器。判决将微软公司一分为二,一个专营电脑操作系统,另一个则经营除去操作系统外微软公司目前所经营的其他内容,包括 Office 系列应用软件、IE 浏览器等。微软公司随后以法官杰克逊的司法公正性有问题提出上诉。2001 年 6 月 28 日,美国哥伦比亚特区联邦上诉法院做出裁决,驳回地方法院法官杰克逊做出的将微软公司一分为二的判决,但维持有关微软公司从事违反反垄断法的反竞争商业行为的判决。上诉法院认为,微软公司确实存在着严重的垄断行为,但还不至于受到拆分的极刑,同时将微软公司在 Windows 操作系统中捆绑 IE 浏览器是否违法这一问题交由地方法院重新审理。

资料来源:刘彦青. 微软垄断案判决摘要[DB/OL]. [2001-06-29]. http://www.people.com.cn/GB/it/49/151/20010629/500398.html.

(二)中小企业扶持政策

中小企业是促进市场竞争、保持产业组织内部竞争活力的重要因素,也是提高产业的生产效率、推动经济社会发展的重要力量。但是资金少、规模小、易受市场波动影响等特性制约着中小企业的健康发展。因此，各国政府都十分关注中小企业的发展，并在政策上给予一定支持。

1. 中小企业界定

中小企业是一个相对概念，它是指与大企业相比，劳动力人数、资产总额与生产规模相对较小的厂商或企业。为了更好地促进中小企业发展，尤其是小型企业的发展，世界各国都根据本国的经济发展实际情况，对中小企业的范围和特征做出了明确的规定。各国对中小企业的界定有定量界定和定性界定两种方法。定量界定是通过一定的数量指标来划分中小企业，这些指标主要包括从业人数、资产额以及销售收入三个方面。在定量界定中小企业时，各国所采用的划分标准和数量指标都不尽相同。定性界定一般是从市场地位的角度，判断企业在竞争中是否具有先天的弱势地位。一般来说，定性界定标准包括三个方面：独立所有（如要求业主持有 50%以上的股权）、自主经营（要求业主本人控制自己的企业）、较小市场份额（如要求在其经营领域不占垄断地位、不能以资本市场融资等）。

(1)我国中小型企业的界定标准。截至 2011 年，我国对中小企业的界定先后经过六次调整。新中国成立初期，中小企业的划分指标为固定资产价值；1962 年划分指标改为从业人员；1978 年，划分指标改为综合生产能力；1988 年，我国依据实物产量和固定资产原值，把企业分为特大型、大型、中型、小型等四种类型；1999 年，划分标准修改为销售收入和资产总额；2003 年，为贯彻实施《中华人民共和国中小企业促进法》，国家经贸委、国家计委、财政部、国家统计局研究制定了《中小企业标准暂行规定》，中小企业的划分标准重新确定为职工人数、资产总额和销售额。2011 年，工信部、国家统计局、发改委、财政部联合颁布并实施了《中小型企业划型标准规定》，中小企业的划分标准调整为从业人员、资产总额和营业收入，并首次提出微型企业概念，将中小企业划分为中型、小型和微型三种类型，改变了过去划分标准过于宽泛的问题，为政府制定扶持小微企业的政策提供了依据和标准（见表 12-3）。

表 12-3 我国中小型企业划型标准（2011 年）

产业	中型企业	小型企业	微型企业
农林牧渔	营业收入 500 万元及以上	营业收入 50 万元及以上	营业收入 50 万元以下
工业	从业人员 300 人及以上，且营业收入 2 000 万元及以上	从业人员 20 人及以上，且营业收入 300 万元及以上	从业人员 20 人以下，且营业收入 300 万元以下
建筑业	营业收入 6 000 万元及以上，且资产总额 5 000 万元及以上	营业收入 300 万元及以上，且资产总额 300 万元及以上	营业收入 300 万元以下，且资产总额 300 万元以下

续表

产　业	中型企业	小型企业	微型企业
批发业	从业人员 20 人以上，且营业收入 5 000 万元及以上	从业人员 5 人及以上，且营业收入 1 000 万元及以上	从业人员 5 人以下，且营业收入 1 000 万元以下
零售业	从业人员 50 人及以上，且营业收入 500 万元及以上	从业人员 10 人及以上，且营业收入 100 万元及以上	从业人员 10 人以下，且营业收入 100 万元以下
交通运输业	从业人员 300 人及以上，且营业收入 3 000 万元及以上	从业人员 20 人及以上，且营业收入 200 万元及以上	从业人员 20 人以下，且营业收入 200 万元以下
仓储业	从业人员 100 人及以上，且营业收入 1 000 万元及以上	从业人员 20 人及以上，且营业收入 100 万元及以上	从业人员 20 人以下，且营业收入 100 万元以下
邮政业	从业人员 300 人及以上，且营业收入 2 000 万元及以上	从业人员 20 人及以上，且营业收入 100 万元及以上	从业人员 20 人以下，且营业收入 100 万元以下
住宿业	从业人员 100 人及以上，且营业收入 2 000 万元及以上	从业人员 10 人及以上，且营业收入 100 万元及以上	从业人员 10 人以下，且营业收入 100 万元以下
餐饮业	从业人员 100 人及以上，且营业收入 2 000 万元及以上	从业人员 10 人及以上，且营业收入 100 万元及以上	从业人员 10 人以下，且营业收入 100 万元以下
信息传输业	从业人员 100 人及以上，且营业收入 1 000 万元及以上	从业人员 10 人及以上，且营业收入 100 万元及以上	从业人员 20 人以下，且营业收入 200 万元以下
软件和信息技术服务业	从业人员 100 人及以上，且营业收入 1 000 万元及以上	从业人员 10 人及以上，且营业收入 50 万元及以上	从业人员 10 人以下，且营业收入 50 万元以下
房地产开发业	营业收入 1 000 万元及以上，且资产总额 5 000 万元及以上	营业收入 100 万元及以上，且资产总额 2 000 万元及以上	营业收入 100 万元以下，且资产总额 2 000 万元以下

续表

产　业	中型企业	小型企业	微型企业
物流管理	从业人员 300 人及以上，且营业收入 1 000 万元及以上	从业人员 100 人及以上，且营业收入 500 万元及以上	从业人员 100 人以下，且营业收入 500 万元以下
租赁和商务服务业	从业人员 100 人及以上，且资产总额 8 000 万元及以上	从业人员 10 人及以上，且资产总额 100 万元及以上	从业人员 10 人以下，且资产总额 100 万元以下
其他未列明行业	从业人员 100 人及以上	从业人员 10 人及以上	从业人员 10 人以下

资料来源：中华人民共和国工业和信息化部.《关于印发中小企业划型标准规定的通知》(工信部联企业〔2011〕300 号)，2012.

(2)日本中小企业划分标准。1963 年，日本政府颁布《中小企业基本法》，制定了日本中小企业的划分标准。1999 年修订的新《中小企业基本法》重新设置了中小企业的标准(见表 12-4)，按四种产业类别、以职工人数和资本金为标准进行界定，修改后的中小企业的范围比以前更大。

表 12-4　　日本中小企业分类标准(1999 年)

行业种类	中小企业的范围
制造业	资本金在 3 亿日元以下并且经常雇佣的从业人员为 300 人以下的公司，以及从业人员在 300 人以下的个人企业
批发业	资本金在 1 亿日元以下并且从业人员在 100 人以下的企业
零售业	资本金在 5 000 万日元以下并且从业人员在 50 人以下的企业
服务业	资本金在 5 000 万日元以下并且从业人员在 100 人以下的企业

资料来源：苏杭. 日本中小企业发展与中小企业政策[J]. 北京：中国社会科学出版社，2008.

2. 中小企业的地位与作用

中小企业具有独特的优势，是促进市场竞争的重要因素，是国民经济发展的必要组成部分，在国家和地区经济发展中有着不可替代的作用。

(1)促进市场竞争的基本力量。与大企业相比，中小企业的业务单元少、生产规模小、内部协调成本低，因而能够根据技术与市场变化灵活地调整投资方向，不断开发适应市场需求的产品；同时，由于市场竞争压力较大、危机意识较强，因而中小企业对市场需求的变化更加敏感，技术创新的动力也十分强劲。中小企业对于市场和商机敏锐的洞察力以及快速反应能力，有利于推动市场竞争机制的形成，有利于发挥市场在资源配置中的基础性作用。而且，中小企业群体具有强大的生命力，尽管有进有退、有生有灭，但中小企业始终占有一定的市场份额，对市场势力造成一定的冲击，制约垄断势力蔓延。而且中小企业技术创新网络具有强大的创新能力，也有助于激发和推动行业的技术创新。可见，充分竞争的中小企业是促进国家市场发育，消除不完全竞争的重要力量。如果说，大企业是市场运行的基石的话，中小企业就是市场活力所在。

(2)大企业发展的基础。现代化生产不可能消除生产发展的不平衡性和多层次性，大、中、小企业并存是一个常见的市场现象。大企业不可能“大而全”，这就为中小企业的“小而精”留出发展的余地。而且，在社会化大生产中，中小企业常常为大型企业提供大量的协作、配套和服务，与大企业建立起密切的分工与合作关系，成为产业发展的重要组成部分。分包制模式突出体现了中小企业的作用。所谓分包制是企业之间围绕特定产品的生产而形成的以大企业为核心、以众多中小企业为外围的长期关系网络制度。在日本，大型发包企业与中小分包企业之间形成了长期稳定的交易关系，双方清楚地认识到合作存在巨大的利益和潜力，从而结成一个较为稳固的利益共同体。以丰田为例，丰田公司将汽车整车装配件分包给 168 家分包商；这些分包商转而将汽车专用部件分包给 5 437 家二级分包商；这些二级分包商又将分离出来的零部件分包给 41 703 家三级分包商，由此形成大、中、小企业紧密联系的生产网络。

(3)经济的生长点。进入 20 世纪，随着大型垄断企业的出现，中小企业的经营环境不断恶化。一些经济学家由此预测，中小企业已经丧失了发展空间。然而，历史的经验再次证明，中小企业不仅没有消失，反而有了长足的发展。20 世纪 60 年代以来，美国硅谷的中小企业集群、意大利中部与东北部中小企业集群的崛起，再一次让人们认识到中小企业旺盛的生命力，以及中小企业在推动经济社会发展中的巨大力量。改革开放以来，我国浙江温州、广东东莞等地区的中小企业集群在推动沿海地区快速增长中发挥了重要的作用。因此，中小企业是国家和地区经济增长的重要力量。在美国，雇员在 100 人以下的中小企业占企业总数的 90%以上，其产品出口额占全国产品出口额的 40%以上；在中国台湾地区，95%以上的公司都是中小企业，其出口额占全部出口额的 50%以上；在我国，2015 年全国工商登记的中小企业超过 2 000 万家，中小企业创造了 60%以上的国内生产总值，提供了 50%以上的税收。

(4)社会稳定的基础。中小企业数量多、就业面广，因而吸纳劳动力的容量相对较大。据麻省理工学院戴维・伯奇(D. Birch，1994)的研究，在美国每 10 个新工作岗位中，有 8 个是由雇员不足 100 人的小企业创造的。据测算，我国国有中小企业占用国有资产仅 17%，吸纳劳动力人数却占国有企业劳动力人数的 74%。改革开放 30 多年来，我国城镇增加的近 8 000 万个就业岗位，75%以上是由中小企业提供的。可见，中小企业在解决就业问题方面发挥着重要作用，成为社会和谐稳定的重要基础。

3.中小企业面临的问题与扶持政策

中小企业在国家经济中具有不可替代的地位和作用，但其在市场竞争中处于不利的地位，表现为资金短缺、人才短缺、信息闭塞、技术落后、市场份额小且不稳定等，这些因素都制约着中小企业的成长和发展。因此，各国政府都致力于创造适合中小企业发展的市场竞争环境，以保持经济和社会的活力，促进国民经济健康发展。由于中小企业面临的问题复杂多样，因此中小企业政策的综合性也非常强。

(1)支持中小企业融资。中小企业融资难的症结在于其偿还能力较弱,引发的贷款风险大。为此,政府要引导和督促银行系统建立中小企业信用档案,对中小企业的信用等级进行分类,减少贷款风险概率;同时,政府要拨付一定的担保资金,支持信用担保机构扩大担保业务范围。在日本,信用保险公库和信用保证协会对中小企业融资提供必要的担保;在我国,国家审核批准的信用担保机构对中小企业提供必要的担保,而且各级政府还设立再担保基金,对担保机构发生的小微企业担保代偿损失给予一定的补偿。

(2)鼓励人才向中小企业流动。中小企业人才短缺的原因主要是中小企业实力弱,职工的待遇低,技术人员的发展空间小。为此,政府在高等院校的招生中,设置定向服务于中小企业的人才培养方案,并给予特殊补贴,使这些专业人才能够为中小企业所用。同时,政府要督促中小企业建立完善的教育培训体系,为员工做出长远的职业规划,使员工事业发展与企业发展有机结合,形成人才与企业发展之间相互促进的良性互动机制。

(3)推动中小企业的信息化建设。企业信息化是企业将信息技术应用于生产和经营活动的过程,它将生产过程、物料移动、事务处理、现金流动、客户交互等业务过程数字化,通过各种信息系统网络加工生成新的信息资源,供企业人员决策参考。在信息社会,企业信息化是提升企业管理水平的必要手段,也是提升企业竞争力的重要来源。但是,由于资金与人才短缺,中小企业的信息化建设相对滞后,大多未实现信息化管理,一些小企业甚至没有建立企业基本数据库。针对于此,政府可以从以下三个方面推进中小企业的信息化进程:一是加强宣传,鼓励和提倡企业开展信息化建设;二是加大资金支持力度,提高企业信息化建设的投入;三是加强信息化专业人员的培养,建立企业信息化管理机构。

(4)支持中小企业的技术研发。中小企业技术落后的主要原因在于人才与资金的短缺,同时也与中小企业急功近利、不注重技术研发投入有关。解决这一问题可以从两个方面入手:一方面,政府要不断加大财税、金融政策的扶持力度,为中小企业技术创新提供资金支持。我国自 1999 年设立科技型中小企业技术创新基金,支持科技型中小企业的快速发展。另一方面,建立中小企业社会化服务体系。我国先后在一些城市建设了中小企业技术创新服务平台,为企业提供与技术创新相关的一系列服务。同时,我国还成立技术创新服务中心、生产力促进中心、高科技企业孵化器、大学科技园区、留学生创业园区等机构,形成中小企业技术创新支持体系,为中小企业技术创新提供有力保障。

(5)政府采购向中小企业倾斜 。中小企业市场份额不稳定的原因,一方面是产品和工艺不能满足更多层次消费群体的要求;另一方面是市场中大企业排斥与打压的结果。为此,政府的财政部门应当建立面向中小企业的有效的信息披露制度,公开披露政府采购计划,确保中小企业及时、准确了解政府采购计划,积极参与政府的相关招标活动,从中获取商业机会。在同等条件下,政府采购应当优先安排向中小企业购买商品、工程或者服务,扩大对中小企业的产品采购规模,扶持中小企业成长。

案例12.5

美国、日本、德国、中国四国的中小企业促进法规

为支持中小企业健康发展，各国均制定了一系列支持中小企业发展的法律法规，并随着经济情况的变化而不断修订与完善。1953 年 7 月，美国国会通过《小企业法》，明确了美国国会对小企业的政策，即政府尽可能地帮助、扶持和保护小企业，保护自由竞争，保证国家经济的健康发展。以《小企业法》为主要依据，美国先后制定了《小企业投资法》(1958 年)、《机会均等法》(1964 年)、《小企业经济政策法》(1980 年)、《小企业技术创新开发法》(1982 年)、《加强小企业研究发展法》(1992 年)等一系列法律。

日本中小企业的立法起步早、发展快。1948 年，日本设立中小企业厅，负责中小企业的政策和法规的制定和实施。1963 年，日本制定的《中小企业基本法》是日本中小企业发展的纲领性文件。依据该法，日本政府先后制定了 30 多部与中小企业有关的法律和政策，内容涵盖了技术、设备、经营管理、人力资源开发、信息咨询、企业组织、财政税收、金融和进出口等各个方面，形成一个全面的中小企业政策法律支持系统。

在德国，各州政府依据《宪法》都制定了中小企业促进法，积极推动中小企业的技术创新、提高中小企业的经营效率。虽然在联邦层次上没有专门的中小企业法律，但在相关法律中涉及促进中小企业发展的法律和政策规定比较健全。例如，《免税法》首先针对中小企业的贸易税，后又推广到所得税、财产税等税种，旨在降低中小企业的税负。这些法令主要调节中小企业在社会福利、劳资合同、税收、竞争等领域的活动，为中小企业发展起到了积极作用。

2002 年 6 月，第九届全国人民代表大会常务委员会第二十八次会议通过《中华人民共和国中小企业促进法》，其内容包括资金支持、创业扶持、技术创新、市场开拓、社会服务五项扶持政策。在此基础上，各部委还相继发布了 20 余项支持中小企业的政策法规，如《中小企业发展专项资金管理办法》(2006 年)、《关于支持中小企业技术创新的若干政策》(2007 年)、《关于进一步加大科技型中小企业信贷支持的指导意见》(2009 年)、《中小企业信用担保资金管理办法》(2010 年)、《关于进一步促进科技型中小企业创新发展的若干意见》(2011 年)等。以国家法规为基础，各省、自治区和直辖市都制定了地方性的促进中小企业发展的实施细则。2016 年 6 月，为贯彻落实《中华人民共和国中小企业促进法》、促进中小企业持续健康发展，工业和信息化部发布《中小企业发展规划(2016—2020 年)》，提出 6 项关键工程与专项行动："互联网＋"小微企业专项行动、专精特新中小企业培育工程、服务能力建设工程、产业集群发展能力提升工程、中小企业管理能力提升工程、中小企业国际化促进专项行动，并通过财税政策、融资保障和服务支撑等措施予以支持[12-5]。

[12-5]
促进中小企业发展规划
(2016—2020 年)

(三)自然垄断行业的管制

自然垄断行业拥有显著的规模经济效应，存在强大的市场势力。自然垄断是市场失灵的重要表现，政府规制是保持自然垄断行业效率的重要手段。

1.规制的原因

(1)限制竞争。自然垄断行业具有规模经济效应和范围经济效应，因而在技术和经济上更适合一家或少数几家企业垄断经营,与之相应的市场结构为寡头垄断市场或完全垄断市场。基于效率要求,政府要对市场进入进行管制,防止破坏性竞争,以确保在位企业获得规模经济效应。

(2)提高社会福利。自然垄断行业中的企业具有强大的市场势力,它们有能力控制市场的价格。按照利润最大化的决策原则,企业必然将价格定在高于边际成本的水平上,以便获得垄断利润。一些自然垄断行业常常出现价格高昂和额外收费现象。自然垄断行业的定价方式降低了资源配置效率,损害了社会福利。为此,政府必须对其定价进行管制,以便合理平衡社会福利与生产者剩余。

(3)提高企业生产效率。由于缺乏竞争压力,自然垄断企业缺少技术创新的动力,也缺乏降低成本的各项努力,所以自然垄断企业的效率低于竞争性企业的效率。而且,政府实行的价格管制也抑制了企业产品创新的积极性,由此造成产品质量的下降或者产品种类减少等问题。为此,政府在进入管制、价格管制的同时,必须同时进行效率与产品质量的管制。

2.规制的方式

在自然垄断行业,政府规制的主要方式包括进入规制、价格规制和质量规制。随着规制理论的发展,各种规制方式的手段和措施不断改进,特别是激励性规制提出了一系列行之有效的方法。

(1)进入规制。进入规制是指在自然垄断行业中,规制机构对企业的从业资格、产品及服务的内容和标准进行审查、认证,从而确定一家或极少数几家企业获准享有特许经营权,承担该产业的供给责任,且不能自由退出。注册制、许可制和申报制是进入规制的三种主要方式。其中,注册制是由规制机构先审查申请进入某产业的企业的资格,然后准许其进入。许可制是指那些在法律上被禁止的企业行为,规制机构将视其具体情况予以有限解除。申报制是指准备进入某产业的企业必须按照一定的格式向规制机构提出进入申报,获得许可后方可进入。激励性规制的一个有效办法是采取特许投标制,即通过投标的方式将特许经营权授予出价最高或承诺成本最低的企业。

(2)价格规制。价格规制是政府通过价格制定、审批和监督等手段对自然垄断行业的价格实行控制,旨在把自然垄断行业的价格维持在较低水平上。传统的价格规制是规制者制定一个社会福利最大化的价格,被规制者接受并在这个价格水平上销售其产品和服务。一般认为,价格制定应遵循价格等于边际成本的原则,规制者将市场价格定在市场需求曲线和企业边际成本曲线的交点处。激励性规制提出的价格规制方法是价格上限制,即政府规定企业产品和服务价格的上限,企业只能在这个上限价格及以下范围内变动价格。这种方式能够有效激励企业提高生产效率。

(3)质量规制。为了防止缺乏竞争的自然垄断行业降低产品和服务质量,政府采取一定措施监督和控制产品和服务的质量。这些措施和手段有制定产品和服务的质量标准、建立有关产业的产品和服务质量定期检查制度、定期颁布准许生产的产品和服务目录等。

3.规制的强度

1887 年,美国设立州际商业委员会,对美国州际铁路运营进行规制。自此,美国在自然垄断行业推行政府规制模式,并引领着西方国家的政府规制的进程。在此后的 100 多年里,政府规制经历了强化规制、放松规制和再规制三个阶段。

(1)强化规制。从 19 世纪末到 20 世纪 70 年代,美国政府对自然垄断行业的规制逐步加强。19 世纪末 20 世纪初,托拉斯、康采恩等垄断组织在美国迅速发展,在经济、社会生活中产生显著影响。人们意识到政府干预能够使社会公众从自然垄断经济中受益,政府的反垄断应运而生。这一时期,美国设立州际商业委员会、联邦电力委员会等机构对铁路、电力、煤气、电话等自然垄断领域实行价格规制。20 世纪 30 年代,为了应对经济大萧条,美国政府采用凯恩斯主义的宏观经济政策对宏观经济进行调控,同时也加强了对微观主体的规制。这一时期,美国政府成立了证券交易委员会、联邦电信委员会、国家劳动委员会等机构,规制的领域扩展到管道运输、航空、通信、金融等行业。第二次世界大战后,凯恩斯主义及其政策进一步得到传播,以美国为代表的西方国家继续加强经济性规制,特别是扩大了能源领域的规制范围(天然气、输油管道、石油);同时,政府开始注重健康、安全、环境等社会规制。到 20 世纪 70 年代,美国的政府规制达到顶峰。1970—1979 年,美国政府制定的工商规制章程、条例的篇幅增加了两倍,联邦条例法典页数增加了三分之一;1965 年受规制企业的产值占美国 GNP(国民生产总值)的比重为 8.2%,到 1975 年这一比值上升到 23.7%。

(2)放松规制。20 世纪 70 年代末期,西方发达国家陷入了罕见的"滞胀危机"。人们开始质疑凯恩斯主义的政府干预政策,自由主义思潮迅速发展。受此影响,美国率先开始了轰轰烈烈的放松规制运动,电信、证券、能源、交通、航空等行业的放松规制法规相继出台。随后,英国、日本及许多发展中国家也开始跟进,政府规制的范围不断收缩、规制事件发生的频率不断下降。美国电信业的放松规制十分典型。在 20 世纪 80 年代之前,美国的电信业还是一个比较典型的垄断行业,之后逐渐引入竞争机制,把电信业务水平分解,分阶段的局部引入竞争。1996 年,美国电信法颁布,美国电信业完全向市场开放。

放松规制之所以迅速推开,既是治理经济危机的需要,也是对"规制失灵"的反思和修正,具体原因包括以下几个方面。一是削减庞大的规制费用。在政府规制过程中,规制机构及人员不断膨胀,规制范围不断增加,规制费用成为政府开支的重要组成部分。当遇到"滞胀危机",政府需要消减财政补贴、缩小行政开支时,削减规制机构人员和规制费用就成为一个有效手段。二是提升被规制产业和被规制企业的效率。政府规制抑制了企业的创新动力,却引发了寻租现象,助长了工资—价格螺旋,导致市场缺乏竞争活力、资源配置效率低下。因此,只有放松规制、引入竞争才能激发市场活力,提高企业的效率。三是要素跨国流动的要求。20 世纪 70 年代以来,跨国公司迅速发展,产品和生产要素国际流动日趋频繁,迫切需要各国放松规制。

(3)再规制。在放松规制过程中,人们逐渐认识到全面减少政府规制是不切实际的,自然垄断行业规制作为一种制度安排有其存在的必要性。放松规制并不是从规制到不规制的变化,更重要的是规制方式和规制工具的变化,即通过引入一些新的规制主体,创新规制体制来进一步提高被规制者的效率。基于这一认识和反思,20 世纪 90 年代人们开始探索政府规制的创新。与传统规制相比,新规制的变化主要表现在两个方面:一是规制主体的多元化。政府不再是规制的唯一主体,专业委员会、行业协会或者组织也有能力参与规制,特别是在解决国际化和复杂的经济社会问题时,来自非政府机构或组织的多元行动者的参与可能是提高规制效果的重要途径。多元主体规制的方式主要有政府与私人部门的联合规制、行业自规制和利益相关者规制。其中,联合规制是指政府将许多规制任务委托给私人部门来实施,并对不服从规制的市场主体进行制裁。行业自规制是指行业协会或组织制定技术标准或行为规则,对行业的产品或服务的生产进行规制。利益相关者规制是指来自政府、私人部门以及非营利组织的行动者达成共同的行为标准或法案,并据此开展规制。二是规制机制的创新。传统规制都遵循堵漏洞的思路,而新规制认为管控不如激励。为了解决信息不对称条件下的最优激励问题,新规制理论建立委托—代理模型,研究和设计被规制企业提高内部效率的激励机制。其中,委托人为政府或规制机构,代理人是被规制企业。规制者设计的激励机制合同既能为企业提供适度激励,又有助于实现社会福利最大化。现代西方国家实行的激励性机制种类较多,如价格上限规制、特许投标规制、区域间竞争规制等。

(四)反不正当竞争

不正当竞争行为是市场竞争中客观存在的现象,但是它有损公平竞争环境,扰乱市场秩序,是市场机制有效运行的障碍。在大多数国家,反不正当竞争是产业组织政策的重要领域。

1. 不正当行为及其危害

在激烈的市场竞争中,企业试图通过各种手段增强竞争实力,从而扩大市场份额和利润。在竞争中,一些企业不断通过技术创新、管理改革等正当的、积极的手段提高市场竞争优势。但是,有些经营者企图采取非法的或者有悖于公认商业道德的不正当行为来谋取市场利益。最早使用不正当竞争概念的是 1883 年《保护工业产权巴黎公约》,该公约第 10 条规定:“在工业或商业中任何违反诚实习惯的竞争行为都是不正当的竞争行为。”商业道德虽然没有统一的界定,但“平等、自愿、诚信、公平、不侵犯他人和公共利益”等被认为是商业道德的基本内容。在现实生活中,不正当竞争行为五花八门、形形色色,如混淆行为、商业贿赂、虚假宣传、侵犯商业秘密、低价倾销、不正当有奖销售行为、诋毁商誉等。

正当的竞争行为有利于激发市场活力,推动技术创新,提高资源配置效率。而不正当的竞争行为损害了公平的市场竞争环境,打击了正当经营者生产和经营的积极性,侵犯了竞争对手和消费者的合法权益。长期存在的不正当行为还具有示范性,它会引发不正当行为的连锁反应,扰乱市场秩序,抑制市场竞争,降低资源配置的效率,对产业发展、甚至是国家经济发展产生严重的影响。

2.反不正当竞争法

面对与市场经济相伴而生的不正当市场竞争行为，世界上主要的经济体都以公众利益最大化为原则，着力强化反不正当竞争行为的立法工作，并对不正当竞争行为予以严厉打击。1896 年，德国制定了第一个专门禁止不正当竞争行为的法律《反不正当竞争法》，这是世界上最早关于反不正当竞争的特别法。1913 年，希腊颁布《反不正当竞争法》，1923 年，奥地利颁布《联邦反不正当竞争法》，1926 年，波兰颁布《制止不正当竞争法》，1934 年，日本颁布《不正当竞争防止法》，1993 年，我国颁布《中华人民共和国反不正当竞争法》。

3.我国的反不正当竞争法

为保障社会主义市场经济健康发展，鼓励和保护公平竞争，制止不正当竞争行为，1993 年 9 月 2 日，第八届全国人民代表大会常务委员会第三次会议通过《中华人民共和国反不正当竞争法》(自 1993 年 12 月 1 日起施行)。该法的相关条款如下：

第 2 条　经营者在市场交易中，应当遵循自愿、平等、公平、诚实信用的原则，遵守公认的商业道德。本法所称的不正当竞争，是指经营者违反本法规定，损害其他经营者合法权益，扰乱社会经济秩序的行为。

第 5 条　经营者不得采用下列不正当手段从事市场交易，损害竞争对手。

(1)假冒他人的注册商标；

(2)擅自使用知名商品特有的名称、包装、装潢，或者使用与知名商品近似的名称、包装、装潢，造成和他人的知名商品相混淆，使购买者误认为是该知名商品；

(3)擅自使用他人的企业名称或者姓名，引人误认为是他人的商品；

(4)在商品上伪造或者冒用认证标志、名优标志等质量标志，伪造产地，对商品质量作引人误解的虚假表示。

第 6 条　公用企业或者其他依法具有独占地位的经营者，不得限定他人购买其指定的经营者的商品，以排挤其他经营者的公平竞争。

第 7 条　政府及其所属部门不得滥用行政权力，限定他人购买其指定的经营者的商品，限制其他经营者正当的经营活动。政府及其所属部门不得滥用行政权力，限制外地商品进入本地市场，或者本地商品流向外地市场。

[12-6]
商业贿赂认定的实质标准

第 8 条　经营者不得采用财物或者其他手段进行贿赂以销售或者购买商品[12-6]。在账外暗中给予对方单位或者个人回扣的，以行贿论处；对方单位或者个人在账外暗中收受回扣的，以受贿论处。经营者销售或者购买商品，可以以明示方式给对方折扣，可以给中间人佣金。经营者给对方折扣、给中间人佣金的，必须如实入账。接受折扣、佣金的经营者必须如实入账。

第 9 条　经营者不得利用广告或者其他方法，对商品的质量、制作成分、性能、用途、生产者、有效期限、产地等作引人误解的虚假宣传。广告的经营者不得在明知或者应知的情况下，代理、设计、制作、发布虚假广告。

第 10 条　经营者不得采用下列手段侵犯商业秘密：

(1)以盗窃、利诱、胁迫或者其他不正当手段获取权利人的商业秘密；

(2)披露、使用或者允许他人使用以前项手段获取权利人的商业秘密；

(3)违反约定或者违反权利人有关保守商业秘密的要求，披露、使用或者允许他人使用其所掌握的商业秘密。第三人明知或者应知前款所列违法行为，获取、使用或者披露他人的商业秘密，视为侵犯商业秘密。本条所称的商业秘密，是指不为公众所知悉、能为权利人带来经济利益、具有实用性并经权利人采取保密措施的技术信息和经营信息。

第 11 条　经营者不得以排挤对手为目的，以低于成本的价格销售商品。有下列情形之一的，不属于不正当行为：

(1)销售鲜活商品；

(2)处理有效期限即将到期的商品或者其他积压的商品；

(3)季节性降价；

(4)因清偿债务、转产、歇业降价销售商品。

第 12 条　经营者销售商品，不得违背购买者的意愿搭售商品或者附加其他不合理条件。

第 13 条　经营者不得从事下列有奖销售：

(1)采用谎称有奖或者故意让内定人员中奖的欺骗方式进行有奖销售；

(2)利用有奖销售的手段推销质次价高的商品；

(3)抽奖式的有奖销售，最高奖的金额超过 5 000 元。

第 14 条　经营者不得捏造、散布虚伪事实，损害竞争对手的商业信誉、商品声誉。

第 15 条　投标者不得串通投标，抬高标价或者压低标价。投标者和招标者不得相互串谋，以排挤竞争对手的公平竞争。

案例12.6

国网信息有限公司恶意抢注域名争端

国网信息有限公司于 1998 年 8 月 3 日向中国互联网信息中心申请注册了"whisper.com.cn"域名，且自注册之日起一直未投入使用。宝洁公司认为国网信息有限公司注册的域名主体侵犯了其已经注册商标"WHISPER"的相关合法权益，遂向北京市第二中级人民法院提起诉讼，请求国网信息有限公司立即停止使用并撤销该域名并承担一定数额的经济赔偿。北京市第二中级人民法院依法进行审理，认为被告国网信息有限公司注册"whisper.com.cn"域名一直未使用，有恶意抢注之嫌。且"WHISPER"作为宝洁公司在中国国家工商行政管理局商标局(中国商标局)的注册商标，具有一定的市场知名度，属于驰名商标。根据《保护工业产权巴黎公约》，国网信息有限公司将与自己没有任何合理性关联的"WHISPER"驰名商标注册为域名，并未开通使用，其待价而沽的非善意性注册的主观动机是十分明显的。故被告的行为已经侵犯了宝洁公司的商标专用权，构成不正当竞争。2000 年 7 月 6 日，北京市第二中级人民法院依据《中华人民共和国反不正当竞争法》第 2 条第 1 款的规定，做出如下判决：①国网信息有限公司注册的"whisper.com.cn"域名无效，国网信息有限公司在判决生效后 10 日内撤销该域名；②国网信息有限公司赔偿宝洁公司经济损失 20 000 元人民币。

被告对原一审判决不服，遂向北京市高级人民法院提起上诉，理由是北京市第二中级人民法院在认定驰名商标方面存在程序上违法，无相关法律依据；国网信息有限公司注册域名并没有违反《商标法》、《反不正当竞争法》和《保护工业产权巴黎公约》的相关规定。北京市高级人民法院审理查明，宝洁公司于1992年2月28日在中共商标局注册了“WHISPER”文字商标、美术商标、中文繁体、中文美术简体、中文美术繁体“护舒宝”商标并在商标国际分类第五类中使用，并为这一品牌投入多达3.051 8亿元人民币的广告费用。宝洁公司提交的证据证明，“WHISPER”注册商标在中国相关公众中具有一定的知名度，但不能证明该注册商标为驰名商标。因此，国网信息有限公司的行为未侵犯宝洁公司的商标注册权。2001年11月1日，北京市高级人民法院判决国网信息有限公司立即停止对宝洁公司的侵权行为，注销其注册的“whisper.com.cn”域名，驳回宝洁公司的其他诉讼请求。

资料来源：中华人民共和国北京市高级人民法院民事判决书（2000)(高知终字第83号).

二、产业结构政策

产业结构政策是指政府依据产业结构演变规律推动产业结构优化的政策措施。无论是产业结构高度化还是产业结构合理化，产业结构优化的关键是产业的新陈代谢，包括战略性新兴产业的发展和衰退产业的退出。因此，战略性新兴产业扶植政策和衰退产业的调整政策是产业结构政策的重要组成部分。

(一)战略性新兴产业的扶植政策

战略性新兴产业是指能够在未来成为主导产业的新兴产业。它首先是一种新兴产业，但并非所有新兴产业都可以成为战略性新兴产业。战略性新兴产业必须初步具备主导产业的三个基本特征：技术创新水平高、增长速度快和扩散效应强。因此首先要依据一定标准选择战略性新兴产业，再予以政策支持，使之快速成长。

1.战略性新兴产业的选择

在政府干预的模式下，政府必须遵循产业结构高度化的客观规律，进行产业结构高度化的规划，确定各个时期的战略性新兴产业，并通过政府的立法、政策，循序渐进地扶持战略性新兴产业的发展。20世纪五六十年代，日本学者筱原三代平在总结日本主导产业发展实践的基础上，提出了确定主导产业的两个基准：生产率上升基准和需求的收入弹性基准。另外一些学者强调关联效应基准。

(1)生产率上升基准。技术进步是造成生产率上升的主要原因。在国民经济各部门中，哪个部门在技术上首先出现突破性进展，哪个部门就会迅速地增长和发展，其生产率就会有一个持续的上升。因此，生产率上升基准反映了产业技术创新的水平。生产率持续、快速上升是战略性新兴产业的基本标准。

(2)需求的收入弹性基准。需求的收入弹性，简称为收入弹性，它是指在价格不变的情况下，某产业产品的需求增长率与人均国民收入的增加率之比，反映了该产业的社会需求随人均国民收入增长而增长的情况。收入弹性越高,需求增长对收入增长更敏感,需求增长的潜力越大。需求快速增长是产业增长的动力,收入弹性基准反映了产业的增长速度。较高的收入弹性是战略性新兴产业的标准之一。

(3)关联效应基准。关联效应是指一个产业的产值、技术、投资等的变化引起相关产业的变化。按照罗斯托主导产业扩散效应,一个产业的扩散效应分为回顾效应、前向效应和旁侧效应。扩散效应反映了一个产业发展对相关产业的带动作用,对宏观经济增长的贡献。强大的扩散效应是主导产业的基本特征,也是选择战略性新兴产业的基本标准。

2.战略性新兴产业扶持政策

当一个时期的战略性新兴产业确立以后,政府就要采取相应的扶持政策,促进战略性新兴产业的发展。各国战略性新兴产业的扶持政策并不完全一致,但大体上均包括以下几个方面:

(1)依法确立。政府要适时制定并颁布战略性新兴产业发展规划,以立法形式确立战略性新兴产业的优先发展地位,使其享受到在财政、税收、管理等方面的优惠条件[12-7]。

[12-7]
国务院关于印发"十三五"国家战略性新兴产业发展规划的通知

(2)国际贸易保护。在国际贸易规则允许的范围内,政府要通过关税、非关税(配额、许可、投资等)等贸易保护政策限制同类产品的进口,为战略性新兴产业发展创造一个相对稳定的发展空间。

(3)金融与财税政策支持。在财政政策方面,政府的主要手段是加大投入和补贴,采取各种税收优惠政策,如增加固定资产投资、加大研发经费投入、加大示范项目补贴和出口退税等,进一步减少企业的成本。在金融政策方面,政府综合运用财政拨款、基金、贴息、担保等多种方式吸引社会资金向战略性新兴产业投资;政府通过创业投资引导基金的示范,拉动风险投资进入战略性新兴产业领域,提高战略性新兴产业的资本增长率。

(4)技术援助与人才培养计划。技术创新是战略性新兴产业成长和发展的决定因素。政府通过加大研发投入、实施人才培养计划等方式提升战略性新兴产业的创新能力。一是增加在相关技术领域的研发投入,特别是加大对战略性新兴产业的科技基础条件建设的支持;二是组建政府与企业的合作开发体系,分担企业研发的风险;三是积极实施战略性新兴产业人才培养计划,合理扩大高等院校与战略性新兴产业相关专业招生比例,鼓励科研院所的科技人员向企业流动和转移,培养和造就一批紧缺人才和骨干技术人员。

案例12.7

日本支持战略性新兴产业发展的经验

日本主要通过财政补贴、政府采购、税收优惠等财税杠杆,鼓励和推动日本企业发展战略性新兴产业,尤其出台多项政策鼓励新兴产业产品应用,培育战略性新兴产业市场。

(1)政府引导和支持新兴产业的发展。日本通过研究预测未来科技发展趋势,选择适合本国国情的关键性技术，制定国家中长期科技发展的目标任务，以长期需求为目标加强产业政策引导。

(2)以财政支持等方式促进新技术的研发和产品的市场化。日本政府逐年增加对节能技术产品研发和应用的财政补贴。日本着重加大对重要节能技术开发、节能设备推广和示范项目的财政补贴力度，财政预算逐年增加，从 2001 年的 520 亿日元增加到 2007 年的 1 100 亿日元；每年约有 400 亿日元用于补贴家庭和楼房能源管理系统、合同能源管理和高效热水器等。另外，对进行节能投资企业给予贴息和低息优惠贷款，鼓励中小企业进入到新兴产业领域。

(3)明确政府采购目录清单，助推日本新兴企业加速发展。1995 年，日本制定了"政府绿化行动计划"，公布了政府采购商品建议清单；随后，日本明确规定了政府部门优先采购环保型产品的义务，通过政府采购的财政手段，不断加强对新能源技术、节能环保产品企业发展的支持。

(4)加大对节能技术开发和产品应用的税收优惠政策力度。日本通过相应的财税政策手段对处于发展初期的新兴企业进行资金补助，尤其是对资源节约型和节能环保型的技术研发和产品应用给予财政补贴。对列入节能产品目录的节能设备实行特别折旧和税收减免政策，减免税收约占设备获得成本的 7%；给予特殊的加速折旧政策，允许投资于节能和新能源设备的生产设施直接折旧。

(5)鼓励构建新兴产业发展的产学研合作开发机制，共同分担研发风险。日本鼓励科研院所与企业联合开发新技术、新产品，积极组织建立共同研发与推广机制，分担企业的技术开发风险，加快科研成果转化速度，并给予一定的资金支持。

资料来源：秦海林. 日本支持战略性新兴产业发展的经验及启示[N]. 中国经济时报，2014-02-14.

(二)衰退产业的调整政策

衰退产业是指产业增长率在较长时期内持续下降或停滞的产业。这些产业是在经历幼稚期、成长期、成熟期之后，进入到衰退期的产业。其一般特征是：技术进步缓慢、产品需求增长率停滞或大幅度下降、生产能力严重过剩、失业现象严重。改革开放以来，随着我国工业化进程的推进，工业结构转换持续进行。进入 21 世纪，煤炭、纺织、炼铝、钢铁冶炼等大批传统产业出现衰退现象，发生了大面积的结构性亏损，产业过剩问题日趋尖锐。需要注意的是，某些产业在紧缩性宏观经济政策或生产要素价格普遍上涨等因素影响下，也会出现增长缓慢的状况，但不能由此就断定产业进入衰退期。因此，在判断和识别衰退产业时，应全面分析产业的各项特征，如市场需求增长率、生产效率增长率、产值增长率、产品创新水平等。

1.衰退产业的调整思路

对于衰退产业问题，政府面临两种不同的解决思路，即积极调整与消极保护。

(1)积极调整。政府采取一定的政策和措施促进衰退产业有秩序的收缩、撤让，并引导其资本存量向高增长率产业部门转移。

(2)消极保护。为了避免失业率上升引发的社会问题，政府会在较长时期内采用税收减免、优先贷款、补贴、限制同类商品进口等措施，使得这些衰退企业得以维持下去。多数经济学家对以"维持衰退产业的生存"为出发点的保护政策持反对意见，因为消极地维持衰退产业的生存会妨碍技术进步和产业结构高度化。

实际上，衰退产业的收缩是一个必然的趋势。从长期来看，积极调整是解决衰退产业问题的根本办法和途径。但是，经济和社会是紧密相关，解决衰退产业问题要尽量减少其对社会产生的影响。在短期，结构性失业人员的再就业途径难以建立，政府就需要暂时采取消极保护政策。随着失业人员再就业技能的提高、再就业途径的拓宽，政府再逐渐推行积极调整政策。进入 21 世纪，山西省煤炭资源枯竭问题逐渐暴露，接续替代产业发展乏力，生态环境压力巨大，职工再就业困难，煤炭产业的调整势在必行。为此，山西省结合煤炭工业可持续发展政策措施试点工作，制定了《山西省人民政府关于促进资源型城市可持续发展的实施意见》(晋政发〔2008〕19 号)，提出了积极发展接续替代产业，建立资源开发补偿机制和衰退产业援助机制等一系列积极调整措施[12-8]。

[12-8]
山西省人民政府关于促进资源型城市可持续发展的实施意见(晋政发〔2008〕19 号)

2.衰退产业的退出壁垒

衰退产业的退出会遇到一系列退出壁垒，主要包括沉没成本、解雇费用、政府管制壁垒等。

(1)沉没成本。企业退出市场时，专用性资产的处理十分棘手。如果转让给产业内留存企业，退出的沉没成本就会大幅度降低；但是，衰退产业失去了对资本的吸引力，不仅外部资本很少进入该产业，产业内企业也缺乏扩大投资的愿望，从而造成希望退出的企业的蜕资困难。可见，衰退产业的企业退出时，面临巨大的沉没成本。

(2)解雇费用。解雇费用也是衰退产业收缩面临的主要障碍。退出的企业必须要向职工支付一定的解雇费用，但这些费用却是企业难以承担的。一方面，衰退产业通常都是劳动密集型、资源密集型产业，企业雇用的劳动力人数较多，因而需要支付庞大的补偿金数额；另一方面，衰退产业的企业的利润很低，企业的资金不足，也难以满足补偿金的要求。企业退出时，如果处理不好补偿金问题，还容易引发劳资纠纷，影响社会稳定。

(3)政府管制壁垒。衰退产业的失业属于结构性失业，即衰退产业中劳动力供过于求，而新兴产业中劳动力则是供不应求。如果衰退产业的劳动力不能顺利地转移到新兴产业，社会的失业率就会迅速上升，就会引发一系列社会问题。在传统产业集中的地区，劳动力转移的途径较少，失业率上升引发的偷盗、寻衅滋事等社会问题更为突出。20 世纪 90 年代，我国东北老工业基地在产业结构转型中，钢铁、煤炭、水泥等行业中出现了大量的下岗工人，在短时间内又无法实现有效转移，给当地的社会稳定带来很大的压力。为了社会稳定，政府在短期内可能采取一定措施保护衰退产业，从而形成政府管制壁垒。

3.衰退产业的调整措施

(1)资源重组。资源重组是衰退产业调整的一种主要模式，是指衰退产业过剩的生产能力通过产权交易转移到具有市场前景的产业中。从发达国家产业调整的经验看，解决生产能力过剩并不是通过限制生产和投资的方法来控制经济规模，而是主张将行业过剩的投资能力转移到具有市场前景的产业和企业。其中，最为有效的方式为企业并购。衰退行业中的大企业通过资源重组并购新兴产业的企业，使衰退产业中的资源平稳地流向新兴产业。这种内部调整比外部调整的效率高、成本小，而且对社会的副作用也小。在这一过程中，政府可以采取加速设备折旧、发放转产补贴、提供转岗培训服务等措施，促进和加快企业的资源重组进程。

(2)产品再创新。衰退产业是产业新陈代谢的产物，但一些衰退产业往往表现为衰而不亡，因为人们对这些产业的产品需求是持续存在的，如纺织、钢铁、钟表、自行车等。如果运用现代技术改造和提升衰退产业，促进其产品结构的升级，提高传统产品的性能，就能够进一步稳定市场需求，使衰退产业焕发生机，如电动自行车、智能手表等。因此，产品创新和升级是克服衰退的一个基本途径。因而，政府对衰退产业实施技术援助政策，由政府组织并资助科研机构、大学和企业成立行业性的技术创新机构，为中小企业建立信息和技术成果转让的交易平台，促进竞争性行业的技术创新。

(3)区位调整。产业区位是影响产业经济活动的重要因素，不同区位的生产要素禀赋不同，生产要素的供给数量与价格也存在差异。区位转移与集聚都能够在一定程度上提高衰退产业的竞争力。

①区位转移。根据产品生命周期理论，衰退产业的技术已经成熟，标准化生产使企业的竞争优势主要表现在成本优势，因此衰退产业的企业要将过剩的生产能力转移到要素价格低廉的区位，以获得更大的利润和竞争优势。实际上，发达国家的产业转移过程就是将已经成熟的技术和即将淘汰的技术向发展中国家转移的过程。

②产业集聚。产业集聚能够产生正的外部性，包括技术外溢、成熟的劳动力市场和完善的中间产品服务，集聚使衰退产业焕发活力，产生较强的竞争力。大量的实践证明，产业的地理集中能延缓产业的衰退，提高产业抗衰老的机能。如美国佐治亚州道尔顿周围的地毯制造业、瑞士的钟表业、意大利的瓷砖业和纺织服装业等，我国广东佛山的瓷砖业、湖南浏阳的花炮业、苏南的纺织服装业、浙江义乌小商品等。因此，政府要通过金融、财政等手段引导衰退产业向生产要素价格低廉的地区转移，向专业生产园区集中。

(4)市场保护。政府通过限制同类产品的进口，对衰退产业实施国际贸易保护，同时还可以采取价格补贴、政府采购等方式援助衰退产业，为其生产调整和劳动力转移创造时机，实现平稳转移和过渡。

案例12.8

英国、美国衰退产业调整政策的实践

衰退产业的调整是市场经济国家产业政策的主要内容之一。英国和美国等欧美国家的衰退产业调整政策实践的经验值得借鉴。

20 世纪 60 年代中期，英国出现了一些产业的衰退现象，并对经济增长产生制约。为此，英国政府实施了衰退产业调整政策并取得了较好的效果。一是针对产业衰退引起的区域经济衰退，实施衰退地区开发政策。政府把严重衰退的地区划分为“援助区”、“企业区”，并为这些地区创造良好的投资环境；二是用高新技术对传统产业进行改造，削减产能过剩、没有发展前景的传统工业部门。

20 世纪七八十年代，美国制造业出现衰退，美国采取了相应的调整措施，促使美国经济在 20 世纪 90 年代持续增长。其主要政策如下：一是政府对衰退产业的资助以技术创新为主。政府补贴除用于失业人员的救济和再开发外，只提供技术开发费用而不是设备购置费用。二是强调运用法律手段来援助衰退产业中的劳动力转移及人力资源再开发。例如，政府先后实施了《综合就业训练法》、《职业合作培训法》等法律，为结构性失业人员的再就业培训提供了法律保障。

三、产业布局政策

产业布局政策是指政府遵循产业布局规律，针对产业的区位、产业集群以及经济空间结构等方面的问题而采取的政策和措施。从国家层面来看，产业布局政策的重点是解决经济空间结构中存在的问题，即协调区域之间经济发展的关系，特别是发达地区和落后地区之间的关系。各国产业布局的手段大体上包括立法、财政补贴、金融支持等手段。其中，美国、德国、日本和中国的产业布局政策具有代表性。

(一)美国的法律规制

美国曾经是区域发展很不平衡的国家。19 世纪初，美国的工业化首先开始于大西洋沿岸的东北区，以后逐步扩展到中北部的五大湖地区。1865 年美国南北战争结束，南方的种植业面积锐减，工业化在全国范围内展开，逐渐统领了美国的经济、政治和社会各个领域。但相比之下，东北区的工业增长更为迅猛，而西部、南部则因多方面因素发展缓慢，美国地区经济差距不断扩大。直到第二次世界大战以后，美国的地区经济差距才开始缩小。从总体上来看，美国产业布局政策的核心是促进落后的西部、南部地区的发展；产业布局政策的主要手段是法律规制，具有稳定、制度化和规范化的特点。

1. 西部开发

19 世纪美国西部开发史是一部不断通过立法来干预区域经济发展的历史。这些法律涉及土地分配、基础设施建设、教育和生态环境等方面，立法为西部开发创造出一个自由、开放的公平竞争环境，有力保障和促进了西部开发的进程。

(1)土地法令。为了解决土地分配问题，美国联邦政府在西部开发过程中制定了一系列土地法令。1785 年，美国联邦政府通过新的《土地法令》，对西部土地的测量和出售作出规定，确定了出售西部公共土地的大政方针；1800 年的《哈里森土地法》进一步降低了可售土地的最小面积，旨在吸引更多的西部移民；1841 年的

《土地先购权法》正式承认"占地"拓荒者的优先权,这种先用后买的土地政策鼓励了移民的西进;1862年的《宅地法》规定每个符合条件的美国公民可以取得160英亩的份地,耕种5年后即归其所有,《宅地法》的颁布进一步促进了西部开发的进程,调动了广大移民垦荒的积极性。1873年的《育林法》准许宅地获得者再分到160英亩树木较少的土地,条件是必须4年内在其中的40英亩土地上种植树木。

(2)交通法令。美国在西部开发中非常重视基础设施建设。在铁路修建中,美国联邦政府实行"积极资助、参与管理"的政策,在土地、贷款、补贴等方面给予大力支持。一是依法给予技术援助。在巴尔的摩—俄亥俄铁路建设期间,美国联邦政府根据《综合勘测法》授权陆军部的勘测队伍协助勘测和设计。二是依法给予财政援助。美国联邦政府采取"多修铁路多得益"的政策,铁路公司每修一英里(1英里=1.61千米)铁路,可以得到铁路沿线一定面积的土地。三是提供更为优惠的银行贷款。根据修筑铁路的长度和地形条件,政府给予铁路公司一定额度的贷款。1864年,美国国会通过的《新太平洋铁路法案》规定,为了建设由密苏里河到太平洋的铁路线和电报线路,政府负责赠送大批国有土地和资助大量资金,并准许铁路公司出铁路股票。四是依法进行管理。1887年,美国国会通过《洲际贸易法》,统一管理全国范围内的铁路运输。

(3)教育法令。在西部开发中,大批移民涌入西部,给西部教育提出了新的要求。美国联邦政府在开发初期十分重视发展西部教育,颁布拨地兴学法令。19世纪20年代,美国掀起一场席卷北部和西部的公立学校运动,各州纷纷要求建立平等、免费、不属于任何教派的公立学校来普及教育。西部各州都制定和颁布义务教育法,通过拨款、征收教育税来举办公共教育。

2.田纳西河流域开发

1933年,美国联邦政府实施田纳西河流域和密西西比河中下游一带的水利综合开发。这一地区位于美国东南部,是比较贫穷的农业区,经常水患成灾。当时,由私人投资举办统筹兼顾的水电事业很困难,为此政府成立"田纳西流域管理委员会"(TVA),负责投资与组织管理。田纳西流域地跨7个州,TVA要实现对田纳西流域的统一开发管理,没有立法保证是难以想象的。因此,美国国会于1933年通过《田纳西流域管理局法》,对TVA的职能、开发各项自然资源的任务和权力作了明确规定。例如,TVA有权为开发流域自然资源而征用流域内土地,并以美国联邦政府的名义管理;有权在田纳西河干支流上建设水库、大坝、水电站、航运设施等水利工程,以改善航运、供水、发电和控制洪水;有权将各类发电设施联网运行;有权销售电力;有权生产农用肥料,促进农业发展等。《田纳西流域管理局法》对田纳西流域自然资源的有效开发和统一管理提供了法律保证。该法自1933年颁布后,根据流域开发和管理的变化和需要,不断进行修改和补充,使凡涉及流域开发和管理的重大举措都能得到相应的法律支撑。

目前,TVA是美国最大的电力生产企业,也是唯一直属美国联邦政府的国有电力公司,发电能力可满足区域内730万居民的需要,特定供电区域包括了美国东南20万平方千米的广大地区。实践证明,TVA取得了很好的经济和社会效益,《田纳西流域管理局法》对美国东南部落后地区的发展起到了重要的促进作用,使这一地区在第二次世界大战后迅速崛起成为"阳光地带"。

3.阿巴拉契亚区域开发

阿巴拉契亚山区纵跨东部13个州，是美国主要的贫困区，这里失业率高、人均收入低、居民教育水平低和营养不良。1965年美国政府决定开发阿巴拉契亚山区，并颁布《阿巴拉契亚区域开发法》，依法案组建美国第一个由联邦政府和州政府合作管理的机构，即阿巴拉契亚山区域委员会（ARC）。《阿巴拉契亚区域开发法》明确规定联邦财政拨款的绝大部分都必须用于公路建设，同时批准建立长达3 782千米（后来增加到4 868千米）的阿巴拉契亚公路网络。非公路项目主要集中在社区公共设施、能源和企业发展以及教育和医疗设施建设等方面。开发前10年的投资重点领域是公路建设，完成公路系统后开始转向教育与卫生等基础设施建设。从1965年到1992年，美国联邦、州和地方政府共为阿巴拉契亚区域开发投入资金140亿美元，其中公路建设为80亿美元，非公路项目为60亿美元。

阿巴拉契亚发展计划取得了很大成功，阿巴拉契亚区域与其他地区的经济差距逐渐缩小。1965年，地区人均国民收入仅为全国水平的78.2%；而到1991年，地区人均国民收入已经达到全国水平的83%，而且人口外流趋势出现逆转。

（二）德国的财政转移支付制度

自20世纪50年代以来，德国开始实施政府转移支付制度，成功地对各州之间的经济关系进行协调，得到世界各国的好评和推崇[12-9]。德国的转移支付制度源自《基本法》，该法规定经济发展水平高的州必须对经济发展水平低的州提供财政补贴，以保持各州的适度财政和国内各州居民生活水平相对一致。转移支付的具体调整范畴和实施办法由《联邦财政平衡法》规定。

[12-9]
德国财政转移支付制度

1.财政转移支付的区域

财政转移支付的重点区域是所谓的"问题地区"，大体分为三类：一是经济发展水平相对落后地区。标准是以乡镇为单位的人均GDP低于联邦各州平均水平的75%的地区，主要是德国东部的5个州。二是结构衰退的老工业基地。标准是失业率高于10%、人均GDP低于联邦平均水平的地区，一般为结构转换较慢，经济明显衰退的老工业基地，如鲁尔地区、不来梅市等。三是各类边界地区，包括地区与地区间、国与国之间的边界地区。标准是交界区域经济关系、民族和宗教问题较为复杂的地区，如勃兰登堡州与波兰交界地区。

2.财政转移支付的方式

德国是一个联邦制国家，各州在政治上分权自立，经济上实行市场经济。转移支付制度是国家协调各州关系的重要手段，主要分为州际转移支付、联邦补充拨款和州对所辖地方的转移支付。

(1)州际转移支付。州际转移支付是德国独具特色的调控手段，它是指各州之间的财政转移支付，即财力强的州拿出部分财政收入"捐给"财力弱的州，使各州及地方的人均税收收入基本平衡。财政性转移支付是无条件的，覆盖范围包括整个联邦各州，所有的"富州"和"穷州"都必须参加。其具体操作程序是先测量财力指数与平衡指数，然后计算二者的差额（超额或缺额）。其中，财力指数为各州的实际税收收入，平衡指数为全国人均的税收收入乘以本州的居民人数，即平衡的税收收入。超额的州为富州，缺额的州为穷州，差额为富州向穷州的转移支付数额。

（2）联邦补充拨款。联邦补充拨款也称联邦补贴，是联邦政府的一种直接的无条件拨款，主要用于补贴财力贫乏州，以平衡其财力需求和其他特殊困难。为了进一步促进各州之间财力的平衡，在进行了州际横向财政平衡后，联邦还要从自己分享的增值税份额中拿出一定比例资助那些财力特别薄弱、收支矛盾特别突出的港口和规模小的州。德国《基本法》规定，联邦每年要拿出不超过全部增值税收入的2%，作为对经济能力低的州的补充拨款，以满足其一般性财政需求。1987年以前，联邦每年用增值税收入中联邦占有部分的1.5%拨给贫困州。在1988—1993年的财政五年计划期间，联邦要从本级增值税收入中拿出2%用于贫困州补助。

（3）州对所辖地方的转移支付。为使州内各地方政府之间财政收支水平比较接近，州对所辖地方政府进行转移支付，包括一般性财政拨款和指定用途的拨款。通过州对地方的拨款补助，地方可支配财力增加，有利于保证本级政府完成各项任务的必要支出。州对地方的转移支付细则，一般由州议会通过。在分配时考虑特殊需要，如较大的城市、特别贫困的乡镇等。特别贫困地区可在得到联邦直接补助后，再由地方对州提出专项补助申请，如修建学校、医院等。

（三）日本的全国综合开发计划

第二次世界大战后，日本实施经济赶超战略，产业结构调整与产业布局调整同步展开。产业布局调整经历了由地区集中向国土均衡发展的战略调整。所采取的产业布局政策的特点表现为两个方面：一是编制全国综合开发计划。政府针对每一个时期的布局问题，制定相应的全国综合开发计划，每一个计划中都明确计划产业布局的目标、项目、投资额等，以引导私人部门的行为。二是政府通过强化生产性和生活性基础设施促进区域的开发和建设。

1. 地区集中

1960年，日本政府制定了旨在以重化工业的发展带动国民经济全面起飞的《国民收入倍增计划》，提出了建设太平洋工业地带的设想，并在1962年制定的《全国综合开发计划》（一全综）中明确指出："工业的正确配置必须逐步向投资效果高的地区集中。"为了吸引重化工业企业在太平洋沿海工业地带内投资设厂，日本政府采取了对这些地区的公共设施优先投资的政策，不惜巨资在这些地区大兴土木、填海造地，建设高速公路和新干线以及大批世界一流的大型港湾和码头，形成四通八达的交通运输网和交通联络网络，并采取一系列减免税政策。这一政策使重化学工业急剧发展，加速了沿海工业地带的形成，推动日本经济进入高速增长阶段。

2. 国土均衡发展

随着太平洋工业地带的发展，引起太平洋沿岸以外地区的不满、不平和强烈反对。在各地的压力下，当局开始逐渐转变思路，将国土开发的目标定位于缩小收入差别、地区差别和国土的均衡发展，并陆续实施《新全国综合开发计划》（二全综，1969）、《第三次全国综合计划》（三全综，1977）、《第四次全国综合计划》（四全综，1987）和《新的全国综合开发计划》（五全综，1998）以解决这一问题。二全综主要突出生产性基础设施的全面建设，主要包括信息通讯网、新干线铁路网、高速公路网、航空网、大型港口等；三全综主要突出生活性基础设施的全面建设，包括住宅、教育、文化、医疗等生活相关设施，提高城市功能的积聚作用；四全综主要规划当日往返交通圈之基础的高速交通体系、完善信息、通信体系，旨在加强城市和农山渔村之间的广泛交流、产业间的交流、地方区域水平的国际交流等。与前四次综合开发计划强调区域布局不同，五全综的重点是勾勒日本经济空间结构战略，即"创造多轴型国土结构的基础"。五全综提出四条新的国土开发轴，即东北国土轴、日本海沿岸国土轴、太平洋沿岸新国土轴和西日本国土轴，旨在推动全国范围的国土开发工作。

（四）我国的行政规制

新中国成立以来，我国的经济空间结构战略经历了平衡布局—非平衡布局—再平衡布局的转变，在布局调整过程中规划、指令和规定等行政规制手段占据主导地位，尤其是政府制定的排他性政策对重点地区或特殊地区发展产生重要的推动作用。

1.均衡布局与三线地区

新中国成立以后，我国的经济和政治形势极为复杂。1965 年，面对复杂的国际政治形势，为防止外敌（苏联、美国）入侵，中共中央提出三线建设的重大战略决策，把经济发展的重点转向内地。三线的划分是由我国大陆的国境线向内地收缩，划两个圈，形成三个带。其中，位于最里面的地区称为三线地区，主要包括四川、贵州、云南、陕西、甘肃、宁夏、青海 7 个省区及山西、河北、河南、湖南、湖北、广西等省区靠近内地的地区。在计划经济体制下，政府开始集中全国的人力、物力、财力建设三线。一是把沿海一些工业企业向三线地区搬迁；二是新建项目则大多集中投放在三线地区。到 1973 年，三线地区已经建立起相对完整的工业体系，形成打不垮、炸不烂、能长期支持战争的牢固后方基地。

2.非均衡布局与东部沿海地区

1978 年，我国实行改革开放政策。中央政府为了促进宏观经济的快速增长，借鉴西方非均衡增长理论，采取优先发展东部沿海地区战略，以取得较好的投资效率和较快的增长速度，并通过东部沿海地区的发展来带动国家经济的快速增长。在优先发展东部沿海地区的战略中，中央采取了一系列排他性的优惠政策，鼓励和扶持东部沿海地区发展，如放宽外资准入条件、税收优惠、市场体制改革、进出口自主权等。享受排他性政策的区域由中央政府根据经济发展需要而划定，主要包括经济特区、沿海开放城市、沿海经济开放区和内陆开放城市等。

（1）经济特区。1980 年，我国建立深圳、珠海、厦门、汕头 4 个经济特区，在对外经济活动中采取较国内其他地区更加开放和灵活的特殊政策的特定地区。经济特区在外资企业准入审批、税率减免等方面都给予极大的倾斜。

(2)沿海开放城市。1984 年，我国建立大连、秦皇岛、天津、烟台、青岛、连云港、南通、上海、宁波、温州、福州、广州、湛江和北海 14 个沿海开放城市。其基本政策是：扩大开放城市的权限，如放宽利用外资建设项目的审批权限，增加外汇使用额度和外汇贷款，对“三资”企业在税收、外汇管理上给予优惠待遇，可逐步兴办经济技术开发区等。

(3)沿海经济开放区。1985 年，建立 3 个沿海经济开放区：长江三角洲、珠江三角洲和闽南厦门、漳州、泉州三角地区。1990 年又决定建设上海浦东经济开放区。在沿海经济开放区政府实施沿海开放城市的某些特殊政策。

(4)沿江和内陆开放城市。20 世纪 90 年代以来，我国的对外开放出现从沿海地区到内陆省会城市，从东部到中西部全方位、多层次的新格局。1992 年，国务院决定开放 5 个沿江城市和 17 个内陆省会城市，这些城市享受与沿海开放城市同等优惠政策和权力，允许发展经济技术开发区。由此，我国的经济技术开发区、高新科技园区、保税区、金融贸易区、出口加工区迅速发展，截至 2015 年年底，我国分布有 219 个国家级经济技术开发区，145 个国家级高技术开发区。

3.再均衡布局与中西部地区

优先发展东部沿海地区战略实施 20 年来，东部地区经济得以迅速增长，东部与中西部地区经济发展水平的差距也逐渐扩大。1980 年，东部地区人均 GDP 分别相当于中、西部地区的 1.53 倍和 1.8 倍；1990 年，则扩大到 1.62 倍和 1.90 倍；2002 年扩大到 2.08 倍和 2.63 倍。这表明，东部地区与西部地区的差距在不断扩大。为此，国家开始采取一定措施缩小东部地区与其他地区之间的差距，主要包括西部大开发战略、振兴东北老工业基地战略和中部崛起战略。

(1)西部大开发战略。1999 年，中央提出西部大开发战略，以推动西部地区的经济振兴和社会进步。西部大开发的重点内容包括：一是加快基础设施建设；二是加强生态环境保护；三是积极调整产业结构；四是大力发展科技与教育；五是加大开发开放力度。为此，国家通过规划指导、项目安排、税收优惠、信贷倾斜、财政支持等政策措施加大对西部的支持力度。

(2)振兴东北老工业基地战略。2003 年，为促进东北地区老工业基地的产业结构转型，中央提出振兴东北老工业基地战略，给予特殊的优惠政策，包括加大一般性转移支付和财政支持力度、创立振兴东北产业投资基金、开展融资租赁和金融租赁、差别化用地政策等。

(3)中部崛起战略。2006 年，中央正式提出中部崛起战略，解决中部塌陷问题，即经济增长率低于西部，而经济发展水平低于东部。中部崛起战略赋予中部地区特殊的政策，如加大均衡性转移支付力度、加快资源税改革、提高农业生产补贴、建立战略性新兴产业投资引导资金等。

四、产业技术政策

产业技术政策是指国家对产业技术发展实施指导、选择、促进与控制的政策的总和，它是保障产业技术适度和有效发展的重要手段。世界各国政府都已经认识到,技术创新是推动产业发展的关键因素,技术水平和技术创新能力是产业国际竞争力的核心要素。为不断提升本国产业的国际竞争力,各国政府纷纷制定或完善产业技术政策,加大对关键技术研究的投入力度,扩大高新技术的应用领域,加快科技成果转化。技术先进国家在控制核心技术、保持领先优势的同时,以多种方式向发展中国家转移成熟技术和过剩生产能力。在赶超战略中,后发国家沿着技术引进—消化吸收—自主创新的路径,寻求技术的跨越式发展。然而,无论是技术先进国家,还是后发国家,产业技术政策的核心都是培育和发展自主创新能力。

(一)技术先进国家的技术政策

技术优势使发达国家的产业具有强大的竞争优势,在国际经济分工中占据有利位置,在国际贸易中获得了巨大的利益。为了保持技术领先地位,发达国家采取了一系列技术政策,鼓励和推动技术创新,从而更早进入尖端技术领域。

1.加强知识产权保护

冷战结束后,美国等发达国家都把国家战略的重点转向经济领域,大大加强了对技术转让的控制和知识产权保护。在美国国内,通过一系列的立法、司法改革与司法判例,大大扩展了本国知识产权保护的范围与强度。在国外,美国利用贸易报复的措施迫使其他国家大幅度提高知识产权保护的水平,并在“乌拉圭回合谈判”中,联合其他发达国家向发展中国家施加压力,签署《与贸易相关的知识产权协议》(TRIPS),迫使发展中国家大幅度提高知识产权保护的水平,实施和发达国家同样水平的知识产权保护,如延长专利权的保护期限、扩展专利权的保护范围、减少专利权限制等。严厉的知识产权制度对发达国家跨国公司的核心技术形成强大的保护,有利于强化跨国公司的技术垄断势力,维护发达国家技术领先地位。同时,这种制度鼓励了科学发明和创造,调动了科研人员的积极性,有利于研发经费的投入和回收,促进了高新技术产业的发展。

2.制定重大研究开发计划

20 世纪 90 年代以来,为了在高新技术领域率先突破,美国、日本、德国等国家陆续出台重大研究开发计划和技术创新战略,对未来的科技创新发展进行远景设计和部署,加强对技术产业化的引领和推动。为了推动美国信息产业的发展,1993 年,克林顿政府提出了“国家信息技术设施计划”(信息高速公路),并制定了具体的实施方案;同时,放松了信息产业的市场准入和市场竞争限制,刺激了信息产业的技术创新和投资,从而引导和推动美国信息产业走向世界前沿。为了实现科技创新立国,1992 年,日本政府重新制定《科学技术发展大纲》,将信息、电子、软件、半导体、新材料、生命科学、能源等作为研究开发的重点。1995 年,日本政府公布实施《科学技术基本法》,明确提出“科学技术创造立国”战略,开始强化基础理论和基础技术的研究开发,用具有创造性的科技持续推动经济发展。为此,自 1996 年起,日本连续制定了 3 个为期 5 年的“科学技术基本计划”,将发展高技术和高技术产业纳入统一规划和法制轨道,使日本的技术产业化和产业结构科学化进入了一个新阶段。进入 21 世纪,为了应对第四次科技革命的挑战,发达国家又相继推出了一系列重大研究开发计划，如美国的“工业互联网”、德国的“高技术战略 2020”等。

3.建设国家实验室

国家实验室是国家自主创新能力和竞争力的核心载体，是支撑国家创新驱动发展的核心力量。国家实验室是国家基础科学和前瞻技术综合研究及相关基础条件平台，是国家战略高技术和产业关键核心技术研究开发与系统集成平台，也是国家高端科技创新人才集聚和培养基地。美国、德国等发达国家在国家实验室建设方面投入了大量的资金，提供了大量研究经费，也收获了丰富的尖端技术成果。

美国的国家实验室系统是世界上独一无二的政府科学技术体系。美国联邦政府拥有 720 多家实验室，总共雇佣 10 万余名科学家和工程师，形成一个巨大的科学技术力量储备库，它与大学、工业研究机构一起构成美国研究开发体系的骨干力量。在选题上，国家实验室的科研方向明确，选题多具有前瞻性和实用性；在组织上，国家实验室能够集结各学科的精兵强将在学科的交叉点上寻找共同感兴趣的研究课题，用创造性的研究项目取代重复的小项目；在投入上，国家实验室通过购买和自建世界一流的设备，不仅保持实验设备的先进性，而且能够保证实验室在相关技术领域处于世界领先地位；在人才方面，国家实验室通过雄厚的研究经费、领先的研究实力吸引来自全美乃至世界各地的优秀人才。大批具有世界一流水平的研究人员在这些拥有最先进设备的实验室中创造出多项出色的基础研究成果，核能、农业科学和技术、军事科学和技术、高能物理、核聚变研究、工业计量标准、公共卫生和保健等领域的成果尤为突出。

与美国的国家实验室系统不同，德国的国家实验室隶属于德国的一个大型科研组织——马普学会。马普学会(MPG)是国际上规模最大、威望最高和成效最大的由政府资助的非营利性学术机构。该学会下设生物和医学部、化学、物理和技术部以及人文、社会科学部，拥有 80 个研究所、3 500 余名科学家。其主要任务是支持自然科学、生命科学、人文科学和社会科学等领域的基础研究，支持开辟新的研究领域，与高等院校合作并向其提供大型科研仪器。

4.完善国家创新体系

随着技术的复杂化和知识快速更新，技术创新的产生、应用和扩散已经无法由企业独自完成，政府、企业、大学、科研机构、市场中介等主体都需要参与创新过程。因而，构建国家创新体系成为推动技术创新的重要条件，也成为发达国家保持技术领先的技术政策之一。

美国的国家创新体系是由政府、高校、企业和非营利科研机构有机联系形成的创新整体。它是一个自下而上逐步形成，分散决策而又相互协作的创新模式。企业是技术创新的主导，研发选题由企业根据市场需求而确定，而且研发经费也主要由企业承担。美国联邦政府在国家创新体系建设中，主要是不断强化在创新过程中的服务职能和政策导向，不断增加国家实验室、高校和科研机构的科研创新基金投入，并积极推动科研成果向企业的转移，加快科技成果的转化。与美国不同，日本的国家创新体系是一种自上而下，以政府为主导、企业为主体，大学和研究机构为辅助的创新模式。企业是技术创新的主体，承担着60%以上的研究开发经费；而政府是技术创新的主导，政府通过政策法规和科技计划，不断增加对大学和国家实验室的投入力度，对国家创新活动进行引导、扶持和干预。日本的大部分大型科技项目都是在政府直接干预和组织下由大学、研究机构和企业密切合作完成的。

(二)后发国家的技术政策

技术引进、消化吸收和再创新是指后发国家在技术引进的基础上，通过学习、模仿和借鉴先进国家的技术，形成具有自主知识产权的新技术、工艺或产品的活动。它是后发国家实现技术进步和经济赶超的基本路径，在后发国家技术轨道跃迁、自主技术体系形成方面具有重要作用。政府采取一定的政策能够有效引导技术引进，促进消化吸收，培育自主创新能力，从而有效推动本国的技术进步，缩小与先进国家的技术差距。

1.引导技术引进

技术引进是后发国家技术进步的前提，表现为后发国家通过贸易途径，以各种不同的合同方式从国外获得经济发展和技术进步所需的先进技术知识(技术软件)或技术设备(技术硬件)。在技术引进阶段，日本和韩国主要是以购买先进设备与专利为主，而我国主要是通过国际直接投资来引进国外先进技术和管理经验。

技术引进是技术进步的起步阶段，盲目引进是这一阶段的主要问题，表现在以下几个方面：引进项目的技术含量低、引进的硬件多而软件少、引进的项目重复率高等。为此，在技术引进阶段，政府应加强引导和管理，重点开展以下工作：一是建立和完善协调统一的技术引进管理机构，建设技术引进的信息管理系统和咨询系统；二是明确不同时期技术引进的重点和方向；三是加强对技术引进前期论证和后期工作的监督；四是加强技术引进的经济政策支持，如技术引进的产业政策、技术选择政策。

2.促进消化吸收

消化吸收是指后发国家通过引进国外先进产品和技术，运用各种科学测试、分析和研究手段，全面系统地掌握产品的设计和工艺，进而建立完整的技术体系和生产体系的过程。它是以原始创新者的思想为引领，以其产品为示范，采用反向工程等方式掌握原始创新者的技术秘密的过程，并为进一步研发和创新积累技术基础和储备人才。消化吸收不能替代核心技术的创新研究，但能够缩小与先进国家的技术差距，建立现代工业体系，提升在国际经济分工中的地位[12-10]。

[12-10]
从日本汽车工业的发展历程看技术引进与创新

消化吸收是后发国家技术进步的中间环节，但也是阻力最大的环节。在这一阶段，由于受短期利润的驱动，企业的生产能力和销售网络发展很快，但技术学习和技术转化相对滞后，容易陷入引进—落后—再引进的恶性循环。针对于此，技术政策的重点包括：一是增加技术改造项目的财政支持力度，鼓励企业开展引进技术的国产化改造；二是支持企业建立不同形式的技术研发机构，如技术中心、实验室和博士后流动站等；三是营造企业技术创新的融资环境，组织开展银企合作。

3.培育自主创新能力

自主创新是自主性、能动性和创造性的实践活动，是一种实践性很强的技术实现。它不是在消化吸收基础上的简单模仿，而是在知识积累基础上的再创新。在这一过程中，创新主体通过自身的学习与研究活动，探索技术前沿，整合各种创新资源，攻克技术难关，开发具有自主知识产权的技术，实现技术成果的产业化，不断提高市场竞争力。在这一阶段，后发国家的产业拥有自己的核心技术和知识产权，占领科技和经济发展的制高点，摆脱对外部技术的依赖，形成强大的国际竞争优势。

自主创新是国家技术进步的高级阶段，自主创新的主要任务是突破先进国家的各种技术壁垒，在产业的前沿领域率先实现创新。企业是自主创新的主体，官、产、学、研一体化是自主创新的基本条件。其中政府的主要作用体现在以下几个方面：一是通过科技创新基金引导各类资本进入尖端领域；二是通过国际政治关系推动企业技术研发的国际合作；三是搭建技术创新公共服务平台，为企业自主创新提供全方位服务；四是引导和组织高校、科研院所的技术人员向企业开展合作，鼓励科技人员向企业流动或开办公司，加快技术成果的转化。

案例12.9

韩国的技术进步之路

在韩国经济起飞和快速工业化的过程中，韩国的产业技术政策经历了四个阶段。

(1)20世纪60年代是韩国产业技术的发源时期，其产业政策的重点是引导和促进企业引进外国先进适用的技术，形成韩国经济发展的技术基础结构。这一阶段，韩国建立和完善了统一的审批核查制度，成立了专门机构为引进提供快速及时准确的信息和咨询服务，以防止盲目引进、重复引进和引进成本过高等问题。

(2)20世纪70年代是韩国产业技术的形成时期，国家产业技术政策的重点是通过财政资金支持企业实验室建设，强化技术的消化吸收，促进研究开发能力的形成，以推动韩国重化工业的发展。为了鼓励企业从传统的纺织业转向重化工业，政府采取了财政补贴、减少税收与低息贷款等一系列优惠政策，并建立起完善的技术扩散体系和服务体系，以此推动重化工技术的应用和推广。

(3)20世纪80年代是韩国产业技术的自主创新时期，国家产业技术政策的重点是强化产业技术的自主研究开发，大力促进技术密集型产业的发展，推动产业结构的转变。这一阶段，韩国提倡自主创新型企业培养和发展，政府很多研发经费都向大企业倾斜，有效激发了三星、LG、现代等大型企业的技术创新潜能。

(4)20世纪90年代是韩国产业技术的赶超时期，韩国产业技术政策的重点是支持14项核心技术的突破，以此赶超世界先进国家。

(三)提高自主创新能力的对策与措施

1.健全法律法规体系

政府要研究制定促进产业技术发展的相关法律法规,引导和保障产业技术发展;制定和完善产业技术发展规划,适时制定具有前瞻性、实用性、复合性的具有较大市场潜力和能充分推动产业升级的一系列关键技术计划。

2.推动政、产、学、研一体化

高新技术项目的研究开发不仅投资大而且风险也大。因此,政府应组织协调政、产、学、研共同攻关。同时,政府要扶持建设具有针对性的、高效率的研究开发机构,形成以国家实验室、企业技术中心和科研院所研究机构为骨干的共性技术、关键技术研发平台。同时采取有力措施加快技术成果的转化,以提高技术利用的效率和效益。

3.增加研究经费投入

在技术创新过程中,政府要积极引导和督促企业增加技术创新投入,确立企业技术创新的主体地位。一是为企业提供直接和间接的技术创新补贴,鼓励和支持民间企业开展研究开发活动;二是通过政策性金融机构向企业提供研究开发活动的资金;三是向企业提供研究开发委托拨款,引导企业开展重点领域的研究开发活动;四是采取税收抵免、税收返还等方式补偿企业在研发活动中的经费投入。

4.强化教育和职业培训

为了提高公民的综合素质和创新能力,国家应积极改革高等教育、职业教育和初等教育的培养方案,确定主要学科的标准和国家考试制度,制定国家职业培训的具体计划,分层培养具有创新能力、掌握专业技术知识的各类人才。

5.重视国际技术合作

政府支持国内企业与国外企业开展合作研究开发,以国内紧缺的关键技术、共性技术为重点,积极创造条件鼓励引进海外高科技人才,支持跨国公司在海外设立技术研发中心,全面提升国际技术合作水平。

6.建立政府采购自主创新产品制度

政府采购自主创新产品是一种非关税保护方式,它有利于引导和扩大自主创新产品的市场需求,从而调动企业自主创新的积极性。为了规范和加强政府采购的作用,政府要建立政府采购自主创新产品制度,明确自主创新产品清单和目录,完善政府采购自主创新产品的首购、订购方式,逐步扩大政府采购自主创新产品的适用范围。

第三节　产业政策评估

产业政策评估是指在充分掌握经济运行信息的前提下,依据一定的价值标准和事实标准,采用适当的程序和方法,对产业政策实施的影响与效果进行分析和评价。产业政策评估是科学化管理的重要环节，它能够获取产业政策运行相关信息，发现政策运行与预期目标的偏差，从而为决策者调整产业政策方案和手段提供依据。

一、产业政策评估的标准

产业政策评估标准是依据产业政策目标而设立的可供评价的指标或准则，是开展产业政策评估的依据和前提。不同学者从不同的角度提出了不同的标准，大致上涵盖了社会福利标准、生产力标准、政策效率标准和国际竞争力标准等标准。

（一）社会福利标准

根据福利经济学观点，产业政策作为公共意志的产物，应当努力追求最大多数人的最大福利。因而，社会福利应当作为衡量产业政策成败优劣的重要尺度。据此，如果一项产业政策满足了大多数人的利益，获得了社会肯定和大多数人积极的回应，那么就说明政策是成功的；反之，如果一项政策背离大多数人的利益，获得社会的回应程度较低，则说明政策存在较大的问题，需要加以修正或终止。

（二）生产力标准

生产力是一个综合反映产业或国家生产能力的指标。从静态的角度看，它是指生产效率，反映产业活动中投入与产出的比例；从动态的角度看，它是指技术创新能力，反映一个产业或国家持续发展的能力。生产力是社会发展的根本动力，是人们福利增长和生活质量提高的物质基础，它是衡量经济社会发展水平的基本标准，因而也必然是产业政策评估的主要标准。一项产业政策不仅对目标产业产生影响，而且还将对经济社会产生广泛的影响。如果产业政策有效提高了社会生产力，那么产业政策就在更大范围内获得了成功；反之，如果产业政策仅仅是解决了某个产业或某些区域的问题，那么产业政策的效应就是短期的、局部的。

（三）政策效率标准

政策效率是指产业政策的投入与效果之间的比例关系。其方法是通过对产业政策实施所涉及的各种“成本”和“收益”进行全面的、综合的比较分析，最终以政策总成本和总收益的比率来判别该项产业政策效果的优劣。政策投入包括政府投入的资金、信息调配与使用成本、政策制定者和执行者的人数和工作时间等；政策效果主要考虑经济效益，但也要兼顾生态效益和社会效益。作为评估标准，政策效率越高，政策投入获得的回报越多，目标产业的积极回应越高，政策效果就越好；反之，政策效率越低，政策对目标产业的影响就越小。

（四）国际竞争力标准

在经济全球化和世界经济一体化趋势日益显著的今天，增强产业国际竞争力已经成为各国产业政策的核心目标。因此，是否有利于增强本国产业的国际竞争力，就成为产业政策评估的重要标准。如果一项产业政策是从产业国际竞争力的角度出发去统筹安排各项措施，那么它就有助于提升企业的国际竞争优势，进而有助于提升国家的竞争优势。

二、产业政策评估的类型

产业政策评估的分类方法主要有三种。

按照评价阶段，产业政策评估分为预评估、过程评估和结果性评估，其评估时间分别处于产业政策执行的事前、事中和事后。

按照评估主体的隶属关系，产业政策评估分为内部评估和外部评估。内部评估的主体是行政机构或隶属于行政机构的研究机构；而外部评估的主体是独立于行政机构的研究机构、学术团体的专业人员。

按照评估方法，产业政策评估分为正式评估和非正式评估。正式评估具有严格的评估程序，采用规范的评估方法，得出系统的评估结论；而非正式评估是评估者根据自身掌握的资料和工具进行粗略的评估，在评估程序、评估方法和评估内容等方面没有明确的、严格的要求。以下着重介绍按评价阶段分类的内容。

（一）预评估

预评估也称事前评估，是对产业政策未来结果的预测及评价，主要包括评估对象的发展趋势、政策的可行性和政策效果预测等。预评估一般在政策的可行性研究阶段进行，其目的是识别和分析产业政策实施的条件和环境变化、运行过程中可能出现的干扰因素，并对这些不确定因素和干扰因素进行预测，明确其影响程度，为政策制定者修改和完善产业政策方案提供依据，也有助于引导政策执行者建立预防与应急机制。

（二）过程评估

过程评估是对执行过程中政策实施的情况进行的评估，主要了解和分析产业政策实施过程中出现的问题、政策执行人员执行的情况、政策环境的变动和政策对象的阶段性效果。过程评估发生在产业政策实施阶段，其目的是分析和判断产业政策的针对性和有效性，为调整和完善正在执行的政策提供依据，以便顺利实现产业政策的预期目标。

（三）结果评估

结果评估是政策执行完成后对政策效果的评价和总结，主要是通过产业政策实施前后的对比来评价产业政策的产出价值和经济社会影响。结果评估的目的主要在于总结经验和教训，为后续相关的产业政策制定和实施提供借鉴。

三、产业政策评估体系

产业政策评估体系由评估者、评估方法和评估结论等要素共同构成，它解决和回答了由谁评估、怎样评估以及结论如何等三个问题。严谨、规范的产业政策评估体系，需要具备中立的评估主体、完备的信息收集渠道、科学的评估工具和可靠的评估结论等基本要素。

(一)评估者

选择合格的评估机构是保障评估顺利进行的基本条件。产业政策效果的评估者可能来自三个领域:政策制定者与执行者、专业机构人员和大众传媒。政策制定者与执行者掌握的信息较为全面，但评价的主观性比较强，评估结论往往是经验多、问题少。独立于政府系统的专业机构人员具有专业理论知识、采用规范的评估指标和方法，其评估结果较为客观;但容易出现理想化，导致评价较低。大众传媒通过新闻报道和内参等形式反映记者采访和调查的结果，其评估结果时效性强、社会影响大。目前，评估者选择倾向于独立于政策制定者和执行者之外的第三方，包括受行政机构委托的研究机构、投资或立法机构或行业协会等。

在日本，产业政策的评估主体主要是各主管省厅所设的审议会、国会所设的各调查咨询机构。此外，四大经济团体、在野党、大众传媒和知名的政论家都会从各自立场对特定产业政策发表意见，而且对产业政策决策有较大的影响力。目前，在我国充当产业政策评估主体的主要是政府主管部门的研究机构和政府授权的专题调研小组，第三方评估发展较为缓慢。

(二)评估方法

产业政策评估的方法是产业政策评估系统的重要组成部分，是获取产业政策信息的重要手段。产业政策评估方法多种多样，按照不同标准形成不同的类型。按照分析手段分为定量评估和定性评估两种方法。其中，定量方法采用大量指标和数学模型进行科学测评，结论比较精确;定性分析主要采用纵向对比方法，形式为调研报告、新闻报道、总结汇报等，其结论比较粗略。按照比较对象分为前—后对比评估法、目标—结果对比法和有—无对比法。其中，前—后对比法是指政策执行初期的状态与政策执行完成后的状态比较;目标—结果对比是指政策的预期目标和实际效果之间的比较;有—无对比法是指产业政策参与下的变化与无产业政策的自然变化之间的比较。

(三)评估结论

评估结论是产业政策评估的最终结果，是产业政策继续、调整或终止的决定依据。评估结论一般包括政策预定目标的完成、政策非预期影响、与政策行为相关的环境变化、实施政策的投入以及目标产业的回应程度等。政策评估主体给出的结论要客观、实际，不能避重就轻、好大喜功;也不能过分夸大问题，以免引发悲观情绪。政策制定者和执行者要正确对待评估结论，应根据评估结论及时修改政策或执行方案、认真总结经验和教训，不能束之高阁，把政策评估当作产业政策实践的终点。

案例12.10

20世纪末我国产业结构政策的评估

20世纪80年代后期,我国正式开始实施产业结构政策。1989年,国务院颁布的《关于当前产业政策要点的决定》推动了我国产业结构政策实践的步伐。20世纪90年代,为了促进产业结构的优化,政府采取了战略性产业扶持政策和传统产业的调整政策。一方面,政府采取以"关停并转"和"砍压砸封"为标志的强制性措施,帮助煤炭、钢铁、水泥、玻璃等传统产业的企业退出或进行结构化改造;另一方面,政府采取积极措施大力扶持国家确定的支柱产业,机械、电子、石油、化工、建筑等保持了强劲上升态势,许多产品产量已居世界首位,成为国民经济发展中的高增长产业群。而且,高新技术产业迅速发展,服务业比重提高,产业结构明显改善。

但是,产业结构政策实施过程中也出现一些未预期的问题。其中,最大的问题在于制定产业政策的时候没有将节能与环保因素考虑在内。1994年,我国颁布《20世纪90年代国家产业政策纲要》,机械电子、石油化工、汽车制造和建筑业凭借巨大的扩散带动作用而被确定为支柱产业。但是,这些行业本身也是资源消耗和环境污染较大的行业。由于长期以来缺乏严格的节能和减排指标约束,这些支柱产业快速发展的同时,经济、资源与环境三者协调发展的矛盾也进一步加剧。据统计数据显示,2003—2005年,我国单位国内生产总值能耗分别上升了4.9%、5.5%和0.2%。2006年,在国家强力推进节能政策的情况下,单位国内生产总值能耗虽然下降1.2%,但与年初制定的能耗降低4%的目标相差2.8个百分点。资源消耗方面,按名义汇率测算,2006年,我国GDP总量占世界的比重约5.5%,钢消费量为3.88亿吨,占30%;水泥消耗12.4亿吨,占54%。即使按购买力评价计算,我国的资源产出效率也依然较低。高强度的资源消耗带来一个直接后果就是环境不断恶化。2006年,我国化学需氧量、二氧化硫排放量分别增长1.2%和1.8%,与年初确定减少2%的目标相差悬殊。环境污染问题已经成为严重危害群众健康、影响社会稳定的重要因素。当然,高消耗与高污染并非并列的独立变量,资源的高消耗在很大程度上是环境高污染的源头。

由此可见,我国工业化也遭遇经济发展、资源利用和环境保护之间的失衡,需要重新审视产业结构政策,制定和实施可持续发展的产业结构调整战略,从而有效补偿"增长的代价",走上可持续发展的道路。

资料来源:新华.我国现行产业政策的评估[N].中国国门时报,2007-06-06.

本章小结

产业政策是政府为了应对市场失灵、提升产业国际竞争优势、实现赶超战略而对产业经济活动进行干预的政策与手段。产业政策的手段包括政府规制和政府引导,其中政府规制又分为经济性规制和社会性规制。产业政策的领域众多,据此可以把产业政策分为产业组织政策、产业结构政策、产业布局政策和产业技术政策。

产业组织政策是指为了获得有效竞争市场,维护市场竞争秩序,由政府制定的干预市场结构和市场行为，调节企业间关系的公共政策。产业组织政策具有三大目标：促进竞争、获得规模经济优势和维护公平竞争环境。产业组织政策的内容主要包括反垄断、中小企业扶持政策、自然垄断产业管制和反不正当竞争等。

产业结构政策是指政府通过影响与推动产业结构的调整和优化来促进经济增长的产业政策。产业结构政策的重点是战略性新兴产业扶持政策和衰退产业的调整政策。

产业布局政策涉及产业区位调整、产业集群优化和空间结构战略三个方面。从国家层面来看，经济空间结构战略安排是产业布局的重点。从协调发达地区和落后地区的手段来看，美国主要采取立法手段；德国主要采用财政转移支付制度；日本主要采用国土综合开发计划；中国主要采用行政规制手段。

产业技术政策是指国家对产业技术发展实施指导、选择、促进与控制的政策的总和。产业技术政策是国家推动技术创新的重要手段，不同地位国家的技术目标不同，因而技术政策存在差异。对于发达国家来说，技术政策的目标是维持技术领先地位，其政策重点为知识产权保护、制定重大研究开发计划、建设国家实验室和完善国家创新体系。对于后发国家来说，技术政策的目标是缩小技术差距，在引进—消化吸收—自主创新过程中实现跨越式发展，各阶段任务不同，其政策重点也不同。

产业政策评估是科学化管理的必要环节，是提升产业政策效果的重要保障。产业政策评估的标准有社会福利标准、生产力标准、政策效率标准和国际竞争力标准等；产业政策评估的类型很多，依据评估所处的阶段，产业政策评估可分为预评估、过程评估和结果评估；产业政策的评估体系由评估者、评估方法和评估结果组成。

复习与思考

一、名词解释

产业政策　产业规制　产业组织政策战略性新兴产业　衰退产业　赶超产略

二、单项选择题

1. 产业政策一词最早由(　　)提出的。

A. 美国　　B. 中国　　C. 日本　　D. 法国

2. 下列各项中，不属于产业政策目标的是(　　)。

A. 弥补市场失灵　　B. 实现赶超战略

C. 增强产业的国际竞争　　D. 增强产业之间联系

3. 反垄断政策的目标是(　　)。

A. 限制竞争　　B. 维护公平竞争环境

C. 促进竞争　　D. 获得规模经济效应

4. 衰退产业的援助政策属于(　　)。

A. 产业技术政策　　B. 产业结构政策

C. 产业组织政策　　D. 产业布局政策

5. 下列各项中，不属于不正当竞争行为的是(　　)。

A. 盗窃商业秘密　　B. 季节性降价

C. 在账外暗中给予回扣　　D. 冒用名优标志

6. 下列各项中，不属于产业政策评估的标准(　　)。

A. 社会福利标准　　　　B. 预期效果标准

C. 政策效率标准　　　　D. 国际竞争力标准

7. 我国改革开放以来，享受排他性政策的区域出现的顺序是(　　)。

A. 经济特区—沿海开放城市—内陆开放城市—沿海经济开放区

B. 经济特区—沿海开放城市—沿海经济开放区—内陆开放城市

C. 沿海经济开放区—沿海开放城市—内陆开放城市—经济特区

D. 沿海开放城市—内陆开放城市—沿海经济开放区—经济特区

三、简述题

1. 分析 20 世纪 70 年代以来自然垄断行业放松规制的原因。
2. 简述反垄断法的基本内容。
3. 简述中小企业的地位和作用。
4. 简述衰退产业的调整措施。
5. 简述我国改革开放以来，产业布局政策的变迁。
6. 简述技术引进—消化吸收—自主创新发展各阶段的政策重点。

四、论述题

举例说明不正当竞争行为的危害及其治理对策。

附　录

拓展阅读材料

[1-1] 世界工业化历程大事记
[1-2] 三次产业划分规定
[1-3] 国际标准产业分类(ISIC Rev.4)
[1-4] 国民经济行业分类(GB/T 4754－2011)
[1-5] 全球科技创新发展历程和竞争态势
[1-6] 贝塔朗菲的一般系统论
[1-7] 博弈论
[1-8] 经济学与管理学的交叉与变革
[2-1] 成本函数
[2-2] 测度理论
[2-3] 企业的性质
[2-4] 2009年诺贝尔经济学奖眷顾经济治理
[2-5] 西蒙的“有限理性”的理论意义和实践价值
[2-6] 激励机制与机制设计理论
[2-7] 中共中央关于建立社会主义市场经济若干问题的决定
[2-8] 林毅夫、张维迎关于国企改革大辩论
[2-9] 中共中央关于全面深化改革若干重大问题的决定
[3-1] 重读“马歇尔冲突”
[3-2] 有效竞争概念及其发展
[3-3] 乔·贝恩简介
[3-4] 哈佛学派
[3-5] 芝加哥学派
[3-6] 可竞争市场
[3-7] 透视企业家精神系列之一:从企业主导企业家,当下缺什么
[3-8] 梯诺尔的学术贡献与评价
[3-9] 新规制经济学及其在中国的应用前景
[3-10] 中国反垄断工作的形势和任务

[4-1] 泰尔指数及分解的计算方法与 Matlab 实现
[4-2] 影响消费者行为的因素
[4-3] 产品整体概念
[4-4] 提炼产品差异化概念的 29 种途径
[4-5] 结构性进入壁垒
[4-6]《产业组织与政府管制》导读
[4-7] "市场进入阻挠"的博弈分析热
[4-8] 沉没成本
[4-9] 双星新战略:组建三大产业集团军
[5-1] 古诺的经济学思想及其时代背景解读
[5-2] 串谋
[5-3] 熊彼特的创新理论
[5-4] 专利保护与商业秘密保护的区别
[5-5] 微信广告与理解自我
[5-6] 国家广电总局令第 61 号《广播电视广告播出管理办法》
[5-7]《广播电视广告播出管理办法》的补充规定
[5-8] 企业重组兼并五大经典案例评析
[5-9] 连锁店悖论
[5-10] 信号传递模型
[5-11] 市场圈定
[5-12] 国外行业协会发展的启示
[6-1] 阿巴・勒纳生平简介
[6-2] 成本与利润
[6-3] 大企业易出现 X-非效率
[6-4] 产能过剩评价标准
[6-5] 国务院关于大力推进大众创业万众创新若干政策措施的意见
[6-6] SARS 传播模型
[6-7] 中美知识产权保护强度测度与比较
[6-8] 国务院关于印发《中国制造 2025》的通知(国发〔2015〕28 号)
[7-1] 威廉・配第的"政治算术"
[7-2] 张之洞及其《劝学篇》
[7-3] "雁行形态"理论及实证研究综述
[7-4] 钱纳里工业化阶段理论
[7-5] 霍夫曼系数法的缺陷及其修正
[7-6] 50 年来影响最大的发展经济学家——赫希曼
[7-7] 了解罗斯托的经济理论体系
[7-8] "刘易斯拐点"不一定出现
[7-9] "中等收入陷阱"本身就是理论陷阱
[7-10] 产业跨界融合的五大趋势

[8-1] 结构主义发展理论
[8-2] Reindustrialization：View From the Source
[8-3] 欧美国家“再工业化”的启示
[8-4] 世界畜牧业经济发展模式及对我国的启示
[8-5] 第一次世界大战前德国工业化的历史经验及其典型化事实
[8-6] 文化产业将成为国民经济产业支柱
[8-7] 信息产业:一个新的工业化阶段
[8-8] 新加坡的经济转型经验值得借鉴
[8-9] 三大最终需求对我国产业结构的影响分析
[8-10] 跨国公司在华本土化策略及其启示
[8-11] 国家发展改革委《产业结构调整指导目录》(2011 年本修正)
[9-1] 论教育与经济的双向关联
[9-2] 华西里·里昂惕夫简介
[9-3] 实物型投入产出表的部门划分
[9-4] 各种价值型投入产出表
[9-5] 2005 年我国投入产出直接消耗系数表
[9-6] 直接消耗系数与完全消耗系数的意义和计算
[9-7] 我国金融业的中间需求率与中间投入率
[9-8] “互联网+”将全面波及三大产业
[10-1] 优化产业结构之忧
[10-2] 从供给侧推动产业结构优化升级
[10-3] 优化产业结构是加快转变经济发展方式的重点任务
[10-4] 一般系统论
[10-5] 技术创新过程
[10-6] 我国产业结构演变 30 年
[10-7] 主导产业大换帅
[10-8] 解析迈克尔·波特的“钻石模型”
[10-9] 绿色转型的重要指标——资源产出率
[10-10] 影子价格
[11-1] 区位
[11-2] 杜能简介
[11-3] 克里斯塔勒中心地等级分布理论
[11-4] 横断山地区的垂直农业生态系统
[11-5] 国际制造业布局和转移新趋势及我国应对策略
[11-6] 中央商务区
[11-7] 什么是马歇尔产业区
[11-8] 新社会经济学
[11-9] 产业共生如何实现
[11-10] 关于促进国家经济技术开发区转型升级创新发展的若干意见

[11-11] 倒“U”形曲线
[11-12] 投资发展周期理论
[11-13] 金融危机孕育南北格局重大变化
[11-14] 中国主要城市群简表
[11-15] 中国城镇化“两横三纵”格局图
[11-16] 中华人民共和国国民经济和社会发展第十三个五年规划纲要
[12-1] 赶超型国家经济发展模式研究及借鉴
[12-2] 中国社会性规制改革的策略性选择
[12-3] 中华人民共和国反垄断法
[12-4] “十二五”期间反价格垄断取得重大进展
[12-5] 促进中小企业发展规划(2016—2020 年)
[12-6] 商业贿赂认定的实质标准
[12-7] 国务院关于印发“十三五”国家战略性新兴产业发展规划的通知
[12-8] 山西省人民政府关于促进资源型城市可持续发展的实施意见(晋政发〔2008〕19 号)
[12-9] 德国财政转移支付制度
[12-10] 从日本汽车工业的发展历程看技术引进与创新
如果书中对应的二维码链接失效,请与我们联系或自行搜索。

参考文献

[1] 奥尔逊.集体行动的逻辑:公共利益和团体理论[M].上海:上海人民出版社,1995.
[2] 波特.国家竞争优势[M].北京:华夏出版社,2002.
[3] 布罗姆利.经济利益与经济制度:公共政策的理论基础[M].上海:上海三联书店,1996.
[4] 陈昌柏.知识产权经济学[M].北京:北京大学出版社,2003.
[5] 戴伯勋,沈宏达.现代产业经济学[M].北京:经济管理出版社,2001.
[6] 德姆塞茨.企业经济学[M].北京:中国社会科学出版社,1999.
[7] 杜能.农业和国民经济中的孤立国[M].北京:商务印书馆,1986.
[8] 俄林.区际贸易与国际贸易[M].北京:华夏出版社,2013.
[9] 傅家骥.技术创新学[M].北京:清华大学出版社,1998.
[10] 干春晖.产业经济学教程与案例[M].北京:机械工业出版社,2006.
[11] 赫希曼.经济发展战略[M].北京:经济科学出版社,1991.
[12] 胡佛.区域经济学导论[M].北京:商务印书馆,1990.
[13] 简新华.新编产业经济学[M].北京:高等教育出版社,2009.
[14] 江小娟.经济转轨时期的产业政策[M].上海:上海三联书店,1996.
[15] 金碚.中国工业化经济分析[M].北京:中国人民大学出版社,1994.
[16] 卡尔顿,佩罗夫.现代产业组织[M].上海:上海三联书店,上海人民出版社,1998.
[17] 卡布尔,产业经济学前沿问题[M].北京:中国税务出版社,2000.
[18] 克鲁格曼.发展、地理学与经济理论[M].北京:中国人民大学出版社,2000.
[19] 科斯.论生产的制度结构[M].上海:上海三联书店,1994.
[20] 魁奈.魁奈经济著作选集[M].北京:商务印书馆,1962.
[21] 鲁明学,纪明山.西方经济学说史概要[M].天津:南开大学出版社,1990.
[22] 马建堂.结构与行为:中国产业组织研究[M].北京:中国人民大学出版社,1993.
[23] 缪尔达尔.世界贫困的挑战[M].北京:北京经济学院出版社,1991.
[24] 钱纳里,鲁宾逊,赛尔奎因.工业化和经济增长的比较研究[M].上海:上海人民出版社,1995.
[25] 钱德勒.企业规模经济与范围经济[M].北京:中国社会科学出版社,1999.
[26] 青木昌彦,安藤晴彦.模块时代:新产业结构的本质[M].上海:上海远东出版社,2003.
[27] 邱风.产业经济学案例[M].杭州:浙江大学出版社,2005.
[28] 拉丰,马赫蒂摩.激励理论(第一卷)委托—代理模型[M].北京:中国人民大学出版社,2002.
[29] 劳爱乐,耿勇.工业生态学和生态工业园[M].北京:化学工业出版社,2003.
[30] 李嘉图.政治经济学与赋税原理[M].北京:商务印书馆,1962.

[31] 里昂惕夫.投入产出经济学[M].北京:商务印书馆,2011.
[32] 李京文,郑友敬.技术进步与产业结构概论[M].北京:经济科学出版社,1988.
[33] 李明志.产业组织理论[M].北京:清华大学出版社,2004.
[34] 利克特.企业经济学[M].北京:人民出版社,2006.
[35] 刘继生,张文奎,张文忠.区位论[M].南京:江苏教育出版社,1994.
[36] 刘再兴,祝诚,周起业,祝单,杨树珍.生产布局学原理[M].北京:中国人民大学出版社,1984.
[37] 刘志彪.现代产业经济学[M].北京:高等教育出版社,2003.
[38] 罗斯托.经济成长的阶段[M].北京:商务印书馆,1962.
[39] 马克思.资本论(第1卷)[M].北京:人民出版社,1975.
[40] 马歇尔.经济学原理[M].北京:华夏出版社,2005.
[41] 迈尔森.博弈论:矛盾冲突分析[M].北京:中国经济出版社,2001.
[42] 史东辉.产业组织学[M].上海:格致出版社,上海人民出版社,2010.
[43] 斯蒂格勒.产业组织和政府管制[M].上海:上海三联书店,1989.
[44] 斯密.国民财富的性质和原因的研究[M].北京:商务印书馆,1972.
[45] 史忠良.产业经济学[M].北京:经济管理出版社,1998.
[46] 苏东水.产业经济学[M].3版.北京:高等教育出版社,2010.
[47] 梯诺尔.产业组织理论[M].北京:中国人民大学出版社,1997.
[48] 滕维藻,陈荫枋.跨国公司概论[M].北京:人民出版社,1994.
[49] 王缉慈.创新的空间:企业集群与区域发展[M].北京:北京大学出版社,2010.
[50] 王述英.现代产业经济理论与政策[M].太原:山西经济出版社,1999.
[51] 韦伯.工业区位论[M].北京:商务印书馆,1997.
[52] 魏心镇.工业地理学[M].北京:北京大学出版社,1982.
[53] 威廉姆森.资本主义制度[M].北京:商务印书馆,2004.
[54] 吴德进.产业集群论[M].北京:社会科学文献出版社,2006.
[55] 吴季松.循环经济综论[M].北京:新华出版社,2006.
[56] 邬义钧,胡立君.产业经济学[M].北京:中国财政经济出版社,2002.
[57] 小宫隆太郎.日本的产业政策[M].北京:国际文化出版公司,1988.
[58] 熊彼特.经济发展理论[M].北京:商务印书馆,1997.
[59] 闫二旺.区域经济发展的微观机理[M].北京:经济科学出版社,2003.
[60] 杨公朴.产业经济学[M].上海:复旦大学出版社,2005.
[61] 杨万钟.经济地理学导论[M].上海:华东师范大学出版社,1999.
[62] 杨永忠.自然垄断产业有效市场研究[M].北京:经济科学出版社,2004.
[63] 臧旭恒,徐向艺,杨蕙馨.产业经济学[M].北京:经济科学出版社,2002.
[64] 章迪诚.中国国有企业改革编年史[M].北京:中国工人出版社,2006.
[65] 张培刚.新发展经济学[M].上海:上海人民出版社,1993.
[66] 张其仔.新经济社会学[M].中国社会科学出版社,2002.
[67] 张塞,李强.投入产出地区表编制方法[M].太原:山西人民出版社,1985.
[68] 张维迎.博弈论与信息经济学[M].上海:上海三联书店,上海人民出版社,1997.

[69] 张维迎. 企业理论与中国企业改革[M]. 北京:北京大学出版社,1999.
[70] 张之洞. 劝学篇[M]. 长春:吉林出版集团有限公司,2011.
[71] 植草益. 产业组织论[M]. 北京:中国人民大学出版社,1988.
[72] 植草益. 微观规制经济学[M]. 北京:中国发展出版社,1992.
[73] 中野时编. 现代日本的政策过程[M]. 东京:东京大学出版会,1992.
[74] 周起业. 西方生产布局学原理[M]. 北京:中国人民大学出版社,1987.
[75] 朱明春. 产业结构·机制·政策[M]. 北京:中国人民大学出版社,1990.
[76] 国务院. 中共中央关于国有企业改革和发展若干重大问题的决定[EB/OL]. [1999-09-22]. http://cpc.people.com.cn/GB/64162/71380/71382/71386/4837883.html.
[77] 国务院. 国务院关于印发全国主体功能区规划的通知[Z]. 国发〔2010〕46 号. 2011-06-08.
[78] 国务院. 中共中央关于全面深化改革若干重大问题的决定[EB/OL]. [2013-11-15]. http://cpc.people.com.cn/n/2013/1115/c64094－23559163.html.
[79] 国务院. 关于促进国家级经济技术开发区转型升级创新发展的若干意见[EB/OL]. [2014 - 11 - 21]. http://www.gov.cn/zhengce/content/2014 - 11/21/content_9231.htm.
[80] 国务院. 中华人民共和国国民经济和社会发展第十三个五年规划纲要[EB/OL]. [2016 - 03 - 16]. http://www.npc.gov.cn/wxzl/gongbao/2016 - 07/08/content_1993756.htm.
[81] Akerlof G. The market for lemons quality uncertainty and the market mechanism [J]. The Quarterly Journal of Economics,1970,84(3).
[82] Arrow K. Vertical integration and communication[J]. Bell Journal of Economics, vol. 6:173-813.
[83] Bain J. Industrial organization[M]. New York: Wiley,1959.
[84] Bain J. Barriers to New Competition[M]. Cambridge: Harvard University Press, 1956.
[85] Baumol W,Panzar J,Willig R,Contestable markets and theory of industry structure [M]. New York:Harcourt Brace Jovanovich,1982.
[86] Bonanno G. Location choice,product proliferation and entry deterrence[J]. Review of Economic Studies,1987,54:37-45.
[87] Carlton D,Perloff J. Modern industrial organization[M]. New York: Harpercollins College Publishers,1994.
[88] Coase R. The nature of the firm[J]. Economica,New Series,1937,4(16).
[89] Cote R, Hall J. Industrial parks as ecosystems[J]. Journal of Cleaner Production, 1995(3):41.
[90] Clark J. Toward a concept of workable competition[J]. American Economic Review, 1940,30(2).
[91] Clarkson K, Miller R. Industrial organization theory, Evidence and Public Policy [M]. New York: Macmillan,1982.
[92] Demsetz H. Barriers to entry[J]. The American Economic Review,1982,72(1):47-57.
[93] Dixit A,Shapiro C. Entry dynamics with mixed strategies[J]. //Thomas L G. The economics of strategies planning[J]. Lexington Books,1986.

[94] Dunning D. International production and the multinational Enterprise[J]. Garland, 1981,3(3): 175-176.

[95] Eaton B, Lipsey R. The theory of market preemption: the persistence of excess capacity and monopoly in growing spatial markets[J]. Economica, 1979, 46:149-158.

[96] Ellison G, Glaeser E. The geographic concentration of industry: does natural advantage explain agglomeration[J]. American Economic Review: AEA Papers and Proceedings, 1999, 89:311-316.

[97] Etzioni A. Reindustrialization: view from the source[N]. The New York Times, 1980-07-29.

[98] Farrell J, Shapiro C. Dynamic competition with switching costs[J]. Rand Journal of Economics, 1988, 19(1):123-137.

[99] Freeman C. The Economics of Industrial Innovation[M]. 2nd ed. Cambridge: The MIT Press, 1982.

[100] Fudenberg D, Tirole J. A signal: jamming theory of predation[J]. Rand Journal of Economics, 1986, 17.

[101] Gilbert R, Newberry D. Preemptive patenting and the persistence of monopoly[J]. The American Economic Review, 1982, 72(3).

[102] Granovetter M. Economic action and social structure: the problem of embeddedness [J]. American Journal of Sociology, 1985, 91:481-510.

[103] Grossman G, Shapiro C. Informative advertising with differentiated products[J]. Review of Economic Studies, 1984, 51:63-82.

[104] Harrington J. Limit pricing when the potential entrant is uncertain of its cost function[J]. Econometrica, 1986, 54(2):429-437.

[105] Kamien K, Schwartz N. Limit pricing and uncertain entry[J]. Econometrica, 1971, 39(3):441-455.

[106] Katz M, Shapiro C. Network externalities, competition and compatibility[J]. The American Economic Review, 1985, 75(3).

[107] Krugman P. Geography and trade[M]. Cambridge: The MIT Press, 1991.

[108] Kudd J. Credible spatial preemption[J]. Rand Journal of Economics, 1985, 16:153-166.

[109] Mansfield E. Industrial Research and Technological Innovation[M]. New York: Norton, 1968.

[110] Markusen A. Sticky places in slippery space: a typology of industrial districts[J]. Economic Geography, 1996, 72(3):293-313.

[111] Mcgee J. Predatory pricing revisited[J]. Journal of Law and Economics, 1980, 23:289.

[112] Milgrom P, Roberts J. Limit pricing and entry under incomplete information: an equilibrium analysis[J]. Ecomonetrica, 1982, 50:443-459.

[113] Myrdal G. Economic theory and underdeveloped regions[M]. London: Gerald Duckworth, 1957.

[114] Perloff J, Salop S. Equilibrium with product differentiation[J]. The Review of Economic Studies, 1985, 52:107-120.

[115] Perroux F. Economic space: theory and application[J]. Quarterly Journal of Economics, 1950, 64: 80-100.
[116] Rostow W. The stages of economic growth: A Non-Communist Manifesto[M]. Cambridge: Cambridge University Press, 1960.
[117] Schelling T. The strategy of conflict [M]. Cambridge: Harvard University Press, 1960.
[118] Scherer F. Industrial market structure and economic performance[M]. Chicago: Rand McNally Press, 1980.
[119] Scherer F. The Economics of Market Dominance[M]. Oxford: Basil Blackwell, 1988.
[120] Schmalensee R, Willig R. Handbook of industrial organization[M]. Amsterdam: Elsevier Science Publishers B. V., 1989.
[121] Shapiro C. Premiums for high quality products as rents to reputation[J]. Quarterly Journal of Economics, 1983, 98: 659-680.
[122] Shy O. Industrial organization: theory and applications[M]. Cambridge: The MIT Press, 1995.
[123] Smith D. Industrial Location: an Economic Geographical Analysis[M]. New York: Wiley., 1971.
[124] Spence A. Product selection, fixed costs and monopolistic competition[J]. Review of Economic Studies, 1976, 42: 217-235.
[125] Spence A, Porter M. The capacity expansion process in a growing oligopoly: the case of corn wet milling[J]. NBER Chapters, in: The Economics of Information and Uncertainty, 1982: 259-316.
[126] Stigler G. Monopoly and oligopoly by merger[J]. American Economic Review, 1950: 23-24.
[127] Stoneman P. The economic analysis of technological change[M]. Oxford: Oxford University Press, 1984.
[128] Tirole J. The theory of industrial organization [M]. Cambridge: The MIT Press, 1988.
[129] Viscusi W, Harrington J, Vernon J. Economics of regulation and antitrust[M]. 4th ed. Cambridge: The MIT Press, 2005.
[130] Vernon R. International investment and international trade in the product cycle[J]. The Quarterly Journal of Economics, 1966, 80(2).
[131] Williamson J. Regional inequality and the process of national development: A description of the patterns[J]. Economic Development and Cultural Change, 1965, 13(4): 3-45.
[132] Williamson O. Transaction-Cost Economics: The Governance of Contractual Relations[J]. Journal of Law and Economics, 1979, 22(2).
[133] Williamson O. The Economic Institutions of Capitalism: Firms, Markets and Relational Contracting[M]. New York: The Free Press. 1985.
[134] Yang X K, Ng Y K. Theory of the firm and structure of residual rights[J]. Journal of Economy Behaviour and Organnization, 1995, 26.